Immunität für Europol-Bedienstete?

AF816106

Europäische Hochschulschriften
Publications Universitaires Européennes
European University Studies

Reihe II
Rechtswissenschaft

Série II Series II
Droit
Law

Bd./Vol. 3595

PETER LANG
Frankfurt am Main · Berlin · Bern · Bruxelles · New York · Oxford · Wien

Bernd Kremer

Immunität für Europol-Bedienstete?

Eine Untersuchung der Aufgaben und Befugnisse von Europol unter besonderer Berücksichtigung der Immunitätsproblematik

PETER LANG
Europäischer Verlag der Wissenschaften

Bibliografische Information Der Deutschen Bibliothek
Die Deutsche Bibliothek verzeichnet diese Publikation in der Deutschen Nationalbibliografie; detaillierte bibliografische Daten sind im Internet über <http://dnb.ddb.de> abrufbar.

D 25
ISSN 0531-7312
ISBN 3-631-50299-0

© Peter Lang GmbH
Europäischer Verlag der Wissenschaften
Frankfurt am Main 2003
Alle Rechte vorbehalten.

Das Werk einschließlich aller seiner Teile ist urheberrechtlich geschützt. Jede Verwertung außerhalb der engen Grenzen des Urheberrechtsgesetzes ist ohne Zustimmung des Verlages unzulässig und strafbar. Das gilt insbesondere für Vervielfältigungen, Übersetzungen, Mikroverfilmungen und die Einspeicherung und Verarbeitung in elektronischen Systemen.

www.peterlang.de

Meinen Eltern

VORWORT

Die vorliegende Arbeit wurde von der Rechtswissenschaftlichen Fakultät der Albert-Ludwigs-Universität in Freiburg im Breisgau im Sommersemester 2002 als Dissertation angenommen. Ihr Thema ist von meinem verehrten Doktorvater, Herrn Prof. Dr. *Jürgen Meyer*, angeregt worden, dem mein ganz besonderer und herzlicher Dank für die mir zuteil gewordene Förderung gilt.
Danken möchte ich auch Herrn Prof. Dr. Dr. h.c. mult. *Albin Eser*, M.C.J., für seine Mitberichterstattung.

Mein Dank gilt ebenfalls Frau Petra Marmann für ihre lektorierende Unterstützung sowie meiner Frau und meiner Tochter für ihr Verständnis und ihren Rückhalt, ohne den diese berufsbegleitende Arbeit nicht hätte durchgeführt werden können. Gesetzgebung und Literatur sind bis Januar 2002 berücksichtigt worden.

Berlin, im September 2002 — Bernd Kremer

Inhaltsverzeichnis

Abkürzungsverzeichnis

A.A.	Anderer Auffassung
A.a.O.	Am oben angegebenen Ort
ABl. EG	Amtsblatt der Europäischen Gemeinschaft
Abs.	Absatz
Art.	Artikel
AStV	Ausschuss der ständigen Vertreter
BaWü	Baden-Württemberg
BayVBl	Bayerische Verwaltungsblätter
BDGV	Bericht der Deutschen Gesellschaft für Völkerrecht
BfD	Bundesbeauftragte für den Datenschutz
BGBl	Bundesgesetzblatt
BGH	Bundesgerichtshof
BGHSt	Amtliche Entscheidungssammlung des Bundesgerichtshofs in Strafsachen
BGHZ	Amtliche Entscheidungssammlung des Bundesgerichtshofs in Zivilsachen
BKA	Bundeskriminalamt
BKAG	Bundeskriminalamtgesetz
BMI	Bundesministerium des Innern
BMJ	Bundesministerium der Justiz
BNDG	Gesetz über den Bundesnachrichtendienst
BR	Bundesrat
BReg	Bundesregierung
BT	Bundestag
BVerfG	Bundesverfassungsgericht
BVerfGE	Amtliche Entscheidungssammlung des Bundesverfassungsgerichts
BVerfschG	Bundesverfassungsschutzgesetz
BVerwG	Bundesverwaltungsgericht
BVerwGE	Amtliche Entscheidungssammlung des Bundesverwaltungsgerichts
CR	Computer und Recht (Zeitschrift)
D.h.	Das heißt
Ders.	Derselbe
Dies.	Dieselbe(n)
DNP	Die neue Polizei (Zeitschrift)
DNS	Desoxyribonucleinsäure
DÖV	Die Öffentliche Verwaltung; Zeitschrift für öffentliches Recht und Verwaltungswissenschaft
DRiZ	Deutsche Richter Zeitung
Drs.	Drucksache
DuD	Datenschutz und Datensicherheit (Zeitschrift)
EDS	Europol-Drogenstelle
EDU	Europol-Drug-Unit

EG	Europäische Gemeinschaft
EG-Immunitätenprotokoll	Protokoll über die Vorrechte und Befreiungen der Europäischen Gemeinschaften vom 8. April 1965
EGKS	Europäische Gemeinschaft für Kohle und Stahl
EGV	Vertrag zur Gründung der Europäischen Gemeinschaft in der Fassung des Amsterdamer Vertrages vom 2. Oktober 1997
EIS	Europäisches Informationssystem
EP	Europäisches Parlament
EU	Europäische Union
EuGH	Europäischer Gerichtshof
EuGRZ	Europäische Grundrechte-Zeitschrift
EUMES	Europäischer Medienservice
EuR	Europarecht (Zeitschrift)
Eurocontrol-Übereinkommen	Protokoll zur Änderung des Internationalen Übereinkommens über die Zusammenarbeit zur Sicherung der Luftfahrt „EUROCONTROL" vom 13. Dezember 1960
Europarat-Übereinkommen	Allgemeines Abkommen über die Vorrechte und Befreiungen des Europarates
Europol	Europäisches Polizeiamt
Europol-Auslegungsprotokoll	Protokoll auf Grund von Artikel K.3 des Vertrags über die Europäische Union betreffend die Auslegung des Übereinkommens über die Errichtung des Europäischen Polizeiamtes durch den Gerichtshof der Europäischen Gemeinschaften im Wege der Vorabentscheidung vom 27. Juli 1996
Europol-Gesetz	Gesetz zu dem Übereinkommen vom 26. Juli 1995 auf Grund von Art. K.3 des Vertrags über die Europäische Union über die Errichtung eines Europäischen Polizeiamtes vom 16. Dezember 1997
Europol-Immunitätenprotokoll	Protokoll aufgrund von Artikel K.3 des Vertrags über die Europäische Union und von Artikel 41 Absatz 3 des Europol-Übereinkommens über die Vorrechte und Immunitäten für Europol, die Mitglieder der Organe, die stellvertretenden Direktoren und die Bediensteten von Europol vom 19. Juni 1997
Europol-Immunitätenprotokollgesetz	Gesetz zu dem Protokoll vom 19. Juni 1997 auf Grund von Artikel K.3 des Vertrags über die Europäische Union und von Artikel 41 Absatz 3 des Europol-Übereinkommens über die Vorrechte und Immunitäten für Europol, die Mitglieder der Organe, die stellvertretenden Direktoren und die Bediensteten von Europol vom 19. Mai 1998

Europol-Übereinkommen	Übereinkommen aufgrund von Artikel K.3 des Vertrags über die Europäische Union über die Errichtung eines Europäischen Polizeiamtes vom 26. Juli 1995
EUV	Vertrag über die Europäische Union in der Fassung des Amsterdamer Vertrages vom 2. Oktober 1997
EuZW	Europäische Zeitschrift für Wirtschaftsrecht
EWO	Europäische Weltraumorganisation
EWO-Übereinkommen	Übereinkommen zur Gründung einer Europäischen Weltraumorganisation vom 23. November 1976
f	Folgende
ff	Fortfolgende
Fn.	Fußnote
FS	Festschrift
GA	Goltdammer´s Archiv für Strafrecht
GG	Grundgesetz
GMBl	Gemeinsames Ministerialblatt
GO	Geschäftsordnung
GO-BT	Geschäftsordnung des Deutschen Bundestages
GVG	Gerichtsverfassungsgesetz
H.L.	Herrschende Lehre
Hrsg.	Herausgeber
i.V.m.	In Verbindung mit
ICJ	International Court of Justice
IGH	Internationaler Gerichtshof
INTERPOL/IKPO	Internationale Kriminalpolizeiliche Organisation
Jura	Juristische Ausbildung (Zeitschrift)
JZ	Juristenzeitung
K.4-Ausschuss	Koordinierungssausschuss gemäß Art. 36 EUV in der Fassung des Amsterdamer Vertrages (auch als Art.36-Ausschuss bezeichnet)
Kap.	Kapitel
KJ	Kritische Justiz (Zeitschrift)
Kompass	Mitteilungsblatt der Polizeischule Berlin
LfD	Landesbeauftragter für den Datenschutz
Lit.	Buchstabe
LKA	Landeskriminalamt
m.w.N.	Mit weiteren Nachweisen
MADG	Gesetz über den Militärischen Abschirmdienst
MdB	Mitglied des Deutschen Bundestags
MDR	Monatsschrift für Deutsches Recht
MPI	Max-Planck-Institut
MV	Mecklenburg-Vorpommern
NATO-Übereinkommen	Übereinkommen über den Status der Nordatlantikvertrags-Organisation, der nationalen Vertreter und des internationalen Personals vom 30. Mai 1958

NJW	Neue Juristische Wochenschrift
NL	Niederlande
Nr.	Nummer
NRW	Nordrhein-Westfalen
NStZ	Neue Zeitschrift für Strafrecht
NVwZ	Neue Zeitschrift für Verwaltungsrecht
NZWehrr	Neue Zeitschrift für Wehrrecht
OFA	Operative Fallanalyse
OK	Organisierte Kriminalität
OLG	Oberlandesgericht
Prot.	Protokoll
PSt.	Parlamentarischer Staatssekretär
Rats-Dok.	Ratsdokument
Rdn.	Randnummer
REV.	Revision (revidierte Fassung)
RG	Reichsgericht
RGSt	Amtliche Entscheidungssammlung des Reichsgerichts in Strafsachen
RiStBV	Richtlinien für das Strafverfahren und das Bußgeldverfahren
RIW	Recht der internationalen Wirtschaft (Zeitschrift)
Rspr	Rechtsprechung
S.	Seite(n)
SDÜ	Übereinkommen zur Durchführung des Übereinkommens von Schengen vom 14. Juni 1985 zwischen den Regierungen der Staaten der Benelux-Wirtschaftsunion, der Bundesrepublik Deutschland und der Französischen Republik betreffend den schrittweisen Abbau der Kontrollen an den gemeinsamen Grenzen einchließlich der Erklärung zum Recht der Nacheile vom 19. Juni 1990
SH	Schleswig-Holstein
SIS	Schengener Informationssystem
StGB	Strafgesetzbuch
StPO	Strafprozessordnung
Sts	Staatssekretär
StV	Strafverteidiger (Zeitschrift)
TECS	The Europol Computer System
TOP	Tagesordnungspunkt
TREVI	Terrorism, Radicalism, Extremism, Violence, International
UA R	Unterausschuss Recht des Deutschen Bundesrats
UCLAF	Unité de coordination de la lute anti-fraude
UN	United Nations

UN-Immunitätenprotokoll	Übereinkommen über die Vorrechte und Immunitäten der Vereinten Nationen, genehmigt von der Generalversammlung der Vereinten Nationen am 13. Februar 1946
Unterabs.	Unterabsatz
UNTS	United Nations Treaty Series
Vereinte Nationen	Zeitschrift für die Vereinten Nationen und ihre Sonderorganisationen
VerwA	Verwaltungsarchiv (Zeitschrift)
Vgl.	Vergleiche
VICLAS	Violent Crime Linkage Analysis System
VN	Vereinte Nationen
Vorbem.	Vorbemerkung
WEU	Westeuropäische Union
WEU-Übereinkommen	Übereinkommen über den Status der Westeuropäischen Union, der nationalen Vertreter und des internationalen Personals
WP	Wahlperiode
WRV	Weimarer Reichsverfassung
WÜD	Wiener Übereinkommen über diplomatische Beziehungen vom 18. April 1961
WÜK	Wiener Übereinkommen über konsularische Beziehungen vom 24. April 1963
YBILC	Yearbook of the International Law Commission
Z.B.	Zum Beispiel
Z.T.	Zum Teil
ZaöRV	Zeitschrift für ausländisches öffentliches Recht und Völkerrecht
ZBJI	Zusammenarbeit in den Bereichen Justiz und Inneres
Zparl	Zeitschrift für Parlamentsfragen
ZRP	Zeitschrift für Rechtspolitik
ZStW	Zeitschrift für die gesamte Strafrechtswissenschaft
ZZP	Zeitschrift für Zivilprozeß

Hinsichtlich weiterer Abkürzungen siehe *Kirchner*, Abkürzungsverzeichnis der Rechtssprache, vierte, erneuerte und erweiterte Auflage, 1993.

Kapitel 1

A. Einleitung

Der Integrationsprozess der Europäischen Union (EU) ist weit fortgeschritten.

Beginnend mit der 1951 in Paris von sechs westeuropäischen Staaten gegründeten Europäischen Gemeinschaft für Kohle und Stahl (EGKS) hat sich die EU zu einem Verbund von fünfzehn vertraglich eng miteinander verflochtenen selbständigen Mitgliedstaaten entwickelt mit rund 374 Millionen Einwohnern[1] und einer Gesamtfläche von ca. 3.240.000 Quadratkilometern.[2] Im Zuge der angestrebten Osterweiterung[3] wird die EU auf insgesamt 27 Mitgliedstaaten mit rund einer halben Milliarde Einwohner anwachsen[4] – auf eine doppelt so hohe Einwohnerzahl wie die der Vereinigten Staaten von Amerika.
Gemessen an ihrer Wirtschaftskraft ist die EU bereits heute der größte Binnenmarkt der Welt.[5] In dem seit dem Jahre 1993 existierenden Binnenmarkt gilt der vertraglich gewährleistete freie, d.h. grenzenlose Verkehr von Waren, Personen, Dienstleistungen und Kapital. Für alle Unionsbürger ist dieser Binnenmarkt „Inland".[6]
Nach Art. 6 Abs. 1 des Vertrags über die Europäische Union (EUV)[7] sind alle Mitgliedstaaten der EU gemeinsamen Grundwerten wie Freiheit, Demokratie, Rechtsstaatlichkeit sowie der Achtung der Menschenrechte und Grundfreiheiten verpflichtet.

Den Fortschritt des Integrationsprozesses verdeutlicht in besonderem Maße die auf der Tagung des Europäischen Rats in Nizza am 7. Dezember 2000 von den Staats- und Regierungschefs feierlich proklamierte Charta der Grundrechte der Europäischen Union.[8] Sie dokumentiert, dass die EU nicht nur eine Wirtschafts-, sondern auch und vor allem eine Wertegemeinschaft ist.[9]
Durch ihre Verkündung entfaltet die Charta bereits Rechtswirkungen im Hinblick auf die Rechtsprechung des Europäischen Gerichtshofs (EuGH) in Luxemburg. Da sie die in Art. 6 EUV festgelegten Grundsätze konkretisiert, muss der EuGH die in der Charta

---

1 Stand: 1997.
2 Vgl. Europa 2002, S. 140.
3 Beginnend im Jahre 1998 sind Beitrittsverhandlungen mit folgenden Staaten aufgenommen worden: Estland, Polen, Tschechische Republik, Slowenien, Ungarn, Zypern, Litauen, Lettland, Malta, Slowakische Republik, Bulgarien, Rumänien, vgl. Europa 2002, S. 141. Die Aufnahme von Verhandlungen mit der Türkei, der im Jahre 1999 der Kandidatenstatus zugebilligt wurde, ist noch nicht absehbar.
4 Vgl. Europa 2002, S. 142 f.
5 Europa 2002, S. 141.
6 Europa 2002, S. 111.
7 Ohne Zusatzkennzeichnung handelt es sich im Folgenden um den EUV in der Fassung des Amsterdamer Vertrages vom 2.10.1997.
8 Text siehe: Dt. Bundestag (Hrsg.), Charta-Dokumentation, S. 39 ff.
9 *Meyer*, ZRP 2000, S. 114 (114); auch abgedruckt in *Meyer*, Der Rechtsstaat, S. 344; *ders.*, S. 355; *ders.*, Dt. Bundestag (Hrsg.), Charta-Dokumentation, S. 7 (7).

normierten Grundrechte im Rahmen der Auslegung dieser Grundsätze berücksichtigen.[10]
Auf der nächsten Regierungskonferenz im Jahre 2004 wird über die Rechtsverbindlichkeit der Charta und die damit verbundene Möglichkeit einer Popularklage sowie über die Implementierung der Charta in eine künftige Europäische Verfassung beraten werden.[11]

Aus der fortschreitenden europäischen Integration resultieren neue Herausforderungen für die nationale und internationale Verbrechensbekämpfung. Infolgedessen wurde in dem am 7. Februar 1992 in Maastricht geschlossenen und am 1. November 1993 in Kraft getretenen „Vertrag über die Europäische Union" die Zusammenarbeit in den Bereichen Justiz und Inneres (ZBJI) in Titel VI des Vertrages als Bereich intergouvernementaler Zusammenarbeit verankert. Diese Zusammenarbeit bildet die „3. Säule"[12] der EU.
Der am 2. Oktober 1997 geschlossene und am 1. Mai 1999 in Kraft getretene Amsterdamer Vertrag hat den Vertrag über die Europäische Union in wesentlichen Teilen fortentwickelt und dient – ausweislich der Präambel – dem Aufbau eines Raums der Freiheit, der Sicherheit und des Rechts.
Durch diese inhaltlich und strukturell bislang bedeutendste Reform[13] soll den Erwartungen und Ansprüchen der Unionsbürger an die Fortentwicklung der EU Rechnung getragen werden.[14] Zur Verwirklichung dieses Ziels sind bereits wesentliche Bereiche aus der dritten Säule in den EG-Vertrag[15] (EGV)[16] überführt, d.h. vergemeinschaftet worden. Zudem wurde der Schengen-Besitzstand[17] durch ein Protokoll zum Amsterdamer Vertrag in den institutionellen Rahmen der EU überführt.

Um den Unionsbürgern in dem Raum der Freiheit, der Sicherheit und des Rechts ein hohes Maß an Sicherheit zu gewährleisten, enthält Titel VI EUV „Bestimmungen über die polizeiliche und justitielle Zusammenarbeit in Strafsachen".
Gemäß den in Art. 29 EUV normierten Zielsetzungen sollen durch eine engere Zusammenarbeit der Polizei-, Zoll- und anderer zuständiger Behörden in den Mitgliedstaaten unter Einschaltung des Europäischen Polizeiamtes (Europol) die nichtorganisierte und organisierte Kriminalität[18] verhütet und bekämpft werden.

---

10 Meyer, in Betrifft Justiz 2001, S. 181 (185).

11 Vgl. *Meyer*, Rheinischer Merkur vom 11.05.2001, S. 3.

12 *Di Fabio*, DÖV 1997, S. 89 (90); vgl. *Akmann*, JA 1994, S. 49, (49), (53); *Fischer*, EuZW 1994, S. 747 (747); zur Terminologie der "Drei Säulen": *Seidel*, EuR 1992, S. 125 (125); zur inhaltlichen Ausgestaltung dieser Säulen: *Läufer*, S. 13.

13 *Hilf/Pache*, NJW 1998, S. 705 (706).

14 *Hilf/Pache*, a.a.O., S. 705 (706).

15 In den neu geschaffenen Titel IV (Art. 61 ff) EGV.

16 Ohne Zusatzkennzeichnung handelt es sich im Folgenden um den EGV in der Fassung des Amsterdamer Vertrages.

17 Zur Begriffsbestimmung siehe Art. 1 des Protokolls zur Einbeziehung des Schengen-Besitzstandes in den Rahmen der Europäischen Union vom 19.06.1997 (Schengen-Besitzstand (Protokoll)), BGBl. II, 1998, S. 429 ff.

18 Hinsichtlich Begriff, Erscheinungsformen und Indikatoren der organisierten Kriminalität siehe: „Gemeinsame Richtlinien der Justizminister/-senatoren und der Innenminister/-senatoren der Länder über die Zusammenarbeit von Staatsanwaltschaft und Polizei bei der Verfolgung der

Zum Zwecke der Intensivierung dieser Zusammenarbeit wurde durch den Amsterdamer Vertrag zudem die Möglichkeit geschaffen, Europol mit weiteren Befugnissen auszustatten (vgl. Art. 30 Abs. 2 EUV).

Die Entwicklung der internationalen organisierten Kriminalität verdeutlicht in besonderem Maße die Notwendigkeit der Errichtung von Europol – in Fortentwicklung der Tätigkeit der früheren Europol-Drogenstelle (EDS).[19]
Die Bekämpfung der grenzüberschreitenden organisierten Kriminalität ist für die EU von herausragender Bedeutung. Auf der Tagung des Europäischen Rats in Dublin am 13./14. Dezember 1996 haben die Staats- und Regierungschefs nachdrücklich betont, dass die organisierte Kriminalität mit größter Entschiedenheit bekämpft werden müsse. Zu diesem Zweck beschlossen sie, eine aus hohen Beamten bestehende „Hochrangige Gruppe" einzusetzen, die unter niederländischem Vorsitz einen Aktionsplan[20] mit konkreten Empfehlungen für die Bekämpfung der organisierten Kriminalität und einen Zeitrahmen für die Umsetzung dieser Empfehlungen ausarbeiten sollte. Dieser Aktionsplan wurde am 28. April 1997 vom Rat angenommen[21] und vom Europäischen Rat im Juni 1997 in Amsterdam gebilligt. Er enthielt 15 politische Leitlinien und 30 detaillierte Empfehlungen. Der Durchführungszeitraum dieses Aktionsplanes endete am 31. Dezember 1999.[22]

„Der Bericht der Hochrangigen Gruppe enthält" – so die Mitteilung der Präsidentin Frau Winnie Sorgdrager, Ministerin der Justiz des Königreichs der Niederlande, anlässlich der 2002. Tagung des Rates – Justiz und Inneres – am 28. April 1997 in Luxemburg – „nach Ansicht des Rates (Justiz und Inneres) eine klare Analyse der Probleme, denen die Europäische Union und ihre Mitgliedstaaten aufgrund dieser wachsenden Bedrohung gegenüberstehen."[23]

Auch in der Bundesrepublik Deutschland existiert eine wachsende Bedrohung des Staates durch die organisierte Kriminalität.[24]
Ausweislich einer Großen Anfrage der SPD-Bundestagsfraktion vom 03.07.1995 ist nach Mitteilung des Bundeskriminalamtes „eine steigende Einflussnahme der Organi-

---

Organisierten Kriminalität", abgedruckt in: *Meyer-Goßner*, Anlage E zu den Richtlinien für das Strafverfahren und Bußgeldverfahren (RiStBV), Punkt 2, S. 1941 f; zur Begriffsdefinition siehe auch „Lagebild Organisierte Kriminalität Bundesrepublik Deutschland 1999", herausgegeben vom Bundeskriminalamt (BKA), S. 10.

19 Auch als „EDU" (Europol-Drug-Unit) bezeichnet.

20 Aktionsplan zur Bekämpfung der organisierten Kriminalität – ABl. EG C 251 vom 15.08.1997, S. 1 ff.

21 ABl. EG C 251 vom 15.8.1997, S. 1 ff.

22 Hinsichtlich weitergehender Details zur Durchführung des Aktionsplans siehe „Entwurf eines Berichts an den Europäischen Rat (Helsinki) betreffend Abschluß und Bewertung des Aktionsplans zur Bekämpfung der organisierten Kriminalität" – (http://ue.eu.int/jai/article.asp?lang=-de&id=69909917 - Stand: 31.07.00).

23 Mitteilung 7568/97 (Presse 124 – G), S. 1 (3).

24 In einer Rede vor dem Plenum des Deutschen Bundestages hat Jürgen *Meyer*, MdB, die Bedeutung dieser Bedrohung wie folgt charakterisiert: „Der Kampf gegen die organisierte Kriminalität ist ein Kampf für den Rechtsstaat." – Plenarprotokoll Deutscher Bundestag 13/214 vom 16. Januar 1998, S. 19524.

sierten Kriminalität auf Politik, Medien, öffentliche Verwaltung, Justiz und Wirtschaft"[25] zu verzeichnen.[26]
In ihrer Antwort vom 19.06.1996 auf diese Große Anfrage führt die Bundesregierung aus:

> „Die Ergebnisse der OK-Lagedarstellung 1995 (...) zeigen erneut, daß die Organisierte Kriminalität in der Bundesrepublik Deutschland ein schwerwiegendes Kriminalitätsphänomen darstellt.[27] Unbeschadet des Dunkelfeldes ist auch in den nächsten Jahren mit vergleichbaren OK-Lagen zu rechnen."[28]
> „Ländergrenzen sind für organisierte Verbrecher kein Hindernis mehr, und ein Europa ohne Grenzen ist in vielen Kriminalitätsbereichen bereits Realität. (...) Eine erfolgreiche Bekämpfung der Organisierten Kriminalität ist nicht möglich ohne die internationale Zusammenarbeit der Sicherheitsbehörden untereinander. (...) Die Errichtung von Europol auf EU-Ebene kann jedoch nur der Anfang einer "Europäischen Polizei" sein."[29]

Im Rahmen dieser Arbeit soll die Rechtmäßigkeit der den Europol-Bediensteten gewährten Immunitäten untersucht werden. Eine wissenschaftliche Untersuchung zu dieser Frage liegt bisher nicht vor.[30] Begrifflich bedeutet die vom lateinischen Wort „immunitas" abgeleitete „Immunität"[31] „die zeitliche oder dauernde Befreiung von der Gerichtsbarkeit im Sinne des Verbots der Einleitung und Durchführung eines gerichtlichen Verfahrens."[32] Schwerpunkt der Untersuchung ist die Befreiung der Bediensteten[33] des europäischen Polizeiamtes (EUROPOL) von der Geltung strafrechtlicher Normen, an deren Durchsetzung sie maßgeblich beteiligt sind, d.h. die Gewährung strafrechtlicher Immunität.

---

25 BT-Drs. 13/1925, S. 1.

26 Vgl. *Meyer/Hetzer*, ZRP 1997, S. 13 (13).

27 Vgl. *Meyer/Hetzer*, NJW 1998, S. 1017 (1025); *dies.*, Kriminalistik 1997, S. 31 (31); *Storbeck*, Aus Politik und Zeitgeschichte, 1995, S. 20 (20 f).

28 BT-Drs. 13/4942, S. 4.

29 BT-Drs. 13/4942, S. 3.

30 Insoweit ergänzt diese Untersuchung die Arbeiten von *Petri* (Europol – grenzüberschreitende polizeiliche Tätigkeit in Europa, 2001) und *Aschmann* (Europol aus Sicht der deutschen Länder, 2000) – siehe *Aschmann*, S. 198: Die „Problematik der Immunität von Europol-Bediensteten, die bereits zum heutigen Zeitpunkt heftig umstritten ist, soll nicht näher untersucht werden."

31 „Immunitas" bzw. „immunitatis" (Freisein von etwas) – *Bruß*, S. 74; vgl. DUDEN, Band 7, S. 301.

32 *Tilch/Arloth*, Band 2, S. 2283.

33 Gemäß Art. 2 Abs. 1 des Rechtsaktes des Rats vom 3. Dezember 1998 zur Festlegung des Status der Bediensteten von Europol (ABl. EG Nr. C 26 vom 30.01.1999, S. 23 ff) ist Europol-Bediensteter im Sinne dieses Status der Bedienstete, „der zur Besetzung eines im Verzeichnis der Dienstposten in Anhang 1 aufgeführten Dienstpostens, mit Ausnahme der entsprechend ausgewiesenen Dienstposten für örtliche Bedienstete, eingestellt wird." Nach Art. 3 des vorstehend genannten Personalstatus ist ein „örtlicher Bediensteter" im Sinne dieses Statuts „ein Bediensteter, der entsprechend den inländischen Rechtsvorschriften zur Verrichtung von manuellen Tätigkeiten oder Hilfstätigkeiten für einen Dienstposten eingestellt wird, der in Anhang 1 als Dienstposten für örtliche Bedienstete ausgewiesen ist."
Gemäß Art. 1 lit. f) des Europol-Immunitätenprotkolls (BT-Drs. 13/9084, S. 7 ff) bezeichnet der Ausdruck „Personal" von Europol „den Direktor, die stellvertretenden Direktoren und die Bediensteten von Europol nach Artikel 30 des Übereinkommens mit Ausnahme der Ortskräfte nach Artikel 3 des Personalstatuts."

Im ersten Kapitel sollen im Rahmen einer Problem- und Sachstandsdarstellung die zugunsten der Europol-Bediensteten normierten Immunitätsregelungen im Überblick dargestellt, die sowohl auf rechtlicher als auch auf politischer Ebene kontrovers geführten Diskussionen zur strafrechtlichen Immunitätsgewährung exemplarisch für die Europol-Mitgliedstaaten Deutschland, Österreich und Vereinigtes Königreich vergleichend analysiert und diejenigen Problem- und Fragestellungen herausgearbeitet werden, die im weiteren Verlauf der Arbeit detailliert zu untersuchen sind.

Die Untersuchungen im zweiten Kapitel erstrecken sich auf die Entwicklung und Zielsetzung der den Europol-Bediensteten gewährten Immunität. Darüber hinaus sollen die im internationalen und europäischen Recht bestehenden Immunitätsregelungen, insbesondere die Diplomaten und Bediensteten internationaler und europäischer Organisationen gewährten Immunitäten, vergleichend untersucht und auf dieser Grundlage eine rechtliche Ein- bzw. Zuordnung der Immunität der Europol-Bediensteten vorgenommen werden.

Im dritten Kapitel sollen die Notwendigkeit zur Errichtung Europols sowie die Entstehungsgeschichte und Organisationsstruktur des Europäischen Polizeiamtes analysiert und schwerpunktmäßig der geltende und zukünftige Aufgaben- und Befugnisrahmen Europols, die Umsetzung der geltenden Befugnisse und die aus dieser Tätigkeit de iure und de facto resultierenden Auswirkungen auf die (Ermittlungs-)Verfahren der nationalen Behörden der Europol-Mitgliedstaaten untersucht werden. Zudem sollen die Vereinbarkeit des geltenden Aufgaben- und Befugnisrahmens mit dem deutschen Verfassungsrecht, die den Europol-Bediensteten gewährten Immunitäten im Verhältnis zu den im europäischen und internationalen Bereich existierenden Immunitätenregelungen sowie die die Immunitätsgewährungen de lege lata rechtfertigenden Erwägungen analysiert werden.

Untersuchungsschwerpunkte im vierten Kapitel sind die personelle und sachliche Reichweite der Immunitätsgewährung und die damit verbundenen Rechtsfolgen, die Legitimierung der Immunität der Europol-Bediensteten, die Ausgestaltung und Verfassungsmäßigkeit des durch die Europol-Konvention und ihre Durchführungsbestimmungen gewährten (Individual-) Rechtsschutzes sowie die Darstellung alternativer Lösungskonzepte.

Abschließend werden die Untersuchungsergebnisse thesenhaft zusammengefasst.

B. Sachstands- und Problemdarstellung

Am 1. Juli 1999 hat das Europäische Polizeiamt (Europol) seine Arbeit in Den Haag aufgenommen.[34] Damit endete die Tätigkeit der im Jahre 1994 als Vorläuferorganisation eingerichteten Europol-Drogenstelle (EDS).[35]
Grundlage für die Tätigkeitsaufnahme Europols ist das am 26. Juli 1995 von den EU-Mitgliedstaaten unterzeichnete und am 1. Oktober 1998 in Kraft getretene Übereinkommen aufgrund von Art. K.3 des Vertrages über die Europäische Union über die Errichtung eines Europäischen Polizeiamtes (Europol-Übereinkommen).[36] Mit dem Inkrafttreten dieses Übereinkommens wurde Europol gemäß Art. 26 Abs. 1 der Europol-Konvention formell rechts- und geschäftsfähig.

Die tatsächliche Arbeitsaufnahme des Europäischen Polizeiamtes erfolgte jedoch erst am 1. Juli 1999, nachdem alle in Art. 45 Abs. 4 der Europol-Konvention aufgeführten und für die Arbeitsaufnahme von Europol erforderlichen Rechtsakte[37] in Kraft getreten waren.[38]
Die Verweisung auf diese ergänzenden Ausführungsbestimmungen war – ausweislich eines Berichts der Bundesregierung zum Stand der Verhandlungen zu den ergänzenden Europol-Rechtsakten vom 12. Juni 1997 – erforderlich, um die in der Europol-Konvention vereinbarten Grundentscheidungen zur rechtlichen Ausgestaltung des Europäischen Polizeiamtes „nicht mit Einzelfragen zu belasten."[39] Das Europol-

---

34 Mitteilung betreffend die Tätigkeitsaufnahme von Europol – ABl. EG C 185 vom 01.07.1999, S. 1; Mitteilung Europol (www.europol.eu.int), Merkblatt Nr. 3 (Januar 2000), S. 1 (1).

35 Entstehung und Entwicklung von EDS und Europol sind im Folgenden (Kap. 3) Gegenstand gesonderter Untersuchung.

36 ABl. EG C 316 vom 27.11.1995, S. 1 ff. In der Bundesrepublik Deutschland ist die Europol-Konvention durch das Gesetz zum dem Übereinkommen vom 26. Juli 1995 auf Grund von Art. K.3 des Vertrags über die Europäische Union über die Errichtung eines Europäischen Polizeiamtes (Europol-Gesetz) vom 16. Dezember 1997 – BGBl. II, 1997, S. 2150 ff – ratifiziert worden.

37 Art. 5 Abs. 7 (Rechte und Pflichten der Verbindungsbeamten), Art. 10 Abs. 1 (Durchführungsbestimmungen zu den Dateien), Art. 24 Abs. 7 (Geschäftsordnung der gemeinsamen Kontrollinstanz), Art. 30 Abs. 3 (Personalstatut), Art. 31 Abs. 1 (Geheimschutzregelung), Art. 35 Abs. 9 (Finanzordnung), Art. 37 (Sitzabkommen), Art. 41 Abs. 1 (Protokoll über die Vorrechte und Immunitäten der Europol-Bediensteten).

38 Vgl. Pressemitteilung des Bundesministeriums des Innern (im Folgenden: BMI) vom 1. Juli 1999: „Der deutschen Präsidentschaft ist es gelungen, die rechtlichen und tatsächlichen Voraussetzungen dafür zu schaffen, daß Europol zum 1. Juli 1999 seine Tätigkeit aufnehmen kann. Dies ist ein Meilenstein in der europäischen Polizeikooperation." (Ausweislich eines Nachberichts über das Treffen des Rats der Justiz- und Innenminister am 12. März 1999 (BT-Europaausschuss-Drs. 14/293) „appellierte" der Bundesminister des Innern, Otto *Schily*, „nachdrücklich an die Mitgliedstaaten, die Voraussetzungen für die tatsächliche Arbeitsaufnahme von Europol abzuschließen." Dies betraf „die Ratifizierung des Europol-Immunitätenprotokolls und den Abschluss der bilateralen Immunitätsvereinbarungen über die Verbindungsbeamten zwischen den Niederlanden als Sitzstaat von Europol und den Mitgliedstaaten." Bundesminister *Schily* bat um „Nachricht binnen 10 Tagen, welche Gründe einem raschen Abschluß entgegenstünden."); Stellungnahme des finnischen Innenministers *Häkämies* zur tatsächlichen Arbeitsaufnahme von Europol: Europol ist „nun voll operativ." (Frankfurter Allgemeine Zeitung (FAZ) vom 02.07.1999; Bayern-Kurier vom 10.07.1999).

39 BT-Europaausschuss-Drs. 13/1483.

Übereinkommen normiert folglich „nur allgemeine und bewußt offen gehaltene Grundsatzentscheidungen“,[40] welche durch die Ausführungsbestimmungen zu dieser Konvention konkretisiert worden sind.

Eine dieser Ausführungsbestimmungen ist das am 19. Juni 1997 von den EU-Mitgliedstaaten unterzeichnete Protokoll aufgrund von Art. K.3 des Vertrages über die Europäische Union und von Art. 41 Abs. 3 des Europol-Übereinkommens über die Vorrechte und Immunitäten für Europol, die Mitglieder der Organe, die stellvertretenden Direktoren und die Bediensteten von Europol (Europol-Immunitätenprotokoll).[41]
In der Bundesrepublik Deutschland ist das Immunitäten-Protokoll durch das Gesetz zu dem Protokoll vom 19. Juni 1997 auf Grund von Art. K.3 des Vertrags über die Europäische Union und von Art. 41 Abs. 3 des Europol-Übereinkommens über die Vorrechte und Immunitäten für Europol, die Mitglieder der Organe, die stellvertretenden Direktoren und die Bediensteten von Europol (Europol-Immunitätenprotokollgesetz) vom 19. Mai 1998[42] ratifiziert worden.

I. Immunitätsregelungen (Überblick)

Die Europol-Konvention und die zu ihr ergangenen Ausführungsbestimmungen (vgl. Art. 45 Abs. 4 Europol-Konvention) normieren diverse Immunitätsregelungen.

1. Artikel 41 Abs. 1, 3 Europol-Konvention i. V. m. Artikel 8, 9 Europol-Immunitätenprotokoll

Art. 41 Abs. 1 i. V. m. Abs. 3 Europol-Konvention gewährt Europol, den Mitgliedern der Organe, den stellvertretenden Direktoren und den Bediensteten die zur Erfüllung ihrer Aufgaben erforderlichen Vorrechte und Immunitäten nach Maßgabe des Europol-Immunitätenprotokolls.

Art. 8 Abs. 1 lit. a) und Abs. 3 sowie Art. 9 des Immunitätenprotokolls konkretisieren diese Immunitätsgewährungen wie folgt:

> Artikel 8:
> (1) Die Mitglieder der Organe und des Personals von Europol genießen folgende Vorrechte und Immunitäten:
> a) unbeschadet des Artikels 32 und, soweit anwendbar, des Artikels 40 Absatz 3 des Übereinkommens Immunität von jeglicher Gerichtsbarkeit hinsichtlich der von ihnen in Ausübung ihres Amtes vorgenommenen mündlichen und schriftlichen Äußerungen sowie Handlungen; diese Immunität gilt auch nach Beendigung ihrer Tätigkeit als Mitglied eines Organs oder des Personals von Europol;
> b) Unverletzlichkeit all ihrer amtlichen Papiere, Schriftstücke und anderen amtlichen Materials.

---

[40] *Kölbach*, Die Polizei 1996, S. 245 (249).
[41] ABl. EG C 221 vom 19.07.1997, S. 1 ff.
[42] BGBl. II, 1998, S. 974 ff.

(2) (...)

(3) Auf die Mitglieder des Personals von Europol finden die Bestimmungen des Artikels 14 des Protokolls über die Vorrechte und Befreiungen der Europäischen Gemeinschaften Anwendung.

Artikel 9:
Die Immunität, die den in Artikel 8 genannten Personen gewährt wird, gilt nicht im Fall eines von einem Dritten angestrengten Zivilverfahrens wegen erlittener Schäden, einschließlich Körperverletzung oder Tod infolge eines Verkehrsunfalls, der durch eine solche Person verursacht wurde.

„Mitglieder des Personals" im Sinne des Art. 8 Europol-Immunitätenprotokoll sind nach der Legaldefinition des Art. 1 lit. f) Europol-Immunitätenprotokoll der Direktor, die stellvertretenden Direktoren und die Bediensteten von Europol gemäß Art. 30 der Europol-Konvention mit Ausnahme der Ortskräfte im Sinne des Art. 3 des Europol-Personalstatuts.
Gemäß Art. 2 Abs. 1 dieses, durch Rechtsakt des Rates vom 3. Dezember 1998 festgelegten Personalstatuts[43] ist Europol-Bediensteter im Sinne dieses Statuts jeder Bedienstete, der zur Besetzung eines im Verzeichnis der Dienstposten in Anhang 1 dieses Statuts aufgeführten Dienstpostens,[44] mit Ausnahme der entsprechend ausgewiesenen Dienstposten für örtliche Bedienstete, eingestellt wird.
Örtlicher Bediensteter ist gemäß Art. 3 des Statuts ein Bediensteter, der entsprechend den inländischen Rechtsvorschriften zur Verrichtung manueller Tätigkeiten oder Hilfstätigkeiten für einen Dienstposten eingestellt wird, der in Anhang 1 des Statuts als Dienstposten für örtlich Bedienstete ausgewiesen ist.

2. Artikel 8 Abs. 1 a) Europol-Immunitätenprotokoll i. V. m. Artikel 32 Abs. 2, 4 Europol-Konvention i. V. m. Artikel 2 § 8 Europol-Gesetz

Gemäß Art. 32 Abs. 2 S. 1 Europol-Konvention, auf den Art. 8 Abs. 1 lit. a) Europol-Immunitätenprotokoll verweist, haben die Organe, ihre Mitglieder, die stellvertretenden Direktoren, die Bediensteten von Europol, die Verbindungsbeamten sowie alle anderen Personen, die zur Verschwiegenheit oder zur Geheimhaltung besonders verpflichtet worden sind, über alle Tatsachen und Angelegenheiten, von denen sie in Ausübung ihres Amtes oder im Rahmen ihrer Tätigkeit Kenntnis erhalten, gegenüber allen nicht befugten Personen sowie gegenüber der Öffentlichkeit Stillschweigen zu bewahren.
Nach Art. 32 Abs. 2 S. 2 Europol-Konvention gilt dies jedoch nicht für Tatsachen und Angelegenheiten, die ihrer Bedeutung nach keiner Geheimhaltung[45] bedürfen. Die Verpflichtung zur Verschwiegenheit gilt auch nach dem Ausscheiden aus dem Amt oder Dienstverhältnis oder der Beendigung der Tätigkeit (Art. 32 Abs. 2 S. 3 Europol-Konvention).

---

[43] ABl. EG C 26 vom 30.01.1999, S. 23 ff; geändert durch Rechtsakt des Rates vom 15.03.2001, ABl. EG C 112 vom 12.04.2001, S. 1 ff.

[44] ABl. EG C 26 vom 30.01.1999, S. 26 ff.

[45] Die Qualifizierung der Geheimhaltungsbedürftigkeit von Information ist im Folgenden Gegenstand gesonderter Untersuchung.

Der vorstehend genannte Personenkreis darf in Bezug auf die in Ausübung des Amtes oder der Tätigkeit bekannt gewordenen Tatsachen und Angelegenheiten „ohne vorherige Benachrichtigung des Direktors – bzw. im Falle des Direktors selbst des Verwaltungsrates" (Art. 32 Abs. 3 Europol-Übereinkommen) – weder vor Gericht noch außergerichtlich aussagen oder Erklärungen abgeben (Art. 32 Abs. 3 Europol-Konvention).
Gemäß Art. 32 Abs. 4 Europol-Konvention behandelt jeder Mitgliedstaat eine Verletzung dieser, in den Absätzen 2 und 3 des Art. 32 der Europol-Konvention normierten Verpflichtung zur Verschwiegenheit und Geheimhaltung als einen Verstoß gegen seine Rechtsvorschriften über die Wahrung von Dienst- und Berufsgeheimnissen oder seine Bestimmungen zum Schutz von Verschlusssachen.

Aufgrund dieser Regelung normiert Art. 2 § 8 Europol-Gesetz folgende Strafvorschrift:

> „Für die Anwendung der Vorschriften des Strafgesetzbuches über Verletzung von Privatgeheimnissen (§ 203 Abs. 2 S. 1 Nr. 1, S. 2, Abs. 4 und 5, § 205), Verwertung fremder Geheimnisse (§§ 204, 205) sowie Verletzung des Dienstgeheimnisses (§ 353 b Abs. 1 S. 1 Nr. 1, S. 2, Abs. 3 und 4) stehen die Mitglieder des Verwaltungsrates, der Direktor, die stellvertretenden Direktoren, der Finanzkontrolleur, die Mitglieder des Haushaltsausschusses und die Bediensteten von Europol sowie die Verbindungsbeamten den Amtsträgern, die anderen nach Art. 32 Abs. 2 des Übereinkommens zur Verschwiegenheit oder zur Geheimhaltung besonders verpflichteten Personen den für den öffentlichen Dienst besonders Verpflichteten gleich. Ist dem Täter das Geheimnis während seiner Tätigkeit bei Europol bekanntgeworden, wird die Tat nach § 353 b des Strafgesetzbuches nur verfolgt, wenn ein Strafverlangen des Direktors von Europol vorliegt und die Bundesregierung die Ermächtigung zur Strafverfolgung erteilt."

3. Artikel 42 Abs. 2 S. 2 Europol-Konvention i. V. m. Artikel 7, 2 Abs. 1 der Bestimmungen über die externen Beziehungen von Europol zu Drittstaaten und zu Nicht-EU-Stellen

Eine weitere Immunitätsgewährung normiert Art. 42 Abs. 2 S. 2 Europol-Konvention i.V.m. Art. 7 und Art. 2 Abs. 1 der durch Rechtsakt des Rates vom 3. November 1998 erlassenen Bestimmungen über die externen Beziehungen von Europol zu Drittstaaten und zu Nicht-EU-Stellen.[46] Demnach kann Europol mit Drittstaaten und Nicht-EU-Stellen Vereinbarungen schließen, in denen Vorrechte und Immunitäten geregelt werden, die für Europol, das Europol-Personal und die von Europol entsandten Verbindungsbeamten erforderlich sind.
Die Regelungen für die externen Beziehungen von Europol zu EU-Stellen normieren keine entsprechende Immunitätsgewährung im Hinblick auf die Entsendung von Europol-Verbindungsbeamten zu EU-Stellen und die Entsendung von Verbindungsbeamten dieser Stellen zu Europol (vgl. Art. 42 Abs. 1 S. 2 Europol-Konvention i. V. m. Art. 3 der durch Beschluss des Verwaltungsrates von Europol vom 15. Oktober 1998 erlassenen Bestimmungen[47]).

---

[46] ABl. EG C 26 vom 30.01.1999, S. 19 ff.
[47] ABl. EG C 26 vom 30.01.1999, S. 89 ff.

4. Artikel 37 Europol-Konvention i. V. m. Artikel XII des zwischen Europol und den Niederlanden geschlossenen Sitzabkommens

Das zwischen dem Königreich der Niederlande und dem Europäischen Polizeiamt auf der Rechtsgrundlage des Art. 37 Europol-Konvention vereinbarte Abkommen über den Sitz von Europol[48] normiert in Art. XII Vorrechte und Immunitäten für die Mitglieder der Organe und des Personals von Europol, der gemeinsamen Kontrollinstanz, der Sachverständigen und der Vertreter von Drittstaaten und internationalen Organisationen innerhalb des Königreichs der Niederlande und in Bezug auf das Königreich der Niederlande.

Insoweit ist Folgendes festzustellen: Die Mitglieder der gemeinsamen Kontrollinstanz von Europol sowie die Sachverständigen und Vertreter von Drittstaaten und internationalen Organisationen, mit denen Europol nach Art. 42 Europol-Übereinkommen Beziehungen begründet hat, genießen zusätzlich zu den aus dem Wiener Übereinkommen über diplomatische Beziehungen (WÜD) vom 18. April 1961 entlehnten Schutzgewährungen (vgl. Art. XII Abs. 5 lit. c) und d) und Abs. 6 lit. e) des Sitzabkommens) eine den Regelungen der Art. 8 Abs. 1 lit. a) und Art. 9 Europol-Immunitätenprotokoll vergleichbare Immunität (vgl. Art. XII Abs. 5 lit. a) und Art. 6 lit. a) i. V. m. Art. XIII des Sitzabkommens).

Den Mitgliedern des Personals von Europol gewährt Art. XII Abs. 1 lit. b) des Sitzabkommens folgende Immunität: Sie selbst und die in ihrem Haushalt lebenden Familienangehörigen genießen denselben Schutz und dieselben Erleichterungen bezüglich der Rückkehr in den Heimatstaat, wie sie im Falle einer internationalen Krise den in vergleichbarem Rang stehenden Bediensteten der im Königreich der Niederlande errichteten diplomatischen Missionen gewährt werden.

5. Artikel 42 Abs. 1 Europol-Konvention i. V. m. den Vereinbarungen zwischen den Niederlanden und den EU-Mitgliedstaaten über die Immunitäten der Verbindungsbeamten

Auch die bei Europol tätigen Verbindungsbeamten der Mitgliedstaaten genießen Immunität. Diese Immunitätsgewährung ist in den zwischen den Niederlanden und den übrigen 14 EU-Mitgliedstaaten gemäß Art. 42 Abs. 1 Europol-Konvention geschlossenen gleichlautenden bilateralen Abkommen[49] über den Status der nationalen Verbindungsbeamten und ihrer Familienangehörigen in den Niederlanden[50] wie folgt normiert worden:[51]

---

[48] Ratsdok.-Nr. 5150/1/98, REV 1 (Europol 5) vom 03.09.1998.

[49] Für diese Vereinbarungen existieren keine Ratsdokumentennummern, da sie auf diplomatischem Wege verteilt worden sind – vgl. insoweit BT-Europaausschuss-Drs. 14/0070 (Schreiben des BMI vom 5. November 1998).

[50] Die bilaterale Vereinbarung zwischen der Bundesrepublik Deutschland und dem Königreich der Niederlande ist mit dem Datum der Antwortnote des Auswärtigen Amtes vom 10. März 1999 (Auswärtiges Amt, Gz: E 13 – 350.80/4) auf die Verbalnote des Königreichs der Niederlande vom 2. März 1999 – Nr. PA/Bon-29/99 (Europol) – in Kraft getreten.

[51] Siehe Anlage 2 der Antwortnote des Auswärtigen Amtes vom 10. März 1999.

Artikel 2: Vorrechte und Immunitäten

(1) Vorbehaltlich dieser Vereinbarung genießen der Verbindungsbeamte[52] und die zu seinem Haushalt gehörenden Familienmitglieder, die nicht die niederländische Staatsangehörigkeit besitzen, in und gegenüber dem Königreich der Niederlande dieselben Vorrechte und Immunitäten, die nach dem Wiener Übereinkommen vom 18. April 1961 über diplomatische Beziehungen Mitgliedern des diplomatischen Personals gewährt werden.

(2) Die Immunität, die den in Absatz 1 aufgeführten Personen gewährt wird, gilt nicht
   i) im Fall eines von einem Dritten angestrengten Zivilverfahrens wegen erlittener Schäden, einschließlich Körperverletzung oder Tod infolge eines Verkehrsunfalls, der durch eine solche Person verursacht wurde, und läßt Artikel 32 des Europol-Übereinkommens unberührt;
   ii) für die Straf- und Zivilgerichtsbarkeit in bezug auf Handlungen, die nicht in Ausübung ihres Amtes vorgenommen wurden.

(3) Die Verpflichtungen von Entsendestaaten und ihren Bediensteten, die nach dem Wiener Übereinkommen für Mitglieder des diplomatischen Personals gelten, gelten auch für die in Absatz 1 genannten Personen.

Diese Immunitätsgewährung hat der österreichische Bundesrat *Windholz* (Freiheitliche) wie folgt kritisiert: „Selbst bei größter Phantasie kann ich wirklich keine Gründe erblicken, mit denen (...) diese Immunitäten zu rechtfertigen sind. (...).“[53]
Bundesrat *Linzer* (ÖVP) widersprach dieser Kritik und rechtfertigte die Immunitätsgewährung für die Verbindungsbeamten insbesondere unter Hinweis auf die sowohl für die Europol-Beamten als auch für die Verbindungsbeamten existierenden „sehr gefahrvollen“[54] Arbeitsbedingungen:

> „Meine Fraktion (ist) der Meinung, daß Europol nur dann funktionieren kann, wenn den Beamten von Europol und insbesondere den von den Nationen entsandten Verbindungsbeamten entsprechende Rahmenbedingungen beziehungsweise Arbeitsbedingungen geschaffen werden, die auch persönliche Rechte beinhalten, damit diese Beamten einen völlig freien Rücken haben und wirklich optimale Arbeit geleistet werden kann. Es ist nun einmal nicht dasselbe, wenn jemand bei Europol arbeitet – wie in diesem Fall als Verbindungsbeamter – oder andere Beamte diplomatischen Status in der Europäischen Union haben. Denn das Amt des Verbindungsbeamten ist besonders schwierig, gefahrvoll und verantwortungsvoll. (...) Meine Fraktion ist der Meinung, daß es zweifellos notwendig ist, den Beamten den Rücken zu stärken, die – wie gesagt – unter sehr gefahrvollen Bedingungen arbeiten werden.“[55]

---

[52] Art. 1 lit. a) dieser bilateralen Vereinbarungen definiert den „Verbindungsbeamten“ als einen Amtsträger, der nach Art. 5 des Europol-Übereinkommens zu Europol entsandt worden ist.

[53] Stenographisches Protokoll der 655. Sitzung des Bundesrates der Republik Österreich vom 2. Juni 1999, S. 110 f.

[54] Stenographisches Protokoll, a.a.O., S. 112 f. Im Folgenden Gegenstand gesonderter Untersuchung.

[55] Stenographisches Protokoll, a.a.O., S. 112 f.

II. Ratifikationsverfahren – kontroverse politische und fachliche Diskussion

1. Bundesrepublik Deutschland

Das Europol-Übereinkommen, das nach Mitteilung des Bundesministeriums des Innern „unter Eingehung vieler, oft nicht zufriedenstellender Kompromisse vereinbart worden ist,"[56] sowie die Ausführungsbestimmungen zu diesem Übereinkommen, in deren Erarbeitung – so *Kölbach* – „einiges an Zündstoff"[57] verborgen lag, sind in der Bundesrepublik Deutschland auf politischer und fachlicher Ebene kontrovers diskutiert worden.[58]
Die kritischen Diskussionen erstrecken sich in besonderem Maße auf die durch die Europol-Konvention und das Immunitätenprotokoll gewährte Immunität für Europol-Bedienstete[59] – ein Thema, das nach Einschätzung von *Lisken/Mokros* „nicht stillschweigend übergangen werden"[60] dürfe, da mit dem Inkrafttreten der Europol-Konvention erstmals Angehörige einer Polizeibehörde in Bezug auf ihre Diensthandlungen von der Gerichtsbarkeit freigestellt würden.[61]

„Die Liste der Vorwürfe ist" – so die Einschätzung des Bundesministeriums des Innern – „lang und es fehlt nicht an griffigen Formulierungen."[62] So qualifiziert *Ostendorf* beispielsweise die strafrechtliche Immunitätsgewährung als einen „rechtsstaatlichen Sündenfall"[63] – eine Einschätzung, die *Hailbronner* beim gegenwärtigen Stand des Europol-Übereinkommens als nicht gerechtfertigt bewertet.[64]

Die Kritik konzentriert sich insbesondere auf die durch Art. 8 Abs. 1 Europol-Immunitätenprotokoll gewährte strafrechtliche Immunität für Europol-Bedienstete, d.h. deren Freistellung von strafrechtlicher Verantwortlichkeit.

---

56 Pressemitteilung des BMI vom 1. Oktober 1998.

57 *Kölbach*, Die Polizei 1996, S. 245 (249); vgl. beispielsweise Stellungnahme des Landesbeauftragten für den Datenschutz (im Folgenden: *LfD*) des Landes NRW, (http://www.lfd.nrw.-de/infostand/info_3_5.html – Stand: 09.07.2001): Die „automatisierten Informationssammlungen [zentrales Informationssystem, Arbeitsdateien zu Analysezwecken, Indexsystem zu den Arbeits- und Analysedateien – Anmerkung Verfasser] sind datenschutzrechtlich äußerst brisant." Diese sind im Folgenden Gegenstand gesonderter Untersuchung.

58 Vgl. Informationsschrift des Bundesministeriums des Innern „Innenpolitik" (im Folgenden: Innenpolitik) Nr. VI 1997, S. 13 f; *Hölscheidt/Schotten*, NJW 1999, S. 2851 (2851) m.w.N.

59 Vgl. Innenpolitik Nr. VI 1997, S. 13 f: Europol – speziell das Europol-Immunitätenprotokoll – ist „Gegenstand teilweise heftiger" Kritik; *Nachbaur*, KJ 1998, S. 231 (231): „Stein des Anstoßes ist vor allem die in diesem Protokoll den Europol-Mitarbeitern unionsweit zugebilligte „Immunität von jeglicher Gerichtsbarkeit" (Art. 8 Abs. 1 lit. a) ImmuPr), d.h. deren grundsätzlich diplomatenähnliche Freistellung von straf-, zivil- und verwaltungsrechtlicher Verantwortlichkeit."; *Aschmann*, S. 198 m.w.N.: „(...) Problematik der Immunität von Europol-Bediensteten, die zum heutigen Zeitpunkt heftig umstritten ist."

60 *Lisken/Mokros*, Vorgänge 1997, S. 101 (106).

61 *Lisken/Mokros*, a.a.O., S. 101 (106).

62 Innenpolitik Nr. VI 1997, S. 14.

63 *Ostendorf*, NJW 1997, 3418 (3420).

64 *Hailbronner*, JZ 1998, S. 283 (289): „Beim gegenwärtigen Stand des Europol-Übereinkommens kann die Immunitätenregelung aber nicht als Einbruch in die rechtsstaatlichen Strukturen des Grundgesetzes angesehen werden."

Der Landesbeauftragte für den Datenschutz des Landes Nordrhein-Westfalen (NRW) erachtet „(...) die Freistellung der Europol-Bediensteten von jeglicher strafrechtlicher Verantwortlichkeit für verfassungsrechtlich äußerst bedenklich und zudem für rechtspolitisch verfehlt.“[65]
Auch *Lisken/Mokros* bewerten die Immunitätsgewährung für Europol-Bedienstete als „verfassungshistorisch und verfassungsrechtlich höchst bedenklich“.[66] Sie rechtfertige den „Vorwurf der Verfassungsuntreue“[67] und gebiete daher „Protest und Widerstand“.[68]

Die kritischen Auseinandersetzungen mündeten beispielsweise in der Einschätzung, durch Europol werde „eine Art westeuropäischer Geheimdienst“[69] geschaffen – eine Bewertung, die auch vom Deutschen Richterbund und der Neuen Richtervereinigung geteilt worden ist[70] – und ein rechtlicher Rückschritt in die „Zeit des aufgeklärten Absolutismus“[71] vollzogen.[72]

Über die „vielfach geäußerte Kritik“[73] zur Immunitätenregelung haben sich Bundestag und Bundesrat – so die Auffassung des Landesbeauftragten für den Datenschutz des Landes NRW – „hinweggesetzt“.[74]

a) Bundesrat

In der Sitzung des Unterausschusses Recht des Bundesrates vom 4. November 1997 hat der Berichterstatter zum Europol-Immunitätenprotokollgesetz *Göbel-Zimmermann*[75] die den Europol-Bediensteten durch Art. 8 Abs. 1 Europol-Immunitätenprotokoll eingeräumte Immunität als eine rechtsstaatlichen Erfordernissen nicht Rechnung tragende Freistellung von rechtlicher Verantwortlichkeit bewertet,[76] die aufgrund der zeitlichen Erstreckung über die Amtstätigkeit hinaus faktisch eine sogenannte Indem-

---

65 *LfD-NRW*, 14. Datenschutzbericht 1999, S. 71.
66 *Lisken/Mokros*, Vorgänge 1997, S. 101 (106).
67 *Lisken/Mokros*, a.a.O., S. 101 (107).
68 *Lisken/Mokros*, a.a.O., S. 101 (106).
69 *Leuthardt*, S. 54; vgl. *Prantl*, DRiZ 1997, S. 234 (235); *Goerdeler*, (http://www.hintergrund.-com/m049708.htm – Stand: 06.09.1999), S. 2; *Tolmein*, (http://www.hintergrund.de/mrep/-m039802.htm – Stand: 19.04.1999), S. 2: Das Europol-Gesetz liefert den Rahmen für eine neue Behörde, „der eher auf einen Geheimdienst als auf eine reguläre Polizei zugeschnitten ist.“; *ders.*, S. 3: „neue Geheimpolizei“.
70 Der Deutsche Richterbund und die Neue Richtervereinigung haben ausweislich ihrer Pressemitteilungen vom 5. Juli und 20. August 1997 in Bezug auf Europol vor einer „Geheimpolizei“ (zitiert nach *Ostendorf*, NJW 1997, S. 3418 (3419)) gewarnt.
71 *Weichert*, in: Baldus/Soiné, S. 72 (85).
72 A.a. *Daub*, in: Baldus/Soiné, S. 86 (93), der diese Kritik als „stereotyp erhobene Vorwürfe“ bewertet; *Bundesregierung*, welche die gegenüber dem Europol-Immunitätenprotokoll geäußerte Kritik als „unbegründet“ erachtet – Innenpolitik Nr. VI 1997, S. 13; vgl. *Hailbronner*, JZ 1998, S. 283 (289).
73 *LfD-NRW*, 14. Datenschutzbericht 1999, S. 71.
74 *LfD-NRW*, a.a.O., S. 71.
75 RiVGH (Hessen).
76 Niederschrift, Unterausschuss-Recht des BR vom 04.11.1997, Nr. R 70/97, TOP 8, S. 57 (60).

nität[77] gewähre.[78] Insbesondere „für die weitgehende strafrechtliche Immunität"[79] bestehe „weder völkerrechtlich noch nach Art. 41 Abs. 1 des Europol-Übereinkommens eine zwingende Notwendigkeit, so dass insoweit gegen die Regelungen verfassungsrechtliche Bedenken"[80] bestånden.

Ausgehend von dieser Bewertung hatte das Land Hessen im Unterausschuss Recht des Bundesrates beantragt:

> „Der UA R schlägt dem Rechtsausschuss vor, dem Bundesrat zu empfehlen, den Gesetzentwurf [das Europol-Immunitätenprotokollgesetz – Anmerkung Verfasser] gemäß Art. 76 Abs. 2 des Grundgesetzes abzulehnen. Begründung: Gegen das Europol-Immunitätenprotokoll bestehen erhebliche verfassungsrechtliche und verfassungspolitische Bedenken, die eine Ratifizierung in der vorgelegten Form ausschließen. Soweit durch Art. 8 des Protokolls weitgehende strafrechtliche Immunität eingeräumt wird, wird dies rechtsstaatlichen Erfordernissen nicht gerecht. (...) Auch ist weder die nach Völkerrecht noch die nach Art. 41 Abs. 1 des Europol-Übereinkommens geforderte Notwendigkeit der Gewährung der Immunitäten zur Aufrechterhaltung der Funktionsfähigkeit von Europol dargetan."[81]

Dieser Antrag wurde mit 2:7:7 Stimmen gegen das Votum des Landes Hessen und der Hansestadt Bremen, bei Enthaltung der Länder Brandenburg, Mecklenburg-Vorpommern, Niedersachsen, Schleswig-Holstein, Thüringen, Saarland, Sachsen-Anhalt abgelehnt.[82]
Vielmehr empfahl der Unterausschuss Recht dem Rechtsausschuss des Bundesrates mit 8:3:5 Stimmen – gegen die Stimmen der Hansestadt Bremen und der Länder Hessen und Niedersachsen – keine Einwendungen gegen das Europol-Immunitätenprotokollgesetz zu erheben.[83]

Eine kritische Bewertung des Entwurfs des Europol-Immunitätenprotokollgesetzes enthält auch der Antrag des Landes Schleswig-Holstein vom 27. November 1997, in dem der Bundesrat aufgefordert wird zu beschließen:

> „Gegen die Immunität der Angehörigen von Europol werden eine Reihe von verfassungsrechtlichen und verfassungspolitischen Bedenken geltend gemacht. Der Bundesrat bekräftigt die Auffassung, daß zur Funktionsfähigkeit von Europol die vorgesehenen Immunitätsregelungen nicht erforderlich sind."[84]

---

[77] Vgl. insoweit auch *Meyer* (MdB SPD), Protokoll der 97. Sitzung des Rechtsausschusses des BT vom 8. Oktober 1997 (im Folgenden: BT-Rechtsausschuss-Prot. 13/97), S. 35: „Da diese Privilegien zudem lebenslänglich gelten sollen, handele es sich hierbei nicht um eine Immunitäts-, sondern um eine Indemnitätsregelung, die sachlich nicht zu rechtfertigen sei."

[78] Niederschrift, Unterausschuss-Recht des BR vom 04.11.1997, Nr. R 70/97, TOP 8, S. 57 (62).

[79] Niederschrift, Unterausschuss-Recht des BR, a.a.O., S. 57 (60).

[80] Niederschrift, Unterausschuss-Recht des BR, a.a.O., S. 57 (62).

[81] Niederschrift, Unterausschuss-Recht des BR, a.a.O., S. 57 (66).

[82] Vgl. Niederschrift, Unterausschuss-Recht des BR, a.a.O., S. 57 (66).

[83] Niederschrift, Unterausschuss-Recht des BR, a.a.O., S. 57 (67).

[84] Antrag vom 27.11.1997 – BR-Drs. 820/1/97, S. 1 (1). Anmerkung: In seinem 20. Tätigkeitsbericht für das Jahr 1998 hatte der LfD des Landes Schleswig-Holstein die Immunitätsgewährung für Europol-Bedienstete kritisiert und gefordert: „Die Landesregierung sollte das Immunitäten-

Dieser Antrag wurde abgelehnt, obwohl – so *Hirsch* – „dazu ursprünglich völlige Übereinstimmung der Ländervertreter bestanden hatte.“[85]

b) Bundestag

Im parlamentarischen Verfahren zur Ratifizierung des Europol-Übereinkommens und des Europol-Immunitätenprotokolls erfolgte ebenfalls eine kritische, nach Einschätzung des parlamentarischen Staatssekretärs im Bundesministerium des Innern, *Eduard Lintner*, „teilweise aufgeregte Debatte“[86] über die Immunitätsgewährungen.[87]

„Hauptkritikpunkt am Immunitätenprotokoll“[88] ist die Regelung des Art. 8 Abs. 1 Europol-Immunitätenprotokoll.[89]

---

täten-Protokollgesetz in der gegenwärtigen Form im Bundesrat ablehnen.“ – (http://www.rewi.hu-berlin.de/Datenschutz/DSB/SH/material/tb/tb20/kap4_2.htm – Stand: 09.07.01).

85 *Hirsch*, ZRP 1998, S. 10 (11).

86 2. Beratung und Schlussabstimmung des Europol-Immunitätenprotokollgesetzes, BT-Plenarprotokoll 13/225 vom 27.03.1998, S. 20704.

87 Vgl. *Kemper* (MdB SPD), 1. Beratung des Europol-Immunitätenprotokollgesetzes, BT-Plenarprotokoll 13/207 vom 27.11.1997, S. 18931: „Fragen nach dem Umfang beispielsweise der Immunitätsgewährung sind zum Zankapfel geworden.“, „heftigen Debatte (...) um das Europol-Gesetz“; *Stadler* (MdB FDP), BT-Plenarprotokoll 13/207, S. 18933: „Die Kritik in der Fachwelt und in der politischen Öffentlichkeit hat sich vor allem entzündet an dem Europol-Immunitätenprotokoll, dessen Umsetzung in innerstaatliches Recht wir heute in erster Lesung behandeln.“ Zur Kritik – siehe: *Sterzing* (MdB Bündnis 90/Die Grünen) 1. Beratung des Europol-Gesetzes, BT-Plenarprotokoll 13/172 vom 24.04.1997, S. 15483: „Hier werden nach unserer Auffassung [der Fraktion Bündnis 90/Die Grünen – Anmerkung Verfasser] demokratische Prinzipien wie Gewaltenteilung und Gewaltenkontrolle aufgegeben und fundamentale rechtsstaatliche Standards unterlaufen. Das können wir, das kann auch dieser Bundestag nicht widerspruchslos hinnehmen.“; Antrag der SPD im Rechtsausschuss zum Europol-Gesetz (Anlage 2 der Beschlussempfehlung und des Berichts des federführenden Innenausschusses – BT-Drs. 13/8731, S. 8): Durch die Immunität wird nach Überzeugung der SPD „eine rechtsstaatliche Kontrolle ausgehebelt.“; *Meyer* (MdB SPD), BT-Plenarprotokoll 13/225, S. 20701: „Polizeibeamte sollten keine Immunität genießen. Polizeiliches Handeln muss überprüfbar und transparent sein. Immunität, und sei sie auch noch so eingeschränkt, schürt Misstrauen in polizeiliche Maßnahmen und schadet so auch den handelnden Polizeibeamten und der Institution Europol.“; *Wieczorek-Zeul* (MdB SPD), BT-Plenarprotokoll 13/198 vom 10. Oktober 1997, S. 17899: Das Europol-Immunitätenprotokoll ist für die SPD-Bundestagsfraktion „nicht akzeptabel“ da es „rechtsstaatlichen Prinzipien“ nicht entspricht (vgl. insoweit auch den mit der Mehrheit der Stimmen der Koalitionsfraktionen (CDU/CSU und FDP) abgelehnten Antrag der SPD-Bundestagsfraktion auf Ergänzung der Beschlussempfehlung – BT-Drs. 13/8731, Beschlussempfehlung und Bericht des Innenausschusses zum Europol-Gesetz, S. 5: „In der vorliegenden Form kann dem Immunitätenprotokoll nicht zugestimmt werden.“); *v. Plottnitz* (Justizminister des Landes Hessen), BR-Plenarprotokoll, 718. Sitzung vom 07.11.1997 (im Folgenden: BR-Plenarprotokoll 718), S. 508: „Meine Damen und Herren, ich halte das [die Immunitätsgewährung – Anmerkung Verfasser] sowohl rechtspolitisch als auch europapolitisch für eine Schnappsidee.“

88 *Hirsch*, ZRP 1998, S. 10 (11).

89 Vgl. *Hirsch*, ZRP 1998, S. 10 (11); (13): „Gegen das Europol-Immunitätenprotokoll sind massive Bedenken vorgetragen worden.“

aa) (Strafrechtliche) Immunitätsgewährung – zentraler Kritikpunkt

Im Rahmen der Beratungen des Rechtsausschusses des Deutschen Bundestages zum Europol-Gesetz hat *Meyer* (MdB SPD) die Immunitätsgewährung für Europol-Bedienstete kritisiert[90] und insbesondere die Regelung des Art. 2 § 8 Europol-Gesetz als in besonderem Maße verfassungsrechtlich bedenklich bewertet.[91] *Hirsch* (MdB FDP) hat die strafrechtliche Immunitätsgewährung sogar als verfassungswidrig qualifiziert.[92] Der Abgeordnete *Stadler* (MdB FDP) erachtet es „schon vom Ansatz her völlig falsch, für Europol-Bedienstete eine strafrechtliche Immunität vorzusehen."[93]

In ihrem Entschließungsantrag vom 25. März 1998 zum Europol-Immunitätenprotokollgesetz hat die SPD-Bundestagsfraktion zur strafrechtlichen Immunität der Europol-Bediensteten kritisch ausgeführt:

> „Für eine solche strafrechtliche Immunitätsgewährung wie in Art. 8 des Immunitätenprotokolls besteht weder völkerrechtlich noch nach Art. 41 Abs. 1 des Europol-Übereinkommens eine zwingende Notwendigkeit. Die Regelung des Übereinkommens betont den funktionalen Charakter der Immunität, indem nur die „zur Erfüllung ihrer Aufgaben erforderlichen Vorrechte und Immunitäten" eingeräumt werden sollen. Bei den für Europol gegenwärtig vorgesehenen Aufgaben (Informationsaustausch, Analyse, Forschung, Entwicklung, Fortbildung und evtl. Beratung bei Ermittlungen) ist eine strafrechtliche Immunität der Bediensteten nicht erforderlich."[94]

Aufgrund des fortgeschrittenen Integrationsprozesses der EU,[95] der dazu geführt hat, dass „man Europa (...) inzwischen als Quasi-Inland bezeichnen kann,"[96] ist – insbesondere die strafrechtliche – Immunitätsgewährung[97] vielfach als ein „Anachronis-

---

90 *Meyer* (MdB SPD), BT-Rechtsausschuss-Prot. 13/97, S. 35 ff.

91 BT-Rechtsausschuss-Prot. 13/97, S. 35; vgl. insoweit auch BT-Drs. 13/8731, Beschlussempfehlung und Bericht des Innenausschusses zum Europol-Gesetz, S. 7, Anlage 2. In der zweiten Beratung und Schlussabstimmung des von der Bundesregierung eingebrachten Entwurfs eines Europol-Gesetzes hat der Abgeordnete und jetzige parlamentarische Staatssekretär im Bundesministerium des Innern, Fritz Rudolf *Körper* (SPD), verfassungsrechtliche Bedenken in Bezug auf die Immunitätsregelung des § 8 Europol-Gesetz geäußert und betont, dass zum Thema Immunität noch erheblicher Aufklärungsbedarf bestehe – BT-Plenarprotokoll, 13/198 vom 10. Oktober 1997, S. 17894. Vgl. auch *Petri*, S. 44: „Insgesamt vermittelt das EuropolG den Eindruck, mit „heißer Nadel gestrickt" zu sein und weist dem entsprechend erhebliche Qualitätsmängel auf."

92 BT-Plenarprotokoll 13/225, S. 20705.

93 BT-Plenarprotokoll 13/207, S. 18934.

94 BT-Drs. 13/10203, S. 2.

95 Vgl. S. 1 f.

96 *Voss*, Protokoll Nr. 75 des Innenausschuss des Deutschen Bundestages zur Sachverständigenanhörung vom 20. Januar 1998 zum Europol-Immunitätenprotokollgesetz (im Folgenden: BT-Innenausschuss-Prot. 13/75), S. 14: „Wir bauen ein Europa, das so weit fortgeschritten ist, (...) daß man es inzwischen als Quasi-Inland bezeichnen kann."; vgl.: SPD-BT-Fraktion, BT-Drs. 13/10201, S. 4; Beschlussempfehlung und Bericht des BT-Innenausschusses, BT-Drs. 13/10201, S. 4.

97 Vgl. *Nehm*, BT-Innenausschuss-Prot. 13/75, S. 13: „In einem zusammenwachsenden Europa bedeutet strafrechtliche Immunität für eine Exekutivbehörde, auf der Ebene polizeilicher Tagesarbeit, einen Anachronismus."

mus"[98] bewertet und die Bundesregierung aufgefordert worden, die Frage der Gewährung von Immunitäten nicht nur bei Europol, sondern auch bei anderen europäischen Einrichtungen kritisch zu überprüfen.[99]

bb) Verfahrenskritik

Gegenstand der Kritik war auch das Verfahren zur Ratifizierung des Europol-Übereinkommens und des Europol-Immunitätenprotokolls.

Das Europol-Übereinkommen, das in Art. 41 die Grundsatzentscheidung der Immunitätsgewährung normiert,[100] ist in der Bundesrepublik Deutschland durch das Europol-Gesetz vom 16. Dezember 1997[101] ratifiziert worden. Der Entwurf des von der Bundesregierung mit Datum vom 10. April 1997 eingebrachten Europol-Gesetzes[102] wurde erstmals am 24. April 1997 im Plenum des Deutschen Bundestages beraten.[103] Die zweite Beratung und Schlussabstimmung des Europol-Gesetzes erfolgte am 10. Oktober 1997.[104]
Nach dieser Schlussabstimmung wurde von der Bundesregierung mit Datum vom 17. November 1997 der Entwurf des Europol-Immunitätenprotokollgesetzes[105] in das parlamentarische Verfahren eingebracht und am 27. November 1997 erstmals im Plenum des Deutschen Bundestages beraten.
Durch diese zeitliche Abfolge hat „die Bundesregierung" – so *von Plottnitz*, Justizminister des Landes Hessen, – „die Entscheidung über das Immunitätenprotokoll sehr kunstfertig von der Entscheidung über das Europol-Gesetz abgetrennt."[106] Beides gehöre jedoch „unverzichtbar zusammen",[107] da „das eine nicht ohne das andere gedacht werden"[108] könne. Bundestag und Bundesrat sollten daher – so *von Plottnitz* –

---

98 *Nehm*, BT-Innenausschuss-Prot. 13/75, S. 13; *Stadler* (MdB FDP), BT-Plenarprotokoll 13/207, S. 18933: „Die öffentliche Kritik ist berechtigt, denn bei dem Immunitäten-Protokoll handelt es sich um einen Anachronismus"; vgl. *Frowein*, BT-Innenausschuss-Prot. 13/75, S. 15: „Ich habe sehr viel Sympathie mit der auch von Herrn Generalbunndesanwalt Nehm und auch von anderen geäußerten Auffassung, daß Immunität in Europa eigentlich anachronistisch sei."; *Leutheusser-Schnarrenberger*, BT-Plenarprotokoll 14/63 vom 28. Oktober 1999, S. 5589; SPD-BT-Fraktion, BT-Drs. 13/10201, S. 4: Den Inhalt des Europol-Immunitätenprotokolls hält die Fraktion der SPD aber für anachronistisch, weil sich die Europäische Union in Richtung Binnenland entwickeln wird."

99 Vgl. *Meyer* (MdB SPD), BT-Plenarprotokoll 13/225, S. 20701; *Stadler* (MdB FDP), BT-Plenarprotokoll 13/225, S. 20703; *ders.*, BT-Innenausschuss-Prot. 13/75, S. 37; *Hailbronner*, BT-Innenausschuss-Prot. 13/75, S. 19, 34, 38.

100 Vgl. S. 7.

101 BGBl. II, 1997, S. 2150 ff.

102 BT-Drs. 13/7391.

103 Vgl. BT-Plenarprotokoll 13/172, S. 15479 ff.

104 Vgl. BT-Plenarprotokoll 13/198, S. 17888 ff.

105 BT-Drs. 13/9084.

106 BR-Plenarprotokoll 718, S. 509.

107 BR-Plenarprotokoll 718, S. 509.

108 BR-Plenarprotokoll 718, S. 509.

bei der Ratifikation des Europol-Übereinkommens „letztlich über die ‚Katze im Sack‘[109]“ abstimmen.

Auch die Abgeordneten des Deutschen Bundestages kritisierten die Vorgehensweise der Bundesregierung. Der heutige parlamentarische Staatssekretär im Bundesministerium des Innern, *Körper* (MdB SPD), äußerte in der zweiten Beratung und Schlussabstimmung des Europol-Gesetzes sein Erstaunen über die „Art und Weise, mit der die Vertragsgesetze zum Europol-Übereinkommen und zum Europol-Auslegungsprotokoll durch das Plenum gebracht werden sollen“,[110] obwohl Europol seine Arbeit erst aufnehmen könne, wenn alle dafür grundlegenden Rechtsakte[111] in Kraft getreten seien. Konkret bedeute dies: Solange unter anderem das Europol-Immunitätenprotokoll noch nicht in Kraft sei, gehe „es sowieso mit Europol nicht los“.[112] Das Europol-Immunitätenprotokoll stehe – so *Körper*[113] – zwar schon im Amtsblatt der Europäischen Gemeinschaft; es sei aber noch nicht Gegenstand der Beratungen des Deutschen Bundestages und sollte es ursprünglich auch gar nicht werden, weil die Bundesregierung dieses Protokoll per Rechtsverordnung in Kraft setzen wollte.[114]
„Inzwischen hat man gemerkt,“ – so *Körper* – „daß eine Regelung, die die Gemüter dermaßen bewegt, nicht an der Volksvertretung vorbeilaufen sollte und kann. Dann wäre es freilich konsequent, nach gründlicher Beratung des Ratifikationsgesetzes zum Immunitätenprotokoll alles in einem Aufwasch zu verabschieden. Statt dessen soll uns heute eine Zustimmung zu dem Übereinkommen und dem Auslegungsprotokoll abgenötigt werden. (...) Der Schwur wird auf das nächste Mal verschoben, und zwar auf den Zeitpunkt (...) wenn das Gras so hoch gewachsen ist, daß man den Hirsch darin nicht mehr sieht.“[115]

Kritik am Ratifikationsverfahren des Europol-Übereinkommens äußerte auch der Abgeordnete *Such* (Bündnis 90/Die Grünen): „So wie die Beratungen zum Europol-Gesetz gelaufen sind, kann man nicht nur von demokratischen Defiziten sprechen, sondern von einer demokratischen Katastrophe. Es ist nicht zu verstehen, dass sich Parlamentarier immer wieder damit abspeisen lassen, über Dinge zu beraten, die nur in der Entwurfsfassung oder schlichtweg noch gar nicht vorliegen und immer wieder neu nachgebessert werden.“[116]
Die Abgeordnete *Jelpke* (MdB PDS) unterstützte diese Kritik. Die „hochproblematische Konvention“[117] sei nach dem Motto „Vogel, friß oder stirb“[118] vorgelegt, und

---

[109] BR-Plenarprotokoll 718, S. 508; vgl. *Sterzing* (MdB Bündnis 90/Die Grünen), BT-Plenarprotokoll 13/172, S. 15484: „Sie verkaufen uns hier praktisch die Katze im Sack.“
[110] BT-Plenarprotokoll 13/198, S. 17893.
[111] Zu den die Europol-Konvention begleitenden Rechtsakten – vgl. S. 6.
[112] BT-Plenarprotokoll 13/198, S. 17894.
[113] BT-Plenarprotokoll 13/198, S. 17894.
[114] Vgl. *Sterzing* (MdB Bündnis 90/Die Grünen) BT-Plenarprotokoll 13/207, S. 18932: Es bedurfte „einiger Drohgebärden der Parlamentarier gegenüber dem Innenministerium (...), um zu verhindern, daß dieses Protokoll am Parlament vorbei in Kraft gesetzt wird.“
[115] BT-Plenarprotokoll 13/198, S. 17894.
[116] BT-Plenarprotokoll 13/198, S. 17895 f.
[117] BT-Plenarprotokoll 13/198, S. 17898.

der Deutsche Bundestag „dadurch in eine unerträgliche Zwangslage“[119] gebracht worden. Das Europol-Übereinkommen sollte – so die Einschätzung der Abgeordneten – durch die Gremien des Deutschen Bundestages „gedroschen werden“,[120] obgleich dessen Durchführungsbestimmungen bis zum Zeitpunkt der Schlussabstimmung über das Europol-Gesetz nicht vorgelegen hätten. Dies sei ein „Skandal.“[121]
Nach der ersten Beratung des Europol-Immunitätenprotokollgesetzes wurde am 20. Januar 1998 unter Federführung des Innenausschusses des Deutschen Bundestages eine öffentliche Sachverständigenanhörung zu diesem Gesetzentwurf durchgeführt.[122]

Lediglich in Holland, Dänemark und Schweden haben – so *Cusack*[123] – die Parlamentarier die Beratung der die Europol-Konvention begleitenden Rechtsakte von der Vorlage dieser Rechtsakte bzw. von deren Einsichtnahme abhängig gemacht.

c) Standpunkt der Bundesregierung

Der frühere Bundesminister des Innern, *Kanther* (CDU/CSU), bewertete die Europol-Gesetzgebung als ein „pionierhaftes Vorhaben“[124], bei dem „nicht alle Vorstellungen aller Vertragspartner“[125] hätten verwirklicht werden können und appellierte an die Mitglieder des Innen-, Rechts- und Europaausschusses des Deutschen Bundestages, die „begreifliche Kritik an einzelnen Aspekten hinter die Verwirklichung des Grundanliegens einer intensiveren Verbrechensbekämpfung zurückzustellen.“[126]
In der zweiten Debatte und Schlussabstimmung des Europol-Gesetzes nahm *Kanther* zur Immunitätsgewährung für Europol-Bedienstete wie folgt Stellung: „Für die Bundesregierung war das nicht wichtig. Die Bundesregierung hätte das so nicht gebraucht. (...) es wäre für uns schon jetzt ohne gegangen.“[127]

---

118 BT-Plenarprotokoll 13/198, S. 17898; vgl. *v. Plottnitz*, Justizminister des Landes Hessen, der die Einbeziehung des Bundesrates in das Ratifikationsverfahren zum Europol-Gesetz ebenfalls nach dem „Motto: „Friß oder stirb!“ charakterisiert – BR-Plenarprotokoll 718, S. 508.

119 BT-Plenarprotokoll 13/198, S. 17898.

120 BT-Plenarprotokoll 13/198, S. 17898; vgl. *Holzberger/Schubert*, Blätter für deutsche und internationale Politik 1997, S. 1289 (1289): „Innerhalb einer einzigen Woche wurde die Europol-Konvention durch den Innen- und Rechtsausschuss des Deutschen Bundestages gepeitscht. Sachverständigenanhörung? Fehlanzeige! Der federführende Innenausschuss gar hielt es nicht für nötig, sich mit dem Aufbau der Europäischen Polizeibehörde länger als eine Viertelstunde zu befassen.“ (vgl. insoweit auch *Jelpke* (MdB PDS), BT-Plenarprotokoll 13/198, S. 17909; *Häfner* (MdB Bündnis 90/Die Grünen), BT-Plenarprotokoll 13/198, S. 17907; der Vorsitzende des Innenausschusses, *Penner* (MdB SPD), hat den Vorwurf der unsachgemäßen Behandlung im Innenausschuss zurückgewiesen – vgl. BT-Plenarprotokoll 13/198, S. 17910).

121 BT-Plenarprotokoll 13/198, S. 17898.

122 Vgl. BT-Innenausschuss-Prot. 13/75; im Folgenden Gegenstand gesonderter Untersuchung.

123 *Cusack*, in: The Irish Times, 14 October 1997, unter Bezugnahme auf eine Pressekonferenz der Abgeordneten des Europäischen Parlaments, Ms Patricia McKenna (MdEP Grüne), in Dublin am 13. Oktober 1997 (http://www.hartford-hwp.com/archives/60/021.html – Stand: 13.08.1999).

124 Schreiben des Bundesministers des Innern *Kanther* vom 28. Oktober 1997, BT-Europaausschuss-Drs. 13/1681, S. 4.

125 BT-Europaausschuss-Drs. 13/1681, S. 4.

126 BT-Europaausschuss-Drs. 13/1681, S. 4.

127 BT-Plenarprotokoll 13/198, S. 17900 f.

aa) Notwendigkeit zur Verbrechensbekämpfung in der EU

Kanther rechtfertigte die Hinnahme der Immunitätsgewährung mit dem Hinweis auf die Eilbedürftigkeit der Tätigkeitsaufnahme von Europol zur Verbrechensbekämpfung und die damit verbundene Notwendigkeit zur schnellstmöglichen Ratifizierung des Europol-Immunitätenprotokolls – eine für die Tätigkeitsaufnahme Europols erforderliche Voraussetzung (vgl. Art. 45 Abs. 4 Europol-Konvention).

bb) Fehlende praktische Relevanz strafrechtlicher Immunität nach geltendem Recht – restriktiver Aufgaben- und Befugnisrahmen

Entstehungsgeschichte und Verhandlungsgang des Europol-Immunitätenprotokolls verdeutlichten, dass die Bundesregierung den „voraussehbaren politischen Bedenken in Deutschland“[128] Rechnung getragen habe.[129]
Insbesondere sei es der Bundesregierung gelungen, die strafrechtliche Immunität für Europol-Bedienstete auf das für die Aufgabenwahrnehmung unbedingt notwendige Maß und damit auf „wenige Ausnahmefälle zu beschränken.“[130] „Praktisch alle strafrechtlich relevanten Fälle“[131] seien von der Immunitätsgewährung ausgenommen. Zudem gelte das Immunitätenprotokoll „nur für die derzeitigen Aufgaben von Europol als Datenzentralstelle.“[132]

cc) Evaluierungserfordernis – Artikel 17 Europol-Immunitätenprotokoll

„Im Falle einer veränderten Aufgabenstellung von Europol – insbesondere bei Übertragung operativer oder exekutiver Aufgaben“[133] müsse die Immunitätsfrage neu verhandelt werden.[134] Dies sei in Art. 17 Europol-Immunitätenprotokoll aufgrund „intensiver Verhandlungen“[135] der Bundesregierung normiert worden.[136]
„Ohne eine vorherige Änderung des Immunitätenprotokolls, die einstimmig erfolgen“ müsse, könnten „die jetzt eingeräumten persönlichen Immunitäten für die neuen

---

[128] *Kanther*, BT-Europaausschuss-Drs. 13/1681, S. 2.

[129] Im Folgenden Gegenstand gesonderter Untersuchung.

[130] *Lintner*, BT-Plenarprotokoll 13/207, S. 18935; vgl. *Kanther*, BT-Europaausschuss-Drs. 13/1681, S. 2: „(...) stark eingeschränkte Reichweite der Immunität“ – im Folgenden Gegenstand gesonderter Untersuchung.

[131] *Kanther*, BT-Europaausschuss-Drs. 13/1681, S. 2; vgl. *Lintner*, BT-Plenarprotokoll 13/207, S. 18935.

[132] *Kanther*, a.a.O., S. 2; *Lintner*, a.a.O., S. 18935 – im Folgenden Gegenstand gesonderter Untersuchung.

[133] *Lintner*, a.a.O., S. 18935.

[134] *Lintner*, a.a.O S. 18935; vgl. *Kanther*, BT-Europaausschuss-Drs. 13/1681, S. 2: „Im Falle einer veränderten Aufgabenstellung von Europol – insbesondere der Übertragung operativer Aufgaben“ muss „die Immunitätsfrage neu verhandelt werden“; *ders.*, BT-Plenarprotokoll 13/198, S. 17901: „Wenn Europol exekutive Befugnisse zuwachsen sollten, geht das nicht mehr mit dem Immunitätenprotokoll. Das ist unstreitig.“

[135] *Kanther*, BT-Europaausschuss-Drs. 13/1681, S. 2.

[136] *Kanther*, a.a.O., S. 2; *Lintner*, BT-Plenarprotokoll 13/207, S. 18935 – diese sogenannte Evaluierungsklausel ist im Folgenden Gegenstand gesonderter Untersuchung.

Kompetenzen also nicht automatisch weiter gelten."[137] „Sollte Europol zukünftig Eingriffsbefugnisse erhalten, wie sie derzeit nur nationalen Polizeidienststellen zukommen", würden „die Europolbediensteten insoweit keine Immunität beanspruchen können."[138]

dd) Sichtweise / Forderungen der EU-Partnerstaaten

Mehr sei – so die *Bundesregierung* – „bei der eindeutigen Haltung aller anderen 14 Mitgliedstaaten"[139] nicht zu erreichen gewesen.[140] Insoweit gelte es zu bedenken, dass das Immunitätenprotokoll „allein in Deutschland – nicht dagegen in den anderen Mitgliedstaaten – umstritten"[141] gewesen sei.
Die in den nationalen Parlamenten der Europol-Mitgliedstaaten[142] oftmals nicht bzw. nicht mit vergleichbarer Intensität geführte Diskussion zur Immunitätsgewährung[143] ist in den Ratifizierungsdebatten des Deutschen Bundestages auf die vielfach nicht bzw. nicht ausreichend vorhandene Kenntnis der Immunitätsregelungen zurückgeführt worden, da in den meisten Mitgliedstaaten das Europol-Immunitätenprotokoll – wie ursprünglich auch von der Bundesregierung beabsichtigt[144] – nicht durch Gesetz,[145] sondern lediglich durch Rechtsverordnung in nationales Recht umgesetzt worden ist.[146]
Die frühere Regierungskoalition rechtfertigte die Immunitätsgewährung für Europol-Bedienstete zudem mit dem Hinweis, dies sei „eine Forderung unserer europäischen Partner"[147] gewesen, die „darauf gedrängt"[148] hätten, „die Europol-Bediensteten den

[137] *Lintner*, a.a.O., S. 18935.
[138] *Lintner*, a.a.O., S. 18935.
[139] *Kanther*, BT-Europaausschuss-Drs. 13/1681, S. 2
[140] *Kanther*, a.a.O, S. 2.
[141] Kanther, a.a.O., S. 1; a.A. *Such* (MdB Bündnis 90/Die Grünen), BT-Plenarprotokoll 13/225, S. 20702 unter Hinweis auf „die kritische Debatte im schwedischen Reichstag und in anderen Staaten."
[142] Anders beispielsweise in Österreich.
[143] Vgl. *Such* (MdB Bündnis 90/Die Grünen), BT-Innenausschuss-Prot. 13/75, S. 24; *Penner* (MdB SPD) BT-Innenausschuss-Prot. 13/75, S. 23; *Stübgen* (MdB CDU/CSU), BT-Innenausschuss-Prot. 13/75, S. 27; *Jelpke* (MdB PDS) BT-Innenausschuss-Prot. 13/75, S. 43.
[144] Vgl. S. 18 – siehe *Sterzing* (MdB Bündnis 90/Die Grünen), BT-Plenarprotokoll 13/207, S. 18932: Es bedurfte „einiger Drohgebärden der Parlamentarier gegenüber dem Innenministerium (...), um zu verhindern, daß dieses Protokoll am Parlament vorbei in Kraft gesetzt wird."
[145] So beispielsweise jedoch in Österreich – mit kontroverser Debatte – im Folgenden Gegenstand gesonderter Untersuchung.
[146] Vgl. *Stübgen* (MdB CDU/CSU), BT-Innenausschuss-Prot. 13/75, S. 27: „Weil die meisten Mitgliedstaaten das per Rechtsverordnung einführen, ohne ein eigenes Gesetz."; *Such*, BT-Innenausschuss-Prot. 13/75, S. 24: „Die Frage, warum es in den anderen Ländern nicht zu dieser Diskussion geführt hat, kann ich aus meiner persönlichen Bewertung bei diesen persönlichen Gesprächen darauf zurückführen, daß es in den Parlamenten jetzt nicht so zur Kenntnis genommen wird, wie das hier in Deutschland der Fall gewesen ist. Ich habe in weiten Bereichen der Parlamentarier, mit denen wir sprechen konnten, riesige Defizite festgestellt. Insofern konnte die Diskussion in der Öffentlichkeit dort auch nicht geführt werden."
[147] *Marschewski* (MdB CDU/CSU), BT-Plenarprotokoll 13/225, S. 20700.
[148] Schreiben des Staatssekretärs im Bundesministerium des Innern *Schelter* an den Vorsitzenden des Innenausschusses des Deutschen Bundestages vom 18. Juni 1997, BT-Europaausschuss-

Bediensteten anderer internationaler Einrichtungen, die ebenfalls Amtsimmunität genießen, gleichzustellen."[149] *Marschewski* (MdB CDU/CSU) gelangte daher zu der Schlussfolgerung:

> „Angesichts dessen haben wir keine Alternative. Wir müssen dem Protokoll zustimmen. Alles andere wäre schließlich widersprüchlich: Wenn auch die Immunitätenregelung eine Forderung unserer europäischen Partner darstellt, die Einrichtung von Europol beruht auf deutscher Initiative. (...) Fragen um die Immunitätenregelungen dürfen nicht dazu mißbraucht werden, die Arbeitsaufnahme von Europol in Frage zu stellen."[150]

ee) Ablehnung förmlicher Nachverhandlungen

Ausdrücklich warnte die Bundesregierung den Deutschen Bundestag, „leichthin Nachverhandlungen zu fordern und das Immunitätenprotokoll auf diese Weise in den Rang einer „Schicksalsfrage" für Europol zu erheben."[151]

d) Forderung zur ersatzlosen Streichung strafrechtlicher Immunität

Der Deutsche Bundestag hatte die Bundesregierung – mehrfach und frühzeitig[152] – zu Nachverhandlungen des Immunitätenprotokolls aufgefordert.[153] Insbesondere die Streichung der strafrechtlichen Immunität für Europol-Bedienstete sollte zum Gegenstand von Verhandlungen mit den Partnerstaaten gemacht werden.[154]
Trotz dieser Aufforderungen hat die Bundesregierung „davon abgesehen, förmlich Nachverhandlungen"[155] des Immunitätenprotokolls zu fordern, da bei den Partnerstaaten „im Hinblick auf den z.T. schon fortgeschrittenen Ratifizierungsprozeß in einzelnen Mitgliedstaaten sowie die ohnehin gemäß Art. 17 innerhalb von zwei Jahren nach Inkrafttreten vorgeschriebene Evaluierung des Immunitätenprotokolls keine Bereitschaft zu Nachverhandlungen"[156] bestanden habe. Diese seien daher „aussichtslos"[157] gewesen.

Drs. 13/1483, Anlage 1 (Bericht zum Stand der Verhandlungen zu den ergänzenden Europol-Rechtsakten – Stand 12. Juni 1997), S. 5.

149 BT-Europaausschuss-Drs. 13/1483, Anlage 1, S. 5.

150 BT-Plenarprotokoll 13/225, S. 20700 f.

151 *Lintner*, BT-Plenarprotokoll 13/207, S. 18935.

152 Vgl. *Meyer* (MdB SPD), BT-Plenarprotokoll 13/225, S. 20701.

153 Vgl. BT-Drs. 13/10201, S. 4; *Meyer* (MdB SPD), a.a.O., S. 20701; *Kemper* (MdB SPD), BT-Plenarprotokoll 13/207, S. 18932; *Leutheusser-Schnarrenberger* (MdB FDP), BT-Plenarprotokoll 13/198, S. 17911; *Stadler* (MdB FDP), BT-Plenarprotokoll 13/225, S. 20703.

154 Vgl. *Stadler* (MdB FDP), a.a.O., S. 20703: Es war „der Wunsch fast aller Redner, die in erster Lesung zu diesem Gesetz [Europol-Immunitätenprotokollgesetz – Anmerkung Verfasser] gesprochen haben, daß die Bundesregierung die Streichung der strafrechtlichen Immunität zum Gegenstand von Nachverhandlungen (...) machen sollte."

155 *Kanther*, BT-Drs. 13/10201, S. 6.

156 *Kanther*, a.a.O., S. 6.

157 *Kanther*, BT-Europaausschuss-Drs. 13/1681, S. 2; *ders.*, Schreiben Kanther an Stadler (MdB FDP) vom 12.02.1998, BT-Drs. 13/10201, Anlage, S. 6: „Bei der eindeutigen Handlung aller anderen 14 Mitgliedstaaten waren und sind deshalb Nachverhandlungen aussichtslos."

e) Kritik an der Bundesregierung

Der Innenausschuss des Deutschen Bundestages kritisierte diese Entscheidung der Bundesregierung als eine „Mißachtung des Willens des Parlaments."[158]
Kemper (MdB SPD) widersprach der Begründung der Bundesregierung und betonte:

> „Wir stehen in dieser Frage keinesfalls unter Zeitdruck, wie man uns gelegentlich weismachen will. Von den Partnerländern haben bisher überhaupt erst Spanien und Großbritannien die Konvention und alle damit zusammenhängenden Protokolle ratifiziert. Die Innenpolitiker des Europäischen Parlaments glauben, daß der Termin bis Ende 1998 hinausgeschoben werden muß. Es besteht also genügend Zeit für eine Nachverhandlung in diesen kritischen Bereichen, ohne daß der Vorwurf erhoben werden könnte, die Bundesrepublik verzögere das Inkrafttreten der Konvention."[159]

Hirsch (MdB FDP)[160] und *Leutheusser-Schnarrenberger* (MdB FDP)[161] kritisierten darüber hinausgehend, dass zwischen der Tätigkeitsaufnahme von Europol und der Verabschiedung des Immunitätenprotokolls fälschlich ein Junktim hergestellt worden sei, da Europol auch ohne die Ratifikation des Immunitätenprotokolls hätte weiterarbeiten können.[162]
Insoweit ist darauf hinzuweisen, dass ohne die Ratifikation des Europol-Immunitätenprotokolls lediglich die EDS[163] als Vorläuferorganisation von Europol – mit einem gegenüber dem Europäischen Polizeiamt eingeschränkten Kompetenzrahmen – ihre Arbeit hätte fortsetzen können,[164] da die Tätigkeit der EDS gemäß Art. 45 Abs. 5 S. 1 des Europol-Übereinkommens erst mit der Tätigkeitsaufnahme durch Europol[165] endete. Voraussetzung für die Tätigkeitsaufnahme Europols war jedoch die Ratifikation des Europol-Immunitätenprotokolls (vgl. Art. 45 Abs. 4 Europol-Übereinkommen).

f) Faktische / politische Zwangslage zur Ratifizierung des Europol-Immunitätenprotokolls

Durch die rechtliche Verknüpfung der Europol-Konvention mit dem Europol-Immunitätenprotokoll und die zeitlich erst nach Abschluss der Ratifikation des Europol-Übereinkommens erfolgte Durchführung des Ratifikationsverfahrens zum Europol-Immunitätenprotokollgesetz[166] entstand in der Bundesrepublik Deutschland trotz der kritischen Auseinandersetzungen über die – insbesondere strafrechtliche – Immu-

---

[158] BT-Drs. 13/10201, S. 4; vgl. *Meyer* (MdB SPD), BT-Plenarprotokoll 13/225, S. 20701.
[159] BT-Plenarprotokoll 13/207, S. 18932.
[160] *Hirsch*, ZRP 1998, S. 10 (13).
[161] *Leutheusser-Schnarrenberger* (MdB FDP), BT-Plenarprotokoll 13/225, S. 20705.
[162] *Leutheusser-Schnarrenberger*, a.a.O., S. 20705; *Hirsch*, ZRP 1998, S. 10 (13): Europol ist „bereits seit Januar 1994 auf zahlreichen Gebieten der Kriminalitätsbekämpfung tätig."
[163] Vgl. S. 6.
[164] Entwicklung, Verhältnis und Tätigkeitsbereich von EDS und Europol sind im Folgenden Gegenstand gesonderter Untersuchung.
[165] Vgl. S. 6.
[166] Vgl. S. 17.

nitätsgewährung[167] ein „Zwang des Faktischen"[168] zur Ratifizierung des Europol-Immunitätenprotokolls.[169]

Diese „faktische Zwangslage" bewerteten die Sachverständigen in der unter Federführung des Innenausschusses des Deutschen Bundestages am 20. Januar 1998 zum Europol-Immunitätenprotokollgesetz durchgeführten öffentlichen Anhörung[170] – anknüpfend an die von *Meyer* (MdB SPD) gestellte Frage „Meine letzte Frage ist schon fast ein Hilferuf an die (...) Sachverständigen. (...) Wenn Sie der Auffassung sind, daß Regelungen des Immunitätenprotokolls verfassungswidrig seien, dann kann ihr Rat an uns doch nur sein, dem nicht zuzustimmen. Ich wüßte einmal gerne, was Sie uns empfehlen." – beispielsweise wie folgt:

> Prof. Dr. *Frowein* (Max-Planck-Institut, Heidelberg):
> „Lassen Sie mich zu der letzten Frage, die Sie gestellt haben, ganz eindeutig folgendes sagen, und da komme ich zurück auf das, was heute morgen mehrfach schon gesagt worden ist: Die große Problematik liegt darin, daß wir es hier mit dem Immunitätenprotokoll zu tun haben. Ich bin nicht gefragt worden, als man die Gesamtfrage vor sich hatte. Wenn man die vor sich gehabt hätte, hätte ich gesagt, so geht es nicht. Jetzt zu sagen, dem Immunitätenprotokoll deswegen nicht zuzustimmen, halte ich im Grunde für keine sinnvolle Möglichkeit."[171]
>
> Prof. Dr. *Heuer* (Polizei-Führungsakademie Hiltrup):
> „Ich denke, die Frage ablehnen oder zustimmen ist es nicht, der Zug ist ja am Fahren. Jetzt, denke ich, gibt es nur noch eine kleine Lösung. Man muß wirklich alles daransetzen, ein Sicherungssystem[172] zu etablieren (...)."[173]
>
> *Voss* (Vorsitzender des Deutschen Richterbundes):
> „Ich würde, da ich dem vorangegangenen Gesetz [Europol-Gesetz – Anmerkung Verfasser] schon nicht zugestimmt hätte, hier auch nicht zustimmen, weil ich gravierende

---

167 Vgl. S. 12 ff.

168 *Büttner* (MdB SPD), BT-Plenarprotokoll 13/198, S. 17920; vgl. *Körper* (MdB SPD), BT-Plenarprotokoll 13/172, S. 15483.

169 Vgl. *Ostendorf*, NJW 1997, S. 3418 (3419): „Bei der Ratifizierungsdebatte im Deutschen Bundestag wurde das Dilemma der Parlamentarier sehr deutlich, entweder die eigene Regierung auf europäischer Ebene zu desavouieren oder rechtsstaatliche Bedenken zurückzustellen."; vgl. Niederschrift, Unterausschuss-Recht des BR vom 04.11.1997, Nr. R 70/97, TOP 8, S. 57 (65): „Der Vertreter Bayerns teilt mit, daß Bayern seine Bedenken gegen das Immunitätenprotokoll zurückstelle und diesem zustimme, um die Arbeitsaufnahme von Europol zu gewährleisten. (...) Auf den Hinweis des Vertreters Berlins (...), daß nach Zustandekommen des Europol-Gesetzes eine Crux einträte, wenn man das Immunitätenprotokoll ablehnen würde, bestätigt der Vertreter der BReg., daß eine solche Ablehnung Neuverhandlungen erforderlich machen würde, die auch andere Mitgliedstaaten möglicherweise dazu veranlassen würden, zurückgestellte Anliegen erneut in die Verhandlungen einzubringen."

170 Vgl. BT-Innenausschuss-Prot. 13/75.

171 BT-Innenausschuss-Prot. 13/75, S. 55.

172 Die Frage der Ausgestaltung des Sicherungssystems (der (gerichtlichen) Kontrolle) ist im Folgenden Gegenstand gesonderter Untersuchung.

173 BT-Innenausschuss-Prot. 13/75, S. 58.

Mängel sehe. Ich meine, daß die Bedenken, die von allen letztendlich geltend gemacht werden, nicht ausgeräumt sind."[174]

„Wir bedauern sehr, daß wir hier über eine Frage diskutieren, die letztlich, wenn man sie mit „Nein" beantworten würde, zum Scheitern des gesamten Projekts führte, und ich zweifle, daß die Mehrheit des DBT [Deutschen Bundestages – Anmerkung Verfasser] es fertig bringt, zu diesem Projekt noch Nein sagen zu wollen."[175]

In seiner schriftlichen Stellungnahme anlässlich dieser Anhörung führte *Voss* unter Hinweis auf die von *Kanther* in seinem Schreiben vom 28.10.1997[176] getätigten Äußerungen – beispielsweise die behauptete Aussichtslosigkeit von Nachverhandlungen mit den anderen 14 Mitgliedstaaten[177] – aus:

„Politisch ist die Alternative deshalb: das Protokoll so, wie es vereinbart wurde, zu ratifizieren oder das ganze Projekt Europol scheitern zu lassen. Die politische Verantwortung dafür, Europol zu „kippen", wird – wie ich es sehe – derzeit die Mehrheit des Bundestages nicht zu übernehmen bereit sein. Also wird das Immunitätenprotokoll ratifiziert werden. Ich sehe den Sinn der heutigen Veranstaltung deshalb nur darin, die – ungeachtet der praktisch auf Null geschrumpften Handlungsspielräume der Bundesregierung und des Bundestages – fortbestehenden gravierenden rechtlichen Bedenken und Einwände gegen das Immunitätenprotokollgesetz zu Protokoll zu geben, in der – zugegebenermaßen geringen – Hoffnung, daß sie zukünftig, wenn über die Erweiterung des Aufgabenkatalogs von Europol diskutiert wird, beachtet werden und zu einer befriedigenderen Lösung führen. Trotz der gegebenen politischen Konstellation, die wir zur Kenntnis zu nehmen haben, sollte allerdings die Maxime gelten, daß der Zweck nicht alle Mittel heiligt. Auch noch so hoher Erwartungsdruck der übrigen Mitgliedstaaten der Europäischen Union vermag Bundesregierung und Parlament nicht davon zu befreien, die (...) zur Ratifizierung im Parlament anstehenden Vorschriften an den Prinzipien unserer Rechtsordnung zu messen.
Es sollte in Zukunft stärker darauf geachtet werden, daß mit politischen Absichtserklärungen und den daran anknüpfenden Verhandlungen auf der sog. Arbeitsebene nicht Fakten geschaffen werden, die parlamentarisch nur noch abzusegnen sind, soll nicht das jeweilige Projekt scheitern."[178]

Unter Hinweis auf die von der Bundesregierung behauptete Aussichtslosigkeit von Nachverhandlungen[179] und den vermeintlich restriktiv gefassten Aufgaben- und Befugnisrahmen des Europäischen Polizeiamtes haben sich die Sachverständigen überwiegend für eine vorübergehende Hinnahme der Immunitätsgewährung ausgesprochen, um die nach Art. 45 Abs. 4 Europol-Konvention erforderliche Voraussetzung für die Tätigkeitsaufnahme von Europol herbeizuführen:[180]

---

174 BT-Innenausschuss-Prot. 13/75, S. 56.
175 BT-Innenausschuss-Prot. 13/75, S. 14.
176 Vgl. S. 19.
177 Vgl. S. 21.
178 *Voss*, schriftliche Stellungnahme des Deutschen Richterbundes vom 14.01.1998 für die Sachverständigenanhörung des Innenausschusses des Deutschen Bundestages zum Europol-Immunitätenprotokollgesetz, S. 2 f.
179 Vgl. S. 21 f.
180 Vgl. *Meyer*, BT-Plenarprotokoll 13/225, S. 20701; Entschließungsantrag der SPD-Bundestagsfraktion zum Europol-Immunitätenprotokollgesetz, BT-Drs. 13/10203, S. 2 f.

Nehm (Generalbundesanwalt):
„Das Argument, mehr sei derzeit nicht erreichbar, scheint es erforderlich zu machen, die Immunität solange als praktisch unschädlich hinzunehmen, bis Europol die angestrebten operativen Befugnisse[181] erhält."[182]
„Je näher die derzeitige Ausbaustufe [von Europol – Anmerkung Verfasser] an der Datenverarbeitung bleibt, so wie sie jetzt konzipiert ist, um so näher ist natürlich auch Immunität tolerabel, wie wir sie heute haben. Das ist ein System der kommunizierenden Röhren, das man in der Ausbaustufe sehen muß."[183]

Lutz (Vorsitzender der Gewerkschaft der Polizei):
„Was die Frage angeht, Zustimmung oder nicht. Bei den Aufgaben, die wir heute hier haben, (...) brauchen wir eine Regelung, die dem entspricht, was heute als Minimalkonsens vorgesehen ist (...). Ich würde dem nicht zustimmen, wenn wir echte Exekutivbefugnisse im Rahmen des deutschen Rechts hätten. Aber orientiert an dem, was Europol an Aufgaben hat, auch mit dieser Entwicklung und Grenzziehung, (...)."[184]

In der nach der Sachverständigenanhörung durchgeführten zweiten Beratung und Schlussabstimmung des Europol-Immunitätenprotokollgesetzes äußerte *Stadler* (MdB FDP) folgende Feststellung:

„Aus der heutigen Debatte kann die Bundesregierung die Gewißheit in etwaige spätere Verhandlungen mit den Partnerstaaten mitnehmen, daß der Deutsche Bundestag zwar diesmal die praktisch noch nicht sehr bedeutsame Regelung [Art. 8 Europol-Immunitätenprotokoll – Anmerkung Verfasser] passieren läßt, ein weiteres Mal aber einer strafrechtlichen Immunitätenregelung für Europol-Bedienstete nicht mehr zustimmen wird."[185]

Inhaltlich entspricht diese Feststellung dem Votum des Innenausschusses des Deutschen Bundestages zum Europol-Immunitätenprotokollgesetz, in dem der Innenausschuss feststellt, „daß es seitens des Parlaments künftig eine Zustimmung zu einer Immunitätenregelung nicht mehr geben wird, wenn Europol exekutive Befugnisse erhält.[186] Der Ausschuss nimmt die vorliegende Immunitätenregelung für die Übergangszeit hin, die nach seiner Auffassung für internationale Organisationen passen mag, die aber nicht auf einen Staatenverbund paßt, der teilweise den Nationalstaat ersetzt."[187]

2. EU-Mitgliedstaaten

Die Behauptung der früheren Bundesregierung, das Europol-Immunitätenprotokoll sei „allein in Deutschland – nicht dagegen in den anderen Mitgliedstaaten umstritten"[188] gewesen, war mitursächlich für die Ratifizierung des Europol-Immunitätenprotokoll-

---

181 Im Folgenden Gegenstand gesonderter Untersuchung.
182 BT-Innenausschuss-Prot. 13/75, S. 13.
183 BT-Innenausschuss-Prot. 13/75, S. 64.
184 BT-Innenausschuss-Prot. 13/75, S. 57.
185 BT-Plenarprotokoll 13/225, S. 20703.
186 Vgl. Entschließungsantrag der CDU/CSU und FDP, BT-Drs. 13/10202, S.1.
187 BT-Drs. 13/10201, S. 4.
188 BT-Drs. 13/10201, S. 1; a.A. Such (MdB Bündnis 90/Die Grünen), BT-Plenarprotokoll, 13/225, S. 20702.

gesetzes in der Bundesrepublik Deutschland.[189] In der zweiten Beratung und Schlussabstimmung des Europol-Immunitätenprotokollgesetzes hat *Such* (MdB Bündnis 90/Die Grünen) dieser Feststellung mit Hinweis auf „die kritische Debatte im schwedischen Reichstag und in anderen Staaten“[190] widersprochen.

Im Folgenden soll die Behauptung der Bundesregierung exemplarisch bezogen auf die Europol-Mitgliedstaaten Österreich und Großbritannien überprüft werden.

a) Österreich

Das österreichische Parlament[191] hat das Europol-Übereinkommen am 16. Dezember 1997 ratifiziert.[192] Erst nach diesem Zeitpunkt erfolgten die Beratungen zur Ratifikation des Europol-Immunitätenprotokolls.[193]
Aufgrund dieser zeitlichen Abfolge und der rechtlichen Verknüpfung des Europol-Übereinkommens mit dem Europol-Immunitätenprotokoll entstand für die österreichischen Abgeordneten – ebenso wie für die deutschen Abgeordneten in der vergleichbaren Situation[194] – eine faktische Zwangslage zur Ratifikation des Immunitätenprotokolls.[195] So betonte beispielsweise der Abgeordnete *Leikam* (SPÖ) in der Debatte zum Europol-Immunitätenprotokoll: „Die Immunitäten (...) sind ja nicht Gegenstand dieses Protokolls. Die Immunitäten (...) haben wir ja schon im Art. 41 des Europol-Übereinkommens hier im Parlament beschlossen. Das ist Faktum! Das ist ein Beschluß, über den man nicht mehr diskutieren kann.“[196]
Die Immunität für Europol-Bedienstete ist in Österreich – so Bundesrat *Bösch* (Freiheitliche) – „heiß diskutiert“[197] worden[198] – teilweise unter ausdrücklicher Bezugnahme auf die in der Bundesrepublik Deutschland zu diesem Thema kontrovers geführte Debatte.[199]

---

189 Vgl. S. 21.
190 BT-Plenarprotokoll 13/225, S. 20702.
191 Nationalrat, XX.GP.
192 Vgl. *Leikam* (SPÖ), Stenographisches Protokoll der 129. Sitzung des Nationalrats, XX.GP, vom 17.06.1998 (im Folgenden: Nationalrat 129. Sitzung), S. 130.
193 Vgl. *Leikam* (SPÖ), a.a.O.
194 Vgl. S. 24 ff.
195 Vgl. *Leikam* (SPÖ), Nationalrat 129. Sitzung, S. 131.
196 *Leikam* (SPÖ), a.a.O.
197 Stenographisches Protokoll der 642. Sitzung des Bundesrates der Republik Österreich vom 2. Juli 1998 (im Folgenden: Bundesrat 642. Sitzung), S. 84.
198 Vgl. *Bösch* (Freiheitliche), a.a.O., S. 84; *Jung* (Freiheitliche), Nationalrat 129. Sitzung, S. 140; *Partik-Pablé* (Freiheitliche), Nationalrat 104. Sitzung, S. 175; *Stoisits* (Grüne), Nationalrat 129. Sitzung, S. 135 f; *dies.*, abweichende persönliche Stellungnahme zum Bericht des Ausschusses für innere Angelegenheiten zum Europol-Immunitätenprotokoll, S. 1194 der Beilagen zu den Stenographischen Protokollen des Nationalrates XX.GP (im Folgenden: Abweichende Stellungnahme): „Daß (...) in einem demokratischen System Abgeordnete derartigen Übereinkommen zustimmen können, ist vollkommen unverständlich.“; *Moser* (Liberales Forum), Nationalrat 129. Sitzung, S. 133; *ders.*, Nationalrat 104. Sitzung, S. 169 f; *Kier* (Liberales Forum), Nationalrat 104. Sitzung, S. 180 f.
199 Vgl. Bundesrat *Bösch* (Freiheitliche), Bundesrat 642. Sitzung, S. 84: „Ich darf mich bei meiner Stellungnahme auf einen Bericht darüber in den bundesdeutschen Medien stützen, damit Sie sehen, daß dieses Thema auch in den anderen Mitgliedsländern der Europäischen Union heiß

Nach Auffassung der Abgeordneten *Stoisits* (Grüne) bestehen hinsichtlich der Immunitätsgewährung für Europol-Bedienstete in der Bundesrepublik Deutschland und in Österreich identische Problemlagen. „Wenn man die Materialien zur Bundestagsdebatte anschaut, zeigt sich" – so *Stoisits* – „daß die Stellungnahmen, die es dort gegeben hat, sowie die Argumente, die dort gefallen sind, für uns ganz gleich gelten. (...) Bedauerlicherweise ist es auch dem Deutschen Bundestag nicht gelungen, die Europol-Übereinkommen zu verhindern."[200] Dass in Österreich keine vergleichbare öffentliche Diskussion wie in der Bundesrepublik Deutschland geführt worden ist, erklärt Stoisits wie folgt: „Diese öffentliche Diskussion wird im Keim mit einer gewissen Rhetorik zu ersticken versucht. Immer wieder wird von „OK" gesprochen, und jeder glaubt, wenn dieses Kürzel für organisierte Kriminalität zu hören ist (...) müsse jede Kritik sofort verstummen (...). Organisierte Kriminalität ist eine Gefahr, aber die Aushöhlung des Rechtsstaates ist dadurch nicht gerechtfertigt."[201]

Unter Hinweis auf die kritischen Diskussionen in Deutschland bewertete der Abgeordnete *Lafer* (Freiheitliche) die Regelung des Art. 8 des Europol-Immunitätenprotokolls als „verfassungsrechtlich und demokratiepolitisch äußerst bedenklich".[202]
Auch der österreichische Bundesminister des Innern, *Schlögl*, äußerte Bedenken in Bezug auf die Immunitätsgewährung – „Da wohnen zwei Seelen in meiner Brust (...)."[203] Einerseits sehe er nicht ein, „wieso gerade die Europol-Beamten anders behandelt werden als alle anderen EU-Beamten. Die EU-Beamten, die Interpol-Beamten, die Beamten von UNIDO und die Beamten von anderen internationalen Organisationen"[204] hätten alle – so *Schlögl* – „dieselben Privilegien und Immunitäten."[205]
Andererseits bekundete er Verständnis für die von der Opposition geäußerte Kritik an der Immunitätsgewährung und betonte: „Ich werde mich im Rahmen unserer EU-

---

diskutiert war (...)."; Bundesrat *Gudenus* (Freiheitliche), Bundesrat 642. Sitzung, S. 87 mit Hinweis auf die Stellungnahmen von Voss, Kanther und Lisken/Mokros; Abgeordneter *Lafer* (Freiheitliche), Nationalrat 129. Sitzung, S. 130: „Den „Salzburger Nachrichten" vom 16. Juni ist zu entnehmen, daß in Deutschland der Ratifizierung dieses Protokolls ein monatelanger Rechtsstreit vorausgegangen ist. Kay Nehm, der deutsche Generalbundesanwalt, bezeichnete diese strafrechtliche Immunität für Exekutivbeamte in einem Gutachten als Anachronismus und wies zurück, daß man ohne diese Immunität durch Klagefluten lahmgelegt werden könnte. Sogar der deutsche Völkerrechtler Jochen Frowein äußerte Zweifel, ob die Immunität mit der Europäischen Menschenrechtskonvention vereinbar sei, da dem Bürger dadurch jede Beschwerdemöglichkeit genommen werde. In einem weiteren Presseartikel erklärte sogar der deutsche Innenminister Kanther, eine Notwendigkeit für diese Immunität bestehe nicht (...). Ich möchte aus einem Artikel der „Frankfurter Allgemeinen Zeitung" mit dem Titel „Braucht Europol die Immunität?" vom 20. Januar 1998 zitieren: (...)".

200 *Stoisits* (Grüne), Nationalrat 104. Sitzung, S. 173.

201 *Stoisits* (Grüne), Nationalrat 129. Sitzung, S. 136.

202 *Lafer* (Freiheitliche), Nationalrat 129. Sitzung, S. 130.

203 *Schlögl*, Bundesrat 642. Sitzung, S. 93.

204 *Schlögl*, a.a.O., S. 93.

205 *Schlögl*, a.a.O., S. 93; vgl. *ders.*, Nationalrat 104. Sitzung, S. 177: „Ich brauche deren Immunität nicht unbedingt, aber wenn wir darüber reden, dann seien wir doch so ehrlich und reden über die Immunität aller europäischen Beamten und Beamtinnen. Ich sehe nämlich nicht ein, daß einseitig Europol-Beamte keine Immunität zugeordnet bekommen, aber alle anderen europäischen Beamtinnen und Beamten solch eine Immunität haben. Wie ist das zu rechtfertigen?".

Präsidentschaft dafür einsetzen, daß alle Immunitäten von EU-Beamten abgeschafft werden, weil ich nicht einsehe, daß man diese Immunitäten wirklich braucht."[206]

Ebenso wie in der Bundesrepublik Deutschland[207] ist die Immunitätsgewährung für Europol-Bedienstete auch in Österreich unter Hinweis auf den vermeintlich restriktiv gefassten Aufgaben- und Befugnisrahmen des Europäischen Polizeiamtes rechtfertigt worden.[208] Durch das Europol-Übereinkommen werde – so die Befürworter der Immunitätsgewährung – lediglich ein unionsweites System zum Austausch und zur Analyse von Informationen geschaffen[209] mit der Folge, dass Europol gegenüber den nationalen Ermittlungsbehörden der Mitgliedstaaten lediglich eine Unterstützungs- bzw. „Servicefunktion"[210] erfülle.[211] Derzeit habe Europol keine exekutiven Befugnisse, d.h. keinerlei polizeiliche Ermittlungsbefugnisse,[212] und werde „auch nach dem Vertrag von Amsterdam keine exekutiven Befugnisse haben."[213] Folglich bestehe für Europol auch keine Befugnis „Daten selbst im eigenen Wirkungsbereich zu ermitteln."[214]
Als „Zentralstelle für den polizeilichen Informationsaustausch und für die Verbrechensanalyse"[215] sei Europol „kein Organ, das operative Tätigkeiten"[216] ausübe, d.h. kein Organ, „das in Österreich oder in anderen EU-Mitgliedstaaten im operationellen Bereich tätig"[217] werde.[218] Die Europol-Bediensteten seien lediglich „internationale hochqualifizierte Verwaltungsbeamte."[219]

---

206 *Schlögl*, Bundesrat 642. Sitzung, S. 93; vgl. *ders.*, Nationalrat 129. Sitzung, S. 137: „Ich möchte auch klar sagen, daß ich mit keiner Form von Immunitäten irgend etwas am Hut habe, und daß Sie mich bei allen Maßnahmen finden können, mit denen Immunitäten abgeschafft werden."; Stenographisches Protokoll der 635. Sitzung des Bundesrates der Republik Österreich vom 15. Januar 1998 (im Folgenden: Bundesrat 635. Sitzung), S. 90; Bundesrätin *Riess-Passer* (Freitheitliche), a.a.O., S. 80; vgl. *Leikam* (SPÖ), Nationalrat 129. Sitzung, S. 132, der die Zustimmung der SPÖ zu diesem Vorhaben bekundet.

207 Vgl. S. 20 f.

208 Vgl. Bundesrat *Jaud* (ÖVP), Bundesrat 635. Sitzung, S. 81; Bundesrätin *Markowitsch* (SPÖ), ebenda, S. 87; *Schlögl*, ebenda, S. 90; Abgeordneter *Leikam* (SPÖ), Nationalrat 104. Sitzung, S. 168; *ders.*, Nationalrat 129. Sitzung, S. 131.

209 A.a. *Moser* (Liberales Forum), Nationalrat 129. Sitzung, S. 133: Dies ist „nur die halbe Wahrheit", denn Europol ist „mehr als nur eine Informationszentrale."

210 *Schlögl*, Bundesrat 642. Sitzung, S. 92; Bundesrätin *Markowitsch* (SPÖ), Bundesrat 635. Sitzung, S. 87; *Leikam* (SPÖ), Nationalrat 104. Sitzung, S. 168.

211 Vgl. Bundesrat *Jaud* (ÖVP), Bundesrat 635. Sitzung, S. 81.

212 *Schlögl*, Bundesrat 635. Sitzung, S. 90; Bundesrätin *Markowitsch* (SPO), Bundesrat 635. Sitzung, S. 87; vgl. *Murauer* (ÖVP), Nationalrat 104. Sitzung, S. 179: „Europol hat zwar keine operativen und exekutiven Aufgaben, kann aber nationale Erkenntnisse bündeln und analysieren (...)."

213 *Schlögl*, Nationalrat 104. Sitzung, S. 176.

214 *Schlögl*, Bundesrat 635. Sitzung, S. 90.

215 *Schlögl*, Nationalrat 104. Sitzung, S. 176.

216 *Schlögl*, Bundesrat 642. Sitzung, S. 92.

217 *Schlögl*, a.a.O.; vgl. *Leikam* (SPÖ), Nationalrat 129. Sitzung, S. 131.

218 *Schlögl*, Nationalrat 129. Sitzung, S. 137; *Murauer* (ÖVP), Nationalrat 104. Sitzung, S. 178; *Puttinger* (ÖVP), Nationalrat 104. Sitzung, S. 182; *Leikam* (SPÖ), Nationalrat 129. Sitzung, S. 131; a.A. *Klier* (Liberales Forum), Nationalrat 104. Sitzung, S. 179.

219 *Schlögl*, Nationalrat 129. Sitzung, S. 137.

Ebenso wie *Kanther*[220] befürwortete auch der österreichische Bundesminister des Innern die Immunitätsgewährung für Europol-Bedienstete mit dem Hinweis, dass „die Frage der Immunitäten zwischen den Mitgliedstaaten neu zu verhandeln"[221] sei, „sollten Europol-Beamte irgendwann einmal operative Befugnisse erhalten[222] bzw. die Befugnisse von Europol ausgedehnt werden."[223] Sobald operative Befugnisse für Europol bestünden, seien die Immunitäten entbehrlich und sollten wegfallen.[224] Die Abgeordnete *Stoisits* (Grüne) bestritt die Darstellung des Bundesministers des Innern, dass die Europol-Bediensteten „irgendwann einmal" operative Befugnisse erhalten sollten. „Diese Befugnisse stehen uns demnächst ins Haus"[225] – so *Stoisits* – „und Sie, Herr Bundesminister, wissen das viel besser als wir alle."[226]

Die Rechtfertigung der Immunitätsgewährung unter Hinweis auf den vermeintlich restriktiv gefassten Aufgaben- und Befugnisrahmen Europols kritisierte die Abgeordnete *Stoisits* (Grüne) wie folgt: „Das Argument, daß Europol derzeit nur über beschränkte Kompetenzen verfüge, kann nicht wirklich beruhigen, da von Europol derart sensible Daten – wie über sexuelle Gewohnheiten, politische Auffassungen, rassische oder religiöse Zugehörigkeit – verarbeitet werden können und darüber hinaus im Europolübereinkommen eine Zusammenarbeit mit den Sicherheitsbeamten der einzelnen Mitgliedsländer vorgesehen ist."[227]

Gegenstand der kontroversen Debatte in Österreich war auch die Frage der Notwendigkeit der Immunitätsgewährung. Bundesrat *Bösch* (Freiheitliche) bezweifelte die Notwendigkeit dieser Privilegierung der Europol-Bediensteten, denn für die Beurteilung des Immunitätenprotokolls sei es entscheidend, dass sich der Schutz der Immunitätsregelungen „gerade nicht auf das wirklich kritische Tätigkeitsfeld"[228] von Europol erstrecke, da die Europol-Bediensteten im Falle der Verletzung einer ihnen obliegenden Verschwiegen- bzw. Geheimhaltungspflicht strafrechtlich verfolgt werden dürften.[229]

Mit Hinweis auf die im Jahre 1997 „mit Hilfe von Europol"[230] in Österreich geklärten „92 OK-Fälle"[231] bezweifelte auch *Jung* (Freiheitliche) die Notwendigkeit der Immunitätsgewährung: „Ja wie, frage ich Sie, haben die Europol-Bediensteten das bisher ohne Immunität geschafft?"[232]

---

220 Vgl. S. 20 f.

221 *Schlögl*, Nationalrat 129. Sitzung, S. 137.

222 *Schlögl*, a.a.O.

223 *Schlögl*, Nationalrat 104. Sitzung, S. 178.

224 *Schlögl*, Nationalrat 129. Sitzung, S. 137.

225 *Stoisits* (Grüne), Nationalrat 104. Sitzung, S. 173; vgl.: *Partik-Pablé* (Freiheitliche), Nationalrat 104. Sitzung, S. 175; *Lafer* (Freiheitliche), Nationalrat 129. Sitzung, S. 130.

226 *Stoisits* (Grüne), a.a.O., S. 173.

227 Abweichende Stellungnahme, S. 1194 der Beilagen zu den Stenographischen Protokollen des Nationalrats.

228 Bundesrat 642. Sitzung, S. 84.

229 Bundesrat 642. Sitzung, S. 84.

230 *Jung* (Freiheitliche), Nationalrat 129. Sitzung, S. 140.

231 *Jung* (Freiheitliche), a.a.O., S. 140.

232 *Jung* (Freiheitliche), a.a.O., S. 140.

Insoweit ist jedoch darauf hinzuweisen, dass das Europäische Polizeiamt seine Tätigkeit erst am 1. Juli 1999 aufgenommen hat[233] und sich die Aussage *Jungs* somit auf die Tätigkeit der EDS als Vorläuferorganisation von Europol[234] bezieht. Die EDS operierte im Vergleich zu Europol auf der Grundlage eines restriktiver gefassten Aufgaben- und Befugnisrahmens.

b) Vereinigtes Königreich

Das Europol-Immunitätenprotokoll ist – so die Auskunft der britischen Regierung – nach seiner Unterzeichnung am 19. Juni 1997 in allen Mitgliedstaaten der EU ausführlich diskutiert worden – „at both ministerial and official level."[235]

aa) Divergierende Auffassungen der Partnerstaaten

Ausweislich einer Stellungnahme von *Straw* (Member of the House of Commons, Secretary of State for the Home Department) vom 17. Februar 1998 zum Sachstand der Ratifizierung innerhalb der EU-Mitgliedstaaten gab es insbesondere in den Parlamenten von Belgien und Griechenland „some difficulties (...) to secure ratification."[236] Auf die Frage von *Howard* „What are their problems?"[237] wies *Straw* auf die Besorgnis einiger Länder über den Umfang der Europol und seinen Bediensteten zufallenden Macht bzw. Befugnisse hin.

bb) (Operative) Befugnisse und korrespondierende Immunitätsgewährung

Gegenstand der Ängste bzw. Sorgen sei insbesondere die Frage nach Gewährung operativer polizeilicher Befugnisse für Europol-Bedienstete und die damit korrespondierende Immunitätsgewährung:

> „There are anxieties in some countries about the extent of the writ of Europol staff. There is anxiety about whether they will have operational policing powers, (...) but also there is this corresponding issue about why Europol members should be allowed immunity from the domestic legal process of any of the individual Member States."[238]

In Bezug auf die Ängste bzw. Sorgen der Partnerstaaten gelte es – so *Straw* – zu berücksichtigen, „that in mainland European countries the position of the police is seen in a different light sometimes from that here. They are seen much more as agents of the state rather than forces of wider social control."[239]

---

233 Vgl. S. 6.

234 Vgl. S. 6.

235 *Michael* (Home Office Minister of State), House of Commons Hansard Written Answers for 12 February 1998, column 340.

236 House of Commons, Home Affairs Committee, Minutes of Evidence, 17 February 1998, answer to question 100.

237 House of Commons, a.a.O., question 102.

238 House of Commons, Home Affairs Committee, Minutes of Evidence, 17 February 1998, answer to question 102.

239 House of Commons, a.a.O.

(1) Spezifische Interessenlage Deutschlands

Auch im Falle der Teilnahme an operativen Aktionen gemeinsamer Teams (vgl. Art. 30 Abs. 2 lit. a) EU-Vertrag[240]) seien Europol-Bedienstete – so *Straw* – entgegen den von deutscher Seite geäußerten Wünschen bzw. Vorstellungen nach Ansicht der britischen Regierung nicht in operative Handlungen einbezogen. Europol leiste auch insoweit lediglich Unterstützung durch Intelligency[241] – „Support as in providing intelligence, that is the point."[242] Europol-Bedienstete würden – so *Evans* – „certainly not be involved in operational action such as carrying out arrests or carrying out the searching of premises. They would be there, as the Home Secretary says, to provide intelligency information. (...) There would be no operational role of the Europol staff in the sense of executing the laws of Member States (...)."[243]

(2) Maßgebende Bedeutung des Begriffs „operativ" /"operationell"

Die inhaltliche Konkretisierung des Begriffs „operativ" bzw. „operationell" ist folglich von maßgebender Bedeutung zur Bestimmung des aktuellen und zukünftigen Aufgaben- und Befugnisrahmens des Europäischen Polizeiamtes.
Ausweislich einer Stellungnahme von *Lord Tordoff*, Chairman of the House of Lords Select Committee on the European Communities, vom 9. Dezember 1997 existieren insoweit unterschiedliche Auffassungen:

> „The word operational creeps in these days and there are different interpretations of what operational means. I think as far as we are concerned operational means that the database is up and running. I think as far as one or two other people are concerned it may mean that they want to see Europol as a European wide police force."[244]

Anknüpfend an diese Stellungnahme führte *Quin* (Member of the House of Commons, Minister of State, Home Office), insbesondere im Hinblick auf die von deutscher Seite favorisierte Interpretation dieses Begriffs, aus:

> „On your last point, my lord chairman, in my early months in the Home Office I commented that I kept seeing this expression „getting Europol up and running" and, of course, that was precisely because of the ambiguity if you use the word operational given that the German view was very much that they wanted to develop it into an operational police force whereas the general view, and this is the view of the United Kingdom, was that it was an information and intelligence gathering body. I think that Member States are very clear now what Europol's role is, but that does not mean to say that there is not some hope, particularly in Germany, that it might turn out to be

---

240 Im Folgenden Gegenstand gesonderter Untersuchung.

241 *Straw*, House of Commons, Home Affairs Committee, Minutes of Evidence, 17 February 1998, answer to question 103.

242 House of Commons, Home Affairs Committee, Minutes of Evidence, 17 February 1998, answer to question 103.

243 House of Commons, a.a.O.

244 House of Lords, Select Committee on European Communities Twelfth Report, Minutes of Evidence, 9 December 1997, question 16.

something different despite the fact that the agreement very clearly gives it the identity which you yourself, my Lord Chairman, have described."[245]

Nach Auffassung von *Quin* scheint diese unterschiedliche Sichtweise mitursächlich gewesen zu sein für die in Deutschland kontrovers geführte Debatte zur Immunitätsgewährung:

„Germany has experienced some difficulties over the Protocol on Immunities and Privileges and basically that seems to be because they have looked at these immunities for Europol staff and said that they are more wide-ranging and far-reaching than those which are enjoyed by German police officers. But, of course, we would say, along with other countries, well, this is not a genuine comparison because Europol is not composed of police officers in that sense."[246]

Auf die Frage von Lord *Wallace of Saltaire* –

„If I may press you on the immunities question, because it does seem to me to be a very delicate one, the question of Europol staff does, of course, partly depend on how far you see Europol becoming the European FBI of which Chancellor Kohl has spoken[247] and there are civil liberties delicacies, to put it gently, in having international liasion officers who will be drawn from national police forces who have extensive immunities to carry out even analytical work."[248] –

räumte *Quin* ein:

„Certainly if Europol was not the intelligence gathering and analysis organisation that has been described and was operating as a police force, I think that the civil liberties aspect of the immunities argument would be very real (...)."[249]

Zu der Frage von Lord *Wedderburn of Charlton* „what would have to be added to Europol to make it recognisable fledgling FBI in the sense that the exchange of information is of the essence of power for police authorities and no doubt some simple matters such as powers of arrest which they may not have. With the immunities what big steps should be taken if it was to be what was suggested?"[250] nahm *Quin* wie folgt Stellung:

„Oh, I think that it would have to be a completely different organisation."[251] Auf die Anschlussfrage von Lord *Wedderburn of Charlton*: „An executive authority?"[252] antwortete *Quin*: „Exactly, an organisation which recruited and trained employed

---

245 House of Lords, a.a.O., answer to question 16.

246 House of Lords, a.a.O.

247 Im Folgenden Gegenstand gesonderter Untersuchung.

248 House of Lords, Select Committee on European Communities Twelfth Report, Minutes of Evidence, 9 December 1997, question 19.

249 House of Lords, a.a.O., answer to question 19.

250 House of Lords, Select Committee on European Communities Twelfth Report, Minutes of Evidence, 9 December 1997, question 20.

251 House of Lords, a.a.O., answer to question 20.

252 House of Lords, Select Committee on European Communities Twelfth Report, Minutes of Evidence, 9 December 1997, question 21.

people. It would really be a European police force in a way that is totally different from the kind of organisation it is now (...).“[253]

(3) Joint investigation teams – Artikel 30 Abs. 2 lit. a) EUV

Die Umsetzung der in Art. 30 Abs. 2 lit. a) EUV normierten Möglichkeit zur Teilnahme von Europol-Bediensteten an operativen Aktionen gemeinsamer Teams der Mitgliedstaaten müsse folglich – so *Quin* – sehr sorgfältig beobachtet werden, denn „it is an area that potentially is of sensitivity and certainly if further proposals are going to come forward (...).“[254]

(4) Rechtshilfeübereinkommen in Strafsachen / Neapel-II-Übereinkommen

Die Beteiligung von Europol-Bediensteten an gemeinsamen Ermittlungsteams ist in Großbritannien insbesondere vor dem Hintergrund des durch Rechtsakt des Rates vom 29. Mai 2000 beschlossenen Übereinkommens über die Rechtshilfe in Strafsachen zwischen den Mitgliedstaaten der EU (Rechtshilfeübereinkommen in Strafsachen)[255] und dem Übereinkommen aufgrund von Art. K.3 EUV über die gegenseitige Amtshilfe und Zusammenarbeit der Zollverwaltungen (Neapel-II-Übereinkommen)[256] kritisch diskutiert worden. Beide Übereinkommen ermöglichen den Einsatz besonderer gemeinsamer Ermittlungsteams in den Mitgliedstaaten.

(a) Neapel-II-Übereinkommen

Das am 18. Dezember 1997 unterzeichnete Neapel-II-Übereinkommen ersetzt den am 7. September 1967 in Rom unterzeichneten Vertrag über die gegenseitige Unterstützung der Zollverwaltungen (Neapel-I-Übereinkommen). Das Übereinkommen dient der Vereinfachung und effektiveren Ausgestaltung der grenzüberschreitenden Amtshilfe. Die Bekämpfung von besonders schweren Fällen der Zollkriminalität soll durch neue Formen der Zusammenarbeit erleichtert werden.[257] Die Konvention ermöglicht die grenzüberschreitende Nacheile (Art. 20) und Observation (Art. 21), die Durchführung kontrollierter Lieferungen (Art. 22), sowie den Einsatz von verdeckten Ermittlern (Art. 23) – „ein Novum gegenüber dem Instrumentarium des SDÜ,[258]“[259] da beispiels-

---

253 House of Lords, a.a.O., answer to question 21.

254 House of Lords, a.a.O., answer to question 22. Im Folgenden Gegenstand gesonderter Untersuchung.

255 ABl. EG C 197 vom 12.07.2000, S. 1 ff. Zur entsprechenden Diskussion in der Bundesrepublik Deutschland vgl. BT-Drs. 14/4113.

256 Abgedruckt im Entwurf eines Gesetzes der Bundesregierung zu dem Übereinkommen vom 18. Dezember 1997 über die gegenseitige Amtshilfe und Zusammenarbeit der Zollverwaltungen vom 17.08.2001, BR-Drs. 639/01, S. 7 ff.

257 Zur Bedeutung von Zollfahndung und Zollkriminalamt vgl. beispielsweise *Busch*, Bürgerrechte & Polizei/CILIP 62 (1/1999) „Zollfahndung und Zollkriminalamt – Die unbekannten und unterschätzten Polizeien“ – (http://www.cilip.de/ausgabe/62/zoll.htm – Stand: 13.10.01).

258 Übereinkommen zur Durchführung des Übereinkommens von Schengen vom 14. Juni 1985 zwischen den Regierungen der Staaten der Benelux-Wirtschaftsunion, der Bundesrepublik Deutschland und der Französischen Republik betreffend den schrittweisen Abbau der Kontrollen

weise die „Ermittlungstechnik“[260] der kontrollierten Lieferung anders als in Art. 73 SDÜ nicht „auf die Rauschgiftbekämpfung“[261] beschränkt, sondern „auf alle Formen der Zollzuwiderhandlungen erstreckt“[262] wird.
Gemäß Art. 24 des Neapel-II-Übereinkommens können im Bereich der repressiven Verfolgung und Ahndung von Verstößen gegen gemeinschaftliche und nationale Zollvorschriften grenzüberschreitende gemeinsame Ermittlungsgruppen eingerichtet werden, beispielsweise zur „Aufklärung eines konkreten Ermittlungsfalls in Bezug auf einen Täter oder eine Tätergruppe.“[263]
Die Zugehörigkeit zu einem gemeinsamen Ermittlungsteam begründet für die daran beteiligten Bediensteten keine Eingriffsbefugnisse im Hoheitsgebiet eines fremden Mitgliedstaates (Art. 24 Abs. 3 Neapel-II-Übereinkommen), d.h. die Mitglieder der gemeinsamen Ermittlungsteams sind zur Durchführung „operativer Einzelmaßnahmen“[264] nicht berechtigt.[265]

(b) Rechtshilfeübereinkommen in Strafsachen zwischen den Mitgliedstaaten der EU

Auch das Rechtshilfeübereinkommen in Strafsachen zwischen den Mitgliedstaaten der EU ermöglicht die Einrichtung gemeinsamer Ermittlungsgruppen.[266] Gemäß Art. 13 Abs. 1 des Übereinkommens können zur Durchführung strafrechtlicher Ermittlungen in einem oder mehreren der an der Gruppe beteiligten Mitgliedstaaten gemeinsame Ermittlungsgruppen gebildet werden.
Die Mitglieder der Gruppe, die in den beteiligten Mitgliedstaaten tätig sind (vgl. Art. 13 Abs. 3 Rechtshilfeübereinkommen), sind nicht nur berechtigt, bei Ermittlungsmaßnahmen im Einsatzmitgliedstaat anwesend zu sein (vgl. Art. 13 Abs. 5 S. 1

---

an den gemeinsamen Grenzen einschließlich der Erklärungen zum Recht der Nacheile vom 19. Juni 1990 (SDÜ), BGBl. II, 1993, S. 1013 ff.

259 Bundesbeauftragter für den Datenschutz (*BfD*), Materialien zum Datenschutz – „Neapel II“ – (http://www.bfd.bund.de/information/bericht/b9596155.htm – Stand: 13.10.01).

260 Denkschrift der Bundesregierung, BR-Drs. 639/01, S. 27.

261 Denkschrift der Bundesregierung, a.a.O., S. 27.

262 Denkschrift der Bundesregierung, a.a.O., S. 27.

263 Denkschrift der Bundesregierung, a.a.O., S. 29.

264 Denkschrift der Bundesregierung, a.a.O., S. 29.

265 Vgl. Denkschrift der Bundesregierung, a.a.O., S. 29.

266 Zur Kritik an den durch dieses Übereinkommen geschaffenen „modernen grenzüberschreitenden Ermittlungsmethoden“ (BMJ, Überblick über die Arbeitsschwerpunkte des Bundesministeriums der Justiz für die deutsche Präsidentschaft im Rat der Europäischen Union im ersten Halbjahr 1999 – Bilanz – vom 30. Juni 1999, S. 1 – (http://www.bmj.bund.de/eu/eu001.htm – Stand: 12.10.01), insbesondere zu den umstrittenen Bestimmungen über die Überwachung des Telekommunikationsverkehrs (vgl. BMJ, a.a.O), siehe: *van Buuren*, „Grenzüberschreitendes Abhören führt in gesetzliches Minenfeld – Ausschussbericht des Europäischen Parlaments lehnt grenzüberschreitendes Abhören der Telekommunikation ab“ vom 15.02.2000 – (http://www.cttv.de/tp/-deutsch/special/enfo/5795/1.htm – Stand: 13.10.01); *ders.*, „Europäisches Parlament stimmt gegen unkontrolliertes grenzüberschreitendes Abhören“ vom 18.02.2000 – (http://www.cttv.de/tp/-deutsch/inhalte/te/5810/1.htm – Stand: 13.10.01); *Belleri*, „272. (EU) EP/Verbrechensbekämpfung: Billigung des Übereinkommens über die Rechtshilfe in Strafsachen nur unter viel Kritik und mit zahlreichen Änderungen“ vom 22.02.2000, Europainformationen – (http:///www.europa-web.de/europa/03euinf/12EP_BER/epverbre.htm – Stand: 13.10.01).

Rechtshilfeübereinkommen). Sie können auch mit der Durchführung bestimmter Ermittlungsmaßnahmen betraut werden (vgl. Art. 13 Abs. 6 Rechtshilfeübereinkommen). Die Gruppe führt ihren Einsatz gemäß den Rechtsvorschriften des Mitgliedstaates durch, in dem ihr Einsatz erfolgt (Art. 13 Abs. 3 lit. b) S. 1 Rechtshilfeübereinkommen). Infolgedessen richtet sich auch die Durchführung von Ermittlungsmaßnahmen in einem Einsatzmitgliedstaat nach dem jeweiligen nationalen Recht des Einsatzmitgliedstaates (vgl. Art. 13 Abs. 3 und 6 Rechtshilfeübereinkommen).

(aa) Strafrechtliche Verantwortlichkeit

Beamte eines gemeinsamen Ermittlungsteams aus einem anderen als dem Mitgliedstaat, in dem der Einsatz erfolgt, werden hinsichtlich der von ihnen begangenen Straftaten gemäß Art. 15 Rechtshilfeübereinkommen, der sich inhaltlich an die Regelung des Art. 42 des SDÜ anlehnt, den Beamten des Einsatzmitgliedstaates gleichgestellt.

(bb) Potentielle Teilnahme von Europol-Bediensteten

Aufgrund von Art. 13 Abs. 12 Rechtshilfeübereinkommen besteht auch für die Bediensteten des Europäischen Polizeiamtes die Möglichkeit, sich an den gemeinsamen Ermittlungsteams zu beteiligen.[267]
Durch entsprechende Vereinbarung der Mitgliedstaaten können die Europol-Bediensteten im Rahmen dieser Ermittlungsteams nicht nur beratend oder unterstützend tätig werden, sondern – ebenso wie die Mitglieder bzw. entsandten Mitglieder der Gruppe – bei Ermittlungsmaßnahmen im Einsatzmitgliedstaat anwesend sein und mit der Durchführung bestimmter Ermittlungsmaßnahmen betraut werden.[268]

(cc) Immunitätsgeschützte Amtstätigkeit gemäß Artikel 8 Abs. 1 Europol-Immunitätenprotokoll? – Diskussionsstand

Im Falle der Teilnahme von Europol-Bediensteten an gemeinsamen Ermittlungsteams stellt sich die Frage, ob bzw. inwieweit die Europol-Bediensteten im Rahmen dieser Tätigkeit die ihnen durch Art. 8 Europol-Immunitätenprotokoll gewährte (strafrechtliche) Immunität und damit einen Sonderstatus gegenüber den anderen Mitgliedern eines gemeinsamen Ermittlungsteams genießen, da letztere nach Art. 15 Rechtshilfeübereinkommen für von ihnen begangenen Straftaten strafrechtlich verantwortlich sind.

Diese Frage ist im Vereinigten Königreich im Rahmen der kritischen Diskussionen zur Immunitätsgewährung für Europol-Bedienstete diskutiert worden. In seinem Brief vom 2. März 2000 an den Legal Adviser to the Select Committee on the European Union, *Harris* (Judical Co-operation Unit, Home Office), bat *Kerse* insoweit um eine Klarstellung:

---

[267] Vgl. Erläuternder Bericht zu dem Übereinkommen vom 29. Mai 2000 über die Rechtshilfe in Strafsachen zwischen den Mitgliedstaaten der EU, ABl. EG C 397 vom 29.12.2000, S. 18.
[268] Vgl. ABl. EG C 397 vom 29.12.2000, S. 19.

„(...) the Committee [Select Committee on European Union – Anmerkung Verfasser] would welcome greater clarity on the involvement of Europol officials in joint investigation teams and, in particular, the level of immunity they would enjoy.“[269]

Bereits am 20. Januar 2000 hatte Lord *Tordoff* diese Problematik in seinem Brief an *Barbara Roche*, Member of Parliament (MP), angesprochen:

„Can you confirm that Europol officials would not enjoy any immunity when operating in a Member State under this Convention? In particular, is it the case that they would not be acting „in the exercise of their official functions“ for the purposes of Article 8(1)(a) of the Protocol on the Privileges and Immunities of Europol?“[270]

Barbara Roche, Member of Parliament (MP), teilte in ihrem an Lord *Tordoff* gerichteten Antwortschreiben vom 24. Februar 2000 mit:

„The exact role that Europol officers will play in joint investigation teams is under discussion at the Europol Working Group.“[271]

Roche wies ausdrücklich darauf hin, dass Europol-Bedienstete bei Ausübung ihrer „official functions“ Immunität genießen.[272] „What remains unclear is“ – so *Roche* – „the extent to which the exercise of their official functions would involve their being present in the United Kingdom.“[273]
Bereits frühzeitig hatte die britische Regierung im Rahmen der Beratungen zur Erarbeitung des Rechtshilfeübereinkommens in Strafsachen auf ihren restriktiven Standpunkt zu dieser Frage hingewiesen - „It is a long standing UK position that Europol staff should not have operational powers.“[274] - und dafür plädiert, dass Europol-Bedienstete im Rahmen gemeinsamer Ermittlungsteams lediglich beratend und unterstützend tätig werden dürften.[275]

---

269 House of Lords, Select Committee on European Union, Twelfth Report 18 July 2000, Annex.
270 House of Lords, Select Committee on European Union, Twelfth Report 18 July 2000, Annex.
271 Im Folgenden Gegenstand gesonderter Untersuchung.
272 Vgl. Art. 8 Europol-Immunitätenprotokoll.
273 House of Lords, Select Committee on European Union, Twelfth Report 18 July 2000, Annex „Extract from Explanatory Memorandum on the Draft Convention on Mutual Assistance in Criminal Matters between the Member States of the EU: Consolidated Text submitted by the Home Office 15 March 2000 – 6836/00 Copen 60“; vgl. auch House of Commons, European Scrutiny, Thirteenth Report, Conclusions, point 23.22: „There are two areas which we still have some concern. The first relates to the involvement of Europol in joint investigation teams. The Explanatory Memorandum is clear that Europol officers enjoy legal immunity when exercising their official functions, but considerably less clear what those functions might be in relation to joint investigations, or where they might be carried out. We consider that the issue of immunity for Europol officers needs to be addressed (...)“.
274 House of Lords, Select Committee on European Union, Twelfth Report 18 July 2000, Annex „Letter from Kate Hoey MP to Lord Tordoff – 17 May 1999.
275 Vgl. House of Lords, a.a.O; House of Lords, Select Committee on European Union, Twelfth Report 18 July 2000, Annex: Convention on Mutual Assistance (...) – The final Stages, point 41: „The Government also re-iterated the longstanding UK position that Europol staff should not have operational powers and that any involvement in criminal investigations by joint teams should take the form of analytical and expert support.“

cc) Kontroverse Debatte zur Immunitätsgewährung

Die Immunität für Europol-Bedienstete ist auch im Vereinigten Königreich kontrovers diskutiert worden.[276] Insbesondere die Vertreter der Liberal Democrats standen dem Immunitätenprotokoll ablehnend gegenüber. So betonte beispielsweise *Heath* (Liberal Democrats):

> „Nevertheless, I should like to make it absolutely clear that we oppose the provisions. (...) It is not good enough to grant immunity to Europol officers that restricts the right of UK citizens to proper redress. We would not grant such immunity to an officer of a British police force."[277]

Heath warf der britischen Regierung vor, ihre ursprüngliche Zusage, sich einer Immunitätsgewährung zu widersetzen, die den Europol-Bediensteten einen Sonderstatus gegenüber den nationalen Polzeibeamten verleihe, aufgegeben zu haben:

> „(...) Europol must operate within a framework of proper dicipline and accountability. I raised that matter with the Foreign Secretary when he appeared before the Foreign Affairs Select Committee on 4 November. He said: „I would certainly resist any immunity being granted to Europol beyond anything that might be available to the national police."
> Yet that is precisely what we are being asked to agree this morning. We are being asked to give officers of Europol a degree of immunity that is not, and would not, be afforded to members of our own constabulary."[278]

Die Immunität der Europol-Bediensteten könne – so *Heath* – nicht mit Hinweis auf vergleichbare Immunitätsgewährungen für Bedienstete internationaler Organisationen rechtfertigt werden, denn insoweit bestehe keine Vergleichbarkeit.

> „Europol is not comparable to other international inspectorates. More care is needed in granting immunity to its officers, and we are not persuaded that the orders are in the interests of justice."[279]

Es sei zwar nicht ungewöhnlich, dass Bedienstete internationaler Organisationen Immunität besäßen – zumal diese teilweise zur ordnungsgemäßen Aufgabenerfüllung erforderlich seien.[280] „But there is a vast difference between that and the activities of Europol, which is principally involved not with the activities of Governments, but with the activities of citizens or groups of citizens."[281]

---

[276] Vgl. House of Commons, Ninth Standing Committee on Delegated Legislation Debates, 4 Decem ber 1997 (http://www.parliament.the-stationery-o...mstand/deleg9/st971204/am/71204s01.htm – Stand: 13.08.1999); House of Commons Hansard Debates for 19 January 1998, column 739 ff.

[277] House of Commons, Ninth Standing Committee on Delegated Legislation Debates, 4 December 1997, 10.48 am; vgl. *Heath*, House of Commons Hansard Debates for 19 January 1998, column 745: „Why are Europol officers being treated differently from British police forces? That is in flat contradiction of the assurance that the Foreign Secretary gave the Select Committee on Foreign Affairs."

[278] House of Commons, a.a.O.

[279] House of Commons, a.a.O.

[280] House of Commons, a.a.O.

[281] House of Commons, a.a.O.

Der Minister of State, Foreign and Commenwealth Office, *Fatchett*, widersprach dieser Kritik. Der Vergleich zu anderen internationalen Organisationen sei gerechtfertigt.[282]

> „It is important to emphasise that the privileges and immunities that will be given to Europol staff are comparable with those routinely afforded to the staff of international organisations. I draw attention to article 8 of the protocol, (...).“[283]

Ebenso wie die Vertreter der deutschen und österreichischen Regierung[284] rechtfertigten auch die Vertreter der britischen Regierung die Immunitätsgewährung für Europol-Bedienstete mit dem Hinweis auf den restriktiv gefassten Aufgaben- und Befugnisrahmen des Europäischen Polizeiamtes:[285]

> Europol is „simply a co-operative and intelligence-gathering body.“[286] „Their (the Europol officers) work ist information gathering.“[287]

Europol habe weder operative noch exekutive Aufgaben und Befugnisse, sondern erfülle durch den Datenaustausch und die Verbrechensanalyse lediglich eine Unterstützungsfunktion gegenüber den nationalen Behörden der Mitgliedstaaten.[288]

> „Europol will not be an operational police force, and its staff will not be able to perform executive policing functions.“[289]
> „Its role will be to bring together and develop intelligence[290] in support of the law enforcement agencies of member states. It is not envisaged that the line will be crossed from this essentially supporting role to one in which Europol staff themselves would undertake investigations, arrests, and other executive policing functions.“[291]

Da im Falle einer Aufgaben- bzw. Befugniserweiterung Europols die Immunität der Europol-Bediensteten aufgrund der in Art. 17 des Immunitätenprotokolls normierten Evaluierungsklausel[292] überprüft werden müsse, sei die derzeitige Freistellung der

---

282 *Fatchett*, House of Commons, Ninth Standing Committee on Delegated Legislation Debates, 4 December 1997, 10.30 am.

283 *Fatchett*, a.a.O.

284 Vgl. S. 20 f. und S. 29 f.

285 Vgl. *Michael* (Home Office Minister of State), House of Commons Hansard Written Answers for 12 February 1998 column 340; *Fatchett* (Minister of State, Foreign and Commonwealth Office), House of Commons, Ninth Standing Committee on Delegated Legislation Debates, 4 December 1997, 10.30 am.; *Quin* (Minister of State, Home Office), House of Commons Hansard Debates for 11 May 1998, column 7.

286 *Quin* (Minister of State, Home Office), a.a.O; vgl. *Beith*, House of Commons Hansard Debates for 19 January 1998, column 746.

287 *Henderson*, House of Commons Hansard Debates for 19 January 1998, column 746.

288 Vgl. *Fatchett* (Minister of State, Foreign and Commonwealth Office), House of Commons, Ninth Standing Committee on Delegated Legislation Debates, 4 December 1997, 10.30 am.

289 *Michael* (Home Office Minister of State), House of Commons Hansard Written Answers for 12 February 1998, column 340.

290 Im Folgenden Gegenstand gesonderter Untersuchung.

291 *Fatchett* (Minister of State, Foreign and Commonwealth Office), House of Commons, Ninth Standing Committee on Delegated Legislation Debates, 4 December 1997, 10.30 am.

292 Vgl. S. 20 f.

Bediensteten von gerichtlicher Verfolgung für die aktuellen Aufgaben und Befugnisse nicht nur angemessen,[293] sondern „the minimum necessary to enable Europol to operate effectively in member states."[294]

Die Feststellung der britischen Regierung, dass Europol-Bedienstete lediglich unterstützend tätig werden würden, veranlasste *Heath* zu der Feststellung:

> „There is a fine distinction between the operational role of domestic police agencies and the non-operational role of Europol officers, because one will be guided by the actions of the other."[295]

Dass Europol-Bedienstete auf der Grundlage der geltenden Europol-Konvention bereits heute in den Mitgliedstaaten unterstützend tätig werden könnten, betonte auch der Abgeordnete *Beith* – „officers might be present in the United Kingdom to assist in a major operation".[296] Er wies zugleich auf die Gefahren bzw. Rechtsfolgen hin, die im Falle eines Fehlschlags einer derartigen „operation" eintreten könnten, beispielsweise die Festnahme unbescholtener, d.h. unschuldiger, Bürgerinnen und Bürger: [297]

> „If that operation misfired to such an extent that some citizens had reason to believe that they had been wrongly arrested, wrongly subject to adverse publicity or in some other way damaged, (...)"[298]

Dass bereits der Datenaustausch durch Europol, d.h. die auf der Grundlage der geltenden Europol-Konvention zulässige Weitergabe von Informationen an die nationalen Behörden der Mitgliedstaaten, für die Bürgerinnen und Bürger mit potentiellen Gefahren verbunden sei,[299] hat das Select Committee on European Communities des House of Lords in seinem First Report vom 17. Juni 1997 hervorgehoben und gefordert: „(...) Europol must be accountable for its policies and actions."[300]

Die aus diesem Datenaustausch – im Falle eines (bewussten) Fehlverhaltens eines Europol-Bediensteten – resultierenden potentiellen Gefahren für die Bürgerinnen und Bürger hat der Abgeordnete *Streeter* unter Bezugnahme auf die in Art. 38 Europol-

---

293 Vgl. *Fatchett* (Minister of State, Foreign and Commonwealth Office), House of Commons, Ninth Standing Committee on Delegated Legislation Debates, 4 December 1997, 10.30 am; *Michael* (Home Office Minister of State), House of Commons Hansard Written Answers for 12 February 1998, column 340: „The Government believe that the immunities which will be granted to Europol officers are appropriate for the tasks which they will undertake and are necessary for the proper functioning of the organisation. Were Europol's role to be extended beyond what is allowed under the present Convention, there is specific provision in the Protocol requiring the question of privileges and immunities of its staff to be reviewed."

294 *Fatchett*, a.a.O.

295 House of Commons, Ninth Standing Committee on Delegated Legislation, 4 December 1997, 10.48 am.

296 *Beith*, House of Commons Hansard Debates for 19 January 1998, column 746.

297 Im Folgenden Gegenstand gesonderter Untersuchung.

298 *Beith*, House of Commons Hansard Debates for 19 January 1998, column 746.

299 Im Folgenden Gegenstand gesonderter Untersuchung.

300 House of Lords, Select Committee on European Communities First Report 17 June 1997.

Konvention normierte zivilrechtliche Haftung wegen unzulässiger oder unrichtiger Datenverarbeitung wie folgt verdeutlicht und bewertet:

> „If I were a British citizen whose reputation had been damaged or who had been arrested or falsely imprisoned as a result of someone making a major blunder and giving the police the wrong information, I would be very aggrieved to be told that my remedy was to sue France."[301]

In der Debatte des Ninth Standing Committee on Delegated Legislation vom 4. Dezember 1997 hatte *Streeter* die potentielle Gefahrenlage für die Bürgerinnen und Bürger wie folgt charakterisiert:

> „What would happen, for example, if he [an Europol officer – Anmerkung Verfasser] attended an arrest on a United Kingdom citizen and something went wrong? I realise that he will not have the power to arrest, but he could attend an arrest."[302]

Hinsichtlich der Tätigkeit der Europol-Bediensteten in den Mitgliedstaaten forderte *Streeter* die britische Regierung auf, die insoweit bestehenden Befugnisse der Bediensteten zu spezifizieren:

> „We need some clarity about the scope of Europol officers' operations. They may not have the power of arrest, but are they allowed, for example, to accompany British police officers in the making of an arrest? In such a situation, one can foresee difficult circumstances arising.[303]"

Die aus einer immunitätsgeschützten Tätigkeit der Europol-Bediensteten in einem Mitgliedstaat für die Bürgerinnen und Bürger resultierenden potentiellen Gefahren hob auch *Heath* hervor und kritisierte insoweit eine „unbekümmerte" Einstellung sowohl der Mitglieder der Labour als auch der Conservative Party:

> „A vital matter of principle is at stake in the extraordinary immunity that will be provided for Europol officers working in the United Kingdom. I am surprised by the insouciance of Labour and Conservative Members, because those immunities will put British citizens at a substantial potential disadvantage."[304]
>
> „There are clearly circumstances" – so *Heath* – „in which the inappropriate actions of an officer of Europol will impact on the rights of an individual citizen. I recall instances – when I was chair of a police authority and when I served on the standing committee of the National Criminal Intelligence Service[305] – of officers exceeding their legal duties, and their actions having an impact on the citizens involved. On those occasions, it was right that there should be appropriate legal redress."[306]

---

301 House of Commons Hansard Debates for 19 January 1998, column 740.

302 *Streeter*, Ninth Standing Committee on Delegated Legislation, 4 December 1997, 10.44 am.

303 *Streeter*, House of Commons Hansard Debates for 19 January 1998, column 740.

304 *Heath*, House of Commons Hansard Debates for 19 January 1998, column 741.

305 Established 1992.

306 House of Commons, Ninth Standing Committee on Delegated Legislation, 4 December 1997, 10.48 am.

Kritisch bewertete *Heath* in diesem Zusammenhang auch die Tatsache, dass ausschließlich der Direktor von Europol,[307] der ebenfalls Immunität genießt (vgl. Art. 8 Abs. 1 Europol-Immunitätenprotokoll) zur Aufhebung der Immunität eines Europol-Bediensteten befugt sei (vgl. Art. 12 Abs. 2 Europol-Immunitätenprotokoll):[308]

> „However, that immunity exists, and the power to waive immunity is in the hands of the director of Europol. It is for him or her to determine whether a waiver is in the interests of Europol – not in the interests of justice. That is equivalent to leaving it to a chief constable to decide whether it is in the interests of his constabulary that an officer in this country should be immune from prosecution. That would not be acceptable, so why is it acceptable in the case of officers working for Europol?"[309]

C. Ergebnis

Das Europol-Übereinkommen und die begleitenden Rechtsakte, zu denen auch das Europol-Immunitätenprotokoll gehört (vgl. Art. 45 Abs. 4 Europol-Übereinkommen), normieren diverse Immunitätsregelungen.
Gemäß Art. 8 Abs. 1 lit. a) Europol-Immunitätenprotokoll genießen die Mitglieder der Organe und des Personals von Europol auch nach Beendigung ihrer Tätigkeit Immunität von jeglicher Gerichtsbarkeit hinsichtlich der von ihnen in Ausübung ihres Amtes vorgenommenen mündlichen und schriftlichen Äußerungen sowie Handlungen.
Diese Immunitätsgewährung ist – entgegen der Behauptung der früheren Bundesregierung – nicht nur in Deutschland, sondern auch in anderen Europol-Mitgliedstaaten, beispielsweise in Österreich und dem Vereinigten Königreich, kontrovers diskutiert worden. Ein zentraler Kritikpunkt ist die in Art. 8 Abs. 1 lit. a) Europol-Immunitätenprotokoll normierte strafrechtliche Immunität.

Mit dem Ziel der ersatzlosen Streichung dieser vielfach als verfassungswidrig bewerteten Freistellung von strafrechtlicher Verantwortlichkeit hatte der Deutsche Bundestag die Bundesregierung mehrfach und frühzeitig zu Nachverhandlungen mit den Europol-Partnerstaaten aufgefordert.
Unter Hinweis auf die vermeintliche Aussichtslosigkeit dieser Nachverhandlungen hatte die frühere Bundesregierung davon abgesehen, förmliche Nachverhandlungen zu fordern – ein Verhalten, dass der Innenausschuss des Deutschen Bundestages als eine „Mißachtung des Willens des Parlaments"[310] bewertete.

In der Bundesrepublik Deutschland – wie beispielsweise auch in Österreich – existierte eine politische und faktische Zwangslage zur Ratifikation des Europol-Immunitätenprotokolls. Obgleich das Europol-Übereinkommen die Grundsatzentscheidung zu der durch das Europol-Immunitätenprotokoll inhaltlich konkretisierten Immunitätsgewährung normiert, ist die Ratifikation des Immunitätenprotokolls erst nach Abschluss der Ratifikationsberatungen zum Europol-Übereinkommen eingeleitet worden.

---

[307] Im Folgenden Gegenstand gesonderter Untersuchung.
[308] Im Folgenden Gegenstand gesonderter Untersuchung.
[309] House of Commons, Ninth Standing Committee on Delegated Legislation, 4 December 1997, 10.48 am.
[310] BT-Drs. 13/10201, S. 4.

Aufgrund der für die Tätigkeitsaufnahme Europols erforderlichen Ratifikation des Immunitätenprotokolls (vgl. Art. 45 Abs. 4 Europol-Übereinkommen) und der von der Bundesregierung behaupteten Aussichtslosigkeit von Nachverhandlungen mit den Europol-Partnerstaaten zwecks Streichung der – insbesondere strafrechtlichen – Immunität, existierte für die Abgeordneten eine politische und faktische Zwangslage zur Ratifikation des Europol-Immunitätenprotokolls. Auf diese Zwangslage haben die Sachverständigen in der vom Deutschen Bundestag durchgeführten Anhörung zum Europol-Immunitätenprotokoll ausdrücklich hingewiesen.

Die Regierungen, beispielsweise der Bundesrepublik Deutschland, Österreichs und des Vereinigten Königreichs, haben die Immunitätsgewährung für Europol-Bedienstete insbesondere unter Hinweis auf den mit der derzeitigen Ausbaustufe Europols verbundenen restriktiv gefassten Aufgaben- und Befugnisrahmen und die im Falle einer veränderten Aufgabenstellung erforderliche Evaluierung (vgl. Art. 17 Europol-Immunitätenprotokoll) gerechtfertigt. In seiner derzeitigen Struktur als zentrale Datensammel- und Auswertungsstelle erfülle Europol lediglich eine unterstützende Funktion gegenüber den nationalen Behörden der Mitgliedstaaten. Das Europol-Übereinkommen gewähre den Europol-Bediensteten keine exekutiven oder operativen Aufgaben bzw. Befugnisse. Folglich sei die strafrechliche Immunität für Europol-Bedienstete aufgrund dieses restriktiv gefassten Aufgaben- und Befugnisrahmens praktisch nicht relevant. Zudem seien nahezu alle strafrechtlich relevanten Fälle von der Geltung der strafrechtlichen Immunität ausgenommen.

Die rechtliche Untersuchung und Bewertung der den Europol-Bediensteten gewährten strafrechtlichen Immunität erfordert mithin eine detaillierte Analyse der derzeitigen Ausbaustufe sowie der geltenden und zukünftigen Aufgaben und Befugnisse des Europäischen Polizeiamtes, insbesondere im Hinblick auf die insoweit verwendeten Begriffe der „exekutiven" und „operativen" Aufgaben und Befugnisse. Ausweislich der Debatte zur Immunitätsgewährung im Vereinigten Königreich ist insbesondere der Begriff „operativ" bzw. „operationell" von maßgebender Bedeutung und nach Einschätzung der britischen Regierung – aufgrund der teilweise unterschiedlichen Zielsetzungen der Europol-Mitgliedstaaten über den Ausbau bzw. die Weiterentwicklung der Aufgaben und Befugnisse der Europol-Bediensteten – mehrdeutig.
Infolgedessen sind Bedeutung und inhaltliche Ausgestaltung dieses Begriffs im Folgenden gesondert zu untersuchen.

Aufgrund der, insbesondere im Vereinigten Königreich, geführten Diskussion zur Teilnahme von Europol-Bediensteten an gemeinsamen Ermittlungsteams (joint investigation teams) in den EU-Mitgliedstaaten ist die Einbindung der Europol-Bediensteten in diese Teams und ihr Immunitätsstatus im Rahmen dieser Tätigkeit ebenfalls zu analysieren.

Die Immunitätsgewährung für Europol-Bedienstete ist, beispielsweise von der deutschen und österreichischen Regierung, unter Hinweis auf die Gleichstellung der Europol-Bediensteten mit den Bediensteten anderer europäischer oder internationaler Einrichtungen gerechtfertigt worden. Aufgrund dessen ist es im Folgenden erforderlich, die auf europäischer und internationaler Ebene existierenden Immunitätsgewährungen und ihre inhaltliche Ausgestaltung zu untersuchen.[311]

[311] In der zweiten Beratung und Schlussabstimmung des Europol-Gesetzes hat der Abgeordnete und jetzige parlamentarische Staatssekretär im Bundesministerium des Innern, Fritz Rudolf *Körper* (SPD), betont, man werde „sich einmal anschauen müssen, wie denn die Immunitätenregelungen für andere internationale und europäische Einrichtungen aussehen und wie man dies in Beziehung setzen kann zu den Aufgaben und Befugnissen dieser Behörden. Dann erst kann man beurteilen, ob das Immunitätenprotokoll für Europol im gegenwärtigen Stadium angemessen ist." – BT-Plenarprotokoll 13/198, S. 17894.

Kapitel 2

A. Europol-Immunitätenprotokoll

I. Orientierung an europäischen / internationalen Immunitätsregelungen

Nach Auffassung der früheren Bundesregierung entspricht das Europol-Immunitätenprotokoll „internationalem Standard."[1] Ausweislich der Denkschrift zum Europol-Immunitätenprotokoll hat die Bundesregierung die Immunitätsgewährung für Europol-Bedienstete wie folgt gerechtfertigt:

> „Die Gewährung von Immunität für internationale Organisationen und deren Bedienstete ist allgemeine völkerrechtliche Praxis. Sinn der Gewährung von Immunität ist es, die Unabhängigkeit und Funktionsfähigkeit der internationalen Organisation, ihrer Mitglieder und ihrer Organe zu gewährleisten. (...) Es sind deshalb keine bedeutenden internationalen Organisationen bekannt, die nicht Immunität besitzen."[2]

Infolgedessen orientiert sich der Regelungsinhalt des Europol-Immunitätenprotokolls an „anderen Immunitätenprotokollen für internationale Organisationen[3], z.B. an dem Protokoll über die Vorrechte und Befreiungen der EG vom 8. April 1965 (EG-Immunitätenprotokoll, ABl. EG Nr. 152/1967, S. 13)."[4]
Auch die Regelung des Art. 8 Europol-Immunitätenprotokoll hat – so die *Bundesregierung* – „ihre Entsprechung im EG-Recht (vgl. Art. 12 EG-Immunitätenprotokoll)."[5] Die Vorschrift des Art. 8 Abs. 1 lit. a) Europol-Immunitätenprotokoll, die den Europol-Bediensteten Immunität von jeglicher Gerichtsbarkeit hinsichtlich der von ihnen in Ausübung ihres Amtes vorgenommenen mündlichen und schriftlichen Äußerungen und Handlungen verleiht, sei „eine identische Regelung"[6] zu Art. 12 lit. a) EG-Immunitätenprotokoll.[7]

Diese Rechtfertigung der Immunitätsgewährung durch die Bundesregierung hat der Abgeordnete *Such* (Bündnis 90/Die Grünen) in der zweiten Beratung und Beschlussempfehlung zum Europol-Immunitätenprotokollgesetz kritisiert. „Kritiklos und blindlings"[8] seien – so *Such* unter Bezugnahme auf eine Äußerung von *Hirsch* (MdB FDP)[9] – für Europol Vorrechte übernommen worden, wie sie für Diplomaten und Bedienstete internationaler Organisationen gelten.[10]

---

1 *Lintner* (PSt BMI), BT-Plenarprotokoll 13/225, S. 20704.
2 BT-Drs. 13/9084, S. 10.
3 Vgl. *Stadler* (MdB FDP), BT-Plenarprotokoll 13/225, S. 20703: „Immunitäten sind ein traditioneller Bestandteil des Schutzes von internationalen Organisationen vor Eingriffen durch einzelne fremde Staaten. An diesem Vorbild hat man sich bei der Europol-Immunitätenregelung orientiert."
4 BT-Drs. 13/9084, S. 10.
5 BT-Drs. 13/9084, S. 11.
6 BT-Drs. 13/9084, S. 11.
7 BT-Drs. 13/9084, S. 11.
8 BT-Plenarprotokoll 13/225, S. 20702.
9 Vgl. *Hirsch*, ZRP 1998, S. 10 (13).
10 Vgl. *Hirsch*, a.a.O., S. 10 (13).

Im Folgenden soll demnach untersucht werden, ob bzw. inwieweit die Europol-Bediensteten durch die ihnen gewährte Immunität Diplomaten und/oder Bediensteten internationaler Organisationen gleichgestellt worden sind, und der Frage nachgegangen werden, ob der geltende Immunitätsstatus der Bediensteten dem von den Europol-Mitgliedstaaten mit der Immunitätsgewährung (ursprünglich) angestrebten Status entspricht. Insoweit ist es zunächst erforderlich, die Entstehung bzw. Entwicklung des Europol-Immunitätenprotokolls zu analysieren. Daran anschließend sollen die im internationalen, europäischen und nationalen Bereich bestehenden Immunitätsregelungen, ihre Entstehung und inhaltliche Ausgestaltung untersucht und – auf dieser Grundlage – die Immunität der Europol-Bediensteten rechtlich ein- bzw. zugeordnet werden.

II. Entstehung / Verhandlungsgang – Intention der Europol-Mitgliedstaaten

In den Beratungen des Rechtsausschusses des Deutschen Bundestages zum Europol-Gesetz hat *Häfner* (MdB Bündnis 90/Die Grünen) ausgeführt, dass „Beamte, die an der Ausarbeitung des Immunitätenprotokolls beteiligt gewesen seien,“[11] ihm erläutert hätten, „daß man sich in dieser Frage an den Status von UN-Truppen angelehnt habe. Eine weitergehende Immunität der Beschäftigten des Europäischen Polizeiamtes sei nicht beabsichtigt gewesen.“[12]

Im Folgenden soll zunächst die mit der Immunitätsgewährung (ursprünglich) verbundene Zielsetzung der Europol-Mitgliedstaaten auf der Grundlage der – inhaltlich divergierenden – Vorentwürfe zum Europol-Immunitätenprotokoll analysiert werden.

1. Entwurf der italienischen Ratspräsidentschaft

Nachdem bereits im Sommer des Jahres 1995 unter spanischer Ratspräsidentschaft ein erster Entwurf des Europol-Immunitätenprotokolls vorgelegt worden war, wurde inhaltlich über die Immunitätsgewährung zugunsten der Europol-Bediensteten erstmals auf der Grundlage eines von der italienischen Ratspräsidentschaft vorgelegten Entwurfs vom 14. Februar 1996[13] verhandelt.[14]
Titel II dieses Entwurfs regelt die Immunitäten und Vorrechte des Europol-Personals. Gegenüber der geltenden Regelung des Art. 8 Europol-Immunitätenprotokoll sind folgende Unterschiede festzustellen:

- Art. 11 Abs. 1 lit. b) dieses Entwurfs beschränkt die Befreiung der Mitglieder der Organe, der stellvertretenden Direktoren und der Bediensteten des Europäischen Polizeiamtes von der Gerichtsbarkeit nicht nur auf die von ihnen in Ausübung ihres Amtes getätigten Handlungen, einschließlich ihrer mündlichen und schriftlichen Äußerungen, sondern darüber hinaus auf diejenigen Handlungen bzw. Äußerungen,

---

[11] BT-Rechtsausschussprotokoll der 97. Sitzung vom 8. Oktober 1997 (im Folgenden: BT-Rechtsausschuss-Prot. 13/97), S. 37.
[12] BT-Rechtsausschuss-Prot. 13/97, S. 37.
[13] Rats-Dok. 4998/96.
[14] *Kanther*, BT-Europaausschuss-Drs. 13/1681, Anlage 2, S. 1.

die von diesen Personen „strikt im Rahmen ihrer Befugnisse vorgenommen" worden sind.
Eine entsprechend extensiv gefasste tatbestandliche Einschränkung der Immunitätsgewährung ist in der geltenden Regelung des Art. 8 Europol-Immunitätenprotokoll nicht enthalten. Gemäß Art. 8 Abs. 1 lit. a) Europol-Immunitätenprotokoll genießen Europol-Bedienstete Immunität für jede von ihnen in Ausübung des Amtes getätigte Handlung, einschließlich ihrer mündlichen und schriftlichen Äußerungen. Eine darüber hinausgehende tatbestandliche Einschränkung der Immunität durch das Erfordernis des strikten Handelns im Rahmen ihrer Befugnisse ist im geltenden Europol-Immunitätenprotokoll nicht normiert worden. Welche Rechtsfolgen aus dieser fehlenden Einschränkung im Hinblick auf den sachlichen Anwendungsbereich der in Art. 8 Abs. 1 lit. a) Europol-Immunitätenprotokoll normierten Immunität resultieren, soll in Kapitel 3 dieser Arbeit gesondert untersucht werden.

Ausweislich der in Fußnote 16 des Vorentwurfs enthaltenen Anmerkung entspricht die Regelung des Art. 11 Abs. 1 lit. b) des Entwurfs insoweit „Art. 12 lit. a) EG [Protokoll über die Vorrechte und Befreiungen der Europäischen Gemeinschaften – Anmerkung Verfasser], Art. V § 13 lit. a) VN [Abkommen über die Vorrechte und Befreiungen der Sonderorganisationen der Vereinten Nationen – Anmerkung Verfasser] (...)."[15]

Folgende Regelungen des Vorentwurfs sind im geltenden Europol-Immunitätenprotokoll ebenfalls nicht mehr enthalten:

- Gemäß Art. 11 Abs. 1 lit. d) des Entwurfs genießen die Mitglieder der Organe, die stellvertretenden Direktoren und die Bediensteten des Europäischen Polizeiamtes „das Recht der Diplomaten[16] üblicherweise gewährten Erleichterungen bezüglich Währung und Devisen[17]" und
  - gemäß Art. 11 Abs. 1 lit. f) des Entwurfs „das Recht auf dieselben Erleichterungen hinsichtlich ihres persönlichen Gepäcks, wie sie im vergleichbaren Rang stehenden Mitgliedern diplomatischer Vertretungen gewährt werden, sowie
  - gemäß Art. 11 Abs. 1 lit. g) des Entwurfs „im Falle internationaler Krisen das Recht auf dieselben Erleichterungen, auch für ihre Ehegatten und die von ihnen unterhaltenen Familienangehörigen, bei der Rückführung in ihren Heimatstaat, wie sie im vergleichbaren Rang stehenden Mitgliedern diplomatischer Vertretungen gewährt werden."

[15] Rats-Dok. 4998/96 vom 14.02.1996, Fußnote 16.

[16] Gemäß der Anmerkung in Fußnote 19 des Rats-Dok. 4998/96 ist „die Gleichstellung mit Diplomaten (...) Artikel 16 Buchstabe d und Artikel 18 Buchstabe c des Interpol-Sitzabkommens entlehnt." Das Sitzabkommen der IKPO-Interpol ist im Folgenden Gegenstand gesonderter Untersuchung.

[17] Gemäß der Anmerkung in Fußnote 20 des Rats-Dok. 4998/96 entspricht die Regelung insoweit „Artikel 16 Interpol" [Sitzabkommen der IKPO-Interpol – Anmerkung Verfasser].

- Nach Art. 12 S. 1 des Entwurfs genießt der Direktor von Europol „außer den in Art. 11 vorgesehenen Immunitäten (...) die Vorrechte, Immunitäten, Befreiungen und Erleichterungen, die nach dem Völkerrecht diplomatischen Vertretern gewährt werden". Gemäß Art. 12 S. 2 gilt dies „auch bezüglich der Ehegatten und der minderjährigen Kinder." Ausweislich der in Fußnote 25 enthaltenen Anmerkung des Entwurfs entspricht diese Regelung „Art. 17 Interpol [Sitzabkommen der IKPO-Interpol – Anmerkung Verfasser] und Art. VI § 21 VN" [Abkommen über die Vorrechte und Befreiungen der Sonderorganisationen der Vereinten Nationen – Anmerkung Verfasser].
  In der geltenden Fassung des Europol-Immunitätenprotokolls ist diese Gleichstellung des Direktors von Europol mit diplomatischen Vertretern ersatzlos entfallen.

- Nach Art. 17 des Entwurfs ist die Regierung eines Europol-Mitgliedstaates nicht gehalten, den eigenen Staatsangehörigen oder den Personen mit ständigem Aufenthalt im Hoheitsgebiet des betreffenden Mitgliedstaates die in Art. 11 Abs. 1 lit. a) bis d) und lit. g) sowie die in Art. 12 genannten Vorrechte und Immunitäten zu gewähren. Nach dieser Regelung wäre jede Regierung der Europol-Mitgliedstaaten befugt gewesen, eigenen Staatsangehörigen oder Personen mit ständigem Aufenthalt in ihrem Staatsgebiet nicht nur den Immunitätsstatus gemäß Art. 11 Abs. 1 lit. b), sondern auch die ihnen aufgrund der rechtlichen Gleichstellung mit Diplomaten bzw. Mitgliedern diplomatischer Vertretungen gewährten Privilegien vollständig zu versagen und diese Personen damit uneingeschränkt der innerstaatlichen Gerichtsbarkeit zu unterwerfen. Nach der in Fußnote 30 des Entwurfs enthaltenen Anmerkung lehnt sich diese Regelung „an Art. 21 Interpol" [Sitzabkommen IKPO-Interpol – Anmerkung Verfasser] an.

- Folgende Regelung des Vorentwurfs ist in der geltenden Fassung des Europol-Immunitätenprotokolls ebenfalls nicht mehr enthalten:

  > Artikel 21
  > Die Mitglieder der Organe, die stellvertretenden Direktoren, die Bediensteten und die Sachverständigen von Europol dürfen wegen Handlungen, die sie in amtlicher Eigenschaft vorgenommen haben, nicht zum Verlassen des Landes aufgefordert werden, in dem sie ihr Amt ausüben. Machen sich die vorgenannten Personen jedoch insofern des Mißbrauchs schuldig, als sie in diesem Land Tätigkeiten ausüben, die mit ihren Amtsgeschäften nicht in Zusammenhang stehen, so kann die Regierung dieses Landes sie zum Verlassen desselben auffordern; hierfür gelten jedoch folgende Vorbehalte:
  > die Mitglieder der Organe, die stellvertretenden Direktoren und die Bediensteten von Europol dürfen zum Verlassen des Landes nur in Übereinstimmung mit dem diplomatischen Verfahren aufgefordert werden, das auf die in diesem Land beglaubigten Diplomaten anwendbar ist;
  > die Sachverständigen dürfen nur mit Genehmigung des Außenministeriums des betreffenden Landes ausgewiesen werden.

  Nach der in Fußnote 34 des Entwurfs enthaltenen Anmerkung entspricht diese Regelung „Art. VII § 25 VN".

Auch im Hinblick auf die Unverletzlichkeit der „Archive“[18] Europols – ein Aspekt der für die Bewertung der Immunitätsgewährung von Bedeutung ist[19] – enthält das geltende Europol-Immunitätenprotokoll (vgl. Art. 3 Europol-Immunitätenprotokoll) eine von der Entwurfsfassung abweichende Regelung.
Art. 4 S. 2 des Vorentwurfs schränkt die Unverletzlichkeit der Archive wie folgt ein:

> „Jedoch kann eine Beschlagnahme von Schriftstücken von Europol, die von den Justizbehörden der Mitgliedstaaten angeordnet wurde, im Beisein des Direktors von Europol unter Wahrung der im Europol-Übereinkommen vorgesehenen Geheimhaltungsverpflichtungen vorgenommen werden.“

Diese Regelung beruht auf einem Vorschlag der französischen Delegation und ist auch in die Beratungen zur Entwurfsfassung vom 11. Februar 1997[20] eingebracht worden.[21] In der geltenden Fassung des Art. 3 Europol-Immunitätenprotokoll[22] ist diese Einschränkung nicht mehr enthalten.

2. Entwurf der niederländischen Ratspräsidentschaft

„Ernsthafte Verhandlungen“[23] zum Europol-Immunitätenprotokoll begannen – so *Kanther* – „erst Anfang 1997 unter NL-Ratsvorsitz“.[24]
Inhaltlich entspricht der Vorschlag der niederländischen Ratspräsidentschaft[25] weitgehend dem geltenden Europol-Immunitätenprotokoll. Im Unterschied zum geltenden Immunitätenprotokoll ist in der niederländischen Entwurfsfassung die Forderung der französischen Delegation nach Einschränkung der Unverletzlichkeit der Archive Europols[26] aufgenommen und in Art. 7 Abs. 2 des Entwurfs das Verbot der Ausweisung von Europol-Bediensteten eingefügt worden. Nach Art. 7 Abs. 2 des Entwurfs darf niemand „wegen Handlungen, die er in Ausübung seines Amtes für Europol vorgenommen hat, daran gehindert werden, in das Hoheitsgebiet der Mitgliedstaaten einzureisen oder aus diesem Gebiet auszureisen, oder zum Verlassen des betreffenden Hoheitsgebiets aufgefordert werden.“ Die in Art. 21 S. 2 des italienischen Entwurfs enthaltene Einschränkung,[27] nach der die dort genannten Personen – in Überein-

---

18 Nach der in Art. 1 lit. g) des geltenden Europol-Immunitätenprotokolls enthaltenen Begriffsbestimmung sind „Archive von Europol alle Aufzeichnungen, Schriftwechsel, Schriftstücke, Manuskripte, Computer- und Mediendaten, Fotografien, Filme, Video- und Tonaufzeichnungen, die Europol oder einem Mitglied seines Personals gehören oder von diesen aufgeführt werden, und alle sonstigen gleichartigen Unterlagen, die nach einhelliger Auffassung des Verwaltungsrates und des Direktors von Europol einen Teil des Archivs von Europol bilden“.

19 Im Folgenden Gegenstand gesonderter Untersuchung.

20 Rats-Dok. 5106/2/97 REV 2 – Europol 2.

21 Vgl. Rats-Dok. 5106/2/97 REV 2 – Europol 2, S. 5, Fn. 1.

22 Art. 3 Europol-Immunitätenprotokoll normiert folgende Regelung: Die Archive von Europol sind unverletzlich, gleichviel wo sie sich im Hoheitsgebiet der Mitgliedstaaten befinden und von wem sie geführt werden.

23 *Kanther*, Schreiben vom 28.10.97, BT-Europaausschuss-Drs. 13/1681, Anlage 2.

24 *Kanther*, a.a.O.

25 Siehe Rats-Dok. 5106/2/97 REV 2 - EUROPOL 2.

26 Siehe oben.

27 Vgl. S. 48.

stimmung mit dem diplomatischen Verfahren – zum Verlassen des Landes aufgefordert werden dürfen, sofern sie sich im jeweiligen Mitgliedstaat des Missbrauchs schuldig gemacht, d.h. Tätigkeiten ausgeübt haben, die mit ihren Amtsgeschäften nicht im Zusammenhang stehen, ist im niederländischen Entwurf jedoch nicht mehr enthalten gewesen.

3. Vorbehalte der spanischen und deutschen Delegation

Ausweislich eines Vermerks des Vorsitzes des K.4-Ausschusses für den AStV[28] vom 23. April 1997[29] haben sowohl die spanische als auch die deutsche Delegation im weiteren Verlauf der Beratungen zur Erarbeitung des Europol-Immunitätenprotokolls gegen einen mit dem geltenden Europol-Immunitätenprotokoll nahezu inhaltsgleichen Vorentwurf Prüfungsvorbehalte eingelegt.
Während sich der Prüfungsvorbehalt der spanischen Delegation auf den gesamten Vorentwurf des Immunitätenprotokolls bezieht,[30] erstreckt sich der Prüfungsvorbehalt der deutschen Delegation auf die Regelungen der Art. 8 Abs. 1 lit. a) und 13 des Vorentwurfs. Diese Regelungen, die identisch im geltenden Europol-Immunitätenprotokoll enthalten sind, betreffen die Immunitätsgewährung für Europol-Bedienstete (vgl. Art. 8 Abs. 1 lit. a) Europol-Immunitätenprotokoll) sowie die Beilegung von Streitigkeiten im Falle einer Weigerung zur Immunitätsaufhebung (vgl. Art. 13 Europol-Immunitätenprotokoll[31]).
Ihren Prüfungsvorbehalt zu Art. 13 des Vorentwurfs hat die deutsche Delegation wie folgt begründet:

> „Es sollte weiter geprüft werden, ob eine gerichtliche Stelle (entweder der Europäische Gerichtshof oder ein hohes nationales Gericht) die letzte Entscheidung über die Aufhebung von Immunitäten haben sollte. Nach Auffassung der deutschen Delegation ist diese Frage mit den in Art. 8 Abs. 1 genannten Immunitäten verknüpft."[32]

III. Diplomatischer / diplomatenähnlicher Status von Europol-Bediensteten?

In der zweiten Beratung und Schlussabstimmung zum Europol-Gesetz hat der ehemalige Bundesminister des Innern, *Kanther*, die Position der Europol-Bediensteten

---

[28] Funktion und Bedeutung des K.4-Ausschusses sowie des AStV sind im Folgenden Gegenstand gesonderter Untersuchung.

[29] Rats-Dok. 7613/97 – Europol 23.

[30] Vgl. Rats-Dok. 7613/97 – Europol 23, S. 5, Fn. 1.

[31] Art. 13 Europol-Immunitätenprotokoll lautet wie folgt:
(1) Streitigkeiten wegen einer Weigerung, die Immunität von Europol oder die einer Person aufzuheben, die aufgrund ihrer amtlichen Stellung Immunität nach Maßgabe des Artikels 8 Absatz 1 genießt, werden vom Rat gemäß dem Verfahren nach Titel VI des Vertrags über die Europäische Union mit dem Ziel der Beilegung erörtert.
(2) Werden solche Streitigkeiten nicht beigelegt, so legt der Rat einstimmig die Modalitäten fest, nach denen sie beizulegen sind.

[32] Rats-Dok. 7613/97 – Europol 23, S. 12, Fn. 1. Infolge der „inhaltlichen Verknüpfung" ist die Frage der Aufhebung der Immunität der Europol-Bediensteten und die Ausgestaltung des (Individual-) Rechtsschutzes im Folgenden Gegenstand gesonderter Untersuchung.

dahingehend bewertet, dass diese „heute von den Partnerländern eher im diplomatischen Status betrachtet wird.“[33]
Diese Sichtweise resultiert aus der mit der Immunitätsgewährung für Europol-Bedienstete verbundenen Zielsetzung der Europol-Mitgliedstaaten, die der österreichische Bundesrat *Meier* (SPÖ) wie folgt erläutert hat: „Aufgrund von Art. K.3 und Art. 41 Abs. 2 des EU-Vertrages kam es zur Errichtung von Europol zur zentralen Datensammlung, (...). Dabei wurde aus gewissen Gründen der Schutz der Europol-Beamten notwendig, so daß damals vorgeschlagen und beschlossen wurde, diesen Beamten gewisse Privilegien und Immunitäten wie im Ausland tätigen Beamten zuzuerkennen.“[34] Denn Europol könne – so *Meier* (SPÖ) – nur dann funktionieren, wenn für die „Beamten von Europol (...) entsprechende Rahmenbedingungen beziehungsweise Arbeitsbedingungen geschaffen werden, die auch persönliche Rechte beinhalten, damit diese Beamten einen völlig freien Rücken haben und wirklich optimale Arbeit geleistet werden“[35] könne. So obliege beispielsweise den bei Europol tätigen Verbindungsbeamten der Mitgliedstaaten eine besonders schwierige, gefahrvolle und verantwortungsvolle Tätigkeit, welche die ihnen und ihren Familien gewährten Vorrechte rechtfertige.[36] Es sei – so *Meier* (SPÖ) – „nun einmal nicht dasselbe, wenn jemand bei Europol“[37] arbeite „oder andere Beamte diplomatischen Status in der Europäischen Union haben.“[38]

Die den Europol-Bediensteten gemäß Art. 8 Abs. 1 lit. a) 1. Halbsatz Europol-Immunitätenprotokoll gewährte Immunität gilt auch nach Beendigung ihrer Tätigkeit als Mitglied eines Organs oder des Personals von Europol (Art. 8 Abs. 1 lit. a) 2. Halbsatz Europol-Immunitätenprotokoll). Diese zeitliche Erstreckung der Immunität über den Zeitpunkt der Beendigung der Amtstätigkeit hinaus entspricht inhaltlich der Regelung des Art. 39 Abs. 2 S. 2 des Wiener Übereinkommens über diplomatische Beziehungen vom 18. April 1961[39] (im Folgenden: WÜD). Nach dieser Regelung bleibt die den Diplomaten zuerkannte Immunität (vgl. Art. 31 WÜD) in Bezug auf die von den Diplomaten in Ausübung ihrer dienstlichen Tätigkeit als Mitglied der Mission vorgenommenen Handlungen auch nach Beendigung der Mission zeitlich unbeschränkt bestehen.

Durch die zeitliche Erstreckung der Immunität der Europol-Bediensteten über den Zeitpunkt der Beendigung der Amtstätigkeit hinaus gewährt Art. 8 Abs. 1 lit. a) 2. Halbsatz Europol-Immunitätenprotokoll den Europol-Bediensteten – so *Göbel-Zimmermann*,[40] Berichterstatter des Unterausschusses Recht des Bundesrates zum Europol-Immunitätenprotokollgesetz – „faktisch eine sogenannte Indemnität“.[41] Auch

---

[33] BT-Plenarprotokoll 13/198, S. 17901.
[34] Protokoll der 655. Sitzung des Bundesrates der Republik Österreich vom 2. Juni 1999 (im Folgenden: Bundesrat 655. Sitzung), S. 112.
[35] *Meier* (SPÖ), a.a.O., S. 112.
[36] *Meier* (SPÖ), a.a.O., S. 112 f.
[37] *Meier* (SPÖ), a.a.O., S. 112.
[38] *Meier* (SPÖ), a.a.O., S. 112.
[39] Im Folgenden Gegenstand gesonderter Untersuchung.
[40] RiVGH (Hessen).
[41] Niederschrift, Unterausschuss-Recht des BR vom 04.11.1997, Nr. R 70/97, S. 62.

Meyer (MdB SPD) hat in der 97. Sitzung des Rechtsausschusses des Deutschen Bundestages[42] darauf hingewiesen, dass die zeitliche Erstreckung der Immunitätsgewährung über die Amtstätigkeit hinaus, d.h. die lebenslange Geltung dieser Privilegierung der Europol-Bediensteten, nicht als eine Immunitäts-, sondern als eine Indemnitätsregelung zu bewerten sei, die sachlich nicht rechtfertigt werden könne.
Infolgedessen sind im Rahmen der Untersuchung der im internationalen, europäischen und nationalen Recht existierenden Immunitätsregelungen nicht nur die inhaltliche Ausgestaltung und Geltung der diplomatischen Immunität, sondern auch die inhaltliche Differenzierung zwischen Immunität und Indemnität schwerpunktmäßig zu untersuchen.

B. Freistellung von rechtlicher Verantwortlichkeit – Immunität im internationalen, europäischen und nationalen Recht

Im internationalen, europäischen und nationalen Recht existieren diverse Immunitätsgewährungen, d.h. Freistellungen von rechtlicher Verantwortlichkeit.

I. Jurisdiktion – Bestandteil der Staatsgewalt

Diese Freistellungen von rechtlicher Verantwortlichkeit sind Ausnahmetatbestände von der grundsätzlich bestehenden Jurisdiktion der Mitgliedstaaten.

1. Staatliche Gewaltenteilung

Nach der Lehre der staatlichen Gewaltenteilung dient die Aufteilung der Staatsgewalt in Legislative, Exekutive und Judikative, wie sie in Art. 20 Abs. 2 des Grundgesetzes der Bundesrepublik Deutschland (GG) verfassungsrechtlich verankert ist, dem Schutz des einzelnen Bürgers vor der Allmacht des Staates.

2. Bedeutung der Judikative

Die Judikative bzw. die Gerichtsbarkeit im funktionalen Sinne, d.h. die Tätigkeit des Staates, die sich auf die Konkretisierung des Rechts erstreckt, ist Teil der Staatsgewalt. Besondere Bedeutung genießt die Strafgerichtsbarkeit, die auf der ausschließlichen Strafgewalt des Staates beruht.
Als Teil der ordentlichen Gerichtsbarkeit beinhaltet die Strafgerichtsbarkeit die Tätigkeit der ordentlichen Gerichte in Strafsachen, die Festlegung und Durchsetzung des staatlichen Strafanspruchs und die Regelung damit zusammenhängender Bereiche. Grundsätzlich unterstehen alle in einem Staat befindlichen Personen der nationalen staatlichen Gerichtsbarkeit. Die Gerichtsbarkeit eines Staates gilt nur im jeweiligen Inland, d.h. sie erstreckt sich ausschließlich auf das jeweilige Staatsgebiet. Infolge der deutschen Einigung besteht im deutschen Recht eine inhaltliche Übereinstimmung zwischen dem strafrechtlichen und dem staatsrechtlichen Inlandsbegriff.[43] Im deutschen Recht hat die staatliche Gesetzgebung sowohl im Bereich des Zivil- als auch

[42] BT-Rechtsausschuss-Prot. 13/97, S. 35.
[43] Sch/Sch-*Eser*, Vorbem. §§ 3-7, Rdn. 32 a.

des Strafrechts der innerstaatlichen Gerichtsbarkeit „Sachverhalte mit Auslandsberührung"[44] zur Entscheidung zugewiesen.

Im Strafrecht betrifft dies die Regelungen der §§ 3 ff Strafgesetzbuch (StGB). Gegenstand dieser Regelungen ist das sogenannte „Internationale Strafrecht".[45] Mit diesem Begriff werden diejenigen Normen erfasst, „die den Anwendungsbereich des eigenstaatlichen Strafrechts festlegen".[46] Die §§ 3 ff StGB regeln nicht das Verhältnis des deutschen Strafrechts zu anderen Strafrechtsordnungen,[47] sondern normieren den räumlichen und persönlichen Bereich, „für den sich das deutsche Strafrecht materielle Geltung beimißt".[48] Das „Internationale Strafrecht" ist Strafanwendungsrecht in dem Sinne, „dass es dem deutschen Strafrecht überhaupt erst Geltung und Anwendbarkeit verschafft."[49] Es ist kein Völkerrecht, sondern „internes staatliches Recht",[50] so dass die Begriffsbezeichnung „internationales" Strafrecht „eher irreführend"[51] ist.

II. Immunität im internationalen und europäischen Recht

Im Völkerrecht beinhaltet der Begriff Immunität „das Recht eines Staates oder einer Internationalen Organisation und ihrer Beamten, sich wegen ihrer Handlungsweise nicht der Zwangsgewalt anderer Staaten unterwerfen zu müssen."[52]

In Bezug auf die Grundlagen der völkerrechtlichen Immunitätsgewährungen ist zwischen der originären Immunität kraft allgemeinen Völkerrechts bzw. Völkergewohnheitsrechts und der derivativen Immunität kraft Völkervertragsrechts[53] zu unterscheiden.[54] Die Immunität ausländischer Staaten (Staatenimmunität) sowie die Immunitäten ausländischer Staatsoberhäupter und ausländischer Diplomaten, die im Inland akkreditiert sind, ergeben sich aus dem allgemeinen Völkerrecht bzw. Völkergewohnheitsrecht.[55]

Immunität kraft Völkervertragsrecht gewähren zahlreiche Regelungen in multilateralen und bilateralen völkerrechtlichen Verträgen. Eine Zusammenstellung der völkerrechtlichen Übereinkommen und der damit in Zusammenhang stehenden Rechtsvorschriften, aufgrund derer Personen, insbesondere Bediensteten aus anderen

---

[44] *Baumann/Weber/Mitsch*, § 7 Rdn. 7.

[45] Sch/Sch-*Eser*, Vorbem. §§ 3-7, Rdn. 1.

[46] *Niehoff*, S. 3; vgl. Sch/Sch-*Eser*, Vorbem. §§ 3-7, Rdn. 1; *Jescheck*, § 18 I, S. 145.

[47] Sch/Sch-*Eser*, Vorbem. §§ 3-7, Rdn. 1.

[48] Sch/Sch-*Eser*, a.a.O, Rdn. 1.

[49] Sch/Sch-*Eser*, a.a.O., Rdn. 1, m.w.N.

[50] Sch/Sch-*Eser*, a.a.O., Rdn. 2; *Niehoff*, S. 3.

[51] Sch/Sch-*Eser*, a.a.O., Rdn. 1.

[52] *Seidl-Hohenveldern/Stein*, Rdn. 1462.

[53] Beispiel einer durch völkerrechtlichen Vertrag errichteten Regierungsorganisation ist die Weltbank. Die Verträge zur Gründung der International Bank for Reconstruction und Development (IRBD) und die Resolution Nr. 93-6 der International Development Association (IDA) – beide vom 22.09.1993 – regeln in Art. VII IBRD und Art. 8 IDA die Immunität von Organmitgliedern und Angestellten. Der jeweilige Abschnitt 3 dieser Vorschriften normiert die Möglichkeit, die Weltbank in einem Mitgliedstaat vor einem nationalen Gericht zu verklagen – vgl. *Buß*, RIW 1998, 352 (353).

[54] *Habscheid*, ZZP 1997, S. 269 (272).

[55] Vgl. *Folz/Soppe*, NStZ 1996, 576 (577); *Ipsen*, § 26 Rdn. 29; *Habscheid*, ZZP 1997, S. 269 (274); *Wenckstern*, Rdn. 42.

Staaten, in der Bundesrepublik Deutschland besondere Vorrechte und Immunitäten gewährt werden, ist beispielsweise in dem vom Bundesministerium der Justiz jährlich als Beilage zum Bundesgesetzblatt Teil I herausgegebenen Fundstellennachweis A enthalten.[56] Teilweise sind diese Übereinkommen völkerrechtlich lediglich als Regierungsabkommen zu qualifizieren.[57]

Hinsichtlich der Immunitätsgewährung für natürliche Personen erfolgt eine Unterscheidung zwischen funktionaler und personaler Immunität. Während die funktionale Immunität aus der Staatenimmunität abgeleitet wird und sich nur auf das hoheitliche Handeln einer Person erstreckt, erfasst die durch Völkervertrags- oder Völkergewohnheitsrecht begründete personale Immunität den Bereich der persönlichen Lebensführung einer Person.[58]
Nach einer verbreiteten Terminologie wird die Immunität für dienstliche Handlungen begrifflich als ratione materiae oder funktionelle Immunität und die Immunität für Privathandlungen als ratione personae oder persönliche Immunität bezeichnet.[59]

Gemäß Art. 25 S. 1 Grundgesetz (GG) sind die allgemeinen Regeln des Völkerrechts Bestandteil des Bundesrechts. Nach Art. 25 S. 2 GG gehen sie den nationalen Gesetzen vor und erzeugen Rechte und Pflichten unmittelbar für die Bewohner des Bundesgebietes.

Das Völkerrecht begründet Ausnahmen („Exemtionen")[60] von dem Grundsatz der Gerichtsunterworfenheit aller sich auf dem Gebiet eines Staates befindlichen Personen. Die insoweit privilegierten Personen, die sogenannten „Exterritorialen"[61], unterliegen auf dem Gebiet eines ausländischen Staates nicht der nationalen Staatsgewalt und folglich auch nicht der nationalen Jurisdiktion des ausländischen Staates.
Im deutschen Recht normieren die Regelungen der §§ 18 ff Gerichtsverfassungsgesetz (GVG) entsprechende Ausnahmetatbestände.[62]

1. Immunität von Staatsoberhäuptern

Als oberste Repräsentanten ihrer jeweiligen Staaten sind Staatsoberhäupter kraft Völkergewohnheitsrechts grundsätzlich[63] umfassend von der Jurisdiktion aus-

---

56 Vgl. Rundschreiben des Bundesministeriums des Innern (BMI) vom 17.08.1993 „Diplomaten und andere bevorrechtigte Personen" (GMBl. 1993, 591 ff) – abgedruckt *Meyer-Goßner*, § 18 GVG, Rdn. 11 (im Folgenden: Rundschreiben des BMI vom 17.08.1993) unter Hinweis auf die nähere Auskunftsmöglichkeit beim Auswärtigen Amt – Protokoll.

57 Vgl. *Engel*, ZVglRWiss 87 (1988), 33 (33).

58 Vgl. *Folz/Soppe*, NStZ 1996, 576 (576).

59 Vgl. BVerfG NJW 1998, S. 50 (51).

60 Sch/Sch-*Eser*, Vorbem. §§ 3-7, Rdn. 44.

61 Sch/Sch-*Eser*, a.a.O., Rdn. 39; vgl. § 20 Gerichtsverfassungsgesetz (GVG).

62 Diese Regelungen sind im Folgenden Gegenstand detaillierter Untersuchungen.

63 Zur Entwicklung völkerrechtlicher Ausnahmetatbestände (Verstöße gegen „Völkerstrafrecht" (zum Begriff vgl. *Niehoff*, S. 2 ff), sonstige völkerrechtliche Verbrechen, de lege lata bestehende Ausnahmefälle), insbesondere im Zusammenhang mit der neueren Rechtsentwicklung (z.B. anlässlich der Fälle „Noriega" und „Pinochet" – letzterer insbesondere im Hinblick auf die Entscheidung des House of Lords vom 24.03.1999, Art. 7 Abs. 2 des Statuts des Jugoslawien-Tribunals (vgl. inso-

ländischer Staaten befreit[64]. Sie genießen Immunität von gerichtlicher Inanspruchnahme.[65] Diese Befreiung beinhaltet eine funktionale und personale Immunität. Während sich die funktionale Immunität lediglich auf Amtshandlungen erstreckt und zeitlich unbegrenzt, d.h. auch nach Beendigung des Amtes, fortbesteht,[66] umfasst die personale Immunität private Handlungen, d.h. den gesamten Bereich der persönlichen Lebensführung,[67] und endet mit dem Verlust bzw. der Beendigung des Amtes.[68]

2. Immunität ausländischer Staaten (Staatenimmunität)

a) Prinzip der souveränen Gleichheit der Staaten

Die Staatenimmunität resultiert aus dem Prinzip der souveränen Gleichheit der Staaten[69]. Gemäß Art. 2 Ziffer 1 der Charta der Vereinten Nationen (UN-Charta) bildet dieses Prinzip die Grundlage der Vereinten Nationen.[70]
Die Staatenimmunität beinhaltet die grundsätzliche Freistellung von fremder Gerichtsbarkeit, d.h. das Verbot, Hoheitsakte eines Staates durch einen anderen Staat gerichtlich zu überprüfen – par in parem non habet iurisdictionem.[71] Der Schutz hoheitlicher Funktionen ausländischer Staaten im Außenbereich, die Gewährleistung der Unabhängigkeit und Souveränität ausländischer Staaten sowie die Verhütung internationaler Konflikte rechtfertigen die Staatenimmunität.[72]
Da Staaten als juristische Personen nur durch Akte der ihnen zugeordneten natürlichen Personen tatsächlich handlungsfähig sind, erstreckt sich die Staatenimmunität grundsätzlich[73] auch auf die von staatlichen Organen im Ausland vorgenommen Hoheitshandlungen.[74] Die Immunität gilt jedoch nur für „offen gesetzte Hoheitsakte („acts of

---

weit auch *Scholz*, Die Zulieferung an den Jugoslawien-Strafgerichtshof, 1998), Art. 6 Abs. 2 des Statuts des Ruanda-Tribunals und Art. 27 des Statuts des Internationalen Strafgerichtshofes) – vgl. *Ipsen*, § 26 Rdn. 29; *Folz/Soppe*, NStZ 1996, 576 (578 ff).

[64] Vertiefende Literatur: *Lüke*, Die Immunität staatlicher Funktionsträger, 2000.

[65] *Folz/Soppe*, NStZ 1996, 576 (577); *Seidl-Hohenveldern/Stein*, Rdn. 1497; vgl. *Ipsen*, § 26 Rdn. 29; *Hermsdörfer*, NZWehrr 1997, 100 (100).

[66] *Seidenberger*, S. 99.

[67] Begrifflich erfolgt insoweit auch eine Unterscheidung zwischen „ratione materiae" und „ratione personae" – vgl. BVerfG NJW 1998, 50 (51).

[68] *Ipsen*, § 26 Rdn. 29; *Seidl-Hohenveldern/Stein*, Rdn. 1497.

[69] Zur geschichtlichen Entstehung und Entwicklung des Begriffs der „staatlichen Souveränität" vgl. *Verdross/Simma*, §§ 31 ff.

[70] Art. 2 Ziffer 1 UN-Charta: „The Organization is based on the principle of the sovereign equality of all its Members." Auf diesem Prinzip basiert auch die durch Art. 105 UN-Charta normierte Immunitätsgewährung – vgl. *Folz*, in: FS für Verdross, S. 403 (405, 412).

[71] *Habscheid*, S. 273; vgl. *Ipsen*, § 26 Rdn. 17; *Mössner*, S. 201.

[72] Vgl. *Schaumann*, in: Bericht der Deutschen Gesellschaft für Völkerrecht (BDGV), Heft 8 (1968), S. 1 (56), (93).

[73] Ausgenommen sind Verletzungen des Kriegsrechts – vgl. *Verdross/Simma*, § 1177, S. 773. Zu der seit 1945 bestehenden Tendenz, darüber hinaus auch Verbrechen gegen den Frieden und Verletzungen der Menschlichkeit durch Staatsorgane von der Immunität auszunehmen – vgl. *Verdross/Simma*, § 1177, S. 773 Fn. 51 und §§ 440 ff, S. 264 ff.

[74] *Folz/Soppe*, NStZ 1996, 576 (578).

state")".[75] Personen, die im geheimen Auftrag eines Staates im Ausland tätig werden, genießen dort keine Immunität.[76]

b) Differenzierung zwischen „acta iure imperii" und „acta iure gestionis"

Da sich die Staatenimmunität nur auf die Hoheitsakte eines ausländischen Staates erstreckt, ist zwischen den hoheitlichen Handlungen (acta iure imperii) und den nicht hoheitlichen Handlungen eines Staates (acta iure gestionis) zu unterscheiden.[77] Die Notwendigkeit dieser Differenzierung resultiert aus der Ausweitung des internationalen Handelsverkehrs und der Zunahme staatlicher Tätigkeit im Bereich der sogenannten privaten Wirtschaftsverwaltung.[78]
Auf die nichthoheitlichen Handlungen eines ausländischen Staates findet der aus dem Prinzip der souveränen Gleichheit der Staaten abgeleitete Immunitätsschutz keine Anwendung.[79] Somit unterliegen diese Handlungen der staatlichen Jurisdiktion.[80]

aa) Rechtsauffassung des Gerichtsstaates als Entscheidungsgrundlage

Die Unterscheidung zwischen „acta iure imperii" und „acta iure gestionis", d.h. die rechtliche Einordnung einer Staatstätigkeit, ist grundsätzlich nach dem nationalen Recht des Staates vorzunehmen, dessen Gericht über die Immunität zu entscheiden hat.[81] Die Gerichte entscheiden nach der Rechtsauffassung des Gerichtsstaates, ob ein Akt eines ausländischen Staates den acta iure gestionis zuzurechnen ist, da das Völkerrecht in der Regel keine entsprechenden Abgrenzungskriterien enthält.[82]

(1) Abgrenzungskriterium im deutschen Recht

Im deutschen Recht erfolgt die Unterscheidung zwischen hoheitlicher und nichthoheitlicher Staatstätigkeit nicht nach dem Motiv oder dem Zweck[83] der staatlichen Betätigung oder danach, ob ein erkennbarer Zusammenhang dieser Betätigung mit einer hoheitlichen Aufgabenerfüllung besteht. Maßgebend ist vielmehr die Natur der staatlichen Handlung oder des entstandenen Rechtsverhältnisses.[84] Es kommt demnach darauf an, „ob der ausländische Staat in Ausübung der ihm zustehenden Hoheitsgewalt, also öffentlich-rechtlich, oder wie eine Privatperson, also privatrechtlich, tätig

---

[75] *Verdross/Simma*, § 1177, S. 773.
[76] *Verdross/Simma*, a.a.O., S. 773 m.w.N.
[77] Vgl. BVerfGE 16, 27 (61).
[78] *Ipsen*, § 26 Rdn. 17; vgl. *Seidl-Hohenveldern/Stein*, Rdn. 1468a ff.
[79] Vgl. *Ipsen*, § 26 Rdn. 17; *Mössner*, § 17, S. 200.
[80] Vgl. BVerfGE 16, 27 (61); *Ipsen*, § 26 Rdn. 17; *Habscheid*, ZZP 1997, 269 (273); *Engel*, ZVglRWiss 87 (1988), S. 33 (35); *Gerster*, in: *Simma*, Art. 105 Rdn. 13; *Mössner*, § 17, S. 200.
[81] BVerfGE 16, 27 (62); *Seiden-Hohenveldern*, Rdn. 1477; *Ipsen*, § 26 Rdn. 18.
[82] BVerfGE, 16, 27 (62); *Ipsen*, a.a.O., Rdn. 18.
[83] So noch Gugenheim (Lehrbuch des Völkerrechts (1948, 1951)) c. Etat Vietnamien, ILR (International Law Reports, herausgegeben von E. Lauterpacht) 1955, S. 224, bestätigt durch Cass.Civ. 19.12.1961, Clunet 1962, S. 434 – zitiert nach: *Seidl-Hohenveldern/Stein*, Rdn. 1478.
[84] BVerfGE 16, 27 (62 f).

geworden ist."[85] Sofern ein Privater im Gerichtsstaat einen Akt gleicher Art vornehmen kann, handelt es sich um einen Akt iure gestionis.[86]

(2) Empfehlung der Deutschen Gesellschaft für Völkerrecht

Nach einer Empfehlung der Deutschen Gesellschaft für Völkerrecht[87] soll die Differenzierung zwischen hoheitlichem und nicht hoheitlichem staatlichen Handeln primär nicht durch eine formale, sondern eine inhaltliche Abgrenzung erfolgen. Zu diesem Zweck soll die jeweilige Handlung daraufhin überprüft werden, ob sie nach internationalem Standard zu den spezifischen oder typischen Staatsaufgaben gehört. „Es ist jedoch zweifelhaft," – so *Ipsen* – „ob sich ein internationaler Standard typischer Staatsaufgaben überhaupt ermitteln lassen kann, da über den Umfang staatlicher Aufgaben schon in den – relativ homogenen – Rechtsordnungen der westlichen Industriestaaten erhebliche Unterschiede bestehen."[88]

bb) Völkerrechtliche Schranken

Die von den Gerichten des Gerichtsstaates durchzuführende Qualifikation einer staatlichen Betätigung als Akt iure gestionis unterliegt völkerrechtlichen Schranken.[89] Das nationale Recht findet nur mit der Maßgabe Anwendung, dass „vom hoheitlichen Bereich und damit von der Immunität nicht solche Handlungen von Staaten ausgenommen werden dürfen, die nach der von den Staaten überwiegend vertretenen Auffassung zum Bereich der Staatsgewalt im engeren und eigentlichen Sinne gehören."[90] Dieser Kernbereich beinhaltet „die Betätigung der auswärtigen und militärischen Gewalt, die Gesetzgebung, die Ausübung der Polizeigewalt und die Rechtspflege."[91]

3. Freistellungen von rechtlicher Verantwortlichkeit im Rahmen diplomatischer und konsularischer Beziehungen

a) Diplomatische Immunität

aa) Grundlage

Die Institution der Diplomatie ist ein unverzichtbares Instrument der Staaten zur gegenseitigen Verständigung und friedlichen Konfliktlösung.[92] Seit ältesten Zeiten[93]

---

[85] BVerfGE 16, 27 (62) m.w.N.; *Ipsen*, § 26, Rdn. 18; vgl. *Seidl-Hohenveldern/Stein*, Rdn. 1478 f.
[86] *Seidl-Hohenveldern/Stein*, Rdn. 1479.
[87] Thesen der zweiten Studienkommission, These 25 c, in: Berichte der Deutschen Gesellschaft für Völkerrecht, Heft 8 (1968), S. 284.
[88] *Ipsen*, § 26, Rdn. 19.
[89] BVerfGE 16, 27 (63).
[90] BVerfGE 16, 27 (63).
[91] BVerfGE 16, 27 (63) m.w.N.; vgl. *Dahm*, in: FS für Nikisch, S. 153 (167).
[92] IGH, Diplomatic and Consular Staff (Order 15 XII 79) Fall, International Court of Justice-Reports of Judgements, Advisory Opinions and Orders, ICJ Rep. 1979, S. 6 (19); BVerfG NJW 1998, 50 (52) m.w.N.

genießen Personen, die von ihren Staaten (Entsendestaaten) zwecks offizieller Verhandlungen mit anderen Staaten (Empfangsstaaten) ins Ausland entsendet werden, besonderen Schutz und besondere Vorrechte.[94]
Die Gerichtsbefreiung der Diplomaten ist ein wesentlicher Bestandteil der ihnen gewährten Unverletzlichkeit und demnach eine fundamentale Voraussetzung für die zwischenstaatliche Verständigung und Konfliktlösung. Als eine der ältesten Gewährleistungen des Völkergewohnheitsrechts[95] sichert sie das „Funktionieren des diplomatischen Verkehrs"[96] und ist damit – ebenso wie die Immunität der Bediensteten internationaler Organisationen – von funktionaler Bedeutung.[97] Kodifiziert wurde die diplomatische Immunität durch das Wiener Übereinkommen über diplomatische Beziehungen (WÜD) vom 18. April 1961.[98]

Zur rechtlichen Begründung des diplomatischen Sonderstatus existieren unterschiedliche Theorien – Exterritorialitäts-, Repräsentations-, Funktionstheorie (Theorie der funktionalen Notwendigkeit).[99] Die „modernste"[100] Theorie, die Theorie der funktionalen Notwendigkeit, stellt darauf ab, dass eine wirksame Erfüllung der Aufgaben der diplomatischen Mission als Vertretungsorgan des Entsendestaates ohne die Gewährung von Immunitäten und Vorrechten nicht möglich wäre.

Nach geltendem Völkergewohnheitsrecht wird heute ganz überwiegend[101] eine Kombination von Repräsentations- und Funktionstheorie befürwortet, mit der einschränkenden Interpretation, dass die „gewährten Immunitäten und Privilegien an die vom Bevorrechtigten durchzuführende Aufgabe (Funktion) geknüpft sind."[102] Auf dieser Rechtsauffassung basieren die Präambeln des WÜD (Unterabschnitt 4) und des

---

93 Vgl. *Seidenberger*, S. 10: „Die Verwendung von Gesandten war schon ein gängiges Mittel im kommunikativen Verkehr der griechischen Stadtstaaten und später zwischen dem antiken Rom und dem damals bekannten Rest der Welt."

94 *Seidl-Hohenveldern/Stein*, Rdn. 1008; *Kanithasen*, S. 17; zur detaillierten geschichtlichen Entwicklung vgl. *Seidenberger*, S. 9-17; *Verdross/Simma*, § 885, S. 565: „Das Diplomatenrecht bildet einen der ältesten Teile des VGR (Völkergewohnheitsrechts)".

95 BVerfG NJW 1998, 50 (52); *Leipold*, in: FS für Lüke, S. 352 (352): „Die Immunität von Diplomaten gehört zum Kernbestand des Völkerrechts."

96 *Seidl-Hohenveldern/Stein*, Rdn. 1008.

97 Vgl. BVerfG NJW 1998, 50 (51); BGH NJW 1984, S. 2048 (2049); *Seidl-Hohenveldern/Stein*, Rdn. 1008; *Bockslaff/Koch*, NJW 1984, S. 2742 (2742); *Leipold*, in: FS für Lüke, S. 352 (371): „Die Immunität soll den Entsendestaat davor schützen, daß seine Diplomaten durch die Behörden und Gerichte des Empfangsstaates in ihrer Tätigkeit behindert werden."

98 Ratifiziert durch das „Gesetz zu dem Wiener Übereinkommen vom 18. April 1961 über diplomatische Beziehungen" vom 6. August 1964 – BGBl. II, 1964, S. 957.

99 Vgl. *Ipsen*, § 35 Rdn. 34; *Seidenberger*, S. 21-25.

100 *Ipsen*, § 35, Rdn. 34: „Zu den Theorien in ihren verschiedenen Variationen und Mischformen s. YBILC (Yearbook of the International Law Commission) 1956 II, 157 ff)"; *Seidenberger*, S. 23: „Die Theorie der funktionalen Notwendigkeit ist (...) als einzige der drei genannten in der Lage, den heute gewährten Umfang an Vorrechten und Befreiungen alleine ausreichend zu erklären."

101 BVerfG NJW 1998, 50 (51); BGH NJW 1984, S. 2048 (2049); *Bockslaff/Koch*, NJW 1984, S. 2742 (2742); *Seidenberger*, S. 24.

102 *Seidenberger*, S. 24.

Wiener Übereinkommens über konsularische Beziehungen (WÜK) vom 24. April 1963[103] (Unterabschnitt 5).
Diese Rechtsauffassung hat – ausweislich der Entscheidung des Bundesgerichtshofs im Fall des iranischen Politikers Dr. Tabatabai[104] – zur Folge, dass die diplomatische Immunität an die von einem Diplomaten durchzuführende Aufgabe und nicht an seine Person als Repräsentant eines fremden Staates geknüpft ist. Sie kann nicht lediglich ad personam, d.h. nur zum Schutz einer bestimmten Person ohne diplomatische Funktion, rechtlich verbindlich gewährt werden. Sie muss – auch bezogen auf Privathandlungen – den Schutz der Funktionsausübung zumindest mittelbar zum Inhalt haben.[105]

In Anlehnung an die auf den niederländischen Rechtsgelehrten Hugo *Grotius*[106] zurückzuführende Exterritorialitätstheorie wird die „Unverletztlichkeit"[107] der Diplomaten begrifflich auch als „Exterritorialität" bezeichnet.[108]

bb) Umfang

(1) Funktionale und personale Immunität – Prinzip der funktionalen Notwendigkeit

Bemessungsgrundlage zur Bestimmung des Immunitätsumfangs diplomatischer Immunität ist das Prinzip der funktionalen Notwendigkeit zur wirksamen Aufgabenerfüllung.[109] Im Empfangsstaat genießen Diplomaten funktionale und personale Immunität, d.h. Immunität für dienstliche und private Handlungen.[110]
Ursache dieser weit gefassten Immunität ist das aus der diplomatischen Aufgabenerfüllung abgeleitete spezifische Immunitätsbedürfnis.

(2) Aufgabenspezifisches Immunitätsbedürfnis

Im Gegensatz zu Bediensteten internationaler Organisationen, deren Tätigkeit sich grundsätzlich auf einen relativ eng gefassten Arbeits- bzw. Aufgabenbereich beschränkt, obliegt einem Diplomaten die umfassende Vertretung des Endsendestaates. Da infolge dieses weit gefassten Aufgabenbereichs im Einzelfall die Schwierigkeit besteht, private von amtlichen Handlungen abzugrenzen, erfordert es die Funktionsfähigkeit des diplomatischen Verkehrs, die diplomatische Immunität auch auf unzweifelhaft private Handlungen eines Diplomaten zu erstrecken.[111]

---

[103] Ratifiziert durch das „Gesetz zu dem Wiener Übereinkommen vom 24. April 1963 über konsularische Beziehungen" vom 26. August 1969 – BGBl. II, 1969, S. 1585 f.
[104] BGH NJW 1984, S. 2048 (2049).
[105] *Seidenberger*, S. 24.
[106] Grotius, De Jure Belli ac Pacis (1625), II.XVIII.IV 2 – zitiert nach *Seidenberger*, S. 21 Fn. 46.
[107] D.h. die Summe der gewährten Vorrechte und Befreiungen.
[108] Vgl. *Fischer*, Vor § 3, Rdn. 19, Vor § 32 Rdn. 17.
[109] *Seidenberger*, S. 99, 106.
[110] BVerfG NJW 1998, 50 (52); zur Begriffsbestimmung „funktionale" und „personale" Immunität vgl. S. 54.
[111] *Bloy*, S. 43.

(3) Absolute strafrechtliche Immunität

Gemäß Art. 31 Abs. 1 S. 1 WÜD genießen Diplomaten im Empfangsstaat absolute Immunität von der Strafgerichtsbarkeit, d.h. unbeschränkte Immunität für alle begangenen Straftaten – auch für gegenüber Bürgern des Empfangsstaates begangene Kapitalverbrechen.[112] Aufgrund des umfassenden Immunitätsschutzes ist die Einleitung und Durchführung strafrechtlicher Ermittlungen gegen einen Diplomaten nicht zulässig.[113] Die Unzulässigkeit polizeilicher, staatsanwaltschaftlicher oder richterlicher Untersuchungshandlungen gilt auch in den Fällen, in denen diese „Maßnahmen für ein anderes Strafverfahren bestimmt sind, aber in die Rechtssphäre“[114] des Diplomaten eingreifen.

(4) Beschränkte Immunität bestimmter Personen(-kreise)

Denjenigen Diplomaten, die Angehörige des Empfangsstaates oder in diesem Staat ständig ansässig sind, wird gemäß Art. 38 Abs. 1 WÜD lediglich eine beschränkte Immunität zuerkannt. Sofern der Empfangsstaat keine zusätzliche Immunität gewährt, beschränkt sich ihre Immunität auf die in Ausübung ihrer dienstlichen Tätigkeit vorgenommenen Amtshandlungen. Sie genießen daher lediglich funktionale Immunität.
Nach Art. 38 Abs. 2 S. 1 WÜD steht Mitgliedern des Personals der Mission und privaten Hausangestellten, die Angehörige des Empfangsstaates oder in demselben ständig ansässig sind, Immunität nur in dem vom Empfangsstaat zugelassenen Umfang zu. Der Empfangsstaat darf jedoch gemäß Art. 38 Abs. 2 S. 2 WÜD seine Hoheitsgewalt über diese Personen nur so ausüben, dass er die diplomatische Mission bei der Wahrnehmung ihrer Aufgaben nicht über Gebühr behindert.

(5) Beschränkte Freistellung von zivil- und verwaltungsgerichtlicher Verantwortlichkeit

Im Gegensatz zur umfassenden strafrechtlichen Immunität genießen Diplomaten im Bereich der Zivil- und Verwaltungsgerichtsbarkeit gemäß Art. 31 Abs. 1 S. 2 WÜD einen eingeschränkten Immunitätsschutz.

(6) Fortbestehende funktionale Immunität – Abgrenzung Amts-/Diensthandlung von privatem Handeln

Nach Art. 39 Abs. 2 S. 2 WÜD bleibt die funktionale Immunität[115] eines Diplomaten, d.h. der Immunitätsschutz für eine in Ausübung einer dienstlichen Tätigkeit vorgenommene Handlung, auch nach Beendigung der diplomatischen Mission zeitlich unbegrenzt, d.h. lebenslang, bestehen. Die personale Immunität erlischt mit der Beendigung der diplomatischen Mission.[116] Die fortbestehende funktionale Immunität gilt

---

[112] *Ipsen*, § 35 Rdn. 43.
[113] *Ipsen*, § 35 Rdn. 43.
[114] *Meyer-Goßner*, § 18 GVG Rdn. 2.
[115] Vgl. BVerfG NJW 1998, S. 50 (54).
[116] BverfG NJW 1998, S. 50 (54).

weiterhin ausschließlich im Empfangsstaat.[117] Sie bezweckt lediglich den Schutz des Entsendestaates,[118] da durch eine rechtliche Inanspruchnahme des Diplomaten für eine von ihm begangene Amtshandlung mittelbar der Entsendestaat der Jurisdiktion des Empfangsstaates unterworfen werden würde.[119]

Da lediglich die funktionale Immunität, d.h. nur der Immunitätsschutz für dienstliche Handlungen bzw. Amtshandlungen, nach Beendigung der Mission zeitlich unbegrenzt fortbesteht, ist es zunächst erforderlich, die amtlichen bzw. dienstlichen Handlungen von den privaten Handlungen eines Diplomaten abzugrenzen.

Der in Art. 39 Abs. 2 S. 2 WÜD verwendete Begriff „in Ausübung einer dienstlichen Tätigkeit" entzieht sich ebenso wie der in Immunitätsregelungen oftmals synonym verwendete Begriff „in amtlicher Eigenschaft" aufgrund der unüberschaubaren Vielzahl möglicher Handlungssituationen einer allgemeingültigen Definition.[120]
Beide Begriffe werden funktional verwendet und sind daher jeweils im Zusammenhang mit einem konkreten Kontext auszulegen.[121] Die daraus resultierende Unsicherheit bei der Bestimmung des Immunitätsumfangs wirkt sich auf alle Immunitätsregelungen aus, in denen das eingrenzende Begriffsmerkmal „innerhalb ihrer Befugnisse" nicht enthalten ist.[122]

(a) Handlungszweck als Abgrenzungskriterium

Während im Bereich der Staatenimmunität zur Abgrenzung zwischen hoheitlichem und privatrechtlichem staatlichen Handeln maßgeblich auf das äußere Erscheinungsbild staatlichen Handelns, d.h. darauf abgestellt wird, ob der Staat als Hoheitsträger oder wie eine Privatperson tätig geworden ist,[123] erfolgt die Abgrenzung zwischen Privat- und Amtshandlungen im Bereich der diplomatischen Immunität ausschließlich im Hinblick auf den mit der Handlung verfolgten Zweck.[124]

Dient eine Handlung demnach der Erfüllung diplomatischer Aufgaben, genießt ein Diplomat auch dann Immunität, wenn er im Rahmen der Aufgabenerfüllung wie eine Privatperson aufgetreten ist.[125]

---

[117] BVerfGE NJW 1998, S. 50 (51).
[118] BVerfG NJW 1998, S. 50 (51).
[119] *Dahm*, Bd. I, S. 325.
[120] Vgl. *Wenckstern*, Rdn. 537.
[121] Vgl. *Wenckstern*, a.a.O.
[122] *Wenckstern*, a.a.O.
[123] BVerfGE 16, 27 (61).
[124] BVerfG NJW 1998, 50 (51); *Seidenberger*, S. 105.
[125] *Seidenberger*, S. 106; a.A. *Seidl-Hohenveldern/Stein*, Rdn. 1483 f: „Voraussetzung dafür, dass das Handeln eines Organs seinem Staat zugerechnet wird, ist, dass das Organ „offen erkennen" lässt, im Dienste seines Staates tätig geworden zu sein, d.h. offen als Staatsorgan aufgetreten ist und den Amtscharakter seines Handelns hat erkennen lassen."

(b) Amtshandlung – Begriffsdefinition

Da sich die nach Beendigung der diplomatischen Mission zeitlich unbegrenzt fortbestehende funktionale Immunität lediglich auf Amts- bzw. Diensthandlungen eines Diplomaten erstreckt, ist die Definition dieses Begriffs von maßgebender Bedeutung. Art. 39 Abs. 2 WÜD normiert keine entsprechende Begriffsbestimmung.

(aa) Auslegung

Ob sich die fortwährende funktionale Immunität lediglich auf unmittelbare Amtshandlungen oder auch auf Akte erstreckt, die in engem Zusammenhang mit einer Amtshandlung stehen, wird unterschiedlich beurteilt.

Teilweise wird der Begriff der Amtshandlung restriktiv ausgelegt, so dass er ausschließlich die eigentliche Amtshandlung, d.h. keine mit dieser Handlung zeitlich oder sachlich in Zusammenhang stehenden Akte, erfasst.[126] Zur Begründung wird darauf verwiesen, dass diese Sichtweise sowohl die Ausübung der diplomatischen Funktion als auch die schützenswerten Interessen Dritter angemessen berücksichtige. Demnach wäre beispielsweise eine Fahrt im Zusammenhang mit einer Amtshandlung nicht als eine Amtshandlung, sondern lediglich als eine Vorbereitungshandlung zur diplomatischen Aufgabenerfüllung zu qualifizieren, mit der Folge, dass für diese Fahrt kein zeitlich unbegrenzt fortbestehender Immunitätsschutz bestände.

Die konträre Auffassung favorisiert eine extensivere Auslegung und erstreckt die Immunität auch auf diejenigen Handlungen, die in einem engen sachlichen Zusammenhang mit einer Amtshandlung stehen.[127] Wie eng die erforderliche Nähebeziehung zwischen der Handlung und dem Amt beschaffen sein müsse, bestimme sich, unter Berücksichtigung der konkreten Umstände des Einzelfalls, nach dem durch die Immunitätsgewährung bezweckten Schutz einer ordnungsgemäßen und unabhängigen Aufgabenerfüllung.[128] Im Rahmen dieser Abwägung seien die Rechtsschutzinteressen betroffener Dritter sowie das Interesse des Staates an der Ausübung seiner Rechtspflege ebenso zu berücksichtigen wie die Frage, ob im Fall der rechtlichen Bewertung einer Handlung als immunitätsgeschützte Amtshandlung ein adäquater Ersatzrechtsschutz und – in bestimmten Fällen – eine Pflicht zur Immunitätsaufhebung bestehe.[129] Diese Abwägung könne in äußerlich gleichgelagerten Fällen aufgrund unterschiedlicher Aufgabenfelder und daraus resultierender unterschiedlicher Schutzbedürftigkeiten zu unterschiedlichen Ergebnissen führen.[130]

---

[126] *Dinstein*, ICLQ 15 (1966), S. 76 (82) „That is to say, only when a diplomatic agent acts as an arm, or serves as a mouthpiece, of the sending State can his act be considered as official. (...) the negligent driving cannot be imputed to the sending State and is not an official act.“; *Seidenberger*, S. 118.

[127] Vgl. *Meyer-Goßner*, § 19 GVG, Rdn. 3 m.w.N; *Ipsen*, § 35, Rdn. 44; *Wenckstern*, Rdn. 537; *Lüke*, S. 77, mit Hinweis auch auf die Staatenpraxis der letzten Jahre; Gilsdorf/Oliver, in: *Groeben/Thiesing/Ehlermann*, Art. 215 EWG-Vertrag, Rdn. 26.

[128] *Wenckstern*, Rdn. 537.

[129] *Wenckstern*, a.a.O.

[130] Vgl. *Wenckstern*, a.a.O.

Die extensivere Auslegung des Amtshandlungsbegriffs ist vorzugswürdig. Sie berücksichtigt die im Rahmen einer Immunitätsgewährung kollidierenden Interessenlagen und Rechtssphären und entspricht der ratio legis des Art. 39 Abs. 2 S. 2 WÜD. Diese Regelung bezweckt, sämtliche Handlungen, die ein Diplomat für seinen Entsendestaat zurechenbar, d.h. als dessen ausführendes Organ, vornimmt, der funktionalen Immunität zu unterstellen.[131] Zurechenbar in diesem Sinne sind auch Handlungen, die mit einer Amtshandlung sachlich eng verknüpft sind. Insoweit gilt es zu berücksichtigen, dass die Gerichtsbefreiung eines Diplomaten, dem die umfassende Vertretung seines Entsendestaates obliegt,[132] ein wesentlicher Bestandteil der ihm gewährten Unverletzlichkeit und demnach eine fundamentale Voraussetzung für die zwischenstaatliche Verständigung und Konfliktlösung ist.[133] Diese extensive Funktionszuweisung erschwert in besonderem Maße die Abgrenzung zwischen dem funktionalen, d.h. dienstlichen bzw. amtlichen, und dem privaten Handeln eines Diplomaten. Ferner gilt es im Rahmen einer derartigen Abwägung zu berücksichtigen, dass ein Diplomat - im Gegensatz zu anderen immunitätsgeschützten Personen - auch während der Dauer seiner Mission uneingeschränkt der Jurisdiktion seines Entsendestaates unterworfen bleibt.[134] Seine im Emfangsstaat begangenen Amtshandlungen können folglich im Entsendestaat jederzeit gerichtlich kontrolliert werden.
Aufgrund des extensiv auszulegenden Amtshandlungsbegriffs erstreckt sich die nach Beendigung der diplomatischen Mission fortbestehende funktionale Immunität auch auf diejenigen Handlungen, die in einem engen sachlichen Zusammenhang mit einer Amtshandlung stehen. So unterfällt beispielsweise auch die im Zusammenhang mit der diplomatischen Aufgabenerfüllung stehende Teilnahme eines Diplomaten am Straßenverkehr[135] diesem im Empfangsstaat zeitlich unbegrenzt fortbestehenden Immunitätsschutz.

(bb) Einbeziehung strafbarer Amtshandlungen

Die nach der Beendigung der Mission im Empfangsstaat fortbestehende funktionale Immunität erstreckt sich auch auf Amtshandlungen, die gegen das nationale (Straf-) Recht des Empfangsstaates verstoßen.[136] Infolgedessen darf beispielsweise auch ein deliktisches Verhalten eines Diplomaten im Rahmen einer mit der diplomatischen Aufgabenerfüllung in Zusammenhang stehenden Teilnahme am Straßenverkehr, beispielsweise die fahrlässige oder sogar vorsätzliche Tötung eines anderen Verkehrsteilnehmers,[137] im Empfangsstaat auch nach Beendigung der Mission aufgrund der fortbestehenden funktionalen Immunität strafrechtlich nicht verfolgt werden.[138] Eine Strafverfolgung im Empfangsstaat wäre erst nach Aufhebung der Immunität durch den Entsendestaat rechtlich zulässig.

---

[131] BVerfG NJW 1998, 50 (51).
[132] Vgl. S. 59.
[133] Vgl. S. 57 f.
[134] Vgl. Art. 31 Abs. 4 WÜD.
[135] Vgl. insoweit vertiefend *Lüke*, S. 78 f.
[136] BVerfG NJW 1998, 50 (52): „Immunität zu gewähren, ergibt erst überhaupt bei einer solchen rechtswidrigen Handlung einen Sinn."; vgl. *Ipsen*, § 35 Rdn. 44.
[137] Vgl. *Wenckstern*, Rdn. 538.
[138] Vgl. *Ipsen*, § 35, Rdn. 44.

Für die Qualifizierung als dienstliche Handlung ist es unerheblich, ob die diplomatische Tätigkeit nach dem Recht des Empfangsstaates nur rechtswidrig oder auch strafbar ist[139] und ob sie der Erfüllung der in Art. 3 Abs. 1 WÜD normierten diplomatischen Aufgaben dient.[140] Es ist – so das *Bundesverfassungsgericht* – „gerade ein wesentlicher Inhalt der Immunität, daß der durch sie Geschützte der Strafgerichtsbarkeit des Empfangsstaates nicht unterworfen ist, solange sie besteht."[141] Wäre die Straftat eines Diplomaten per se nicht als eine dienstliche Tätigkeit zu bewerten, bliebe die durch Art. 39 Abs. 2 S. 2 WÜD normierte fortwirkende Immunität inhaltsleer.[142]

(cc) Gerichtliche Bindungswirkung einer (Vorab-)Wertung durch die Exekutive?

Anknüpfend an die extensive Auslegung des Begriffs der „Amtshandlung" und die mit diesem Begriff verbundene funktionale Immunität stellt sich die Frage, ob eine von Seiten der Exekutive vorgenommene rechtliche Einordnung einer Handlung als – immunitätsgeschützte – „Amtshandlung" der gerichtlichen Kontrolle unterliegt oder eine Bindungswirkung gegenüber der Judikative entfaltet.

((1)) Bindungswirkung im Völkerrecht?

In einer gutachterlichen Stellungnahme des *Internationalen Gerichtshofs* (im Folgenden: IGH) vom 29. April 1999[143] im Rahmen einer Streitigkeit, betreffend die Immunität eines Sonderberichterstatters der Menschenrechtskommission der Vereinten Nationen, hat der IGH betont, daß der Generalsekretär als oberster Leiter der UN-Verwaltung die Befugnis habe, festzustellen, ob die Funktionäre einschließlich der „experts on mission" im Rahmen ihrer Funktion handeln. Wenn dies der Fall sei, seien diese Funktionäre zu schützen, indem ihre Immunität (gerichtlicherseits) bestätigt werde.[144] Die Bewertung der im konkreten Fall in Rede stehenden Handlung als eine immunitätsgeschützte Amtshandlung stützte der IGH insbesondere auf ein die Immunität bestätigendes Schreiben des Generalsekretärs der Vereinten Nationen, in dem die Umstände und die Aufgaben des betroffenen Sonderberichterstatters im Einzelnen aufgeführt worden waren.[145]

In der völkerrechtlichen Literatur wird zum Teil die Auffassung vertreten, dass in Bezug auf die rechtliche Einordnung einer Handlung als immunitätsgeschützte Amts- bzw. Diensthandlung zunächst die Ansicht desjenigen, dessen Schutz die Immunität bezweckt, maßgeblich und von den nationalen Gerichten zu respektieren sei.[146] Es erfolge zwar eine Entscheidung in eigener Sache. Diese sei jedoch nicht definitiv, da sich ein betroffener Bürger, der diese Auffassung nicht teilt, in den Fällen, in denen

---

[139] BVerfG NJW 1998, 50 (52); BGH NJW 1984, S. 2048 (2049); *Ipsen*, § 35, Rdn. 44.
[140] BVerfG NJW 1998, 50 (52); *Ipsen*, a.a.O., Rdn. 44.
[141] BGH NJW 1984, S. 2048 (2049).
[142] BVerfG NJW 1998, 50 (52).
[143] Zitiert nach *Oellers-Frahm*, Vereinte Nationen 2000, S. 69 (69).
[144] *Oellers-Frahm*, Vereinte Nationen 2000, S. 69 (70).
[145] *Oellers-Frahm*, a.a.O., S. 69 (70).
[146] *Wenckstern*, Rdn. 544 m.w.N.

die mit der Amtshandlung verbundene Immunität nicht aufgehoben werde, an seinen Staat mit der Bitte um Intervention wenden könne. Führe die staatliche Intervention zu keiner Einigung, könne der Staat das zur Auslegung der streitgegenständlichen Immunitätsbestimmung zuständige Organ (meist der IGH oder ein internationales Schiedsgericht) anrufen, das dann verbindlich entscheide.[147]
Im Falle einer gegenteiligen Auffassung bestände die Gefahr, dass ein nationaler Richter – unzulässigerweise – versucht sein könne, die Abgrenzung anhand der ihm vertrauten Kriterien seines nationalen Rechts vorzunehmen.[148] Durch die Entscheidung eines nationalen Gerichts würde diese dem internationalen Recht zuzuordnende Abgrenzungsfrage einer nationalen Instanz unterworfen. Infolgedessen würde die Unabhängigkeit der durch die Immunität geschützten Person bzw. internationalen Organisation vor nationaler Einflussnahme gefährdet.[149]

Nach der in der völkerrechtlichen Literatur vertretenen Gegenansicht[150] ist ausschließlich die Rechtsauffassung des jeweiligen nationalen Gerichts maßgeblich. Niemand dürfe Richter in eigener Sache sein. Es handele sich zudem nur um eine Vorfrage zum eigentlichen Streitgegenstand. Demjenigen, dessen Schutz die Immunität bezweckt, sei es zuzumuten, für seine Auffassung vor dem nationalen Richter Beweis anzutreten.[151]
Diese Sichtweise entspricht der im amerikanischen Recht praktizierten Lösung. Insoweit ist jedoch zu bedenken, dass die amerikanischen Gerichte in der Regel nicht die entsprechenden völkerrechtlichen Abkommen, sondern die autonomen Vorschriften des International Organization Immunities Act anwenden, deren Auslegung in ihren Kompetenzbereich fällt.[152]

Bei der Abwägung dieser divergierenden Auffassungen ist zu berücksichtigen, dass die Freistellungen von rechtlicher Verantwortlichkeit lediglich Ausnahmen von der grundsätzlich bestehenden staatlichen Jurisdiktion sind[153] und die Annahme einer Bindungswirkung letztlich dazu führen kann, den Anwendungsbereich der Immunität durch eine (bewusst) unrichtige Bewertung einer Handlung als Amtshandlung bzw. mit dieser Amtshandlung in Zusammenhang stehende Handlung rechtswidrig auszudehnen, da infolge der Bindungswirkung das potentielle Korrektiv der nationalen gerichtlichen Kontrolle entfallen würde.
Zutreffenderweise betonen die Kritiker einer Bindungswirkung, dass es sich bei der von gerichtlicher Seite vorzunehmenden Prüfung bzw. Bewertung einer streitgegenständlichen Handlung um eine Vorfrage zur Immunitätsgewährung handelt. Nationale staatliche Gerichte sind unter völkerrechtlichen Gesichtspunkten nicht daran gehindert, autonom über das Bestehen ihrer Gerichtsbarkeit zu entscheiden, so dass auch gerichtliche Ermittlungshandlungen zur Klärung des Bestehens oder Nichtbestehens

---

[147] *Wenckstern*, a.a.O.
[148] *Wenckstern*, Rdn. 543.
[149] *Wenckstern*, a.a.O.; *Jenks*, International Immunities, S. 116 ff.
[150] *Miele*, S. 41.
[151] *Miele*, a.a.O.
[152] Vgl. *Wenckstern*, Rdn. 543.
[153] Vgl. S. 52.

einer behaupteten Immunität völkerrechtskonform sind.[154] So können beispielsweise zur Feststellung bzw. dem Ausschluss einer behaupteten Immunität auch nach geltendem Völkerrecht gegen betroffene Personen gerichtliche Zwangsmaßnahmen ergriffen werden.
Infolgedessen ist die letztgenannte Auffassung vorzugswürdig und somit für die Beurteilung einer Handlung als immunitätsgeschützte Amtshandlung ausschließlich die Rechtsauffassung des jeweiligen nationalen Gerichts maßgeblich.

((2)) Bindungswirkung im deutschen Recht?

Im deutschen Recht berührt die Frage nach einer Bindung der Judikative an die Rechtsauffassung der Exekutive den in Art. 20 Abs. 2 S. 2 GG verankerten Grundsatz der Gewaltenteilung.
Die mit der rechtlichen Einordnung einer Handlung als „Amtshandlung" grundsätzlich verbundene Gerichtsbefreiung betrifft zwei der nach diesem Grundsatz verfassungsrechtlich gewährleisteten und voneinander getrennten Teilgewalten, wobei die Exekutive grundsätzlich der Kontrolle der Judikative unterliegt.

Aufgrund des völkerrechtlichen Regelungsgehalts ist die diplomatische Immunität dem auswärtigen Bereich und damit der Exekutive zuzuordnen.[155] Zugleich berührt die Feststellung der Immunität durch die auswärtige Gewalt aber auch die durch Art. 97 Abs. 1 GG geschützte richterliche Unabhängigkeit und damit einen Kernbereich der rechtsprechenden Gewalt.[156] Bestandteil der richterlichen Unabhängigkeit ist unter anderem die sogenannte Kompetenz-Kompetenz, d.h. die Befugnis der rechtsprechenden Gewalt, „im Streitfall selbstständig und weisungsfrei über ihre Gerichtsbarkeit (Zuständigkeit) zu entscheiden."[157]
Nach der verfassungsrechtlichen Grundentscheidung des Art. 20 Abs. 3 GG ist die vollziehende Gewalt an Recht und Gesetz gebunden. Folglich unterliegt jedes Handeln der Exekutive - und dementsprechend auch die Immunitätsgewährung als Akt der Ausübung auswärtiger Gewalt - der richterlichen Kontrolle.

((a)) Gerichtliche Kontrolle von Akten auswärtiger Gewalt

Nach den vom Bundesverfassungsgericht entwickelten allgemeinen Grundsätzen zur gerichtlichen Überprüfbarkeit von Akten auswärtiger Gewalt genießen die entscheidungsbefugten Staatsorgane in diesem Bereich wegen des besonderen Charakters der auswärtigen Gewalt einen „breiten Raum politischen Ermessens".[158] Die gerichtliche Prüfungskompetenz beschränkt sich auf das Vorliegen etwaiger Ermessensfehler.[159]
In einer früheren Entscheidung bezog sich das Verfassungsgericht zur Begründung dieser Sichtweise auf die von der amerikanischen Verfassungsrechtsprechung

---

[154] Die im deutschen Recht bestehende gerichtliche Überprüfungsbefugnis ist im Folgenden Gegenstand gesonderter Untersuchung.
[155] *Seidenberger*, S. 383.
[156] *Seidenberger* , a.a.O.
[157] *Seidenberger*, a.a.O.
[158] BVerfGE 55, 349 (365).
[159] BVerfGE 55, 349 (365).

entwickelten Prinzipien „judical self-restraint"[160] und „political question doctrine".[161] Diese Prinzipien verdeutlichen, dass der Grundsatz der Gewaltenteilung nicht nur die Hemmung der Gewalten, sondern auch die gegenseitige Rücksichtnahme beinhaltet, die sich im amerikanischen Rechtsverständnis sowohl in einer richterlichen Zurückhaltung bei Fragen mit zwischenstaatlichem Charakter als auch in einer konsequenten Nichtbefassung der Gerichte mit politischen Fragestellungen dokumentiert.[162]

Nachdem rechtsvergleichende Untersuchungen belegt haben, dass diese Prinzipien in der deutschen Verfassungsgerichtsbarkeit verfassungsdogmatisch nicht zu legitimieren sind,[163] begründete das Bundesverfassungsgericht seinen Standpunkt in einer neueren Entscheidung[164] wie folgt:
Der Grund für die Weite des Ermessens bestehe darin, „daß die Gestaltung auswärtiger Verhältnisse und Geschehensabläufe nicht allein vom Willen der Bundesrepublik Deutschland bestimmt werden kann, sondern vielfach von Umständen abhängig ist, die sich ihrer Bestimmung entziehen. Um es zu ermöglichen, die jeweiligen politischen Ziele der Bundesrepublik Deutschland im Rahmen des völkerrechtlich und verfassungsrechtlich Zulässigen durchzusetzen",[165] müsse den Organen der auswärtigen Gewalt dieser Ermessensspielraum in Bezug auf die „Einschätzung außenpolitisch erheblicher Sachverhalte wie der Zweckmäßigkeit möglichen Verhaltens"[166] eingeräumt werden.
Ergänzend zu dieser Entscheidung hat das Bundesverfassungsgericht in seinem „Teso-Beschluss" vom 21.10.1987[167] die gerichtliche Überprüfungs- und Korrekturbefugnis auch auf die Fälle erstreckt, in denen die Entscheidung der Organe der auswärtigen Gewalt auf einer offensichtlich völkerrechtswidrigen Rechtsauffassung basiert.
Dieser Beschluss dokumentiert den Willen des Verfassungsgerichts, „das Handeln dieser Organe insoweit umfassend überprüfen zu können, als es darum geht, das Entstehen einer völkerrechtlichen Verantwortlichkeit der Bundesrepublik Deutschland zu vermeiden."[168]

Diese sich inhaltlich nicht ganz entsprechenden Entscheidungen des Bundesverfassungsgerichts interpretieren *Hofmann*[169] und *Seidenberger*[170] wie folgt:

> „Besteht eine eindeutige völkerrechtliche Verpflichtung der Bundesrepublik Deutschland kraft völkerrechtlichen Vertrags- oder Gewohnheitsrechts, spricht das BVerfG der deutschen Gerichtsbarkeit zur Vermeidung völkerrechtlicher Verantwortlichkeit

---

[160] BVerfGE 35, 257 (262).
[161] Vgl. BVerfGE 35, 257 (261 f).
[162] *Seidenberger*, S. 379.
[163] Vgl. *Blumenwitz*, DVBl. 1976, S. 464 (469) „Political question doctrine und judical self-restraint sind im Grunde Fremdkörper in der deutschen Verfassungsgerichtsbarkeit, die dem BVerfG Entscheidungen auch im hochpolitischen Bereich abverlangt."
[164] BVerfGE 55, 349 (365).
[165] BVerfGE 55, 349 (365).
[166] BVerfGE 55, 349 (365).
[167] BVerfGE 77, 137 (167).
[168] *Seidenberger*, S. 382; vgl. BVerfGE 64, 1 (14 f).
[169] *Hofmann*, ZaöRV 49 (1989), S. 257 (279).
[170] *Seidenberger*, S. 382.

der Bundesrepublik ein umfassendes Prüfungsrecht zu. Lassen sich demgegenüber wegen der spezifischen Struktur des Völkerrechts eindeutige Regeln nicht feststellen, so genießt die Exekutive als die für die Ausübung auswärtiger Gewalt zuständige Teilgewalt einen weiten Ermessenspielraum, den das BVerfG nur dann als fehlerhaft ausgeübt bewertet, wenn die Grenze zum Willkürverbot überschritten ist."[171]

((b)) Anwendbarkeit auf den Bereich der Immunitätsgewährung?

Die vom Bundesverfassungsgericht entwickelten allgemeinen Grundsätze zur gerichtlichen Überprüfbarkeit der Akte auswärtiger Gewalt sind nach Auffassung von *Seidenberger* ebenfalls geeignet, „einen vernünftigen Interessenausgleich zwischen dem Regelungsanspruch beider Teilgewalten in bezug auf die Immunität herzustellen."[172]
Dementsprechend plädiert *Seidenberger*[173] in denjenigen Fällen, in denen er eine extensive Auslegung des Amtshandlungsbegriffs befürwortet, aufgrund der in diesen Fällen bestehenden weiten Einschätzungs- und Gestaltungsfreiheit der Exekutive, für einen Vorrang der Exekutive – innerhalb der Grenzen des Willkürverbots. Folglich habe die deutsche Strafgerichtsbarkeit innerhalb der Grenzen des Willkürverbots dem weiten Amtshandlungsverständnis der Exekutive zu folgen.[174] Überschritten werde die Grenze des Willkürverbots beispielsweise im Fall einer ausschließlich ad personam gewährten Immunität, da eine derartige Immunitätsgewährung auf sachfremden und damit willkürlichen Erwägungen beruhe.[175]

Die von *Seidenberger* befürwortete Interpretation der Entscheidungen des Bundesverfassungsgerichts, aus der er seine Auffassung ableitet, ist kritisch zu hinterfragen.
Zu Recht betont *Seidenberger,*[176] dass jede falsche staatliche Entscheidung über das Bestehen der Immunität – gleich ob von einem Organ der Exekutive oder Judikative getroffen – einen zwischenstaatlich bedeutsamen Akt darstellt, der unmittelbar eine völkerrechtliche Haftung der Bundesrepublik Deutschland begründen kann. Zugleich teilt er die Auffassung, dass der Teso-Beschluss des Bundesverfassungsgerichts die Haltung des Gerichts verdeutlicht, das Handeln der auswärtigen Gewalt umfassend überprüfen zu können, um das Entstehen einer völkerrechtlichen Verantwortlichkeit der Bundesrepublik Deutschland zu vermeiden.[177]
Wenn jedoch jede falsche staatliche Entscheidung über das Bestehen der Immunität eine völkerrechtliche Verantwortlichkeit der Bundesrepublik Deutschland begründet, die es ausweislich der Zielsetzung des Bundesverfassungsgerichts zu verhindern gilt, bedarf es im Bereich der Immunitätsgewährung – anders als im allgemeinen Verhältnis zwischen Judikative und auswärtiger Gewalt – einer umfassenden gerichtlichen Überprüfung der von der Exekutive vorgenommenen immunitätsgewährenden Amtshandlungen.

---

[171] *Seidenberger*, S. 382; vgl. *Hofmann*, ZaöRV 49 (1989), S. 257 (279).
[172] *Seidenberger*, S. 383.
[173] *Seidenberger*, S. 384.
[174] *Seidenberger*, a.a.O.
[175] Vgl. *Seidenberger*, a.a.O.
[176] *Seidenberger*, S. 383.
[177] Vgl. *Seidenberger*, S. 382.

Diese Schlussfolgerung korrespondiert mit der – auch von *Seidenberger*[178] befürworteten – Feststellung, dass ein Gericht eines Empfangsstaates in rechtlich zulässiger Weise Maßnahmen ergreifen darf, um die von einer betroffenen Person behauptete diplomatische oder konsularische Immunität verifizieren zu können. Denn die Gerichte sind unter völkerrechtlichen Gesichtspunkten nicht daran gehindert, autonom über das Bestehen ihrer eigenen Gerichtsbarkeit zu befinden,[179] so dass auch gerichtliche Ermittlungshandlungen zur Klärung des Bestehens oder Nichtbestehens einer behaupteten Immunität völkerrechtskonform sind.[180] Bis zur Feststellung bzw. dem Ausschluss der behaupteten Immunität können auch nach geltendem Völkerrecht gegen betroffene Personen gerichtliche Zwangsmaßnahmen ergriffen werden.[181]
Seidenberger vertritt jedoch die Auffassung, dass „die Judikative in verfassungskonformer Auslegung des Art. 97 GG in der Beurteilung eines Immunitätstatbestandes an die Rechtsmeinung des Auswärtigen Amtes, d.h. der Exekutive als dem Träger der auswärtigen Gewalt, gebunden ist, soweit nicht eine eindeutige anderslautende völkerrechtliche Verpflichtung der Bundesrepublik Deutschland kraft Vertrags- oder Gewohnheitsrechts besteht, die Grenze zum Willkürverbot überschritten worden ist oder ausdrückliche Ausnahmevorschriften von WÜD bzw. WÜK einschlägig sind, so daß auch der Exekutive kein Entscheidungsspielraum mehr verbleibt."[182]
Die oftmals mit Definitions- bzw. Abgrenzungsproblemen behafteten Ableitungen von Verpflichtungen aus dem Völkergewohnheitsrecht lassen es bereits zweifelhaft erscheinen, ob *Seidenberger* mit dieser Sichtweise das von ihm attestierte „Spannungsverhältnis im Anwendungsbereich des Grundgesetzes zwischen der Unabhängigkeit der Gerichte gemäß Art. 97 GG als Ausdruck des Gewaltenteilungsgrundsatzes einerseits und der grundsätzlichen Kompetenzzuweisung der auswärtigen Gewalt an die Exekutive andererseits"[183] in verfassungskonformer Weise entsprechend dem von ihm geforderten „vernünftigen Interessenausgleich beider Teilgewalten in bezug auf die Immunität"[184] einer überzeugenden Lösung zugeführt hat.
Die Auffassung von *Seidenberger* steht auch in Widerspruch zur Rechtsprechung des Bundesgerichtshofs. Im Fall „Tabatabai"[185] hat sich der Bundesgerichtshof überzeugend gegen jegliche Bindung eines Gerichts an die Rechtsauffassung des Auswärtigen Amtes ausgesprochen und betont: „Ungeachtet der Kompetenz des Auswärtigen Amtes für die Gestaltung der Beziehungen der Bundesrepublik Deutschland mit dem Ausland haben die Gerichte in eigener Zuständigkeit zu prüfen, ob im Einzelfall Immunität besteht".[186]

---

[178] *Seidenberger*, S. 400 m.w.N.
[179] Vgl. *Seidenberger*, S. 400.
[180] *Seidenberger*, S. 400 m.w.N.
[181] Vgl. *Seidenberger*, S. 401 m.w.N.; Note der Ständigen Vertretung der Bundesrepublik Deutschland an die Vereinten Nationen vom 29.08.1988: „Any proceedings against diplomats or consular officers must, in so far as the latter are affected in an official capacity, always be confined to the question of wether the persons concerned enjoy immunity under international law. Once this question has been clarified, a decision has to be taken without delay" (UN Doc. A/43/574, zitiert nach *Seidenberger*, S. 401 Fn. 97).
[182] *Seidenberger*, S. 406.
[183] *Seidenberger*, S. 401.
[184] Vgl. *Seidenberger*, S. 383.
[185] BGH NJW 1984, S. 2048 (2049).
[186] BGH NJW 1984, S. 2048 (2049).

cc) Geltung der Gesetze des Empfangsstaates

Alle Personen, die diplomatische Immunität genießen, sind gemäß Art. 41 Abs. 1 S. 1 WÜD verpflichtet, die Gesetze und Rechtsvorschriften des Empfangsstaats zu beachten. Gemäß Art. 31 Abs. 4 WÜD folgt aus der diplomatischen Immunität im Empfangsstaat keine Befreiung von der Jurisdiktion im Entsendestaat.
Somit unterstehen Personen, die diplomatische Immunität genießen, auch während des Aufenthalts im Empfangsstaat uneingeschränkt der Jurisdiktion ihres Entsendestaates. Im Emfangsstaat begangene (Amts-)Handlungen können folglich im Entsendestaat jederzeit gerichtlich kontrolliert und sanktioniert werden.

dd) Self-contained régime

Die diplomatische Immunität wirkt nicht erga omnes. Demnach genießen Diplomaten in Drittstaaten keine Immunität.[187] Eine Gerichtsbefreiung der Diplomaten in Drittstaaten lässt sich auch durch Rückgriff auf die allgemeine Organimmunität nicht begründen, da das „self-contained régime"[188] der diplomatischen Immunität als lex specialis der allgemeinen Organimmunität vorgeht.[189]
Als ein „self-contained régime" bilden die Regeln des Diplomatenrechts eine in sich geschlossene Ordnung, welche die Sanktionsmöglichkeiten im Falle eines Verstoßes gegen die Immunitätsgewährungen abschließend regelt.[190] Ausnahmen von der Immunität in Fällen gravierender Rechtsverstöße sind nicht vorgesehen. In derartigen Fällen besteht lediglich die Möglichkeit, den Diplomaten gemäß Art. 9 WÜD zur persona non grata zu erklären und ihn auf diese Weise zur Ausreise zu zwingen oder auf völkerrechtlicher Ebene gegen den Entsendestaat vorzugehen.
Aus den für den Bereich der Staatenimmunität diskutierten Ausnahmen von der Gerichtsbefreiung in Fällen von Kriegsverbrechen, völkerrechtlichen Verbrechen und Verstößen gegen völkerrechtliches jus cogens[191] können keine Schlussfolgerungen für die diplomatische Immunität gezogen werden. Staatenimmunität und diplomatische Immunität sind zwei unterschiedliche Institute des Völkerrechts mit jeweils eigenständigen Regelungen.[192]
Ausschließlich für den präventiven Bereich wird in Rechtsprechung und Literatur erwogen, den Organen des Empfangsstaates ein Recht zur kurzfristigen Festnahme eines Diplomaten zu gewähren, um ihn an der Ausführung schwerer Straftaten zu hindern.[193]

b) Konsularische Immunität

Konsularische Beziehungen fördern letztlich zwar ebenfalls das friedliche Zusammenleben der durch diese Beziehungen verbundenen Staaten. Vorrangig dienen sie

[187] BVerfG NJW 1998, 50 (53); BVerfGE 96, 68 (86 ff); *Ipsen*, § 35 Rdn. 34.
[188] BVerfG NJW 1998, 50 (51).
[189] BVerfG NJW 1998, 50 (54) m.w.N.
[190] BVerfG NJW 1998, 50 (52).
[191] Vgl. S. 54.
[192] BVerfG NJW 1998, 50 (53).
[193] Vgl. *Ipsen*, § 35 Rdn. 39; BVerfG NJW 1998, 50 (52) m.w.N.

jedoch dem Schutz der Interessen einzelner Staatsangehöriger eines Entsendestaates im Empfangsstaat hinsichtlich derjenigen Angelegenheiten, die nicht dem "Bereich der hohen Politik, also der Beziehung von Regierung zu Regierung",[194] unterfallen.

Konsularbeamte und Bedienstete des Verwaltungs- oder technischen Personals genießen gleichwohl für Handlungen zur Wahrnehmung konsularischer Aufgaben gemäß Art. 43 Abs. 1 des Wiener Übereinkommens über konsularische Beziehungen (WÜK) vom 24. April 1963[195] eine umfassende Befreiung von der Strafgerichtsbarkeit und gemäß Art. 43 Abs. 2 a) und b) WÜK eine eingeschränkte Immunität von der Zivilgerichtsbarkeit des Empfangsstaates.
Ermittlungs-, Straf- und Bußgeldverfahren wegen Zuwiderhandlungen im Straßenverkehr sind daher nur zulässig, sofern der Gebrauch eines Kraftfahrzeuges nicht in engem sachlichem Zusammenhang mit der wirksamen Wahrnehmung konsularischer Aufgaben steht.
Gemäß Art. 41 Abs. 1 2. Halbsatz WÜK dürfen Konsularbeamte nur wegen einer schweren strafbaren Handlung und aufgrund einer Entscheidung der zuständigen Justizbehörde festgenommen oder in Untersuchungshaft genommen werden.[196]
Nach Art. 53 Abs. 4 WÜK besteht die Immunität für dienstliche Handlungen auch nach Beendigung der konsularischen Tätigkeit zeitlich unbeschränkt fort. Auch diese Immunität wird den Bevorrechtigten nicht um ihrer selbst willen, sondern ausschließlich zur Absicherung einer wirksamen Aufgabenerfüllung gewährt.[197]

4. Immunität internationaler Organisationen und ihrer Bediensteten - internationale Immunität -

Durch die Immunitätsgewährung zugunsten internationaler Organisationen (internationale Immunität)[198] verzichten die jeweiligen Mitgliedstaaten auf die ihnen als Attribut ihrer Souveränität zustehende Jurisdiktion.[199] Die Immunität internationaler Organisationen hat sich weitgehend aus der Staatenimmunität und der diplomatischen Immunität entwickelt.[200] Immunität genießen auch die Bediensteten dieser Organisationen. Insofern handelt es sich um eine von der jeweiligen Organisation abgeleitete Immunität, so dass sich der Umfang dieser Immunität ausschließlich nach den funktionalen Bedürfnissen der jeweiligen Organisation richtet.[201]
Im Gegensatz zur Staatenimmunität erstreckt sich die Immunität internationaler Organisationen aufgrund der funktionalen Beschränkung der Rechtspersönlichkeit dieser Organisationen auch auf die privaten Handlungen dieser Organisationen.[202]

---

[194] *Seidl-Hohenveldern/Stein*, Rdn. 1072.
[195] Vgl. S. 59.
[196] Vgl. *Meyer-Goßner*, § 19 GVG, Rdn. 3.
[197] *Seidenberger*, S. 389.
[198] Vgl. zur Begriffsdefinition *Wenckstern*, Rdn. 29.
[199] *Habscheid*, ZZP 1997, S. 269 (275).
[200] *Wenckstern*, Rdn. 41.
[201] Vgl. *Wenkstern*, Rdn. 13.
[202] *Seidl-Hohenveldern/Stein*, Rdn. 1499; vgl. *Buß*, RIW 1998, 352 (352 f).

a) Prinzip der funktionalen Notwendigkeit

Die den internationalen Organisationen und ihren Bediensteten gewährte Immunität sichert die Unabhängigkeit und Freiheit der Organisationen vor staatlicher Einflussnahme.[203] Sie ist zur Aufgabenerfüllung und Zielerreichung notwendig und demnach von funktionaler Bedeutung.[204]

aa) Art. 105 Abs. 2 UN-Charta

Das „Prinzip der funktionalen Notwendigkeit"[205] wurde erstmals in Art. 105 Abs. 2 UN-Charta normiert.[206] Art. 105 UN-Charta hat folgenden Regelungsinhalt:

> Absatz 1:
> Die Organisation genießt im Hoheitsgebiet jedes Mitglieds die Vorrechte und Immunitäten, die zur Verwirklichung ihrer Ziele erforderlich sind.
>
> Absatz 2:
> Vertreter der Mitglieder der Vereinten Nationen und Bedienstete der Organisation genießen ebenfalls die Vorrechte und Immunitäten, deren sie bedürfen, um ihre mit der Organisation zusammenhängenden Aufgaben in voller Unabhängigkeit wahrnehmen zu können.
>
> Absatz 3:
> Die Generalversammlung kann Empfehlungen abgeben, um die Anwendung der Absätze 1 und 2 im einzelnen zu regeln, oder sie kann den Mitgliedern der Vereinten Nationen zu diesem Zweck Übereinkommen vorschlagen.

bb) Zielsetzung

Durch die Verankerung des Prinzips der funktionalen Notwendigkeit in Art. 105 Abs. 2 UN-Charta und der damit verbundenen Beschränkung der den Bediensteten der Vereinten Nationen gewährten Immunität auf die in amtlicher Funktion vorgenommenen Handlungen und schriftlichen oder mündlichen Äußerungen[207] soll die Interessenkollision zwischen der einerseits zu wahrenden Unabhängigkeit und Funktionsfähigkeit der Vereinten Nationen und der andererseits zu beachtenden Souveränität und Rechtshoheit des Gaststaates einer sachgerechten Lösung zugeführt, und das aus dieser Interessenkollision resultierende Spannungsverhältnis abgebaut werden.[208]

---

[203] *Wenckstern*, Rdn. 35; *Szasz*, S. 1325 (1326); vgl. *Jenks*, International Immunities, S. 166; *Buß*, RIW 1995, S. 352 (353); *Cully*, The Yale Law Journal 1982, S. 1167 (1181); *Seidl-Hohenveldern*, in: FS für Schlochauer, S. 615 (625).

[204] *Wenckstern*, Rdn. 44, 54; *Cully*, The Yale Law Journal 1982, S. 1167 (1181); *Hermsdörfer*, NZWehrr 1997, S. 100 (100); *Jenks*, International Immunities, S. 168, 170; *Schlüter*, S. 173; vgl. *Seidenberger*, S. 23.

[205] *Gerster*, in: *Simma*, Art. 105 Rdn. 7; *Cully*, The Yale Law Journal 1982, S. 1167 (1181): „In the period after World War II, when international cooperation on a large scale was just beginning, the consensus was that functional necessity entailed jurisdictional immunity." m.w.N.

[206] *Gerster*, in: *Simma*, Art. 105, Rdn. 7; vgl. *Szasz*, S. 1325 (1326).

[207] *Gerster*, in: *Simma*, Art. 105, Rdn. 24.

[208] *Gerster*, in: *Simma*, Art. 105, Rdn. 7.

cc) Geltung im gesamten Privilegienrecht

Das Prinzip der funktionalen Notwendigkeit „beherrscht heute das gesamte Privilegienrecht“.[209] Aufgrund der fundamentalen Bedeutung dieses Prinzips sind auslegungsbedürftige Immunitätsbestimmungen stets aus ihren Zielen heraus, d.h. teleologisch-funktional, auszulegen.[210]

b) Umfang der Immunitätsgewährung

Hinsichtlich des Umfangs der Immunitätsgewährung ist Art. 105 UN-Charta durch das Allgemeine Übereinkommen vom 13. Februar 1946 über die Vorrechte und Immunitäten der Vereinten Nationen[211] rechtlich präzisiert worden. Mit 137 Staaten als Vertragsparteien[212] besitzt dieses Übereinkommen „heute nahezu universelle Geltung“.[213]

c) Rechtfertigung der Immunitätsgewährung

Für die Notwendigkeit der Immunitätsgewährung zugunsten internationaler Organisationen werden folgende Aspekte angeführt:[214]

- Funktionale Notwendigkeit[215] und Wahrung der Unabhängigkeit;[216]
- Vermeidung der Gefahr inhaltlich divergierender nationaler letztinstanzlicher Gerichtsentscheidungen im Hinblick auf die Amtshandlungen einer Organisation;[217]
- Zweifel im Hinblick auf die notwendige Fachkompetenz, Unparteilichkeit und Unabhängigkeit nationaler Gerichte;[218]
- Schutz vor Exzentrikern, Querulanten und Fanatikern;[219]
- Gewährleistung eines ausgewogenen Macht- und Autoritätsverhältnisses gegenüber Staaten und staatlichen Institutionen;[220]

---

[209] *Gerster*, in: *Simma*, Art. 105, Rdn. 7; vgl. *Szasz*, S. 1325 (1326).

[210] Vgl. *Verdross/Simma*, § 781, S. 496: „Verträge, durch die internationale Organisationen gegründet werden, können hinsichtlich der Notwendigkeit ihrer gerade beschriebenen funktionellen Auslegung nur aus ihrem im konkreten Vertragswerk zum Ausdruck gelangten Ziel und Zweck erschlossen werden.“

[211] UNTS (United Nations Treaty Series), Band I, S. 15; BGBl. II, 1980, S. 941 f.

[212] Vgl. *Oellers-Frahm*, Vereinte Nationen 2000, S. 69 (69).

[213] *Gerster*, in: *Simma*, Art. 105, Rdn. 2.

[214] Vgl. „Privileges and Immunities of International Organisations – Resolution (69) 29, adopted by the Committee of Ministers of the Council of Europe on 26 September 1969 and explanatory report, Council of Europe, Strasbourg 1970 (im Folgenden: Privileges and Immunities of International Organisations – Resolution (69) 29), Explanatory Report, S. 12 ff.

[215] Privileges and Immunities of International Organisations – Resolution (69) 29, Explanatory Report, S. 12; *Michaels*, S. 163.

[216] *Michaels*, S. 163.

[217] *Jenks*, International Immunities, S. 40.

[218] *Jenks*, a.a.O., S. 40 f.

[219] *Jenks*, a.a.O., S. 40.

[220] Privileges and Immunities of International Organisations – Resolution (69) 29, Explanatory Report, S. 12 f; *Jenks*, International Immunities, S. 168 f.

- Wahrung des Prestiges und der Würde internationaler Organisationen;[221]
- Sicherung der Vertraulichkeit der internen Verfahren und Unterlagen.[222]

d) Kritik / Bedenken

Die an der Immunitätsgewährung zugunsten internationaler Organisationen und ihrer Bediensteten geübte Kritik[223] gründet insbesondere auf folgenden Erwägungen:

aa) Fehlende Justizgewährung

Die Immunität schlage eine „Bresche in das (staatliche) Rechtsschutzsystem"[224] und berühre die Interessen derjenigen, die – freiwillig oder unfreiwillig – mit einer immunitätsgeschützten Person oder einer internationalen Organisation in Kontakt treten.[225] Aufgrund des aus dem Rechtsstaatsprinzip abgeleiteten Justizgewährungsanspruchs,[226] d.h. der Verpflichtung des Staates zur Gewährleistung eines umfassenden Rechtsschutzes vor unabhängigen staatlichen Gerichten, bedürfe es im Interesse der Betroffenen zumindest eines adäquaten Ersatzrechtsschutzes,[227] der den Betroffenen unmittelbar zugänglich sein müsse.[228] Zusätzlich zur Gefahr der unzulässigen Verzögerung der Immunitätsaufhebung gelte es zu bedenken, dass internationale Organisationen die Immunität ihrer Mitarbeiter in praxi nur äußerst selten aufheben.[229]

bb) Immunitätsaufhebung

Dass beispielsweise einem Antrag auf Immunitätsaufhebung trotz vorliegender Aufhebungsvoraussetzungen nur mir großer zeitlicher Verzögerung entsprochen worden ist, hat der europäische Rechnungshof in seinem Sonderbericht Nr. 8/98[230] über die mit der Betrugsbekämpfung befassten Dienststellen der Kommission, insbesondere die Einheit für die Koordinierung der Betrugsbekämpfung UCLAF (Unité de coordination de la lutte anti-fraude), dokumentiert. Ausweislich Punkt 3.26 dieses Berichts hat „die Kommission die Immunität von drei Beamten [EG-Beamten – Anmerkung Verfasser] erst etwa zwanzig Monate nach dem Ersuchen der zuständigen einzelstaatlichen Behörde" aufgehoben.

---

[221] Privileges and Immunities of International Organisations – Resolution (69) 29, Explanatory Report, S. 12 f; *Jenks*, a.a.O., S. 168 f.
[222] Vgl. *Wenckstern*, Rdn. 54.
[223] Vgl. *Cully*, The Yale Law Journal, 1982, S. 1167 (1182); *Wenckstern*, Rdn. 66 ff.
[224] *Schlüter*, S. 169.
[225] *Wenckstern*, Rdn. 67.
[226] BVerfGE 54, 277 (292); Schmidt-Aßmann, in: *Maunz/Dürig/Herzog*, Art. 19 IV Rdn. 16, Art. 20 Rdn. 11, 27; *Sachs*, in: *Sachs*, Art. 20 GG, Rdn. 162; vgl. *Isensee*, S. 36 f.
[227] Vgl. *Wenckstern*, NJW 1987, S. 1113 (1114); *Beitzke*, S. 77 (112 f).
[228] *Wenckstern*, Rdn. 1025.
[229] Vgl. *Wenckstern*, Rdn. 1024; vgl. Rdn. 616, 582.
[230] ABl. EG C 230 vom 22.07.1998, S. 1 ff; vorgelegt gemäß Art. 188 c Abs. 4 Unterabsatz 2 EG-Vertrag.

Bezug nehmend auf den „Beschluß des Gerichtshofes vom 13. Juli 1990, Rechtssache C-2/88 Imm. ZWARTFELD, Slg. 1990, I-3372, Randnr. 19"[231] führt der Rechnungshof unter Punkt 6.10 des Sonderberichts 8/98 aus:

> „In diesem Zusammenhang [im Falle eines gegenüber einem immunitätsgeschützten EG-Bediensteten bestehenden Betrugs- oder Korruptionsverdachts – Anmerkung Verfasser] muß in aller Deutlichkeit darauf hingewiesen werden, daß das „Protokoll über die Vorrechte und Befreiungen" (EG-Immunitätenprotokoll) weder dafür verwendet werden kann noch dafür verwendet wird, ein Mitglied des Personals oder des Managements zu schützen.
> Überdies sollte die Kommission von der zuständigen Justizbehörde eines Mitgliedstaates keineswegs verlangen, ihr Ersuchen auf Aufhebung der Immunität durch Einsendung rechtserheblicher Dokumente zu rechtfertigen. Ein auf den jeweiligen innerstaatlichen Regelungen und Verfahren basierendes, begründetes Ersuchen sollte ausreichen. Ist die Kommission überzeugt, daß der betreffende Beamte seinen Verpflichtungen nachgekommen ist, kann sie ihm gemäß Art. 24 des Statuts rechtlichen Schutz gewähren. Hier sei darauf hingewiesen, daß nur in einer formellen gerichtlichen Untersuchung und gegebenenfalls in einem Rechtsverfahren festgestellt werden kann, ob ein Beschuldigter im Sinne des Strafrechts schuldig ist oder nicht."[232]

e) Immunität der Bediensteten internationaler Organisationen - vergleichende Untersuchung

Die Immunität internationaler Organisationen basiert auf Völkervertragsrecht,[233] d.h. auf einer für jede internationale Organisation bilateral oder multilateral gesondert vereinbarten Immunität.[234]
Diese Vereinbarungen beinhalten auch Immunitätsregelungen zugunsten der Bediensteten der Organisationen, wie diejenigen Regelungen exemplarisch verdeutlichen, die im Folgenden untersucht und – vergleichend – bewertet werden sollen.

aa) Übereinkommen über Vorrechte und Immunitäten der Vereinten Nationen

Das Übereinkommen über die Vorrechte und Immunitäten der Vereinten Nationen[235] (UN-Immunitätenprotokoll) differenziert hinsichtlich der Immunitätsgewährung[236] zwischen der Immunität der Organisation (vgl. Art. II Abschnitt 2 S. 1 UN-Immuni-

---

[231] Fn. 53 des Sonderberichts des europäischen Rechnungshofs Nr. 8/98; im Folgenden Gegenstand gesonderter Untersuchung.

[232] Zu weitergehenden Feststellungen – siehe Punkt 6.11 des Sonderberichts des europäischen Rechnungshofes Nr. 8/98.

[233] *Habscheid*, ZZP 1997, S. 269 (274).

[234] Die Immunitätsvereinbarungen erfolgen durch Sitzabkommen, Gründungsübereinkommen und/oder spezielle Immunitätsabkommen – siehe *Wenckstern*, S. XV – XXVII, Verzeichnis entsprechender Rechtsquellen.

[235] Genehmigt von der Generalversammlung der Vereinten Nationen am 13. Februar 1946 (BGBl. II, 1980, S. 943 ff); in deutsches Recht transformiert durch das Gesetz zu dem Übereinkommen vom 13. Februar 1946 über die Vorrechte und Immunitäten der Vereinten Nationen vom 16. August 1980 (BGBl. II 1980, S. 941 f.).

[236] Ebenso wie z. B. WEU-, EWO-, Nordatlantik-Übereinkommen, Übereinkommen über Vorrechte und Befreiungen der Sonderorganisationen der UN – im Folgenden jeweils Gegenstand gesonderter Untersuchung.

tätenprotokoll), der Immunität der Vertreter der Organisation (vgl. Art. IV Abschnitt 11 lit. a) UN-Immunitätenprotokoll), der Immunität der Bediensteten (vgl. Art. V Abschnitt 18 lit. a) UN-Immunitätenprotokoll) und der Immunität der Sachverständigen im Auftrag der Organisation (experts on mission) (vgl. Art. VI Abschnitt 22 lit. b) UN-Immunitätenprotokoll.

(1) Immunität der UN-Bediensteten

(a) Inhaltliche Ausgestaltung

Gemäß Art. V Abschnitt 18 lit. a) UN-Immunitätenprotokoll genießen die Bediensteten der Organisation der Vereinten Nationen

> „(...) Immunität von jeder Gerichtsbarkeit hinsichtlich der von ihnen in ihrer amtlichen Eigenschaft vorgenommenen Handlungen (einschließlich ihrer mündlichen und schriftlichen Äußerungen)."[237]

(b) Zeitliche Beschränkung

Im Gegensatz zu den Vertretern der Mitglieder der UN und den für die UN tätigen Sachverständigen genießen die Bediensteten der UN keine zeitlich unbegrenzt fortbestehende, d.h. lebenslang geltende Immunität.[238]
Art. IV Abschnitt 11 lit. g) UN-Immunitätenprotokoll gewährt den Vertretern der Mitglieder der UN – zusätzlich zu der in Art. IV Abschnitt 11 lit. a) UN-Immunitätenprotokoll geregelten Immunität – „(...) alle mit den vorstehenden Bestimmungen vereinbaren sonstigen Vorrechte, Immunitäten und Erleichterungen, die Diplomaten zustehen, (...)“. Folglich gilt zugunsten der Vertreter der Mitglieder der UN auch die in Art. 39 Abs. 2 S. 2 WÜD normierte, zeitlich unbegrenzt fortbestehende, d.h. lebenslang geltende, funktionale diplomatische Immunität.
Diese umfassende Immunität genießen auch die Sachverständigen der UN (vgl. Art. VI Abschnitt 22 lit. b) S. 2 UN-Immunitätenprotokoll). Während die in Art. VI Abschnitt 22 lit. b) S. 1 normierte Immunität der Sachverständigen textidentisch zu der

---

[237] Diese den UN-Bediensteten zuerkannte Immunität genießt auch das Personal des Anklägers und des Kanzlers des internationalen Strafgerichtshofs für das ehemalige Jugoslawien (vgl. Art. 30 Abs. 3 Resolution 827 des UN-Sicherheitsrates vom 25. Mai 1993 – BT-Drs. 13/57, Anlage 1: „The staff of the Prosecutor and of the Registrar shall enjoy the privileges and immunities accorded to officials of the United Nations under articles V and VII of the Convention referred to in paragraph 1 of this article.“).

[238] Im Gegensatz zum UN-Immunitätenprotokoll normieren beispielsweise das Übereinkommen über den Status der Westeuropäischen Union, der nationalen Vertreter und des internationalen Personals (im Folgenden: WEU-Übereinkommen) sowie das Übereinkommen über den Status der Nordatlantikvertrags-Organisation, der nationalen Vertreter und des internationalen Personals (im Folgenden: NATO-Übereinkommen) weder zugunsten der Bediensteten, noch zugunsten der Vertreter oder der Sachverständigen dieser Organisationen eine zeitlich unbegrenzt fortbestehende funktionale Immunität – vgl. Teil IV Art. 12 Abs. 1 lit. a), Teil VI Art. 20 lit. a), 23 Abs. 1 lit. b) WEU-Übereinkommen sowie Teil III Art. 13 Abs. 1 lit. b), Teil IV Art. 18 lit. a), Art. 21 Abs. 1 lit. b) NATO-Übereinkommen. Hervorzuheben ist, dass in beiden Übereinkommen die Immunität der Bediensteten im Vergleich zur Immunität der Sachverständigen und Vertreter dieser Organisationen jeweils restriktiver normiert worden ist.

in Art. V Abschnitt 18 lit. a) UN-Immunitätenprotokoll geregelten Immunität der UN-Bediensteten ausgestaltet worden ist, dehnt Art. VI Abschnitt 22 lit. b) S. 2 UN-Immunitätenprokoll den zeitlichen Anwendungsbereich der Immunität zugunsten der Sachverständigen über den Zeitpunkt der Beendigung des Auftrags hinaus unbegrenzt aus („diese Immunität bleibt bestehen, auch wenn der Betreffende seinen Auftrag für die Organisation der Vereinten Nationen beendet hat."). Ein entsprechender Satz 2 bzw. eine diesem Satz 2 entsprechende Regelung ist in Art. V Abschnitt 18 lit. a) UN-Immunitätprotokoll nicht enthalten, so dass die Immunität der UN-Bediensteten nicht zeitlich unbegrenzt fortbesteht. Die ihnen gewährte Immunität endet mit der Beendigung ihres Amtes.

(2) Diplomatische Vorrechte

Art. V Abschnitt 18 lit. e) und f) UN-Immunitätenprotokoll gewährt den UN-Bediensteten zudem explizit folgende diplomatischen Vorrechte:

> „Die Bediensteten der Organisation der Vereinten Nationen (...)
> e) genießen in bezug auf Devisenerleichterungen dieselben Vorrechte wie Bedienstete vergleichbaren Ranges, die den bei der betreffenden Regierung beglaubigten diplomatischen Missionen angehören;
>
> f) genießen für sich selbst, ihre Ehegatten und die von ihnen unterhaltenen Familienmitglieder in Zeiten internationaler Krisen dieselben Erleichterungen bezüglich der Heimschaffung wie diplomatische Vertreter; (...)."

(3) Immunitätsgewährung im Interesse der UN – Verpflichtung zur Immunitätsaufhebung

Gemäß Art. V Abschnitt 20 UN-Immunitätenprotokoll werden den Bediensteten der UN die Vorrechte und Immunitäten

> „(...) lediglich im Interesse der Vereinten Nationen und nicht zu ihrem persönlichen Vorteil gewährt.[239] Der Generalsekretär ist berechtigt und verpflichtet, die einem Bediensteten gewährte Immunität in allen Fällen aufzuheben, in denen sie nach Auffassung des Generalsekretärs verhindern würde, daß der Gerechtigkeit Genüge geschieht, und in denen sie ohne Schädigung der Interessen der Organisation aufgehoben werden kann. (...)."

(4) Beilegung von Streitigkeiten

Nach Art. VIII Abschnitt 30 UN-Immunitätenprotokoll wird

> „jede Streitigkeit über die Auslegung oder Anwendung dieses Übereinkommens (...) dem Internationalen Gerichtshof vorgelegt, sofern nicht die Parteien im Einzelfall ein anderes Beilegungsverfahren vereinbaren. Entsteht zwischen der

---

[239] Entsprechende Regelungen sind ebenfalls in anderen Immunitäts-Übereinkommen enthalten – vgl. beispielsweise Teil VI Art. 24 S. 1 WEU-Übereinkommen, Kapitel VII Art. 18 Abs. 1 EG-Immunitätenprotokoll, Titel VI Art. 19 S. 1 Europarat-Übereinkommen, Art. 18 Abs. 1 Immunitätenprotokoll des gemeinsamen Berufungsgerichts.

Organisation der Vereinten Nationen einerseits und einem Mitglied andererseits eine Streitigkeit, so wird nach Artikel 96 der Charta und Artikel 65 des Statuts des Internationalen Gerichtshofs ein Gutachten über jede aufgeworfene Rechtsfrage eingeholt. Das Gutachten des Gerichtshofs wird von den Parteien als bindend anerkannt."

bb) Abkommen über die Vorrechte und Befreiungen der Sonderorganisationen der Vereinten Nationen

Das Abkommen über die Vorrechte und Befreiungen der Sonderorganisationen[240]der Vereinten Nationen[241] normiert in den Artikeln VI § 19 lit. a), d) und e) inhaltlich identische Regelungen zu den Artikeln V Abschnitt 18 lit. a), e) und f) UN-Immunitätenprotokoll.

cc) Übereinkommen über den Status der Nordatlantikvertrags-Organisation, der nationalen Vertreter und des internationalen Personals

Gemäß Teil IV Art. 18 lit. a) des Übereinkommens über den Status der Nordatlantikvertrags-Organisation, der nationalen Vertreter und des internationalen Personals[242] (NATO-Übereinkommen) genießen die in Art. 17 Nordatlantik-Übereinkommen bezeichneten Bediensteten

> „(...) Befreiung von der Gerichtsbarkeit bezüglich der von ihnen in amtlicher Eigenschaft und im Rahmen ihrer Befugnisse vorgenommenen Handlungen einschließlich ihrer mündlichen und schriftlichen Äußerungen; (...)".

(1) Tatbestandliche Immunitätsbeschränkung – Divergenz zum Europol-Immunitätenprotokoll; Konvergenz zum Vorentwurf -

Im Gegensatz beispielsweise zu den – weitgehend inhaltsgleichen – Immunitätsgewährungen in Art. V Abschnitt 18 lit. a) UN-Immunitätenprotokoll und Art. 8 Abs. 1 lit. a) Europol-Immunitätenprotokoll normiert das NATO-Übereinkommen eine – vergleichsweise weitergehende – tatbestandliche Einschränkung der Immunität, da die Bediensteten Immunität nur für solche Handlungen genießen, die von ihnen nicht nur in amtlicher Eigenschaft, sondern zugleich auch „im Rahmen ihrer Befugnisse" vorgenommen worden sind.

---

[240] Zur Begriffsbestimmung siehe Art. I § 1 Abs. 2 lit. a) – j) des Abkommens; UN-Sonderorganisationen sind beispielsweise die Weltgesundheitsorganisation, der Internationale Währungsfonds, die Internationale Arbeitsorganisation und der Weltpostverein.

[241] BGBl. II, 1954, S. 640 ff; in der Bundesrepublik Deutschland ratifiziert durch das Gesetz über den Beitritt der Bundesrepublik Deutschland zum Abkommen über die Vorrechte und Befreiungen der Sonderorganisationen der Vereinten Nationen vom 21. November 1947 und über die Gewährung von Vorrechten und Befreiungen an andere zwischenstaatliche Organisationen vom 22. Juni 1954 (BGBl. II, 1954, S. 639), geändert durch Gesetz vom 03.06.1957 (BGBl. II, 1957, S. 469).

[242] BGBl. II, 1958, S. 118 ff; in der Bundesrepublik Deutschland ratifiziert durch die Verordnung über die Gewährung von Vorrechten und Befreiungen an die Nordatlantikvertrags-Organisation, die nationalen Vertreter, das internationale Personal und die für die Organisation tätigen Sachverständigen vom 30.05.1958 (BGBl. II, 1958, S. 117).

Inhaltlich entspricht diese tatbestandliche Einschränkung dem in Art. 11 Abs. 1 lit. b) des von der italienischen Ratspräsidentschaft vorgelegten Europol-Immunitätenprotokollentwurfs[243] normierten Erfordernis, wonach nur diejenigen Amthandlungen der Europol-Bediensteten dem Immunitätsschutz unterfallen sollten, die von den Bediensteten „strikt im Rahmen ihrer Befugnisse vorgenommen" werden.[244] Im geltenden Europol-Immunitätenprotokoll ist diese Einschränkung nicht mehr enthalten.[245]

(2) Diplomatische Vorrechte

Die in Teil V Art. 18 lit. c) und d) NATO-Übereinkommen normierten diplomatischen Vorrechte entsprechen inhaltlich den Regelungen der Art. V Abschnitt 18 lit. e) und f) UN-Immunitätenprotokoll. In diesen Regelungen werden die Bediensteten der NATO explizit diplomatischen Vertretern vergleichbaren Ranges gleichgestellt.

dd) Übereinkommen zur Gründung einer europäischen Weltraumorganisation (EWO) – partieller Immunitätsausschluss

Gemäß Art. XVI lit. a) des Übereinkommens zur Gründung einer europäischen Weltraumorganisation[246] (EWO-Übereinkommen) genießen die Mitglieder des Personals der Organisation

> „(...) auch nach ihrem Ausscheiden aus dem Dienst der Organisation, Immunität von der Gerichtsbarkeit hinsichtlich der von ihnen in Ausübung ihres Amtes vorgenommenen Handlungen einschließlich ihrer mündlichen und schriftlichen Äußerungen; diese Immunität gilt jedoch nicht im Fall eines Verstoßes gegen Straßenverkehrsvorschriften durch ein Mitglied des Personals der Organisation oder eines Schadens, der durch ein ihm gehörendes oder von ihm geführtes Kraftfahrzeug verursacht wurde; (...)."[247]

Bedeutsam ist insbesondere der in dieser Regelung normierte Immunitätsausschluss, wonach im Falle eines Verstoßes gegen Straßenverkehrsvorschriften keine Immunität besteht.

---

[243] Vgl. S. 46 f.
[244] Vgl. S. 47.
[245] Vgl. Art. 8 Abs. 1 lit. a) Europol-Immunitätenprotokoll – vgl. S. 7.
[246] BGBl. II, 1976, S. 1862 ff; in der Bundesrepublik Deutschland ratifiziert durch das Gesetz zu dem Übereinkommen vom 30. Mai 1975 zur Gründung einer Europäsichen Weltraumorganisation vom 23. November 1976 (BGBl. II, 1976, S. 1861).
[247] Diese Regelung ist nahezu textidentisch mit Art. 14 Abs. 1 lit. a) Protokoll über die Vorrechte und Immunitäten des gemeinsamen Berufungsgerichts (Protokoll über Vorrechte und Immunitäten) über Gemeinschaftspatente (ABl. EG L 401 vom 30.12.1989, S. 45 ff) (im Folgenden: Immunitätenprotokoll des gemeinsamen Berufungsgerichts): „Die Richter, die Beamten und die sonstigen Bediensteten des Gerichts (...) genießen, auch nach ihrem Ausscheiden aus dem Dienst, Immunität von der Gerichtsbarkeit hinsichtlich der von ihnen in Ausübung ihres Amtes vorgenommenen Handlungen einschließlich ihrer mündlichen und schriftlichen Äußerungen; diese Immunität gilt jedoch nicht im Falle eines Verstoßes gegen die Vorschriften über den Straßenverkehr durch einen Richter, Beamten oder sonstigen Bediensteten des Gerichts oder eines Schadens, der durch ein ihm gehörendes oder von ihm geführtes Fahrzeug verursacht wurde; (...)".

Ein entsprechender Immunitätsausschluss ist im Europol-Immunitätenprotokoll nicht enthalten. Die in Art. 9 Europol-Immunitätenprotokoll normierte Ausnahme von der durch Art. 8 Abs. 1 lit. a) Europol-Immunitätenprotokoll gewährten Immunität beschränkt sich ausschließlich auf die zivilgerichtliche Verantwortlichkeit der Europol-Bediensteten im Falle der Schädigung eines anderen Verkehrsteilnehmers. Die strafrechtliche Freistellung der Europol-Bediensteten von gerichtlicher Verantwortlichkeit bleibt auch in diesen Fällen uneingeschränkt bestehen, so dass beispielsweise auch die Tötung[248] eines anderen Verkehrsteilnehmers strafrechtlich nicht sanktioniert werden kann. Eine entsprechende Privilegierung wird den Mitgliedern des Personals der EWO nicht gewährt.

ee) Übereinkommen über den Status der Westeuropäischen Union (WEU), der nationalen Vertreter und des internationalen Personals

Nach Teil VI Art. 20 lit. a) des Übereinkommens über den Status der WEU,[249] der nationalen Vertreter und des internationalen Personals (WEU-Übereinkommen) genießen die in Teil VI Art. 19 WEU-Übereinkommen bezeichneten Bediensteten der Organisation

> „(...) Befreiung von der Gerichtsbarkeit in bezug auf die von ihnen in amtlicher Eigenschaft und im Rahmen ihrer Befugnisse vorgenommenen Handlungen einschließlich ihrer mündlichen und schriftlichen Äußerungen; (...)“.[250]

(1) Tatbestandliche Immunitätsbeschränkung – Divergenz zum Europol-Immunitätenprotokoll; Konvergenz zum Vorentwurf -

Da die WEU-Bediensteten Immunität nur für solche Handlungen genießen, die von ihnen nicht nur in amtlicher Eigenschaft, sondern zugleich auch „im Rahmen ihrer Befugnisse“ vorgenommen worden sind, normiert das WEU- ebenso wie das Nordatlantik-Übereinkommen[251] eine im Gegensatz zum geltenden Europol-Immunitätenprotokoll weitergehende tatbestandliche Einschränkung der Immunität.
Inhaltlich entspricht diese tatbestandliche Einschränkung dem in Art. 11 Abs. 1 lit. b) des von der italienischen Ratspräsidentschaft vorgelegten Europol-Immunitätenprotokollentwurfs[252] normierten Erfordernis, wonach nur diejenigen Amthandlungen der

---

[248] Ob der Immunitätssausschluss neben der fahrlässigen Tötung auch die vorsätzlich begangene Tötung eines anderen Verkehrsteilnehmers umfasst, ist davon abhängig, ob sich die Immunität der Europol-Bediensteten auch auf vorsätzlich begangene rechtswidrige Amtshandlungen erstreckt – eine Frage, die im Folgenden gesondert untersucht werden wird.

[249] BGBl. II, 1959, S. 705 ff.

[250] Inhaltlich entspricht diese Regelung der den Beamten des Europarats gewährten Immunität – siehe Teil VI Art. 18 lit. a) Allgemeines Abkommen über die Vorrechte und Befreiungen des Europarates (im Folgenden: Europarat-Übereinkommen) – BGBl. II, 1954, S. 494 ff; in der Bundesrepublik Deutschland ratifiziert durch das Gesetz über den Beitritt der Bundesrepublik Deutschland zum Allgemeinen Abkommen vom 2. September 1994 über die Vorrechte und Befreiungen des Europarats und zu dem Zusatzprotokoll vom 6. November 1952 zu diesem Abkommen vom 30.04.1954 (BGBl. II, 1954, S. 493).

[251] Vgl. S. 78.

[252] Vgl. S. 46 f.

Europol-Bediensteten dem Immunitätsschutz unterfallen, die von den Bediensteten „strikt im Rahmen ihrer Befugnisse vorgenommen" worden sind.[253]

(2) Diplomatische Vorrechte

Die in Teil VI Art. 20 lit. c) und d) WEU-Übereinkommen normierten diplomatischen Vorrechte entsprechen den im UN-Immunitäten[254] – und im Nordatlantik-Übereinkommen inhaltsgleich geregelten Vorrechten.[255]

ff) Protokoll über die Vorrechte und Befreiungen der Europäischen Gemeinschaften

(1) Immunitätsumfang und Berechtigte

Nach Kapitel V Art. 12 lit. a) des Protokolls über die Vorrechte und Befreiungen der Europäischen Gemeinschaften[256] (EG-Immunitätenprotokoll) genießen die Beamten und sonstigen Bediensteten der Europäischen Gemeinschaften[257] im Hoheitsgebiet jedes Mitgliedstaates ohne Rücksicht auf ihre Staatsangehörigkeit

> „(...) Befreiung von der Gerichtsbarkeit bezüglich der von ihnen in amtlicher Eigenschaft vorgenommenen Handlungen, einschließlich ihrer mündlichen und schriftlichen Äußerungen, jedoch vorbehaltlich der Anwendung der Bestimmungen der Verträge über die Vorschriften betreffend die Haftung der Beamten und sonstigen Bediensteten gegenüber den Gemeinschaften und über die Zuständigkeit des Gerichtshofs für Streitsachen zwischen den Gemeinschaften und ihren Beamten sowie sonstigen Bediensteten. Diese Befreiung gilt auch nach Beendigung ihrer Amtstätigkeit; (...)."

Gemäß Kapitel VII Art. 20 EG-Immunitätenprotokoll findet diese Immunitätsregelung auch auf die Mitglieder der Kommission Anwendung. Kapitel VII Art. 21 1. Halbsatz EG-Immunitätenprotokoll erstreckt den Anwendungsbereich der Immunitätsregelung

---

253 Vgl. S. 47.

254 Vgl. S. 76 f.

255 Vgl. S. 78 f.

256 ABl. EG Nr. 152 vom 13.07.1967, S. 13 ff; BGBl. II, 1965, S. 1482 ff. Gemäß Art. 3 Abs. 1 der Geschäftsordnung des Europäischen Parlaments (EP) (ABl. EG L 49 vom 19.02.1997, S. 1 ff) genießen die Mitglieder des EP „Vorrechte und Befreiungen gemäß dem Protokoll über die Vorrechte und Befreiungen der Europäischen Gemeinschaften, das dem Vertrag zur Einsetzung eines gemeinsamen Rates und einer gemeinsamen Kommission der Europäischen Gemeinschaften vom 8. April 1965 beigefügt ist."

257 Gemäß Kapitel IV Art. 24 Abs. 1 Unterabsatz 1 des Vertrages zur Einsetzung eines gemeinsamen Rates und einer gemeinsamen Kommission der Europäischen Gemeinschaften (BGBl. II, 1965, S. 1454 ff.) – in der Bundesrepublik Deutschland ratifiziert durch das Gesetz zu dem Vertrag vom 8. April 1965 zur Einsetzung eines gemeinsamen Rates und einer gemeinsamen Kommission der Europäischen Gemeinschaften vom 20.10.1965 (BGBl. II, 1965, S. 1453) – sind „die Beamten und sonstigen Bediensteten der Europäischen Gemeinschaft für Kohle und Stahl, der Europäischen Wirtschaftsgemeinschaft und der Europäischen Atomgemeinschaft (...) beim Inkrafttreten dieses Vertrages Beamte und sonstige Bedienstete der Europäischen Gemeinschaften" geworden und „gehören der einzigen Verwaltung dieser Gemeinschaften an."

darüber hinaus auf „(...) die Richter, die Generalanwälte, den Kanzler und die Hilfsberichterstatter des Gerichtshofs (...).“, und die Regelung des Kapitel VII Art. 22 1. Halbsatz EG-Immunitätenprotokoll auf die „Europäische Investitionsbank, die Mitglieder ihrer Organe, ihr Personal und die Vertreter der Mitgliedstaaten, die an ihren Arbeiten teilnehmen.“

(2) Lebenslanger Immunitätsschutz

Im Gegensatz beispielsweise zum UN-Immunitäten-, Nordatlantik-, WEU- und Europarat-Übereinkommen gilt die Immunität der EG-Bediensteten gemäß Kapitel V Art. 12 lit. a) S. 2 EG-Immunitätenprotokoll auch nach Beendigung ihrer Amtstätigkeit, d.h. zeitlich unbegrenzt und damit lebenslang.

Zwar normiert auch das EWO-Übereinkommen eine nach Beendigung der Amtstätigkeit zeitlich unbegrenzt fortbestehende Immunität.[258] Insoweit gilt es jedoch zu berücksichtigen, dass das EWO-Übereinkommen im Gegensatz zum EG-Immunitätenprotokoll einen weiter gefassten Immunitätsausschluss normiert, da die Teilnahme der EWO-Bediensteten am Straßenverkehr – anders als im EG-Immunitätenprotokoll – vollständig vom Immunitätsschutz ausgenommen wird.[259]

(3) Immunitätsgewährung im Interesse der Gemeinschaften / Verpflichtung zur Immunitätsaufhebung

Nach Kapitel VII Art. 18 Abs. 1 EG-Immunitätenprotokoll werden den Beamten und sonstigen Bediensteten der Gemeinschaften die Vorrechte, Befreiungen und Erleichterungen „(...) ausschließlich im Interesse der Gemeinschaften gewährt.“ Jedes Organ der Gemeinschaften hat die Befreiung eines Beamten oder sonstigen Bediensteten „(...) in allen Fällen aufzuheben, in denen dies nach seiner Auffassung den Interessen der Gemeinschaften nicht zuwiderläuft“ (Kapitel VII Art. 18 Abs. 2 EG-Immunitätenprotokoll).[260]

gg) Protokoll zur Änderung des Internationalen Übereinkommens über die Zusammenarbeit zur Sicherung der Luftfahrt (EUROCONTROL)

(1) Keine Immunität für Eurocontrol-Bedienstete

Gemäß Art. XVIII Art. 22 Abs. 2 des Protokolls zur Änderung des Internationalen Übereinkommens über die Zusammenarbeit zur Sicherung der Luftfahrt „EUROCONTROL” vom 13. Dezember 1960[261] (Eurocontrol-Übereinkommen) genießt das

---

[258] Vgl. S. 79.

[259] Vgl. S. 79.

[260] Zur Kritik des europäischen Rechnungshofes (Sonderbericht Nr. 8/98) an einer von der EG-Kommission mit fast zwanzigmonatiger Verzögerung durchgeführten Immunitätsaufhebung – siehe S. 74 f.

[261] BGBl. II, 1984, S. 71 ff; in deutsches Recht transformiert durch Gesetz zu dem Protokoll vom 12. Februar 1981 zur Änderung des Internationalen Übereinkommens über die Zusammenarbeit zur Sicherung der Luftfahrt „Eurocontrol“ vom 13. Dezember 1960 und zu der Mehrseitigen Verein-

Personal von Eurocontrol – im Gegensatz zu den Bediensteten von Europol – keine Immunität, d.h. keine Freistellung von gerichtlicher Verantwortlichkeit, sondern lediglich

> „Befreiung von den Einwanderungsbeschränkungen und von der Meldepflicht für Ausländer, wie sie allgemein dem Personal vergleichbarer internationaler Organisationen gewährt wird; (...).“

(2) Immunität des Generaldirektors

Immunität genießt ausschließlich der Generaldirektor von Eurocontrol. Art. XVII Art. 22 Abs. 7 Eurocontrol-Übereinkommen gewährt dem Generaldirektor

> „(...) außer den für das Personal der Organisation vorgesehenen Vorrechten, Erleichterungen und Befreiungen, die Immunität von der Gerichtsbarkeit hinsichtlich der in Ausübung seines Amtes vorgenommenen Handlungen, einschließlich seiner mündlichen und schriftlichen Äußerungen; diese Immunität gilt jedoch nicht im Fall eines Verstoßes gegen Vorschriften über den Straßenverkehr oder eines Schadens, der durch ein ihm gehörendes oder von ihm geführtes Fahrzeug verursacht wird.“

Folglich normiert das Eurocontrol-Übereinkommen nicht nur eine personelle Beschränkung der Immunitätsgewährung, sondern – bezogen auf die Immunität des Generaldirektors – zugleich einen dem EWO-Übereinkommen[262] inhaltlich entsprechenden, extensiv gefassten Immunitätsausschluss.

hh) Übereinkommen zur Gründung des gemeinsamen Fonds für Rohstoffe

Nach Art. 47 Abs. 1 lit. a) des Übereinkommens zur Gründung des gemeinsamen Fonds für Rohstoffe[263] genießen lediglich die nicht im Innendienst des Fonds tätigen Bediensteten „(...) Immunität von der Gerichtsbarkeit hinsichtlich der von ihnen in ihrer amtlichen Eigenschaft vorgenommenen Handlungen (...)“, d.h. die im Innendienst des Fonds tätigen Mitglieder des Personals werden ausdrücklich vom Immunitätsschutz ausgenommen.

ii) INTERPOL-Sitzabkommen

Die zwischen der Internationalen Kriminalpolizeilichen Organisation (Interpol)[264] und der Regierung der Französischen Republik abgeschlossene, die Zentrale von Interpol

---

barung vom 12. Februar 1981 über Flugsicherungs-Streckengebühren vom 2. Februar 1984 (BGBl. II, 1984, S. 69 f).

262 Vgl. S. 79 f.

263 ABl. EG L 182 vom 14/07/1990, S. S. 2 ff.

264 Zur Bezeichnung INTERPOL / IKPO siehe Art. 1 der Statuten der Internationalen Kriminalpolizeilichen Organisation in der Fassung vom 13. Juni 1956, zuletzt geändert durch Beschluss der 53. Generalversammlung im September 1984 (im Folgenden: Interpol-Statut), abgedruckt in: *Baldus*, Polizeirecht des Bundes: „Die Organisation, die bis jetzt die Bezeichnung „Internationale

und ihre Privilegien und Immunitäten in Frankreich betreffende Vereinbarung[265] (Interpol-Sitzabkommen) gewährt den in Anhang B Interpol-Sitzabkommen bezeichneten Mitgliedern des Personals von Interpol gemäß Art. 18 Abs. 1 lit. a) S. 1 Interpol-Sitzabkommen

> „(...) Immunität von gerichtlichen Verfahren, sogar nach Beendigung ihres Dienstes für die Organisation, hinsichtlich aller Handlungen, die in Zusammenhang mit ihren dienstlichen Pflichten und strikt innerhalb der Grenzen ihrer dienstlichen Stellung begangen wurden. Diese Immunität gilt nicht im Falle einer Verletzung der Regelungen des Kraftfahrzeugverkehrs, die durch eine der vorgenannten Personen begangen oder bei einem Schaden, der durch ein Kraftfahrzeug verursacht wurde, das einer solchen Person gehört oder von ihr gefahren worden ist; (...).“

(1) Zeitlich unbegrenzte Immunität für Interpol-Bedienstete

Ebenso wie das EWO-Übereinkommen und das EG-Immunitätenprotokoll normiert auch das Interpol-Sitzabkommen eine über die Dauer der Amtstätigkeit hinausgehende zeitlich unbegrenzte Immunität (vgl. Art. 18 Abs. 1 lit. a) S. 1 Interpol-Sitzabkommen).

(2) Tatbestandliche Einschränkungen der Immunität

Neben dieser Ausweitung des tatbestandlichen Anwendungsbereichs enthält das Interpol-Sitzabkommen jedoch diverse Immunitätseinschränkungen.

(a) Ausschlusstatbestand: Teilnahme am Straßenverkehr

Im Vergleich zum EG-Immunitätenprotokoll normiert das Interpol-Sitzabkommen – ebenso wie das EWO-Übereinkommen – einen weiter gefassten Immunitätsausschluss, da es die Teilnahme der Bediensteten am Straßenverkehr vollständig vom Immunitätsschutz ausnimmt. Einen entsprechenden Immunitätssausschluss enthält auch das Eurocontrol-Übereinkommen im Hinblick auf die dem Generaldirektor von Eurocontrol gewährte Immunität.[266]

(b) Handeln innerhalb der Grenzen der dienstlichen Stellung

Das Interpol-Sitzabkommen normiert darüber hinausgehend eine weitere Immunitätseinschränkung, indem die Interpol-Bediensteten – ebenso wie die WEU-Bediensteten[267] – Immunität nur für solche Handlungen genießen, die von ihnen nicht nur in

---

Kriminalpolizeiliche Kommission“ trug, nennt sich von nun an „Internationale Kriminalpolizeiliche Organisation“ (Interpol). Ihr Sitz ist in Frankreich.“ (Übersetzung des Bundeskriminalamtes).

[265] „Agreement between the International Criminal Police Organisation (ICPO-Interpol) and the Government of the French Republic regarding Interpol's Headquarters and its Privileges and Immunities in France“, in der Fassung vom 3. November 1982 – abgedruckte Übersetzung *Baldus*, a.a.O.

[266] Vgl. S. 83.

[267] Vgl. S. 80.

Zusammenhang mit ihren dienstlichen Pflichten, sondern auch „strikt innerhalb der Grenzen ihrer dienstlichen Stellung begangen wurden“ (Art. 18 Abs. 1 lit. a) S. 1 Interpol-Sitzabkommen) – eine Einschränkung, die beispielsweise im EWO-Übereinkommen und im EG-Immunitätenprotokoll nicht enthalten ist.

Inhaltlich entspricht diese tatbestandliche Einschränkung dem in Art. 11 Abs. 1 lit. b) des von der italienischen Ratspräsidentschaft vorgelegten Europol-Immunitätenprotokollentwurfs[268] normierten Erfordernis, wonach nur diejenigen Amthandlungen der Europol-Bediensteten dem Immunitätsschutz unterfallen, die von den Bediensteten „strikt im Rahmen ihrer Befugnisse vorgenommen“ worden sind.[269]
Im geltenden Europol-Immunitätenprotokoll ist eine entsprechende Immunitätseinschränkung der Europol-Bediensteten nicht mehr enthalten.

(c) Ausschließliche Geltung innerhalb der Französischen Republik

Die durch Art. 18 Abs. 1 lit. a) Interpol-Sitzabkommen gewährte Immunität der Interpol-Bediensteten gilt zudem ausschließlich innerhalb des Staatsgebietes der Französischen Republik, d.h. nur im Sitzstaat von Interpol.

jj) Ergänzende Vertragsauslegung / Rechtsanalogie – genereller Fortbestand der Immunität nach Beendigung des Dienst- bzw. Amtsverhältnisses?

Eine zeitliche Erstreckung der Immunität über den Zeitpunkt der Beendigung der Amtstätigkeit hinaus normieren explizit das EG-Immunitätenprotokoll,[270] das EWO-Übereinkommen[271] sowie das Interpol-Sitzabkommen.[272]

Bezogen auf diejenigen Immunitätsbestimmungen, die keine entsprechende Regelung enthalten (z.B. UN-Immunitätenprotokoll, Abkommen über die Sonderrechte und Befreiungen der UN-Sonderorganisationen, Nordatlantik-Übereinkommen, WEU-Übereinkommen, Eurocontrol-Übereinkommen, Europarat-Übereinkommen) wird vereinzelt in der Literatur unter Rückgriff auf das Rechtsinstitut der ergänzenden Vertragsauslegung[273] bzw. im Wege der Analogie[274] ein generelles Fortbestehen der Immunität gefolgert.[275]
Zur Rechtfertigung dieses Ergebnisses wird auf die funktionale Notwendigkeit der Immunitätsgewährung abgestellt. Ohne fortdauernde Immunität bestehe nach dem Ausscheiden aus dem Dienst- bzw. Amtsverhältnis die Gefahr einer gerichtlichen Inanspruchnahme, die sich bereits auf die Erfüllung der Dienst- bzw. Amtspflichten

---

[268] Vgl. S. 46 f.
[269] Vgl. S. 47.
[270] Vgl. S. 82.
[271] Vgl. S. 79.
[272] Vgl. S. 84.
[273] *Wenckstern*, Rdn. 115.
[274] *Wenckstern*, a.a.O.
[275] *Wenckstern*, a.a.O.

und damit auf die Aufgabenerfüllung der internationalen Organisation auswirken könne.[276]

Diese Auffassung ist kritisch zu bewerten.
Im Falle einer Rechtsanalogie wird aus mehreren Rechtssätzen ein übergeordnetes Prinzip herausgearbeitet und sodann auf ähnlich gelagerte Fälle angewendet.[277] Die ergänzende Vertragsauslegung knüpft an die in einem Vertrag objektivierte Regelung an und versteht diese als eine selbständige Rechtsquelle, aus der unter Berücksichtigung von Treu und Glauben und der Verkehrssitte Regelungen für „offen gebliebene Punkte“[278] abgeleitet werden können.[279]
Die vorstehend genannte Auffassung wäre somit nur zutreffend, wenn aus den im internationalen und europäischen Recht existierenden Immunitätsregelungen ein übergeordnetes Prinzip zur Notwendigkeit dieser zeitlichen Immunitätserstreckung herausgearbeitet bzw. dieses Ergebnis unter Berücksichtigung der Verkehrssitte aus den existierenden Immunitätsregelungen abgeleitet werden könnte. Insoweit gilt es zu bedenken, dass aufgrund der fundamentalen Bedeutung des Prinzips der funktionalen Notwendigkeit im gesamten Privilegienrecht[280] auslegungsbedürftige Immunitätsbestimmungen stets aus ihren Zielen heraus, d.h. teleologisch-funktional, auszulegen sind.[281]

Im internationalen und europäischen Recht existieren eine Vielzahl von sowohl relativ aktuellen als auch traditionellen, inhaltlich teilweise sehr unterschiedlich strukturierten Immuitätsregelungen, die keine zeitliche Erstreckung der Immunität über den Zeitpunkt der Beendigung der Amtstätigkeit hinaus normieren. Insbesondere diejenigen Übereinkommen, die explizit (personelle) Beschränkungen der Immunität normieren – beispielsweise eine bestimmte Gruppe von Bediensteten ausdrücklich vom Immunitätsschutz ausnehmen (vgl. Art. 47 Abs. 1 lit. a) Übereinkommen zur Gründung des gemeinsamen Fonds für Rohstoffe) – oder den Bediensteten generell keine Immunität zuerkennen (vgl. Eurocontrol-Übereinkommen), indizieren, dass die jeweiligen Normgeber sich bewusst für inhaltliche Beschränkungen der Immunität – auch bezogen auf die zeitliche Geltungsdauer – entschieden haben.
Insofern erscheint es zumindest zweifelhaft, die in vielen Immunitätsregelungen fehlende zeitliche Erstreckung der Immunität, d.h. die fehlende lebenslange Immunitätsgewährung, generell als einen für die Anwendbarkeit der ergänzenden Vertragsauslegung jeweils erforderlichen „offen gebliebenenen Punkt“ zu qualifizieren.

Im Falle einer generellen zeitlichen Erstreckung der Immunität über den Zeitpunkt der Beendigung der Amtstätigkeit hinaus, die inhaltlich der in Art. 39 Abs. 2 S. 2 WÜD

[276] *Wenckstern*, a.a.O.
[277] Palandt/*Heinrichs*, Einl. Rdn. 40.
[278] Palandt/*Heinrichs*, § 157, Rdn. 2.
[279] Palandt/*Heinrichs*, § 157, Rdn. 2.
[280] Vgl. S. 73.
[281] Vgl. *Verdross/Simma*, § 781, S. 496: „Verträge, durch die internationale Organisationen gegründet werden, können hinsichtlich der Notwendigkeit ihrer gerade beschriebenen funktionellen Auslegung nur aus ihrem im konkreten Vertragswerk zum Ausdruck gelangten Ziel und Zweck erschlossen werden.“

normierten fortbestehenden funktionalen diplomatischen Immunität entspricht, würden die Bediensteten internationaler Organisationen insoweit Diplomaten gleichgestellt. Eine derartige Gleichstellung wäre sachlich nicht zu rechtfertigen.
Die lebenslang fortbestehende funktionale diplomatische Immunität resultiert aus der besonderen Stellung und Tätigkeit der Diplomaten. Diplomaten sind Repräsentanten ihres Staates – des Entsendestaates – im jeweiligen Empfangsstaat. Aufgrund der extensiv gefassten diplomatischen Aufgabenerfüllung genießen Diplomaten – im Gegensatz zu Bediensteten internationaler Organisationen – im Empfangsstaat umfassende funktionale und personale Immunität. Der zeitlich unbegrenzte Fortbestand der – lediglich – funktionalen diplomatischen Immunität ist erforderlich, um den Entsendestaat durch die gerichtliche Überprüfung einer Amtshandlung eines Diplomaten nicht der Gerichtsbarkeit des Empfangsstaates zu unterwerfen. Die fortbestehende funktionale diplomatische Immunität dient somit der Wahrung des Prinzips der souveränen Gleichheit der Staaten[282] – ein Prinzip, das die Grundlage der Vereinten Nationen bildet (vgl. Art. 2 Ziffer 1 UN-Charta) und die Staatenimmunität legitimiert[283] – par in parem non habet iurisdictionem.[284]
Die Immunitätsgewährung für Bedienstete internationaler Organisationen beruht demgegenüber auf einer anderen Intention. Die ihnen gewährte Immunität dient der Sicherung der Unabhängigkeit und Freiheit der Organisationen vor staatlicher Einflussnahme.[285]
Zudem gilt es zu berücksichtigen, dass die zeitliche Erstreckung von Immunität über den Zeitpunkt der Beendigung eines Amtes hinaus – im deutschen Recht begrifflich auch als Indemnität bezeichnet – ihren Ursprung in der Entwicklung des Parlamentsrechts genommen hat und in diesem Rahmen als ein Ausnahme- bzw. Sonderrecht konzipiert worden ist.[286] Eine ergänzende Vertragsauslegung im vorstehend genannten Sinne, d.h. die generelle Gewährung lebenslanger Immunität für alle Bediensteten internationaler Organisationen, wäre mit diesem Ausnahmecharakter der Indemnität nicht zu vereinbaren.

kk) Zwischenergebnis / Überblick

Die inhaltlich unterschiedlich ausgestalteten Immunitätsgewährungen der exemplarisch untersuchten Übereinkommen können wie folgt zusammengefasst und strukturiert werden:

- Immunität von der Gerichtsbarkeit hinsichtlich der in amtlicher/ dienstlicher Eigenschaft vorgenommenen Handlungen einschließlich der mündlichen und

---

[282] Zur geschichtlichen Entstehung und Entwicklung des Begriffs der „staatlichen Souveränität" vgl. *Verdross/Simma*, §§ 31 ff.

[283] Art. 2 Ziffer 1 UN-Charta: „The Organization is based on the principle of the sovereign equality of all its Members." Auf diesem Prinzip basiert auch die durch Art. 105 UN-Charta normierte Immunitätsgewährung – vgl. *Folz*, in: FS für Verdross, S. 403 (405, 412).

[284] *Habscheid*, S. 273; vgl. *Ipsen*, § 26 Rdn. 17; *Mössner*, S. 201.

[285] *Wenckstern*, Rdn. 35; *Szasz*, S. 1325 (1326); vgl. *Jenks*, International Immunities, S. 166; *Buß*, RIW 1995, S. 352 (353); *Cully*, The Yale Law Journal 1982, S. 1167 (1181); *Seidl-Hohenveldern*, in: FS für Schlochauer, S. 615 (625).

[286] Im Folgenden Gegenstand gesonderter Untersuchung.

schriftlichen Äußerungen gewähren den Bediensteten/ Mitgliedern des Personals das

- EG-Immunitätenprotokoll;
- EWO-Übereinkommen;
- Europarat-Übereinkommen;
- Immunitätenprotokoll des gemeinsamen Berufungsgerichts;
- Interpol-Sitzabkommen;
- Nordatlantik-Übereinkommen;
- UN-Immunitätenprotokoll;
- Abkommen über die Sonderrechte und Befreiungen der UN-Sonderorganisationen;
- WEU-Übereinkommen.

- Tatbestandliche Einschränkungen:
  - Einen vollständigen Immunitätausschluss für den Bereich der Teilnahme am allgemeinen Straßenverkehr normieren das
    - EWO-Übereinkommen;
    - Eurocontrol-Übereinkommen
      (Anmerkung: Das Eurocontrol-Übereinkommen gewährt nur dem Generaldirektor Immunität – mit diesem Ausschluss);
    - Immunitätenprotokoll des gemeinsamen Berufungsgerichts;
    - Interpol-Sitzabkommen.
  - Das Erfordernis des (strikten) Handelns im Rahmen der Befugnisse normieren das
    - Europarat-Übereinkommen;
    - Interpol-Sitzabkommen;
    - Nordatlantik-Übereinkommen;
    - WEU-Übereinkommen.

  - Eine räumliche Beschränkung der Immunität bezogen auf das Gebiet des Sitzstaates der Organisation normiert das
    - Interpol-Sitzabkommen.

- Tatbestandliche Ausweitung:
  - Eine zeitlich unbeschränkte, d.h. lebenslang geltende, Immunität gewähren das
    - EWO-Übereinkommen;
    - EG-Immunitätenprotokoll;
    - Interpol-Sitzabkommen.

- KEINE Immunität zugunsten der Bediensteten gewähren das
  - Eurocontrol-Übereinkommen;
  - Übereinkommen zur Gründung des gemeinsamen Fonds für Rohstoffe – bezogen auf die im Innendienst des Fonds tätigen Personen.

Fazit:
Das EG-Immunitätenprotokoll, das – so die *Bundesregierung* in der Denkschrift zum Europol-Immunitätenprotokollgesetz – für die inhaltliche Ausgestaltung des Europol-Immunitätenprotokolls maßgebend war,[287] nimmt eine Sonderstellung im Bereich der im internationalen und europäischen Recht existierenden Immunitätsregelungen ein. Im Vergleich der untersuchten Immunitätsregelungen normiert Kapitel V Art. 12 lit. a) EG-Immunitätenprotokoll den extensivst gefassten Tatbestand. Im Gegensatz beispielsweise zu der im Jahre 1946 verfassten Regelung des Art. V Abschnitt 18 UN-Immunitätenprotokoll, die Vorbildfunktion für die im internationalen Bereich entwickelten Immunitätsregelungen hat, dehnt Kapitel V Art. 12 lit. a) EG-Immunitätenprotokoll die zeitliche Geltung der Immunität der EG-Bediensteten über den Zeitpunkt der Beendigung ihrer Amtstätigkeit zeitlich unbegrenzt aus. Diese zeitliche Erstreckung der Immunität hat zur Folge, dass ein EG-Bediensteter lebenslang für eine im Zusammenhang mit seiner Amtstätigkeit begangene Straftat gerichtlich in keinem EG-Mitgliedstaat – auch nicht in seinem EG-Heimatstaat – zur Verantwortung gezogen werden kann.
Diplomaten genießen insoweit keine vergleichbare Immunität, da sie (auch) während der Dauer ihrer Mission im Empfangsstaat für dort begangene Handlungen durch die Judikative des Entsendestaates zur Verantwortung gezogen werden können.
Zwar normieren auch Art. XVI lit. a) EWO-Übereinkommen sowie Art. 18 Abs. 1 lit. a) Interpol-Sitzabkommen entsprechende zeitlich unbegrenzte Immunitätsgewährungen. Hervorzuheben ist jedoch, dass in diesen Immunitätsregelungen wesentliche tatbestandliche Einschränkungen der Immunität enthalten sind, die das EG-Immunitätenprotokoll nicht aufweist. So kann beispielsweise ein EG-Bediensteter – im Gegensatz zu einem Interpol-Bediensteten oder einem Bediensteten der EWO – im Falle einer mit einer Amtshandlung in Zusammenhang stehenden Teilnahme am Straßenverkehr für die Tötung eines anderen Verkehrsteilnehmers strafrechtlich nicht zur Verantwortung gezogen werden.
Somit bleibt festzustellen, dass in Kapitel V Art. 12 lit. a) EG-Immunitätenprotokoll in inhaltlicher Anlehnung an die in anderen Immunitätsregelungen extensiv gefassten Tatbestandsvoraussetzungen gemäß dem Günstigkeitsprinzip eine tatbestandlich vergleichsweise umfassende Immunität zugunsten der EG-Bediensteten normiert worden ist, ohne die in den inhaltlichen Bezugsregelungen enthaltenen Immunitätsbeschränkungen zu übernehmen.
Aufgrund dieser inhaltlichen Ausgestaltung normiert Kapitel V Art. 12 lit. a) EG-Immunitätenprotokoll keinen im internationalen und europäischen Recht existierenden Immunitätsstandard, sondern vielmehr eine Ausnahmeregelung innerhalb der exemplarisch untersuchten internationalen und europäischen Immunitätsregelungen. Da diese Norm – so die *Bundesregierung* in der Denkschrift zum Europol-Immunitätenprotokollgesetz – die inhaltliche Ausgestaltung des Art. 8 Abs. 1 lit. a) Europol-Immunitätenprotokoll maßgeblich geprägt hat, entspricht (auch) die Regelung des

---

[287] Vgl. S. 45. Ausweislich der Mitteilung der Bundesregierung in der Denkschrift zum Europol-Immunitätenprotokollgesetz hat die Regelung des Art. 8 Europol-Immunitätenprotokoll „(..) ihre Entsprechung im EG-Recht (vgl. Art. 12 des EG-Immunitätenprotokolls)." – BT-Drs. 13/9084, S. 11.

Art. 8 Abs. 1 lit. a) Europol-Immunitätenprotokoll – entgegen der Auffassung der früheren Bundesregierung[288] – nicht „internationalem Standard".[289]
Die beispielsweise von *Heath* (Liberal Democrats) geäußerte Feststellung, die Immunität der Europol-Bediensteten könne nicht mit Hinweis auf vergleichbare Immunitätsgewährungen für Bedienstete internationaler Organisationen gerechtfertigt werden, da diese nicht vergleichbar seien,[290] ist somit zutreffend.

f) Erfordernis regionaler Differenzierungen

Die inhaltlichen Ausgestaltungen der im internationalen und europäischen Recht existierenden Immunitätsregelungen divergieren teilweise erheblich, da sich der konkrete Umfang der Immunitäten an dem jeweiligen Schutzbedürfnis der internationalen Organisation vor unzulässiger äußerer Einflussnahme orientiert.[291] Immunitäten werden den Bediensteten internationaler Organisationen nicht zu ihrem persönlichen Vorteil, sondern ausschließlich im Interesse der Organisation gewährt,[292] um eine mögliche mittelbare Einflussnahme auf die Organisation auszuschließen. Die Bediensteten genießen demnach lediglich eine von ihren Organisationen abgeleitete Immunität, deren Umfang sich ausschließlich nach den funktionalen Bedürfnissen der jeweiligen Organisation richtet.[293]

aa) Unterschiedliche Schutzbedürftigkeit – Bemessungsgrundlagen

Das Schutzbedürfnis internationaler Organisationen bemisst sich nach dem Umfang der von der Organisation wahrzunehmenden Aufgaben, nach der Größe der Organisation und nach ihrem geographischen Betätigungsfeld.[294] Internationale Organisationen und ihre Bediensteten, „die ausschließlich in Regionen bzw. Staaten tätig sind, in denen das gegenseitige Vertrauen in die Unabhängigkeit der nationalen Rechtspflege groß ist, bedürfen eines geringeren Immunitätsschutzes als weltweit tätige internationale Organisationen."[295]

---

[288] Vgl. *Lintner*, BT-Plenarprotokoll 13/225, S. 20704.
[289] *Lintner*, a.a.O., S. 20704.
[290] Vgl. S. 38.
[291] Vgl. *Wenckstern*, Rdn. 13, 29, 1013; *Cully*, The Yale Law Journal, 1982, S. 1167 (1181); *Seidl-Hohenveldern/Stein*, Rdn. 1463: „Eine Internationale Organisation kann nur dann befriedigend funktionieren, wenn ihre Unabhängigkeit gesichert ist."
[292] Vgl. z.B. Art. 105 Abs. 2 UN-Charta; Art. V Abschnitt 20 S. 1 des Übereinkommens über die Vorrechte und Immunitäten der Vereinten Nationen: „Die Vorrechte und Immunitäten werden den Bediensteten lediglich im Interesse der Vereinten Nationen und nicht zu ihrem persönlichen Vorteil gewährt."; Art. 22 S. 1 der zwischen Frankreich und Interpol getroffenen Vereinbarung (s.o.): Die im vorliegenden Abkommen vorgesehenen Privilegien und Immunitäten werden den davon Betroffenen nicht für ihren persönlichen Vorteil, sondern im Interesse eines reibungslosen Funktionierens der Organisation gewährt.
[293] *Wenckstern*, Rdn. 13; vgl. *ders.*, Rdn. 4: „Daneben scheint die bereits vereinbarte Immunität bestehender internationaler Organisationen bei der Festlegung der Immunität einer neu zu gründenden Organisation eine wichtige Rolle zu spielen; hier schwingen Status- und Prestigeerwägungen mit".
[294] *Wenckstern*, Rdn. 13.
[295] *Wenckstern*, Rdn. 13.

bb) Westeuropäische Besonderheiten

Hinsichtlich der Immunitätsgewährung für regionale, lediglich in Westeuropa tätige internationale Organisationen hat sich eine „restriktivere Haltung bezüglich des Umfangs der funktional notwendigen Immunität"[296] entwickelt. So ist beispielsweise die Immunität der Interpol-Bediensteten in wesentlichen Bereichen eingeschränkt bzw. ausgeschlossen[297] und den Eurocontrol-Bediensteten keine Immunität gewährt worden.[298]

Maßgebliche Ursache dieser „restriktiven Immunitätsausstattung"[299] ist das zwischen den westeuropäischen Staaten gewachsene gegenseitige Vertrauen in die Unparteilichkeit der Gerichte und die Qualität ihrer Rechtsprechung.[300] Von maßgeblicher Bedeutung ist insoweit auch der weit fortgeschrittene Entwicklungsprozess der EU, der sich in der Verkündung der Charta der Europäischen Grundrechte und den Beschlüssen des Europäischen Rats von Nizza zur Erarbeitung einer Europäischen Verfassung in besonderer Weise dokumentiert.[301]

cc) Forderungen des Europarats – Aufhebung ungerechtfertigter Privilegierungen

Diese Entwicklung beruht zudem auf einer vorrangig in Großbritannien artikulierten öffentlichen Kritik, wonach die Immunitätsgewährung als eine „ungerechtfertigte Bevorzugung insbesondere der internationalen Funktionäre gegenüber den Bürgern des Landes"[302] bewertet worden ist.

Aufgrund einer Initiative Großbritanniens[303] untersuchte das „Comité européen de Coopération juridique"[304] des Europarats diese Thematik und empfahl in einem von ihm erarbeiteten Bericht, der in der Resolution (69) 29[305] des Ministerrats des Europarates gebilligt wurde,[306] die Abkehr von der bisherigen Praxis der Immunitätsgewährungen, die sich zu stark an die Immunitätsregelungen bestehender internationaler Organisationen angelehnt habe und erheblich von Prestigeerwägungen

---

[296] *Wenckstern*, Rdn. 50.
[297] Vgl. S. 84 ff.
[298] Vgl. S. 82 f.
[299] *Wenckstern*, Rdn. 50.
[300] Vgl. *Wenckstern*, a.a.O.
[301] Vgl. S. 1 f.
[302] *Wenckstern*, Rdn. 50.
[303] Memorandum by the Government of the United Kingdom dated 10 March 1965 – zitiert nach „Privileges and Immunities of International Organisations – Resolution (69) 29, Explanatory Report, S. 9.
[304] European Committee on Legal Co-operation.
[305] „Privileges and Immunities of International Organisations – Resolution (69) 29, adopted by the Committee of Ministers of the Council of Europe on 26 September 1969 and explanatory report, Council of Europe, Strasbourg 1970.
[306] Vgl. *Wenckstern*, Rdn. 50.

geprägt gewesen sei.[307] Das Komitee forderte eine Rückbesinnung auf das Kriterium der „funktionalen Notwendigkeit" und erarbeitete folgende Kriterien für eine insoweit erforderliche Klassifizierung internationaler Organisationen:[308]

- „their field of activity:
  the organisation could be classified into political, defence, economic, financial, social, technical, scientific, cultural and others;

- their geographical scope:
  a distinction could be made between world-wide organisations and regional organisations;

- their powers:
  a distinction could be made between organisations whose decisions were directly binding on member states or on individuals within these states, and other organisations which had powers only to recommend action;

- their role and their duties:
  it would be possible to distinguish several groups of organisations on this basis, namely: organisations of the United Nations group; technical organisations with possibly commercial functions, such als ELDO; financial organisations, international commodity councils etc.

  The sub-committee reached the conclusion that none of the criteria mentioned above was in itself enough for the purpose of determining the privileges and immunities which should be granted to international organisations. This was because there was some overlapping between the categories, because the distinctions were sometimes difficult to draw, and because distinct and different juridical consequences did not seem to flow automatically in respect of each category from the mere classification of organisations in accordance with the above criteria."[309]

Das Komitee betonte ausdrücklich, dass die Prüfung, ob und in welchem Umfang einer internationalen Organisation – und dementsprechend auch ihren Bediensteten[310] – Immunität zu gewähren sei, ausschließlich im Hinblick auf die Durchführung der Ziele

---

307 Vgl. *Wenckstern*, Rdn. 50; *ders*., Rdn. 52: „Nach Mitteilung des Auswärtigen Amts, Referat 502, vom 9.1.1991 (...) ist die Resolution (69) 29 auch vom Committee of Experts on Public International Law des Europarats bekräftigt worden."

308 Vgl. Privileges and Immunities of International Organisations – Resolution (69) 29, Explanatory Report, S. 15 f; *Wenckstern*, Rdn. 50; zur Beschränkung auf die Essenz der „funktionellen Notwendigkeit" – *Cully*, The Yale Law Journal, 1982, S. 1167 (1187).

309 Privileges and Immunities of International Organisations – Resolution (69) 29, Explanatory Report, S. 15.

310 „With regard to members of the staff of an international organisation, the justifications for the granting of privileges and immunities to them are derived from the principles which justify the privileges and immunities of the organisation itself." – „Privileges and Immunities of International Organisations – Resolution (69) 29, Explanatory Report, S. 13 f.

der jeweiligen Organisation und die Gewährleistung ihrer Funktionsfähigkeit erfolgen, nicht jedoch an dem Immunitätsumfang sonstiger internationaler Organisationen mit unterschiedlichem Einsatz- bzw. Aufgabengebiet orientiert werden sollte:

> „(...) the member states should make a detailed examination of the privileges and immunities required by that organisation for the accomplishment of its aims and the exercise of its functions, without being influenced by those accorded to other organisations of a different character. (...) In some cases it might not be necessary to accord to an organisation, though established by agreement between states or governments, any privileges or immunities; in these circumstances the organisation might be set up so as to function exclusively as a legal person under the national law of the host state.“[311]

Im Rahmen eines Vergleichs der Privilegien-Protokolle internationaler Organisationen ist – so *Henrichs* – zu beachten, dass „die Privilegiensituation europäischer Beamter nicht unbedingt vergleichbar mit der von Bediensteten internationaler Organisationen“[312] ist. „Letztere sind – insoweit den Diplomaten vergleichbar – in der Regel Gast in einem fremden Land. Der EG-Beamte dagegen verrichtet seinen Dienst, wenn schon nicht im Heimatland, so doch im Hoheitsgebiet seiner Gemeinschaft."[313]
Diese Differenzierung ist auch von Bedeutung für die Bewertung der den Europol-Bediensteten zuerkannten Immunität. Denn Europol ist keine internationale, sondern eine ausschließlich westeuropäische, von den EU-Mitgliedstaaten gegründete Institution, deren Wirkungsbereich sich geografisch auf das Gebiet der Mitgliedstaaten erstreckt.[314] Folglich verrichtet auch ein Europol-Bediensteter seinen Dienst – vergleichbar den EG-Bediensteten – im Hoheitsgebiet der Gemeinschaft. Dies hat beispielsweise *Voss* in der Sachverständigenanhörung des Deutschen Bundestages zum Europol-Immunitätenprotokollgesetz[315] zum Ausdruck gebracht, indem er die Tätigkeit der Europol-Bediensteten aufgrund der fortgeschrittenen europäischen Integrationsprozesses[316] als eine Quasi-Inlandstätigkeit bewertet hat.[317]
Im Falle der Aufnahme externer Beziehungen von Europol zu Drittstaaten und zu Nicht-EU-Stellen – d.h. im Falle einer „Quasi-Auslandstätigkeit“ – können die Europol-Bediensteten gemäß Art. 42 Abs. 2 S. 2 Europol-Konvention i.V.m. Art. 7, 2 Abs. 1 der Bestimmungen über die externen Beziehungen von Europol zu Drittstaaten und zu Nicht-EU-Stellen[318] durch Immunität geschützt werden.[319] Art. 7 der Bestimmungen eröffnet Europol die Möglichkeit, dass „(...) in einer Vereinbarung mit einem

---

[311] Privileges and Immunities of International Organisations – Resolution (69) 29, Explanatory Report, S. 16.
[312] *Henrichs*, EuR 1987, S. 75 (76).
[313] *Henrichs*, a.a.O., S. 75 (76).
[314] Im Folgenden Gegenstand gesonderter Untersuchung.
[315] Vgl. S. 16.
[316] Vgl. S. 1 f.
[317] Vgl.: *Voss*, BT-Innenausschuss-Prot. 13/75, S. 14: „(...) Wir bauen ein Europa, das so weit fortgeschritten ist, (...) daß man es inzwischen als Quasi-Inland bezeichnen kann.“; SPD-BT-Fraktion, BT-Drs. 13/10201, S. 4; Beschlussempfehlung und Bericht des BT-Innenausschusses, BT-Drs. 13/10201, S. 4.
[318] ABl. EG C 26 vom 30.01.1999, S. 19 ff.
[319] Vgl. S. 9.

Drittstaat (...) die Vorrechte und Immunitäten geregelt werden, die für Europol, das Europol-Personal und die von Europol entsandten Verbindungsbeamten möglicherweise erforderlich sind."
Folglich können Europol-Bediensteten in Drittstaaten, d.h. in Nichtmitgliedstaaten der Europäischen Union im Sinne des Artikels 10 Abs. 4 Nr. 4 des Europol-Übereinkommens (vgl. Art. 1 lit. a) der Bestimmungen über die externen Beziehungen von Europol zu Drittstaaten und zu Nicht-EU-Stellen) von gerichtlicher Verantwortlichkeit freigestellt und damit – über den Bereich der „Quasi-Inlandstätigkeit" hinausgehend – gesondert geschützt werden.

5. Rechtliche Ein- bzw. Zuordnung der Immunität der Europol-Bediensteten

a) Sichtweise des Europol-Direktors

In der Anhörung des Deutschen Bundestages zum Europol-Immunitätenprotokollgesetz[320] hat *Storbeck*, Direktor von Europol,[321] ausgeführt, es bestehe „mit dem Immunitätenprotokoll (...) eine wesentlich weiter eingeschränkte Immunität als bei jeder anderen vergleichbaren internationalen Organisation".[322]
Im Folgenden soll diese Aussage *Storbecks* auf der Grundlage der vorstehend exemplarisch untersuchten internationalen und europäischen Immunitätsregelungen[323] überprüft und die den Europol-Bediensteten gewährte Immunität rechtlich ein- bzw. zugeordnet werden.
Im Gegensatz zu anderen Immunitätsregelungen[324] ist die in Art. 8 Abs. 1 lit. a) Europol-Immunitätenprotokoll normierte Immunität nicht auf Amtshandlungen beschränkt worden, die von den Europol-Bediensteten (strikt) innerhalb ihrer dienstlichen Befugnisse vorgenommen werden. Zudem enthält diese Regelung keine zeitliche Beschränkung des Immunitätsschutzes bezogen auf die Dauer der Amtstätigkeit bzw. die Tätigkeit als Mitglied eines Organs oder des Personals von Europol, sondern gewährt den Europol-Bediensteten eine zeitlich unbegrenzt, d.h. lebenslang fortbestehende Immunität. Demnach normiert das Europol-Immunitätenprotokoll, entgegen der Behauptung von *Storbeck*, keine wesentlich weiter eingeschränkte Immunität als bei jeder anderen vergleichbaren internationalen Organisation, sondern – ebenso wie das EG-Immunitätenprotokoll – einen im Vergleich zu anderen internationalen und europäischen Immunitätsregelungen extensiver ausgestalteten Immunitätsschutz.[325]

Ob durch die in Art. 8 Abs. 1 lit. a) 1. Halbsatz Europol-Immunitätenprotokoll enthaltene Formulierung

> „(...) unbeschadet des Artikels 32 und, soweit anwendbar, des Artikels 40 Abs. 3 des Übereinkommens (...)"

---

[320] Vgl. S. 19.
[321] Im Folgenden Gegenstand gesonderter Untersuchung.
[322] BT-Innenausschuss-Prot. 13/75, S. 10.
[323] Vgl. S. 75 ff.
[324] Vgl. S. 87 ff.
[325] Vgl. S. 89 f.

eine Beschränkung des strafrechtlichen Anwendungsbereichs der Immunität normiert worden ist, soll im folgenden Kapitel dieser Arbeit gesondert untersucht werden.

b) Status der Europol-Bediensteten – Intention der EU-Mitgliedstaaten

Ausweislich der Mitteilung des ehemaligen Bundesministers des Innern, *Kanther*, in der zweiten Beratung und Schlussabstimmung zum Europol-Gesetz wird die Position der Europol-Bediensteten „heute von den Partnerländern [Europol-Mitgliedstaaten – Anmerkung Verfasser] eher im diplomatischen Status betrachtet."[326]

aa) Europol-Immunitätenprotokollentwurf – Diplomatenähnlicher Status

Der unter italienischer Ratspräsidentschaft vorgelegte Vorentwurf des Europol-Immunitätenprotokolls[327] verdeutlicht die Absicht der Europol-Mitgliedstaaten, den Europol-Bediensteten einen eher diplomatischen Status zu verleihen.
So kann beispielsweise gemäß Art. 21 dieses Vorentwurfs ein Europol-Bediensteter, der sich eines Mißbrauchs im einem Europol-Mitgliedstaat schuldig gemacht, d.h. eine nicht mit seiner Amtstätigkeit in Zusammenhang stehenden Tätigkeit ausgeübt hat, ebenso wie ein Diplomat (vgl. Art. 9 WÜD) von der Regierung des betreffenden Europol-Mitgliedstaates – unter strikter Beachtung des diplomatischen Verfahrens – lediglich zum Verlassen des Landes aufgefordert werden.[328] Zudem wird den Europol-Bediensteten gemäß Art. 11 Abs. 1 lit. d) des Vorentwurfs explizit das Recht der Diplomaten üblicherweise gewährten Erleichterungen bezüglich Währung und Devisen garantiert.[329]
Von Bedeutung ist insoweit auch die Regelung des Art. 17 des Vorentwurfs. Nach dieser Regelung ist die Regierung eines Mitgliedstaates nicht gehalten, den eigenen Staatsangehörigen oder den Personen mit ständigem Aufenthalt im Hoheitsgebiet des betreffenden Mitgliedstaates die in Art. 11 Abs. 1 lit. a) – d) genannten Vorrechte und Immunitäten zu gewähren.[330] Auch Diplomaten genießen in ihrem Entsendestaat keine Immunität. Ihre Immunität beschränkt sich ausschließlich auf das Gebiet des Empfangsstaates[331] (vgl. Art. 31 WÜD).
Nach der in Fußnote 30 des Vorentwurfs enthaltenen Anmerkung lehnt sich Art. 17 des Vorentwurfs an Art. 21 Sitzabkommen der IKPO-Interpol an. Insoweit gilt es jedoch zu beachten, dass die in Art. 17 des Vorentwurfs normierte Möglichkeit, eigenen Staatsangehörigen oder Personen mit ständigem Aufenthalt im Hoheitsgebiet des betreffenden Mitgliedstaates Immunität zu versagen, in Art. 21 Interpol-Sitzabkommen nicht enthalten ist. Die Sonderregelung des Art. 21 Interpol-Sitzabkommen erstreckt sich ausdrücklich nicht auf Art. 18 Abs. 1 lit. a) Interpol-Sitzabkommen und damit nicht auf die den Interpol-Bediensteten im Sitzstaat Frankreich gewährte Immunität.[332] Insofern normiert Art. 17 des unter italienischer Ratspräsidentschaft

---

[326] BT-Plenarprotokoll 13/198, S. 17901.
[327] Vgl. S. 46 ff.
[328] Vgl. S. 48 f.
[329] Vgl. S. 47.
[330] Vgl. S. 48.
[331] Vgl. S. 57 ff.
[332] Vgl. zur Immunitätsgewährung von Interpol-Bediensteten – S. 84 f.

vorgelegten Vorentwurfs des Europol-Immunitätenprotokolls eine – am diplomatischen Status orientierte – Sonderregelung für Europol-Bedienstete.

Somit bleibt Folgendes festzustellen:
Auf der Grundlage des unter italienischer Ratspräsidentschaft vorgelegten – am diplomatischen Status orientierten – Europol-Immunitätenprotokollentwurfs wäre jeder Europol-Mitgliedstaat befugt gewesen, eigenen Staatsangehörigen oder Personen mit ständigem Aufenthalt im eigenen Hoheitsgebiet im Rahmen ihrer Tätigkeit als Europol-Bedienstete jegliche Immunität zu versagen.
Infolgedessen hätten Europol-Bedienstete – vergleichbar diplomatischen Vertretern – im Falle eines Amtsmißbrauchs in einem Europol-Mitgliedstaat zum Verlassen des Landes aufgefordert und von der Gerichtsbarkeit ihres jeweiligen Heimatstaates für diese (Straf-)Tat gerichtlich zur Verantwortung gezogen werden können.
Für eine Tätigkeit, die nicht in Ausübung des Amtes und strikt im Rahmen der Befugnisse vorgenommen worden wäre, hätte nach diesem Vorentwurf des Europol-Immunitätenprotokolls bereits keine Immunität der Europol-Bediensteten bestanden.

bb) Modifikationen im Europol-Immunitätenprotokoll

Die in dem unter italienischer Ratspräsidentschaft vorgelegten Vorentwurf in inhaltlicher Anlehnung an den diplomatischen Status normierten restriktiven Regelungen (Art. 21, Art. 11 Abs. 1 lit. d), Art. 17 Vorentwurf) sind in der geltenden Fassung des Europol-Immunitätenprotokolls nicht mehr enthalten.
Im Gegensatz zu Art. 11 Abs. 1 lit. b) des Vorentwurfs normiert Art. 8 Abs. 1 lit. a) 1. Halbsatz Europol-Immunitätenprotokoll eine vergleichsweise extensiv gefasste Immunität, indem jede Handlung/Äußerung der Europol-Bediensteten dem Immunitätsschutz unterstellt wird, die in Ausübung der Amtstätigkeit vorgenommen worden ist. Die einschränkende Voraussetzung, dass diese Amtshandlungen zugleich strikt im Rahmen der Befugnisse vorgenommen worden sein müssen (vgl. Art. 11 Abs. 1 lit. b) des Vorentwurfs), ist in Art. 8 Europol-Immunitätenprotokoll nicht enthalten. Zusätzlich zu dieser Immunitätsausweitung dehnt Art. 8 Abs. 1 lit. a) 2. Halbsatz Europol-Immunitätenprotokoll die Immunität über den Zeitpunkt der Beendigung der Tätigkeit zeitlich unbegrenzt aus. Diese der Regelung des Art. 39 Abs. 2 S. 2 WÜD entsprechende zeitliche Erstreckung der funktionalen Immunität ist im Vorentwurf des Europol-Immunitätenprotokolls nicht enthalten.

Somit bleibt Folgendes festzustellen:
Im geltenden Europol-Immunitätenprotokoll ist der tatbestandliche Anwendungsbereich der Immunität im Vergleich zum vorstehend genannten Vorentwurf des Europol-Immunitätenprotokolls sowohl ihm Hinblick auf die geschützten Handlungen/Äußerungen als auch in Bezug auf die zeitliche Geltungsdauer der Immunität erweitert worden.
Da die Regelungen der Art. 17 und 21 des Vorentwurfs im geltenden Europol-Immunitätenprotokoll nicht enthalten sind, können Europol-Bedienstete beispielsweise im Falle eines Amtsmissbrauchs nicht mehr zum Verlassen des Landes aufgefordert und in ihrem jeweiligen Heimatstaat für diesen Amtsmissbrauch gerichtlich lebenslang

nicht mehr zur Verantwortung gezogen werden – es sei denn, ihre Immunität wird aufgehoben.[333]
Insofern besteht ein wesentlicher Unterschied zur diplomatischen Immunität. Denn gemäß Art. 31 Abs. 4 WÜD befreit die Immunität von der Gerichtsbarkeit des Empfangsstaates den Diplomaten nicht von der Gerichtsbarkeit des Entsendestaates, d.h. ein Diplomat kann auch während der Dauer seiner Mission für eine im Empfangsstaat begangene (Straf-)Tat im Entsendestaat gerichtlich zur Verantwortung gezogen werden.

cc) Rechtliche Zu- bzw. Einordnung / Bewertung

Die in Art. 8 Europol-Immunitätenprotokoll verankerte Immunität der Europol-Bediensteten entspricht- mit Ausnahme des in dieser Regelung enthaltenen Hinweises auf die Geltung der Art. 32 und 40 Abs. 3 Europol-Übereinkommen (vgl. Art. 8 Abs. 1 lit. a) 1. Halbsatz Europol-Immunitätenprotokoll) – inhaltlich der Regelung des Art. 12 EG-Immunitätenprotokoll. Dementsprechend orientiert sich die inhaltliche Ausgestaltung der den Europol-Bediensteten gewährten Immunität im Gegensatz zu dem unter italienischer Ratspräsidentschaft vorgelegten Vorentwurf primär nicht mehr an der den Diplomaten, sondern an der den Bediensteten internationaler Organisationen gewährten Immunität.
Die frühere Bundesregierung hat in ihrem Schreiben an den Vorsitzenden des Innenausschusses des Deutschen Bundestages vom 18. Juni 1997[334] darauf hingewiesen, dass die europäischen Partnerstaaten „darauf gedrängt"[335] hätten, „die Europol-Bediensteten den Bediensteten anderer internationaler Einrichtungen, die ebenfalls Amtsimmunität genießen, gleichzustellen."[336]
Zielsetzung der EU-Partnerstaaten war es – so Bundesrat *Meier* (SPÖ) – den Europol-Bediensteten „gewisse Privilegien und Immunitäten wie im Ausland tätigen Beamten zuzuerkennen."[337] Die Europol-Bediensteten sollten – so der österreichische Bundesminister des Innern, *Schlögl*, – nicht „anders behandelt werden als alle anderen EU-Beamten. Die EU-Beamten, die Interpol-Beamten, die Beamten von UNIDO und die Beamten von anderen internationalen Organisationen"[338] hätten alle – so *Schögl* – „dieselben Privilegien und Immunitäten."[339]

---

[333] Die Aufhebung der Immunität der Europol-Bediensteten ist im Folgenden Gegenstand gesonderter Untersuchung. Zu Problemen im Zusammenhang mit der Immunitätsaufhebung vgl. europäischer Rechnungshof, Sonderbericht 8/98 – vgl. S. 74 f.
[334] BT-Europaausschuss-Drs. 13/1483, Anlage 1.
[335] Schreiben des Staatssekretärs im Bundesministerium des Innern, *Schelter*, an den Vorsitzenden des Innenausschusses des Deutschen Bundestages vom 18. Juni 1997, BT-Europaausschuss-Drs. 13/1483, Anlage 1 (Bericht zum Stand der Verhandlungen zu den ergänzenden Europol-Rechtsakten – Stand 12. Juni 1997), S. 5; im Folgenden Gegenstand gesonderter Untersuchung.
[336] BT-Europaausschuss-Drs. 13/1483, Anlage 1, S. 5.
[337] Bundesrat 655. Sitzung, S. 112.
[338] Bundesrat 642. Sitzung, S. 93.
[339] Bundesrat 642. Sitzung, S. 93; vgl. *ders.*, Nationalrat 104. Sitzung, S. 177: „Ich brauche deren Immunität nicht unbedingt, aber wenn wir darüber reden, dann seien wir doch so ehrlich und reden über die Immunität aller europäischen Beamten und Beamtinnen. Ich sehe nämlich nicht ein, daß einseitig Europol-Beamte keine Immunität zugeordnet bekommen, aber alle anderen europäischen Beamtinnen und Beamten solch eine Immunität haben. Wie ist das zu rechtfertigen?"

Diese Behauptung des österreichischen Bundesministers des Innern ist unzutreffend. Ausweislich der vorstehend durchgeführten vergleichenden Untersuchung[340] genießen die Bediensteten internationaler Organisationen nicht dieselben Privilegien und Immunitäten. Dies gilt beispielsweise auch im Verhältnis der EG-Beamten zu den Interpol-Beamten. Die Immunität der Interpol-Beamten ist im Vergleich zur Immunität der EG-Bediensteten restriktiver ausgestaltet worden.
Art. 12 EG-Immunitätenprotokoll, dem Art. 8 Europol-Immunitätenprotokoll – so die *Bundesregierung* in der Denkschrift zum Europol-Immunitätenprotokollgesetz[341] – inhaltlich maßgeblich entspricht, normiert im Verhältnis zu anderen internationalen und europäischen Immunitätsregelungen einen vergleichsweise extensiv ausgestalten Immunitätsschutz und nimmt insofern eine Sonderstellung innerhalb dieser Regelungen ein.[342] Durch die inhaltliche Anlehnung an diese Regelung gewährt das Europol-Immunitätenprotokoll den Europol-Bediensteten nicht lediglich „gewisse" Immunitäten wie im Ausland tätigen Beamten, sondern einen relativ umfassenden Immunitätsschutz. Hervorzuheben ist insbesondere die – im Bereich der diplomatischen Immunität letztlich aus Gründen des Schutzes der Staatenimmunität erforderliche[343] – zeitlich unbegrenzt, d.h. lebenslang geltende Immunität. Eine derartige zeitliche Erstreckung der Immunitätsgewährung ist eine Ausnahmeregelung im Bereich der den Bediensteten internationaler Organisationen gewährten Immunitäten. Folglich werden die Europol-Bediensteten nicht den Bediensteten anderer internationaler Einrichtungen, die ebenfalls Amtsimmunität genießen, gleichgestellt – zumindest nicht in der Weise, dass das Europol-Immunitätenprotokoll einem internationalen Standard entsprechen würde.[344]

III. Freistellungen von rechtlicher Verantwortlichkeit auf nationaler Ebene

In der Sitzung des Unterausschusses Recht des deutschen Bundesrates vom 4. November 1997 hat der Berichterstatter zum Europol-Immunitätenprotokollgesetz, *Göbel-Zimmermann*,[345] die den Europol-Bediensteten durch Art. 8 Abs. 1 Europol-Immunitätenprotokoll eingeräumte Immunität als eine rechtsstaatlichen Erfordernissen nicht Rechnung tragende Freistellung von rechtlicher Verantwortlichkeit bewertet,[346] die aufgrund der zeitlichen Erstreckung über die Amtstätigkeit hinaus faktisch eine sogenannte Indemnität gewähre.[347] Bereits in der 97. Sitzung des Rechtsausschusses des Deutschen Bundestages vom 8. Oktober 1997 hatte auch *Meyer* (MdB SPD) die zeitlich unbegrenzte, d.h. lebenslange Geltung der Immunität der Europol-Bediensteten kritisiert und betont, dass es sich insoweit nicht um eine Immunitäts-, sondern um eine Indemnitätsregelung handele, „die sachlich nicht zu rechtfertigen sei."[348] Die im

---

[340] Vgl. S. 75 ff.
[341] BT-Drs. 13/9084, S. 11.
[342] Vgl. S. 89 f.
[343] Vgl. S. 55, 58.
[344] Vgl. S. 89 f.
[345] RiVGH (Hessen).
[346] Niederschrift, Unterausschuss-Recht des BR vom 04.11.1997, Nr. R 70/97, TOP 8, S. 57 (60).
[347] Niederschrift, Unterausschuss-Recht des BR, a.a.O., S. 57 (62).
[348] BT-Rechtsausschuss-Prot. 13/97, S. 35.

deutschen (Verfassungs-)Recht begrifflich als Indemnität[349] bezeichnete zeitlich unbegrenzte Erstreckung von Immunität über den Zeitpunkt der Beendigung eines Amtes hinaus (vgl. Art. 46 GG) hat ihren Ursprung in der Entwicklung des Parlamentsrechts. Infolgedessen sollen im Folgenden – nach einem Überblick über die im deutschen Recht normierte Umsetzung der Exterritorialität und die damit verbundenen straf- und prozessrechtlichen Auswirkungen – die Entwicklung der Indemnität, insbesondere im Verhältnis zur Immunität – untersucht und der Frage nachgegangen werden, ob und inwieweit aus diesen Untersuchungen Rückschlüsse auf die den Europol-Bediensteten gewährte Immunität gezogen werden können.

1. Exterritorialität – §§ 18 ff GVG

Im deutschen Recht normieren die §§ 18 ff GVG zugunsten der sogenannten „Exterritorialen"[350] Ausnahmetatbestände vom Grundsatz der Gerichtsunterworfenheit[351] aller sich auf dem Gebiet eines Staates befindlichen Personen.

Infolge der Ratifizierungsgesetze zum WÜD und WÜK[352] haben die Regelungen zur Gewährung diplomatischer und konsularischer Immunität (§ 18 S. 1 und § 19 Abs. 1 S. 1 GVG) lediglich deklaratorische Bedeutung.[353] Konstitutive Bedeutung besitzen demgegenüber die Regelungen der §§ 18 S. 2 und 19 Abs. 1 S. 2 GVG, welche die jeweilige Immunitätsgewährung auch auf das Personal diplomatischer oder konsularischer Vertretungen erstrecken, deren Entsendestaat nicht Vertragspartei des WÜD oder WÜK ist.

Nach § 20 Abs. 1 GVG erstreckt sich die deutsche Gerichtsbarkeit nicht auf Repräsentanten anderer Staaten und deren Begleitung, die sich auf amtliche Einladung der Bundesrepublik Deutschland im Geltungsbereich dieses Gesetzes aufhalten.[354] § 20 Abs. 2 GVG dehnt diese Befreiung von der deutschen Jurisdiktion auf alle Personen aus, die nach den allgemeinen Regeln des Völkerrechts, aufgrund völkerrechtlicher Vereinbarungen oder sonstiger Rechtsvorschriften von ihr befreit sind.[355]

---

[349] Vgl. beispielsweise bezogen auf die Regelung des Art. 46 Abs. 1 GG – *Sieglerschmidt*, EuGRZ 1986, S. 445 (445); *Jarass/Pieroth*, Art. 46 GG, Rdn. 1 – im Folgenden Gegenstand gesonderter Untersuchung.

[350] Sch/Sch-*Eser*, Vorbem. §§ 3-7, Rdn. 39; vgl. *Fischer*, Vor § 3, Rdn. 19.

[351] Vgl. S. 52.

[352] Vgl. S. 58 f.

[353] *Seidenberger*, S. 85.

[354] Vgl. insoweit auch die Diskussionen anlässlich des Besuchs des ehemaligen DDR-Staatsratsvorsitzenden Erich Honecker in der Bundesrepublik Deutschland im September 1987 – (Der SPIEGEL, Heft Nr. 36 vom 31. August 1987, S. 20 ff; Frankfurter Rundschau, Nr. 167 vom 23. Juli 1987, S. 1).

[355] Zum begünstigten Personenkreis – siehe II, A, Nr. 1 a), b), E, Nr. 1, 2 a), b), F Nr. 1, 2 des Rundschreibens des BMI vom 17.08.1993 – abgedruckt in: *Meyer-Goßner*, § 18 GVG, Rdn. 11. Hinsichtlich der umstrittenen Frage, ob § 20 Abs. 2 2. Alt. GVG Transformationswirkung zuerkannt werden kann für völkerrechtliche Vereinbarungen, die nicht gemäß Art. 59 Abs. 2 S. 1 GG in innerstaatliches Recht transformiert worden sind – siehe *Seidenberger*, S. 76 ff.

a) Verhältnis zum Völkerrecht

Die Regelung des § 18 GVG ist eine gesetzliche Ausprägung der den Diplomaten seit ältesten Zeiten kraft Völkergewohnheitsrechts[356] zuerkannten Immunität und gewährt eine generelle Befreiung von der deutschen Gerichtsbarkeit.[357]

b) Rechtsnatur und Bedeutung der Exterritorialität im innerstaatlichen Strafgerichtsverfahren

Die rechtliche Einordnung der Exterritorialität bzw. diplomatischen Immunität[358] in das formelle oder materielle Strafrecht und die daraus resultierenden Rechtsfolgen im Hinblick auf ein innerstaatliches Strafgerichtsverfahren werden kontrovers diskutiert.[359]

In Anlehnung an die Ende des 19. Jahrhunderts vertretene traditionelle Lehre von der materiell-rechtlichen Wirkung der Exterritorialität wird teilweise auch in der heutigen Literatur die in den §§ 18 ff GVG geregelte „echte Exterritorialität"[360] als eine materiell-rechtliche Exemtion von der Geltung des deutschen Strafrechts bewertet.[361]
Diese materiell-rechtliche Exemtion sei als ein persönlicher Strafausschließungsgrund zu qualifizieren, d.h. als ein in der Person des Täters liegender Umstand, der trotz tatbestandsmäßiger, rechtswidriger und schuldhafter Deliktsverwirklichung zu dessen persönlicher Straflosigkeit führe.[362]
Die rechtliche Qualifizierung der Exterritorialität als ein persönlicher Strafausschließungsgrund im Sinne dieser materiell-rechtlichen Auffassung hat einen endgültigen Ausschluss der Strafbarkeit für ein während der Geltungsdauer der Immunität begangenes Delikt zur Folge.
Die Vertreter dieser materiell-rechtlichen Auffassung argumentieren dahingehend, dass mit der Befreiung von der Zwangsgewalt des Staates die Befreiung von der Herrschaft des materiellen Rechts notwendig verbunden sei.[363] Aufgrund des überkommenen Völkerrechts und der Staatenpraxis dürften die Immunität genießenden Personen auch im Falle des Verlusts oder der Beendigung der ihnen gewährten

---

[356] BVerfG NJW 1998, 50 (52); *Leipold*, in: FS für Lüke, S. 352 (352): „Die Immunität von Diplomaten gehört zum Kernbestand des Völkerrechts."; vgl. S. 57 f.

[357] *Bloy*, S. 33.

[358] In der neueren völkerrechtlichen Literatur wird der Begriff der „Exterritorialität" meist durch den der „Immunität" ersetzt. Nach der Auffassung von *Bloy*, S. 42 f, ist „der Begriff „Immunität" als Bezeichnung für die völkerrechtliche Befreiung des diplomatischen Vertreters von der Gerichtsbarkeit des Empfangsstaates nicht glücklich gewählt, weil dieser bereits eine festgelegte verfassungsrechtliche Bedeutung hat (Art. 46 II GG). Der Begriff „Exterritorialität" erscheint aus diesem Grunde besser dazu geeignet, die völkerrechtliche „Immunität" prägnant zu benennen."

[359] Im Rahmen seiner Monografie hat *Bloy* (S. 38 ff) diesen Streitstand umfassend dargestellt und bewertet. Die folgenden Untersuchungen stützen sich auf die für diese Arbeit relevanten Analysen sowie auf Ergänzungen und von *Bloy* abweichende Beurteilungen.

[360] Sch/Sch-*Eser*, Vorbem §§ 3-7, Rdn. 44.

[361] Sch/Sch-*Eser*, Vorbem §§ 3-7, Rdn. 44; *Bloy*, S. 57; *ders.*, JuS-Lernbogen 5/1993, S. 33 (35); *Maurach/Zipf*, § 11 II, Rdn. 43; *Liszt/Fleischmann*, S. 199.

[362] Sch/Sch-*Eser*, Vorbem §§ 3-7, Rdn. 44.

[363] *Liszt/Fleischmann*, S. 199, Fn. 14.

Gerichtsbefreiung für die während der Geltungsdauer dieser Privilegierung begangenen Straftaten nur von einem Gericht ihres jeweiligen Entsendestaates, nicht jedoch von einem Gericht des früheren Empfangsstaates strafrechtlich zur Verantwortung gezogen werden,[364] weil eine Strafverfolgung im Empfangsstaat voraussetzen würde, dass ein Diplomat während seiner Amtsführung gleichzeitig den Normen des Entsende- und des Empfangsstaates unterworfen wäre.[365]

Eine derartige Rechtsunterworfenheit unter zwei materielle Strafrechtsordnungen „stellt indes grundsätzlich keine Schwierigkeit dar.[366] Das deutsche Strafrecht geht sogar von derartigen Überschneidungen aus, wenn es etwa in § 153 c I Nr. 3 StPO die Möglichkeit des Absehens von der Verfolgung von Straftaten regelt, derentwegen im Ausland schon eine Strafe vollstreckt worden ist."[367]
Zudem dokumentieren die Regelungen der Art. 41 Abs. 1 S. 1 und 31 Abs. 4 WÜD die Rechtsunterworfenheit eines Diplomaten unter die Normen des Entsende- und des Empfangsstaates. Gemäß Art. 41 Abs. 1 S. 1 WÜD sind „alle Personen, die Vorrechte und Immunitäten genießen, (...) unbeschadet derselben verpflichtet, die Gesetze und andere Rechtsvorschriften des Empfangsstaates zu beachten." Durch die Immunitätsgewährung verzichtet der Empfangsstaat lediglich auf die Ausübung der ihm auch gegenüber dem Diplomaten zustehenden Hoheitsgewalt.[368] Gemäß Art. 31 Abs. 4 WÜD bleibt ein Diplomat während seiner Mission, trotz der ihm gewährten Immunität im Empfangsstaat, weiterhin der Gerichtsbarkeit des Entsendestaates unterworfen.
Die materiell-rechtliche Bewertung der Exterritorialität steht in Widerspruch zu der im Völkerrecht ganz überwiegend vertretenen Auffassung, dass die privaten Handlungen eines Diplomaten mit der Beendigung der diplomatischen Mission aufgrund der zeitgleich endenden personalen Immunität[369] der Jurisdiktion des Empfangsstaates unterfallen.[370]

Das Fortbestehen der funktionalen diplomatischen Immunität (vgl. Art. 39 Abs. 2 S. 2 WÜD)[371] ist keine Legitimationsgrundlage für eine materiell-rechtliche Bewertung der Exterritorialität. Die fortbestehende funktionale Immunität resultiert nicht aus der Befreiung vom materiellen Recht, sondern beruht ausschließlich auf dem völkerrechtlich bezweckten Schutz des Entsendestaates.[372] Da die Amtshandlungen eines Diplomaten völkerrechtlich nicht dem Diplomaten persönlich, sondern dem Entsendestaat zugerechnet werden,[373] ist die zeitlich unbegrenzt fortbestehende funktionale diplomatische Immunität[374] zum Schutz des Entsendestaates erforderlich, da der Entsendestaat andernfalls – aufgrund der ihm zurechenbaren Amtshandlungen des Diplomaten – der

[364] Sch/Sch-*Eser*, Vorbem §§ 3-7, Rdn. 44.
[365] *Liszt/Fleischmann*, S. 199.
[366] *Bloy*, S. 40.
[367] *Bloy*, S. 40.
[368] Vgl. S. 52.
[369] Vgl. S. 60.
[370] Vgl. S. 63.
[371] Vgl. S. 60.
[372] Vgl. S. 61.
[373] Vgl. S. 59.
[374] Vgl. S. 60 f.

Gerichtsbarkeit des Empfangsstaates unterworfen werden würde. Diese Gerichtsunterworfenheit widerspräche jedoch dem aus der Staatenimmunität resultierenden, in Art. 2 Ziffer 1 UN-Charta normierten Prinzip der souveränen Gleichheit der Staaten[375] und dem aus diesem Souveränitätsprinzip abgeleiteten Verbot, Hoheitsakte eines Staates durch einen anderen Staat gerichtlich zu überprüfen – par in parem non habet iurisdictionem.[376]

Die in Literatur und Rechtsprechung überwiegend vertretene prozess-rechtliche Auffassung[377] bewertet die Exterritorialität nicht als eine materiell-rechtliche Exemtion, sondern als ein Prozess- bzw. Verfolgungshindernis. Diese prozessrechtliche Bewertung entspreche nicht nur dem Wortlaut der §§ 18 bis 20 GVG,[378] sondern auch dem Sinn und Zweck völkerrechtlicher Immunitätsgewährung.[379] Die prozess-rechtliche Einordnung der Exterritorialität habe den Vorteil, dass sie die im Falle eines Verzichts oder der Aufhebung der Immunität durch den Entsendestaat „(...) auflebende Strafgewalt des Empfangsstaates besser erklärt."[380] Die im Fall der Aufhebung oder des Verzichts zeitlich begrenzte Geltung der Exterritorialität sei mit einer materiell-rechtlichen Einordnung dieses Rechtsinstituts nicht zu vereinbaren.

Nach der von *Bloy* vertretenen Auffassung ist die Exterritorialität „in der Sache als eine zeitlich begrenzte materielle Befreiung",[381] zu bewerten, „die indes weder das in der Tat verwirklichte Unrecht, noch die Schuld des Täters herabsetzt, sondern seine Schuld sogar zu steigern geeignet ist."[382] Die von den Vertretern der prozess-rechtlichen Theorie angeführte Unvereinbarkeit einer materiell-rechtlichen Bewertung mit der „zeitlichen Begrenztheit des exterritorialen Status"[383] sei nicht sachgerecht.

Diese Sichtweise *Bloys* ist kritisch zu hinterfragen. Im Rahmen seiner Monografie betont *Bloy* zu Recht, dass die völkerrechtliche Bedeutung des Rechtsinstituts der Exterritorialität „Voraussetzung für eine sachlich überzeugende Erörterung der spezifisch strafrechtlichen Problematik der Exterritorialität"[384] ist. Die völkerrechtliche Perspektive und die mit der Exterritorialität verbundene Funktion seien maßgeblich für die rechtliche Einordnung dieses Rechtsinstituts in die strafrechtliche Systematik.[385] Ausgehend von dieser Prämisse ist es sachgerecht, die Exterritorialität als ein Prozess- bzw. Verfahrenshindernis im Rahmen der strafrechtlichen Systematik einzuordnen.

---

[375] Zur geschichtlichen Entstehung und Entwicklung des Begriffs der „staatlichen Souveränität" vgl. *Verdross/Simma*, §§ 31 ff.

[376] *Habscheid*, S. 273; siehe auch: *Ipsen*, § 26 Rdn. 17; *Mössner*, S. 201; vgl. S. 55.

[377] BGHSt 28, 96 (98); 21, 29 (33); OLG-Düsseldorf, NStZ 1987, 87 (87); *Seidenberger*, S. 389, 390; *Fischer*, Vor § 32 Rdn. 19; *Baumann/Weber/Mitsch*, § 7, Rdn. 11; SK-*Rudolphi*, Vor § 19, Rdn. 14; *Roxin*, § 23, Rdn. 56; *Dahm*, Band I, S. 312; *Bockelmann*, S. 28; *Jescheck*, § 19, III, S. 167 m.w.N.; *Domke*, S. 63.

[378] *Jescheck*, § 19, III, S. 167.

[379] *Seidenberger*, S. 389; vgl. BGHSt 28, 96 (98 f).

[380] *Jescheck*, § 19, III, S. 167; vgl. BGHSt 28, 96 (98 f).

[381] *Bloy*, S. 54.

[382] *Bloy*, S. 57.

[383] *Bloy*, S. 54.

[384] *Bloy*, S. 45.

[385] *Bloy*, S. 38.

Die Exterritorialität ist kein dem Diplomaten zum eigenen Nutzen zustehendes Vorrecht, sondern ein ihm ausschließlich im Interesse des Entsendestaates gewährtes Privileg. Es soll die Funktionsfähigkeit der diplomatischen Mission gewährleisten[386] und untersteht daher der alleinigen Disposition des Entsendestaates.[387] Der Entsendestaat ist – auch während der Geltungsdauer der Mission – jederzeit berechtigt, auf die Immunität des Diplomaten zu verzichten oder diese aufzuheben.
Mit der Gewährung bzw. Anerkennung von Immunität verzichtet ein Staat lediglich auf die Ausübung seiner aus der Staatsgewalt resultierenden gerichtlichen Hoheitsgewalt. Dieser Verzicht beinhaltet jedoch keine Befreiung von der Geltung strafrechtlicher Normen.[388] Auch die durch Immunität geschützten Personen sind den Gesetzen des jeweiligen Aufenthaltsstaates unterworfen.[389]

Die unterschiedlichen rechtlichen Einordnungen der Exterritorialität entfalten unterschiedliche Rechtsfolgen in Bezug auf das innerstaatliche Strafgerichtsverfahren.
Fehlt beispielsweise eine materiell-rechtliche Voraussetzung, so ergeht ein freisprechendes Urteil, das in unbeschränkte Rechtskraft erwächst, mit der Folge, dass die Kosten des Verfahrens sowie die notwendigen Auslagen des Angeklagten gemäß § 467 Abs. 1 StPO der Staatskasse zur Last fallen. Das Fehlen einer Prozessvoraussetzung führt demgegenüber lediglich zur Einstellung. Ein Einstellungsurteil ist zwar ebenso wie ein Sachurteil der formellen Rechtskraft fähig, hat jedoch grundsätzlich keinen Verbrauch der Strafklage zur Folge.[390] Ist das Prozesshindernis behebbar, kann die Staatsanwaltschaft nach Wegfall dieses Hindernisses erneut Anklage erheben.[391] Gemäß § 206 a Abs. 1 StPO kann im Fall eines nach Eröffnung des Hauptverfahrens eingetretenen Verfahrenshindernisses eine Einstellung auch außerhalb der Hauptverhandlung erfolgen.[392] Wird die Immunität nicht aufgehoben, ist eine entsprechende Verfahrenseinstellung stets geboten.[393] Während die Feststellung von Verfahrensvoraussetzungen den Regeln des Freibeweises unterliegt, ist die Ermittlung materiell-rechtlicher Umstände nur nach den Regeln des Strengbeweises zulässig. Gemäß § 263 StPO i.V.m. § 196 GVG wird über das Vorliegen von Verfahrensvoraussetzungen mit einfacher Mehrheit, über die Voraussetzungen der Strafbarkeit mit Zweidrittelmehrheit entschieden. Vom Revisionsgericht werden, sofern in der Revisionsbegründung eine generelle Verfahrensrüge enthalten ist, Prozessvoraussetzungen von Amts wegen, materiell-rechtliche Mängel lediglich nach entsprechender Rüge geprüft.

---

[386] Vgl. S. 58 f.
[387] Vgl. Art. 32 Absätze 1 und 2 WÜD.
[388] Vgl. RGSt 52, 167 (167).
[389] *Bloy*, S. 38 f. m.w.N.; *Seidl-Hohenveldern/Stein*, Rdn. 1026; vgl. Art. 41 Abs. 1 S. 1 WÜD, Art. 55 Abs. 1 S. 1 WÜK; *Beling*, S. 65: Die „prinzipielle Befreiung des Exterritorialen von den Gesetzen des Aufenthaltsstaates (wäre) wohl eine Erscheinung sonder Gleichen im Rechtssystem."
[390] *Meyer-Goßner*, § 260 Rdn. 48.
[391] *Meyer-Goßner*, § 260 Rdn. 48 m.w.N.
[392] Vgl. BGH NJW 1984, S. 2048 (2050).
[393] Vgl. *Meyer-Goßner*, § 206 a Rdn. 3.

Sowohl die prozess- als auch die materiell-rechtliche Einordnung der Exterritorialität führt zu einer Strafbarkeit von Tatbeteiligten.[394] Die Teilnahme an der Straftat eines Exterritorialen wird als eine im Inland begangene Straftat behandelt.[395]
Nach beiden Auffassungen ist gegen die rechtswidrige Handlung eines Exterritorialen Notwehr zulässig, selbst dann, wenn die nach dem Recht des Aufenthaltsstaates strafbare Handlung eines Exterritorialen in dessen Heimatstaat nicht mit Strafe bedroht ist.[396] „Insofern gilt Entsprechendes wie bei der inländischen Teilnahme an einer Auslandstat, die ihrerseits nach §§ 3 ff (StGB) nicht der Geltung des deutschen Strafrechts unterliegt (vgl. § 9 II 2).“[397]

2. Indemnität und Immunität – Artikel 46 GG

Die Mitglieder des Deutschen Bundestages werden durch Art. 46 GG umfassend geschützt.

> Artikel 46 GG hat folgenden Wortlaut:
>
> Absatz 1:
> Ein Abgeordneter darf zu keiner Zeit wegen seiner Abstimmung oder wegen einer Äußerung, die er im Bundestage[398] oder in einem seiner Ausschüsse getan hat, gerichtlich oder dienstlich verfolgt oder sonst außerhalb des Bundestages zur Verantwortung gezogen werden.[399] Dies gilt nicht für verleumderische Beleidigungen.
>
> Absatz 2:
> Wegen einer mit Strafe bedrohten Handlung darf ein Abgeordneter nur mit Genehmigung des Bundestages zur Verantwortung gezogen oder verhaftet werden, es sei denn, daß er bei der Begehung der Tat oder im Laufe des folgenden Tages festgenommen wird.
>
> Absatz 3:
> Die Genehmigung des Bundestages ist ferner bei jeder anderen Beschränkung der persönlichen Freiheit eines Abgeordneten oder zur Einleitung eines Verfahrens gegen einen Abgeordneten gemäß Artikel 18 erforderlich.
>
> Absatz 4:
> Jedes Strafverfahren und jedes Verfahren gemäß Artikel 18 gegen einen Abgeordneten, jede Haft und jede sonstige Beschränkung seiner persönlichen Freiheit sind auf Verlangen des Bundestages auszusetzen.

---

[394] Vgl. Sch/Sch-*Eser*, Vorbem §§ 3-7, Rdn. 44; *Dahm*, Bd. I, S. 334; *Baumann/Weber/Mitsch*, § 7, Rdn. 12.

[395] *Dahm*, Bd. I, S. 334.

[396] Vgl. Sch/Sch-*Eser*, Vorbem §§ 3-7, Rdn. 44.

[397] Sch/Sch-*Eser*, Vorbem §§ 3-7, Rdn. 44.

[398] *Mangold/Klein/Starck*, Art. 46 GG, Rdn. 13: „Unter dem „Bundestag" im Sinne des Art. 46 Abs. 1 S. 1 ist das Plenum, d.h. die Vollversammlung der Bundestagsabgeordneten, zu verstehen."

[399] Ausgenommen ist die Strafbarkeit der Abgeordneten wegen passiver Abgeordnetenbestechung (§ 108 e Abs. 1 1. Halbsatz 2. Alt. StGB) – im Folgenden Gegenstand detaillierter Darstellung.

Art. 46 GG normiert zwei unterschiedliche Rechtsinstitute, „die unabhängig voneinander existieren“.[400] Das durch Art. 46 Abs. 1 GG normierte Abgeordnetenprivileg wird terminologisch als „Indemnität”[401] und der durch die Absätze 2 bis 4 gewährleistete Schutz als „Immunität”[402] bezeichnet.[403]

a) Geschichtliche Entwicklung

Der Schutz der parlamentarischen Redefreiheit (Indemnität) sowie der Schutz des Abgeordneten vor Verhaftung und Strafverfolgung (Immunität) fand infolge der Philosophie der Aufklärung und der Auswirkungen der französischen Revolution Eingang in die deutsche Rechts- und Verfassungstheorie und letztlich eine Verankerung in den Reichsverfassungen vom 28. März 1849[404] und vom 16. April 1871 sowie in der Weimarer Reichsverfassung (WRV) vom 11. August 1919 (Art. 36 und 37 WRV) – die Immunität jedoch erst nach einer „bewegten und wechselvollen Geschichte.“[405]

„Die heute etablierte Dreiteilung in die Begriffe Indemnität, Immunität (im engeren Sinne) und Zeugnisverweigerungsrecht”[406] ist auf eine entsprechende Begriffswahl von Carlo Schmid während der Beratungen des Parlamentarischen Rats[407] zurückzuführen, die sich wegen ihrer Einprägsamkeit durchgesetzt hat.[408]
Vor dieser Begriffswahl bestand über ein Jahrhundert eine verwirrende Begriffsvielfalt,[409] die im älteren Schrifttum durch eine Vielzahl synomym verwendeter Bezeichnungen zum Ausdruck kommt.[410]

---

[400] *Bloy*, S. 60.

[401] *Mangoldt/Klein/Starck*, Art. 46 GG, Rdn. 2 m.w.N.; *Maunz*, in: *Maunz/Dürig/Herzog*, Art. 46 GG, Rdn. 2 f; *Butzer*, S. 30; *Klein*, in: Schneider/Zeh, S. 555 (555) Rdn. 1; *Schade*, Art. 46 GG, S. 123; *Sieglerschmidt*, EuGRZ 1986, S. 445 (445); *Schmidt-Bleibtreu/Klein*, Art. 46 GG, Rdn. 1; *Wurbs*, S. 84; *Stern*, § 24, S. 1061; *Bröcker*, Polizei 1961, S. 269 (269); *Magiera*, in: *Sachs*, Art. 46 Rdn. 1; *Beyer*, S. 22; *Baumann/Weber/Mitsch*, § 7, Rdn. 23; vgl. auch Anlage 2 des Schreibens des Präsidenten des Deutschen Bundestages an die Mitglieder des Deutschen Bundestages vom 10. Dezember 1980.

[401] *Sieglerschmidt*, EuGRZ 1986, S. 445 (445): „Dieser in Deutschland traditionell als Indemnität bezeichnete Schutz (...)”; *Butzer*, § 1, S. 29; *Jarass/Pieroth*, Art. 46 GG, Rdn. 1; *Schade*, Art. 46 GG, S. 123; *Hesselberger*, Art. 46 GG, Rdn. 2.

[402] *Beyer*, S. 22; *Schmidt-Bleibtreu/Klein*, Art. 46 GG, Rdn. 1; *Sieglerschmidt*, EuGRZ 1986, S. 445 (445); *Schade*, Art. 46 GG, S. 124; *Maunz*, in: *Maunz/Dürig/Herzog*, Art. 46 GG, Rdn. 4; *Mangoldt/Klein/Starck*, Art. 46 GG, Rdn. 33.

[403] *Maunz*, in: *Maunz/Dürig/Herzog*, Art. 46 GG, Rdn. 5: Eine „(...) heute bereits so gut wie allgemein eingebürgerte terminologische Unterscheidung.” Entsprechende Regelungen gelten für die Landtage – im Folgenden Gegenstand detaillierter Darstellung.

[404] Mit dieser Reichsverfassung (Paulskirchenverfassung) trat erstmals ein Verfassungsentwurf auf gesamtstaatlicher Ebene neben die Verfassungen der deutschen Länder.

[405] *Doch*, S. 66; zur detaillierten Darstellung der geschichtlichen Entwicklung – siehe: *Doch*, S. 42 ff und *Domke*, S. 8 ff; *Butzer*, S. 47 ff.

[406] *Butzer*, S. 29.

[407] Vgl. *Butzer*, S. 30.

[408] *Butzer*, S. 30; vgl. *Klein*, in: Schneider/Zeh, S. 555 (569), Rdn. 19. Diese begrifflichen Differenzierungen werden auch im Rahmen dieser Arbeit zugrunde gelegt.

[409] *Butzer*, S. 29 charakterisiert die Vielfalt der verwendeten Begriffe als „Begriffschaos“.

Das heute als Indemnität bezeichnete Recht wurde zum Beispiel als Redefreiheit, Abstimmungs- und Redefreiheit, Wortprivileg, Verantwortungs-Immunität, materielle Immunität, berufliche Immunität, parlamentarische Immunität oder Verantwortungsfreiheit bezeichnet.[411] Für die Immunität fanden sich Bezeichnungen wie (persönliche) Unverletzlichkeit, Unantastbarkeit, Verfolgungsprivileg, Untersuchungsfreiheit, Haftfreiheit, Verfolgungsfreiheit, Verfolgungs-Immunität, Justizprivileg, formelle Immunität, außerberufliche Immunität, außerparlamentarische Immunität oder prozessuale Immunität.[412]
Teilweise fasste man die Redefreiheit und die Unverfolgbarkeit der Abgeordneten unter dem dem Oberbegriff „Immunität im weiteren Sinne" zusammen.[413]

b) Indemnität

Die den Abgeordneten als „Ausprägung ihres verfassungsrechtlichen Status"[414] gewährte Indemnität wurde bereits in der Verfassung von 1871 (Art. 30) und in Art. 37 der Weimarer Verfassung verankert und begründet gleichsam eine außerparlamentarische rechtliche Unverantwortlichkeit für die innerparlamentarische Tätigkeit.
Die Indemnität bezweckt den Schutz der Rede- und Handlungsfreiheit der Abgeordneten[415] und gewährleistet die Funktionsfähigkeit des Parlaments.[416] Die für eine repräsentative Demokratie essentielle Rede- und Abstimmungsfreiheit rechtfertigt eine derart umfassende Privilegierung der Parlamentarier.[417] Da Art. 46 Abs. 1 GG einen „Satz des objektiven Verfassungsrechts normiert (...), der im Interesse des Parlaments erlassen ist",[418] kann ein Mitglied des Deutschen Bundestages auf die Indemnität weder verzichten, noch kann der Bundestag sie aufheben.[419] Der mit dem Erwerb des Mandats beginnende Indemnitätsschutz wirkt über das Ende der Amtstätigkeit hinaus auf Lebenszeit.[420] Dies gilt unabhängig von der Art der Beendigung des Mandats (Amtsverlust, Ende der Wahlperiode, Ungültigkeitserklärung etc.).[421]

---

[410] *Butzer*, S. 29; vgl.: *Doch*, S. 8; *Klein*, in: Schneider/Zeh, S. 555 (569), Rdn. 19.
[411] *Mangoldt/Klein/Starck*, Art. 46 GG, Rdn. 2 m.w.N.
[412] *Butzer*, S. 29; vgl.: *Maunz*, in: *Maunz/Dürig/Herzog*, Art. 46 GG, Rdn. 2 f; *Sieglerschmidt*, EuGRZ 1986, S. 445 (445); *Mangoldt/Klein/Starck*, Art. 46 GG, Rdn. 30.
[413] *Klein*, in: Schneider/Zeh, S. 555 (569), Rdn. 19; vgl. *Butzer*, S. 29.
[414] *Jarass/Pieroth*, Art. 46 GG, Rdn. 1.
[415] BVerfG NJW 1982, S. 2233 (2233); *Mangoldt/Klein/Starck*, Art. 46 GG, Rdn. 3; *Wurbs*, S. 89; BGHZ 75, 384 (387): „Aufgabe dieses Schutzes ist es, vor dem Forum des Parlaments eine Diskussion frei von Rücksichten auf Dritte zu ermöglichen, die durch Äußerungen eines Abgeordneten betroffen sein könnten."
[416] *Mangoldt/Klein/Starck*, Art. 46 GG, Rdn. 3, *Jarras/Pieroth*, Art. 46 GG, Rdn. 2; *Schade*, Art. 46 GG, S. 123; vgl. BGH NJW 1980, S. 780 (781).
[417] *Maunz*, in: *Maunz/Dürig/Herzog*, Art. 46 GG, Rdn. 6; *Wurbs*, S. 84, 89.
[418] *Maunz*, a.a.O., Rdn. 6.
[419] *Maunz*, a.a.O., Rdn. 6; *Wurbs*, S. 84, 91.
[420] BVerwGE 83, 1 (15 f); BVerwG NJW 1986, 2520 (2522); *Maunz*, in: *Maunz/Dürig/Herzog*, Art. 46 GG, Rdn. 10; *Schade*, Art. 46 GG, S. 123, *Stern*, § 24, S. 1061; Sch/Sch-*Lenckner*, § 36 Rdn. 1; *Wurbs*, S. 84; *Magiera*, in: *Sachs*, Art. 46 GG, Rdn. 7; *Schmidt-Bleibtreu/Klein*, Art. 46 GG, Rdn. 4, 13.
[421] *Maunz*, in: *Maunz/Dürig/Herzog*, Art. 46 GG, Rdn. 10.

Die Indemnität schützt die Abgeordneten dauerhaft und unaufhebbar vor hoheitlichen Sanktionen.[422] Gemäß Art. 46 Abs. 1 S. 2 GG erstreckt sich der Indemnitätsschutz nicht auf verleumderische Beleidigungen. Beleidigungen außerhalb des Parlaments sowie Tätlichkeiten und Gespräche mit ausschließlich privatem Inhalt unterfallen ebenfalls nicht dem Schutzbereich der Indemnität.[423] Der Begriffsinhalt der verleumderischen Beleidigung bestimmt sich nach § 187 Strafgesetzbuch (StGB).[424] Zur Entscheidung über das Vorliegen dieses Straftatbestandes ist nicht die Körperschaft, sondern ausschließlich das zuständige Gericht befugt.[425] Art. 46 Abs. 1 S. 2 GG begründet keinen Ausnahmetatbestand in Bezug auf die durch Art. 46 Absätze 2 bis 4 GG gewährleistete Immunität, so dass eine auf Art. 46 Abs. 1 S. 2 GG gestützte strafrechtliche Verfolgung nur nach vorheriger Aufhebung der Immunität zulässig ist.[426]

Die in § 108 e Abs. 1 1. Halbsatz 2. Alt. StGB normierte passive Abgeordnetenbestechung, durch welche die Integrität des parlamentarischen Meinungsbildungsprozesses vor unlauteren Manipulationen sowie das Vertrauen der Öffentlichkeit in die Unabhängigkeit der Mandatsinhaber und die Sachbezogenheit ihrer Entscheidungen geschützt werden soll,[427] kollidiert nicht mit dem Indemnitätsprivileg des Art. 46 I GG, „da die Pönalisierung nicht an das Abstimmungsverhalten selbst, sondern an den vorausgehenden Stimmenkauf anknüpft."[428]

Die Indemnität ist heute nach fast einhelliger Auffassung als ein dem materiellen Recht zuzuordnender persönlicher Strafausschließungsgrund zu qualifizieren,[429] mit der Folge, dass ein nichtprivilegierter Tatbeteiligter strafbar und gegen die Tat des Privilegierten Notwehr zulässig ist. Zudem finden die Vorschriften über die strafrechtliche Kompensation (§§ 199, 233 StGB) Anwendung. Bezogen auf den strafrechtlichen Bereich normiert § 36 StGB einen der Regelung des Art. 46 Abs. 1 GG sachlich entsprechenden Indemnitätsschutz.

---

422 *Maunz*, in: *Maunz/Dürig/Herzog*, Art. 46 GG, Rdn. 18, 20; a.A. *Achterberg*, S. 241.

423 BVerwGE 83, 1 (16); BVerwG NJW 1986, 2520 (2522); *Schmidt-Bleibtreu/Klein*, Art. 46 GG, Rdn. 3; *Jarass/Pieroth*, Art. 46 GG, Rdn. 2.

424 *Mangoldt/Klein/Stark*, Art. 46 GG, Rdn. 11; vgl. *Maunz*, in: *Maunz/Dürig/Herzog*, Art. 46 GG, Rdn. 23.

425 *Maunz*, in: *Maunz/Dürig/Herzog*, Art. 46 GG, Rdn. 23; *Mangoldt/Klein/Starck*, Art. 46 GG, Rdn. 11; vgl. *Fischer*, § 36 Rdn. 4.

426 *Maunz*, in: *Maunz/Dürig/Herzog*, Art. 46 GG, Rdn. 23.

427 Vgl. Sch/Sch-*Eser*, § 108 e, Rdn. 1.

428 Sch/Sch-*Eser*, § 108 e, Rdn. 1; vgl. *Fischer*, § 108 e, Rdn. 12.

429 *Jarass/Pieroth*, Art. 46 GG, Rdn. 4; *Mangoldt/Klein/Starck*, Art. 46 GG, Rdn. 4; *Magiera*, in: *Sachs*, Art. 46 GG, Rdn. 10; Sch/Sch-*Cramer*, Vorbem §§ 25 ff, Rdn. 38; *Baumann/Weber/Mitsch*, § 7, Rdn. 27; *Jescheck*, § 19 II, S. 165 und § 61 VII, S. 596 f; *Achterberg*, S. 241; *Maunz*, in: *Maunz/Dürig/Herzog*, Art. 46 GG, Rdn. 22, m.w.N.; *Bröcker*, Polizei 1961, S. 269 (274); *Schmidt-Bleibtreu/Klein*, Art. 46 GG, Rdn. 4; Sch/Sch-*Lenckner*, § 36 StGB, Rdn. 1; *Bloy*, S. 65, m.w.N., 69; BT-Drs. V/4095, S. 17; *Maurach/Zipf*, § 11 II, Rdn. 40; SK-*Samson*, § 36 StGB, Rdn. 5; *Roxin*, § 23 I, Rdn. 4; *Fischer*, § 36, Rdn. 1; *Magiera*, in: *Sachs*, Art. 46 GG, Rdn. 10; *Creifels/Weber*, S. 662; vgl. BVerwGE 83, 1 (16); a.A. *Model/Müller*, Art. 46 GG, Rdn. 3, „(persönliches) Prozeßhindernis"; ebenso: *Klein*, in: Schneider/Zeh, S. 555 (570), Rdn. 20; *Sauer*, S. 196, „Schuldausschließungsgrund"; *Helle*, NJW 1961, 1896 (1900), „Rechtfertigungsgrund"; offen gelassen: BGHZ 75, 384 (390).

Als Ausdruck der fundamentalen Bedeutung der politischen Diskussion und Willensbildung gewährt die Indemnität den Abgeordneten einen „überschießenden“,[430] d.h. „über die Grenzen rechtmäßigen Handelns“[431] hinausgehenden, jenseits des § 193 StGB gelegenen „Freiheitsraum“,[432] der seine Grenze in § 187 StGB findet, da im Falle einer Verleumdung für einen entsprechenden „Toleranzspielraum“ kein Bedürfnis besteht.[433]
Die Indemnität gewährt einem Abgeordneten keine zusätzliche Handlungsfreiheit.[434] Nutzt ein Abgeordneter den ihm durch die Indemnität eröffneten Handlungs- bzw. Toleranzspielraum, so überschreitet sein Handeln das rechtliche Dürfen und ist damit zwar pflichtwidrig, jedoch nicht sanktionsfähig.[435] Die mit der Indemnität verbundene Freistellung von (straf-)rechtlicher Verantwortlichkeit resultiert aus einer das staatliche Strafverfolgungsinteresse überlagernden Bedeutung außerstrafrechtlicher, verfassungspolitischer Gesichtspunkte.[436] Diese außerstrafrechtliche Interessenabwägung verdeutlicht die Verflechtung des Strafrechts mit den gesamtgesellschaftlichen Bedürfnissen und das daraus resultierende Erfordernis, das Strafrecht in diesen Ausnahmefällen anderen – teils systemfremden – Belangen der Rechts- und Sozialordnung unterzuordnen.[437]

c) Immunität – Artikel 46 Absätze 2 bis 4 GG

aa) Sinn und Zweck

Die Immunität der Abgeordneten ist ein Produkt der konstitutionellen Bewegung des ausgehenden 18. und 19. Jahrhunderts.[438]
Ursprünglich diente die Immunität dem Schutz vor tendenziösen Verfolgungen der Abgeordneten und Willkürmaßnahmen der Exekutive.[439] Sie sollte verhindern, dass politisch missliebige Abgeordnete durch die Exekutive unter dem Vorwand der Strafverfolgung an der Erfüllung ihrer Aufgaben gehindert bzw. von ihrer politischen Tätigkeit ausgeschlossen werden.[440] Da im Fall des flagranten Delikts, d.h. bei einer Festnahme auf frischer Tat, diese Gefahr einer tendenziösen Verfolgung nicht besteht, wurde dieser Fall von der Immunität ausgenommen.[441] Dass es im Falle eines flagranten Delikts keines Immunitätsschutzes bedarf, ist auch in dem unter

---

[430] *Bloy*, S. 71.
[431] *Bloy*, S. 72.
[432] *Bloy*, S. 71.
[433] *Bloy*, S. 71.
[434] *Bloy*, S. 71.
[435] *Bloy*, S. 71.
[436] Vgl. *Bloy*, S. 72.
[437] *Bloy*, S. 225; *Roxin*, § 23 III, Rdn. 28.
[438] *Bockelmann*, S. 10; *Maunz*, in: *Maunz/Dürig/Herzog*, Art. 46 GG, Rdn. 25.
[439] *Bloy*, S. 74, *Mangoldt/Klein/Starck*, Art. 46 GG, Rdn. 31; *Bockelmann*, S. 10; vgl. *Hesselberger*, Art. 46 GG, Rdn. 1; *Stern*, § 24, S. 1061; *Maunz*, in: *Maunz/Dürig/Herzog*, Art. 46 GG, Rdn. 26; *Jendral*, S. 31; *Wolfslast*, NStZ 1987, S. 433 (435): Schutz vor „schikanösen Beeinträchtigungen“, vgl. insoweit auch *Bockelmann*, S. 10.
[440] *Bockelmann*, S. 10 f; *Jendral*, S. 86; *Domke*, S. 41.
[441] RGSt 59, 113 (114); *Bockelmann*, S. 11; *Maunz*, in: *Maunz/Dürig/Herzog*, Art. 46 GG, Rdn. 52.

italienischer Ratspräsidentschaft vorgelegten Entwurf des Europol-Immunitätenprotokolls[442] berücksichtigt worden. Gemäß Art. 11 Abs. 1 lit. a) dieses Vorentwurfs genießen die Europol-Bediensteten keine Immunität von Festnahme oder Haft „im Falle einer unmittelbar bei ihrer Begehung aufgedeckten Straftat; (...)". Diese Einschränkung ist im geltenden Europol-Immunitätenprotokoll nicht mehr enthalten.

In einer parlamentarischen Demokratie mit verfassungsrechtlich gewährleisteter Unabhängigkeit von Judikative, Exekutive und Legislative hat sich die Zielsetzung des Immunitätsschutzes gewandelt.
Heute dient die Immunität der Sicherung der Funktions- bzw. Arbeitsfähigkeit des Parlaments[443] und der Wahrung des Ansehens der Volksrepräsentation.[444] Das Parlament soll die ihm durch die Verfassung zugewiesenen Aufgaben möglichst ungehindert wahrnehmen können und in seiner Handlungs- und Entscheidungsfreiheit nicht durch gegen seine Mitglieder gerichtete Verfolgungsmaßnahmen beeinträchtigt werden.[445] Die Immunität soll vorrangig nicht gezielte Störungen der Parlamentsarbeit, sondern die als Nebenfolge strafrechtlicher Verfolgungsmaßnahmen auftretenden Behinderungen des Parlaments bzw. der Parlamentsarbeit vermeiden.[446] Ein Abgeordneter des Deutschen Bundestages soll beispielsweise durch ein gegen ihn gerichtetes Strafverfahren nicht dergestalt in Anspruch genommen werden können, dass er seinen Pflichten als Abgeordneter im Parlament tatsächlich nicht mehr nachkommen und der Bundestag sich infolgedessen nicht mehr jederzeit vollständig versammeln kann.[447]

---

[442] Vgl. S. 46 ff.

[443] *Achterberg*, S. 242; *Bloy*, S. 76 f, 79; *Hesselberger*, Art. 46, Rdn. 5; hinsichtlich der konkreten Ausgestaltung der dem Bundestag obliegenden Funktionen (Gesetzgebungs-, Artikulations-, Initiativ-, Kontrollfunktion etc.) – vgl. *Jendral*, S. 100 ff.

[444] A 4 Satz 2 der „Grundsätze in Immunitätsangelegenheiten und in Fällen der Genehmigung gemäß § 50 Abs. 3 StPO und § 382 Abs. 3 ZPO sowie bei Ermächtigungen gemäß § 90 b Abs. 2, § 194 Abs. 4 StGB" (im Folgenden: Grundsätze in Immunitätsangelegenheiten), Anlage 6 GO-BT; BGH NJW 1992, S. 701 (701); *Achterberg*, S. 242; *Sieglerschmidt*, EuGRZ 1986, S. 445 (449); *Wolfslast*, NStZ 1987, S. 433 (435 f) m.w.N.; *Härth*, NStZ 1987, S. 109 (109); *Maunz*, in: *Maunz/Dürig/Herzog*, Art. 46 GG, Rdn. 26; *Mangoldt/Klein/Starck*, Art. 46 GG, Rdn. 31 f, 39; *Jendral*, S. 76, 81, Jendral kritisiert jedoch nachdrücklich den Schutz des Ansehens des Parlaments als Legitimationsgrundlage der Immunitätsgewährung (S. 89 ff): „So darf man mit Ahrens resümieren, daß die Immunität Ansehen und Würde eines Parlaments sicher weder herbeiführen, noch erhalten kann. (...) diese Begründung läßt eher den Eindruck der Verwendung einer traditionell überkommenen Floskel, einer inhaltsleeren Worthülse aufkommen." Die Würde des Parlaments werde „(...) nicht durch das Voranschreiten, sondern durch die Hemmung der Ermittlungen der Staatsanwaltschaft beeinträchtigt.", S. 93: „Privilegien gleich welcher Art sind also kaum dazu angetan, das Ansehen des Parlaments zu erhöhen."

[445] *Butzer*, S. 151, 85.

[446] *Bloy*, S. 81.

[447] *Wolflast*, NStZ 1987, S. 433 (436); *Mangoldt/Klein/Starck*, Art. 46 GG, Rdn. 31; *Schmidt-Bleibtreu/Klein*, Art. 46 GG, Rdn. 8; *Bröcker*, Polizei 1961, S. 269 (270); *Jendral*, S. 81 f: „Beim Schutzzweck der Sicherung der Funktionsfähigkeit des Parlaments geht es schlicht und einfach um die körperliche Verfügbarkeit des Abgeordneten an Ort und Stelle des Parlaments und um sein ungehindertes Vermögen, seine psychische Leistungsfähigkeit in seine Arbeit einzubringen."; *Butzer*, S. 74: „Die Immunität hat so die Aufgabe, den Idealfall eines vollzählig versammelten Parlaments zumindest zu ermöglichen."; *Bloy*, S. 76: „Zweifellos gibt es im Parlament Situationen, in denen es auf jede einzelne Stimme ankommt."; *Meyer*, S. 28.

Die herausragende Stellung des Parlaments als Repräsentant des Volkes rechtfertigt die durch die Immunität bewirkte Durchbrechung des Grundsatzes der Gewaltenteilung[448] und die Privilegierung des Parlaments gegenüber sonstigen Staatsorganen.[449]

bb) Anachronismus?

Die Verfasser des Grundgesetzes haben sich für eine verfassungsrechtliche Verankerung der parlamentarischen Immunität entschieden, da die Gefahr einer willkürlichen tendenziösen Verfolgung, insbesondere in Zeiten gravierender politischer Spannungen, nicht gänzlich ausgeschlossen werden kann.[450] Insoweit gilt es zu berücksichtigen, dass die Staatsanwaltschaften nicht nur der Rechts-, sondern auch der uneingeschränkten Fachaufsicht unterstehen und daher auch Weisungen des jeweils zuständigen Justizministers nachkommen müssen. Insbesondere bei „politischen" Verfahren handeln die Staatsanwaltschaften in aller Regel in enger Abstimmung mit den vorgesetzten Generalstaatsanwaltschaften und dem zuständigen Landesjustizministerium.[451]

Teilweise wird aus dem Wegfall des die Immunität im konstitutionellen Zeitalter rechtfertigenden Spannungsverhältnisses zwischen Exekutive und Legislative die fehlende Notwendigkeit für den Fortbestand des den Mitgliedern des Deutschen Bundestages gewährten Immunitätsschutzes gefolgert. Von dieser Sichtweise ausgehend, ist der Immunitätsschutz für Abgeordnete in einem demokratischen Rechtsstaat politisch überholt.[452] Insoweit wird beispielsweise betont, dass es eine freiheitlich demokratische Grundordnung ertragen müsse, dass gegen einen Abgeordneten sachgerecht und begründet ermittelt und gegen ihn gegebenenfalls ein rechtsstaatlichen Grundsätzen entsprechendes (freiheitsbeschränkendes) Urteil verhängt werde.[453] Ein Parlament bleibe auch unter diesen Umständen funktions- und

---

[448] *Bröcker*, Polizei 1961, S. 269 (273); *Jendral*, S. 89.

[449] *Jendral*, S. 89; *Domke*, S. 41; *Butzer*, S. 85; *Achterberg*, S. 248; *Bloy*, S. 80, S. 65: „Der im Bundestag stattfindende Willensbildungsprozeß weist deshalb eine besondere Qualität gegenüber dem in Exekutive und Judikative auf. (...) Dem im Parlament stattfindenden Willensbildungsprozeß kommt innerhalb dieses Systems der höchste Legitimationswert zu: Er ist Ausdruck der Ausübung der Staatsgewalt durch das Volk."

[450] BayVerfGHE 11, 146 (157); *Wurbs*, S. 22; *Achterberg*, S. 246: „Zwar mag es richtig sein, daß in einem demokratisch verfaßten Staat, in dem die Exekutive parlamentarischen Vertrauens bedarf, solche Übergriffe von dieser Seite weniger zu befürchten sind: Denkunmöglich sind sie jedoch nicht."

[451] *Schwegmann*, S. 32: „Eine Landesregierung, die den in Berlin Herrschenden in den Arm fallen will, könnte der Versuchung erliegen, mit Hilfe ihrer Polizei und Justizhoheit Mitglieder des Bundestages vor wichtigen Abstimmungen „aus dem Verkehr zu ziehen".“; vgl. zu den weiteren Möglichkeiten einer tendenziösen Strafverfolgung – *Butzer*, S. 81.

[452] Vgl. *Bockelmann*, S. 15; *Wolfslast*, NStZ 1987, S. 433 (435); *H.H. Menzels*, 1923, ungedruckte Dissertation, zitiert nach *Bockelmann*, S. 20: „Haben die parlamentarischen Privilegien angesichts ihrer historischen Entwicklung eine Daseinsberechtigung in der Verfassung des Deutschen Reiches?"

[453] *Jendral*, S. 126 f.

arbeitsfähig, was durch die Praxis der hohen Zahl an Genehmigungen zur Ermittlung und Verfolgung in Immunitätsangelegenheiten hinreichend bewiesen werde.[454]

Bereits im Jahr 1889 bezeichnete beispielsweise *Weismann* dieses strafprozessuale Privileg als „Anachronismus in einem Recht, welches sich bemüht hat, das Richteramt mit allen erdenklichen Garantien seiner Unabhängigkeit zu umgeben."[455] *Breuling* bewertete es sogar als ein „Übel", „weil die Heraushebung einer Gruppe von Staatsbürgern aus dem allgemeinen, für jeden Staatsbürger geltenden Recht zumal in einem demokratisch-republikanisch regierten Staate nach unserer Rechtsauffassung ein Übel darstellt."[456]
Auch das Reichsgericht hatte bereits in einem Urteil vom 25. Februar 1892 deutliche Kritik an der Immunitätsgewährung geübt und insoweit ausgeführt: „Ob derartige Exemtionen noch einen vernünftigen Sinn haben (...) und (mit) den Bedürfnissen der Rechtsordnung verträglich sind, darf mit Grund bezweifelt werden."[457]

cc) Restriktive Auslegung

Insbesondere seit Inkraftreten der Weimarer Reichsverfassung ist eine rückläufige Entwicklung der inhaltlichen Ausgestaltung parlamentarischer Immunität und eine wachsende Kritik an diesem Verfolgungshindernis zu verzeichnen.[458] So wird beispielsweise „der Immunitätsschutz von Teilen der Rechtsprechung und Literatur als zwar positivrechtlich festgeschriebenes, aber verfassungspolitisch überholtes und deshalb eng auszulegendes „Traditionsgut" angesehen."[459] Auch nach Inkrafttreten des Grundgesetzes ist die Forderung nach einer restriktiven Auslegung der Immunitätsvorschriften weit verbreitet.[460]

dd) Rechtsnatur

Ebenso wie die Exterritorialität (diplomatische Immunität)[461] wird auch die den Abgeordneten zuerkannte Immunität in der Literatur teilweise als eine materiell-rechtliche Exemtion in Form eines persönlichen Strafausschließungsgrundes qualifiziert (materiell-rechtliche Theorie).[462]

---

[454] *Jendral*, S. 126 f.
[455] *Weismann*, ZStW 9 (1889), S. 379 (421).
[456] *Breuling*, S. 1.
[457] RGSt 22, 379 (386).
[458] Vgl. *Bockelmann*, S. 19 ff; *Hesselberger*, Art. 46, Rdn. 3; *Jendral*, S. 116 ff.
[459] *Butzer*, S. 68.
[460] Vgl. BayVerfGHE 19, S. 1 (3); OLG Köln NStZ 1987, S. 564 (565); OLG-Karlsruhe DÖV 1956, S. 762 (764); *Bockelmann*, S. 13; *Bröcker*, Polizei 1961, S. 269 (269); *Butzer*, S. 68 m.w.N. Der Landesvorstand der SPD-Baden-Württemberg hatte die Forderung nach Abschaffung der Immunität sogar in das Landtagswahl-Programm 1972 aufgenommen – siehe Süddeutsche Zeitung vom 10. Februar 1971.
[461] Vgl. S. 59.
[462] *Bloy*, S. 86, 88: Nur soweit durch die Immunität die Anordnung und Durchführung der Untersuchungshaft verhindert wird, handelt es sich um ein verfahrensrechtliches Verbot.

Die nahezu einhellige Auffassung bewertet die Abgeordnetenimmunität – ebenso wie die Exterritorialität – lediglich als ein Prozess- bzw. Verfahrenshindernis (prozessrechtliche Theorie).[463]

In dieser Meinungsdivergenz spiegelt sich die bis heute bestehende Unklarheit über die Abgrenzung von materiellem und formellen Strafrecht[464] und die Frage nach der strafrechtlichen Wirkung außerstrafrechtlicher Zwecksetzungen wider.

Trotz ihrer strafrechtlichen Relevanz ist die Immunität – ebenso wie die Exterritorialität und Indemnität – ihrer inneren Struktur nach keine strafrechtliche Bestimmung.[465]
Exterritorialität, Indemnität und Immunität beruhen auf außerstrafrechtlichen, d.h. nicht spezifisch kriminalpolitischen, Zwecksetzungen. Im Fall der Exterritorialität handelt es sich um völkerrechtliche und im Fall der Indemnität und Immunität um parlamentsrechtliche Zwecksetzungen bzw. Gesichtspunkte.
Im Rahmen einer außerstrafrechtlichen Interessenabwägung genießen diese „strafrechtlich gesehen systemfremden"[466] Bestrafungshindernisse Vorrang gegenüber den mit der Strafrechtspflege verfolgten Zielsetzungen. Diese Interessenabwägung verdeutlicht die Verflechtung des Strafrechts mit nicht kriminalpolitischen Belangen der Rechts- und Sozialordnung, d.h. mit allgemein rechtspolitischen, gesamtgesellschaftlichen Bedürfnissen.
Das Strafrecht ist, systematisch betrachtet, nicht als ein in sich geschlossenes Ganzes, d.h. als eigenständiges System, zu bewerten, das unter Zugrundelegung gewisser Prämissen alle Erscheinungen, die es erfasst, autonom erklärt.[467] Als Teil einer konkreten Sozialordnung ist die Strafrechtsordnung „mit anderen Gebieten des Soziallebens vielfältig verflochten."[468]

Infolge der Berücksichtigung heteronomer Elemente aus anderen Bereichen der Sozialordnung besitzt die Strafrechtsordnung nur eine „relative Selbständigkeit".[469]
Aus der Berücksichtigung heteronomer Elemente resultiert eine Einschränkung der Strafbarkeit, die jedoch „das spezifische Unwerturteil über Tat und Täter, das es erlaubt, das Geschehen als Verbrechen zu bezeichnen, nicht modifiziert."[470] Ursache

---

463 BGHSt 20, 248 (249); *Maunz*, in: *Maunz/Dürig/Herzog*, Art. 46, Rdn. 28; *Stern*, § 24, S. 1062; *Härth*, NStZ 1987, S. 109 (109); *Jescheck*, § 19 II, S. 166; *Schmidt-Bleibtreu/Klein*, Art. 46 GG, Rdn. 8, *Bockelmann*, S. 40; *Meyer-Goßner*, Einl. Rdn. 145; Nr. 191 RiStBV – abgedruckt in: *Meyer-Goßner*, A 15, S. 1881 f; *Wolfslast*, NStZ 1987, S. 433 (433); vgl. A, II, Nr. 10 Satz 1 des Rundschreibens des BMI vom 10.01.1983 (GMBl. 1983, S. 37 ff); *Klein*, in: Schneider/Zeh, S. 555 (578), Rdn. 38; Kühl, in: *Lackner/Kühl*, § 36 Rdn. 4; *Creifels/Weber*, S. 661; *Maunz*, in: *Maunz/Dürig/Herzog*, Art. 46 GG, Rdn. 28: Hindert sie die Durchführung einer einzelnen Maßnahme, ist sie ein Prozeßhandlungshindernis.

464 Vgl. *Roxin*, § 23 V, Rdn. 41.

464 *Roxin*, § 23 V, Rdn. 41.

465 *Bloy*, S. 225.

466 *Bloy*, a.a.O.

467 *Bloy*, a.a.O.

468 *Bloy*, a.a.O.

469 *Bloy*, a.a.O.

470 *Bloy*, S. 226 f.

hierfür ist die wechselseitige Begrenzung der konkurrierenden Zielsetzungen. „Ebenso wie außerstrafrechtliche Zielsetzungen den Umfang der Strafbarkeit begrenzen, wird die Verwirklichung der außerstrafrechtlichen Zielsetzungen (z.B. Funktionstüchtigkeit der Diplomatie und des Parlaments) durch das Strafrecht begrenzt."[471]

Bezogen auf die Immunität folgert *Bloy* zutreffend,[472] dass die auf außerstrafrechtlichen Gesichtspunkten beruhende Privilegierung des Täters das unvermindert fortbestehende Straferfordernis „lediglich zugunsten des als vorrangig bewerteten Interesses des Parlaments für einen begrenzten Zeitraum in seiner Realisierung verdrängt."[473]
Seine daran anknüpfende Feststellung, die Immunität sei – ebenso wie die Exterritorialität – trotz dieser zeitlichen Begrenzung während ihrer Geltungsdauer als ein materiell-rechtliches Bestrafungshindernis zu bewerten, ist kritisch zu hinterfragen.
Bezogen auf die Exterritorialität wurde diese Auffassung *Bloys* bereits im Rahmen der Ausführungen zur Rechtsnatur der Exterritorialität als eine mit den völkerrechtlichen Zielsetzungen dieses Rechtsinstituts nicht zu vereinbarende Sichtweise kritisiert.[474]
Bezogen auf die Immunität der Abgeordneten ist Folgendes anzumerken:
Immunität und Indemnität genießen aufgrund außerstrafrechtlicher Interessenabwägungen Vorrang gegenüber dem auch in derartigen Fällen bestehenden staatlichen Strafverfolgungsinteresse. Die Tatsache, dass beide Rechtsinstitute der Durchsetzung außerstrafrechtlicher Interessen bzw. Zwecksetzungen dienen, wie sie auch für objektive Bedingungen der Strafbarkeit und Strafauschließungsgründe charakteristisch sind,[475] rechtfertigt nicht eine der Indemnität entsprechende materiell-rechtliche Einordnung der Immunität, denn der Vorrang außerstrafrechtlicher Zwecksetzungen kann nicht nur im materiellen Recht, sondern auch im Prozessrecht seinen Ausdruck finden.[476]
Im Gegensatz zu der zeitlich unbegrenzt fortbestehenden, unaufhebbaren Indemnität, die den Abgeordneten absoluten Schutz vor strafrechtlicher Verfolgung gewährt und dementsprechend als ein dem materiellen Recht zuzuordnender persönlicher Strafaufhebungsgrund zu qualifizieren ist, kann die zeitlich auf die Dauer des Mandats begrenzte Immunität jederzeit vom Parlament aufgehoben werden. Als das wesenstypische Merkmal jeder Immunitätsgewährung steht die jederzeitige Aufhebbarkeit der Immunität[477] einer materiell-rechtlichen Einordnung dieses Rechtsinstituts entgegen.
Erfolgt eine Aufhebung der Immunität durch den Berechtigten, so realisieren sich nachträgliche tatkomplexfremde Umstände, denn es sind völker- bzw. parlamentsrechtliche Gesichtspunkte, die sowohl der Gewährung als auch der Aufhebung der Immunität zugrunde liegen. Da im Fall der Aufhebung oder des Verzichts der Immunität nachträgliche Umstände über die Strafbarkeit entscheiden, besteht zwar eine

[471] *Bloy*, S. 227.
[472] *Bloy*, S. 87.
[473] *Bloy*, S. 87 – mit dem Hinweis, dass eine Herabsetzung des Schuldgehalts der Tat in diesem Fall nicht erkennbar, sondern die privilegierte Stellung des Täters vielmehr geeignet sei, seine Schuld zu steigern.
[474] Siehe S. 100 ff.
[475] *Roxin*, § 23 VI, Rdn. 56.
[476] *Roxin*, a.a.O., Rdn. 57.
[477] Auch der „Exterritorialität" als Sonderfall der diplomatischen Immunitätsgewährung.

inhaltliche Parallele zu den dem materiellen Strafrecht zuzuordnenden Strafausschließungsgründen. Für die rechtliche Einordnung der Immunität ist jedoch maßgebend, dass es sich insoweit um tatkomplexfremde Umstände handelt, d.h. um strafbefreiende Umstände, die aufgrund ihrer fehlenden Bindung an den Tatkomplex nicht dem durch Art. 103 Abs. 2 GG verfassungsrechtlich verankerten Rückwirkungsverbot unterliegen.
Zutreffend betont *Roxin*, dass strafbefreiende Umstände, die diesem Rückwirkungsverbot nicht unterliegen „oder deren Berücksichtigung ohne Bindung an die Gesetzesbestimmtheit dem Ermessen der Strafverfolgungsbehörden überantwortet werden soll", dem Prozessrecht zugeordnet werden müssen.[478]

Folglich ist die Immunität im Gegensatz zur Indemnität lediglich als zeitlich auf die Dauer des Mandats begrenztes[479] Prozess- bzw. Verfahrenshindernis[480] zu qualifizieren. Straftat und staatlicher Strafanspruch bleiben unberührt.[481] Rechtswidrigkeit und Schuld einer aufgrund der Immunität nicht verfolgbaren Straftat gelten unverändert fort, so dass an dieser Straftat Teilnahme möglich und gegen sie Notwehr zulässig ist. Infolge der zeitlich auf die Dauer des Mandats beschränkten Geltung der Immunität kann eine Straftat nach Beendigung des Mandats bzw. dem Wegfall dieses Befreiungsgrundes sanktioniert werden.[482]

ee) Inhaltliche Ausgestaltung /Geltungsbereich

Die durch Art. 46 Absätze 2 bis 4 GG gewährte Immunität schützt die Mitglieder des Deutschen Bundestages während der Geltungsdauer des Mandats[483] vor gerichtlichen, polizeilichen, staatsanwaltschaftlichen und sonstigen staatlichen Beeinträchtigungen ihrer persönlichen Freiheit, nicht jedoch vor zivilrechtlicher Inanspruchnahme.[484] Mittäter, Teilnehmer und sonstige Beteiligte genießen keine Immunität.[485]

---

478 *Roxin*, § 23 VI, Rdn. 59.

479 BGH NJW 1992, S. 701 (701); *Stern*, § 24, S. 1062; *Schade*, Art. 46 GG, S. 124; *Mangoldt/Klein/Starck*, Art. 46 GG, Rdn. 40; *Fischer*, § 36 Rdn. 1; *Achterberg*, S. 245; *Hesselberger*, Art. 46 GG, Rdn. 3; *Härth*, NStZ 1987, S. 109 (109); *Bröcker*, Polizei 1961, S. 269 (269); *Wolfslast*, NStZ 1987, S. 433 (433); *Schmidt-Bleibtreu/Klein*, Art. 46 GG, Rdn. 13; *Jarass/Pieroth*, Art. 46 GG, Rdn. 5; vgl. A, II, Nr. 10 Satz 1 des Rundschreibens des BMI vom 10.01.1983 (GMBl. 1983, S. 37 ff).

480 BGHSt 20, 248 (249); *Maunz*, in: *Maunz/Dürig/Herzog*, Art. 46, Rdn. 28; *Stern*, § 24, S. 1062; *Härth*, NStZ 1987, S. 109 (109); *Fischer*, § 36 Rdn. 1; *Jescheck*, § 19 II, S. 166; *Schmidt-Bleibtreu/Klein*, Art. 46 GG, Rdn. 8, *Bockelmann*, S. 40; *Meyer-Goßner*, Einl. Rdn. 145; Nr. 191 RiStBV – abgedruckt in: *Meyer-Goßner*, A 15, S. 1881 f; *Wolfslast*, NStZ 1987, S. 433 (433); vgl. A, II, Nr. 10 Satz 1 des Rundschreibens des BMI vom 10.01.1983 (GMBl. 1983, S. 37 ff); vgl. *Maunz*, in: *Maunz/Dürig/Herzog*, Art. 46 GG, Rdn. 28: Hindert sie die Durchführung einer einzelnen Maßnahme, ist sie ein Prozeßhandlungshindernis.

481 *Fischer*, Vor § 32, Rdn. 19.

482 *Mangoldt/Klein/Starck*, Art. 46 GG, Rdn. 40; vgl. *Fischer*, Vor § 32, Rdn. 19.

483 *Krehl*, in: *HeidelbergerKommentar*, § 152a StPO, Rdn. 4; *Bloy*, S. 74.

484 *Stern*, § 24, S. 1062, *Achterberg*, S. 243.

485 *Maunz*, in: *Maunz/Dürig/Herzog*, Art. 46, Rdn. 36.

Der Immunitätsschutz erstreckt sich auch auf Verfolgungsmaßnahmen, die vor Mandatsbeginn eingeleitet wurden (sogenannte mitgebrachte Verfahren).[486]
Während der Geltungsdauer der Immunität ruhen gemäß §§ 78 b Abs. 2, 79 a Nr. 1 StGB die Verfolgungs- und Vollstreckungsverjährung.[487] Nach § 78 b Abs. 2 StGB ruht die Verfolgungsverjährung mit Ablauf des Tages, an dem die Strafverfolgungsbehörde von Tat und Person des Täters Kenntnis erlangt (§ 78 b Abs. 2 Nr. 1 StGB) oder eine Strafanzeige oder ein Strafantrag gegen den Täter angebracht wird (§ 78 b Abs. 2 Nr. 2 StGB). Das Ruhen der Verjährung hemmt Beginn und Ablauf der Verjährungsfrist. Im Gegensatz zur Unterbrechung der Verjährung bleibt ein bereits abgelaufener Teil der Verjährungsfrist wirksam bestehen.[488]

Adressaten des durch Art. 46 Abs. 2 GG gewährten Verfolgungsverbots sind die inländischen Gerichte und Behörden. Im Ausland genießen die Mitglieder des Deutschen Bundestages keine Immunität.[489] Das Völkerrecht gewährt insoweit ebenfalls keinen Immunitätsschutz.[490]

ff) Ausnahmetatbestand – Artikel 46 Abs. 2 2. Halbsatz GG

Wird ein Abgeordneter bei Begehung einer Straftat oder am folgenden Tag festgenommen, ist eine Strafverfolgung gemäß Art. 46 Abs. 2 2. Halbsatz GG generell, d.h. auch ohne Aufhebung der Immunität, zulässig.
Hinsichtlich der Anwendungsvoraussetzungen entspricht der Begriff „bei Begehung einer Straftat" dem Begriff „auf frischer Tat betroffen" im Sinne des § 127 Abs. 1 StPO.[491]
Art. 46 Abs. 2 2. Halbsatz GG setzt voraus, dass die Festnahme im Zeitraum zwischen dem Beginn der Versuchsstrafbarkeit (bzw. der Vollendung der Tat im Falle eines straffreien Versuchs) und dem Ende des auf den Tag der Beendigung folgenden Tages liegt und der Abgeordnete darüber hinaus „in solcher Lage betroffen wurde, daß dringender Tatverdacht gerechtfertigt"[492] ist.[493]

---

[486] *Magiera*, in: Sachs, Art. 46 GG, Rdn. 12; *Mangoldt/Klein/Starck*, Art. 46 GG, Rdn. 41 m.w.N.; *Bröcker*, Polizei 1961, S. 269 (271); *Achterberg*, S. 244; a.A. h.L. und anfängliche Praxis in der Weimarer Zeit – vgl. *Maunz*, in: *Maunz/Dürig/Herzog*, Art. 46 GG, Rdn. 51; *Krehl*, in: *Heidelberger Kommentar*, § 152a StPO, Rdn. 5.

[487] *Magiera*, in: *Sachs*, Art. 46 GG, Rdn. 12; *Jarass/Pieroth*, Art. 46 GG, Rdn. 5; vgl. BGHSt 20, 248 (250 f);

[488] *Jescheck*, § 86 I, S. 815.

[489] *Härth*, NStZ 1987, S. 109 (109).

[490] *Härth*, a.a.O., S. 109 (109).

[491] *Bockelmann*, S. 56 f; *Maunz*, in: *Maunz/Dürig/Herzog*, Art. 46 GG, Rdn. 53; *Magiera*, in: *Sachs*, Art. 46 GG, Rdn. 17; *Mangoldt/Klein/Starck*, Art. 46 GG, Rdn. 53; *Krehl*, in: *Heidelberger Kommentar*, § 152a StPO, Rdn. 7.

[492] *Bockelmann*, S. 57; **a.A.** *Bröcker*, Polizei, 1961, S. 269 (273): Der Festnahme muss eine „wirklich begangene Straftat vorausgegangen" sein. Aufgrund des Schutzes der Parlamentarier vor tendenziöser Verfolgung ist die Festnahme nur zulässig, „wenn die Täterschaft des Abgeordneten völlig außer Zweifel steht."

[493] *Maunz*, in: *Maunz/Dürig/Herzog*, Art. 46 GG, Rdn. 53; *Mangoldt/Klein/Starck*, Art. 46 GG, Rdn. 53.

Der Begriff „Festnahme" erstreckt sich über den strafprozessualen Anwendungsbereich hinaus auf „jede Freiheitsentziehung, die im Zusammenhang mit einem Untersuchungsverfahren gegen den Abgeordneten wegen einer mit Strafe bedrohten Handlung erfolgt."[494]
Gemäß Nr. 191 Abs. 3 f) RiStBV kann die Staatsanwaltschaft unaufschiebbare Maßnahmen zur Sicherung von Spuren (z.B. Messungen, Lichtbildaufnahmen am Tatort) in unmittelbarem zeitlichen Zusammenhang mit einer Straftat treffen. Ausweislich der Regelung A, II, Nr. 3 S. 3 und 4 des Rundschreibens des Bundesministeriums des Innern vom 10. Januar 1983[495] sind die Beamten des Polizeidienstes aufgrund des Legalitätsprinzips in den Fällen des Art. 46 Abs. 2 2. Halbsatz GG berechtigt und verpflichtet, die Tat zu erforschen (§ 163 StPO) und können in derartigen Fällen erforderlichenfalls – ohne Genehmigung des Deutschen Bundestages – Durchsuchungen (§§ 102 ff StPO), Beschlagnahmen (§§ 94 ff StPO) sowie körperliche Untersuchungen (§ 81 a StPO)[496] anordnen.

gg) Aufhebung – Artikel 46 Abs. 2 GG

Gemäß Art. 46 Abs. 2 1. Halbsatz GG darf ein Abgeordneter wegen einer mit Strafe bedrohten Handlung nur mit Genehmigung des Bundestages zur Verantwortung gezogen oder verhaftet werden. Als ein ausschließlich dem Parlament und nicht dem einzelnen Abgeordneten zustehendes subjektives Recht[497] kann die Immunität eines Abgeordneten nur durch das Parlament aufgehoben werden.[498] Das Parlament trifft insoweit eine Ermessensentscheidung.[499]
Nach diesen an Sinn und Zweck der Immunität ausgerichteten Ermessensrichtlinien darf der Immunitätsschutz nur gewährt werden, soweit er zur Aufrechterhaltung der parlamentarisch-demokratischen Ordnung notwendig ist.[500] Stets bedarf es insoweit einer Güterabwägung zwischen dem Bedürfnis an einer geordneten Rechtspflege und dem Interesse des Bundestages an der Mitarbeit des betreffenden Abgeordneten.[501]

---

[494] *Mangoldt/Klein/Starck*, Art. 46 GG, Rdn. 53.

[495] GMBl. 1983, S. 37 ff.

[496] Vgl. Nr. 191 Abs. 3 a), h) RiStBV – abgedruckt in: *Meyer-Goßner*, A 15, S. 1882.

[497] *Achterberg*, S. 243.

[498] BGHSt 20, 248 (249); *Hesselberger*, Art. 46, Rdn. 5; *Maunz*, in: *Maunz/Dürig/Herzog*, Art. 46 GG, Rdn. 27.

[499] *Maunz*, in: *Maunz/Dürig/Herzog*, Art. 46 Rdn. 65; *Jarass/Pieroth*, Art. 46 GG, Rdn. 8; *Mangoldt/Klein/Starck*, Art. 46 GG, Rdn. 47; *Schwegmann*, S. 32; *Meyer*, S. 27: Die Entscheidung liegt im „pflichtgemäßen Ermessen des Parlaments".

[500] *Maunz*, in: *Maunz/Dürig/Herzog*, Art. 46 Rdn. 65; *Wolfast*, NStZ 1987, S. 433 (436).

[501] *Maunz*, in: *Maunz/Dürig/Herzog*, a.a.O., Rdn. 65; *Wolfast*, a.a.O., S. 433 (436); *Mangoldt/Klein/Starck*, Art. 46 GG, Rdn. 47; A 4 Satz 4 der Grundsätze in Immunitätsangelegenheiten, Anlage 6 GO-BT; *Schwegmann*, S. 32; *Meyer*, S. 28: „Grundsätzlich ist jedoch darauf hinzuweisen, daß der Abgeordnete durch die Strafverfolgung von seiner parlamentarischen Tätigkeit tatsächlich abgehalten sein muß. (...) Insgesamt werden die Parlamente daher bei der Abwägung der Interessen des Parlaments an der ungestörten Mitarbeit der Abgeordneten einerseits und der Belange der anderen hoheitlichen Gewalten, insbesondere der Interessen der Strafrechtspflege an der Strafverfolgung ohne Ansehen der Person andererseits, den letzteren den Vorzug geben müssen, wenn keine Freiheitsbeschränkungen in Betracht kommen. Bei Freiheitsbeschränkungen wird dagegen nicht selten den Interessen der Parlamente der Vorzug einzuräumen sein, (...)."

(1) Geschäftsordnung des Deutschen Bundestages – Grundsätze in Immunitätsangelegenheiten

Die „Grundsätze in Immunitätsangelegenheiten",[502] die gestützt auf § 107 Abs. 2 der Geschäftsordnung des Deutschen Bundestages (GO-BT)[503] vom Ausschuss für Wahlprüfung, Immunität und Geschäftsordnung des Deutschen Bundestages jeweils zu Beginn einer Wahlperiode beschlossen werden,[504] basieren auf dieser Interessenabwägung und enthalten Richtlinien für typische Fallgestaltungen,[505] die das Verfolgungshindernis der Immunität „stark auflockern".[506]
Nach diesen Grundsätzen soll bei Verkehrsdelikten die erforderliche Genehmigung grundsätzlich erteilt werden.[507] Diese Interessenabwägung verdeutlicht, dass in derartigen Deliktsfällen mit der Strafverfolgung nur eine unwesentliche Behinderung der Arbeit des betroffenen Abgeordneten verbunden ist.[508]
Zur Vereinfachung des Geschäftsganges ist der Ausschuss für Wahlprüfung, Immunität und Geschäftsordnung des Deutschen Bundestages beauftragt, in allen Fällen von Verkehrsdelikten eine Vorabentscheidung zu treffen.[509] Bei Anträgen, die nach Auffassung des Ausschusses eine Bagatellsache zum Gegenstand haben, ist der Ausschuss ebenfalls zur Vorabentscheidung befugt.[510]
Die „Vorabentscheidung" ist eine Beschlussempfehlung des Ausschusses an den Bundestag. Sie gilt als angenommen, sofern nicht innerhalb von sieben Tagen nach Mitteilung schriftlich Widerspruch beim Präsidenten des Deutschen Bundestages erhoben wird.[511] Im Falle eines Widerspruchs bedarf es einer Beschlussfassung des Plenums des Deutschen Bundestages.

Die „Grundsätze in Immunitätsangelegenheiten" haben Normqualität.[512] Als den staatsinternen Bereich strukturierende Regelungen sind sie Bestandteil des sogenannten Innenrechts.[513] Ausweislich ihrer Veröffentlichung im Bundesgesetzblatt „ist auch die Orientierung der Gerichte und der Exekutive, insbesondere der Verfolgungsbehörden, an den Grundsätzen beabsichtigt."[514]

Ausweislich eines an die Mitglieder des Deutschen Bundestages gerichteten Schreibens des Präsidenten des Deutschen Bundestages vom 10. Dezember 1998[515]

---

[502] Grundsätze in Immunitätsangelegenheiten, Anlage 6 GO-BT, Fn. 1.
[503] In der Textfassung vom 5. Februar 1998 für die 14. Wahlperiode, Ausgabe 1999.
[504] Grundsätze in Immunitätsangelegenheiten, Anlage 6 GO-BT, Fn. 1.
[505] *Bloy*, S. 77.
[506] *Fischer*, § 78 b, Rdn. 6.
[507] A Nr. 11 Satz 1 der Grundsätze in Immunitätsangelegenheiten, Anlage 6 GO-BT.
[508] *Bloy*, S. 77.
[509] A Nr. 11 Satz 2 der Grundsätze in Immunitätsangelegenheiten, Anlage 6 GO-BT.
[510] A.a.O.
[511] A Nr. 11 – 13 der Grundsätze in Immunitätsangelegenheiten, Anlage 6 GO-BT.
[512] *Butzer*, ZParl 1993, S. 384 (393).
[513] *Butzer*, a.a.O., S. 384 (389); *Mangoldt/Klein/Starck*, Art. 46 GG, Rdn. 48, *Achterberg*, S. 244.
[514] *Butzer*, a.a.O., S. 384 (391); *ders.*, S. 130.
[515] Schreiben des Präsidenten des Deutschen Bundestages an die Mitglieder des Deutschen Bundestages vom 10. Dezember 1998, Anlage 2, 1. cc); vgl. *Magiera*, in: *Sachs*, Art. 46 GG, Rdn. 20; Nr. 192 a Abs. 1 S. 1 RiStBV – abgedruckt in: *Meyer-Goßner*, A 15, S. 1883.

pflegt „der Bundestag (über die Grundsätze in Immunitätsangelegenheiten hinausgehend) in ständiger Übung die Genehmigung zur Erteilung der Anklage vor Gericht zu erteilen.“ „Eine Ausnahme besteht nur bei sogenannten politischen Beleidigungen“,[516] d.h. bei Ehrverletzungen, die nicht als Verleumdungen zu bewerten sind. „Die Praxis des Bundestages in Immunitätsangelegenheiten zielt darauf ab, seine Mitglieder im Falle eines Strafverfahrens oder anderer Zwangsmaßnahmen möglichst den übrigen Bürgern gleich zu behandeln. Dies bedeutet einerseits, daß Abgeordnete durch das Immunitätsrecht keine besonderen Vorteile genießen sollen, und andererseits Abgeordnete auch nicht schlechter gestellt werden sollen als andere Bürger, deren Lebensführung nicht unter dauernder öffentlicher Aufmerksamkeit steht.“[517]

(2) Rechtsfolgen

Das durch Art. 46 Abs. 2 1. Halbsatz GG normierte Genehmigungserfordernis begründet keine Ausnahme von dem in § 152 Abs. 2 StPO verankerten Legalitätsprinzip.[518] Bei zureichenden tatsächlichen Anhaltspunkten für das Vorliegen einer Straftat muss die zuständige Staatsanwaltschaft die erforderliche Genehmigung für die Einleitung eines strafrechtlichen Ermittlungsverfahrens gegen einen Abgeordneten des Deutschen Bundestages beantragen.[519] Bis zu diesem Zeitpunkt darf sie diejenigen Aufklärungen vornehmen, „die ein Ersuchen an den Bundestag um Aufklärung rechtfertigen.“[520]
Der Genehmigungsvorbehalt des Deutschen Bundestages führt faktisch zu einem Ausschluss des den Behörden und Beamten des Polizeidienstes gemäß § 163 StPO zustehenden Rechts auf den ersten Zugriff, denn auch die polizeilichen Ermittlungen sind bereits Teil der verfolgenden Untersuchung.[521]

Aufgrund der für den Bereich der Verkehrsdelikte vorab erteilten Genehmigung können die Strafverfolgungsbehörden gemäß Nr. 191 Abs. 3 g) der „15. Richtlinien für das Straf- und Bußgeldverfahren“ (RiStBV)[522] und der Regelung A, II, Nr. 6 lit. a) des Rundschreibens des Bundesministeriums des Innern vom 10. Januar 1983[523] bei Unfällen, an denen ein Abgeordneter beteiligt ist, zur Feststellung des Unfallhergangs

---

[516] Schreiben des Präsidenten des Deutschen Bundestages an die Mitglieder des Deutschen Bundestages vom 10. Dezember 1998, Anlage 2, 1. cc); vgl. *Magiera*, in: *Sachs*, Art. 46 GG, Rdn. 20; Nr. 192 a Abs. 1 S. 1 RiStBV – abgedruckt in: *Meyer-Goßner*, A 15, S. 1883.

[517] Schreiben des Präsidenten des Deutschen Bundestages an die Mitglieder des Deutschen Bundestages vom 10. Dezember 1998, Anlage 2, 1. cc).

[518] *Maunz*, in: *Maunz/Dürig/Herzog*, Art. 46 GG, Rdn. 29; *Bockelmann*, S. 29.

[519] *Maunz*, in: *Maunz/Dürig/Herzog*, a.a.O., Rdn. 29: „Allerdings wird man das Klageerzwingungsverfahren (§ 172 StPO) nicht entsprechend zur Erzwingung eines solchen Genehmigungsantrages heranziehen können.“

[520] *Bockelmann*, S. 47; vgl. Nr. 191 Abs. 4 RiStBV – abgedruckt in: *Meyer-Goßner*, A 15, S. 1882; *Maunz*, in: *Maunz/Dürig/Herzog*, Art. 46 GG, Rdn. 42; a.A. *Achterberg*, S. 243: Das staatsanwaltliche Ermittlungsverfahren ist „auch nicht insoweit zulässig, wie Aufklärungen notwendig sind, die ein Ersuchen um Aufhebung der Immunität rechtfertigen.“; *Krehl*, in: *Heidelberger Kommentar*, § 152a StPO, Rdn. 6.

[521] *Bockelmann*, S. 30.

[522] Abgedruckt in: *Meyer-Goßner*, A 15, S. 1882.

[523] GMBl. 1983, S. 37 ff.

und der Unfallursache, die Personalien des Abgeordneten, das amtliche Kennzeichen und den Zustand seines Fahrzeuges feststellen sowie die Vorlage des Führerscheins und des Kraftfahrzeugscheins verlangen. Ferner dürfen sie zum Zwecke der Beweissicherung Fahr-, Brems- und andere Spuren, die von seinem Fahrzeug herrühren, sichern, vermessen und fotografieren.
Gemäß A, II, Nr. 6 lit. b) des vorstehend genannten Rundschreibens sind die Strafverfolgungsbehörden ebenfalls befugt, Abgeordnete zum Zwecke der Entnahme einer Blutprobe zur Polizeiwache und zu einem Arzt zu bringen.

Ferner wird unter Bezug auf die Praxis der Immunitätsausschüsse in Bund und Ländern die Befugnis der Strafverfolgungsbehörden durch die Regelungen A, II Nr. 6 lit. c) und d) dieses Rundschreibens dahingehend erweitert, dass gegen Abgeordnete beispielsweise Bußgeldbescheide nach den Bestimmungen des Ordnungswidrigkeitengesetzes, vorsorgliche Schutzmaßnahmen nach den §§ 34 ff des Bundesseuchengesetzes sowie die aufgrund einer polizeilichen Güterabwägung erforderliche Freiheitsbeschränkung angeordnet werden dürfen (polizeiliche Ingewahrsamnahme nach § 20 Abs. 1 des Bundesgrenzschutzgesetzes oder den entsprechenden polizeirechtlichen Vorschriften der Länder).

Eine vom Deutschen Bundestag vorab erteilte Genehmigung zur Strafverfolgung berechtigt die Polizei jedoch nicht zur eigenständigen Durchführung von Ermittlungen. Vielmehr muss die Polizei die entsprechenden Vorgänge der zuständigen Staatsanwaltschaft vorlegen und deren Weisungen abwarten.[524]

Die in Art. 46 Abs. 2 GG verankerte Immunität steht der Stellung eines Strafantrages nicht entgegen. Der Strafantrag ist lediglich „eine private Bitte um Strafverfolgung, keine behördliche Verfolgungshandlung."[525]
Das Recht der Staatsanwaltschaft zur Übernahme eines Privatklageverfahrens gemäß § 377 Abs. 2 S. 1 StPO wird durch Art. 46 Abs. 2 GG ebenfalls nicht tangiert. Das von der Staatsanwaltschaft in diesen Übernahmefällen dokumentierte öffentliche Interesse an der Strafverfolgung verdeutlicht lediglich, dass in derartigen Fällen mit einem staatsanwaltlichen Untersuchungsverfahren begonnen und die für dieses Verfahren erforderliche Genehmigung eingeholt werden soll.[526]

Da das Prozesshindernis der Immunität keine Wirkung zugunsten nicht privilegierter Tatbeteiligter (Mittäter, Teilnehmer, Begünstiger, Hehler) entfaltet,[527] kann in einem gegen einen nicht privilegierten Tatbeteiligten gerichteten Strafverfahren ein Mitglied des Deutschen Bundestages ohne Aufhebung seiner Immunität als Zeuge vernommen, seine Räume gemäß den Bestimmungen der §§ 103, 104 StPO durchsucht sowie gestützt auf § 95 StPO die Herausgabe von Gegenständen verlangt werden.[528] Nach

---

[524] Vgl. A, II, Nr. 2 des Rundschreibens des BMI vom 10. Januar 1983 (GMBl. 1983, S. 37 ff).
[525] *Bockelmann*, S. 36; vgl. *Maunz*, in: *Maunz/Dürig/Herzog*, Art. 46 GG, Rdn. 30.
[526] *Bockelmann*, S. 51; *Maunz*, in: *Maunz/Dürig/Herzog*, a.a.O., Rdn. 31.
[527] Vgl. S. 104, 114; A, II, Nr. 5 lit. a) des Rundschreibens des BMI vom 10.01.1983 (GMBl. 1983, S. 37 ff).
[528] *Bröcker*, Polizei 1961, S. 269 (271); *Krehl*, in: *Heidelberger Kommentar*, § 152a StPO, Rdn. 8; vgl.: Nr. 191 Abs. 3 d) und e) RiStBV – abgedruckt in: *Meyer-Goßner*, A 15, S. 1882 A, II, Nr. 5

Art. 47 S. 1 GG sind die Abgeordneten jedoch berechtigt, über Personen, die ihnen in ihrer Eigenschaft als Abgeordnete oder denen sie in dieser Eigenschaft Tatsachen anvertraut haben, sowie über diese Tatsachen selbst das Zeugnis zu verweigern. Gemäß § 53 Abs. 1 Nr. 4 StPO gilt dieses Zeugnisverweigerungsrecht auch im strafrechtlichen Ermittlungsverfahren. Soweit dieses Zeugnisverweigerungsrecht reicht, ist die Beschlagnahme von Schriftstücken unzulässig (Art. 47 S. 2 GG, § 97 Abs. 3 StPO). Die Hilfspersonen der Abgeordneten (Berufshelfer) genießen entsprechende Rechtsgewährungen (§§ 53 a, 97 Abs. 4 StPO).

In einem gegen einen nicht privilegierten Tatbeteiligten gerichteten Strafverfahren kann auch die Strafbarkeit des Abgeordneten inzident festgestellt werden.[529] Da der betreffende Abgeordnete während der Geltungsdauer der Immunität strafrechtlich nicht zur Verantwortung gezogen werden kann, hat eine derartige inzident erfolgte Feststellung bis zur Beendigung der Immunität einen lediglich bloßstellenden Charakter.[530] Art. 46 Abs. 2 GG gewährt keinen Schutz vor Bloßstellung.[531]
Nach Beendigung bzw. Wegfall der Immunität kann aufgrund der in einem derartigen Verfahren gewonnenen Erkenntnisse ein Strafverfahren gegen den ehemaligen Abgeordneten eingeleitet werden.[532] Ein gegenteiliges Ergebnis wäre mit der rechtlichen Qualifizierung der Immunität als ein auf die Dauer des Mandats bezogenes Prozesshindernis nicht zu vereinbaren und hätte zudem letztlich die Ausdehnung des Immunitätsschutzes auf Mittäter und Tatbeteiligte und damit „eine unerträgliche Lahmlegung der Strafrechtspflege"[533] zur Folge.[534]

(3) Justitiabilität

Die Frage, ob Immunitätsentscheidungen des Deutschen Bundestages justitiabel sind, wird kontrovers diskutiert.[535]

Gegen eine richterliche Kontrolle wird angeführt, dass die dem Gericht zur Verfügung stehenden rechtlichen Prüfungsmaßstäbe zur Überprüfung dieser politischen Ermessensentscheidung untauglich seien und die Entstehungsgeschichte gegen jegliche Gerichtskontrolle spreche.[536]
Zur Begründung wird auf die zweite Sitzung des Hauptausschusses des Parlamentarischen Rates vom 11.11.1948 verwiesen, in welcher der Antrag des Abgeordneten Dr. de Chapeaurouge, das Recht der Beschwerde an das Bundesverfassungsgericht in die Immunitätsregelung aufzunehmen, mit der Begründung abgelehnt worden sei, dass

---

lit. b) des Rundschreibens des Bundesministeriums des Innern vom 10.01.1983 (GMBl. 1983, S. 37 ff); **a.A.** *Baumann/Weber/Mitsch*, § 7 Rdn. 14 (dort bezogen auf die Exterritorialität).

529 *Maunz*, in: *Maunz/Dürig/Herzog*, Art. 46 GG, Rdn. 36.

530 *Bockelmann*, S. 54.

531 *Bockelmann*, S. 54; *Maunz*, in: *Maunz/Dürig/Herzog*, Art. 46 GG, Rdn. 36.

532 *Bockelmann*, S. 54; *Bröcker*, Polizei 1961, S. 269 (271).

533 *Bockelmann*, S. 56.

534 *Bockelmann*, S. 55 f; vgl. *Bröcker*, Polizei 1961, S. 269 (271).

535 **Pro:** BayVerfGH, DVBl. 1966, S. 902 (902 f); *Maunz*, in: *Maunz/Dürig/Herzog*, Art. 46 GG, Rdn. 71; *Herlan*, MDR 1950, S. 517 (521); **Kontra:** *Bockelmann*, S. 24 f, 35.

536 *Bockelmann*, S. 24 f.

es eines der höchsten Rechte des Parlaments sei, über die Immunität selbst und ohne richterliche Kontrolle zu entscheiden und man einen Abgeordneten nicht in die Lage versetzen dürfe, die Aufhebung seiner Immunität schon deshalb erstreben zu müssen, um zu beweisen, dass er sich unschuldig fühle.[537]

Die Befürworter einer gerichtlichen Kontrollmöglichkeit argumentieren demgegenüber in zutreffender Weise, dass angesichts der in Art. 19 Abs. 4 GG objektivierten ratio constitutionis der subjektiv geäußerte Wille der Verfassungsschützer nicht überschätzt werden dürfe.[538] Wo die Verfassung „gerichtsfreie" Akte wünsche, sei dies ausdrücklich normiert. Zudem existiere auch gegenüber der Ermessensentscheidung des Bundestages über die Aufhebung der Immunität ein formelles subjektives Recht auf willkürfreie Ermessensausübung.[539]
Da die Immunitätsaufhebung ein „parlamentarisches Spezifikum"[540] sei und eine verfassungsrechtliche Streitigkeit auslöse, entfalle gemäß § 40 Verwaltungsgerichtsordnung (VwGO) die Möglichkeit einer verwaltungsgerichtlichen Kontrolle.[541] Da sich das formelle Recht auf fehler- und willkürfreien Ermessensgebrauch letztlich aus dem Grundrecht des Art. 3 GG herleiten lasse, sei die individualrechtliche Konstruktion einer Verfassungsbeschwerde abzulehnen, denn in Art. 46 GG gehe es nicht um den Abgeordneten in seiner Funktion als Bürger, sondern um seine organähnliche Beteiligung am Verfassungsleben.[542]
Gegen eine die Immunitätsaufhebung betreffende Entscheidung des Deutschen Bundestages könne der jeweilige Abgeordnete eine Organklage anstrengen und ein durch das strafrechtliche Verhalten des Abgeordneten in seinen Rechten verletzter Bürger Verfassungsbeschwerde erheben, sofern er durch die Entscheidung des Deutschen Bundestages in seinem aus Art. 3 GG abgeleiteten Grundrecht auf willkürfreie Ermessensentscheidung verletzt worden sei.[543]

d) Ergebnis

Die in Art. 46 Abs. 1 GG und § 36 StGB normierte Indemnität bezweckt ebenso wie die in Art. 46 Abs. 2 bis 4 GG geregelte Immunität die Gewährleistung der Funktionsfähigkeit des Parlaments.
Im Gegensatz zur Immunität gewährt die Indemnität eine zeitlich unbegrenzte, unaufhebbare und damit vergleichsweise umfassende Freistellung von gerichtlicher Verantwortlichkeit. Infolgedessen kann ein Abgeordneter für eine Abstimmung oder Äußerung im Bundestag oder einem seiner Ausschüsse lebenslang (straf-)gerichtlich nicht zur Verantwortung gezogen werden. Ausgenommen sind insoweit jedoch verleumderische Beleidigungen im Sinne des § 187 StGB (vgl. Art. 46 Abs. 1 S. 2 GG), da diese nicht dem mit der Indemnität bezweckten Schutz der Sicherung der Funktionsfähigkeit des Parlaments unterfallen. Nicht die Körperschaft, sondern ledig-

---

[537] *Bockelmann*, S. 35, Fn. 59.
[538] *Maunz*, in: *Maunz/Dürig/Herzog*, Art. 46 GG, Rdn. 71.
[539] *Maunz*, a.a.O., Rdn. 71.
[540] *Maunz*, a.a.O., Rdn. 71.
[541] *Maunz*, a.a.O., Rdn. 71.
[542] *Maunz*, a.a.O., Rdn. 71.
[543] *Maunz*, a.a.O., Rdn. 71.

lich das zuständige Gericht ist befugt, über das Vorliegen dieses Straftatbestandes zu entscheiden. Die gemäß § 108 e Abs. 1 1. Halbsatz 2. Alt. StGB strafbare passive Abgeordnetenbestechung kollidiert nicht mit der Indemnitätsgewährung, da diese Strafnorm nicht das Abstimmungsverhalten, sondern den vorhergehenden Stimmenkauf pönalisiert.
Die Gewährleistung der für eine repäsentative Demokratie essentiellen Rede- und Abstimmungsfreiheit legitimiert den mit der Indemnitätsgewährung verbundenen umfassenden Schutz der Abgeordneten. Die durch die Immunität der Abgeordneten bewirkte Durchbrechung des Grundsatzes der Gewaltenteilung und die Privilegierung des Parlaments gegenüber sonstigen Staatsorganen findet ihre Legitimation in der herausragenden Stellung des Parlaments als Repräsentant des Volkes.

Während die Indemnität als ein dem materiellen Recht zuzuordnender persönlicher Strafausschließungsgrund zu qualifizieren ist und demnach einen absoluten Schutz vor strafrechtlicher Verfolgung gewährt, ist die Immunität lediglich als ein zeitlich auf die Dauer des Mandats begrenztes Prozess- bzw. Verfahrenshindernis zu bewerten. Infolgedessen kann eine während der Geltungsdauer der Immunität begangene Straftat – anders als im Falle der Indemnität – nach Beendigung des Mandats bzw. dem Wegfall des Befreiungsgrundes sanktioniert werden.
Da das Prozesshindernis Immunität keine Wirkung zugunsten nicht privilegierter Tatbeteiligter entfaltet, kann in einem gegen einen nicht privilegierten Tatbeteiligten gerichteten Strafverfahren ein Mitglied des Deutschen Bundestages ohne Aufhebung seiner Immunität nicht nur als Zeuge vernommen, sondern auch seine Strafbarkeit inzident festgestellt werden, mit der Folge, dass aufgrund der aus diesem Verfahren gewonnenen Erkenntnisse gegen den Abgeordneten nach Beendigung bzw. Wegfall der Immunität ein Strafverfahren eingeleitet werden kann.

Die dem Parlament zustehende Ermessensentscheidung zur Aufhebung der Immunität ist gerichtlich überprüfbar. Ein durch ein strafbares Verhalten eines Abgeordneten in seinen Rechten verletzter Bürger kann gegen eine die Immunitätsaufhebung ablehnende Entscheidung des Deutschen Bundestages, gestützt auf das aus Art. 3 GG abgeleitete Grundrecht auf willkürfreie Ermessensentscheidung, Verfassungsbeschwerde erheben.
Wird ein Abgeordneter bei Begehung einer Straftat oder am folgenden Tag festgenommen, ist eine Strafverfolgung gemäß Art. 46 Abs. 2 2. Halbsatz GG generell, d.h. auch ohne Aufhebung der Immunität, zulässig. Im Ausland genießen die Mitglieder des Deutschen Bundestages keine Immunität.

Aufgrund des Wegfalls des die Immunität im konstitutionellen Zeitalter rechtfertigenden Spannungsverhältnisses zwischen Exekutive und Legislative ist – auch nach Inkrafttreten des GG – vielfach eine zumindest restriktive Auslegung der die Abgeordnetenimmunität normierenden Vorschriften gefordert und teilweise sogar die Notwendigkeit ihres Fortbestandes verneint worden.

3. Immunität des Bundespräsidenten

Nach Art. 60 Abs. 4 GG finden auf den Bundespräsidenten die Absätze 2 bis 4 des Artikels 46 GG entsprechende Anwendung. Der Bundespräsident bleibt demnach der deutschen Strafgewalt unterworfen. Er genießt keine Indemnität, sondern lediglich eine dem Immunitätsschutz der Abgeordneten entsprechende Immunität. Außerhalb des Geltungsbereichs des Grundgesetzes genießt der Bundespräsident gegenüber der Zwangsgewalt eines ausländischen Staates völkerrechtliche Immunität, die durch eine zwischenstaatliche Instanz nicht aufgehoben werden kann.[544]

4. Indemnität und Immunität der Mitglieder der Bundesversammlung

Gemäß § 7 S. 1 des Gesetzes über die Wahl des Bundespräsidenten durch die Bundesversammlung vom 25. April 1959[545] finden die Art. 46, 47 und 48 Abs. 2 GG auf die Mitglieder der Bundesversammlung entsprechende Anwendung. Infolge der analogen Anwendung von Art. 46 GG genießen die Mitglieder der Bundesversammlung Indemnität und Immunität.

5. Indemnitätsregelungen im Strafgesetzbuch

Im fünften Titel des zweiten Abschnitts des Strafgesetzbuchs (StGB) normieren die §§ 36 und 37 StGB die Straflosigkeit parlamentarischer Äußerungen und Berichte. Der Regelungsbereich dieser Normen umfasst ausschließlich die Freiheit von strafrechtlicher Verantwortung.[546]

a) § 36 StGB

Gemäß § 36 S. 1 StGB dürfen Mitglieder des Bundestages, der Bundesversammlung oder eines Gesetzgebungsorgans eines Landes zu keiner Zeit wegen ihrer Abstimmung oder wegen einer Äußerung, die sie in der Körperschaft oder in einem ihrer Ausschüsse getan haben, außerhalb der Körperschaft zur Verantwortung gezogen werden. Dies gilt jedoch nicht für verleumderische Beleidigungen (§ 36 S. 2 StGB). Ob eine verleumderische Beleidigung vorliegt, entscheidet nicht die Körperschaft, sondern das Gericht.[547]

Bezogen auf den strafrechtlichen Bereich normiert § 36 StGB zum Schutz der parlamentarischen Rede- und Abstimmungsfreiheit eine der Regelung des Art. 46 Abs. 1 GG inhaltlich entsprechende Indemnität, d.h. einen zeitlich unbegrenzten und unaufhebbaren Auschluss von strafrechlicher Verantwortlichkeit.[548] Über den Anwendungsbereich des Art. 46 Abs. 1 GG hinausgehend erweitert § 36 StGB den Kreis

---

[544] *Schmidt-Bleibtreu/Klein*, Art. 60 GG, Rdn. 7; vgl. *Herzog*, in: *Maunz/Dürig/Herzog*, Art. 60 GG, Rdn. 57.
[545] BGBl. I, 1959, S. 230.
[546] Sch/Sch-*Lenckner*, Vorbem. § 36, Rdn. 2 m.w.N.
[547] *Fischer*, § 36, Rdn. 4.
[548] BGHZ 75, 384 (387); *Jescheck*, § 19 II, S. 164, SK-*Samson*, § 36 StGB, Rdn. 1; *Bloy*, S. 61.

der Normadressaten auf die Mitglieder der Bundesversammlung und der Gesetzgebungsorgane der Länder.

Nach nahezu einhelliger Auffassung ist diese Strafbefreiung, ebenso wie der durch Art. 46 Abs. 1 GG gewährte Indemnitätsschutz, als ein persönlicher Strafausschließungsgrund zu qualifizieren,[549] d.h. als ein in der Person des Täters zum Zeitpunkt der Tatbegehung vorliegender Umstand, der zu dessen persönlicher Straflosigkeit führt.[550] Demnach können Teilnahmehandlungen nicht privilegierter Dritter sanktioniert werden, da die Indemnität als nicht akzessorisches besonderes persönliches Merkmal im Sinne des § 28 Abs. 2 StGB nur zugunsten derjenigen Person wirkt, welche die Voraussetzungen dieser Privilegierung erfüllt.[551]

Roxin[552] bewertet die durch § 36 StGB gewährte Indemnität nicht als einen persönlichen, sondern als einen sachlichen, d.h. nicht auf einem personengebundenen Sachverhalt beruhenden,[553] Strafausschließungsgrund, da die außerstrafrechtlichen Gründe bzw. Zwecksetzungen, die in derartigen Fällen die Strafbarkeit ausschließen, auch Teilnehmern zugute kommen sollen. Dies sei erforderlich, da ein Abgeordneter für die Vorbereitung seiner parlamentarischen Äußerungen, beispielsweise für seine Reden im Plenum des Deutschen Bundestages, in aller Regel auf die Unterstützung von Dritten – Mitarbeitern, Ratgebern oder sonstigen Personen – angewiesen sei. Müssten diese Personen wegen ihrer Unterstützungsleistungen mit einer möglichen Strafverfolgung rechnen, würde dies die durch § 36 StGB geschützte Abgeordnetentätigkeit beeinträchtigten.[554]

Eine derartige Ausdehnung der Strafbefreiung auch auf Teilnehmer trägt dem besonderen Ausnahmecharakter der Indemnität nicht hinreichend Rechnung und verdrängt in unzulässiger Weise das in diesen Fällen überwiegende staatliche Strafverfolgungsinteresse.
Innerhalb der das Strafverfolgungsinteresse überlagernden außerstrafrechtlichen Zwecksetzungen nimmt die Indemnität aufgrund ihrer absoluten Schutzwirkung[555] eine Sonderstellung ein, die – teleologisch-funktional betrachtet – einer erweiterten Anwendbarkeit dieses Rechtsinstituts entgegensteht. Eine Ausdehnung des Indemnitätsschutzes auch auf Teilnehmer hätte auf Seiten der Strafverfolgungsbehörden eine erhebliche Rechtsunsicherheit zur Folge. Diese resultiert daraus, dass gegen immunitätsgeschützte Personen keine strafrechtlichen Ermittlungen eingeleitet werden dürften, der geschützte Teilnehmerkreis in derartigen Fällen oftmals aber nicht zweifelsfrei bestimmt bzw. abgegrenzt werden kann.

---

[549] *Warda*, Jura 1979, S. 286 (291); SK-*Samson*, § 36 StGB, Rdn. 5; siehe auch S. 107 f.
[550] *Jescheck*, § 52 I, S. 497; *Warda*, Jura 1979, S. 286 (291); *Roxin*, JuS 1988, 425 (432).
[551] Sch/Sch-*Lenckner*, Vorbem. §§ 32 ff, Rdn. 131; vgl. *Baumann/Weber/Mitsch*, § 24, Rdn. 4, 8; *Warda*, Jura 1979, S. 286 (291).
[552] *Roxin*, § 23 III, Rdn. 26.
[553] Vgl. Sch/Sch-*Lenckner*, Vorbem. §§ 32 ff, Rdn. 131.
[554] *Roxin*, § 23 III, Rdn. 26.
[555] Vgl. S. 107 f.

Als Zwischenergebnis bleibt somit Folgendes festzustellen:
Die den persönlichen Strafausschließungsgrund der Indemnität rechtfertigende außerstrafrechliche, verfassungspolitische Zwecksetzung (Schutz der parlamentarischen Abstimmungs- und Redefreiheit) betrifft weder das geschützte Rechtsgut, die Begehungsweise der Tat noch die Einstellung des Täters zur Tat.[556]
Derartige außerstrafrechtliche Zwecksetzungen sind auch keine Bestandteile der Schuld oder des Unrechts der Tat,[557] obgleich sie mit der Person des Täters verbunden sind.[558]
Jenseits des dreistufigen Verbrechenssystems begründen sie eine eigenständige „vierte Deliktskategorie".[559] Strafwürdigkeit und -bedürftigkeit bleiben auch im Fall der Anwendbarkeit eines Strafausschließungsgrundes bestehen, werden jedoch durch die den Strafausschluss rechtfertigenden außerstrafrechtlichen Zwecksetzungen überlagert.[560]
Für die Anwendbarkeit dieses Strafausschließungsgrundes genügt das Vorliegen der den Strafausschluss begründenden objektiven Merkmale. Der Vorsatz des Privilegierten braucht sich auf diese Merkmale nicht zu erstrecken, so dass die Straflosigkeit auch im Fall fehlender Kenntnis des Täters über die strafausschließenden Umstände eintritt.[561] Rechtswidrigkeit und Schuld einer aufgrund der Indemnität nicht verfolgbaren Straftat gelten unverändert fort, so dass an dieser Straftat Teilnahme möglich und gegen sie Notwehr zulässig ist.
Da die aus der Indemnität folgende Strafbefreiung im Gegensatz zu anderen persönlichen Strafausschließungsgründen nicht auf dem Wegfall des tatbestandlichen Unrechts oder der Schuld, sondern auf außerstrafrechtlichen verfassungspolitischen Zweckmäßigkeitserwägungen beruht, ist ein Irrtum über das Vorliegen der Voraussetzungen der Indemnität strafrechtlich unbeachtlich.[562]

Hinsichtlich des den Strafausschluss rechtfertigenden Grundgedankens und der daran anknüpfenden Rechtsfolgen unterscheidet sich die Indemnität beispielsweise von dem in § 258 Abs. VI StGB normierten und teilweise ebenfalls als ein persönlicher Strafausschließungsgrund[563] bewerteten Angehörigenprivileg, das keinen außerstrafrechtlichen Zweckbestimmungen, sondern einer inneren Konfliktlage des Täters Rechnung trägt und damit auf einem täterbezogenen Grundgedanken basiert.
Hinsichtlich des immunitätsbedingten Ruhens der Verfolgungs- und Vollstreckungsverjährung (§§ 78 a Abs. 2, 79 a Nr. 1 StGB) wird auf die vorstehend genannten Ausführungen verwiesen.[564]

---

[556] *Warda*, Jura 1979, S. 286 (291).
[557] *Roxin*, § 23, Rdn. 1; *Warda*, a.a.O., S. 286 (291).
[558] *Jescheck*, § 52 I, S. 497.
[559] *Roxin*, § 23, Rdn. 1.
[560] *Roxin*, § 23, Rdn. 39; Sch/Sch-*Lenckner*, Vorbem §§ 32 ff, Rdn. 128.
[561] *Baumann/Weber/Mitsch*, § 24 Rdn. 5; *Jescheck*, § 52 II, S. 499.
[562] *Baumann/Weber/Mitsch*, a.a.O., Rdn. 8; *Jescheck*, a.a.O., S. 499; *Warda*, Jura 1979, 286 (291).
[563] Sch/Sch-*Stree*, § 258 Rdn. 39.
[564] Vgl. S. 115.

b) § 37 StGB

Nach § 37 StGB bleiben „wahrheitsgetreue Berichte über öffentliche Sitzungen der in § 36 StGB bezeichneten Körperschaften oder ihrer Ausschüsse von jeder Verantwortlichkeit frei." Inhaltlich entspricht diese Regelung Art. 42 Abs. 3 GG. Die Rechtsnatur der in § 37 StGB normierten „Berichterstattungsindemnität"[565] ist umstritten. Teilweise wird sie als ein Rechtfertigungs-,[566] teilweise als ein sachlicher Strafausschließungsgrund bewertet, der eine strafbare Teilnahme ausschließt.[567]

Die rechtliche Einordnung dieser Privilegierung als ein Rechtfertigungsgrund führt zum Ausschluss der Strafbarkeit Tatbeteiligter und des Berichtsinhalts im Sinne des § 74 d Abs. 1 StGB sowie zur rechtlichen Unzulässigkeit der Notwehr. Der Irrtum eines Berichterstatters über das Bestehen eines entsprechenden Rechtfertigungsgrundes hätte zur Folge, dass nach der von der Rechtsprechung, insbesondere vom Bundesgerichtshof, vertretenen eingeschränkten Schuldtheorie[568] der Tatvorsatz und nach der im Schrifttum vertretenen rechtsfolgenverweisenden Schuldtheorie der Vorsatz als Schuldform entfiele, so dass ein Berichterstatter nach beiden Theorien mangels strafbarer fahrlässiger Begehungsweise straflos wäre.
Würde die durch § 37 StGB normierte Privilegierung als ein sachlicher Strafausschließungsgrund gewertet, der im Gegensatz zum persönlichen Strafausschließungsgrund des § 36 StGB auch Tatbeteiligten zugute käme, wäre aufgrund der dann fortbestehenden Rechtswidrigkeit der Berichterstattung Notwehr zulässig. Ein Irrtum des Berichterstatters über das Vorliegen der Voraussetzungen der Privilegierung wäre unbeachtlich.

Diejenigen, welche die Berichterstattungsindemnität als einen Rechtfertigungsgrund einstufen, begründen ihre Sichtweise dahingehend, dass auch in den Fällen, in denen ein Abgeordneter in einer Sitzung eine dem Indemnitätsschutz des § 36 S. 1 StGB unterfallende Äußerung, beispielsweise eine üble Nachrede, getätigt habe, die Wähler über diese – nicht sanktionsfähige – Straftat umfassend informiert werden müssten, um auf diese strafrechtliche Verfehlung gegebenenfalls mit ihrem Votum reagieren zu können.[569]

Die Vertreter der Gegenauffassung argumentieren demgegenüber, dass es keinen Grund gebe, die durch § 37 StGB gewährte Indemnität für einen Bericht, der nicht bereits wegen seiner Bedeutung für eine authentische Information der Bürger durch die Wahrnehmung berechtigter Interessen gemäß § 193 StGB gerechtfertigt sei, strafrechtlich anders zu behandeln als die Indemnität der Abgeordneten selbst.[570] Wenn

---

565 *Baumann/Weber/Mitsch*, § 7, Rdn. 29.

566 *Roxin*, § 23 II, Rdn. 14; SK-*Samson*, § 37, Rdn. 2; *Fischer* § 37, Rdn. 1; *Klein*, in: *Maunz/Dürig/Herzog*, Art. 42 Rdn. 71; *Schünemann*, GA 1986, 293 (304).

567 Sch/Sch-*Lenckner*, § 37, Rdn. 1, Vorbem. § 32 ff, Rdn. 131; *Lackner/Kühl*, § 37 Rdn. 1; *Jescheck*, § 19 II, S. 166; *Baumann/Weber/Mitsch*, § 7 Rdn. 29.

568 Vgl. BGHSt 31, 264 (287); 17, 87 (91).

569 *Roxin*, § 23 II, Rdn. 14.

570 *Jescheck*, § 19 II, S. 166; *Lackner/Kühl*, § 37, Rdn. 1; *Baumann/Weber/Mitsch*, § 7, Rdn. 29; Sch/Sch-*Lenckner*, § 37, Rdn. 1.

gegen die Äußerung Notwehr möglich sei, müsse dies auch gegenüber Berichten über diese Äußerung möglich sein.[571] Abgeordnetenindemnität und Berichterstattungsindemnität seien „auf dasselbe Anliegen – die Sicherstellung ungezwungener Erörterungen im Parlament bei gleichzeitiger Gewährleistung der Öffentlichkeit, vor allem unter Einschluß der Medien – bezogen."[572]
Das Verbreiten ehrenrühriger Tatsachen im Sinne der §§ 186, 187 StGB könne nicht schon deshalb erlaubt und der Betroffene damit schutzlos sein, weil dies durch die Wiedergabe entsprechender Äußerungen im Parlament geschehe.[573]

Diese Gegenauffassung vermengt in unzulässiger Weise die „unerwünschte Tat und den erwünschten Bericht von der Tat."[574] Sie berücksichtigt nicht die unterschiedlichen Zielsetzungen der in den §§ 36 und 37 StGB enthaltenen Privilegierungen.
Während die in § 36 StGB normierte Indemnität ausschließlich die Funktionsfähigkeit des Bundestages, der Bundesversammlung und der Gesetzgebungsorgane der Länder gewährleisten soll, ist die Regelung des § 37 StGB keine lediglich im Interesse des Parlaments ergangene Privilegierungsbestimmung.
Entsprechend der Ratio des Art. 42 Abs. 3 GG bezweckt das in § 37 StGB normierte Privileg, die Publizität und Kontrolle der Parlamentsarbeit zu ermöglichen und damit gleichzeitig der öffentlichen Meinungsbildung zu dienen.[575] *Klein* misst der verfassungsrechtlichen Verankerung dieses Privilegs in Art. 42 Abs. 3 GG sogar Grundrechtscharakter bei, mit der Folge, dass dieses Privileg dem jeweiligen Berichterstatter als ein subjektives Recht zusteht.[576]

6. Landesverfassungen

Während die Art. 36 und 37 der Weimarer Reichsverfassung einheitliche Regelungen zur Indemnität und Immunität der Mitglieder des Reichstags und der Landtage normierten, enthalten die heutigen Länderverfassungen eigenständige Immunitäts- und Indemnitätsnormen,[577] die teilweise von den Regelungen des Art. 46 GG und der

---

[571] *Lackner/Kühl*, § 37, Rdn. 1.
[572] BGHZ 75, 384 (389).
[573] Sch/Sch-*Lenckner*, § 37 Rdn. 1; *Lackner/Kühl*, § 37 Rdn. 1.
[574] *Roxin*, § 23 II, Rdn. 14.
[575] Vgl. *Klein*, in: *Maunz/Dürig/Herzog*, Art. 42 GG, Rdn. 5 ff.
[576] Vgl. *Klein*, a.a.O., Rdn. 67.
[577] Art. 37 (Indemnität), Art. 38 (Immunität) Verfassung des Landes Baden-Württemberg (BaWüVerf); Art. 27 (Indemnität), Art. 28 (Immunität) Verfassung des Freistaates Bayern (BayVerf); Art. 51 (Indemnität und Immunität) Verfassung von Berlin (BerlVerf); Art. 57 (Indemnität), Art. 58 (Immunität) Verfassung des Landes Brandenburg (BrandVerf); Art. 94 (Indemnität), Art. 95 (Immunität) Landesverfassung der freien Hansestadt Bremen (BremVerf); Art. 14 (Indemnität), Art. 15 (Immunität) Verfassung der freien Hansestadt Hamburg (HmbVerf); Art. 95 (Indemnität), Art. 96 (Immunität) Verfassung des Landes Hessen (HessVerf); Art. 24 (Indemnität, Immunität, Zeugnisverweigerungsrecht) Verfassung des Landes Mecklenburg-Vorpommern (M-Vverf); Art. 14 (Indemnität), Art. 15 (Immunität) Niedersächsiche Verfassung (NdsVerf); Art. 47 (Indemnität), Art. 48 (Immunität) Verfassung des Landes Nordrhein-Westfalen (NWVerf); Art. 93 (Indemnität), Art. 94 (Immunität) Verfassung für Rheinland-Pfalz (RhPfVerf); Art. 81 (Indemnität), Art. 82 (Immunität) Verfassung des Saarlandes (SaarlVerf); Art. 55 (Indemnität, Immunität) Verfassung des Freistaates Sachsen (SächsVerf); Art. 57 (Indemnität), Art. 58 (Immunität) Verfas-

§§ 36, 37 StGB abweichende Inhalte aufweisen und nach § 152 a StPO auch für die Organe des Bundes und der anderen Länder verbindlich sind.[578]

7. Parlamentarische Freistellungen von rechtlicher Verantwortlichkeit im Europäischen Parlament und in den EU-Mitgliedstaaten

a) Indemnität und Immunität der Mitglieder des Europäischen Parlaments

Durch die Regelungen der Art. 9 und 10 des Protokolls über die Vorrechte und Befreiungen der Europäischen Gemeinschaften im Anhang zum Vertrag zur Einsetzung eines gemeinsamen Rates und einer gemeinsamen Kommission der Europäischen Gemeinschaften vom 8. April 1965[579] wurde den Mitgliedern des Europäischen Parlaments sowohl Indemnität als auch Immunität verliehen. Bis zu diesem Zeitpunkt genossen weder die Mitglieder des Europäischen Parlaments noch seiner Vorgängerorganisation, der Versammlung der Europäischen Gemeinschaft für Kohle und Stahl, derartige Privilegierungen im Rahmen ihrer Aufgabenerfüllung.[580]

Infolge der Ratifikation des Vertrags zur Einsetzung eines gemeinsamen Rates und einer gemeinsamen Kommission der Europäischen Gemeinschaften und des Protokolls über die Vorrechte und Befreiungen der Europäischen Gemeinschaften im Anhang zu diesem Vertrag sind die Strafverfolgungsbehörden und Gerichte der Mitgliedstaaten an die Regelungen des Protokolls als unmittelbar geltendes Recht gebunden und müssen bei Ermittlungsverfahren gegen Abgeordnete des Europäischen Parlaments die den Parlamentariern zuerkannte Indemnität und Immunität beachten.[581]

In der Bundesrepublik Deutschland sind diese Regelungen durch § 5 des Gesetzes über die Rechtsverhältnisse der Mitglieder des Europäischen Parlaments aus der Bundesrepublik Deutschland (Europaabgeordnetengesetz – EuAbgG) vom 6. April 1979[582] in nationales Recht umgesetzt worden.[583]
Gemäß § 5 Abs. 1 S. 2 EuAbgG bemisst sich der Umfang der in Art. 9 des Protokolls normierten Indemnität nach den Bestimmungen des Grundgesetzes, d.h. nach Art. 46 Abs. 1 GG.

---

sung des Landes Sachsen-Anhalt (SaAnhVerf); Art. 24 (Indemnität, Immunität, Zeugnisverweigerungsrecht) Verfassung des Landes Schleswig-Holstein (SchlHVerf); Art. 55 (Indemnität, Immunität) Verfassung des Freistaates Thüringen (ThürVerf).

578 Zur Frage, ob die §§ 36, 37 StGB als inhaltlich abschließende und vorrangige Regelungen anzusehen sind – vgl. Sch/Sch-*Lenckner*, Vorbem. § 36, Rdn. 3.

579 BGBl. II, 1965, S. 1453, 1482.

580 *Sieglerschmidt*, EuGRZ 1986, S. 445 (445).

581 *Sieglerschmidt*, a.a.O., S. 445 (445); vgl. Nr. 192 b RiStBV – abgedruckt in: *Meyer-Goßner*, A 15, S. 1884 f.

582 BGBl. I, 1979, S. 413.

583 Vgl. Nr. 192 b Abs. 1 RiStBV – abgedruckt in: *Meyer-Goßner*, A 15, S. 1884: „Einem Mitglied des Europäischen Parlaments aus der Bundesrepublik Deutschland steht die einem Abgeordneten des Deutschen Bundestages zuerkannte Immunität zu."

Hinsichtlich des in Art. 10 des Protokolls zugunsten der Mitglieder des Europäischen Parlaments verankerten Immunitätsschutzes ist wie folgt zu differenzieren:
Gemäß Art. 10 Abs. 1 lit. a) des Protokolls steht den Mitgliedern des Europäischen Parlaments während der Dauer der Sitzungsperiode der Versammlung im Hoheitsgebiet ihres eigenen Staates die den Mitgliedern des jeweiligen nationalen Parlaments gewährte Unverletzlichkeit zu. Diese Regelung dokumentiert, dass die Mitglieder des Europäischen Parlaments in ihren Heimatstaaten gegenüber den Mitgliedern des jeweiligen nationalen Parlaments keinen stärker ausgeprägten Immunitätsschutz genießen sollen.[584] Demnach finden auf die deutschen Mitglieder des Europäischen Parlaments im Hoheitsgebiet der Bundesrepublik Deutschland die Regelungen der Art. 46 Abs. 2 bis 4 GG unmittelbare Anwendung.

Außerhalb des Hoheitsgebiets des eigenen Mitgliedstaates, d.h. im Hoheitsgebiet jedes anderen Mitgliedstaates, richtet sich der Immunitätsschutz der Mitglieder des Europäischen Parlaments ausschließlich nach Art. 10 Abs. 1 lit. b) des Protokolls über die Vorrechte und Befreiungen der Europäischen Gemeinschaften. Nach dieser Norm dürfen die Mitglieder des Europäischen Parlaments im Hoheitsgebiet jedes anderen Mitgliedstaates während der Dauer der Sitzungsperiode der Versammlung weder festgehalten, noch gerichtlich verfolgt werden.

Art. 10 Abs. 2 des Protokolls erstreckt den Immunitätsschutz auch auf die Reise zum und vom Tagungsort der Versammlung.

Bei „Ergreifung auf frischer Tat" kann die Immunität nach Art. 10 Abs. 3 1. Halbsatz des Protokolls nicht geltend gemacht werden. Gemäß Art. 10 Abs. 3 2. Halbsatz des Protokolls ist das Europäische Parlament zur Aufhebung[585] der Immunität eines seiner Mitglieder berechtigt.

Indemnität und Immunität der Mitglieder des Europäischen Parlaments dienen nicht dem Schutz der Abgeordneten, sondern der Erhaltung der Unabhängigkeit und Funktionsfähigkeit des Parlaments.[586]

Teilweise wird die Immunitätsgewährung zugunsten der Mitglieder des Europäischen Parlaments nachdrücklich kritisiert und ihre ersatzlose Aufhebung gefordert.[587] Zur Begründung wird darauf verwiesen, dass sich die Mitgliedstaaten der EU zwischenzeitlich zu „demokratisch-parlamentarisch regierten Rechtsstaaten"[588] entwickelt haben und es keinen Anlass zu der Befürchtung gebe, dass „die Organe der Europäischen Gemeinschaft und erforderlichenfalls einzelstaatliche Parlamente nicht fähig sein würden, bedrohlichen Entwicklungen auf diesem Gebiet rechtzeitig und wirksam

---

584 *Sieglerschmidt*, EuGRZ 1986, S. 445 (446).

585 Vgl. Regelungen des Art. 6 Absätze 1 bis 8 der Geschäftsordnung des Europäischen Parlaments (ABl. L 293 vom 7. Dezember 1995).

586 *Sieglerschmidt*, EuGRZ 1986, S. 445 (449 f).

587 *Sieglerschmidt*, a.a.O., S. 445 (452): „In diesem Sinne wäre die sauberste Lösung eine Streichung des Artikels 10 des Protokolls."

588 *Sieglerschmidt*, EuGRZ 1986, S. 445 (452).

entgegenzutreten".[589] Diese Privilegierung der Abgeordneten in der EU und in den Mitgliedstaaten sei gegenüber den Bürgern und dem Erfordernis der Gleichheit aller vor dem Gesetz in der Europäischen Union nicht mehr zu rechtfertigen.[590] Das Beispiel Großbritanniens und der Niederlande, die ihren – auch nationalen – Parlamentariern zum Schutz vor strafrechtlicher Verfolgung nur Indemnität, jedoch keine Immunität gewähren, belege, dass im Falle einer ersatzlosen Aufhebung der Immunität weder die Funktionsfähigkeit des Parlaments, noch die Unabhängigkeit der Abgeordneten in Gefahr geraten müsse.[591] Anerkannt wird jedoch, dass ein „solch kühner Schritt"[592] den Verfassungsüberlieferungen der Mehrheit der Mitgliedstaaten widersprechen würde.[593]

b) Parlamentarische Indemnität und Immunität in den Mitgliedstaaten der EU

Indemnität und Immunität entstanden in den Anfängen des Parlamentarismus und waren oftmals das Ergebnis bewegter Kämpfe gegen absolute Herrschaftsansprüche.[594] Ihre Entwicklung gründet auf dem Bestreben, das Parlament aus seiner originären Abhängigkeit und Schutzlosigkeit gegenüber der Exekutive zu befreien und damit die Entwicklung des Parlaments zu einer echten Repräsentation des Volkswillens zu fördern.[595]

Der in der Bundesrepublik Deutschland begrifflich als „Indemnität" bezeichnete Schutz der Mitglieder des Deutschen Bundestages für während der Ausübung ihres Mandats erfolgte Abstimmungen oder Äußerungen, dessen verfassungsrechtliche Grundlage Art. 46 Abs. 1 GG bildet,[596] wird in den Verfassungen bzw. Rechtstheorien der einzelnen Mitgliedstaaten unterschiedlich bezeichnet, beispielsweise in Frankreich, Belgien und Portugal als „irresponsabilité" bzw. „irresponsabilidade", im Vereinigten Königreich als „privilege" oder „freedom of speech", in Italien als „insindacabilità", in Spanien als „inviolabilidad", in Österreich als „berufliche Immunität".

Die in Art. 46 Absätze 2 bis 4 GG verankerte „Immunität" der Abgeordneten des Deutschen Bundestages wird beispielsweise in Spanien als „Immunität" (inmunidad), in Frankreich, Belgien und Portugal als „Unverletzlichkeit" (inviolabilité bzw. inviolabilidade), in Italien als „Unverletzlichkeit" bzw. „Unverfolgbarkeit" (improcedibilità), im Vereinigten Königreich als „freedom from arrest" und in Österreich als „außerberufliche Immunität" bezeichnet.

Im Rahmen dieser Arbeit werden zur Kennzeichnung dieser unterschiedlichen Privilegierungen die Begriffe „Indemnität" und „Immunität" verwendet.

---

589 *Sieglerschmidt*, a.a.O., S. 445 (452).
590 *Sieglerschmidt*, a.a.O., S. 445 (452).
591 *Sieglerschmidt*, a.a.O., S. 445 (453).
592 *Sieglerschmidt*, a.a.O., S. 445 (453).
593 *Sieglerschmidt*, a.a.O., S. 445 (453).
594 *Wurbs*, S. 84.
595 *Butzer*, S. 93.
596 Vgl. S. 106 ff.

aa) Vereinigtes Königreich

(1) Geschichtliche Entwicklung

„Indemnität und Immunität wurzeln in der Tradition des englischen Parlamentarismus."[597]

Auslösendes Moment dieser Entwicklung war eine Tagung des britischen Parlaments vom 12. Februar 1397. In dieser Sitzung verabschiedete das Unterhaus eine auf eine Initiative des Abgeordneten Thomas Haxey basierende Gesetzesvorlage, in der die Sitten am Hofe Richard II. von England nachdrücklich kritisiert und die übermäßig hohen Finanzausgaben des Hofes angeprangert wurden. Im Nachgang zu dieser Sitzung wurde der Abgeordnete Haxey wegen Hochverrats gerichtlich zum Tode verurteilt, das Todesurteil jedoch aufgrund einer Intervention des Unterhauses nicht vollstreckt.

Dieses Ereignis war der Auslöser für die Bestrebungen des Unterhauses, die parlamentarische Redefreiheit (freedom of speech) zu fordern,[598] d.h. das Recht der Parlamentarier, in völliger Unabhängigkeit und Freiheit und ohne äußere Einmischung Aussprachen und Erörterungen zu führen. Diese Redefreiheit, d.h. die Indemnität der Abgeordneten, wurde im Unterhaus Anfang des 16. Jahrhunderts eingeführt und in Art. 9 der „Bill of Rights" von 1689 folgendermaßen bindend formuliert:

> „That the freedom of speech, and debates or proceedings in parliament, ought not to be impeached or questioned in any court or place out of the parliament."[599]

Diese Redefreiheit wurde den Mitgliedern des Ober- und Unterhauses zuerkannt.

Der „freedom from arrest", d.h. die Immunität der Abgeordneten, ist ebenfalls historischen Ursprungs und stützt sich – mangels einer geschriebenen Verfassung – unter anderem auf den „Privilege of Parliament Act" von 1603 und auf zahlreiche Gerichtsurteile.[600]

(2) Aktuelle Rechtslage

Die in Großbritannien vorherrschende Rechtslage verdeutlicht der achte Bericht des Ausschusses für die Europäischen Gemeinschaften des House of Lords.[601]

---

[597] *Klein*, in: Schneider/Zeh, S. 555, (560), Rdn. 9.

[598] Zur Entwicklung des privilege of freedom of speech siehe *May*, S. 77 ff.

[599] *Domke*, S. 4 f; *Doch*, S. 9 ff; *Klein*, in: Schneider/Zeh, S. 555 (561), Rdn. 9.

[600] *Jendral*, S. 40.

[601] Achter Bericht des Ausschusses für die Europäischen Gemeinschaften des House of Lords, Sitzungsperiode 1985/1986 (HL 105). Vertiefende Literatur: Erskine *May*, „Treatise on the Law, Privileges, Proceedings and Usage of Parliament" (Butterworths), 21. Ausgabe 1989, S. 70-83; *Wade and Bradley*, Constitutional and Administrative Law, 11. Ausgabe (Longman 1993), Kapitel 11; *Hood Phillips and Jackson*, Constitutional and Administrative Law, 7. Ausgabe (Sweet and Maxwell 1987), Kapitel 12; *Henderson/Gordon*, Privilegien und Immunitäten beider Häuser

Die dem Parlament des Vereinigten Königreichs und seinen Mitgliedern gewährten Sonderrechte und Immunitäten resultieren aus den Funktionen des Parlaments innerhalb der verfassungsrechtlichen Struktur des Vereinigten Königreichs. Sie „spiegeln die besonderen verfassungsmäßigen Beziehungen wider, die sich zwischen der Krone, den beiden Häusern des Parlaments und den Gerichten allmählich entwickelt haben."[602]
Das britische Recht kennzeichnet folgende Besonderheiten. Strafbare Handlungen waren stets vom Indemnitäts- und Immunitätsschutz ausgenommen und sind es auch heute noch.
Insoweit gilt es jedoch zu berücksichtigen, dass beide Häuser des Parlaments (Ober- und Unterhaus) Sonderrechte genießen. Beide Parlamente besitzen die ausschließliche Jurisdiktion über ihre Priviliegien, d.h. jedes der Parlamente ist befugt, gegen Personen, die durch Handlungen, schriftliche Äußerungen oder sonstige Aktivitäten die Autorität des Parlaments beeinträchtigen oder die Arbeit des Parlaments behindern, vorzugehen und gegen das Parlament gerichtete Straftaten zu sanktionieren.[603] Diese Stellung des Parlaments stützt sich auf das „althergebrachte Verständnis des Parlaments als eines Gerichtshofs (High Court of Parliament)".[604]

Das „privilege of freedom from arrest", d.h. die den Mitgliedern des Ober- und Unterhauses gewährte entsprechende Immunität, ist in Großbritannien nur von relativ geringer Bedeutung.
Die Immunität bezweckte von jeher nur den Schutz vor Zivilhaft, nicht jedoch vor Verhaftungen in Strafsachen oder vor sonstigen gesetzlich normierten Inhaftierungen.[605] „Für Zivilverfahren hat das Privileg kaum noch Bedeutung, seit Festnahmen oder Inhaftierungen in diesen Verfahren praktisch abgeschafft worden sind."[606]

bb) Frankreich und Belgien

Die im englischen Parlamentsrecht entwickelten Abgeordnetenprivilegien wurden zwar nicht unmittelbar in das französische Staatsrecht übernommen; sie hatten jedoch erheblichen Einfluss auf die Entwicklung des französischen Rechts.[607]

Nach der in Frankreich über Jahrhunderte andauernden absoluten monarchischen Herrschaft und der damit verbundenen Gewöhnung des Volkes an diese Herrschaftsform bedurfte es einer logischen Rechtfertigung für eine entsprechende Privilegierung

---

des britischen Parlaments und ihrer Mitglieder, in: Conference of European Speakers, 1988, S. 44 (45).

602 Achter Bericht des Ausschusses für die Europäischen Gemeinschaften des House of Lords, Sitzungsperiode 1985/1986 (HL 105), S. 56; vgl. zur britischen „Verfassung" – „Vorbemerkung zum Verfassungstext des Vereinigten Königreiches von Großbritannien und Nordirland", in: Verfassungen der 15 EU-Mitgliedstaaten, 2000.

603 *Butzer*, S. 38.

604 *Klein*, in: Schneider/Zeh, S. 555, (561), Rdn. 9.

605 *Butzer*, S. 37.

606 *Butzer*, S. 37.

607 *Domke*, S. 5; *Doch*, S. 17.

der Volksvertreter. Den erforderlichen geistigen Boden bereiteten *Montesquieu*, *Rousseau* und *Sieyès*.[608]
Die englische Staatsverfassung bzw. das englische Parlamentsrecht bildeten den Ausgangspunkt der von *Montesquieu*[609] entwickelten staatsrechtlichen Betrachtungen, die in die von ihm vertretene Grundforderung nach einer maßvollen Begrenzung obrigkeitlicher Machtbefugnisse gegenüber den individuellen Freiheitssphären der Bürger durch ein ausgeglichenes Verhältnis der drei staatlichen Gewalten (gesetzgebende, vollziehende und richterliche Gewalt) mündet[610] und als Lehre von der Gewaltenteilung richtungsweisende Bedeutung entwickelte.
Nach den Auffassungen von *Montesquieu* und *Rousseau* ist das Volk die höchste – und damit unverletzliche – Macht im Staate. Der allgemeine Wille des Volkes resultiert aus der Summe der Willensäußerungen aller freien Bürger. Die Gestaltung, Bildung und Äußerung des Gesamtwillens des Volkes obliegt in einem Staatswesen den von den Bürgerinnen und Bürgern in eine gesetzgebende Körperschaft gewählten Vertretern – den Repräsentanten des Volkes. Die dem Volk und damit auch den Abgeordneten als Repräsentanten des Volkes zuerkannte Unverletzlichkeit sollte keine Freistellung von Strafe, sondern lediglich Schutz vor Übergriffen der zweiten und dritten Gewalt gewähren.[611]
Rousseau[612] hatte sich zur Begründung seiner Auffassung die rein rationalistisch geprägten Argumentationslinien der Lehren der Naturrechtsschule zu eigen gemacht, deren Sichtweise auf der ursprünglichen Gleichheit und Freiheit aller Menschen gründet und den Staat als einen sozialen Zusammenschluss aller willensmäßig freien Individuen erachtet.[613] Der Gedanke der Volkssouveränität wurde auch von *Sieyès* vertreten.

Aus dieser Grundüberlegung der Souveränität des Volkes resultierte folgende Schlussfolgerung: Wenn das souveräne Volk selbst unverletzlich sei, so müssten auch seine gewählten Vertreter, denen die Wahrnehmung dieses Souveränitätsrechts obliege, mit dieser Eigenschaft ausgestattet sein. Anknüpfend an die Lehre der staatlichen Gewalten- bzw. Funktionsteilung folgerte man daher die Notwendigkeit der Vorzugsstellung der Abgeordneten, die sich in einer Indemnitäts- und Immunitätsgewährung konkretisierte.[614] Der Gedanke der Gewaltenteilung bildet noch heute eine der theoretischen Grundlagen des Immunitätsrechts: „Da die Staatsgewalten frei und unabhängig voneinander in der Ausübung ihrer Funktionen sein müssen, ist ein Einschreiten gegen Abgeordnete ohne Genehmigung als Angriff gegen die Unabhängigkeit der Legislative und somit als Verstoß gegen das Gewaltenteilungsprinzip anzusehen."[615]

---

[608] *Doch*, S. 17. Dieses Gedankengut war eine wesentliche Ursache für die französische Revolution.
[609] De l'esprit des lois, cap. VI livre XI.
[610] *Doch*, S. 18; *Butzer*, S. 38.
[611] *Klein*, in: Schneider/Zeh, S. 555, (562), Rdn. 11.
[612] Oeuvres politiques de Jean Jacques Rousseau, Tome 2, 1821.
[613] *Doch*, S. 19.
[614] Vgl. *Domke*, S. 6.
[615] *Butzer*, S. 39.

Die französischen Regelungen zur Indemnität und Immunität bildeten die Grundlage für die in der belgischen Verfassung vom 7. Februar 1831 (Art. 44 und 45) verankerten Bestimmungen, die ihrerseits wiederum den Rechtszustand in Frankreich fortbildend beeinflussten.[616]

Der im französischen Recht festgelegte Grundsatz des Vorrangs der Unverletzlichkeit der Abgeordneten vor dem rechtskräftig festgestellten Strafanspruch des Staates berücksichtigt auch die Tatsache, dass die Kammern in Frankreich, im Gegensatz zum englischen Recht, keine Gerichtsbarkeit über ihre Mitglieder besitzen, sondern nur die üblichen Disziplinarbefugnisse.

Die Rechtsgewährungen des französisch-belgischen Rechts, gekennzeichnet durch den Doppelaspekt der Indemnität und Immunität, besitzen eine Vorbildfunktion für den Parlamentarismus westeuropäischer Prägung, da sie in die Verfassungen vieler europäischer Staaten aufgenommen worden sind.[617]

8. Ergebnis

Zur Wahrung der Unabhängigkeit und Funktionsfähigkeit des Europäischen Parlaments (EP) ist seinen Mitgliedern sowohl Indemnität als auch Immunität verliehen worden. In ihren Heimatstaaten genießen die Parlamentsmitglieder diejenige Immunität, die auch den Mitgliedern der nationalen Parlamente gewährt wird. Außerhalb des Hoheitsgebietes des eigenen Mitgliedstaates richtet sich ihr Immunitätsschutz ausschließlich nach Art. 10 Abs. 1 lit. b) EU-Immunitätenprotokoll, mit der Folge, dass gemäß Art. 10 Abs. 3 2. Halbsatz EU-Immunitätenprotokoll bei „Ergreifung auf frischer Tat“ keine Immunität besteht.

Indemnität und Immunität wurzeln in der Tradition des englischen Parlamentarismus. Durch diese den Abgeordneten zuerkannten Privilegien sollte das Parlament aus seiner originären Abhängigkeit und Schutzlosigkeit gegenüber der Exekutive befreit und seine Entwicklung zu einer echten Repräsentation des Volkswillens befördert werden. Diese im englischen Parlamentsrecht gründenden Privilegien hatten wesentlichen Einfluss auf die Entwicklung des französischen Rechts. Die von *Montesquieu* entwickelte Lehre von der Gewaltenteilung bildet noch heute eine der theoretischen Grundlagen des Immunitätsrechts. Da die Staatsgewalten (Legislative, Exekutive und Judikative) nach der Lehre von der Gewaltenteilung frei und unabhängig voneinander in der Ausübung ihrer Funktionen sein müssen, ist eine ohne die Genehmigung des Parlaments erfolgte rechtliche Inanspruchnahme eines Abgeordneten als ein Angriff auf die Unabhängigkeit der Legislative und somit als Verstoß gegen das Prinzip der Gewaltenteilung anzusehen.

---

[616] *Doch*, S. 42.

[617] Vgl. z.B. Art. 26 der Verfassung der Republik Frankreich; Art. 57 Bundesverfassungs-Gesetz der Republik Österreich; Art. 61, 62 der Verfassung der Republik Griechenland; Art. 69 der Verfassung des Großherzogtums Luxemburg.

Anknüpfend an die Rechtsgewährungen des französischen Rechts ist die Indemnität und Immunität der Abgeordneten auch in der belgischen Verfassung verankert und fortentwickelt worden.

Die Rechtsgewährungen (Indemnität/Immunität) des französisch-belgischen Rechts besaßen ihrerseits Vorbildfunktion für den Parlamentarismus westeuropäischer Prägung, da sie in die Verfassungen vieler europäischer Staaten aufgenommen worden sind.

9. Schlussfolgerungen in Bezug auf die Immunität der Europol-Bediensteten

Die historische Entwicklung der Immunität und Indemnität, die im englischen Parlamentsrecht wurzelt, belegt, dass den Abgeordneten zur Gewährleistung der Unabhängigkeit der parlamentarischen Willensbildung neben dem Immunitätsschutz auch ein spezifischer Indemnitätsschutz gewährt werden sollte, der sich ausschließlich aus der herausragenden Stellung des Parlaments als Repräsentant des Volkes rechtfertigt. Konsequenterweise erstreckt sich der Indemnitätsschutz lediglich auf die essentialia der parlamentarischen Willensbildung, d.h. auf die im Parlament zur politischen Willensbildung notwendigen Äußerungen und Abstimmungen, so dass verleumderische Beleidigungen nicht dem Indemnitätsschutz unterfallen (vgl. Art. 46 Abs. 1 S. 2 GG).
Aufgrund dieser spezifischen Zielsetzung besitzt die Indemnität im Verhältnis zur parlamentarischen Immunität einen Sonderstatus, da sie auch nach Beendigung bzw. Wegfall des Mandats zeitlich unbeschränkt fortbesteht und – als persönlicher Strafausschließungsgrund – einen absoluten Schutz vor strafgerichtlicher Inanspruchnahme gewährt.

Demgegenüber ist die parlamentarische Immunität als ein jederzeit aufhebbares Verfahrens- bzw. Prozesshindernis ausgestaltet worden, dessen zeitliche Geltung sich ausschließlich auf die Dauer des Mandats beschränkt. Dies hat zur Folge, dass ein Abgeordneter für eine während seines Mandats begangene Straftat, die beispielsweise in einem gegen einen Dritten geführten Strafverfahren inzident festgestellt worden ist, unmittelbar nach Beendigung seines Mandats gerichtlich zur Verantwortung gezogen werden kann.
Die zeitlich auf die Dauer des Mandats beschränkte Freistellung von (straf-)gerichtlicher Verantwortlichkeit ist ein die Immunität im Verhältnis zur Indemnität kennzeichnendes Merkmal. Sie ist dahingehend legitimiert worden, dass eine (potentielle) gerichtliche Inanspruchnahme eines Abgeordneten nach Beendigung bzw. Wegfall seines Mandats keine die Funktionsfähigkeit bzw. Unabhängigkeit des Parlaments beeinträchtigende Ausstrahlwirkung auf die Mandatsausübung zu entfalten vermag. Die Begründetheit dieser Erwägung belegt beispielsweise auch die langjährig – relativ extensiv - praktizierte Immunitätsaufhebung des Deutschen Bundestages.

Ebenso wie die zeitlich auf die Dauer des Mandats beschränkte Freistellung der Abgeordenten wird auch die Freistellung der Europol-Bediensteten von gerichtlicher Verantwortlichkeit begrifflich als „Immunität“ bezeichnet. Im Gegensatz zur parlamentarischen Immunität beschränkt sich die Immunität der Europol-Bediensteten

nicht auf die Dauer der (Amts-)Tätigkeit, sondern gilt zeitlich unbeschränkt, d.h. lebenslang. Insoweit lehnt sich die Immunität der Europol-Bediensteten inhaltlich nicht an die parlamentarische Immunität, sondern vielmehr an die parlamentarische Indemnität an, obgleich die parlamentarische Immunität aufgrund ihrer historischen Entwicklung eine das Immunitätsrecht prägende Vorbildfunktion hat.
Im Gegensatz zur parlamentarischen Indemnität ist die Immunität der Europol-Bediensteten jedoch kein persönlicher Strafausschließungsgrund, der lebenslang besteht und unaufhebbar ist, sondern – ebenso wie die parlamentarische Immunität – ein jederzeit aufhebbares Prozess- bzw. Verfahrenshindernis. Die Immunität der Europol-Bediensteten resultiert nicht aus einer der Indemnität vergleichbaren spezifischen Zielsetzung. Sie bezweckt die Gewährleistung der Funktionsfähigkeit bzw. Unabhängigkeit[618] des Europäischen Polizeiamtes und entspricht daher von ihrer Zielsetzung der parlamentarischen Immunität.

Die der Ausgestaltung der parlamentarischen Immunität inhaltlich widersprechende Normierung einer zeitlich unbeschränkten Geltung der Immunität der Europol-Bediensteten (vgl. Art. 8 Abs. 1 lit. a) 2. Halbsatz Europol-Immunitätenprotokoll) ist damit begründet worden, dass sich – ohne eine derartige zeitliche Immunitätserstreckung – eine mögliche gerichtliche Inanspruchnahme eines Europol-Bediensteten nach dem Ausscheiden aus dem Dienst bzw. Amt auf seine Dienst- bzw. Amtstätigkeit auswirken und damit die Funktionsfähigkeit des Europäischen Polizeiamtes beeinträchtigen könnte.
Diese Begründung steht in Widerspruch zu der die zeitliche Beschränkung der parlamentarischen Immunität tragenden Erwägung, wonach eine (potentielle) gerichtliche Inanspruchnahme eines Abgeordneten nach Beendigung bzw. Wegfall seines Mandats keine die Funktionsfähigkeit bzw. Unabhängigkeit des Parlaments beeinträchtigende Ausstrahlwirkung auf die Mandatsausübung zu entfalten vermag.
Würde das für die zeitliche Erstreckung der Immunität der Europol-Bediensteten angeführte Argument zutreffen, hätten letztlich alle Immunitätsgewährungen, d.h. nicht nur die parlamentarische Immunität, sondern beispielsweise auch die den Bediensteten internationaler Organisationen gewährten Immunitäten, zeitlich unbegrenzt ausgestaltet werden müssen. Ausweislich des Ergebnisses der vergleichenden Untersuchung der im internationalen und europäischen Recht existierenden Immunitätsregelungen[619] ist dies jedoch nicht der Fall.
Die Tatsache, dass beispielsweise die seit Jahrzehnten bestehende UN, ihre Sonderorganisationen sowie zahlreiche andere internationale Organsiationen nicht in ihrer Funktionsfähigkeit bzw. Unabhängigkeit gefährdet worden sind, obgleich sie ihren Bediensteten keine über den Zeitpunkt der Beendigung ihrer Tätigkeit hinausgehende Immunität gewähren, belegt, dass diese Begründung auch in der Praxis nicht zu überzeugen vermag.
Zudem gilt es zu berücksichtigen, dass eine der parlamentarischen Indemnität entsprechende zeitlich unbegrenzte Geltung der Immunität, durch welche die mit der Beschränkung der zeitlichen Geltungsdauer verbundene Differenzierung zwischen parlamentarischer Indemnität und Immunität obsolet werden würde, mit den die

---

[618] Vgl. Denkschrift zum Immunitätenprotokoll – BT-Drs. 13/9084, S. 10.
[619] Vgl. S. 87 ff.

Indemnität und Immunität legitimierenden, inhaltlich divergierenden Zielsetzungen und damit letztlich auch mit dem Prinzip der staatlichen Gewaltenteilung nicht zu vereinbaren wäre.

Die den Europol-Bediensteten lebenslang gewährte Immunität ist auch nicht durch eine inhaltliche Anlehnung an die gemäß Art. 39 Abs. 2 S. 2 WÜD zeitlich unbegrenzt fortbestehende funktionale diplomatische Immunität zu legitimieren. Ebenso wie die parlamentarische Indemnität beruht auch die zeitlich unbegrenzt fortbestehende funktionale diplomatische Immunität auf einer spezifischen, diesen zeitlich umfassenden Schutz legitimierenden Zielsetzung, nämlich den Entsendestaat gemäß dem Prinzip der souveränen Gleichheit der Staaten nicht der Judikative des Empfangsstaates zu unterwerfen.

Resümierend ist Folgendes festzustellen:
Ausgehend von der Vorbildfunktion der im europäischen Parlamentsrecht wurzelnden Immunität für das Immunitätsrecht resultiert aus einer (potentiellen) gerichtlichen Inanspruchnahme eines Bediensteten einer Organisation nach Beendigung seiner (immunitätsgeschützten) Dienst- bzw. Amtstätigkeit keine Auswirkung auf das Dienst- bzw. Amtsverhalten des Bediensteten, welches die Funktionsfähigkeit bzw. Unabhängigkeit der Organisation zu gefährden vermag – zumindest dann nicht, wenn diese Organisation, wie bei Europol, ausschließlich im räumlichen Geltungsbereich der EU-Mitgliedstaaten und damit im „Quasi-Inland“[620] tätig ist.
Somit ist die inhaltliche Anlehnung der den Europol-Bediensteten gewährten Immunität an die parlamentarische Indemnität, d.h. die zeitliche unbegrenzte Erstreckung des Immunitätsschutzes der Europol-Bediensteten über den Zeitpunkt der Beendigung der Amtstätigkeit hinaus, – wie von *Meyer* (MdB SPD) zutreffend kritisiert[621] – sachlich nicht zu rechtfertigen.

---

620 Vgl. S. 93.
621 Vgl. S. 52.

Kapitel 3

A. Immunitätsgewährung für Europol-Bedienstete

Der ehemalige Bundesminister des Innern, *Kanther*, hat die Hinnahme der umstrittenen (strafrechtlichen) Immunitätsgewährung für Europol-Bedienstete[1] mit Hinweis auf die Eilbedürftigkeit der Tätigkeitsaufnahme Europols zur Verbrechensbekämpfung in der EU[2] und mit Hinweis auf den vermeintlich restriktiv gefassten Aufgaben- und Befugnisrahmen Europols sowie das in Art. 17 Abs. 2 Europol-Immunitätenprotokoll normierte Evaluierungserfordernis gerechtfertigt.[3]

Da das Immunitätenprotokoll – so *Kanther* – „nur für die derzeitigen Aufgaben von Europol als Datenzentralstelle"[4] gelte und es der Bundesregierung gelungen sei, die strafrechtliche Immunität für Europol-Bedienstete auf das für die Aufgabenwahrnehmung unbedingt notwendige Maß und damit auf „wenige Ausnahmefälle zu beschränken",[5] seien „praktisch alle strafrechtlich relevanten Fälle"[6] von der Immunitätsgewährung ausgenommen.

„Im Falle einer veränderten Aufgabenstellung von Europol – insbesondere bei Übertragung operativer oder exekutiver Aufgaben"[7] müsse – so die frühere *Bundesregierung* – die Immunitätsfrage neu verhandelt werden.[8] Dies sei in Art. 17 Europol-Immunitätenprotokoll aufgrund „intensiver Verhandlungen"[9] auf Wunsch der Bundesregierung normiert worden.[10]

„Ohne eine vorherige Änderung des Immunitätenprotokolls, die einstimmig erfolgen" müsse, könnten „die jetzt eingeräumten persönlichen Immunitäten für die neuen Kompetenzen also nicht automatisch weiter gelten."[11] „Sollte Europol zukünftig Eingriffsbefugnisse erhalten, wie sie derzeit nur nationalen Polizeidienststellen zukommen", würden „die Europolbediensteten insoweit keine Immunität beanspruchen können."[12]

---

1 Vgl. S. 12 ff.

2 Die Ratifizierung des Europol-Immunitätenprotokolls war eine für die Tätigkeitsaufnahme Europols erforderliche Voraussetzung (vgl. Art. 45 Abs. 4 Europol-Konvention).

3 Vgl. S. 20 f.

4 *Kanther*, BT-Europaausschuss-Drs. 13/1681, S. 2; *Lintner*, BT-Plenarprotokoll 13/207, S. 18935.

5 *Lintner*, BT-Plenarprotokoll 13/207, S. 18935; vgl. *Kanther*, BT-Europaausschuss-Drs. 13/1681, S. 2: „stark eingeschränkte Reichweite der Immunität".

6 *Kanther*, BT-Europaausschuss-Drs. 13/1681, S. 2; vgl. *Lintner*, BT-Plenarprotokoll 13/207, S. 18935.

7 *Lintner*, BT-Plenarprotokoll 13/207, S. 18935.

8 *Lintner*, a.a.O., S. 18935; vgl. *Kanther*, BT-Europaausschuss-Drs. 13/1681, S. 2: „Im Falle einer veränderten Aufgabenstellung von Europol – insbesondere der Übertragung operativer Aufgaben" muss „die Immunitätsfrage neu verhandelt werden"; *ders.*, BT-Plenarprotokoll 13/198, S. 17901: „Wenn Europol exekutive Befugnisse zuwachsen sollten, geht das nicht mehr mit dem Immunitätenprotokoll. Das ist unstreitig."

9 *Kanther*, BT-Europaausschuss-Drs. 13/1681, S. 2.

10 *Kanther*, a.a.O., S. 2; *Lintner*, BT-Plenarprotokoll 13/207, S. 18935.

11 *Lintner*, BT-Plenarprotokoll 13/207, S. 18935.

12 *Lintner*, a.a.O., S. 18935.

Ebenso wie *Kanther*[13] befürwortete auch der österreichische Bundesminister des Innern, *Schlögl*, die Immunitätsgewährung für Europol-Bedienstete mit dem Hinweis, dass „die Frage der Immunitäten zwischen den Mitgliedstaaten neu zu verhandeln"[14] sei, „sollten Europol-Beamte irgendwann einmal operative Befugnisse erhalten[15] bzw. die Befugnisse von Europol ausgedehnt werden."[16] Sobald operative Befugnisse für Europol beständen, seien die Immunitäten entbehrlich und sollten wegfallen.[17]

Unter Hinweis auf die von der Bundesregierung behauptete Aussichtslosigkeit von Nachverhandlungen zum Europol-Immunitätenprotokoll[18] und den vermeintlich restriktiv gefassten Aufgaben- und Befugnisrahmen des Europäischen Polizeiamtes haben sich die Sachverständigen in der vom Deutschen Bundestag durchgeführten Anhörung zum Europol-Immunitätenprotokollgesetz aufgrund der bestehenden „politischen und faktischen Zwangslage"[19] zur Ratifizierung des Immunitätenprotokolls[20] – trotz schwerwiegender verfassungsrechtlicher Bedenken[21] – überwiegend für eine vorübergehende Hinnahme der Immunitätsgewährung ausgesprochen, um die nach Art. 45 Abs. IV Europol-Konvention erforderliche Voraussetzung für die Tätigkeitsaufnahme von Europol herbeizuführen.[22]

Die vermeintlich restriktiv normierten aktuellen Aufgaben und Befugnisse des Europäischen Polizeiamtes bilden somit eine wesentliche Legitimationsgrundlage für die Immunitätsgewährung.
Die inhaltliche Wechselbeziehung zwischen dem geltenden Aufgaben- und Befugnisrahmen und der Immunität der Europol-Bediensteten hat Generalbundesanwalt Nehm wie folgt verdeutlicht:

> „Je näher die derzeitige Ausbaustufe an der Datenverarbeitung bleibt, so wie sie jetzt konzipiert ist, um so näher ist natürlich auch Immunität tolerabel, wie wir sie heute haben. Das ist ein System der kommunizierenden Röhren, das man in der Ausbaustufe sehen muß."[23]

In der Anhörung zum Europol-Immunitätenprotokollgesetz betonte der Sachverständige *Lutz* (Vorsitzender der Gewerkschaft der Polizei), dass er der Immunitätsgewährung durch das Europol-Immunitätenprotokoll nicht zustimmen könnte, wenn die Europol-Bediensteten „echte Exekutivbefugnisse im Rahmen des deutschen Rechts

---

13 Vgl. S. 21.
14 *Schlögl*, Nationalrat 129. Sitzung, S. 137.
15 *Schlögl*, a.a.O., S. 137.
16 *Schlögl*, Nationalrat 104. Sitzung, S. 178.
17 *Schlögl*, Nationalrat 129. Sitzung, S. 137.
18 Vgl. S. 21 f.
19 Vgl. S. 23 f.
20 Vgl. BT-Innenausschuss-Prot. 13/75.
21 Vgl. S. 24 ff.
22 Vgl. *Meyer*, BT-Plenarprotokoll 13/225, S. 20701; Entschließungsantrag der SPD-Bundestagsfraktion zum Europol-Immunitätenprotokollgesetz, BT-Drs. 13/10203, S. 2 f.
23 BT-Innenausschuss-Prot. 13/75, S. 64.

hätten."[24] Dies sei jedoch im Rahmen der geltenden Ausbaustufe Europols nicht der Fall.[25]
Aufgrund der inhaltlichen Wechselwirkung zwischen den geltenden Aufgaben und Befugnissen Europols und der Immunität der Bediensteten stellte der Innenausschuss des Deutschen Bundestages fest, „daß es seitens des Parlaments künftig eine Zustimmung zu einer Immunitätenregelung nicht mehr geben wird, wenn Europol exekutive Befugnisse erhält."[26] „Der Ausschuß hat dem Gesetzentwurf [Europol-Immunitätenprotokollgesetz – Anmerkung Verfasser] letztlich zugestimmt, weil der Bundesminister des Innern in seinem Brief vom 12. Februar 1998[27] (...) mitgeteilt hat, daß die Gewährung von strafgerichtlicher Immunität für die Europol-Bediensteten bei Übertragung exekutiver Befugnisse nicht in Betracht kommt."[28]

Für eine rechtliche Bewertung der den Europol-Bediensteten gewährten Befreiung von der Strafgerichtsbarkeit[29] ist es somit erforderlich, ausgehend von Entstehungsgeschichte, Zielsetzung und Organisationsstruktur des Europäischen Polizeiamtes den geltenden und zukünftigen Mandats- und Kompetenzbereich Europols zu analysieren und auf dieser Grundlage die aus der Ausübung der Befugnisse resultierenden Rechtsfolgen für die betroffenen Bürgerinnen und Bürger, den tatbestandlichen Anwendungsbereich der strafrechtlichen Immunitätsgewährung sowie die Frage zu untersuchen, welche (potentiellen) Straftaten von Europol-Bediensteten durch immunitätsgeschützte Amtshandlungen verwirklicht werden können.

I. Zielsetzung, Entwicklung und aktuelle Ausbaustufe Europols

1. Notwendigkeit zur Verbrechensbekämpfung in der EU

Infolge einer grundlegenden quantitativen und qualitativen Änderung der Kriminalitätslage im zusammenwachsenden Europa[30] steht die Verbrechensbekämpfung in der EU und ihren Mitgliedstaaten vor neuen Herausforderungen.
Ursachen dieser Entwicklung sind beispielsweise der durch den Wegfall der Binnengrenzkontrollen innerhalb der EU[31] entstandene „einheitliche Kriminalitätsraum Europa",[32] der Zusammenbruch totalitärer Systeme in Mittel- und Osteuropa und die damit verbundenen Grenzöffnungen,[33] die „illegale Migration",[34] das „wirtschaftliche

---

24 BT-Innenausschuss-Prot. 13/75, S. 64.
25 BT-Innenausschuss-Prot. 13/75, S. 64.
26 BT-Drs. 13/10201, S. 4; vgl. Entschließungsantrag der CDU/CSU und FDP, BT-Drs. 13/10202, S. 1.
27 Schreiben des Bundesministers des Innern, *Kanther*, an den Abgeordneten Stadler (MdB FDP), Anlage zu BT-Drs. 13/10201, S. 6 f.
28 BT-Drs. 13/10201, S. 4.
29 Im Folgenden auch als „strafrechtliche Immunität" bezeichnet.
30 Vgl. *Schuster*, in : BKA-Arbeitstagung 1999, S. 117 (117).
31 In der Debatte des Deutschen Bundestages zum Europol-Immunitätenprotokollgesetz (BT-Plenarprotokoll 13/225, S. 20700) führt der Redner der CDU/CSU-Fraktion, *Marschewski*, insoweit aus: „Leider aber profitieren von den offenen Grenzen in Europa auch Kriminelle, namentlich die organisierten Kriminellen. (...) Deshalb müssen wir gegensteuern."
32 *Schuster*, in: BKA-Arbeitstagung 1999, S. 117 (117).
33 *Wachholz*, Kriminalistik 1995, S. 715 (716);

Ost-West-Gefälle",[35] ein sowohl zwischen West- und Ost- als auch zwischen Südost- und Nordeuropa[36] sowie „zwischen Europa und anderen Kontinenten"[37] bestehendes „Wohlstandsgefälle",[38] „der schnelle Anstieg der Mobilität sowie die verbesserten Transport- und Kommunikationssysteme",[39] eine zunehmende „Professionalisierung"[40] und „Internationalisierung der Kriminalität"[41] und damit verbunden eine deutliche Zunahme von Aktivitäten der transnationalen organisierten Kriminalität.[42]

Die Bekämpfung der organisierten Kriminalität[43] „ist eine der vorrangigen Aufgaben der Mitgliedstaaten der EU"[44] und erfordert in besonderem Maße[45] eine Intensivierung der polizeilichen Zusammenarbeit in Europa.[46] Allein in der Bundesrepublik Deutschland waren im Jahr 1999 insgesamt 816 Ermittlungsverfahren im Zusammenhang mit der organisierten Kriminalität anhängig.[47] Die im Zusammenhang mit dieser Kriminalität ermittelten Schäden addierten sich auf rund 1,42 Mrd. DM, die

---

34 *Schuster*, in: BKA-Arbeitstagung 1999, S. 117 (117); vgl. *Storbeck*, Aus Politik und Zeitgeschichte, 1995, S. 20 (20) „schleichende Völkerwanderung von Ost nach West, aber auch von Süd nach Nord".

35 *Schuster*, in: BKA-Arbeitstagung 1999, S. 117 (117).

36 *Storbeck*, Aus Politik und Zeitgeschichte, 1995, S. 20 (20).

37 *Storbeck*, a.a.O., S. 20 (20).

38 *Storbeck*, a.a.O., S. 20 (20); *Sule*, S. 11.

39 Innenpolitik, Nr. VI/1997, S. 2.

40 *Storbeck*, Aus Politik und Zeitgeschichte, 1995, S. 20 (21).

41 Innenpolitik, Nr. VI/1997, S. 4.

42 *Sule*, S. 12; *Storbeck*, Aus Politik und Zeitgeschichte, 1995, S. 20 (23).

43 Hinsichtlich Begriff, Erscheinungsformen und Indikatoren der Organisierten Kriminalität – siehe *Sule*, S. 12; *Storbeck*, Aus Politik und Zeitgeschichte, 1995, S. 20 (23): Es handelt sich um „Organisationen, die einen jährlichen Umsatz machen, der dem Staatshaushalt von kleineren europäischen Staaten entspricht."

44 Vgl. Pressemitteilung des Bundesministerium der Justiz (BMJ) vom 3. März 2000 – gemeinsame Erklärung der Bundesministerin der Justiz, Prof. Dr. Herta Däubler-Gmelin, und des Bundesministers des Innern, Otto Schily, anlässlich des informellen Treffens des Rates der Justiz- und Innenminister am 3./4. März 2000 in Lissabon.

45 Vgl. *Sule*, S. 12; Innenpolitik, Nr. VI/1997, S. 2.

46 Innenpolitik, Nr. VI/1997, S. 2; Mitteilung der EU-Kommission „Die Sicherheit im Dienste der Freizügigkeit in Europa" – http://www.europa.eu.int./en/comm/dg10/build/de/sec.htm (Stand: 07.01.2000): „In der Vergangenheit war das sogenannte „internationale" Verbrechen im wesentlichen auf grenzüberschreitende Delikte beschränkt (Schmuggel usw.). Heute jedoch hat das internationale Verbrechen ein noch nie dagewesenes Ausmaß erlangt. Regelrechte Netze von Kriminellen spielen die Unterschiede zwischen den verschiedenen strafrechtlichen Systemen aus und verschaffen sich auf diese Weise nahezu Straffreiheit. Desgleichen ist eine florierende regelrechte transnationale Finanzkriminalität entstanden, die auf die Inkohärenz zwischen den einzelstaatlichen Systemen aufbaut. Illegaler Drogenhandel, verbotene Einflußnahmen, Handel mit radioaktivem Material oder Menschenhandel sind ständiger Anlaß zur Sorge."; vgl. insoweit auch *Storbeck*, Aus Politik und Zeitgeschichte, 1995, S. 20 (23). Prof. Gerhard W. Wittkämper, Universität Münster: „Wenn es uns nicht gelingt, die Gleichgewichtsstörungen zwischen dem wachsenden europäischen Finanzraum, dem wachsenden europäischen Wirtschaftsraum, dem riesigen kriminalgeografischen Raum, den die EG geschaffen hat, und dem nicht vorhandenen europäischen Sicherheitsraum, zu überwinden, dann drohen uns massive Destabilisierungen." – zitiert nach *Wiendl*, REPORT ONLINE vom 9. Juni 1997 (http://www.olympia.ard.de/politik/ard-report/archiv/0906euro.htm - Stand: 12.02.98).

47 Lagebild Organisierte Kriminalität Bundesrepublik Deutschland 1999, S. 4.

geschätzten Gewinne[48] der organisierten Kriminalität auf rund 2 Mrd. DM.[49] Letztere haben sich damit gegenüber dem Vorjahr 1998 nahezu verdoppelt.[50] Eine Studie der Universität Münster über die „Innere Sicherheit Europas“ schätzt allein für das Jahr 2000 den durch die organisierte Kriminalität verursachten volkswirtschaftlichen Schaden auf 63 Mrd. DM.[51]
Die vom Europäischen Rat in Dublin im Jahre 1996 eingesetzte Hochrangige Gruppe zur Bekämpfung der organisierten Kriminalität[52] erarbeitete in ihrem Bericht Vorschläge für strategische und taktische Reaktionen auf diese Herausforderung. Ihre Empfehlungen bildeten die Grundlage für die Erarbeitung eines EU-Aktionsplans zur Bekämpfung der organisierten Kriminalität vom 15. August 1997,[53] der ausweislich eines Berichts der Bundesregierung vom Dezember 1999 „hinsichtlich seines Kapitels VI zur Organisierten Kriminalität und Geldwäsche inzwischen weitgehend umgesetzt“ worden ist.[54]
„Ausgehend von diesem vom Europäischen Rat 1997 in Amsterdam gebilligten Aktionsplan,[55] dem vom Europäischen Rat 1998 in Wien gebilligten Aktionsplan des Rates und der Kommission zur bestmöglichen Umsetzung der Bestimmungen des Amsterdamer Vertrages über den Aufbau eines Raums der Freiheit, der Sicherheit und des Rechts[56] und den Schlussfolgerungen des Europäischen Rates vom 15./16. Oktober 1999 in Tampere“[57] billigte der Rat der EU (Justiz und Inneres) auf seiner Tagung am

---

48 Für Delikte, für die nach den Richtlinien der Polizeilichen-Kriminalstatistik keine Schadensangaben zu melden sind (Lagebild Organisierte Kriminalität Bundesrepublik Deutschland 1999, S. 7). Schaden im Sinne der Richtlinien der Polizeilichen Kriminalstatistik „ist der rechtswidrig erlangte Geldwert (Verkehrswert). Bei Eingangsabgaben- und Steuerhinterziehung sowie Subventionsbetrügereien im Zusammenhang mit den Marktordnungsregelungen der Europäischen Gemeinschaft ist der Schaden der hinterzogene Betrag bzw. die zu Unrecht erlangten Subventionen.“ (Lagebild Organisierte Kriminalität Bundesrepublik Deutschland 1999, S. 7, Fn. 5).

49 Pressemitteilung des BMI vom 3. Juli 2000, S. 5; hinsichtlich weitergehender Details siehe Lagebild Organisierte Kriminalität Bundesrepublik Deutschland 1999, S. 7, 17.

50 Pressemitteilung des BMI vom 3. Juli 2000, S. 5.

51 Zitiert nach *Wiendl*, REPORT ONLINE vom 9. Juni 1997 (http://www. olympia.ard.de/politik/-ard-report/archiv/0906euro.htm - Stand: 12.02.98).

52 Vgl. S. 3.

53 ABl. C 251 vom 15.08.1997, S. 1 ff.

54 Bericht der Bundesregierung zur Beantwortung der Fragen des Innenausschusses des Deutschen Bundestages zum aktuellen Stand der Bekämpfung der Geldwäsche auf nationaler und internationaler Ebene – BT-Europaausschuss-Drs. 14/889. Ausweislich einer Pressemitteilung des BMI vom 27. März 2000 stellte die EU-Kommission auf dem Ratstreffen der EU Innen- und Justizminister in Brüssel ein „Scoreboard“, d.h. eine Zeittafel bzw. einen „Anzeigemechanismus“ vor, „ der es ermöglicht, die Fortschritte bei der Einhaltung der durch den Vertrag von Amsterdam, den Wiener Aktionsplan und die Schlußfolgerungen von Tampere gesetzten Fristen für die Schaffung eines Raumes der Freiheit, der Sicherheit und des Rechts und den Stand der dafür erforderlichen Maßnahmen ständig zu überprüfen“ (Mitteilung der Kommission an den Rat und das Europäische Parlament. Anzeiger der Fortschritte bei der Schaffung eines „Raumes der Freiheit, der Sicherheit und des Rechts“ in der Europäischen Union“ vom 24.03.2000 (Kom (2000) 167 endgültig) = BT-Europaausschuss-Drs. 14/973).

55 ABl. C 251 vom 15.08.1997, S. 1 ff.

56 ABl. C 19 vom 23.01.1999, S. 1 ff.

57 Prävention und Bekämpfung der organisierten Kriminalität. Eine Strategie der Europäischen Union für den Beginn des neuen Jahrtausends“ – ABl. C 124 vom 3.5.2000, S. 3.

27. März 2000 in Brüssel ein umfangreiches Strategiepapier[58] zur Prävention und Bekämpfung der organisierten Kriminalität in der EU zu Beginn des neuen Jahrtausends.[59] Es enthält 39 konkrete und mit Zieldatum versehene Empfehlungen zur umfassenden Verbesserung der Zusammenarbeit bei der Bekämpfung des organisierten Verbrechens.[60] Europol nimmt im Rahmen dieser strategischen Planungen eine „Schlüsselrolle"[61] ein.
In der zweiten Beratung und Schlussempfehlung des von der Bundesregierung eingebrachten Entwurfs des Europol-Immunitätenprotokollgesetzes hat *Meyer* (MdB SPD) betont, dass grenzüberschreitend operierende organisierte Kriminalität nur durch eine grenzüberschreitende Vernetzung polizeilicher Erkenntnisse und eine Verbesserung der grenzüberschreitenden Zusammenarbeit wirkungsvoll bekämpft werden könne.[62] Deshalb sei Europol dringend notwendig.[63]

2. TREVI-Kooperation

Die „Keimzelle von Europol"[64] ist die durch die Innen- und Justizminister der EG-Staaten im Jahre 1976 eingeleitete TREVI[65]-Kooperation.[66]

Vor dem Hintergrund der anwachsenden Bedrohung durch den grenzüberschreitend operierenden Terrorismus beschloss der Europäische Rat in Rom im Jahre 1975 auf Initiative des britischen Premierminsters Harald *Wilson*[67] zur gemeinsamen Terrorismusbekämpfung eine engere Zusammenarbeit im Bereich der Inneren Sicherheit und Öffentlichen Ordnung durch ein regelmäßig tagendes Gremium der Innen- und Justizminister.[68]
Zur Umsetzung dieses Beschlusses einigten sich im Jahre 1976 die zuständigen Innen- und Justizminister in Rom auf ein Arbeitsprogramm zur Verbesserung der Zusammen-

---

58 ABl. C 124 vom 3.5.2000, S. 1 ff; im Folgenden Gegenstand detaillierter Untersuchung.

59 Bericht des Bundesministeriums der Justiz über die Tagung des Rates der Europäischen Union (Justiz und Inneres) am 27. März 2000 in Brüssel, S. 3 – BT-Europaausschuss-Drs. 14/974.

60 Im Folgenden Gegenstand detaillierter Untersuchung.

61 Schlussfolgerung Nr. 45 des Vorsitzes des Europäischen Rats auf der Sondertagung in Tampere am 15./16. Oktober 1999, abgedruckt in Bulletin der Bundesregierung, 1999, S. 798; vgl. *Schelter* (Staatssekretär im BMI a.D.), Innenpolitik, Nr. VI/1997, S. 6: „Europol ist neben der Zusammenarbeit im Rahmen von Schengen der wichtigste Baustein der inneren Sicherheit."

62 BT-Plenarprotokoll 13/225, S. 20701.

63 BT-Plenarprotokoll 13/225, S. 20701.

64 *Di Fabio*, DÖV 1997, S. 89 (97).

65 Diese Bezeichnung wird teilweise als eine Abkürzung für die Begriffe „Terrorism, Radicalism, Extremism, Violence, International" – so *Nicolaus*, NVwZ 1996, S. 40 (42); *Diederichs*, Bürgerrechte & Polizei, 49, S. 5 (5); *Akmann*, JA 1994, S. 49 (51); *Kölbach*, Die Polizei, 1996, S. 245 (246); *Fischer*, EuZW 1994, S. 747 (748); *Weidenfeld*, in: Rupprecht/Hellenthal, S. 7 (13); *Wachholz*, DNP 1995, S. 513 (513) - verwendet, teilweise auf den in Rom in der Nähe der Fontana di Trevi gelegenen ersten Tagungsort des Beratungsgremiums zurückgeführt – *Wenzel*, Die Polizei 1993, S. 5 (5); *Wehner*, S. 229.

66 *Di Fabio*, DÖV 1997, S. 89 (97); vgl. Mitteilung der Bundesregierung (http://www.bundesregierung.de/europa/6_0_0_fragen/lexikon/innenjus.html– Stand: 15.09.2001).

67 Vgl. *Diederichs*, Bürgerrechte & Polizei, 40, S. 35 (35).

68 *Sule*, S. 19; *Kölbach*, Die Polizei, 1996, S. 245 (246); *Diederichs*, Bürgerrechte & Polizei, 40, S. 5 (5).

arbeit im Bereich der Inneren Sicherheit.[69] „Dies war die Geburtsstunde der sogenannten TREVI-Kooperation“[70] – eines auf rein zwischenstaatlicher Ebene angesiedelten Gremiums ohne rechtlichen Bezug zum EG-Rahmen.
Die Zusammenarbeit im Rahmen der TREVI-Kooperation erfolgte durch einen Informations- und Erfahrungsaustausch auf dem Gebiet des Terrorismus, den Austausch von Polizeibeamten zwischen den beteiligten Staaten, die Erarbeitung gemeinsamer polizeilicher Strategien, den Austausch technischer Erfahrungen und die Zusammenarbeit in Ausbildungsfragen.[71] Sukzessive wurde diese Zusammenarbeit auf die Bekämpfung der organisierten Kriminalität, insbesondere des illegalen Rauschgifthandels und der illegalen Einwanderung ausgedehnt.[72]
Vorbereitet wurden die Arbeiten der TREVI-Minister[73] von dem aus leitenden Beamten der zuständigen Ministerien[74] bestehenden Ausschuss der „Hohen Beamten“,[75] dem „– wenn auch inoffiziell – die Leiter der Nachrichtendienste“[76] angehörten. Durch den Maastrichter Vertrag wurde der Ausschuss in Art. K.4 des EU-Vertrags als sogenannter „K.4-Ausschuss“ verankert.[77] Mit Inkrafttreten des Amsterdamer

---

69 *Sule*, S. 19.

70 *Sule*, S. 19; vgl. *Akmann*, JA 1994, S. 49 (51). Im Rahmen dieser Kooperation treffen sich die zuständigen Minister halbjährlich unter dem Vorsitz desjenigen Mitgliedstaates, der zu diesem Zeitpunkt den Vorsitz im Europäischen Rat inne hat – *Akmann*, JA 1994, S. 49 (51); *Sule*, S. 20.

71 *Diederichs*, Bürgerrechte & Polizei, 40, S. 5 (5); *Gleß/Lüke*, Jura 1998, S. 70 (71); *Sule*, S. 19; *Wehner*, S. 229; *Di Fabio*, DÖV 1997, S. 89 (96).

72 *Di Fabio*, DÖV 1997, S. 89 (97); *Fischer*, EuZW 1994, S. 747 (748).

73 Sogenannte 1. Ebene im Rahmen der TREVI-Kooperation – vgl. *Wehner*, S. 230, 234.

74 Beispielsweise den Leitern der Polizeiabteilungen der nationalen Ministerien – vgl. *Wehner*, S. 230.

75 *Akmann*, JA 1994, S. 49 (51); *Sule*, S. 20; *Wehner*, S. 230 (sogenannte 2. Ebene der TREVI-Kooperation).

76 *Diederichs*, Bürgerrechte & Polizei, 40, S. 35 (36); vgl. *Bunyan*, Bürgerrechte & Polizei, 40, S. 20 (22): An den TREVI-Treffen nehmen auch die „Politische Polizei (Special Branch)“ und der „Inlandsgeheimdienst MI 5 (das britische Gegenstück zum deutschen Verfassungsschutz)“ teil. An den regelmäßig stattfindenden Treffen der TREVI-Arbeitsgruppe I zur Bekämpfung des Terrorismus ist der Inlandsgeheimdienst MI 5 ebenfalls beteiligt; *Busch*, S. 353: „TREVI war (...) ein informelles „Forum“ der EG-Innenministerien und ihrer Polizeien und Geheimdienste.“; *Wehner*, S. 231, Fn. 278: „Auch in der Bundesrepublik findet seit der Einrichtung der Koordinierungsgruppe Terrorismus (KGT) durch Beschluß der IMK vom 3. Mai 1991 offiziell eine enge Zusammenarbeit zwischen Polizeien und Verfassungsschutzbehörden des Bundes und der Länder statt. Mitglieder dieser beim Bundeskriminalamt (BKA) angesiedelten KGT sind das BKA, das BfV (Bundesamt für Verfassungsschutz), der Generalbundesanwalt und die jeweils für die Koordinierungssachverhalte zuständigen Länder, vertreten durch Polizei und Verfassungsschutz. Ihre Aufgabe besteht in der koordinierten Bekämpfung terroristischer Gewaltkriminalität in der Bundesrepublik Deutschland.“ (vgl. insoweit Innere Sicherheit, Nr. 3 vom 12. Juli 1991, S. 15 (15)).

77 *Wachholz*, Kriminalistik 1995, S. 715 (717): „Für diesen K.4-Ausschuß wurden drei Lenkungsgruppen eingerichtet, jeweils für die Bereiche Einwanderung und Asyl (Lenkungsgruppe I), Polizei/Zoll (Lenkungsgruppe II) und justitielle Zusammenarbeit (Lenkungsgruppe III). Die eigentliche Sacharbeit soll in Arbeitsgruppen geleistet werden. So sind der Lenkungsgruppe II die Arbeitsgruppen Terrorismus, (operationelle und technische) polizeiliche Zusammenarbeit, Drogen/Organisierte Kriminalität, Zollfragen und eben Europol zugeordnet, deren konkrete Aufgabe es ist, den Entwurf für einen europarechtlichen Vertrag, eine Konvention, mit den notwendigen Rechtsgrundlagen für Europol zu schaffen. Alle Gremien sind mit Delegationen aus Regie-

Vertrages normiert Art. 36 des EU-Vertrages die Rechtsgrundlage dieses Koordinierungsausschusses. Zur Aufgabenerfüllung sind dem Ausschuss diverse Facharbeitsgruppen nachgeordnet, die in verschiedenen Lenkungsgruppen zusammengefasst worden sind.[78]

Seit dem Jahr 1990 existiert eine Untergruppe der im Jahr 1985 zur Bekämpfung der Drogenkriminalität und des organisierten Verbrechens gegründeten Arbeitsgruppe TREVI III, die seit Juni 1991 als „AG-Europol“ bezeichnet wird[79] und mit der Errichtung einer Europäischen Kriminalpolizeilichen Zentralstelle sowie einer Europäischen Rauschgiftzentralstelle betraut worden ist.[80]

Mit dem Inkrafttreten des Vertrages über die Europäische Union zum 1. November 1993 wurde die informelle TREVI-Kooperation durch den „Rat der Innen- und Justizminister“ der Union abgelöst und auf eine formelle vertragliche Grundlage gestellt.[81]

3. Entwicklungsprozess / rechtliche Grundlagen

„Europol ist ein besonderes Anliegen Deutschlands.“[82]

Maßgeblich für die Entwicklung von Europol war eine Initiative der deutschen Bundesregierung[83] anlässlich der am 28./29. Juni 1991 durchgeführten Tagung des Europäischen Rats in Luxemburg.

---

rungsbeamten der Justiz- und Innenressorts der Mitgliedstaaten besetzt. Die deutsche Delegation in der Arbeitsgruppe Europol wird angeführt durch einen Vertreter der Polizeiabteilung des Bundesministeriums des Innern.“ Zu den Strukturen der Zusammenarbeit in den Bereichen Justiz und Inneres (Rat, Ausschuss der ständigen Vertreter, K.4-Ausschuss, nachgeordnete Lenkungs- und Arbeitsgruppen) – siehe schematische Übersicht bei *Wachholz*, DNP 1995, S. 513 (515).

78 Sogenannte 3. Ebene der TREVI-Kooperation – vgl. *Wehner*, S. 23. Entsprechende Arbeitsgruppen sind z.B. TREVI I (Terrorismusbekämpfung) und TREVI II (allgemeine polizeiliche Zusammenarbeit: Ausbildung, Polizeitechnologie, Datenaustausch etc.), jeweils errichtet mit Beginn der TREVI-Kooperation; TREVI III (Bekämpfung der Drogenkriminalität und des organisierten Verbrechens) seit 1985; ad-hoc-Arbeitsgruppe EINWANDERUNG (seit 1986) und – davon abgespaltet – TREVI '92 (Feststellung von Sicherheitsdefiziten im Zuge der Abschaffung der Binnengrenzkontrollen und Entwicklung entsprechender Ausgleichsmaßnahmen). Hinsichtlich weitergehender Details siehe *Wehner*, S. 231 ff; *Di Fabio*, DÖV 1997, S. 89 (100).

79 Mit Sitz in Straßburg und von Deutschland geleitet. – Europäischer Medienservice (EUMES), 12. Jahrgang / 9 / 25. September 1992, S. 10; im Folgenden auch als „Gruppe „Europol“ bezeichnet.

80 *Wehner*, S. 233; *Sule*, S. 20; *Akmann*, JA 1994, S. 49 (51); *Di Fabio*, DÖV 1997, S. 89 (97); *Storbeck*, Kriminalistik 1994, S. 201 (201).

81 *Kanther*, Bulletin der Bundesregierung 1994, S. 63 (63); *Storbeck*, Aus Politik und Zeitgeschichte, 1995, S. 20 (23).

82 *Kopp*, in: Strohmeier, S. 103 (111).

83 *Marschewski* (MdB CDU/CSU), BT-Plenarprotokoll 13/225, S. 20700; *Nicolaus*, NVwZ 1996, S. 40 (42); vgl. *Oberleitner*, S. 6 „Initiative des deutschen Bundeskanzlers Helmut Kohl“; Innenpolitik, Nr. VI/1997, S. 4 „Initiative des deutschen Bundeskanzlers“; „auf Initiative von Bundeskanzler Kohl“ - Mitteilung der EU-Kommission: (http://www.europa.eu.int./en/comm/dg10/-build/de/sec.htm - Stand: 07.01.2000); „auf maßgebliche Initiative von Bundeskanzler Helmut Kohl angestoßen“ - Pressemitteilung des BMI vom 01.10.1998; vgl. Magazin Nr. 11/1998 des österreichischen Bundesministeriums des Innern (http://In-inter1.bmi.gv.at/web/bmiwebp.nsf/-

Zur Bekämpfung des internationalen Drogenhandels und des organisierten Verbrechens hatte die deutsche Delegation eine vertragliche Festlegung auf die vollständige Einrichtung einer „Europäischen Kriminalpolizeilichen Zentralstelle" (Europol) bis spätestens zum 31. Dezember 1993 vorgeschlagen.[84] Das Aufgabengebiet von Europol sollte nach Vorstellung der deutschen Vertreter stufenweise entwickelt werden. Bis zum 31. Dezember 1993 sollte Europol zunächst nur als eine Relaisstation für den Informations- und Erfahrungsaustausch operieren und erst im Rahmen der zweiten Stufe Handlungsbefugnisse auch innerhalb der EU-Mitgliedstaaten erhalten.[85] Zielvorstellung der Bundesregierung war die Einrichtung eines „Europäischen FBI"[86] „mit eigenen Exekutivbefugnissen."[87]

Der Europäische Rat nahm diese Initiative der Bundesregierung „mit Interesse"[88] zur Kenntnis, billigte die diesem Vorschlag zugrundeliegenden Ziele und erteilte der Konferenz der für die innere Sicherheit zuständigen Innen- und Justizminister der EU-Mitgliedstaaten (TREVI) die Weisung, „die Vorschläge im Hinblick auf eine Revision des Unionsvertrages weiterzuprüfen."[89]
In einem dem Europäischen Rat am 4. Dezember 1991 vorgelegten Bericht empfahlen die TREVI-Minister den mehrstufigen Aufbau von Europol, beginnend mit der Errichtung einer Europäischen Drogeninformationsstelle.[90] Diesem Vorschlag stimmte der Europäische Rat auf seiner Tagung in Maastricht am 9./10. Dezember 1991 zu.[91]
Entgegen der Anregung der Bundesregierung,[92] eine völkerrechtliche Regelung als Grundlage für die Errichtung von Europol in den EWG-Vertrag aufzunehmen und das

---

Allpages/OES0000000099 – Stand 15.09.2001), S. 3: „Juni 1991: Der deutsche Bundeskanzler Helmut Kohl und der französische Staatspräsident François Mitterand schlagen auf einer Sitzung des Europäischen Rats in Luxemburg den Aufbau eines gemeinsamen Europäischen Kriminalamts für die Bekämpfung der Rauschgiftkriminalität und der sonstigen organisierten Kriminalität vor. Unabhängig davon einigen sich die TREVI-Minister in Luxemburg darauf, eine gemeinsame europäische Intelligency-Einheit einzurichten."

84 Bulletin der Bundesregierung, 1991, S. 625 (630).

85 Bulletin der Bundesregierung, 1991, S. 625 (630).

86 *Marschewski* (MdB CDU/CSU), BT-Plenarprotokoll 13/225, S. 20700; vgl. *Storbeck*, Kriminalistik 1994, S. 201 (203); *ders.*, Aus Politik und Zeitgeschichte, 1995, S. 20 (23); *Kopp*, in: Strohmeier, S. 103 (111).

87 *Di Fabio*, DÖV 1997, S. 89 (96); *Storbeck*, Aus Politik und Zeitgeschichte, 1995, S. 20 (23).

88 Bulletin der Bundesregierung 1991, S. 625 (626), Schlussfolgerungen des Vorsitzes betreffend „Innere und justitielle Angelegenheiten".

89 Bulletin der Bundesregierung 1991, S. 625 (626); vgl. *Storbeck*, Aus Politik und Zeitgeschichte, 1995, S. 20 (23). Mitteilung der EU-Kommission „Die Sicherheit im Dienste der Freizügigkeit in Europa" (http://www.europa.eu.int./en/comm/dg10/build/de/sec.htm - Stand: 07.01.2000).

90 *Aulehner*, S. 161.

91 Der Wortlaut des Beschlusses lautet wie folgt: „Der Europäische Rat erklärt sich mit der Schaffung einer Europäischen Polizeibehörde (Europol) einverstanden, der zunächst die Aufgabe übertragen wird, auf der Ebene der zwölf Mitgliedstaaten der Gemeinschaft den Austausch von Informationen über den Drogenbereich zu organisieren. Der Europäische Rat beauftragt die TREVI-Minister, im Benehmen mit der Kommission die erforderlichen Maßnahmen für eine rasche Errichtung von Europol zu treffen." – Bulletin der Bundesregierung, 1991, S. 1153 (1160).

92 *Storbeck*, Kriminalistik 1994, S. 201 (201).

europäische Polizeiamt somit zu einer Institution der Gemeinschaft zu machen,[93] beschränkte sich der Europäische Rat darauf, Europol lediglich im Bereich der intergouvernementalen Zusammenarbeit - der sogenannten 3. Säule des EU-Vertrags[94] - zu verankern.[95] „Insbesondere Großbritannien versagte (....) die Zustimmung zur Schaffung echter Gemeinschaftskompetenzen. Auch die anderen EG-Partner zeigten sich (...) nicht so engagiert wie die Bundesregierung."[96]

Da sich der Aufgabenbereich von Europol „auch und vor allem"[97] auf die Speicherung, Analyse und Übermittlung personenbezogener Daten erstrecken sollte, bestand eine internationale Übereinstimmung dahingehend, dass eine umfassende Konvention als rechtliche Grundlage für Europol erarbeitet und ratifiziert werden müsse.[98] Auf seiner Tagung in Lissabon am 26./27. Juni 1992 beschloss der Europäische Rat die Ausarbeitung eines entsprechenden Übereinkommens zur Errichtung von Europol.[99]

„Um bereits vor dem Abschluß dieses erfahrungsgemäß längerwierigen Prozesses mit der Bekämpfung der organisierten Kriminalität auf besonders bedrohlichen Feldern beginnen zu könnnen",[100] empfahlen die TREVI-Minister dem Europäischen Rat auf

---

93 Das Europäische Parlament (EP) hat in einer Entschließung zur Gründung von Europol vom 22. Januar 1993 (A3-0382/92 – ABl. EG Nr. C 42, S. 250 (252)) ebenfalls die volle Vergemeinschaftung von Europol gefordert und insoweit Folgendes ausgeführt: Das EP „vertritt die Auffassung, daß sowohl die Gründung von Europol als auch die Einführung der „European Drug Unit" (EDU) (...) durch gemeinschaftliche Rechtsvorschriften bereits hätten geregelt werden müssen (und) fordert die Kommission auf, auf der Grundlage von Artikel 235 des EWG-Vertrags einen Vorschlag für eine Verordnung über die Gründung von Europol vorzulegen." – Im Folgenden Gegenstand detaillierter Untersuchung.

94 Titel VI des EU-Vertrags in der Fassung des Maastrichter-Vertrags (Art. K.1 - K.9) „Bestimmungen über die Zusammenarbeit in den Bereichen Justiz und Inneres".

95 Gemäß Art. K.1, Ziffer 9 des EU-Vertrags in der Fassung des Maastrichter Vertrags betrachten die Mitgliedstaaten „die polizeiliche Zusammenarbeit zur Verhütung und Bekämpfung des Terrorismus (...) in Verbindung mit dem Aufbau eines unionsweiten Systems zum Austausch von Informationen im Rahmen eines Europäischen Polizeiamtes (Europol)" zur Verwirklichung der Ziele der Union als eine Angelegenheit von gemeinsamem Interesse. Die in der Schlussakte des Maastrichter Vertrages enthaltene „Erklärung zur polizeilichen Zusammenarbeit" (abgedruckt in *Läufer*, S. 109 f) präzisiert diese Ziele.

96 *Akmann*, JA 1994, S. 49 (52 f); vgl.: *Di Fabio*, DÖV 1997, S. 89 (96): „Das Vereinigte Königreich (wollte) lieber die bekannten Formen der Zusammenarbeit effektuieren."; *Nicolaus*, NVwZ 1996, S. 40 (42): „Während die treibende Kraft in Richtung auf Europol stets die Bundesrepublik war, orientierte sich Frankreich eher an einer zwischenstaatlichen Zusammenarbeit."

97 *Storbeck*, Kriminalistik, 1994, S. 201 (201).

98 *Storbeck*, a.a.O., S. 201 (201); *Aulehner*, S. 162; Innenpolitik, Nr. VI/1997, S. 3: Nach der Schaffung der Grundsatzbeschlüsse zum Aufbau von Europol „zeichnete sich ab, daß für die Errichtung von Europol die Ausarbeitung eines völkerrechtlichen Übereinkommens erforderlich war." Die zentrale Speicherung persönlicher Daten und die Aufnahme offizieller Beziehungen zu Drittländern und deren Institutionen war ohne die Vereinbarung einer entsprechenden Konvention für die EDS rechtlich nicht zulässig – vgl. Vermerk des K.4-Ausschusses für den AStV/Rat betreffend das Arbeitsprogramm der Europol-Drogenstelle für das Jahr 1998 vom 26. 02.1998 (5739/1/98) REV 1, S. 14.

99 ABl. EG Nr. L 62 vom 20.03.1995, S. 1 (1).

100 Innenpolitik, Nr. VI/1997, S. 3.

ihrer Sondertagung am 18. September 1992, „die erste Stufe von Europol, die Europol-Drogenstelle (EDS[101]), bis spätestens 1. Januar 1993 zu errichten."[102]

Die für die Errichtung der EDS zum 1. Januar 1993 erforderliche Ministervereinbarung konnte bis zum Ende des Jahres 1992 nicht fristgerecht beschlossen werden, weil sich die TREVI-Minister nicht über den vorläufigen Standort der Europol-Drogenstelle und die Benennung des vorläufigen Koordinators zu einigen vermochten.[103] Erst am 2. Juni 1993 vereinbarten die TREVI-Minister in Kopenhagen eine entsprechende Rechtsgrundlage für die Tätigkeit der EDS,[104] welche am 30. Oktober 1993 in Kraft trat.[105]

Auf dem Sondertreffen des Europäischen Rats in Brüssel einigten sich die Staats- und Regierungschefs am 29. Oktober 1993 auf Den Haag als Sitz der EDS und endgültigen Standort von Europol.[106] Am 3. Januar 1994 nahm die EDS ihre Arbeit auf.[107] Am 20. Juni 1994 bestellte der Rat der Innen- und Justizminister den bisherigen Leiter des Europol-Aufbaustabes,[108] den Abteilungspräsidenten im Bundeskriminalamt (BKA), Jürgen Storbeck,[109] zum Koordinator der Europol-Drogenstelle.[110]

Gemäß der Vereinbarung des Rats der Justiz- und Innenminister vom 2. Juni 1993 erstreckte sich das Mandat der EDS als nicht einsatzbezogener Arbeitsstab[111] zunächst auf den illegalen Drogenhandel, sofern mindestens zwei der Mitgliedstaaten von dieser Kriminalitätsform betroffen waren.[112]
Die EDS diente dem Austausch von – auch personenbezogenen – Informationen sowie der Erarbeitung allgemeiner Lageberichte und Verbrechensanalysen. Letztere durften jedoch nicht auf personenbezogenen Informationen beruhen.[113] Insoweit besteht ein wesentlicher Unterschied zu den geltenden Befugnissen Europols.

---

[101] Innenpolitik, Nr. VI/1997, S. 3; „EDU" (Europol-Drug-Unit) – *Aulehner*, S. 162; „EUROPOL-/EDU"- *Aulehner*, S. 163, *Storbeck*, Kriminalistik, 1994, S. 201 (201).

[102] ABl. EG Nr. L 62 vom 20.03.1995, S. 1 (1).

[103] *Storbeck*, Kriminalistik, 1994, S. 201 (202) – „politisches Gerangel".

[104] BGBl. II, 1995, S. 154.

[105] *Storbeck*, Kriminalistik, 1994, S. 201 (202), *ders.*, Aus Politik und Zeitgeschichte, 1995, S. 20 (24). „Vom 1. September 1992 bis zum 31. Dezember 1993 (war) ein internationaler Aufbaustab in Straßburg mit der Planung und dem praktischen Aufbau von Europol befaßt. Dieses Projektteam bestand aus bis zu 30 Mitarbeitern aus teilweise 10 der 12 Mitgliedstaaten, wobei der Kern aus Deutschland und Frankreich kam." – *Storbeck*, Kriminalistik 1994, S. 201 (201).

[106] ABl. EG Nr. C 323 vom 30. November 1993, S. 1 (1).

[107] Innenpolitik, Nr. VI/1997, S. 7; *Nicolaus*, NVwZ 1996, S. 40 (42); *Zieschang*, ZRP 1996, S. 427 (427).

[108] Die Einrichtung des Europol-Aufbaustabes beruht auf einer Vereinbarung der TREVI-Minister vom 2. Juni 1992 – vgl. Magazin Nr. 11/1998 des österreichischen Bundesministeriums des Innern (http://In-inter1.bmi.gv.at/web/bmiwebp.nsf/Allpages/OES0000000099 - Stand 15.09.2001), S. 4.

[109] Innenpolitik, Nr. VI/1997, S. 7.

[110] Innenpolitik, Nr. VI/1997, S. 7; *Aulehner*, S. 163.

[111] Vgl. Art. 2 Abs. 2 der Gemeinsamen Maßnahme vom 10. März 1995, ABl. EG Nr. L 62, S. 1 (2).

[112] *Aulehner*, S. 163; vgl. Innenpolitik, Nr. VI/1997, S. 3.

[113] *Storbeck*, Kriminalistik, 1994, S. 201 (202); vgl. Art. 2 Abs. 3 S. 2 a) und b) der Gemeinsamen Maßnahme vom 10. März 1995, ABl. EG Nr. L 62, S. 1 (2).

Der Informationsaustausch erfolgte durch die aus den Mitgliedstaaten zur EDS entsandten nationalen Verbindungsbeamten,[114] die „Europol-Liaison-Officers (ELO's)“,[115] die zur Erfüllung ihrer Aufgaben unmittelbaren Zugriff auf alle einschlägigen kriminalpolizeilichen Informationen und Erkenntnisse ihres jeweiligen Mitgliedstaates besaßen.[116] Die Dateien in den Mitgliedstaaten enthielten beispielsweise „Daten über Täter, Tätergruppen, Adressen, Telefonnummern, Verdachtsmomente usw. Hierbei handelte es sich teilweise um noch nicht ausermittelte Informationen“[117] bzw. „ungesicherte Erkenntnisse“[118] d.h. um „ungesicherte Daten, deren Wahrheitsgehalt zum Zeitpunkt der Speicherung noch offen ist.“[119] Derartige Informationen bedürfen einer „Bewertung, um sie für die polizeiliche Arbeit nutzbar zu machen“.[120] Begrifflich werden sie auch als sogenannte „weiche“[121] Informationen bzw. „Verdachtsdaten“[122] bezeichnet.

Der Informationsaustausch erfolgte unmittelbar zwischen den Verbindungsbeamten. Diese leiteten die Informationen an die zuständigen nationalen Stellen weiter. Die Tätigkeit der Verbindungsbeamten erfolgte ausschließlich nach Maßgabe ihrer jeweiligen nationalen Gesetze, sonstiger einschlägiger Rechtsvorschriften und der von ihrem jeweiligen Mitgliedstaat erteilten Weisungen.[123] „Die vom liefernden Staat angegebenen Bedingungen für die Nutzung solcher Informationen“ waren „strikt einzuhalten.“[124] Ausschließlich zum Zweck des Datenschutzes mussten die Verbindungsbeamten Aufzeichnungen über die von ihnen weitergegebenen personenbezogenen Informationen erstellen.[125]
Eine Weitergabe personenbezogener Daten durch die Verbindungsbeamten an Nichtmitgliedstaaten oder internationale Organisationen war nicht zulässig.[126] Ebenso durften personenbezogene Informationen weder in automatisierten Dateien noch auf sonstige Weise zentral von der EDS gespeichert werden.[127]

---

114 *Storbeck*, Kriminalistik, 1994, S. 202 (201); *Aulehner*, S. 163 f; Hinsichtlich weitergehender Details – vgl. Art. 2 und 3 der Gemeinsamen Maßnahme vom 10. März 1995, ABl. EG Nr. L 62, S. 1 (2).

115 *Kopp*, in: Strohmeier, S. 103 (111).

116 Vgl. Art. 3 Abs. 1 S. 2 der Gemeinsamen Maßnahme vom 10. März 1995, ABl. EG Nr. L 62, S. 1 (2); *Storbeck*, Aus Politik und Zeitgeschichte, 1995, S. 20 (24).

117 *Storbeck*, Aus Politik und Zeitgeschichte, 1995, S. 20 (24).

118 15. Tätigkeisbericht des *BfD*, BT-Drs. 13/1150, S. 134.

119 *Leuthardt*, S. 20; vgl. *Zeiger*, Kriminalistik 1998, S. 313 (315).

120 *Storbeck*, Aus Politik und Zeitgeschichte, 1995, S. 20 (24).

121 *Storbeck*, Kriminalistik, 1994, S. 201 (202); *Zeiger*, Kriminalistik 1998, S. 313 (315); 15. Tätigkeitsbericht des *BfD*, BT-Drs. 13/1150, S. 134.

122 *Leuthardt*, S. 20.

123 *Storbeck*, Kriminalistik, 1994, S. 201 (202); vgl. Art. 2 Abs. 3 S. 2 und Art. 3 Abs. 1 S. 1 der Gemeinsamen Maßnahme vom 10. März 1995, ABl. EG Nr. L 62, S. 1 (2).

124 *Storbeck*, Kriminalistik, 1994, S. 201 (202).

125 Vgl. Art. 4 Abs. 2 S. 2 der Gemeinsamen Maßnahme vom 10. März 1995, ABl. EG Nr. L 62, S. 1 (2).

126 Vgl. Art. 4 Abs. 2 S. 1 der Gemeinsamen Maßnahme, a.a.O.

127 Vgl. Art. 4 Abs. 2 S. 3 der Gemeinsamen Maßnahme, a.a.O.

Überwacht wurden diese Vorgaben durch die jeweiligen Datenschutzbehörden der nationalen Mitgliedstaaten.[128]
Neben der Weitergabe von Einzelinformationen koordinierten und unterstützten die Verbindungsbeamten grenzüberschreitende Operationen, z.B. kontrollierte Lieferungen.[129] Hierbei handelt es sich um „die begleitende Observation von Transporten illegaler Drogen oder anderer verbotener Waren vom Ursprungsort bis zum Abnehmer."[130]

Auf Initiative der Bundesrepublik Deutschland[131] wurde das Mandat der EDS durch Beschluss des Rats der Europäischen Union[132] im Jahr 1995 auf die Deliktfelder „illegaler Handel mit radioaktiven und nuklearen Materialien",[133] „Schleuserkriminalität",[134] „Verschiebung von Kraftfahrzeugen"[135] und im Jahr 1996[136] auf die Bekämpfung des Menschenhandels, insbesondere des Kindesmissbrauchs, sowie auf die beteiligten kriminellen Vereinigungen und die mit diesen Deliktfeldern verbundene Geldwäsche[137] erweitert.
Grundlage dieser das Mandat der EDS erweiternden Rechtsakte des Rats war ein entsprechender Beschluss des Europäischen Rats vom 19. Dezember 1994.[138] Auf ihrer Sitzung in Essen hatten die Staats- und Regierungschefs die von der EDS als Vorläuferorganisation von Europol erzielten ersten Erfolge „mit Befriedigung zur Kenntnis genommen"[139] und beschlossen, dass die Konvention zur Errichtung von Europol spätestens bis zum Europäischen Rat in Cannes abzuschließen sei.[140] Der Europäische Rat beauftragte den Rat der Innen- und Justizminister, in Fortführung der unter deutschem Vorsitz erzielten Fortschritte bei der Erarbeitung der Europol-Konvention „eine ausgewogene Lösung für den Aufbau des Systems und die Rolle der

---

128 Vgl. Art. 4 Abs. 3 der Gemeinsamen Maßnahme, a.a.O.; hinsichtlich weitergehender Informationen zur EDS - siehe *Oberleitner*, S. 108 ff.

129 Vgl. Art. 73 des Übereinkommens zur Durchführung des Übereinkommens von Schengen vom 14. Juni 1985 zwischen den Regierungen der Staaten der Benelux-Wirtschaftsunion, der Bundesrepublik Deutschland und der Französischen Republik betreffend den schrittweisen Abbau der Kontrollen an den gemeinsamen Grenzen einschließlich der Erklärungen zum Recht der Nacheile vom 19. Juni 1990 (SDÜ), BGBl. II, 1993, S. 1013 ff.

130 *Busch/Pütter*, Bürgerrechte & Polizei/CILIP Nr. 49 (3/1994), S. 6 (10). Zur „kontrollierten Lieferung" bzw. zum „kontrollierten Transport" (Begriffsbestimmung, Voraussetzungen, Zuständigkeit etc.) vgl. Nr. 29 a - 29 d RiStBV.

131 Innenpolitik, Nr. VI/1997, S. 3.

132 Gemeinsame Maßnahme vom 10. März 1995 aufgrund von Art. K.3 EU-Vertrag, ABl. EG Nr. L 62, S. 1 ff.

133 Art. 2 Abs. 2 lit. b) der Gemeinsamen Maßnahme vom 10. März 1995, ABl. EG Nr. L 62, S. 1 (2).

134 Art. 2 Abs. 2 lit. c) der Gemeinsamen Maßnahme, a.a.O.

135 Art. 2 Abs. 2 lit. d) der Gemeinsamen Maßnahme, a.a.O.

136 Siehe Gemeinsame Maßnahme vom 16. Dezember 1996 – vom Rat aufgrund von Art. K.3 des Vertrags über die Europäische Union angenommen – zur Ausdehnung des der Europol-Drogenstelle erteilten Mandats – ABl. L 342 vom 31.12.1996, S. 4.

137 Art. 2 Abs. 2 der Gemeinsamen Maßnahme vom 10. März 1995, ABl. EG Nr. L 62, S. 1 (2).

138 Vgl. Bulletin der Bundesregierung, 1994, S. 1069 (1075).

139 Bulletin der Bundesregierung, a.a.O.

140 Bulletin der Bundesregierung, a.a.O.

Verbindungsbeamten, die Einbeziehung des Terrorismus in den Aufgabenbereich von Europol sowie für die institutionellen Aspekte zu erreichen." [141]

Trotz dieser Vorgabe gelang es den Staats- und Regierungschefs nicht, die Europol-Konvention auf ihrer Sitzung in Cannes am 26./27. Juni 1995 zu unterzeichnen.[142] Sie einigten sich lediglich auf einen als „zeichnungsfähig"[143] deklarierten Konventionsentwurf, nachdem „lange um datenschutzrechtliche Bestimmungen gerungen"[144] worden war und ein an sich schon unterschriftsreifer Konventionsentwurf aufgrund von Meinungsdivergenzen über die Rolle des Europäischen Gerichtshofs (EuGH) als verbindliche Vorabentscheidungsinstanz in Bezug auf die Auslegung der Konvention nochmals geändert werden musste.[145]

Erst am 26. Juli 1995 konnte die Konvention in Brüssel durch die ständigen Vertreter der Mitgliedstaaten bei der Europäischen Gemeinschaft unterzeichnet werden,[146] nachdem in den noch offenen Bereichen – mit Ausnahme der Frage der Vorabentscheidungskompetenz des EuGH – Einigung erzielt worden war.

Die inhaltliche Auseinandersetzung um die Funktion des EuGH[147] konnte erst im Juni 1996 auf der Tagung des Europäischen Rats in Florenz beigelegt werden, indem Großbritannien „die Möglichkeit einer Ausstiegsklausel (Opting Out) gewährt wurde."[148]

---

141 Bulletin der Bundesregierung, a.a.O.

142 *Kölbach*, Die Polizei, 1996, S. 245 (247).

143 *Kölbach*, a.a.O., S. 245 (247); vgl. *Wachholz*, Kriminalistik 1995, S. 715 (715): „Bis zuletzt hatte es ebenfalls tiefgreifende Diskussionen zur Frage eines direkten/indirekten Auskunftsanspruches bzw. der Löschung von Daten gegeben."

144 *Kölbach*, Die Polizei, 1996, S. 245 (247).

145 *Kölbach*, a.a.O., S. 245 (247); *Oberleitner*, S. 105: „Waren anfänglich der Umfang der Zuständigkeitsbereiche von Europol, Meinungsunterschiede mit Frankreich hinsichtlich der sog. „Systemarchitektur" der Europol-Dateien und in der weiteren Folge gegensätzliche Ansichten innerhalb der Mitgliedstaaten hinsichtlich des Umfangs der zugänglichen Daten von kriminellen aber auch von nicht kriminellen Personen (z.B. von Zeugen oder Kontaktpersonen) und bezüglich des Auskunftsrechts betroffener Personen sowie auch technische Probleme für eine Verzögerung verantwortlich, so war letztendlich ausschließlich die Frage, ob der Europäische Gerichtshof die Kontrolle über Europol erhalten sollte, d.h. ob ihm eine Vorabentscheidungskompetenz eingeräumt werden sollte, für die Verzögerung verantwortlich."; *Nicolaus*, NVwZ 1996, S. 40 (42): „Umstritten sind nach wie vor die Frage des Datenschutzes sowie die Zuständigkeit des EuGH für Streitigkeiten zwischen EG-Bürgern und Europol, bei der Auslegung der Konvention (...). Hinsichtlich der Zuständigkeiten des EuGH scheiterte das Einvernehmen am Widerstand Großbritanniens."; *Di Fabio*, DÖV 1997, S. 89 (97): „Hauptstreitpunkt ist eine justitielle Zuständigkeit des EuGH auf dem Gebiet des Datenschutzes."; *Aulehner*, S. 165: „Nachhaltig umstritten ist noch der gegen Maßnahmen von Europol zu eröffnende Rechtsweg. Namentlich Großbritannien widersetzt sich vehement der Zuständigkeit des EuGH."; *Zieschang*, ZRP 1996, S. 427 (427): „Großbritannien weigerte sich, mit dem Europol-Übereinkommen eine Klausel zu vereinbaren, wonach dem EuGH die Befugnis zukommt, das Übereinkommen im Wege der Vorabentscheidung auszulegen. Großbritannien war der Ansicht, dadurch erlange Europol einen Status, der über den eines reinen Koordinationsorgans zwischen den Mitgliedstaaten hinausgehe." (vgl. insoweit auch *Oberleitner*, S. 106 f m.w.N.).

146 *Kölbach*, Die Polizei, 1996, S. 245 (247); *Oberleitner*, S. 106.

147 *Oberleitner*, S. 106.

148 *Oberleitner*, S. 107; vgl. *Schelter*, Innenpolitik, Nr. VI/1997, S. 6: „Besonders schwierig war es, einen gemeinsamen Nenner für den Rechtsschutz zu finden. (...) Die EuGH-Frage beschäftigte die Mitgliedstaaten annähernd ein Jahr."; *Oberleitner*, S. 106: „Da die übrigen Mitgliedstaaten darauf

Auf der Grundlage dieser Entscheidung des Europäischen Rats unterzeichneten die Mitglieder des Ausschusses der Ständigen Vertreter der EU-Staaten am 27. Juli 1996 ein Protokoll betreffend die Vorabentscheidungskompetenz des EuGH (Europol-Auslegungsprotokoll),[149] wonach es jedem Mitgliedstaat gemäß Art. 2 Abs. 1 dieses Protokolls – entsprechend dem mit Großbritannien vereinbarten Kompromiss – freisteht, „durch eine bei Unterzeichnung dieses Protokolls oder zu jedwedem späteren Zeitpunkt abgegebene Erklärung die Zuständigkeit des Gerichtshofs der Europäischen Gemeinschaften für die Auslegung des Europol-Übereinkommens im Wege der Vorabentscheidung“ anzuerkennen.[150]
Am 1. Oktober 1998 ist die Europol-Konvention nach Ratifizierung durch alle Mitgliedstaaten in Kraft getreten.[151]
Nach Art. 45 Abs. 5 S. 1 Europol-Konvention endete mit der Tätigkeitsaufnahme durch Europol die Tätigkeit der EDS, d.h. mit der Arbeitsaufnahme am 1. Juli 1999 ging die EDS in Europol auf. Sämtliche aus dem Haushalt der EDS finanzierten Ausstattungsgegenstände sowie sämtliche Archive und eigenständig verwalteten Datenbestände gingen gemäß Art. 45 Abs. 5 S. 2 Europol-Konvention in das Eigentum des Europäischen Polizeiamtes über.
Durch Beschluss des Rates vom 7. April 1999[152] ist der vormalige Leiter der EDS, Jürgen Storbeck, für einen Zeitraum von fünf Jahren ab Aufnahme der Tätigkeit von Europol zum Direktor und gesetzlichen Vertreter des Europäischen Polizeiamtes ernannt worden.[153]
Finanziert wird Europol durch Beiträge der Mitgliedstaaten. Ausweislich des Haushaltsplans für das Jahr 2001 beläuft sich das Haushaltsvolumen Europols auf 35,4 Millionen Euro.[154] Der deutsche Finanzierungsbeitrag beträgt 25,91 Prozent.[155] Zu

---

bestanden, den EuGH als letzte Instanz für die Auslegung der Europol-Konvention anzuerkennen, um im Streitfall zwischen EU-Bürgern und Europol Rechtssicherheit zu gewährleisten, Großbritannien sich aber beharrlich weigerte, diesem Vorschlag zuzustimmen, konnte fast ein Jahr lang kein Fortschritt erzielt werden.“

149 Protokoll auf Grund von Art. K.3 des Vertrags über die Europäische Union betreffend die Auslegung des Übereinkommens über die Errichtung eines Europäischen Polizeiamtes durch den Gerichtshof der Europäischen Gemeinschaften im Wege der Vorabentscheidung – BT-Drs. 13/7555, S. 8 f.

150 *Oberleitner*, S. 106: Die Verwirklichung des Ziels, dem EuGH eine entsprechende Kompetenz zuzuweisen, um im Streitfall zwischen EU-Bürgern und Europol Rechtssicherheit zu gewährleisten, war „für die meisten Mitgliedstaaten wie auch für das Europäische Parlament unabdingbare Voraussetzung, um die Konvention ratifizieren zu können.“

151 In der Bundesrepublik Deutschland wurde die Konvention durch das Gesetz zu dem Übereinkommen vom 26. Juli 1995 auf Grund von Art. K.3 des Vertrags über die Europäische Union über die Errichtung eines Europäischen Polizeiamtes (Europol-Gesetz) – BGBl. II, 1997, S. 2150 ff – ratifiziert.

152 Art. 1 des Rechtsaktes des Rates zur Ernennung des Direktors und der stellvertretenden Direktoren von Europol – ABl. EG Nr. C 149 vom 28. Mai 1999, S. 18.

153 Pressemitteilungen des BMI vom 30. Juni 1999 und 1. Juli 1999.

154 Mitteilung des Europäischen Polizeiamtes, Januar 2001, S. 1 (2) – (www.europol.eu.int). Im Jahre 1999 betrug dieses Volumen 18,9 Millionen Euro (Mitteilung Europol, Merkblatt Nr. 2 (Juli 1999), S. 1 (3). (www.europol.eu.int), (http://www.auswärtiges-amt.de/4_europa/9/4-9-5d.htm – Stand: 29.12.1999), im Jahre 1998 9,98 Millionen Euro (Mitteilung Europol, Merkblatt Nr. 1 (Oktober 1998), S. 1 (2) – (www.europol.eu.int)).

Beginn des Jahres 2001 umfasste der Personalbestand des Europäischen Polizeiamtes 242 Mitarbeiter, davon 44 Verbindungsbeamte, aus verschiedenen Strafverfolgungsbehörden der Mitgliedstaaten (Polizei, Zoll, Gendarmerie, Einwanderungsbehörden etc.).[156] Bis zum Jahr 2003 wird der Personalbestand auf ungefähr 350 Mitarbeiter anwachsen.[157]

Europol kennzeichnet das Merkmal der „Einzigartigkeit";[158] denn im Bereich der intergouvernementalen Zusammenarbeit ist Europol „die erste und einzige Behörde mit eigener Rechtspersönlichkeit. Diese Einzigartigkeit zeigt sich in fast allen Disziplinen des Rechts."[159] Europol ist zwar eine völkerrechtlich fundierte internationale Organisation mit Rechtsfähigkeit (vgl. Art. 26 Abs. 1 Europol-Konvention) und einer internationalen Organisationen entsprechenden Binnenstruktur.[160] Gegenüber anderen internationalen Organisationen besteht jedoch die Besonderheit, dass Europol „institutionell an den völkerrechtlichen Verbund der EU und im Wege der Organleihe präintegrativ an die EG als supranationale Organisation"[161] gebunden ist.[162]

II. Organisationsstruktur

1. Organe

Organe von Europol sind der Verwaltungsrat, der Direktor, der Finanzkontrolleur und der Haushaltsausschuss (Art. 27 Europol-Übereinkommen).

Der Direktor ist Leiter und gesetzlicher Vertreter des Europäischen Polizeiamtes (Art. 29 Abs. 1 und 5 Europol-Übereinkommen), Vorgesetzter der stellvertretenden Direktoren und Bediensteten (Art. 30 Abs. 2 S. 1 Europol-Übereinkommen) und verantwortlich für die Erfüllung der Europol übertragenen Aufgaben (Art. 29 Abs. 3 Nr. 1 Europol-Übereinkommen). Unterstützt wird er von den stellvertretenden Direktoren (Art. 29 Abs. 2 S. 1 Europol-Übereinkommen), deren Aufgabenbereich der

---

155 Vermerk des Vorsitzes des Rats der EU vom 20. September 1999 betreffend den Europol-Haushaltsentwurf für das Jahr 2000 (11030/99), Anlage C, S. 24; *Schapper*, in: BKA-Arbeitstagung 1999, S. 5 (6).

156 Mitteilung des Europäischen Polizeiamtes Januar 2001, S. 1 (2) – (www.europol.eu.int). Am 25. August 1998 betrug der Personalbestand der EDS insgesamt 153 Personen, darunter 41 Verbindungsbeamte (Vermerk des K.4-Ausschusses betreffend das Europol-Arbeitsprogramm für das Jahr 1999 (12642/1/98) vom 13. November 1998, S. 4.

157 Mitteilung des Europäischen Polizeiamtes Januar 2001, S. 1 (2) – (www.europol.eu.int).

158 *Storbeck*, DRiZ 2000, S. 481 (482).

159 *Storbeck*, a.a.O., S. 481 (482).

160 Vgl. *Lindner*, BayVBl. 2001, S. 193 (196, 197).

161 *Lindner*, a.a.O., S. 193 (196).

162 Hinsichtlich weitergehender Details, insbesondere im Hinblick auf die Ausprägungen dieser Koppelung, siehe *Lindner*, BayVBl. 2001, S. 193 (196 f); zum Status Europols siehe auch: *Di Fabio*, DÖV 1997, S. 89 (97): Europol ist eine „Behörde, die im Niemandsland zwischen mitgliedstaatlichen Behörden und Gemeinschaftsorganen angesiedelt ist (...)"; *Bull*, DRiZ 1998, S. 32 (33): „Damit ist Europol eine interadministrative Stelle, keine supranationale Behörde im Sinne der institutionalisierten europäischen Gemeinschaften."

Direktor näher bestimmt (Art. 29 Abs. 2 S. 2 Europol-Übereinkommen). Der Direktor ist dem Verwaltungsrat – einem aus einem Vertreter je Mitgliedstaat bestehenden Gremium, in dem jedes Mitglied über eine Stimme verfügt (Art. 28 Abs. 2 Europol-Übereinkommen) – über seine Amtsführung rechenschaftspflichtig (Art. 29 Abs. 4 S. 1 Europol-Übereinkommen).

Direktor, stellvertretende Direktoren und Bedienstete[163] von Europol dürfen von keiner Regierung, Behörde, Organisation oder nicht Europol angehörenden Personen Weisungen entgegennehmen oder anfordern. Sie sind ausschließlich den Zielen und Aufgaben des Europäischen Polizeiamtes verpflichtet (Art. 30 Abs. 1 S. 1 Europol-Übereinkommen). Aufgrund der unabhängigen Leitungsfunktion des Direktors können von dritter Seite weder aus Rechtsgründen noch aus Zweckmäßigkeitserwägungen Einzelweisungen zur Abänderung einer durch den Direktor getroffenen Maßnahme erteilt werden.[164] Infolgedessen genießt Europol im Gegensatz zu den nationalen Polizeien der Mitgliedstaaten, die dem jeweils zuständigen parlamentarisch verantwortlichen Minister unterstellt und weisungsgebunden sind, eine Sonderstellung. Der Rat der EU besitzt lediglich die Möglichkeit der personellen Kontrolle durch die Abberufung bzw. Entlassung des Direktors (Art. 29 Abs. 6 Europol-Übereinkommen). Eine Entlassung ist jedoch nur mit einer Mehrheit von zwei Dritteln der Stimmen der Mitgliedstaaten möglich. *Waechter* kritisiert dieses Quorum, da es „keine echte politische Kontrolle"[165] durch die einfache Mehrheit des Rates erlaube. Lediglich das Mehrheitsprinzip im Sinne der einfachen Mehrheit sei nach deutschem Verfassungsrecht spezifisch demokratisch.[166]

2. Nationale Stellen

Einzige Verbindungsstelle zwischen Europol und den zuständigen Behörden der Mitgliedstaaten ist die von jedem Mitgliedstaat zu errichtende bzw. zu bezeichnende „nationale Stelle" (Art. 4 Abs. 1 und Abs. 2 S. 1 Europol-Übereinkommen).

a) Aufgaben

Den nationalen Stellen obliegen folgende Aufgaben (vgl. Art. 4 Abs. 4 Nr. 1-7 Europol-Übereinkommen):

- Übermittlung der für die Durchführung der Aufgaben von Europol erforderlichen Informationen und Erkenntnisse – aus eigener Initiative (vgl. Art. 4 Abs. 4 Nr. 1);
- Beantwortung der von Europol gestellten Informations-, Erkenntnis- und Beratungsanfragen (vgl. Art. 4 Abs. 4 Nr. 2);

---

163 Zur Begriffsdefinition – vgl. S. 8.

164 *Bechthold* kritisiert ebenfalls die „fehlende neutrale Kompetenz" übergeordneter Behörden, insbesondere der verantwortlichen Minister des Entsendestaates, beispielsweise im Hinblick auf die alleinige Befugnis des Direktors zur Aufhebung der Immunität der Europol-Bediensteten – *Bechthold*, Betrifft Justiz, 1997, S. 118 (119).

165 *Waechter*, ZRP 1996, S. 167 (168).

166 *Waechter*, a.a.O., S. 167 (168) m.w.N.

- fortwährende Aktualisierung der Informationen und Erkenntnisse (vgl. Art. 4 Abs. 4 Nr. 3);
- Auswertung und Weiterleitung von Informationen und Erkenntnissen an die zuständigen nationalen Behörden nach der Maßgabe des jeweiligen nationalen Rechts (vgl. Art. 4 Abs. 4 Nr. 4);
- Vornahme von Beratungs-, Informations-, Erkenntnis- und Analyseanfragen an Europol (vgl. Art. 4 Abs. 4 Nr. 5);
- Übermittlung von Informationen für die Speicherung der von Europol geführten automatisierten Informationssammlungen (vgl. Art. 4 Abs. 4 Nr. 6);
- Gewährleistung der Rechtmäßigkeit jedes zwischen der nationalen Stelle und Europol erfolgten Informationsaustauschs (vgl. Art. 4 Abs. 4 Nr. 7).

Hervorzuheben ist, dass die nationalen Stellen zur Datenübermittlung an Europol nicht nur berechtigt, sondern auch verpflichtet sind (vgl. Art. 4 Abs. 4, Art. 10 Abs. 3 Europol-Übereinkommen).[167] Zur Erfüllung dieser Verpflichtung haben die Mitgliedstaaten gemäß Art. 4 Abs. 3 Europol-Übereinkommen den Zugriff der nationalen Stellen auf die entsprechenden nationalen Daten zu gewährleisten.
Zur Übermittlung von Informationen und Erkenntnissen im Sinne von Artikel 4 Abs. 4 Nr. 1, 2 und 6 sowie von Art. 8 und 10 Europol-Übereinkommen ist die nationale Stelle zwar nicht verpflichtet, jedoch berechtigt, sofern durch die Übermittlung wesentliche nationale Sicherheitsinteressen geschädigt, der Erfolg laufender Ermittlungen oder die Sicherheit einer Person gefährdet würde oder Informationen betroffen wären, die von den Nachrichtendiensten oder aus spezifischen nachrichtendienstlichen Tätigkeiten stammen und die innere Sicherheit betreffen (vgl. Art. 4 Abs. 5 Nr. 1-3 Europol-Übereinkommen).

b) Bundesrepublik Deutschland – BKA als nationale Stelle

In der Bundesrepublik Deutschland ist das Bundeskriminalamt (BKA) gemäß Art. 2 § 1 Nr. 1 Europol-Gesetz die Verbindungsstelle zu Europol. „Das IT-System der nationalen Stelle Deutschlands für Europol wird INPOL-neu sein."[168]
Polizei- und Zollbehörden der Bundesrepublik Deutschland sind gemäß Art. 2 § 2 Abs. 1 S. 1 Europol-Gesetz verpflichtet, dem Bundeskriminalamt die zur Erfüllung seiner Aufgabe als nationale Stelle erforderlichen Informationen bzw. Daten nach Maßgabe des entsprechend anzuwendenden § 13 Abs. 1 S. 1 und 2, Abs. 2 und 3 des Gesetzes über das Bundeskriminalamt und die Zusammenarbeit des Bundes und der Länder in kriminalpolizeilichen Angelegenheiten (Bundeskriminalamtgesetz – BKAG)[169] zu übermitteln.
Übermittlungspflichtige Informationen sind sowohl personenbezogene Daten als auch sachbezogene Mitteilungen.[170]

---

167 Insofern besteht ein wesentlicher Unterschied zur Datenübermittlung an Interpol – vgl. *Storbeck*, BT-Innenausschuss-Prot. 13/75, S. 9.

168 *Manske*, Kriminalistik 2001, S. 105 (107); Ausgestaltung und Bedeutung von INPOL-neu sind im Folgenden Gegenstand gesonderter Untersuchung.

169 In der Fassung der Bekanntmachung vom 7. Juli 1997 – BGBl. I, 1997, S. 1650 ff.

170 Vgl. Begründung zum Europol-Gesetz, BT-Drs. 13/7391, S. 8.

Welche Informationen der Übermittlungspflicht unterfallen, „ergibt sich aus der Aufgabenstellung und den Zielen von Europol gemäß Art. 2 Abs. 1 des Übereinkommens in Verbindung mit den Bestimmungen des Übereinkommens, die den Inhalt des Informationssystems sowie der Analysedateien[171] im einzelnen festlegen (Art. 7 bis 10 des Übereinkommens).“[172] Die in § 27 BKAG geregelten Übermittlungsverbote beschränken die in Art. 2, § 2 Abs. 1 Europol-Gesetz normierte Datenübermittlung.
Bei den zur Datenübermittlung an das BKA verpflichteten Polizei- und Zollbehörden handelt es sich um die in § 13 Abs. 1 S. 1 und 2, Abs. 3 genannten Behörden (Landeskriminalämter, anderweitige Polizeibehörden der Länder, Polizeien des Bundes, Grenzzolldienst etc.).[173]
Auf Seiten der Länder besteht primär eine Verpflichtung der Landeskriminalämter zur Datenübermittlung, die jedoch im Benehmen mit dem Bundeskriminalamt auch von anderen Polizeibehörden des Landes erfüllt werden kann.[174] Das Bundeskriminalamt bestimmt im Benehmen mit den Landeskriminalämtern entsprechend den Regelungen der innerstaatlichen Zusammenarbeit gemäß Art. 13 Abs. 2 BKAG die Einzelheiten der Informationsübermittlung.[175]
Polizeibehörden des Bundes sind zur Datenübermittlung verpflichtet, sofern die Informationen Vorgänge betreffen, die sie in eigener Zuständigkeit und nicht lediglich zwecks Abgabe an eine andere Behörde bearbeiten.[176]

Das Bundeskriminalamt kann Daten, die an Europol übermittelt werden sollen oder übermittelt worden sind, in gesonderten Dateien verarbeiten, soweit dies zur Erfüllung seiner Aufgaben als nationale Stelle erforderlich ist. Unabhängig von dieser Möglichkeit kann das Bundeskriminalamt auch in allgemeinen Dateien Daten kennzeichnen, die an Europol übermittelt werden sollen oder übermittelt worden sind.[177]
Die Beziehungen zwischen der nationalen Stelle und den zuständigen Behörden unterliegen dem jeweiligen nationalen Recht (Art. 4 Abs. 2 S. 2 Europol-Konvention). Diese Regelung beruht auf dem Wunsch der Länder der Bundesrepublik Deutschland nach Berücksichtigung der deutschen föderalen Besonderheiten und soll – bezogen auf die Bundesrepublik Deutschland – verdeutlichen, dass für die Beziehungen des Bundeskriminalamtes als nationale Stelle zu den Landeskriminalämtern das deutsche Recht maßgebend ist.[178]
Das Bundeskriminalamt unterrichtet die Strafverfolgungsbehörden des Bundes und der Länder unverzüglich und inhaltlich ungekürzt[179] über die sie betreffenden Informationen und die in Erfahrung gebrachten Zusammenhänge von Straftaten, über die es durch Europol gemäß Art. 13 Europol-Übereinkommen Kenntnis erhält (Art. 2 § 2 Abs. 1 S. 2 Europol-Gesetz). Art. 13 S. 1 Europol-Übereinkommen normiert eine ent-

---

171 Im Folgenden Gegenstand gesonderter Untersuchung.
172 Begründung zum Europol-Gesetz, BT-Drs. 13/7391, S. 8.
173 Begründung zum Europol-Gesetz, a.a.O.
174 Begründung zum Europol-Gesetz, a.a.O.
175 Begründung zum Europol-Gesetz, a.a.O.
176 Begründung zum Europol-Gesetz, a.a.O.
177 Begründung zum Europol-Gesetz, a.a.O.
178 Denkschrift zum Europol-Übereinkommen, BT-Drs. 13/7391, S. 45.
179 Begründung zum Europol-Gesetz, BT-Drs. 13/7391, S. 8.

sprechende Unterrichtungspflicht in Bezug auf die dem Zuständigkeitsbereich des Europäischen Polizeiamts unterfallenden Straftaten.

Hervorzuheben ist, dass Europol gemäß Art. 13 S. 2 Europol-Übereinkommen darüber hinaus berechtigt ist, auch Informationen und Erkenntnisse über andere, d.h. nicht dem Zuständigkeitsbereich des Europäischen Polizeiamtes unterfallende Straftaten von erheblicher Bedeutung, die Europol bei der Wahrnehmung seiner Aufgaben bekannt werden, an die nationalen Stellen der Mitgliedstaaten zu übermitteln.
Die durch das Bundeskriminalamt übermittelten Informationen Europols können durch eigene zusätzliche Erkenntnisse des Bundeskriminalamtes ergänzt werden.[180]

3. Verbindungsbeamte

Jede nationale Stelle entsendet mindestens einen Verbindungsbeamten zu Europol (Art. 5 Abs. 1 S. 1 Europol-Übereinkommen). Die bei Europol eingerichteten Verbindungsbüros der Mitgliedstaaten sind multidisziplinär besetzt.[181] Die dort tätigen Verbindungsbeamten vertreten die Interessen des entsendenden Mitgliedstaates und haben im Rahmen ihrer jeweiligen nationalen Befugnisse direkten Zugriff auf die Dateien der Mitgliedstaaten, z.B. auf Polizei-, Zoll- oder auch Verwaltungsdateien.
Die Verbindungsbeamten unterstützen den Informationsaustausch zwischen den nationalen Stellen und Europol, insbesondere durch die

- Übermittlung von Informationen der entsendenden nationalen Stelle an Europol (Art. 5 Abs. 3 Nr. 1 Europol-Übereinkommen),
- Weiterleitung der Informationen von Europol an die entsendende nationale Stelle (Art. 5 Abs. 3 Nr. 2 Europol-Übereinkommen) und
- Zusammenarbeit mit den Bediensteten von Europol durch Übermittlung von Informationen und Beratung bei der Analyse der den entsendenden Mitgliedstaat betreffenden Informationen (Art. 5 Abs. 3 Nr. 3 Europol-Übereinkommen).

Soweit zur Aufgabenerfüllung nach Art. 5 Abs. 3 Europol-Konvention erforderlich, sind die Verbindungsbeamten befugt, Daten aus den verschiedenen Dateien Europols nach Maßgabe der jeweils geltenden Regelungen abzurufen (Art. 5 Abs. 5 Europol-Konvention). Als Vertreter seines Mitgliedstaates ist ein Verbindungsbeamter gemäß Art. 10 Abs. 2 S. 2 Nr. 2 Europol-Konvention zur Teilnahme an den Analysegruppen Europols berechtigt, sofern die für die Analyse benötigten Informationen von dem jeweiligen Mitgliedstaat stammen oder der Mitgliedstaat von der Analyse im Sinne von Art. 10 Abs. 6 Europol-Konvention betroffen ist.

Die nationalen Stellen können sowohl unmittelbar als auch über ihre Verbindungsbeamten mit Europol kommunizieren.[182]

---

180 Begründung zum Europol-Gesetz, a.a.O.

181 *Storbeck*, DiRZ 2000, S. 481 (484).

182 Vgl. Denkschrift zum Europol-Übereinkommen, BT-Drs. 13/7391, S. 45.

Unter nachrichtlicher Beteiligung des Bundeskriminalamtes können die Landeskriminalämter zur Unterstützung des Informationsaustauschs im Rahmen der Verhütung und Verfolgung von Straftaten unmittelbar mit den deutschen Verbindungsbeamten Daten gemäß Art. 5 Abs. 3 Nr. 1 und 2 Europol-Übereinkommen austauschen, soweit dies zur Beschleunigung des Geschäftsgangs erforderlich und ein nationaler Koordinierungsbedarf nicht erkennbar ist (vgl. Art. 2, § 2 Abs. 4 Europol-Gesetz).
Auf diese Weise können beispielsweise laufende Analysen Europols durch die schnelle Übermittlung von analyserelevanten Daten besser unterstützt werden.[183] Im Gegensatz zur Initiierung neuer Analyseprojekte durch die Landeskriminalämter bedarf eine derartige analyseunterstützende Informationsübermittlung nur ausnahmsweise der nationalen Koordinierung.[184]

Zudem erfolgt über die Verbindungsbeamten auch ein bilateraler Austausch der Mitgliedstaaten zur Unterstützung von Ermittlungsverfahren.[185] Die Befugnisnorm des Art. 2 § 4 Abs. 4 Europol-Gesetz umfasst auch diesen Zweck.[186]

Die Verbindungsbeamten unterliegen – wie auch vormals im Rahmen der Tätigkeit der EDS – dem jeweiligen nationalen Recht des entsendenden Mitgliedstaates[187] (vgl. Art. 5 Abs. 1 S. 3 Europol-Übereinkommen). Sie sind keine „Bediensteten" des Europäischen Polizeiamtes gemäß Art. 30 Europol-Konvention.[188] Europol stellt den Verbindungsbeamten lediglich die Räumlichkeiten zur Wahrnehmung ihrer Tätigkeit in Den Haag zur Verfügung.
Da die Verbindungsbeamten durch die jeweiligen nationalen Stellen entsandt werden und somit die deutschen Verbindungsbeamten als Teil der nationalen Stelle der Dienstaufsicht des Bundeskriminalamtes unterliegen, führt der Austausch von Daten mit ihnen nicht zu einer Übermittlung oder Entgegennahme von Daten gegenüber Europol.[189] Dies ist erst im Falle der Weitergabe von Daten durch die deutschen Verbindungsbeamten an Europol der Fall, die dann ihrerseits der einschränkenden Voraussetzung des Art. 2 § 2 Abs. 1 Europol-Gesetz unterfällt.[190] Übermittelt ein Landeskriminalamt Daten an einen deutschen Verbindungsbeamten, handelt es sich demnach um einen Unterfall der Übermittlung an das Bundeskriminalamt.[191]

Unbeschadet der Bestimmungen des Europol-Übereinkommens sind die Rechte und Pflichten der Verbindungsbeamten gemäß Art. 5 Abs. 7 Europol-Konvention durch

183 Vgl. Begründung zum Europol-Gesetz, BT-Drs. 13/7391, S. 9.
184 Begründung zum Europol-Gesetz, BT-Drs. 13/7391, S. 9.
185 Begründung zum Europol-Gesetz, a.a.O.
186 Begründung zum Europol-Gesetz, a.a.O.
187 Die den Verbindungsbeamten auf der Grundlage von Art. 41 Abs. 2 Europol-Übereinkommen im Sitzstaat von Europol (Niederlande) gewährte Immunität ist Gegenstand gesonderter Untersuchung.
188 Vgl. Denkschrift zum Europol-Übereinkommen, BT-Drs. 13/7391, S. 45.
189 Begründung zum Europol-Gesetz, BT-Drs. 13/7391, S. 9.
190 Begründung zum Europol-Gesetz, a.a.O.
191 Begründung zum Europol-Gesetz, a.a.O.

Beschluss des Verwaltungsrates von Europol vom 15. Oktober 1998[192] geregelt worden.

a) Taktische und operative Einbindung – (potentielle) Rechtsfolgen

Nach Auffassung von *Weichert* entsteht durch die räumliche Nähe der Verbindungsbeamten zu Europol und den Kollegen der anderen Länder sowie durch die Verpflichtung der Verbindungsbeamten auf die Europol-Grundsätze „die große Gefahr unzulässiger Datenübermittlungen ins Ausland."[193] Die Verbindungsbeamten seien rechtlich zwar „Teil der nationalen Stellen; vom Selbstverständnis, der taktischen und operativen Arbeitsweise bzw. Arbeitseinstellung dürften sie aber" – so *Weichert* – als Teil von EUROPOL anzusehen sein."[194]
Aschmann widerspricht dieser Auffassung und erachtet die Verbindungsbeamten nicht nur rechtlich, sondern auch faktisch als Teil der nationalen Stelle.[195] Sicherlich könne es nicht ausgeschlossen werden, dass es in Einzelfällen zu unzulässigen Datenübermittlungen ins Ausland komme.[196] Dieses Risiko sei jedoch nicht in der Stellung der Verbindungsbeamten angelegt. Eine gegenteilige Auffassung basiere „lediglich auf Vermutungen und Unterstellungen."[197]
Aschmann begründet seine Ansicht mit Hinweis auf die in Art. 23 Abs. 1 Europol-Konvention normierte Kontrollfunktion der nationalen Kontrollinstanzen. Gemäß Art. 23 Abs. 1 Unterabsatz 1 S. 1 Europol-Konvention bezeichnet jeder Mitgliedstaat eine nationale Kontrollinstanz, deren Aufgabe darin besteht, nach Maßgabe des jeweiligen nationalen Rechts die Zulässigkeit der Eingabe und des Abrufs personenbezogener Daten sowie jedweder Übermittlung dieser Daten an Europol durch diesen Mitgliedstaat unabhängig zu überwachen und zu prüfen, ob hierdurch die Rechte der Personen verletzt werden. Gemäß Art. 23 Abs. 1 Unterabsatz 2 Europol-Konvention hat die nationale Kontrollinstanz zur Durchführung ihrer Kontrollen Zugang zu den Diensträumen und zu den Akten der jeweiligen zu Europol entsandten Verbindungsbeamten.

Die Auffassung *Aschmanns* vermag nur zu überzeugen, sofern die nationale Kontrollinstanz ihre Kontrollfunktion effektiv erfüllen kann. Zur Beurteilung dieser Frage ist die inhaltliche Ausgestaltung der im Europol-Übereinkommen normierten Protokollierungspflicht von Datenzugriffen sowie die Dauer der Speicherung dieser Daten(-Zugriffe) von entscheidender Bedeutung.
Während Datenabfragen in dem von Europol geführten Informationssystem[198] zu Kontrollzwecken umfassend automatisiert protokolliert werden müssen[199] (vgl. Art. 16

---

[192] ABl. EG C 26 vom 30.01.1999, S. 86 ff.
[193] *Weichert*, DUD 1995, S. 450 (455).
[194] *Weichert*, a.a.O., S. 450 (455).
[195] *Aschmann*, S. 192.
[196] *Aschmann*, S. 192.
[197] *Aschmann*, S. 192.
[198] Im Folgenden Gegenstand gesonderter Untersuchung.
[199] Bezug nehmend auf *Bäumler* kritisiert *Aschmann* die Protokollierungsregelung des Art. 16 Europol-Übereinkommen, indem er es als einen „Schwachpunkt dieser Maßnahme" bezeichnet,

S. 1 Europol-Konvention), normieren weder das Europol-Übereinkommen noch die Durchführungsbestimmungen für die von Europol geführten Arbeitsdateien zu Analysezwecken eine entsprechende, umfassende Protokollierungspflicht im Falle der Abfrage von Daten aus den Analysedateien. Gemäß Art. 15 Abs. 4 Unterabsatz 1 der Durchführungsbestimmungen zu den von Europol geführten Analysedateien[200] in Verbindung mit Art. 16 S. 1 Europol-Übereinkommen beschränkt sich die Protokollierungspflicht lediglich auf mindestens jeden zehnten Abruf.[201]

Mit Hinweis darauf, dass in den Arbeitsdateien zu Analysezwecken im Gegensatz zum Europol-Informationssystem erheblich sensiblere personenbezogene Daten verarbeitet werden,[202] hatte die österreichische Delegation in der Ratsarbeitsgruppe Europol („AG-Europol") im Jahre 1996 zu Beginn der irischen Ratspräsidentschaft beantragt, in den Durchführungsbestimmungen für die Analysedateien eine der Regelung des Art. 16 Europol-Übereinkommen entsprechende strikte Protokollierungsregelung für Abrufe aus den Analysedateien zu verankern.[203] Die Tatsache, dass diesem Antrag nicht entsprochen worden ist, verdeutlicht, dass sich die Europol-Mitgliedstaaten (mehrheitlich) bewusst gegen eine umfassende Protokollierung und damit gegen eine umfassende Kontrolle der Datenabrufe aus den Arbeitsdateien zu Analysezwecken ausgesprochen haben.

Eine effektive Rechtskontrolle erfordert notwendigerweise eine umfassende Protokollierung[204] der von den Verbindungsbeamten getätigten Eingaben, Abrufe und Übermittlungen personenbezogener Daten.[205] Der Bundesbeauftragte für den Datenschutz (BfD) hat bereits in seinem fünfzehnten Tätigkeitsbericht den umfassenden Zugriff der deutschen Verbindungsbeamten bei EDU/ EUROPOL auf das polizeiliche Informationssystem Inpol beim BKA[206] „für besonders problematisch" erachtet und „auf einer lückenlosen Protokollierung aller Datenübermittlungen (...) bestanden."[207] In seinem siebzehnten Tätigkeitsbericht hat der BfD erneut darauf hingewiesen, dass nur das Konzept einer umfassenden Protokollierung für datenschutzrechtliche

---

dass lediglich die Abfrage protokolliert werde, nicht jedoch die Fertigung von Ausdrucken und deren weitere Verwendung – siehe *Aschmann*, S. 179.

200 ABl. EG C 26 vom 30.01.1999, S. 1 ff.

201 Im Rahmen der Errichtungsanordnung einer Arbeitsdatei kann eine entsprechende Protokollierungspflicht für eine geringere Anzahl von Abrufen festgelegt werden (Art. 15 Abs. 5 der Durchführungsbestimmungen für die Analysedateien).

202 Im Folgenden Gegenstand gesonderter Untersuchung.

203 Vgl.: Ratsdok. 8802/96 (Europol 37) vom 02.06.1996, S. 3 f; Antwort des österreichischen Bundesminsters für Inneres, *Einem*, vom 06.09.1996 auf die schriftliche parlamentarische Anfrage der Abgeordneten zum Nationalrat Anschober, Freundinnen und Freunde vom 12. Juli 1996 (Nr. 1167/J), S. 4.

204 Vgl. *Petri*, S. 185, der jedoch eine umfassende Kennzeichnung der in Datenbanken eingestellten Daten gegenüber einer Protokollierung als vorzugswürdig erachtet.

205 Vgl. *LfD-NRW*, 14. Datenschutzbericht 1999, S. 74, betreffend die in § 11 Abs. 1 S. 1 BKAG normierte Protokollierungspflicht: „Eine Vollprotokollierung ist (...) erforderlich, damit bei Kontrollen eine realistische Chance der Aufdeckung von unberechtigten Abrufen besteht."; *Weichert*, DuD 1995, S. 450 (456): „Für die Durchsetzung von Betroffenenrechten ist es oft erforderlich, daß anhand von Verarbeitungs- insbes. von Übermittlungsprotokollierungen informationelle Vorgänge nachvollzogen werden können."

206 Im Folgenden Gegenstand gesonderter Untersuchung.

207 15. Tätigkeitsbericht des *BfD*, BT-Drs. 13/1150 vom 18.04.1995, S. 133.

Kontrollen geeignet sei.[208] In der Bundesrepublik Deutschland sind beispielsweise sämtliche Abfragen - lesende und ändernde Zugriffe - aus dem Schengener Informationssystem (SIS) und dem polizeilichen Auskunftssystem POLAS vollständig zu protokollieren.[209]

In Bezug auf die in Art. 16 Europol-Übereinkommen normierte Protokollierungsregelung gilt es zudem Folgendes zu berücksichtigen:
Während die in den Arbeitsdateien gespeicherten Daten ab dem Zeitpunkt ihrer Einspeicherung über eine zu diesem Zeitpunkt noch nicht feststehende Zeitspanne, die sich über mehrere Jahre erstrecken kann (vgl. Art. 21 Europol-Übereinkommen), gespeichert werden dürfen, sind die aus der Registrierung folgenden Protokolldaten bereits nach sechs Monaten zu löschen, es sei denn, dass diese Daten für eine laufende Kontrolle weiterhin benötigt werden (vgl. Art. 16 S. 2 Europol-Konvention). Da sowohl gerichtliche als auch behördliche Überprüfungen zumeist nicht innerhalb von sechs Monaten eingeleitet werden können, geht diese Regelung an den praktischen Bedürfnissen vorbei und führt dazu, dass erforderliche Beweismittel durch die frühzeitige Löschung vernichtet werden.[210]

Fazit:
Da das Europol-Übereinkommen in Bezug auf die Analysedateien keine umfassende Protokollierung normiert (vgl. Art. 16 S. 1 Europol-Übereinkommen) und sämtliche Protokolldaten, d.h. sowohl die das Informations- als auch das Analysesystem betreffenden Protokollierungen, grundsätzlich bereits nach sechs Monaten zu löschen sind (vgl. Art. 16 S. 2 Europol-Übereinkommen), kann die in Art. 23 Europol-Übereinkommen normierte Kontrolle der Verbindungsbeamten durch die nationalen Kontrollinstanzen nicht als eine effektive Rechtskontrolle bewertet werden. Infolgedessen vermag die Ansicht *Aschmanns* nicht zu überzeugen, so dass im Sinne der Auffassung *Weicherts* durch die organisatorische und taktische Einbindung der Verbindungsbeamten bei Europol die Gefahr unzulässiger Datenübermittlungen ins Ausland besteht.

b) Eingeschränkte diplomatische Immunität

Die Verbindungsbeamten sind keine Europol-Bediensteten im Sinne der Legaldefinition des Art. 2 Abs. 1 Europol-Personalstatut[211] und unterfallen demnach nicht dem personellen Anwendungsbereich des Art. 8 Abs. 1 Europol-Immunitätenprotokoll.
Gemäß Art. 2 der zwischen den Niederlanden und den restlichen Mitgliedstaaten jeweils inhaltsgleichen bilateral geschlossenen Abkommen über den Status der nationalen Verbindungsbeamten und ihrer Familienangehörigen[212] genießen die Ver-

---

[208] Vgl. 17. Tätigkeitsbericht des *BfD*, BT-Drs. 14/850 vom 04.05.1999, S. 106.
[209] Vgl. 17. Tätigkeitsbericht des *LfD-Hamburg*, (http://www.hamburg.de/Behoerden/HmbDSB/-tb17/13.html – Stand: 15.09.2001), S. 2.
[210] *Weichert*, DuD 1995, S. 450 (456).
[211] Vgl. S. 8.
[212] Vgl. S. 10 f.

bindungsbeamten sowie die zu ihrem Haushalt gehörenden Familienmitglieder, die nicht die niederländische Staatsangehörigkeit besitzen, in und gegenüber dem Königreich der Niederlande diplomatische Immunität.[213] Gemäß Art. 2 Abs. 3 dieser Vereinbarung beschränkt sich die diplomatische Immunität ausschließlich auf die in Ausübung des Amtes vorgenommenen Handlungen. Durch die Gewährung dieser eingeschränkten diplomatischen Immunität bleiben die Verbindungsbeamten während ihrer Tätigkeit bei Europol der Gerichtsbarkeit ihres jeweiligen Mitgliedstaates unterworfen.[214] Somit können sie beispielsweise für eine im Rahmen ihrer Tätigkeit begangene Straftat – im Gegensatz zu den Europol-Bediensteten – in ihrem Mitgliedstaat strafgerichtlich zur Verantwortung gezogen werden.[215]

Nach Art. 32 Abs. 2 Europol-Übereinkommen sind die Verbindungsbeamten – ebenso wie die Europol-Bediensteten – zur Verschwiegenheit und Geheimhaltung über alle Tatsachen und Angelegenheiten verpflichtet, von denen sie in Ausübung ihres Amtes oder im Rahmen ihrer Tätigkeit Kenntnis erhalten. Gemäß Art. 32 Abs. 4 Unterabsatz 1 Europol-Übereinkommen behandelt jeder Mitgliedstaat eine entsprechende Pflichtverletzung der Verbindungsbeamten als einen Verstoß gegen nationale Rechtsvorschriften zur Wahrung von Dienst- oder Berufsgeheimnissen. Dementsprechend normiert Art. 2 § 8 Europol-Gesetz auch eine Strafbarkeit der Verbindungsbeamten.

Obgleich die Verbindungsbeamten taktisch und operativ maßgeblich in die Tätigkeiten Europols einbezogen sind bzw. an diesen Tätigkeiten mitwirken, genießen sie im Gegensatz zu den Europol-Bediensteten für ihre Amtstätigkeit eine vergleichsweise restriktiv ausgestaltete, diplomatische Immunität, da sie auch während ihrer Tätigkeit bei Europol für ihre Amtshandlungen der Gerichtsbarkeit ihres Mitgliedstaates unterworfen bleiben.

In der im österreichischen Bundesrat geführten Debatte zur Immunitätsgewährung hat Bundesrat *Linzer* (ÖVP) nicht nur die Immunität der Europol-Bediensteten, sondern auch die Immunität der Verbindungsbeamten mit Hinweis auf die „sehr gefahrvollen Arbeitsbedingungen“[216] dieser Beamten gerechtfertigt.[217] Das Amt des Verbindungsbeamten sei – so *Linzer* – „besonders schwierig, gefahrvoll und verantwortungsvoll.“[218]

Nach dieser Einschätzung erscheint die unterschiedliche Immunitätsgewährung zugunsten der Europol-Bediensteten und der Verbindungsbeamten rational nicht nachvollziehbar. Ausgehend von dieser Einschätzung *Linzers* wäre es erforderlich und gerechtfertigt gewesen, entweder den Verbindungsbeamten eine der Regelung des Art. 8 Abs. 1 Europol-Immunitätenprotokoll vergleichbare Immunität oder den Europol-Bediensteten – ebenso wie den Verbindungsbeamten - eine gegenüber der geltenden Freistellung von gerichtlicher Verantwortlichkeit restriktiver ausgestaltete, ausschließlich auf Amtshandlungen beschränkte diplomatische Immunität zu gewähren.

---

213 Vgl. S. 10 f.
214 Vgl. S. 57 ff.
215 Vgl. S. 57 ff.
216 Stenographisches Protokoll der 655. Sitzung des Bundesrates der Republik Österreich vom 2. Juni 1999 (im Folgenden: Bundesrat, 655. Sitzung), S. 112 f.
217 Vgl. S. 11.
218 *Linzer*, Bundesrat, 655. Sitzung, S. 112 f.

III. Zuständigkeit / Ziele

Nach Art. 2 Abs. 1 Europol-Übereinkommen hat Europol „das Ziel, (...) die Leistungsfähigkeit der zuständigen Behörden der Mitgliedstaaten und ihre Zusammenarbeit zu verbessern, im Hinblick auf die Verhütung und Bekämpfung des Terrorismus, des illegalen Drogenhandels und sonstiger schwerwiegender Formen der internationalen Kriminalität, sofern tatsächliche Anhaltspunkte auf eine kriminelle Organisationsstruktur vorliegen und mindestens zwei Mitgliedstaaten von diesen Kriminalitätsformen in einer Weise betroffen sind, die aufgrund Umfang, Bedeutung und Folgen der Straftaten ein gemeinsames Vorgehen erfordert."

1. Originäre Zuständigkeit

Gemäß Art. 2 Abs. 2 Europol-Übereinkommen beschränkte sich die originäre Zuständigkeit Europols zunächst auf

- die Verhütung und Bekämpfung
  - des illegalen Drogenhandels,
  - des illegalen Handels mit nuklearen und radioaktiven Substanzen,
  - der Schleuserkriminalität,
  - des Menschenhandels,
  - der Kraftfahrzeugkriminalität sowie
- die mit diesen Kriminalitätsformen oder deren spezifischen Ausprägungen verbundene Geldwäsche (Art. 2 Abs. 3 S. 1 Nr. 1 Europol-Gesetz) und
- die damit in Zusammenhang stehenden Straftaten[219] (Art. 2 Abs. 3 S. 1 Nr. 2 Europol-Übereinkommen).

  Diese „sogenannten Zusammenhangsstraftaten lassen"[220] – so der LfD des Landes NRW – „die Tendenz erkennen, den Bereich der Kriminalität, mit dem Europol sich befassen soll, immer weiter auszudehnen. Im Wege der Auslegung kann es letztlich nahezu jede Straftat sein. Der Weg in Richtung einer umfassenden Zuständigkeit von Europol ist bereitet."[221] Auch der LfD des Landes Schleswig-Holstein (SH) hat die Zuständigkeit Europols für diese „Zusammenhangsstraftaten" kritisch bewertet. Es sei - so der LfD-SH - „zu befürchten, daß insbesondere diese sogenannten Zusammenhangstaten den Aufgabenkreis von Europol in der Praxis kaum mehr eingrenzbar werden lassen."[222]

Die in Art. 2 Abs. 2 Europol-Konvention aufgeführten Kriminalitätsformen sind im Anhang zum Europol-Übereinkommen wie folgt definiert worden:

---

[219] Zur Begriffsbestimmung siehe Art. 2 Abs. 3 Unterabsatz 2 des Europol-Übereinkommens.
[220] http://www.lfd.nrw.de/infostand/info_3_5.html – Stand: 09.07.01.
[221] http://www.lfd.nrw.de/infostand/info_3_5.html – Stand: 09.07.01.
[222] *LfD-SH*, Tätigkeitsbericht 1996 (http://www.rewi.hu-berlin.de/Datenschutz/DSB/SH/aterial/-tb/tb18/kap4_2htm – Stand: 09.07. 2001); a.A. *Aschmann*, S. 125.

- „Kriminalität im Zusammenhang mit nuklearen und radioaktiven Substanzen: Straftaten gemäß Art. 7 Abs. 1 des am 3. März 1980 in Wien und New York unterzeichneten Übereinkommens über den physischen Schutz von Kernmaterial, die nukleare und/oder radioaktive Substanzen im Sinne von Art. 197 EAG-Vertrag und der Richtlinie 80/836/Euratom vom 15. Juli 1990 betreffen;

- Schleuserkriminalität: Aktionen, die vorsätzlich und zu Erwerbszwecken durchgeführt werden, um die Einreise in das Hoheitsgebiet der Mitgliedstaaten der Europäischen Union, den Aufenthalt oder die Arbeitsaufnahme dort entgegen den in den Mitgliedstaaten geltenden Vorschriften und Bedingungen zu erleichtern;

- Menschenhandel: Tatsächliche und rechtswidrige Unterwerfung einer Person unter den Willen anderer Personen mittels Gewalt, Drohung oder Täuschung oder unter Ausnutzung eines Abhängigkeitsverhältnisses insbesondere mit folgendem Ziel: Ausbeutung der Prostitution, Ausbeutung von Minderjährigen, sexuelle Gewalt gegenüber Minderjährigen oder Handel im Zusammenhang mit Kindesaussetzung;

- Kraftfahrzeugkriminalität: Diebstahl oder Verschiebung von Personenkraftwagen, Lastkraftwagen, Sattelschleppern, Omnibussen, Krafträdern, Wohnwagen, landwirtschaftlichen Nutzfahrzeugen, Baustellenfahrzeugen, Ladungen von Lastkraftwagen oder Sattelschleppern und Einzelteilen von Kraftfahrzeugen sowie Hehlerei an diesen Sachen;

- Geldwäschehandlungen: Straftaten nach Art. 6 Absätze 1 bis 3 des am 8. November 1990 in Straßburg unterzeichneten Übereinkommens des Europarates über Geldwäsche sowie Ermittlung, Beschlagnahme und Einziehung von Erträgen aus Straftaten.“[223]

Durch die dem Rat zuerkannte Möglichkeit zur Erweiterung der Zuständigkeit Europols ist den Regierungen – so *Weichert* – „gemeinsam eine an keine Anforderungen geknüpfte Blankovollmacht erteilt“[224] worden.

In der ersten Beratung des Europol-Gesetzes hat *Lintner* mitgeteilt, dass es für die schwerwiegenden Formen internationaler Kriminalität, für die Europol zuständig sei, in den Europol-Mitgliedstaaten „keine einheitlichen Tatbestände“[225] gebe.
Ausweislich des Anhangs zum Europol-Immunitätenprotokoll werden „die in Artikel 2 und im Anhang aufgeführten Kriminalitätsformen von den zuständigen nationalen Behörden nach den Rechtsvorschriften ihrer jeweiligen Staaten beurteilt.“[226] Welche Rechtsfolgen diese Beurteilung aufgrund der in den Mitgliedstaaten unterschiedlich ausgestalteten Rechtssysteme haben kann, hat *Jeserich* (Leitender Oberstaatsanwalt

---

223 Anhang zum Europol-Übereinkommen, BT-Drs. 13/7391, S. 40 f.
224 *Weichert*, DuD 1995, S. 450 (457).
225 *Lintner*, BT-Plenarprotokoll 13/172, S. 15480.
226 Anhang zum Europol-Übereinkommen, BT-Drs. 13/7391, S. 41.

der Generalstaatsanwaltschaft Celle) auf der BKA-Arbeitstagung im Jahre 1999 am Beispiel des bandenmäßigen und gewerbsmäßigen Einschleusens von Ausländern in einen EU-Mitgliedstaat beispielhaft verdeutlicht:[227]

> „In Deutschland haben wir den § 92 b Ausländergesetz. Das darin erfasste Verhalten stellt ein schweres Verbrechen dar, (...) mit der Folge (...), dass die zulässigen strafprozessualen Maßnahmen umfassend sind. Wir dürfen nicht nur die herkömmlichen Mittel einsetzen, wir dürfen die ganze Palette der verdeckten Maßnahmen einsetzen, von der Telefonüberwachung bis zum Verdeckten Ermittler, von der V-Person bis zum kleinen und großen Lauschangriff, eine gewaltige Palette also. (...) Wie ist es in Finnland? Finnland sieht eine Freiheitsstrafe von einem Jahr bis zu zwei Jahren vor und damit nur die herkömmlichen strafprozessualen Mittel. In Spanien stellt das beschriebene Verhalten nach Mitteilung unserer spanischen Kollegen keine Straftat dar, es ist nur so eine Art Ordnungswidrigkeit. Sie können sich also vorstellen, was dann strafprozessual möglich oder auch nicht möglich ist. Das kann so nicht funktionieren, gerade bei Straftaten, die von ihrer Typik her grenzüberschreitend sind. (...)“[228]

Der Europol zugewiesene Mandatsbereich wird im Hinblick auf das im deutschen Recht geltende „Gebot der Normenklarheit“,[229] d.h. das verfassungsrechtliche Bestimmtheitsgebot als Ausprägung des in Art. 20 Abs. 3 GG verankerten Rechtsstaatsprinzips, als zu unbestimmt kritisiert.[230] Unter welchen konkreten Voraussetzungen beispielsweise von einer „kriminellen Organisationsstruktur“ im Sinne von Art. 2 Abs. 1 Europol-Übereinkommen auszugehen ist, bleibe ebenso unklar wie die Frage, wann ein gemeinsames Vorgehen der Mitgliedstaaten „aufgrund Umfang, Bedeutung und Folgen der Straftaten“ im Sinne dieser Norm erforderlich sei.[231]

Obgleich Europol im Kampf gegen die organisierte Kriminalität eine „Schlüsselrolle“[232] einnimmt, enthält das Europol-Übereinkommen keine normative Bestimmung zu den Merkmalen dieser Kriminalitätsform.
Der in der Europol-Konvention verwendete Begriff der „kriminellen Organisationsstruktur“ resultiert einerseits aus der Schwierigkeit der Übersetzung des französischen Konventionstextes „structure d´une organisation criminelle“ und andererseits – als Kompromisslösung – aus der innerdeutsch zwischen dem Bundesministerium des

---

[227] Vgl. *Jeserich*, in: BKA-Arbeitstagung 1999, S. 192 (192 f).
[228] *Jeserich*, a.a.O., S. 192 f.
[229] BVerfGE 65, S. 1 (54); 27, S. 1 (8).
[230] Vgl. *Zieschang*, ZRP 1996, S. 427 (428); *Oberleitner*, S. 123; *Weichert*, Bürgerrechte & Polizei/CILIP 56 (1/1997), S. 54 (56); *ders.*, DuD 1995, S. 450 (457); *Busch*, Bürgerrechte und Polizei, 53 (1/1996), S. 21 (27). Anmerkung: Nach der Auffassung des BVerfG sind an die Bestimmtheit und Regelungsdichte internationaler Vertragsbestimmungen nicht dieselben hohen Anforderungen zu stellen, wie sie der Parlamentsvorbehalt für ein nationales Gesetz vorgibt (vgl. BVerfG NJW 1993, S. 3047 (3052)). Doch auch insofern müssen die Rechte und Pflichten „voraussehbar im Vertrag umschrieben und durch ihn im Zustimmungsgesetz hinreichend bestimmt normiert worden sein.“ (BVerfG NJW 1993, S. 3047 (3052)).
[231] *Waechter*, ZRP 1996, S. 167 (168); *Zieschang*, ZRP 1996, S. 427 (428); vgl. *Oberleitner*, S. 122 f.
[232] Ziffer 46 der Schlussfolgerungen des Europäischen Rats von Tampere, abgedruckt in: Bulletin der Bundesregierung 1999, Nr. 84, S. 798.

Innern und dem Bundesministerium der Justiz kontrovers geführten Diskussion, ob es insoweit tatbestandlich ausreiche, dass eine Organisation, die noch nicht bestehe, im Entstehen befindlich bzw. eine dahingehende Tendenz zu verzeichnen sei oder ob es stets des Vorliegens der Struktur bedürfe, sich zu einer Organisation zu entwickeln.[233]
„Aus der Sicht des Bundesministeriums des Innern [der Republik Österreich – Anmerkung Verfasser] ist anzumerken, daß diese Bestimmung keine nähere Definition erhalten soll, insbesondere um mögliche Grenzfälle bei der Subsumierung von einzelnen Gruppen unter diesen Begriff von Anfang an zu unterbinden und ein möglichst großes Spektrum abdecken zu können."[234]

Gemäß Art. 2 Abs. 1 Europol-Konvention genügen „tatsächliche Anhaltspunkte" für das Vorliegen einer kriminellen Organisationsstruktur.
Durch das Abstellen auf „tatsachliche Anhaltspunkte" wird die für die Tätigkeit Europols erforderliche Verdachtsschwelle im Gegensatz zum Erfordernis des Vorliegens „bestimmter Tatsachen"[235] abgesenkt,[236] denn im Falle eines auf tatsächliche Anhaltspunkte gründenden Verdachts werden lediglich Teilaspekte eines Geschehens erfasst.[237] Typischerweise erfolgt eine derartige Absenkung der Verdachtsschwelle im Bereich der nachrichtendienstlichen Tätigkeit.[238] So ist beispielsweise in § 20 Abs. 1 Bundesverfassungsschutzgesetz (BverfschG),[239] § 9 Abs. 3 Gesetz über den Bundesnachrichtendienst (BNDG)[240] und § 11 Abs. 2 Gesetz über den Militärischen Abschirmdienst (MADG)[241] „ganz bewußt der Begriff der „tatsächlichen Anhaltspunkte" als Übermittlungsschwelle gewählt worden,"[242] um die nachrichtendienstliche Vorfeldaufklärung früher abschließen und die aus dieser Tätigkeit gewonnenen Daten und Erkenntnisse dementsprechend zeitlich früher an die zuständigen Behörden (Polizei/Staatsanwaltschaft) zur Einleitung deren Tätigkeit übermitteln zu können.[243]

---

233 *Oberleitner*, S. 124, Fn. 424, mit Hinweis auf ein Interview mit Herrn Dr. Karl Heinz Ruso, Bundesministerium für Inneres, Wien, den 17.12.1996; vgl. insoweit auch *Weichert*, DuD 1995, S. 450 (456): „Wenn in Art. 2 I „eine kriminelle Organisationsstruktur" gefordert wird, so kann damit ein Zusammenwirken von mehr als zwei Personen gemeint sein, aber auch das Vorliegen eines internationalen Organisationsnetzes mit verschiedenen illegalen Arbeitsbereichen und -ebenen."

234 *Oberleitner*, S. 125, Fn. 424, mit Hinweis auf ein Interview mit Herrn Dr. Karl Heinz Ruso, Bundesministerium für Inneres, Wien, den 17.12.1996.

235 Beispielsweise als Voraussetzung im Rahmen des § 100 a der deutschen Strafprozessordnung (StPO) zur Überwachung der Telekommunikation.

236 Vgl. Stellungnahme des Bundesministers des Innern im Namen der Bundesregierung, in: BVerfGE 100, S. 313 (S. 345) – sog. „G-10 Urteil" (im Folgenden: Stellungnahme BReg „G-10 Urteil").

237 Vgl. Stellungnahme BReg „G-10 Urteil", a.a.O.; kritisch zum Absenken der Eingriffsschwelle – *Petri*, S. 45.

238 Vgl. Stellungnahme BReg „G-10 Urteil", a.a.O.

239 BGBl I, 1990, S. 2954, 2970; BGBl. I, 2001, S. 1254, 2298; vgl. auch § 11 Abs. 1, § 18 Abs. 6 BverfschG.

240 BGBl I, 1990, S. 2954, 2979; 1994, S. 867; 1999, S. 1334; 2000, S. 1253; vgl. auch § 8 Abs. 2 BNDG.

241 BGBl I, 1990, S. 2954, 2974; 1994, S. 867; 2000, S. 1253.

242 Stellungnahme BReg „G-10 Urteil", a.a.O.

243 Vgl. Stellungnahme BReg „G-10 Urteil", a.a.O.

Bezogen auf den in Art. 2 Abs. 1 Europol-Konvention verwendeten und von *Oberleitner* als „sehr unbestimmt“[244] bewerteten Begriff der „sonstigen schwerwiegenden Formen der internationalen Kriminalität“ wäre nach Auffassung von *Oberleitner* aus Gründen der Klarheit über die betroffenen Deliktsgruppen und zur Gewährleistung der Rechtssicherheit eine Begriffsdefinition angebracht gewesen.[245] Denn „eine Einordnung von Straftaten unter eine schwerwiegende Form der internationalen Kriminalität und deren Abgrenzung zu anderen, eben nicht so schwerwiegenden Formen erscheint eher schwierig.“[246]

Zieschang kritisiert die in Art. 2 Abs. 1 Europol-Übereinkommen normierte Zielsetzung als „einen weitgehend aussagearmen Programmsatz, aus dem keine konkreten Rückschlüsse auf das exakte Gebiet, auf dem Europol tätig wird, gezogen werden können“[247] und durch welche „die Weichen zugunsten einer „Allzuständigkeit“ von Europol“[248] gestellt worden sind. *Busch*[249] bezeichnet Europol beispielsweise als eine „Allround-Informationszentrale für alles (...), was sich als organisierte Kriminalität interpretieren läßt.“
Aschmann erachtet diese Kritik als nicht berechtigt.[250] Aus der Konvention ergebe „sich gerade keine Allzuständigkeit von Europol“.[251] Die für eine Tätigkeit Europols in Betracht kommenden Kriminalitätsbereiche seinen qualitativ und quantitativ beschränkt und könnten keinesfalls lediglich aufgrund ihrer Anzahl als uferlos bezeichnet werden.[252] Nach Auffassung von *Aschmann* werden die im Anhang zu Art. 2 Europol-Übereinkommen aufgelisteten Kriminalitätsbereiche durch die in Art. 2 Abs. 1 Europol-Konvention normierten Voraussetzungen (Vorliegen tatsächlicher Anhaltspunkte für eine kriminelle Organisationsstruktur, Betroffenheit von mindestens zwei oder mehr Mitgliedstaaten von der jeweiligen Kriminalitätsform) hinreichend eingeschränkt. Infolgedessen müsse bei einer Erweiterung der Kriminalitätsbereiche stets geprüft werden, ob das Subsidiaritätsprinzip gewahrt bleibe.[253] Die Auffassung *Aschmanns* vermag nicht zu überzeugen. Die das Subsidiaritätsprinzip begründenden Voraussetzungen in Art. 2 Abs. 1 Europol-Übereinkommen sind in der Europol-Konvention weder definiert noch erläutert worden. Sie begründen ihrerseits eine relativ weit gefasste Zuständigkeit des Europäischen Polizeiamtes. So ist beispielsweise die für die Tätigkeit Europols erforderliche Verdachtsschwelle nicht an das Erfordernis des Vorliegens „bestimmter Tatsachen“ geknüpft, sondern auf das Vorliegen „tatsächlicher Anhaltspunkte“ (vgl. Art. 2 Abs. 1 Europol-Übereinkommen)

---

244 *Oberleitner*, S. 122.
245 Vgl. *Oberleitner*, S. 122.
246 *Oberleitner*, S. 122.
247 *Zieschang*, ZRP 1996, S. 427 (428).
248 *Zieschang*, ZRP 1996, S. 427 (428); so auch *Oberleitner*, S. 123; vgl. *Weichert*, Bürgerrechte & Polizei/CILIP 56 (1/1997), S. 54 (56); *Goerdeler*, (http://www.hintergrund.com/m049708.htm – Stand: 06.09.1999, S. 1 (3)).
249 *Busch*, Bürgerrechte und Polizei, 53 (1/1996), S. 21 (27):
250 *Aschmann*, S. 125 f.
251 *Aschmann*, S. 178.
252 *Aschmann*, S. 126.
253 *Aschmann*, S. 125 f.

abgesenkt worden, so dass sich der die Zuständigkeit Europols begründende Verdacht lediglich auf Teilaspekte eines Geschehensablaufs zu erstrecken braucht.
Ferner gilt es zu berücksichtigen, dass die zu Art. 2 im Anhang des Europol-Übereinkommens taxativ aufgezählten Deliktsbereiche grundsätzlich nicht internationale, sondern primär nationale Delikte betreffen, die in den Europol-Mitgliedstaaten tatbestandlich unterschiedlich normiert worden sind.[254] Darüber hinaus existieren Initiativen, den Zuständigkeitsbereich Europols nicht nur auf sämtliche im Anhang zum Europol-Übereinkommen genannten Kriminalitätsformen auszudehnen, sondern Europol generell die Zuständigkeit zur Bekämpfung der internationalen organisierten Kriminalität zu übertragen, obgleich der Begriff der organisierten Kriminalität im Europol-Übereinkommen weder definiert noch erläutert worden ist.

2. Mandatserweiterungen

a) Geltende Erweiterungen

Aufgrund einer Initiative Spaniens kam der Rat der Justiz- und Innenminister anlässlich seiner Sitzung in Brüssel am 19.03.1998 grundsätzlich überein, das Mandat früher als in Art. 2 Abs. 2 Unterabsatz 1 S. 1 der Europol-Konvention vorgesehen auf den Bereich der Terrorismusbekämpfung zu erweitern.[255] Dementsprechend wurde Europol mit Beschluss des Rats vom 3. Dezember 1998[256] ermächtigt, sich ab dem Zeitpunkt seiner Tätigkeitsaufnahme

- „mit Straftaten zu befassen, die im Rahmen von terroristischen Handlungen gegen Leben, körperliche Unversehrtheit und persönliche Freiheit sowie gegen Sachen begangen wurden oder begangen werden könnten."[257]

Durch diese Zuständigkeitserweiterung besteht „die Möglichkeit, dass sogar Sicherheitsdienste wie z.B. der britische MI 5 bei Europol mitarbeiten werden."[258]

Das Europol-Übereinkommen normiert keine Definition oder Erläuterung zum Begriff der „terroristischen Handlungen".[259] Somit besteht nach Auffassung des LfD NRW

---

254 Vgl. insoweit auch *Petri*, S. 46 ff; im Folgenden Gegenstand gesonderter Ausführung.

255 2075. Council – Justice and Home Affairs – Press: 73 – Nr. 6889/98 (http://ue.eu.int/Newsroom/-LoadDoc.cfm?...C=!!!&BID=86&DID=53851&GRP=1120&LANG=4 - Stand: 25.02.00).

256 ABl. EG C Nr. 26 vom 30.01.1999, S. 22.

257 ABl. EG C Nr. 26 vom 30.01.1999, S. 22, Art. 1.

258 *Storbeck*, DRiZ 2000, S. 481 (483). Die „Mitarbeit" der Sicherheitsdienste ist im Folgenden Gegenstand gesonderter Untersuchung.

259 Vgl. insoweit auch *Petri*, S. 47 f. Nach den Terroranschlägen in den USA vom 11. September 2001 hat der Vorsitz des Rats „einen „Fahrplan" für alle Maßnahmen und Initiativen, die im Rahmen des vom Europäischen Rat am 21. September 2001 beschlossenen Aktionsplans durchzuführen sind" (im Folgenden: „Fahrplan") (Anlage zum Rats-Dok. 13155/01 (POLGEN 25)) erarbeitet. Gemäß Punkt 15 dieses „Fahrplans" wird eine Definition des Begriffs „Terrorismus" durch einen Rahmenbeschluss (vgl. Art. 34 Abs. 2 b) EUV) angestrebt – Rats-Dok. 13155/01 (POLGEN 25), S. 8. Die Kommission hat mit Datum vom 19.09.2001 einen Vorschlag für einen Rahmenbeschluss des Rates zur Terrorismusbekämpfung vorgelegt (KOM(2001) 521 endgültig, 2001/0217 (CNS) – zur Definition der „terroristischen Straftaten" – siehe Art. 3 des vor-

„die Gefahr einer ausufernden Auslegung, die schließlich auch Handlungen erfaßt, die hinsichtlich ihrer Sozialschädlichkeit nicht mit Drogen-, Frauenhandel und Bombenattentaten vergleichbar sind."[260]

Durch Beschluss des Rates vom 3. Dezember 1998[261] ist die Definition der Kriminalitätsform „Menschenhandel" im Anhang zum Europol-Übereinkommen ergänzt[262] und das Mandat von Europol durch Ratsbeschluss vom 29. April 1999[263] auf die

- Bekämpfung der Fälschung von Geld und Zahlungsmitteln

ausgedehnt worden.[264]

Rechtsgrundlage für diese und zukünftige Mandatserweiterungen ist Art. 2 Abs. 2 Unterabsatz 3 Europol-Übereinkommen. Diese Norm ermöglicht es dem Rat, Europol durch einstimmigen Beschluss gemäß Titel VI des EU-Vertrages mit weiteren, im Anhang[265] zum Europol-Übereinkommen aufgeführten Kriminalitätformen oder deren spezifischen Ausprägungen zu befassen. Insoweit handelt es sich um:

„Straftaten gegen Leben, körperliche Unversehrtheit und Freiheit:
- vorsätzliche Tötung, schwere Körperverletzung,
- illegaler Handel mit Organen und menschlichem Gewebe,

---

geschlagenen Rahmenbeschlusses). Der Rat der Justiz- und Innenminister hat insoweit am 16. Oktober 2001 bereits erste Grundsatzfragen erörtert – Rats-Dok. 13155/01 (POLGEN 25), S. 8. Gemäß Punkt 31 des „Fahrplans" soll bei Europol schnellstmöglich eine Expertengruppe zur Terrorismusbekämpfung gebildet werden - vgl. Rats-Dok. 13155/01 (POLGEN 25), S. 11 -, eine systematische Übermittlung aller sachdienlichen Informationen betreffend den Bereich Terrorismus an Europol – vgl. Rats-Dok. 13155/01 (POLGEN 25), S. 10 – und sowohl eine Intensivierung der Zusammenarbeit zwischen Europol und amerikanischen Strafverfolgungsbehörden als auch eine Intensivierung der Zusammenarbeit im Bereich der Rechtshilfe in Strafsachen erfolgen – vgl. Rats-Dok. 13155/01 (POLGEN 25), S. 18. Auf seiner außerordentlichen Tagung am 21.09.2001 hat der Europäische Rat diesbezüglich beschlossen: „Die Mitgliedstaaten übermitteln Europol unverzüglich und auf systematische Art und Weise alle sachdienlichen Daten für den Bereich Terrorismus. Bei Europol wird so rasch wie möglich ein Team von Experten für die Terrorismusbekämpfung eingesetzt. Dieses Team wird eng mit den amerikanischen Kollegen zusammenarbeiten. Der Europäische Rat wünscht, dass zwischen Europol und den zuständigen amerikanischen Behörden vor Ende des Jahres ein Kooperationsabkommen geschlossen wird." – SN 140/01, S. 2.

260 http://www.lfd.nrw.de/infostand/info_3_5.html – Stand: 09.07.01; vgl. insoweit auch *Petri*, S. 47 f.

261 ABl. EG C Nr. 26 vom 30.01.1999, S. 21.

262 Gemäß Art. 1 des Ratsbeschlusses lautet der Wortlaut der Ergänzung wie folgt: „Diese Formen der Ausbeutung umfassen auch die Herstellung, den Verkauf und die Verbreitung von kinderpornographischem Material."

263 ABl. EG C 149 vom 28.05.1999, S. 16 ff, Berichtigung C 229 vom 12/08/99, S. 14.

264 Gemäß Art. 2 des Rechtsaktes des Rates zur Ausdehnung des Mandats von Europol auf die Bekämpfung der Fälschung von Geld und Zahlungsmitteln bezeichnen die Begriffe „Geldfälschung" und „Fälschung von Zahlungsmitteln" im Sinne dieses Beschlusses die Handlungen, die in Art. 3 des Genfer Internationalen Abkommens vom 20. April 1929 zur Bekämpfung von Falschmünzerei, das sowohl für Bargeld als auch für sonstige Zahlungsmittel gilt, definiert sind.

265 ABl. EG Nr. C 316 vom 27.11.1995, S. 30 f.

- Entführung, Freiheitsberaubung und Geiselnahme,
- Rassismus und Fremdenfeindlichkeit;

Straftaten gegen fremdes Vermögen und staatliches Eigentum sowie Betrug:
- organisierter Diebstahl,
- illegaler Handel mit Kulturgütern, einschließlich Antiquitäten und Kunstgegenständen,
- Betrugsdelikte,
- Erpressung und Schutzgelderpressung,
- Nachahmung und Produktpiraterie,
- Fälschung von amtlichen Dokumenten und Handel damit,
- Geldfälschung, Fälschung von Zahlungsmitteln,
- Computerkriminalität,
- Korruption;

Illegaler Handel und Straftaten gegen die Umwelt:
- illegaler Handel mit Waffen, Munition und Sprengstoffen,
- illegaler Handel mit bedrohten Tierarten,
- illegaler Handel mit bedrohten Pflanzen und Baumarten,
- Umweltkriminalität,
- illegaler Handel mit Hormonen und Wachstumsförderern."[266]

Die Europol-Konvention normiert keine Konkretisierungen dieser taxativ aufgezählten Deliktsbereiche.[267] Diese Kriminalitätsformen werden mangels eines einheitlichen europäischen Strafrechts von den zuständigen nationalen Behörden nach den Rechtsvorschriften ihrer jeweiligen Mitgliedstaaten beurteilt.[268] Für eine einheitliche Beurteilung sei – so die frühere Bundesregierung[269] – gesorgt, da bei der Definition der Straftaten auf für alle Mitgliedstaaten bindende internationale Übereinkünfte Bezug genommen worden sei.
Insoweit ist kritisch anzumerken, dass eine Bezugnahme auf bindende internationale Übereinkünfte nur im Hinblick auf die in Art. 2 Abs. 2 Europol-Übereinkommen bereits normierten Deliktsbereiche erfolgt ist. Zudem umfassen die angeführten Deliktsbereiche grundsätzlich keine internationalen, sondern primär nationale Delikte, welche zumeist bereits bei der Umschreibung des durch die Tat zu verwirklichenden Straftatbestandes in den einzelnen Mitgliedstaaten unterschiedlich geregelt sind.[270]

---

266 Anhang zum Europol-Übereinkommen, BT-Drs. 13/7391, S. 40.

267 Insoweit kritisch *Oberleitner*, S. 123.

268 Vgl. Anhang zum Europol-Übereinkommen, BT-Drs. 13/7391, S. 41; *Lintner*, BT-Plenarprotokoll 13/172, S. 15480: „Gegenwärtig existiert bekannterweise noch kein europäisches Strafrecht, vor allem keine einheitlichen Tatbestände für schwerwiegende Formen internationaler Kriminalität, für die Europol zuständig ist."

269 Denkschrift zum Europol-Übereinkommen, BT-Drs. 13/7391, S. 45.

270 *Oberleitner*, S. 124 m.w.N; *Weichert*, DuD 1995, S. 450 (456); vgl. insoweit auch Petri, S. 46 f, der diese Problematik beispielhaft an den Kriminalitätsformen „Computerkriminalität" und „Umweltkriminalität" verdeutlicht.

„Schrittweise“[271] – so der Direktor von Europol in einer Stellungnahme aus dem Jahre 2000 – werde das Mandat von Europol auf diese Kriminalitätsformen ausgedehnt. In der Denkschrift zum Europol-Übereinkommen[272] hat auch die Bundesregierung diesbezüglich ausgeführt, dass die Zuständigkeit von Europol aufgrund des flexiblen Instrumentariums der Regelung des Art. 2 Europol-Konvention entsprechend der künftigen Kriminalitätsentwicklung stufenweise ausgedehnt werden könne. *Petri* kritisiert insoweit, dass im Verlaufe der bisherigen Entwicklung Europols „eng verknüpft“[273] mit der sukzessiven Ausweitung der Aufgabenbereiche stets eine Kompetenzerweiterung einhergegangen sei, und der Rat zukünftig Aufgabenerweiterungen beschließen dürfe, ohne dass eine Einschränkung des Tätigkeitsbereichs vorgesehen sei.[274] Insoweit dokumentiere die Europol-Konvention eine „einseitige Sichtweise zugunsten eines Ausbaus von Befugnissen.“[275]

b) Angestrebte Erweiterungen

aa) Ausweitung der Zuständigkeit auf alle im Anhang zum Europol-Übereinkommen aufgeführten Kriminalitätsformen

Ausweislich der Aufzeichnung des Vorsitzes des Rats für die Gruppe „Europol“ vom 22. Januar 2001[276] hatte der Ausschuss „Artikel 36“ die Gruppe „Europol“ beauftragt, „einen Ratsbeschluss auszuarbeiten, mit dem Europol die Zuständigkeit für sämtliche im Anhang zum Europol-Übereinkommen aufgeführten Formen von Kriminalität übertragen wird.“[277]
Im Falle einer derartigen Zuständigkeitsausweitung wäre eine Definition der im Anhang zum Europol-Übereinkommen aufgelisteten, undefinierten diversen Kriminalitätsformen[278] erforderlich,[279] verbunden mit der Maßgabe, dass diese Definitionen allgemein anwendbar sein müssten.[280] Durch einen derartigen Ratsbeschluss würde die Zuständigkeit Europols, entgegen der Vorstellung der früheren Bundesregierung und des Direktors von Europol, nicht stufen- bzw. schrittweise,[281] sondern gleichsam in einem Schritt auf alle im Anhang zum Europol-Üereinkommen aufgelisteten Kriminalitätsformen erstreckt werden.

---

271 *Storbeck*, DRiZ 2000, S. 481 (483).
272 BT-Drs. 13/7391, S. 45.
273 *Petri*, S. 48.
274 *Petri*, S. 48 f.
275 *Petri*, S. 49.
276 Rats-Dok. 5555/01 (Europol 5) vom 22.01.2001.
277 Rats-Dok. 5555/01 (Europol 5), vom 22.01.2001, S. 6; vgl. Rats-Dok. 11282/01 ADD 1 (Europol 68) vom 31.07.2001, S. 3: „Auf dieser Grundlage haben Belgien und Schweden eine gemeinsame Initiative [ABl. EG C 176 vom 21.06.2001, S. 26 – Anmerkung Verfasser] vorgelegt, wonach Europol umfassende Kompetenzen erhalten soll.“
278 Vgl. S. 169 f.
279 Vgl. Rats-Dok. 5134/01 (Europol 1, JAI 1) vom 09.01.2001, S. 6; Rats-Dok. 5555/01 vom 09.01.2001 (Europol 5), S. 6.
280 Vgl. Rats-Dok. 5134/01 (Europol 1, JAI 1) vom 09.01.2001, S. 6.
281 Siehe oben.

bb) Generelle Zuständigkeit zur Bekämpfung internationaler organisierter Kriminalität

Ausweislich der Aufzeichnung des Vorsitzes des Rats vom 22. Januar 2001[282] hatte der Ausschuss „Artikel 36“ die Gruppe „Europol“ zudem mit der Prüfung beauftragt, das Mandat von Europol generell auf die Bekämpfung der internationalen organisierten Kriminalität auszuweiten, d.h. nicht mehr lediglich auf spezifische Kriminalitätsformen zu beschränken.[283] Die diesbezügliche Aussprache in der Gruppe „Europol“ hat verdeutlicht, „dass eine Reihe von Delegationen die gemeinsame Initiative [zur Erweiterung der Zuständigkeit Europols auf die im Anhang zu Art. 2 Europol-Übereinkommen aufgelisteten Deliktsbereiche – Anmerkung Verfasser] als einen ersten Schritt betrachten, dem eine Änderung des Europol-Übereinkommens folgen sollte, wodurch Europol Zuständigkeit für die internationale Kriminalität im Allgemeinen erhalten würde, ohne seine Kompetenzen auf eine Reihe von Kriminalitätsformen zu beschränken.“[284] Die Kommission setzt sich „aktiv“[285] für eine entsprechende generelle Zuständigkeit Europols ein.[286]
Ausweislich der Aufzeichnung der Gruppe „Europol“ für den Ausschuss „Artikel 36“ hatte der Rat beschlossen, „im Rahmen der Überlegungen über eine Änderung des Übereinkommens über die Errichtung von Europol (...) die Möglichkeit einer Erweiterung der Zuständigkeiten von Europol in diesem Bereich zu prüfen.“[287]

„Für den Fall, dass die Zuständigkeit Europols in der gegenwärtigen Form, jedoch nicht länger beschränkt auf spezifische Formen der Kriminalität, bestehen bleiben soll,“[288] hatte der Vorsitz des Rates folgende Neufassung des Art. 2 Europol-Übereinkommen vorgeschlagen:

> Artikel 2[289]
>
> „Europol hat das Ziel, im Rahmen der Zusammenarbeit der Mitgliedstaaten nach Artikel (...) des Vertrags über die Europäische Union durch die in diesem Übereinkommen genannten Maßnahmen die Leistungsfähigkeit der zuständigen Behörden der Mitgliedstaaten und ihre Zusammenarbeit zu verbessern im Hinblick auf die Verhütung und die Bekämpfung schwerwiegender Formen der internationalen Kriminalität, sofern tatsächliche Anhaltspunkte für eine kriminelle Organisationsstruktur vorliegen und von den genannten Kriminalitätsformen zwei oder mehr Mitgliedstaaten

---

282 Rats-Dok. 5555/01 (Europol 5) vom 22.01.2001.

283 Vgl. Rats-Dok. 5555/01 (Europol 5) vom 22.01.2001, S. 8.

284 Rats-Dok. 11282/01 (Europol 68) vom 31.07.1002, S. 3; vgl. Europol-Arbeitsprogramm 2002 – Rats-Dok. 8141/1/01 REV 1 (Europol 36) vom 11. Juni 2001, S. 3: „Bei der Erörterung der Zukunftsperspektiven durch den Verwaltungsrat im Dezember 2000 wurde unter anderem hervorgehoben, dass die Möglichkeit einer Erweiterung der Zuständigkeiten von Europol untersucht werden muss, um Europol eine allgemeine Zuständigkeit in Bezug auf die organisierte Kriminalität zu verleihen.“

285 Rats-Dok. 9207/01 (FIN 167; ECOFIN 142), vom 28. Mai 2001, S. 20.

286 Rats-Dok. 9207/01 (FIN 167; ECOFIN 142), vom 28. Mai 2001, S. 20.

287 Rats-Dok. 11282/01 ADD 1 (Europol 68) vom 05.09.2001, S. 2.

288 Rats-Dok. 5555/01 (Europol 5) vom 22.01.2001, S. 9.

289 „Die Absätze 2 und 5 werden gestrichen, die Absätze 3 und 4 bleiben unverändert, werden jedoch neu numeriert. Jegliche Bezugnahme auf den Anhang im Übereinkommen wird in dem Übereinkommen gestrichen.“ (Rats-Dok. 5555/01 (Europol 5) vom 22.01.2001, S. 9).

> in einer Weise betroffen sind, die aufgrund des Umfangs, der Bedeutung und der Folgen der strafbaren Handlungen ein gemeinsames Vorgehen der Mitgliedstaaten erfordert."[290]

Würde die Bezugnahme auf spezifische Kriminalitätsformen entfallen, wären – so die Auffassung des Ratsvorsitzes – „gegebenenfalls andere Maßnahmen zur Eingrenzung oder eine Definition des Begriffs organisierte Kriminalität oder schwere Kriminalität erforderlich."[291]

Während die Ausweitung der Zuständigkeit Europols auf alle im im Anhang zu Art. 2 Europol-Übereinkommen aufgeführten Kriminalitätsformen durch bloßen Ratsbeschluss vollzogen werden könnte (vgl. Art. 2 Abs. 2 Unterabsatz 3 S. 1 Europol-Übereinkommen), wäre für die Normierung einer generellen Zuständigkeit Europols zur Bekämpfung der internationalen organisierten Kriminalität eine Änderung des Europol-Übereinkommens erforderlich, die von den Europol-Mitgliedstaaten jeweils in nationales Recht umgesetzt werden müsste.

cc) Aktueller Sachstand / aktuelle Rechtslage

Die Ausweitung des Europol-Mandats ist ein „prioritärer Punkt"[292] in dem von der Gruppe „Europol" erarbeiteten Verzeichnis etwaiger Änderungen des Europol-Übereinkommens.[293]

Ausweislich der Aufzeichnung des Vorsitzes für den AStV/Rat[294] vom 13. September 2001 haben „die Delegationen (...) Einvernehmen darüber erzielt, dass für die Ausweitung des Mandats zweigleisig vorzugehen wäre. In einer ersten Phase wird das Europol-Mandat ausgeweitet, indem durch Ratsbeschluss der Anhang des Übereinkommens aufgenommen wird (...); in einer zweiten Phase wird Artikel 2 des Europol-Übereinkommens förmlich geändert."[295]

(1) 1. Phase: Beschluss des Rates vom 23.11.2001

Mit Beschluss des Rates vom 23. November 2001,[296] der am 1. Januar 2002 wirksam werden wird,[297] wird das Mandat von Europol auf die im Anhang zum Europol-Übereinkommen aufgeführten schwerwiegenden Formen internationaler Kriminalität wie folgt[298] ausgedehnt werden:

---

290 Rats-Dok. 5555/01 (Europol 5) vom 22.01.2001, S. 9.

291 Rats-Dok. 5555/01 (Europol 5) vom 22.01.2001, S. 8; vgl. Rats-Dok. 5134/01 (Europol 1, JAI 1) vom 09.01.2001, S. 6.

292 Rats-Dok. 11840/01 (Europol 76) vom 13.09.2001, S. 2.

293 Vgl. Rats-Dok. 11840/01 (Europol 76) vom 13.09.2001, S. 1: „Das Verzeichnis wurde anhand der Vorschläge der Delegationen und der Beratungen in den Sitzungen der Gruppe erstellt."

294 Tagung des Rats (Justiz und Innen) im September 2001.

295 Rats-Dok. 11840/01 (Europol 76) vom 13.09.2001, S. 3.

296 Rats-Dok. 14195/01 (Europol 91) vom 23.11.2001.

297 Siehe Art. 3 Abs. 1 des Beschlusses.

298 Rats-Dok. 14195/01 (Europol 91) vom 23.11.2001, S. 3 f.

Artikel 1

Europol wird beauftragt, die im Anhang zum Europol-Übereinkommen aufgeführten schwerwiegenden Formen internationaler Kriminalität zu bekämpfen.

Artikel 2

Auf Vorschlag des Europol-Verwaltungsrates entscheidet der Rat einstimmig darüber, welchen der schwerwiegenden Formen internationaler Kriminalität Priorität zukommt.[299]

Der Direktor unterrichtet den Europol-Verwaltungsrat regelmäßig über den Stand der Umsetzung dieser Prioritäten.

(...)

Artikel 3

Dieser Beschluss wird am 1. Januar 2002 wirksam.

Der Beschluss des Rates vom 29. April 1999 zur Ausdehnung des Mandats von Europol auf die Bekämpfung der Fälschung von Geld und Zahlungsmitteln[300] wird zum 1. Januar 2002 aufgehoben.

(2) 2. Phase: Förmliche Änderung des Artikel 2 Europol-Übereinkommen

Mit Datum vom 9. Oktober 2001 hat der Vorsitz den Delegationen der Gruppe „Europol" – neben weiteren Vorschlägen zu anderen Punkten[301] – folgende Neufassung von Art. 2 Europol-Übereinkommen vorgeschlagen:[302]

Artikel 2
Ziele

(1) Europol hat das Ziel, im Rahmen der Zusammenarbeit der Mitgliedstaaten nach Titel VI des Vertrages über die Europäische Union durch die in diesem Übereinkommen genannten Maßnahmen die Leistungsfähigkeit der zuständigen Behörden der Mitgliedstaaten und ihre Zusammenarbeit zu verbessern im Hinblick auf die Verhütung und Bekämpfung der schweren Kriminalität und insbesondere der organisierten Kriminalität, sofern zwei oder mehr Mitgliedstaaten in einer Weise betroffen sind,[303] die aufgrund des Umfangs, der Bedeutung und der Folgen der strafbaren Handlungen ein gemeinsames Vorgehen der Mitgliedstaaten erfordert.

---

299 Gemäß Korrigendum zum I/A-Punkt-Vermerk des Generalsekretariats für den AStV/Rat vom 04.12.2001 (Rats-Dok. 14196/01 (COR 1) (Europol 92)) wird „der Rat (...) ersucht, die folgende Erklärung der deutschen Delegation in das Ratsprotokoll aufzunehmen: „Deutschland geht davon aus, dass der Rat bei seiner Entscheidung nach Artikel 2 Abs. 1 des Beschlusses die Kriminalitätsbereiche, in denen Europol prioritär tätig werden soll, beschreibt."

300 ABl. EG C 149 vom 28.05.1999, S. 16; vgl. S. 169.

301 Hinsichtlich weitergehender Details wird auf die Ausführungen im Rats-Dok. 12491/01 (Europol 78) vom 09.11.2001 verwiesen. Teilweise sind diese Änderungsvorschläge (beispielsweise die Einrichtung gemeinsamer Ermittlungsteams) im Folgenden Gegenstand gesonderter Untersuchung.

302 „Gegenüber dem derzeit geltenden Artikel 2 wurden die Absätze 1 und 3 geändert und die Absätze 2 und 5 gestrichen; Abs. 4 wurde umnummeriert." – Rats-Dok. 12491/01 (Europol 78) vom 09.11.2001, S. 3.

303 „Die Definition entspricht der für Eurojust verwendeten Definition (Art. 4)" – Rats-Dok. 12491/01 (Europol 78) vom 09.11.2001, S. 3.

(2) Die Zuständigkeit von Europol umfasst auch die damit in Zusammenhang stehenden Straftaten. Als im Zusammenhang stehende Straftaten, die nach Maßgabe der Artikel 8 und 10 zu berücksichtigen sind, gelten:
- Straftaten, mit denen die Mittel beschafft werden, um die in den Zuständigkeitsbereich von Europol fallenden Straftaten zu begehen;
- Straftaten, die begangen werden, um die Durchführung der in den Zuständigkeitsbereich von Europol fallenden Straftaten zu erleichtern oder zu vollenden;
- Straftaten, durch die sichergestellt werden soll, dass die in den Zuständigkeitsbereich von Europol fallenden Straftaten ungesühnt bleiben.

(3) „Zuständige Behörden" im Sinne dieses Übereinkommens sind alle in den Mitgliedstaaten bestehenden öffentlichen Stellen, soweit sie nach nationalem Recht für die Verhütung und Bekämpfung von Straftaten zuständig sind.[304]

Der Vorsitz hat die Gruppe „Europol" um die Erörterung auch dieses Vorschlags gebeten, um „Orientierungspunkte für die Ausarbeitung einer formellen Initiative zur Änderung des Europol-Übereinkommens"[305] zu erhalten. Zudem hat der Vorsitz die Gruppe „Europol" gebeten, „darüber nachzudenken, ob für bestimmte Teile des Europol-Übereinkommens nicht ein vereinfachtes Änderungsverfahren gelten könnte, und zu prüfen, welche Teile des Übereinkommens hierfür in Frage kämen."[306]

IV. Aufgaben und Befugnisse

Zur Beantwortung der Frage, welche (potentiellen) Straftaten Europol-Bedienstete durch immunitätsgeschützte Amtshandlungen verwirklichen können, sind die geltenden und zukünftigen Aufgaben und Befugnisse Europols und die damit verbundenen Rechtsfolgen zu untersuchen.[307] Einen Untersuchungsschwerpunkt bilden insoweit die aktuellen, d.h. Europol auf der Grundlage der geltenden Europol-Konvention und der sie ergänzenden Ausführungsbestimmungen zugewiesenen Aufgaben und Befugnisse, da die Immunitätsgewährung für die Europol-Bediensteten von der früheren Bundesregierung unter Hinweis auf den vermeintlich restriktiv ausgestalteten aktuellen Aufgaben- und Befugnisrahmen Europols gerechtfertigt worden ist.[308]

Die frühere Bundesregierung hat die geltenden Aufgaben und Befugnisse Europols in der Denkschrift zum Europol-Immunitätenprotokoll dahingehend bewertet, dass sich Europol gegenwärtig im Wesentlichen auf die Informationsverarbeitung beschränke und keine exekutiven Funktionen erfülle, so dass die derzeitigen Aufgaben des Europäischen Polizeiamtes nicht mit denen der Polizeien des Bundes und der Länder

---

304 Rats-Dok. 12491/01 (Europol 78) vom 09.11.2001, S. 3.

305 Rats-Dok. 12491/01 (Europol 78) vom 09.11.2001, S. 2.

306 Rats-Dok. 12491/01 (Europol 78) vom 09.11.2001, S. 2. Das Verfahren zur Änderung des Europol-Übereinkommens und die dieses Verfahren betreffenden Änderungsvorschläge des Vorsitzes sind im Folgenden Gegenstand gesonderter Untersuchung.

307 Vgl. S. 138 ff.

308 Vgl. S. 20; vgl. zur Bedeutung der geltenden Aufgaben und Befugnisse im Hinblick auf die Immunitätsgewährung *Hailbronner*, BT-Innenausschuss-Prot. 13/75, S. 45 f: „wenn (...) Europol Funktionen erfüllt, die (...) nicht vom Abkommen gedeckt sind (...) ist ganz klar nach dem Europol-Immunitätenprotokoll, daß keinerlei Immunität besteht."

identisch seien.[309] Europol sei nur als eine – „gewaltige“,[310] „in weiten Teilen“[311] mit dem deutschen Bundeskriminalamt (BKA) vergleichbare[312] – Datensammlungs- und -verarbeitungseinheit ausgestaltet worden, die keine unmittelbaren Auswirkungen gegenüber den Betroffenen entfalte.[313] Da es nicht die Aufgabe der Europol-Bediensteten sei, „in Kontakt mit einzelnen Bürgern zu treten oder gar als staatliches Vollzugsorgan zu handeln“,[314] werde sich die „tägliche Europol-Amtstätigkeit“[315] lediglich am „Schreibtisch abspielen“,[316] so dass Europol nur als eine „Schreibtischpolizei“[317] zu bewerten sei.[318] Es bestehe „für einen Europol-Bediensteten, selbst wenn er es wollte, kaum Gelegenheit, Straftaten zu Lasten einzelner Bürger zu begehen.“[319] Folglich zeichne sich das Europol-Immunitätenprotokoll – so *Kanther* – „wahrlich durch seine Schadlosigkeit“[320] aus. „In dem Augenblick, in dem der Europol-Bedienstete als praktisch tätiger Polizist an den Bürger“[321] herankomme, werde er – so der ehemalige Bundesinnenminister – „selbstverständlich nicht mehr immun sein.“[322]

---

309 BT-Drs. 13/9084, S. 10.

310 *Kanther*, BT-Plenarprotokoll 13/198, S. 17900.

311 *Kanther*, a.a.O., S. 17901.

312 *Kanther*, a.a.O., S. 17901; vgl.: *Bull*, DRiZ 1998, S. 32 (32): „Das Europäische Polizeiamt wird eine „Computer-Kripo“ darstellen – ähnlich dem Bundeskriminalamt, aber ohne dessen Ermittlungsbefugnisse.“; *Di Fabio*, DÖV 1997, S. 89 (96): „(...) „Europol“ soll sich nach gegenwärtigem Entwicklungsstand (...), wie das Bundeskriminalamt (BKA) in Deutschland, als „Intelligenzbehörde“ profilieren.“; Innenpolitik Nr. VI 1997, S. 11; *Schelter*, Innenpolitik Nr. VI 1997, S. 6: „Die Systemarchitektur nimmt die Zentralstellenfunktion des Bundeskriminalamts zum Vorbild.“; *Manske*, Kriminalistik 2001, S. 105 (105).

313 Vgl. BT-Plenarprotokoll 13/198, S. 17901; BT-Plenarprotokoll 13/225, S. 20704; BT-Plenarprotokoll 13/207, S. 18935; vgl. zur Beschreibung des status quo der geltenden Aufgaben auch *Kanther*, BT-Plenarprotokoll 13/198, S. 17900 f: „Europol als Datenzentrale zur Entwicklung von Lagebildern, zur Nachzeichnung von Täterbewegungen und Täterprofilen, als gewaltige Datensammelstelle, in der die modernen Möglichkeiten der Datenverarbeitung gegen Verbrecher genutzt werden.“; *Lintner*, BT-Plenarprotokoll 13/172, S. 15480: „ Europol als eine europäische Zentralstelle für den Austausch polizeilicher Erkenntnisse und ihre Auswertung (...). Aufgabe von Europol wird es nicht sein, die Arbeit der nationalen Polizeibehörden zu ersetzen; es geht vielmehr darum, die Arbeit vor Ort durch Europol noch effektiver zu gestalten.“; *Kemper*, BT-Plenarprotokoll 13/172, S. 15491: „Europol ist jetzt eine Stelle der Nachrichtensammlung und -auswertung. Es soll Analysen fertigen und die nationalen Polizeien unterstützen.“; *Stübgen*, BT-Plenarprotokoll 13/198, S. 17889: „europäische Zentralstelle für den Austausch und die zentrale Auswertung polizeilicher Erkenntnisse (...). Es geht (...) darum, daß die nationalen Polizeibehörden unterstützt und gefördert werden.“

314 BT-Plenarprotokoll 13/207, S. 18935; vgl. BT-Plenarprotokoll 13/225, S. 20704.

315 *Lintner*, BT-Plenarprotokoll 13/207, S. 18935.

316 *Lintner*, a.a.O., S 18935.

317 *Storbeck*, zitiert nach: Die Polizei, 1996, Berichte und Nachrichten, S. 187 (187).

318 *Lintner*, BT-Plenarprotokoll 13/207, S. 18935; *ders.*, BT-Plenarprotokoll 13/225, S. 20704.

319 *Lintner*, BT-Plenarprotokoll 13/207, S. 18935; vgl. *Kanther*, BT-Plenarprotokoll 13/198, S. 17901.

320 BT-Plenarprotokoll 13/198, S. 17900; vgl. *Stübgen* (MdB CDU/CSU), BT-Plenarprotokoll 13/198, S. 17891: „Ich halte das Immunitätenprotokoll (...) für unschädlich.“

321 BT-Plenarprotokoll 13/198, S 17901.

322 BT-Plenarprotokoll 13/198, S. 17901.

Auch der Abgeordnete *Stadler* (FDP) hat die Immunitätsgewährung für Europol-Bedienstete vor dem Plenum des Deutschen Bundestages unter Hinweis auf den vermeintlich restriktiv gefassten aktuellen Aufgaben- und Befugnisrahmen wie folgt gerechtfertigt: „Noch handelt es sich bei Europol „nur“ um eine zentrale Nachrichtensammel- und -auswertungsstelle ohne eigene exekutiven oder operativen Befugnisse.“[323] Da Europol keine eigenständigen Ermittlungen führe, „dürften die Fälle, bei denen die Immunitätenregelung im Ergebnis zur Straflosigkeit von Europol-Bediensteten führen könnte, doch eher akademischer Natur sein.“[324] Die Befugnisse seien „noch so eingeschränkt, daß eine große praktische Relevanz der Immunitätenregelung nicht zu erwarten“[325] sei.

Ob diese Einschätzungen – sowohl de iure als und auch de facto – zutreffen oder Europol auf der Grundlage der geltenden Aufgaben und Befugnisse bereits eine „in ihrer Bedeutung nicht zu unterschätzende Informations- und Analysezentrale“[326] ist, soll im Folgenden untersucht werden. Insoweit soll auch der von *Hirsch* (MdB FDP) im Plenum des Deutschen Bundestages gestellten Frage nachgegangen werden: “Wie wird der Bürger eigentlich berührt?“[327]

1. Verknüpfung von Aufgaben und Eingriffsermächtigungen

Im Gegensatz zum deutschen Polizeirecht, das aufgrund „elementarer rechtsstaatlicher Notwendigkeit“[328] eine „klare“[329] Trennung von Aufgaben und Befugnissen der Polizei normiert, besteht eine Besonderheit der Europol-Konvention – so *Petri* – „in der Verknüpfung der Eingriffsermächtigungen mit den Aufgaben- und Zielbeschreibungen“,[330] die es – im Unterschied beispielsweise zum Schengener Informationssystem (SIS) – „unmöglich“[331] mache, den Umfang der Eingriffskompetenzen allein aus den Ermächtigungsgrundlagen der Art. 8 ff Europol-Übereinkommen zu bestimmen.[332] Das „verwirrende Zusammenspiel der Normen“[333] stelle „ein Musterbeispiel für Normenunklarheit dar.“[334]

---

323 BT-Plenarprotokoll 13/172, S. 15485.
324 BT-Plenarprotokoll 13/198, S. 17897.
325 BT-Plenarprotokoll 13/225, S. 20703; vgl. BT-Plenarprotokoll 13/198, S. 17898.
326 *Fisahn*, Kritische Justiz 1998, S. 358 (363).
327 BT-Plenarprotokoll 13/172, S. 15489.
328 Denninger, in: *Lisken/Denninger*, Kap. E, Rdn. 55.
329 Denninger, a.a.O., Kap. E, Rdn. 55.
330 *Petri*, S. 50; vgl. *Lisken/Mokros*, Vorgänge 1997, S. 101 (104); *Zieschang*, ZRP 1996, S. 427 (428 f); *Lindner*, BayVBl. 2001, S. 193 (194).
331 *Petri*, S. 50.
332 *Petri*, S. 50; vgl. *Lisken/Mokros*, Vorgänge 1997, S. 101 (101): Im Europol-Übereinkommen fehlt es an einer „klaren gesetzlichen Aufgabenzuweisung und Befugnisregelung, die jedermann erkennen läßt, wer wann was über wen erforschen, wissen und weitergeben darf.“
333 *Petri*, S. 50; vgl. *Lindner*, BayVBl. 2001, S. 193 (198): Das Europol-Übereinkommen kennt keine das deutsche Polizeirecht kennzeichnende terminologische Differenzierung zwischen Aufgaben und Befugnissen.
334 *Petri*, S. 50.

Die in Art. 2 und 3 Europol-Übereinkommen normierten Beschreibungen der Ziele und Aufgaben Europols bilden – so *Petri* – den „Dreh- und Angelpunkt zur Bestimmung der Befugnisse Europols."[335]

2. Artikel 3 Europol-Übereinkommen

Gemäß Art. 3 Abs. 1 Europol-Übereinkommen hat Europol vorrangig folgende Aufgaben:

- Erleichterung des Informationsaustauschs zwischen den Mitgliedstaaten (vgl. Art. 3 Abs. 1 Nr. 1),
- Sammlung, Zusammenstellung und Analyse von Informationen und Erkenntnissen (vgl. Art. 3 Abs. 1 Nr. 2),
- unverzügliche Unterrichtung der zuständigen Behörden der Mitgliedstaaten über die in Art. 4 Europol-Übereinkommen genannten nationalen Stellen in Bezug auf die sie betreffenden Informationen und die in Erfahrung gebrachten Zusammenhänge von Straftaten (vgl. Art. 3 Abs. 1 Nr. 3),
- Unterstützung der Ermittlungen in den Mitgliedstaaten durch Übermittlung aller relevanten und sachdienlichen Informationen (Art. 3 Abs. 1 Nr. 4),
- Unterhaltung automatisierter Informations- bzw. Datensammlungen mit personen- und tatbezogenen Daten im Sinne der Art. 8, 10 und 11 Europol-Übereinkommen (vgl. Art. 3 Abs. 1 Nr. 5).

Darüber hinaus soll Europol die Spezialkenntnisse der zuständigen Behörden der Mitgliedstaaten im Ermittlungsbereich vertiefen, Beratung bei den Ermittlungen anbieten, strategische Erkenntnisse für operative Aufgaben auf nationaler Ebene übermitteln und Gesamtberichte über den Stand der Arbeiten erstellen (vgl. Art. 3 Abs. 2 Europol-Übereinkommen).
Die Möglichkeit zur Unterstützung der Mitgliedstaaten durch Beratung und Forschung in zentralen Bereichen der Kriminalitätsbekämpfung (vgl. Art. 3 Abs. 3 Europol-Übereinkommen) ist ebenfalls Bestandteil des Europol zugewiesenen Aufgabenspektrums.
Als „zentrale Säule der Verbrechensbekämpfung in Europa"[336] hat Europol demnach „die Aufgabe, den Informationsaustausch zwischen den Mitgliedstaaten zu erleichtern, Informationen und Erkenntnisse zu sammeln und zu analysieren und dadurch die Ermittlungen in den Mitgliedstaaten zu unterstützen."[337] In seiner schriftlichen Stellungnahme zur Anhörung des Innenausschusses des Deutschen Bundestages zum Europol-Immunitätenprotokollgesetz hat *Storbeck* die von Europol auf der Grundlage

[335] *Petri*, S. 24; siehe auch S. 51: Art. 8 Abs. 1 und Art. 10 Abs. 1 Europol-Übereinkommen basieren auf einer „einheitlichen Ziel- und Aufgabenbeschreibung" im Sinne der Art. 2 und 3 Europol-Übereinkommen.

[336] Antwort der Bundesregierung – BT-Drs. 14/4113, S. 37.

[337] Antwort der Bundesregierung, a.a.O.; vgl. *Storbeck*, Innenpolitik Nr. VI 1997, S. 7 „Europol ist (...) eine gemeinsame europäische Zentralstelle für Polizei- und Zollbehörden, die durch Informationsaustausch, Intelligence-Arbeit, Analyse, Koordination sowie technische und personelle Unterstützung die gemeinsame Bekämpfung der internationalen Kriminalität in der Europäischen Union erfolgreicher gestalten soll."[337]

der geltenden Europol-Konvention ausgeübten Tätigkeiten in folgende vier Bereiche unterteilt:

- Informationsaustausch,
- Intelligence und Analyse,
- Operationelle Unterstützung,
- Entwicklung und Fortbildung.[338]

„Im Mittelpunkt der Aufgaben"[339] – so die *Bundesregierung* in der Denkschrift zum Europol-Übereinkommen – stehen der polizeiliche Informationsaustausch und die Verbrechensanalyse. Sie sollen im Folgenden schwerpunktmäßig untersucht werden.

a) Informationsaustausch, Intelligence, Analyse

Ausgestaltung und Bedeutung der Europol durch Art. 3 Europol-Konvention zugewiesenen Informationsverarbeitung hat *Storbeck* wie folgt bewertet:
Europol bietet als zentrale Datensammel- und -verarbeitungsstelle „ein umfassendes Instrumentarium zum direkten, auch personenbezogenen Datenaustausch in laufenden Ermittlungsverfahren der Mitgliedstaaten. (...) Über die Verbindungsbeamten steht die Gesamtheit der nationalen Erkenntnisquellen für Ermittlungen zur Verfügung. Darüber hinaus profitieren die Mitgliedstaaten Europols künftig von den Möglichkeiten vielfältiger, vertragsmäßig abgesicherter, direkter Kontakte zu Drittstaaten und anderen internationalen Organisationen."[340] „Über Europol (...) tauschen Polizei, Gendarmerie, Grenzdienststellen und der Zoll der Mitgliedstaaten Informationen in großer Geschwindigkeit und von hoher Qualität (...) aus. Auch höchst vertrauliche, geheime Informationen aus laufenden Ermittlungen und polizeilichen Aktionen können (...) über Europol ausgetauscht werden. Der Informationsaustausch wird ständig von Fachleuten betreut, angereichert, analysiert."[341]

Die „Systemarchitektur der Datenverarbeitung"[342] Europols beruht auf „drei Säulen"[343] und hat – so *Schelter* (Sts. BMI a.D.) – „die Zentralstellenfunktion des Bundeskriminalamts (BKA) als Vorbild."[344] Diese Säulen sind die von Europol im zentralen Computersystem (TECS)[345] automatisiert geführten Informationssammlungen bzw. Datensysteme (vgl. Art. 6 Abs. 1 Europol-Übereinkommen), d.h.

- das Informationssystem,

---

338 *Storbeck*, BT-Innenausschuss-Drs. 13/177 vom 12. Januar 1998, S. 18.
339 Vgl. Denkschrift zum Europol-Übereinkommen, BT-Drs. 13/7391, S. 45; Rats-Dok. 8141/1/01 REV 1 (Europol 36) vom 11.06.2001, S. 4; BT-Drs. 14/4113, S. 37.
340 BT-Innenausschuss-Drs. 13/177, S. 17.
341 BT-Europaausschuss-Drs. 13/177, S. 22.
342 *Schelter*, Innenpolitik VI 1997, S. 6 (6).
343 *Bull*, DRiZ 1998, S. 32 (33).
344 *Schelter*, Innenpolitik VI 1997, S. 6 (6).
345 „The Europol Computer-System" – Mitteilung Europol (www.europol.eu.int), Merkblatt Nr. 3 (Januar 2000), S. 1 (2); *Busch*, Bürgerrechte & Polizei/CILIP (3/1998), S. 52 (52).

- das Analysesystem (bestehend aus den Arbeitsdateien zu Analysezwecken) sowie
- das Indexsystem.

Diese von Europol automatisiert geführten Informationssammlungen dürfen mit den EDV-Systemen der nationalen Stellen verbunden werden. Eine anderweitige Vernetzung ist nicht zulässig (Art. 6 Abs. 2 Europol-Konvention). Während das Analyse- und das Indexsystem bereits eingerichtet und in Funktion genommen worden sind, wird das Informationssystem voraussichtlich im Jahr 2002 einsatzbereit zur Verfügung stehen.[346] Die Gesamtkosten für das Europol-Computersystem hat die Bundesregierung in einer Stellungnahme vom 6. Mai 1998 in Höhe von ca. 30 Millionen ECU veranschlagt.[347]

Im Vergleich zu Interpol geht das Europol-Informationssystem und das Analysesystem – so *Storbeck* – „mehr in die Tiefe. Es enthält auch wesentlich stärker ermittlungsbezogene Informationen, Daten, die von besonderer Bedeutung sind für die Mitgliedstaaten und die – besonders im Interesse des Bürgers – geschützt werden müssen."[348]

Im Folgenden soll zunächst der sachliche und personelle Anwendungsbereich dieser Datensysteme untersucht und ferner analysiert werden, ob – und wenn ja inwieweit – die inhaltliche Ausgestaltung dieser Systemarchitektur von der als Vorbild dienenden Zentralstellenfunktion des BKA abweicht.

aa) Informationssystem

Mit dem von Europol automatisiert geführten Informationssystem wird „zum ersten Mal eine im Verbund geführte, europaweite Falldatei errichtet,"[349] die mittelfristig mit dem Schengener Informationssystem (SIS)[350] und dem Zollinformationssystem (ZIS)[351] verbunden werden soll.

---

[346] Vgl. *Storbeck*, in: BKA-Arbeitstagung 1999, S. 89 (95); Europol-Informationen, Januar 2001 – (http://www.europol.de – Stand: Januar 2001).

[347] BT-Plenarprotokoll 13/234 vom 6. Mai 1998, S. 21478.

[348] *Storbeck*, BT-Innenausschuss-Prot. 13/75, S. 9.

[349] *Manske*, Kriminalistik 2001, S. 105 (106).

[350] Vgl. Wiener Aktionsplan – ABl. EG C 19 vom 23.01.1999, S. 11; Europol-Arbeitsprogramm 2002 – Vermerk des Ratsvorsitzes für den Ausschuss „Art. 36" vom 11. Juni 2001 – Ratsdok. 8141/1/01 REV 1, S. 18; *Krause*, Kriminalistik 1998, S. 12 (15); *v. Boetticher*, BKA-Arbeitstagung 1999, S. 190 (191); *Lintner*, BT-Plenarprotokoll 13/172, S. 15480. Das SIS wurde im Rahmen des Übereinkommens zur Durchführung des Übereinkommens von Schengen vom 14. Juni 1985 zwischen den Regierungen der Staaten der Benelux-Wirtschaftsunion, der Bundesrepublik Deutschland und der Französischen Republik betreffend den schrittweisen Abbau der Kontrollen an den gemeinsamen Grenzen einschließlich der Erklärungen zum Recht der Nacheile (SDÜ) vom 19. Juni 1990 (BGBl. II, 1993, S. 1013) errichtet (vgl. Titel IV, Kapitel 1, Art. 92 f SDÜ; zur technischen Ausgestaltung des SIS vgl. Art. 92 Abs. 1 SDÜ, zu den im SIS erfassten Datenkategorien vgl. Art. 94 SDÜ).

[351] Vgl. Wiener Aktionsplan – ABl. EG C 19 vom 23.01.1999, S. 14; Europol-Arbeitsprogramm 2002 – Vermerk des Ratsvorsitzes für den Ausschuss „Art. 36" vom 11. Juni 2001 – Ratsdok. 8141/1/01 REV 1, S. 18.

Das Informationssystem ist für ca. eine Million Datensätze konzipiert[352] und „hat den Charakter eines erweiterten Kriminalaktennachweises"[353] – vergleichbar dem Kriminalaktennachweis (KAN) im Rahmen des bundesdeutschen INPOL-Systems.[354] Die in den meisten europäischen Mitgliedstaaten in unterschiedlichen Polizei-, Gendarmerie- und Zolldateien gespeicherten Daten werden durch das Informationssystem auf europäischer Ebene erstmals in einem gemeinsamen Datenpool vereinigt und

---

352 *Weichert*, DuD 1995, S. 450 (452).

353 Denkschrift der Bundesregierung zum Europol-Übereinkommen, BT-Drs. 13/7391, S. 46.

354 *Busch*, Bürgerrechte & Polizei/CILIP 53 (1/1996), S. 21 (27); vgl. *Storbeck*, DRiZ 2000, S. 481 (484); *Tolmein*, StV 1999, S. 108 (110): „Die Qualität dieser Datensammlung ist mit der des INPOL-Informationssystems vergleichbar." INPOL ist ein seit dem Jahr 1972 vom Bund und den Ländern beim Bundeskriminalamt (BKA) als Zentralstelle (vgl. §§ 7 ff BKAG) automatisiert geführtes Informationssystem (auch als INPOL-aktuell bezeichnet). In INPOL-aktuell werden personenbezogene Daten verarbeitet, soweit es sich um Straftaten mit länderübergreifender, internationaler erheblicher Bedeutung handelt. Das Informationssystem besteht im Wesentlichen aus folgenden Dateien: Personenfahndung, Sachfahndung, Kriminalaktennachweis (KAN; Nachweis für Kriminalakten, die beim Bund oder den Ländern zu Straftaten mit länderübergreifender, internationaler oder erheblicher Bedeutung geführt werden), Haftdatei, Erkennungsdienst (ED), PIOS (Personen, Institutionen, Objekte und Sachen; ermöglicht Auswertungen aus großen Aktenbeständen), Falldateien (werden von den Landeskriminalämtern in den Bereichen Rauschgift, Schleuser und vom BKA für Waffen, Falschgeld, Raub sowie für Tötungs- und Sexualdelikte verwendet), Spurendokumentationssysteme (SPUDOK; werden zeitlich befristet zur Bearbeitung von größeren Ermittlungsverfahren eingerichtet, z.B. im Bereich Terrorismus, OK), Grenzaktennachweis. Datenanliefernde Stellen und Nutzer dieses Verbundsystems sind das BKA, die Landeskriminalämter, sonstige Polizeibehörden der Länder, der Bundesgrenzschutz, die mit der Wahrnehmung grenzpolizeilicher Aufgaben betrauten Behörden der Zollverwaltung und das Zollkriminalamt. Die Verantwortung für die Zulässigkeit der Erhebung und Speicherung der Daten obliegt den anliefernden Stellen. Hinsichtlich weitergehender Einzelheiten siehe Informationsschrift des Bundesbeauftragten für den Datenschutz (BfD-Info) 2, S. 64 ff; Riegel, S. 37 ff; 17. Tätigkeitsbericht des BfD, BT-Drs. 14/850, S. 113 f (Inhalt der Datei „Kriminalaktennachweis (KAN) beim BKA); zur INPOL-Neukonzeption siehe 15. Tätigkeitsbericht des Bundesbeauftragten für den Datenschutz (BfD), BT-Drs. 13/1150 vom 18.04.1995, S. 136 ff; *Psiakowski*, Kompass 2001, S. 72 (72). „Im Zuge der fortgeschrittenen Informationstechnik hat sich die Notwendigkeit herausgestellt, das bestehende Informationssystem von Grund auf zu überarbeiten." (*BfD*, (http://www.bfd.bund.de/dsvonaz/p7.html – Stand15.09.2001)). Diese Neukonzeption (auch als „INPOL-neu" bezeichnet) ist „mehr als nur neue DV-Technik" (17. Tätigkeitsbericht des *BfD*, BT-Drs. 14/850 vom 04.05.1999, S. 112, 247 (Thesenpapier zu INPOL-neu – Protokollierung), 248 f (Anlage 24 und 25: Positionspapiere 1 und 2 der AG-INPOL-neu der Datenschutzbeauftragten zum Kriminalaktennachweis)). „INPOL-neu liegt ein vollkommen geändertes Datenmodell zugrunde und verfügt über zahlreiche neue Funktionalitäten. Die (...) funktionale und physische Trennung der Dateien wird es nicht mehr geben. Alle INPOL-Dateien werden in einem großen Datenpool (...) gespeichert." (*Psiakowski*, Kompass 2001, S. 72 (72 f)). „Das IT-System der nationalen Stelle Deutschlands [BKA – Anmerkung Verfasser] für Europol wird INPOL-neu sein." (*Manske*, Kriminalistik 2001, S. 105 (107)). Zu weitergehenden Details bezüglich INPOL-neu vgl. *Psiakowski*, Kompass 2001, S. 72 (72 ff); Pressemitteilung des BKA vom 10.04.2001 – http://www.bka.de/pressemitteilungen/-2001/pm100401.html – Stand: 15.09.2001; zur Kritik an INPOL-neu vgl.: Entschließung der 59. Konferenz der Datenschutzbeauftragten des Bundes und der Länder vom 14./15. März 2000 „Unzulässige Speicherung in „INPOL-neu" geplant", http://www.bfd.bund.de/information/DS-Konferenzen/59dsk_ent3.html – Stand: 15.09.2001; *Wirth*, Bürgerrechte & Polizei/CILIP 62 (1/1999) – http://www.cilip.de/ausgabe/62/inpol.htm – Stand: 15.09.2001); *Schulzki-Haddouti*, http://www.heise.de/tp/deutsch/inhalt/te/4769/1.html – Stand: 15.09.2001.

abrufbereit zur Verfügung stehen.[355] Jede Personenabfrage im deutschen INPOL-System führt automatisch zu einer Recherche im TECS-Informationssystem.[356]

(1) Zugriffsberechtigung / Datenquellen

Zugriffsberechtigt zum Informationssystem sind neben Europol auch die Mitgliedstaaten. Unter Beachtung ihrer innerstaatlichen Verfahren können die Mitgliedstaaten, vertreten durch die nationalen Stellen und die Verbindungsbeamten, unmittelbar, d.h. im Online-Verfahren,[357] Daten in das Informationssystem eingeben und die in diesem System zusammengetragenen Erkenntnisse abrufen (vgl. Art. 7 Abs. 1, Art. 9 Abs. 1 S. 1 Europol-Konvention). Eingabe und Abruf der Daten erfolgt nach Maßgabe des jeweiligen nationalen Rechts. Insoweit gilt es zu berücksichtigen, dass die nationalen Rechtsordnungen der Europol-Mitgliedstaaten keine einheitlichen Befugnisse zur Datenerhebung, sondern unterschiedlich weit gefasste Tatbestände normieren.[358] Infolgedessen kritisiert *Zieschang*, dass es bei Europol nicht maßgeblich sei, „ob die Daten in dem Staat, der sie abruft, ebenfalls auf die Art und Weise hätten gewonnen werden dürfen wie in dem Staat, der diese Daten übermittelt hat.“[359] Über derartige Fragestellungen setze sich das Europol-Übereinkommen hinweg.[360] Entscheidend sei allein, dass personenbezogene Daten zur Abrufung im Informationssystem bereitständen. Damit degeneriere die „Zielsetzung ‘wirksamer Verbrechensbekämpfung’“ rechtsstaatliche Grundsätze „zu Gesichtspunkten von allenfalls sekundärer Relevanz.“[361] Ohne die vorherige Schaffung unionsweiter identischer Standards zur Datenerhebung sei mit der Errichtung des Europol-Informationssystems gleichsam „der zweite Schritt vor dem ersten erfolgt.“[362] Diese Problematik sei im Hinblick auf das Analysesystem von besonderer Relevanz.[363] Im Gegensatz zum Informationssystem können im Analysesystem nicht nur weitergehende – auch höchstpersönliche – personenbezogene Daten gespeichert und verarbeitet werden. Auch der Kreis der betroffenen Personen ist vergleichsweise weiter gefasst.[364]

Neben den Mitgliedstaaten ist auch Europol, vertreten durch den Direktor, die stellvertretenden Direktoren und die ordnungsgemäß ermächtigten Bediensteten zur Dateneingabe und -abfrage berechtigt (vgl. Art. 9 Abs. 1 S. 1 Europol-Konvention). Die von Europol in das Informationssystem eingegebenen Daten resultieren entweder aus der eigenen Analysetätigkeit des Europäischen Polizeiamtes oder aus der Datenübermittlung von Drittstaaten oder Drittstellen[365] (vgl. Art. 7 Abs. 1 S. 2, Art. 8 Abs. 3

355 *Storbeck*, in: BKA-Arbeitstagung 1999, S. 89 (95).
356 *Zeiger*, Kriminalistik, 1998, S. 313 (314).
357 Denkschrift der Bundesregierung zum Europol-Übereinkommen, BT-Drs. 13/7391, S. 46.
358 Vgl. *Zieschang*, ZRP 1996, S. 427 (429).
359 *Zieschang*, a.a.O., S. 427 (429).
360 *Zieschang*, a.a.O., S. 427 (429).
361 *Zieschang*, a.a.O., S. 427 (429).
362 *Zieschang*, a.a.O., S. 427 (429).
363 Vgl. *Zieschang*, a.a.O., S. 427 (429).
364 Im Folgenden Gegenstand gesonderter Untersuchung.
365 Gemäß Art. 18 Abs. 1 Europol-Konvention dürfen personenbezogene Daten aus dem Informations-, Analyse- und dem Indexsystem auch an Drittstaaten und Drittstellen übermittelt werden.

Unterabsatz 2 S. 2 Europol-Übereinkommen). Europol ist berechtigt, die nationalen Stellen der Mitgliedstaaten sowie Drittstaaten und Drittstellen um die Übermittlung entsprechender Daten zu ersuchen (vgl. Art. 4, 10 Abs. 3 Europol-Übereinkommen). Europol ist verpflichtet, die jeweilige Quelle seiner Daten im Informationssystem kenntlich zu machen (vgl. Art. 8 Abs. 3 Unterabsatz 2 S. 2 Europol-Konvention).

(2) Betroffener Personenkreis

Im Europol-Informationssystem dürfen Daten von Personen gespeichert, verändert und genutzt werden, die nach Maßgabe des Rechts des nationalen Mitgliedstaates einer in den Zuständigkeitsbereich von Europol fallenden Straftat oder der Beteiligung an einer solchen Straftat

- verdächtigt werden (vgl. Art. 8 Abs. 1 Nr. 1 1. Alt.),
- wegen einer solchen Straftat verurteilt worden sind (vgl. Art. 8 Abs. 1 Nr. 1 2. Alt.) oder
- bei denen bestimmte schwerwiegende Tatsachen nach Maßgabe des nationalen Rechts die Annahme rechtfertigen, dass sie entsprechende Straftaten begehen werden (vgl. Art. 8 Abs. 1 Nr. 2 Europol-Konvention).

Im Fall der letztgenannten Alternative erfolgt eine präventive, auf einer Prognoseentscheidung beruhende Datenerfassung – vergleichbar der Regelung des § 8 Abs. 2 BKAG. Diese Datenerfassung erfordert nicht das Vorliegen einer konkreten Gefahr, sondern erfolgt bei Vorliegen eines „begründeten Verdachts".[366] *Petri* kritisiert diese Regelung als „bedenklich weit gefasst",[367] da die bloße Verdächtigung einer Person für die Informationserhebung genügen solle. Dadurch werde „der zumindest nach einigen Mitgliedstaaten objektivierte Begriff des Verdachts"[368] unangemessen subjektiviert.[369] Diese Vorschrift sei deshalb einschränkend und im Zusammenhang mit der Zielbestimmung des Art. 2 Europol-Übereinkommen auszulegen, nach der das Vorliegen tatsächlicher Anhaltspunkte für eine kriminelle Organisationsstruktur erforderlich sei.[370] Dementsprechend erfordere eine durch Art. 8 Abs. 1 Nr. 1 2. Alt. Europol-Übereinkommen legitimierte Datenspeicherung das Vorliegen eines durch Tatsachen erhärteten begründeten Verdachts.[371] Die von *Petri* kritisierte unangemessene Subjektivierung resultiert daraus, dass sich ein Beamter bei der Auslegung, wann ein begründeter Verdacht im Sinne des Art. 8 Abs. 1 Nr. 2 Europol-Übereinkommen vorliegt, ausschließlich an seinen nationalen Rechtsvorschriften zu orientieren hat, so dass es innerhalb der EU zu unterschiedlichen Intensitätsstufen bei der Annahme eines

---

[366] *Oberleitner*, S. 133; vgl. auch *Leuthardt*, S. 55: „Der Tatverdacht muß nicht mehr „dringend" sein, und die festen Gesetzesbegriffe „konkret" und „erheblich" werden ersetzt durch Begriffe („bestimmte schwerwiegende Tatsachen"), denen man bisher nicht begegnete und deren juristisch-kriminologische Tragweite unklar ist."

[367] *Petri*, S. 52.

[368] *Petri*, S. 52.

[369] *Petri*, S. 52.

[370] *Petri*, S. 52.

[371] *Petri*, S. 52.

begründeten Verdachts kommen kann bzw. wird.[372] Die Ursache für diese Rückverweisung auf das jeweilige nationale Recht ist – so *Oberleitner* – „politisch bedingt",[373] da auf europäischer Ebene zu diesem Aspekt keine ausreichenden Regelungen bestehen und auch im Zuge der Europol-Konvention eine nähere Bestimmung nicht erfolgt ist.[374]
Auch *Petri* kritisiert, dass sich weder aus der Europol-Konvention noch aus ihrer Denkschrift ergebe, was eine bestimmte schwerwiegende Tatsache im Sinne des Art. 8 Abs. 1 Nr. 2 Europol-Übereinkommen sei.[375] Ausgehend vom nationalen Rechtsverständnis des Begriffs der Tatsache, seien bloße Vermutungen oder „aus der Luft gegriffene Annahmen"[376] nicht tatbestandsmäßig. Die polizeiliche Mutmaßung erfordere einen realen und nicht lediglich einen vermuteten Hintergrund.[377] Durch die Verwendung des im deutschen Polizeirecht bislang wenig gebräuchlichen Begriffs der schwerwiegenden Tatsache solle „offensichtlich"[378] die Anforderung an eine Datenspeicherung erhöht werden. Im Ergebnis bedeute dies, dass die Eingriffsschwelle zwischen derjenigen der tatsächlichen Anhaltspunkte und derjenigen der Gefahr anzusetzen sei.[379]

Die Frage, welche rechtlichen Anforderungen nach deutschem Recht an Prognoseentscheidungen zu präventiv-polizeilichen Zwecken einer Datenspeicherung bzw. –verarbeitung zu stellen sind, soll im Rahmen dieser Arbeit gesondert untersucht werden.
Folgende personenbezogene Daten werden in das Informationssystem eingestellt (Art. 8 Abs. 2 Nr. 1-5 Europol-Übereinkommen):

- Name, Geburtsname, Vornamen, gegebenenfalls Aliasnamen,
- Geburtsdatum und Geburtsort,
- Staatsangehörigkeit,
- Geschlecht
- und soweit erforderlich, andere zur Identitätsfestellung geeignete Merkmale, insbesondere objektive und unveränderliche körperliche Merkmale.[380]

Darüber hinaus können folgende Angaben gespeichert, verändert und genutzt werden – auch soweit sie noch keinen Personenbezug aufweisen, d.h. lediglich fallbezogen sind (vgl. Art. 8 Abs. 3 Unterabsatz 2 S. 1 Europol-Übereinkommen):

---

372 Vgl. *Oberleitner*, S. 133 f, mit einer exemplarischen Konkretisierung dieser Rechtsfolge am Beispiel des Anfangsverdachts.
373 *Oberleitner*, S. 133.
374 Vgl. 17. Tätigkeitsbericht des *LfD-Hamburg*, http://www.hamburg.de/Behoerden/HmbDSB/-tb17/13.html – Stand: 15.09.2001, S. 2.
375 *Petri*, S. 53.
376 *Petri*, S. 53.
377 *Petri*, S. 53.
378 *Petri*, S. 53.
379 *Petri*, S. 53.
380 Identifikationsmerkmale in diesem Sinne sind beispielsweise Angaben wie „Raucher", „Brillenträger", das Tragen eines Barts oder bestimmter Kleidungsstücke sowie das Vorhandensein von markanten Narben – vgl. *Oberleitner*, S. 135.

- Straftaten, Tatvorwürfe, Tatzeiten und Tatorte (vgl. Art. 8 Abs. 3 Nr. 1),
- Tatmittel, die verwendet wurden oder verwendet werden könnten (vgl. Art. 8 Abs. 3 Nr. 2),
- aktenführende Dienststellen und deren Aktenzeichen (vgl. Art. 8 Abs. 3 Nr. 3),
  Verdacht der Zugehörigkeit zu einer kriminellen Organisation (vgl. Art. 8 Abs. 3 Nr. 4),
- Verurteilungen soweit sie Straftaten betreffen, die nach Art. 2 Europol-Übereinkommen in den Zuständigkeitsbereich von Europol fallen (vgl. Art. 8 Abs. 3 Nr. 5).

Zusätzliche Informationen über die im Informationssystem gespeicherten Personen, über die Europol und die nationalen Stellen verfügen, können allen nationalen Stellen und Europol auf Antrag übermittelt werden (vgl. Art. 8 Abs. 4 Unterabsatz 1 S. 1 Europol-Übereinkommen). Stehen diese ergänzenden Informationen in offenbarem Widerspruch zu den bereits gespeicherten Informationen, so stimmen sich die betroffenen Stellen untereinander ab (vgl. Art. 9 Abs. 2 S. 3 Europol-Konvention). Weder in Bezug auf diese Abstimmung noch im Hinblick auf die Art und den Umfang der zusätzlichen Informationen normiert das Europol-Übereinkommen inhaltliche Konkretisierungen.

Als Zwischenergebnis ist somit Folgendes festzustellen:
Durch die Regelungen des Art. 8 Abs. 3 und 4 Europol-Übereinkommen sind die in das Informationssystem zulässigerweise aufzunehmenden (personenbezogenen) Daten „erheblich ausgeweitet“[381] worden. „Damit sind“ – so *Tolmein* – „auch auf der Ebene des Informationssystems (...) bereits weitgehende Daten-Eingriffe möglich.“[382]
Im Gegensatz zum Analysesystem[383] beschränken sich die im Informationssystem zulässigerweise gespeicherten Datenarten auf sogenannte „harte“[384] Daten, d.h. auf Informationen, die in der Regel das Resultat von polizeilichen Ermittlungen oder von Verwaltungsverfahren sind.[385]
Durch die Zusammenführung und zentrale Speicherung von Informationen aus unterschiedlichen Quellen bzw. Ländern im Europol-Informationssystem erhalten die in diesem System gespeicherten Daten eine „neue Qualität.“[386]

(3) Datenveränderung, -berichtigung und -löschung

Die im Informationssystem gespeicherten Daten sind im Falle einer endgültigen Verfahrenseinstellung oder eines rechtskräftigen Freispruchs zu löschen (vgl. Art. 8 Abs. 5 Europol-Konvention). Vorläufige Verfahrenseinstellungen im Sinne der deutschen

---

381 *Bull*, DRiZ 1998, S. 32 (33).
382 *Tolmein*, StV 1999, S. 108 (111).
383 In den Arbeitsdateien zu Analysezwecken werden auch sogenannte „weiche“ Daten erfasst und verarbeitet.
384 *Busch*, S. 331; *Wachholz*, DNP 1995, S. 513 (515); *Leuthardt*, S. 59 „gesicherte Daten im Zusammenhang mit einem Delikt“; Innenpolitik, Nr. VI/1997, S. 11; 15. Tätigkeitsbericht des *BfD*, BT-Drs. 13/1150, S. 134; *Werner*, CR 1997, S. 34 (37) „justizförmig überprüfte Daten“.
385 Vgl. *Sule*, S. 39; *Aulehner*, S. 161; 15. Tätigkeitsbericht des *BfD*, BT-Drs. 13/1150, S. 134.
386 15. Tätigkeitsbereicht des *BfD*, BT-Drs. 13/1150, S. 134.

Strafprozessordnung – § 153 a StPO (bei Auflagen), § 154 StPO (bei Nebenstraftaten), § 154 b Abs. IV StPO (bei Auslieferung und Ausweisung), § 205 StPO (bei Abwesenheit des Angeklagten) – begründen keinen Löschungsanspruch.[387]
Auch im Falle eines tatbestandlich betehenden Löschungsanspruchs kann Europol die betreffenden Daten weiterhin im Informationssystem speichern, sofern bestimmte schwerwiegende Tatsachen die Annahme rechtfertigen, dass der Betroffene zukünftig Straftaten begehen wird (vgl. Art. 8 Abs. 1 Nr. 2 Europol-Konvention). In diesen Fällen entfällt die Datenlöschung aufgrund einer negativen Prognoseentscheidung.

Zur Veränderung, Berichtigung oder Löschung der im Informationssystem gespeicherten Daten ist nur die eingebende Stelle befugt, d.h. diejenige Stelle, welche die Daten in das Informationssystem eingegeben hat (vgl. Art. 9 Abs. 2 S. 1 Europol-Konvention).
Bestehen Anhaltspunkte für die Unrichtigkeit der gespeicherten Daten oder die Notwendigkeit zur Ergänzung dieser Daten, ist dies der eingebenden Stelle umgehend mitzuteilen. In diesen Fällen ist die eingebende Stelle verpflichtet, diese Mitteilung unverzüglich zu prüfen und erforderlichenfalls die entsprechenden Daten zu verändern, zu ergänzen, zu berichtigen oder zu löschen (Art. 9 Abs. 2 S. 2 Europol-Konvention).
Beabsichtigt eine Stelle, die von ihr in das Informationssystem eingegebenen personenbezogenen Daten insgesamt zu löschen, so ist diese Löschung immer dann ausgeschlossen, wenn von einer anderen Stelle zu der jeweiligen Person Daten im Sinne des Art. 8 Abs. 3 Europol-Konvention im Informationssystem gespeichert worden sind (vgl. Art. 9 Abs. 2 S. 4 Europol-Konvention). In diesen Fällen geht nicht nur das Recht zur Löschung dieser personenbezogenen Daten, sondern auch das Recht zu deren Veränderung, Ergänzung und Berichtigung sowie die datenschutzrechtliche Verantwortung auf diejenige Stelle über, „die als nächste Daten nach Art. 8 Abs. 3 zu dieser Person eingegeben hat." (Art. 9 Abs. 2 S. 4 Europol-Konvention).
Auf diese Weise bleiben die personenbezogenen Daten der ursprünglich eingebenden Stelle, die von dieser Stelle nach den Bestimmungen des jeweiligen nationalen Rechts eingegeben worden sind und beispielsweise infolge des Ablaufs gesetzlich zulässiger Speicherungsfristen hätten gelöscht werden müssen, im Europol-Informationssystem erhalten. Durch den Wechsel der Befugnis zur Ergänzung, Berichtigung und Veränderung werden diese Daten der Kontrolle des ursprünglichen Mitgliedstaats bzw. der jeweiligen nationalen Datenschutzkontrolle entzogen.[388]
Aufgrund des unterschiedlichen Datenschutzniveaus in den Europol-Mitgliedstaaten[389] kann dies für die Betroffenen eine datenschutzrechtliche Schlechterstellung zur Folge haben.[390]

Auch in den Fällen, in denen ein Löschungsanspruch bestehen und dieser von Europol erfüllt werden würde, bestünde zumindest die Möglichkeit, dass vor der Löschung eine

387 Denkschrift der Bundesregierung zum Europol-Übereinkommen, BT-Drs. 13/7391, S. 46.
388 Vgl. *Lfd-NRW*, Homepage, (http://www.lfd.nrw.de/infostand/info_3_5.html – Stand: 9.07.2001), S. 3.
389 Vgl. *Lindner*, BayVBl. 2001, S. 193 (200).
390 Vgl. *Lindner*, a.a.O., S. 193 (200).

„unüberschaubare Internationalisierung“[391] der Daten zum Nachteil des Betroffenen erfolgen könnte.[392] Insofern ist zu berücksichtigen, dass im Informationssystem enthaltene personenbezogene Daten nicht nur von den Europol-Mitgliedstaaten abgerufen, sondern von Europol grundsätzlich auch an Drittstaaten und Drittstellen (vgl. Art. 18 Europol-Übereinkommen) übermittelt werden dürfen.[393] „Gerade deshalb“[394] ist es – so *Oberleitner* – „von größter Bedeutung (...) darauf zu achten, daß beim jeweiligen Empfänger der Daten ausreichende datenschutzrechtliche Bestimmungen existieren“.[395] *Zieschang* kritisiert, dass der Bürger durch die Internationalisierung seiner Daten nicht mehr wisse, „wer was wann und bei welcher Gelegenheit über ihn weiß“.[396] Damit werde „der Betroffene zum Objekt eines internationalen zentralen Dateninformationssystems“,[397] mit der Folge, dass das Recht auf informationelle Selbstbestimmung der als unschuldig geltenden Personen angesichts der nicht mehr überschaubaren Dimension der möglichen vielfachen Datenübermittlungen „weitgehend leer“[398] laufe.[399]

bb) Analysesystem

Zu Analysezwecken ist Europol berechtigt, automatisiert geführte Arbeitsdateien einzurichten (Analysedateien), in denen auch personenbezogene Daten verarbeitet werden dürfen (vgl. Art. 10 Europol-Konvention).
Nach Art. 1 lit. a) der durch Rechtsakt des Rates vom 3. November 1998 erlassenen Durchführungsbestimmungen für die von Europol geführten Arbeitsdateien zu Analysezwecken[400] i.V.m. Art. 10 Abs. 1 Unterabsatz 3 Europol-Konvention sind „personenbezogene Daten“ alle Informationen über eine bestimmte oder bestimmbare natürliche Person,[401] wobei eine Person als bestimmbar angesehen wird, die direkt oder indirekt identifiziert werden kann, insbesondere durch Zuordnung zu einer Kennnummer oder zu einem oder mehreren spezifischen Elementen, die Ausdruck

---

391 *Zieschang*, ZRP 1996, S. 427 (428); vgl. *Oberleitner*, S. 136.
392 Vgl. *Oberleitner*, S. 136; *Zieschang*, ZRP 1996, S. 427 (428).
393 Im Folgenden Gegenstand gesonderter Untersuchung.
394 *Oberleitner*, S. 136.
395 *Oberleitner*, S. 136.
396 *Zieschang*, ZRP 1996, S. 427 (428).
397 *Zieschang*, a.a.O., S. 427 (428).
398 *Zieschang*, a.a.O., S. 427 (428).
399 Vgl. *Zieschang*, a.a.O., S. 427 (428) mit Hinweis auf BVerfGE 65, S. 1 (43) – Inhalt, Ausgestaltung und Rechtsfolgen des Rechts auf informationelle Selbstbestimmung sind im Folgenden Gegenstand gesonderter Untersuchung.
400 ABl. EG C 261 vom 30.01.1999, S. 1; im Folgenden als „Durchführungsbestimmungen zu den Analysedateien“ bezeichnet.
401 Vgl. auch Empfehlung R (87) 15 des Ministerkomitees an die Mitgliedstaaten über die Nutzung personenbezogener Daten im Polizeibereich vom 17.09.1987 anlässlich der 410. Sitzung (CM/Del/Concl (87) 410), S. 2 (Geltungsbereich und Definitionen); Art. 2 lit. a) des Übereinkommens vom 28. Januar 1981 zum Schutz des Menschen bei der automatisierten Verarbeitung personenbezogener Daten (BGBl. II, 1985, S. 540), ratifiziert durch Gesetz vom 13. März 1985 (BGBl. II, 1985, S. 538 ff).

ihrer physischen,[402] physiologischen,[403] psychischen,[404] wirtschaftlichen, kulturellen oder sozialen Identität sind.

Die Befugnis zur „Analyse“ umfasst gemäß Art. 1 lit. c) dieser Durchführungsbestimmungen die Zusammenstellung, Verarbeitung oder Nutzung von Daten zwecks Unterstützung der kriminalpolizeilichen Ermittlungen im Sinne des Art. 10 Abs. 2 Europol-Übereinkommen. Mit dieser „offenen“,[405] insbesondere nicht gegenständlich eingegrenzten Legaldefinition bleibt der zulässige Umfang der Datenverarbeitung „unklar“.[406]
Als „Verarbeitung personenbezogener Daten“ definiert Art. 1 lit. d) der Durchführungsbestimmung jeden mit oder ohne Hilfe automatisierter Verfahren ausgeführten Vorgang oder jede Vorgangsreihe im Zusammenhang mit personenbezogenen Daten wie das Erheben, das Speichern, die Organisation, die Aufbewahrung, die Anpassung oder Veränderung, das Auslesen, das Abfragen, die Benutzung, die Weitergabe durch Übermittlung, Verbreitung oder jede andere Form der Bereitstellung, die Kombination oder die Verknüpfung sowie das Sperren, Löschen oder Vernichten.[407]

Ausgehend vom Wortlaut der Regelungen des Art. 10 Abs. 1 S. 1 und 2 Europol-Übereinkommen kritisiert *Petri* den zwischen diesen Normen bestehenden „Wertungswiderspruch“,[408] da den in beiden Sätzen normierten Tätigkeitsbestimmungen unterschiedliche Bedeutungsinhalte zukämen.[409] Angesichts des in Art. 1 lit. d) der Durchführungsbestimmungen für die Analysedateien legaldefinierten Begriffs der Verarbeitung personenbezogener Daten setze sich diese „begriffliche Unklarheit“ fort.[410] Nach Auffassung *Petris* sind alle Handlungsmodi tatbestandsmäßig im Sinne des Art. 10 Europol-Übereinkommen.[411]
Gemäß Art. 10 der Durchführungsbestimmungen zu den Analysedateien ist zwischen „allgemeinen und strategischen“ und „einsatzbezogenen“ Dateien zu differenzieren. Erstere dienen entweder der Verarbeitung wichtiger Informationen über ein besonderes Problem oder der Weiterentwicklung oder Optimierung der Initiativen der in den Mitgliedstaaten für die Kriminalitätsbekämpfung zuständigen Behörden (vgl. Art. 10 lit. a) der Durchführungsbestimmungen für Analysedateien).

---

402 Begriffsdefinition: „die körperliche Beschaffenheit betreffend“ – Duden, Band 5 (Fremdwörterbuch), S. 625.

403 Begriffsdefinition: „die Lebensvorgänge im Organismus betreffend“ – Duden, Band 5 (Fremdwörterbuch), S. 625.

404 Begriffsdefinition: „die Psychologie betreffend, zu ihr gehörend, auf ihr beruhend“ – Duden, Band 5 (Fremdwörterbuch), S. 670.

405 *Petri*, S. 56.

406 *Petri*, S. 56; zu den „inhaltlichen Reibungspunkten“ dieser Legaldefinition mit Art. 3 Europol-Übereinkommen vgl. *Petri*, a.a.O., S. 56.

407 Im Verlauf der weiteren Untersuchungen wird der Begriff der Daten-„Verarbeitung“ in diesem umfassenden Sinne verwendet.

408 *Petri*, S. 54.

409 *Petri*, S. 54.

410 *Petri*, S. 54.

411 Vgl. *Petri*, S. 55.

In den einsatzbezogenen Dateien werden einzelfallbezogen Daten einer Person oder Organisation gespeichert, um die Einleitung, Unterstützung oder den Abschluss bilateraler oder multilateraler Ermittlungen mit grenzüberschreitendem Charakter zu ermöglichen (vgl. Art. 10 lit. b) der Durchführungsbestimmungen für die Analysedateien).
Für jede der Arbeitsdateien im Analysesystem muss Europol eine – grundsätzlich von der Zustimmung des Verwaltungsrats abhängige – Errichtungsanordnung festlegen, in der insbesondere die Bezeichnung, der Zweck, der von der Datenspeicherung betroffene Personenkreis, die Art der zu speichernden Daten, Prüffristen, Speicherungsdauer und die Protokollierung festzulegen sind (Art. 12 Europol-Konvention). Die nationalen Stellen der Europol-Mitgliedstaaten sind nicht nur berechtigt, sondern auch verpflichtet, Europol operative Daten zu Analysezwecken zur Verfügung zu stellen (vgl. Art. 4 Abs. 4 Europol-Konvention). Europol kann seine Analysetätigkeit somit auf der Grundlage eines systematisch erhobenen Datenbestands durchführen.[412]

Da aufgrund der „offenen" Legaldefinition des Begriffs der „Analyse" der sachliche Anwendungsbereich und damit letztlich auch die Frage der Rechtsfolgen einer im Rahmen der Analyse zulässigerweise durchgeführten Datenverarbeitung, insbesondere im Hinblick auf die Durchführung nationaler Ermittlungen, unklar bleiben, sollen im Folgenden zunächst der Begriff der Analyse inhaltlich präzisiert und die insbesondere mit der einzelfallbezogenen Analyse verbundenen Rechtsfolgen untersucht werden.

(1) Intelligence

„'Intelligence = Information desinged for action' ist" – so *Storbeck* – „die Umschreibung für den Europol-Analyse-Prozess. Relevante nationale Informationen aus unterschiedlichen Quellen werden durch Europol projektbezogen erhoben, strukturiert, evaluiert und verarbeitet"[413] und „dann quasi 'veredelt' den sachbearbeitenden nationalen Dienststellen zur Verfügung gestellt."[414]

Der Begriff „Intelligence" stammt aus dem Bereich der Geheim- bzw. Nachrichtendienste[415] und kennzeichnet deren Tätigkeitsbereich (Informationsbeschaffung und -auswertung, d.h. das Sammeln, Aufbereiten, Systematisieren und anschließende Analysieren von Daten).[416] Im polizeilichen Bereich „spielt dieser Begriff seit den

---

[412] Vgl. *Schuster*, in: BKA-Arbeitstagung 1999, S. 117 (124 f).

[413] *Storbeck*, schriftliche Stellungnahme zur Vorbereitung auf die Anhörung des Innenausschusses des Deutschen Bundestages am 20. Januar 1998, EU-Ausschussdrucksache 13/177 vom 12. Januar 1998, S. 17.

[414] *Storbeck*, in: BKA-Arbeitstagung 1999, S. 89 (94).

[415] *Busch*, Bürgerrechte & Polizei/CILIP, 57 (2/1997), S. 58 (60); *ders.*, Bürgerrechte & Polizei/CILIP 53 (1/1996), S. 21 (22). Zur terminologischen Bedeutung des Begriffs „Nachrichtendienste" vgl. *Riegel*, S. 47 f. Nachrichtendienste des Bundes sind das Bundesamt für Verfassungsschutz (BVerfsch), der Militärische Abschirmdienst (MAD) und der Bundesnachrichtendienst (BND).

[416] Vgl. *Busch*, Bürgerrechte & Polizei/CILIP 53 (1/1996), S. 21 (22); *Stoll*, Sonntagszeitung.ch, S. 1 (http://www.sonntagszeitung.ch/1999/sz03/S21-1765.htm – Stand: Mai 2001).

70er Jahren eine Rolle – zunächst in den USA, später in Großbritannien, den Niederlanden und den skandinavischen Ländern."[417]
Mit diesem Begriff verbindet sich die Vorstellung, polizeiliches Handeln nicht mehr ausschließlich reaktiv zu gestalten, sondern durch gezielte Informationsbeschaffung und -auswertung eigenständig zu initiieren[418] – auch unter Anwendung der im geheim- bzw. nachrichtendienstlichen Bereich praktizierten (verdeckten) Ermittlungsmethoden[419] (Einsatz von Informanten, V-Leuten, Under-Cover-Agenten (UCA), Lockspitzeln,[420] Telefonüberwachungen, visuellen und akustischen (Wohnraum-) Überwachungen, verdeckten Observationen, kontrollierten Lieferungen etc.).[421]
§ 23 Abs. 2 BKAG bezeichnet derartige Maßnahmen terminologisch als „besondere Mittel der Datenerhebung". Im polizeilichen Sprachgebrauch werden diese geheimen bzw. verdeckten nachrichtendienstlichen Maßnahmen auch als „operative" Ermittlungsmethoden bezeichnet.[422]

(2) Operative Analyse – Bedeutung und Rechtsfolgen

Die „Intelligence-Arbeit",[423] d.h. die zentrale europäische Informationssammlung und -auswertung[424] sowie die Erarbeitung auf dieser Tätigkeit basierender strategischer und taktischer Umsetzungsmaßnahmen,[425] ist eine zentrale Aufgabe von Europol. Sie dient neben repressiven auch präventiven Zwecken, d.h. der Vorbeugung bzw. Verhütung von Verbrechen gemäß dem Grundsatz „Agieren statt (...) Reagieren"[426] und bedarf insoweit des Einsatzes nachrichtendienstlich geschulten Personals und leistungs-

---

417 *Busch*, Bürgerrechte & Polizei/CILIP, 57 (2/1997), S. 58 (60); *ders.*, Bürgerrechte & Polizei/CILIP 53 (1/1996), S. 21 (22).

418 *Busch*, Bürgerrechte & Polizei/CILIP, 57 (2/1997), S. 58 (60 f); vgl. *Storbeck*, in: BKA-Arbeitstagung 1999, S. 89 (95): „Die entscheidende Frage lautet deshalb gegenwärtig und künftig, ob eine internationale Zentralstelle nur *reagiert* oder ob sie auch selber *agiert*."

419 Vgl. *Busch*, in Bürgerrechte & Polizei/CILIP 57 (2/1997), S. 58 (61 f).

420 Auch als „Agent provocateur" bezeichnet. *Gössner*, S. 211: „Hierbei handelt es sich entweder um Under-Cover-Agenten oder um V-Leute, die im generellen oder speziellen Auftrag der Polizei oder der Geheimdienste über die erschlichene Informationsbeschaffung hinaus andere Menschen in strafbare Handlungen verwickeln, sie mit unterschiedlichen Mitteln (etwa hohen Geldsummen oder Drohungen) zu Straftaten anstiften." (*Gössner*, S. 211).

421 Zur detaillierten Darstellung dieser Einsatzmöglichkeiten im Rahmen polizeilicher und geheimdienstlicher Ermittlungstätigkeit – siehe *Gössner*, S. 210 ff; zur rechtlichen Problematik der nicht offen ermittelnden Polizeibeamten – *Schmidt*, Kriminalistik 3/2000, S. 162 ff; *Meyer*, Kriminalistik 1999, S. 49 ff; zu den Begriffsbestimmungen sowie zur rechtlichen Problematik der Abgrenzung zwischen nicht offen ermittelnden Polizeibeamten und verdeckten Ermittlern – vgl. *Schmidt*, Kriminalistik 2000, S. 162 ff mit detaillierter Darlegung und Bewertung der Rechtsprechung des BGH; *LfD-Bayern*, 17. Tätigkeitsbericht 1996, (http://www.datenschutz-bayern.-de/tbs/tb17/k5.htm – Stand: 09.07.2001), Punkt 5.2.2, S. 2 mit Hinweis auf die Rechtsprechung des BGH NJW 1996, S. 2108.

422 *Aden*, Bürgerrechte & Polizei/CILIP 58 (3/1997), S. 65 (65); vgl. Bäumler, in: *Lisken/Denninger*, Kap. J, Rdn. 538; *Busch/Pütter*, Bürgerrechte & Polizei/CILIP Nr. 49 (3/1994), S. 6 (6 f).

423 *Storbeck*, Kriminalistik, 1994, S. 201 (203); *Zachert*, Kriminalistik, 1992, S. 7 (9).

424 *Busch*, S. 338.

425 Vgl. *Storbeck*, Kriminalistik, 1994, S. 201 (203); *Zachert*, Kriminalistik, 1992, S. 7 (9); *Kölbach*, Die Polizei, 1996, S. 245 (248).

426 *Kendall*, (INTERPOL-Generalsekretär), BKA-Arbeitstagung 1999, S. 79 (83).

fähiger, zentraler Rechnerdatenbanken[427] sowie des Einsatzes einer speziellen Software, die auch eine multilinguale Auswertung von Texten und Informationen ermöglicht.[428]

Das Analysesystem ist – so *Hegel* (Gruppenleiter in der Europol-Abteilung OK) – „eines der Herzstücke von Europol“[429] und ermöglicht dem Europäischen Polizeiamt – unter Verwendung der in den Arbeitsdateien gespeicherten personenbezogenen Daten – nicht nur die Erstellung von strategischen, sondern auch die Durchführung (einzel)fall- bzw. fallkomplexbezogener operativer Analysen (vgl. Art. 10 Abs. 6 Unterabsatz 1 Europol-Konvention). Bereits Ende des Jahres 2000 arbeiteten mehr als 30 Analytiker – „ausgestattet mit einem hervorragenden Equipment“[430] – innerhalb der verschiedenen Europolprojekte[431] mit dem Schwerpunkt der Tätigkeit in „operativ ausgerichteten Projekten“.[432]

Die operative Analyse – untergliedert in

- Tätergruppenanalyse,
- vergleichende Fallanalyse,
- Einzelfallanalyse,
- spezifische Profilanalyse und
- Operationsanalyse[433] –

gewinnt zunehmend an Bedeutung.[434] „Die Analyse ist“ – so *Kendall* (Generalsekretär der IKPO-Interpol) – „ohne Zweifel das wirksamste Instrument zur Unterstützung der Sicherheitsorgane auf lokaler, regionaler und internationaler Ebene“.[435] „Der Einsatz der ‘Operativen Fallanalyse’ hilft,“ – so *Kersten* (Präsident des BKA) – Verdachtsgewinnungsstrategien zu professionalisieren und sinnvoll in Ermittlungs- und Fahndungsmaßnahmen zu integrieren.“[436]
Während die aus einer strategischen[437] bzw. allgemeinen Analyse resultierenden Lagebilder Entwicklungen in bestimmten Kriminalitätsbereichen verdeutlichen und der Entscheidungsfindung auf polizeilicher und politischer Ebene dienen,[438] werden bei operativen Analysen „alle in einem Ermittlungskomplex möglicherweise relevanten

---

427 *Kendall*, a.a.O., S. 79 (83).
428 Vgl. *Storbeck*, DRiZ 2000, S. 481 (485). Im Folgenden Gegenstand gesonderter Untersuchung.
429 *Hegel*, Die Kriminalpolizei, Ausgabe Dezember 2000, (http://www.die-kriminalpolizei.de/ausgaben/kpo0004.htm – Stand: 15.09.2001), S. 5.; vgl. *Zeiger*, Kriminalistik 1998, S. 313 (313); *Tolmein*, StV 1999, S. 108 (111); *Rupprecht*, Die Polizei 1991, S. 293 (297).
430 *Hegel*, a.a.O., S. 5.
431 Vgl. *Hegel*, a.a.O., S. 5.
432 *Hegel*, a.a.O., S. 5.
433 Vgl. *Oberleitner*, S. 137, Fn. 461.
434 *Schneider*, Kriminalpolizei 1999, S. 203 (207).
435 *Kendall*, in: BKA-Arbeitstagung 1999, S. 79 (83).
436 *Kersten*, in: BKA-Arbeitstagung 1999, S. 65 (73).
437 Zum Begriff - vgl. *Oberleitner*, S. 137, Fn. 461: „Bei der strategischen Analyse unterscheidet man je nach dem Anknüpfungspunkt zwischen Kriminalitätslagebildanalyse, allgemeiner Täterprofilanalyse und Methodenanalyse.“
438 Vgl. *Busch*, Bürgerrechte & Polizei/CILIP 53 (1/1996), S. 21 (22).

Daten, Vermutungen und Spuren in einer Auswertungseinheit zusammengefaßt",[439] zwecks Unterstützung, Koordinierung und „Steuerung"[440] der „Ermittlungen und sonstigen polizeilichen Maßnahmen"[441] der jeweils zuständigen ermittlungsführenden Dienststellen.[442]

Zur rechtlichen Beurteilung der strafrechtlichen Rechtsfolgen immunitätsgeschützter Amtshandlungen von Europol-Bediensteten ist eine Untersuchung der (potentiellen) Rechtsfolgen operativer Analysen auf nationale Ermittlungen erforderlich. Dabei ist insbesondere der Frage nachzugehen, ob Europol nationale Ermittlungen durch operative Fallanalysen lenken bzw. steuern kann.
Die Bedeutung der operativen Analyse als einsatzbezogene Unterstützung für die Durchführung nationaler Ermittlungen lässt sich am Beispiel der operativen Fallanalyse in der Bundesrepublik Deutschland veranschaulichen.

(a) Operative Fallanalyse – neue Ermittlungsmethode

Die operative Fallanalyse ist in der Bunderepublik Deutschland eine relativ neue kriminalistisch-kriminologische Arbeitsmethode.[443] Bereits Ende der 70er Jahre hat das FBI in den USA den verhaltensspezifischen Ansatz bei Gewaltdelikten erforscht und auf der Basis dieser Ergebnisse die bestehenden Ermittlungsmethoden erweitert. Begrifflich wurde diese neue Ermittlungsmethode als Profiling bezeichnet.[444] In der Bundesrepublik Deutschland hat das BKA im Jahre 1993 eine Arbeitsgruppe Operative Fallanalyse eingerichtet[445] und auf diesem Gebiet „wichtige, grundlegende"[446] und über die nationalen Grenzen anerkannte Arbeit geleistet.[447]
Der unter Leitung des BKA von einer Bund-Länder-Arbeitsgruppe geprägte Oberbegriff der operativen Fallanalyse grenzt die Komplexität fallanalytischer Verfahren und die in diesem Zusammhang praktizierten Arbeitsmethoden gegenüber der Analyse allgemeiner Kriminalitätsphänomene und -entwicklungen ab.[448] Die von der Bund-Länderarbeitsgruppe vorgeschlagene Einführung fallanalytischer Verfahren ist zwischenzeitlich in allen Bundesländern umgesetzt bzw. zumindest eingeleitet worden.[449]

---

439 *Busch*, a.a.O., S. 21 (22).

440 *Storbeck*, in: BKA-Arbeitstagung 1999, S. 89 (96).

441 *Storbeck*, a.a.O., S. 89 (96 f)

442 *Busch*, Bürgerrechte & Polizei/CILIP 53 (1/1996), S. 21 (22); vgl. *Schneider*, Kriminalpolizei 1999, S. 203 (207); *Storbeck*, in: BKA-Arbeitstagung 1999, S. 89 (95 f): Die Tätigkeit von Europol, d.h. „die Gewinnung, Übermittlung und Verwertung von Informationen und *Intelligence*", ist auf eine „Umsetzung in Ermittlungs- und anderen exekutiven Maßnahmen" gerichtet. „Die polizeiliche Zentralstelle Europol wird (...) mehr und mehr aktiv auch die Ermittlungen von internationaler Bedeutung beeinflussen. (...) Und schon jetzt gibt Europol von sich aus Anstöße, gemeinsame nationale Ermittlungen einzuleiten."

443 *Danner*, Die Kriminalpolizei 2000, S. 126 (126).

444 Vgl. *Danner*, a.a.O., S. 126 (126).

445 Vgl. *Brock*, a.a.O., S. 3.

446 *Danner*, Die Kriminalpolizei 2000, S. 126 (127).

447 Vgl. *Danner*, a.a.O, S. 126 (127).

448 *Danner*, a.a.O., S. 126 (126).

449 Vgl. *Danner*, a.a.O., S. 126 (128).

Die Operative Fallanalyse (OFA) „soll mittels qualifizierter fallanalytischer Verfahren zur Professionalisierung und Steigerung der Effektivität kriminalpolizeilicher Arbeit beitragen, sowie Ermittlungs- und Fahndungsmaßnahmen priorisieren und ökonomisieren."[450] Eine derartige Analyse erfordert interdisziplinäres Fachwissen, unter anderem im Bereich der forensischen und klinischen Psychologie, Psychiatrie, Rechtsmedizin, Soziologie und Biologie.[451] Zur Erlangung und Gewährleistung eines entsprechenden – einheitlichen – Fachwissens hat das BKA (KI 13) beginnend im Jahre 1999 mit dem sukzessiven Aufbau eines Aus- und Fortbildungskonzeptes für die Bundesländer begonnen.[452]

Zielsetzung der operativen Fallanalyse ist die Erstellung eines Täterprofils.[453] Der Täter soll im Rahmen einer Wahrscheinlichkeitsaussage (Hypothese) – auch im Hinblick auf bestimmte persönliche Eigenschaften sowie seine Persönlichkeitsstruktur[454] – so beschrieben werden, dass sich hieraus zusätzliche neue Ermittlungs- und Fahndungsansätze ableiten lassen.[455] Neben den „klassischen Ermittlungsmethoden"[456] ist die operative Fallanalyse als eine weitere – neue – Ermittlungsmethode[457] mit einer (potentiell) weitreichenden Bedeutung für die jeweiligen Ermittlungen zu bewerten. Diese Bedeutung veranschaulicht *Danner* (Kriminaloberrat, Inspektions-Leiter 310: Koordination, Fahndung und Tatortarbeit beim LKA BaWü) beispielsweise wie folgt: „Mit den kriminalistischen Vorgehensweisen und den bestehenden Hilfsinstrumenten sind wir nicht mehr ausreichend in der Lage, die heute

[450] *Danner*, a.a.O., S. 126 (128); vgl. *Kersten*, in: BKA-Arbeitstagung 1999, S. 65 (73): Der Einsatz der „Operativen Fallanalyse" hilft, Verdachtsgewinnungsstrategien zu professionalisieren und sinnvoll in Ermittlungs- und Fahndungsmaßnahmen zu integrieren."

[451] *Danner*, a.a.O., S. 126 (127).

[452] Um Tatzusammenhänge bei Gewalttaten, insbesondere bei Tötungsdelikten oder Sexualstraftaten, zu erkennen, Täter zu identifizieren und Tatserien aufzuklären, existiert in Deutschland, Holland, Großbritannien, Belgien und Österreich das in Kanada entwickelte Computerprogramm ViCLAS. ViCLAS (Violent Crime Linkage Analysis System) ist ein Datenbank-Analyse-System, in dem alle bei der Fallanalyse erhobenen Daten gespeichert, aufbereitet und miteinander verknüpft werden. Dabei fließen soziologische, psychologische und kriminologische Erkenntnisse sowie Erfahrungen der forensischen Medizin ein. ViCLAS dient der Erforschung der Persönlichkeit und Motivlage des Täters und damit letztlich der Erstellung eines Täterprofils – vgl. *Brock*, (http://criminalprofiling.ch/methodmueller.html – Stand: 15.09.2001), S. 6; *Naumann*, Die Kriminalpolizei 2000, S. 131 (132 f); *LfD-Hamburg*, 17. Tätigkeitsbericht 1998/ 1999, (http://www.hamburg.de/Behoerden/HmbDSB/tb17/13.html – Stand: 15.09.2001), S. 8; Pressemitteilung Innenministerium NRW vom 10.01. 2001; *Danner*, Die Kriminalpolizei 2000, S. 126 (132); *Kersten*, in: BKA-Arbeitstagung 1999, S. 65 (73); zur Kritik an der Speicherung dieser – ein umfassendes Persönlichkeitsbild ermöglichenden – detaillierten und sensiblen Angaben von Beschuldigten und Opfern in ViCLAS – vgl. *LfD-Hamburg*, 17. Tätigkeitsbericht 1998/1999, (http://www.hamburg.de/Behoerden/HmbDSB/tb17/13.html – Stand: 15.09. 2001), S. 8.

[453] Vgl. BKA, Programmvorschau der 5. Internationalen Analytikertagung vom 7. bis 10. April 1999 in Eltville (http://www.bka.de/aktuell/v990407analytiker.html – Stand: März 1999); *Danner*, Die Kriminalpolizei 2000, S. 126 (126).

[454] Vgl. *Danner*, a.a.O., S. 126 (129); *Brock*, (http://criminalprofiling.ch/methodmueller.html – Stand: 15.09.2001), S. 2.

[455] *Danner*, a.a.O., S. 126 (126).

[456] *Danner*, a.a.O., S. 126 (129).

[457] Vgl. *Danner*, a.a.O., S. 126 (126) (129).

im Bereich der Fallbearbeitung bei Tötungs- und Sexualdelikten möglichen und realisierbaren Ziele der Verbrechensbekämpfung zu erreichen.“[458]
Welche weitreichende Bedeutung eine operative Fallanalyse haben kann, zeigt sich – so *Danner* – beispielsweise darin, dass in der Bundesrepublik Deutschland ein Angeklagter unter anderem aufgrund einer im Hauptverfahren gutachterlich vorgetragenen operativen Fallanalyse rechtskräftig wegen Mordes zur Höchststrafe verurteilt worden ist.[459]

Aus einer operativen Fallanalyse resultieren jedoch auch (potentielle) Gefahren für Unbeteiligte bzw. Unschuldige, d.h. Nicht-Beschuldigte und Nicht-Verdächtige. *Baurmann*, der im Jahre 1993 beim BKA die Arbeitsgruppe für Operative Fallanalyse[460] eingerichtet hat,[461] hat darauf hingewiesen, dass jede Tatortanalyse auch aus Wahrscheinlichkeitsaussagen besteht und demzufolge auch immer falsche Angaben enthalten kann.[462] „Das Täterprofil, das darauf aufbaut, vergrößert diese Fehler noch.“[463] Theoretisch sei ein sachkundiger Täter in der Lage, beispielsweise einen Tatort so zu inszenieren, dass ein Profiler auf eine falsche Fährte gelockt werden würde.[464]
Auch *Naumann* (Sachgebietsleiter Operative Fallanalyse beim LKA Brandenburg) attestiert eine potentielle Gefahrenlage durch operative Fallanalysen „zum Nachteil völlig unbescholtener Personen.“[465]

Fazit:
Die operative Fallanalyse ist eine notwendige, neue Ermittlungsmethode, die darauf abzielt, im Wege der Analyse – auch höchstpersönlicher – personenbezogener Daten zusätzliche, neue Ermittlungs- und Fahndungsansätze zu gewinnen. Aus operativen Fallanalysen resultieren aber auch (potentielle) Gefahren für völlig unbescholtene Personen.

(b) Reaktive ermittlungsunterstützende Analyse

Die Europol-Konvention berechtigt Europol zur Durchführung ermittlungsunterstützender Analysen (vgl. Art. 10 Abs. 2 S. 1 der Europol-Konvention). Insoweit handelt es sich um „reaktive“,[466] d.h. auf das Ersuchen eines Mitgliedstaates durchgeführte – und damit „anlassbezogene“[467] – ermittlungsunterstützende Analysen.

---

458 *Danner*, a.a.O., S. 126 (128); vgl. *Kersten*, in: BKA-Arbeitstagung 1999, S. 65 (73): „Die Vergangenheit zeigt, dass in schwerwiegenden Kriminalitätsfällen, wie beispielsweise Tötungsdelikten oder Entführungen, ein weitgehender Mangel an systematisch aufgearbeitetem Erfahrungswissen besteht, das bei der Fallbearbeitung ermittlungsfördernd eingesetzt werden kann.“
459 *Danner*, a.a.O., 2000, S. 126 (128).
460 Vgl. *Brock*, (http://criminalprofiling.ch/methodmueller.html – Stand: 15.09. 2001), S. 3.
461 Vgl. *Brock*, a.a.O., S. 3.
462 Vgl. *Brock*, a.a.O., S. 4.
463 Baurmann, zitiert nach *Brock*, a.a.O., S. 4.
464 Vgl. *Brock*, a.a.O., S. 4.
465 *Naumann*, Die Kriminalpolizei 2000, S. 131 (133).
466 *Storbeck*, DRiZ 2000, S. 481 (484).
467 *Storbeck*, a.a.O., S. 481 (484).

(aa) Inhaltliche Ausgestaltung / Rechtsfolgen

Zur inhaltlichen Ausgestaltung dieser Analysearbeit hat der Direktor von Europol wie folgt Stellung genommen:

> „Die Informationen für die Analysearbeit erhalten wir durch die ermittlungsführenden Dienststellen der Mitgliedstaaten, reichern sie mit eigenen Informationen an und ergänzen sie über die Europol-Verbindungsbeamten (...).[468] Die Analyse wird dann im ständigen Dialog mit den national zuständigen Dienststellen entwickelt und den Bedürfnissen der Ermittlungen angepasst."[469]

Die auf diese Weise erarbeiteten Analyseergebnisse dienen nach Mitteilung *Storbecks* den Europol-Mitgliedstaaten zur Gewinnung von Ermittlungsansätzen oder zur Unterstützung schon laufender Ermittlungen.[470] Durch die „Analyse und Gewinnung neuer Erkenntnisse"[471] und die damit verbundene „Schaffung von Ermittlungsansätzen in den Mitgliedstaaten"[472] resultiert aus der Tätigkeit des Europäischen Polizeiamtes ein kriminalpolizeilicher „strategischer Mehrwert".[473] Damit erlangt die europäische polizeiliche Zusammenarbeit durch die Analysetätigkeit Europols „eine neue qualitative Ebene."[474]
Anlässlich der Arbeitstagung des BKA im Jahre 1999 hat der Direktor von Europol die Auswirkungen der operationellen Analysetätigkeit[475] auf die Ermittlungen der nationalen Dienststellen wie folgt qualifiziert:

> „Der Europol-Analytiker ist bei seiner Arbeit in ständigem Dialog mit den Ermittlungsteams der Mitgliedstaaten. Er filtert die Ermittlungsdaten, die teilweise in millionenfacher Zahl angeliefert werden. (...) Er gibt neue Ermittlungsansätze. Andererseits bittet er die sachbearbeitenden Beamten um Abklärungen vor Ort, um seine Analyse weiterzuentwickeln. Der Analytiker und damit Europol sind so aktive Partner in nationalen Ermittlungen. Letztlich kann Europol durch operationelle Analysen nationale Ermittlungen steuern."[476]

---

468 *Storbeck*, a.a.O., S. 481 (485).
469 *Storbeck*, a.a.O., S. 481 (485).
470 Schriftliche Stellungnahme – BT-Innenausschuss-Prot. 13/177, S. 18.
471 Pressemitteilung des BMI vom 30. Juni 1999.
472 Pressemitteilung des BMI vom 30. Juni 1999; vgl. insoweit auch *Kersten*, in: BKA-Arbeitstagung 1999, S. 65 (66 ff).
473 *Kersten*, a.a.O., S. 65 (75); vgl. *Sturm*, Kriminalistik 1997, S. 99 (103); *Sule*, S. 40; *Wachholz*, DNP 1995, S. 513 (515), (516).
474 *Nassauer*, in: Rinsche/Friedrich, S. 205 (208).
475 Vgl. zur Bedeutung der Analystätigkeit Europols: *Hegel* (Gruppenleiter in der Europol-Abteilung OK), Die Kriminalpolizei, Ausgabe Dezember 2000, (http://www.die-kriminalpolizei.de/ausgaben/kpo0004.htm – Stand: 15.09.2001), S. 5: „schafft (...) neue Qualität multilateraler Ermittlungen"; *Aschmann*, S. 126 f.
476 *Storbeck*, in: BKA-Arbeitstagung 1999, S. 89 (97); vgl. *Gleß*, NStZ 2001, S. 623 (624): „Durch die „Analysetätigkeit" entscheidet das Europäische Polizeiamt darüber hinaus, in welche Richtung und mit welchem Schwerpunkt Daten ausgewertet werden und (vermutete) Kriminalität beleuchtet wird. Es informiert die nationalen Strafverfolgungsbehörden über so gewonnene Erkenntnisse und regt weitere Ermittlungen an."

(bb) Schlussfolgerung / Bewertung

Eine operative Analyse Europols hat folglich nicht nur eine ermittlungsunterstützende, sondern auch eine (potentiell) ermittlungssteuernde Wirkung, d.h. Europol kann – nach geltendem Recht – durch reaktiv ermittlungsunterstützende operative Analysen nationale Ermittlungen in den Mitgliedstaaten nicht nur unterstützen,[477] sondern letztlich auch „steuern".[478] Insoweit konkretisiert sich die von *Kendall* (Interpol-Generalsekretär) geäußerte Feststellung „bei der Rechtsdurchsetzung und insbesondere bei kriminalpolizeilichen Ermittlungen ist Wissen Macht".[479] Diese Machtstellung Europols resultiert im Wesentlichen aus zwei Faktoren: Erstens verfügt Europol bereits aufgrund des von ihm geführten Informationssystems, in dem beispielsweise nicht nur Informationen aus den Europol-Mitgliedstaaten, sondern auch aus Drittstaaten und von Drittstellen gleichsam in einen Datenpool zusammenfließen, gegenüber den national zuständigen Ermittlungsbehörden über ein vergleichsweise umfassendes (Sonder-)Wissen und damit – so *Gleß* – über einen „gewaltigen Informationsvorsprung vor den nationalen Strafverfolgungsbehörden."[480]
Zweitens verfügt Europol aufgrund seiner – rechtlich zulässigen – bis dato auf europäischer Ebene einmaligen Analysetätigkeit gegenüber den nationalen Ermittlungsbehörden über ein spezifisches Sonderwissen, da durch die Analyse, d.h. durch die automatisierte Datenverarbeitung „zur 'Verdachtsgewinnung' oder 'Verdachtsverdichtung'",[481] „neue Erkenntnisse"[482] für „neue Ermittlungsansätze"[483] der nationalen Ermittlungsbehörden gewonnen werden.

Im Hinblick auf die (potentielle) Steuerung nationaler Ermittlungen durch Europol ist Folgendes zu berücksichtigen:
In allen Staaten, in denen das Legalitätsprinzip gilt, beispielsweise in Griechenland, Österreich, Portugal, Schweden und Deutschland,[484] sind die nationalen Ermittlungs-

---

477 Vgl. *Hegel* (Gruppenleiter in der Europol-Abteilung OK), Die Kriminalpolizei, Ausgabe Dezember 2000, (http://www.die-kriminalpolizei.de/ausgaben/kpo0004.htm – Stand: 15.09.2001), S. 3: „Bereitstellung von operativen Analysen zur Unterstützung von Einsätzen in den Mitgliedstaaten, (...)."

478 *Storbeck*, in: BKA-Arbeitstagung 1999, S. 89 (97); vgl. *Tolmein*, StV 1999, S. 108 (116).

479 *Kendall*, in: BKA-Arbeitstagung 1999, S. 79 (85).

480 *Gleß*, NStZ 2001, S. 623 (624).

481 *LfD-Hamburg*, 17. Tätigkeitsbericht 1998/1999, (http://hamburg.de/Behoerden/HmDSB/tb17/-13.html – Stand: 15.09.2001), S. 6.

482 *LfD-Hamburg*, a.a.O., S. 6; vgl. *Hegel* (Gruppenleiter in der Europol-Abteilung OK), Die Kriminalpolizei, Ausgabe Dezember 2000, (http://www.die-kriminalpolizei.de/ausgaben/-kpo0004.htm – Stand: 15.09.2001), S. 5; *Weichert*, DuD 1995, S. 450 (453): Mit der Analysetätigkeit erfolgt nicht nur eine Bewertung der bereits bei nationalen Polizeien vorhandenen Daten, sondern die Schaffung neuer Daten.

483 *Hegel* a.a.O., S. 5; vgl. schriftliche Stellungnahme *Storbecks* anlässlich der Sachverständigenanhörung zum Europol-Immunitätenprotokollgesetz, BT-Innenausschuss-Prot. 13/177, S. 21: „Die Zusammenführung und Auswertung von Informationen durch EUROPOL soll erst die Voraussetzungen schaffen, um konkrete Fahndungsmaßnahmen durch die Mitgliedstaaten (...) erfolgreich einleiten zu können."

484 Vgl. Antwort der Bundesregierung vom 14.12.2000 – BT-Drs. 14/4991, S. 4; demgegenüber gilt das Opportunitätsprinzip beispielsweise in Dänemark, Frankreich und den Niederlanden (vgl. BT-Drs. 14/4991, S. 4).

behörden bei vorliegendem Anfangsverdacht, d.h. bei Vorliegen zureichender tatsächlicher Anhaltspunkte für eine begangene Straftat – unabhängig von der jeweiligen Informationsquelle –, de lege lata zur Einleitung bzw. Durchführung strafrechtlicher Ermittlungen verpflichtet.[485] Schafft bzw. begründet demnach eine reaktiv ermittlungsunterstützende Analyse Europols einen entsprechenden Anfangsverdacht, so sind die Strafverfolgungsbehörden dieser Staaten zur Einleitung bzw. (weitergehenden) Durchführung strafrechtlicher Ermittlungen verpflichtet. Aufgrund des spezifischen Informations- bzw. Wissensstands, der insbesondere aus der operativen Analysetätigkeit resultiert, ist Europol prinzipiell in der Lage, den für einen entsprechenden Anfangsverdacht erforderlichen Informationsstand durch eigene Datenverarbeitung zu gewinnen. Durch die Übermittlung derartiger Erkenntnisse im Rahmen einer reaktiv ermittlungsunterstützenden Analyse könnte Europol einen entsprechenden Anfangsverdacht begründen und wäre somit in der Lage, die Einleitung bzw. Durchführung nationaler strafrechtlicher Ermittlungen – de facto – zu steuern.
Im Falle der Steuerung nationaler Ermittlungen „dirigieren“[486] Europol-Bedienstete die kriminalistische Arbeit vor Ort. Denn – so die britischen Forscher *Dorn* und *South* – „wer immer Intelligence definiert, definiert damit auch die ganze Ausrichtung der Ermittlung“.[487] Damit werde die Kriminalanalyse „zum Schwanz, der mit dem Hund wackelt.“[488]

Da die Tätigkeit Europols, d.h. „die Gewinnung, Übermittlung und Verwertung von Informationen und Intelligence“[489] – so *Storbeck* – auf eine „Umsetzung in Ermittlungs- und anderen exekutiven Maßnahmen“[490] gerichtet ist, kann das von der damaligen Bundesregierung als Schreibtischpolizei[491] bewertete Europäische Polizeiamt bereits durch die reaktive, analytische Verarbeitung personenbezogener Daten letztlich nicht nur „nationale Ressourcen in der Strafverfolgung binden und in bestimmtem Umfang nationale Kriminalpolitik präjudizieren“,[492] sondern – vergleichbar einem mittelbaren Täter – kraft überlegenen Wissens nationale Ermittlungen steuern[493] und damit in Bürgerrechte eingreifen. So könnte beispielsweise eine nationale Ermittlungsbehörde – von Europol kraft überlegenen Wissens gesteuert – polizeilich exekutive Maßnahmen (Vernehmungen, Kontrollen, vorläufige Festnahmen, Durchsuchungen etc.) auch gegen einen mutmaßlich Unschuldigen durchführen, der von Europol beispielsweise aufgrund einer (fehlerhaften) operativen Fallanalyse als Zielperson ermittelt worden ist. Aufgrund dieser Rechtsfolgen vermag die Einschätzung *Nehms*, Europol komme in der derzeitigen „Ausbaustufe kein wesentlicher prozeduraler

---

485 In Deutschland gemäß § 161 S. 2 StPO; zur Unzulässigkeit von Ermessenserwägungen in Bezug auf die Einleitung strafrechtlicher Ermittlungen – vgl. BGHSt 15, 155 (159).
486 *Stoll*, Sonntagszeitung.ch, S. 1 (http://www.sonntagszeitung.ch/1999/sz03/S21-1765.htm – Stand: Mai 2001).
487 Dorn/South zitiert nach *Stoll*, a.a.O., S. 2; vgl. *Gleß*, in NStZ 2001, S. 623 (624).
488 *Dorn/South*, a.a.O.
489 *Storbeck*, in: BKA-Arbeitstagung 1999, S. 89 (93).
490 *Storbeck*, a.a.O., S. 89 (93).
491 Vgl. S. 176.
492 *Gleß*, NStZ 2001, S. 623 (624).
493 Vgl. *Weichert*, DuD 1995, S. 450 (453); *Tolmein*, (http://www.hintergrund.de/mrep/m039802.htm – Stand: 19.04.1999), S. 2.

Einfluß auf die Gestaltung des Ermittlungs- und Strafverfahrens zu",[494] nicht zu überzeugen. Im Vereinigten Königreich sind diese (potentiellen) Rechtsfolgen der Europol-Tätigkeit bereits kritisch diskutiert worden.[495]
Im Falle der Steuerung bzw. Lenkung nationaler Ermittlungen eröffnet sich eine (potentielle) Strafbarkeit der Europol-Bediensteten wegen in mittelbarer Täterschaft begangener Delikte, beispielsweise der Verfolgung Unschuldiger, Freiheitsberaubung, Beleidigung, Verleumdung, Hausfriedensbruch etc. Im Falle eines kollusiven Zusammenwirkens der Europol-Bediensteten mit den nationalen Beamten (beispielsweise den bei Europol tätigen Verbindungsbeamten) eröffnet sich eine Strafbarkeit der Europol-Bediensteten wegen mittäterschaftlich begangener Deliktsverwirklichungen. Auch in den Fällen, in denen die Europol-Bediensteten aufgrund ihrer aus der operativen Analysetätigkeit gewonnenen neuen Erkenntnisse lediglich bestimmte/bestimmbare Ermittlungsmaßnahnen initiieren (wollen), eröffnet sich eine mögliche Strafbarkeit wegen (versuchter) Anstiftung zu diesen Delikten.

In der Sachverständigenanhörung des Deutschen Bundestags zum Europol-Immunitätenprotokollgesetz hat *Storbeck* eine entsprechende potentielle Strafbarkeit der Europol-Bediensteten zur Legitimation der Immunitätsgewährung für Europol-Bedienstete herangezogen und insoweit ausgeführt:

> „Zweiter Fall, den man andenken kann [zur Rechtfertigung der Immunitätsgewährung – Anmerkung Verfasser]:
> Die Tatsache, daß Analytiker von Europol aufgrund ihrer Arbeit Hinweise geben, gegen wen konzentriert ermittelt werden sollte. Es ist die Frage: Sind das jetzt möglicherweise – falls die Beamten, die dann die Ermittlung durchführen, nicht ganz im Recht bleiben –, das jetzt Anstiftungen zu diesen Amtsdelikten, Anstiftungen zu den Maßnahmen. Nehmen wir einmal an, daß empfohlen wird, eine Telefonüberwachung in einem Staat durchzuführen. Der Analytiker weiß jetzt zufällig nicht, daß in dem betreffenden Staat die Telefonüberwachung gar nicht oder unter den Voraussetzungen nicht zulässig ist. Ist das dann eine Anstiftung (...) zu einem Amtsdelikt? Auch das rechtfertigt meines Erachtens in gewisser Weise Immunität."[496]

Diese Aussage *Storbecks* verdeutlicht, wie konkret und mit welchen Rechtsfolgen Europol-Bedienstete durch ihre Analysetätigkeit in nationale Ermittlungen und damit auch in Rechte Betroffener eingreifen können.

(c) Proaktive ermittlungsinitiierende Analyse

„Mehr und mehr"[497] – so der Direktor von Europol – wird das Europäische Polizeiamt auch eine „ermittlungsinitiierende Analysearbeit übernehmen, wie sie (...) ausdrücklich durch Art. 30 des EU-Vertrages zugewiesen ist."[498] Europol sei dann in der Lage,

---

494 *Nehm*, BT-Innenausschuss-Prot. 13/177, S. 55.
495 Vgl. S. 31 ff.
496 *Storbeck*, BT-Innenausschuss-Prot. 13/75, S. 60.
497 *Storbeck*, DRiZ 2000, S. 481 (484).
498 *Storbeck*, a.a.O., S. 481 (484).

„aufgrund eigener Analyse- und Intelligence-Arbeit“[499] Ermittlungen in den Mitgliedstaaten zu initiieren und spezifische Ermittlungsmaßnahmen einzufordern.[500]
Gemäß Art. 30 Abs. 2 lit. b) EUV soll der Rat innerhalb von fünf Jahren nach Inkrafttreten des Amsterdamer Vertrages[501] Maßnahmen festlegen, die es Europol unter anderem ermöglichen, sich an die zuständigen Behörden der Mitgliedstaaten mit dem Ersuchen zu wenden, Ermittlungen in speziellen Fällen vorzunehmen und zu koordinieren. Ob Europol im Sinne der Auffassung *Storbecks* nach Art. 30 Abs. 2 lit. b) EUV berechtigt ist bzw. sein wird, spezifische Ermittlungsmaßnahmen von den nationalen Ermittlungsbehörden einzufordern, soll im Rahmen der Fortentwicklung der Aufgaben und Befugnisse Europols gesondert untersucht werden.

(aa) Inhaltliche Ausgestaltung

Die ermittlungsinitiierende Analysetätigkeit, die darauf gerichtet ist, „genügend Anhaltspunkte für die Eröffnung nationaler Ermittlungsverfahren“[502] zu gewinnen, erfolgt „proaktiv“,[503] d.h. die Analytiker und Experten von Europol holen die für die Analyse notwendigen Informationen von den nationalen Zentralstellen ein und stehen in ständigem Kontakt mit den dort tätigen Beamten.[504]
In seinem Vortrag anlässlich der BKA-Arbeitstagung im Jahre 1999 hat *Storbeck* eingeräumt: „Und schon jetzt gibt Europol von sich aus Anstöße, gemeinsame nationale Ermittlungen einzuleiten.“[505] Zwar reagiere Europol „bisher überwiegend“[506] noch auf Ersuchen der Mitgliedstaaten. Dennoch sei Europol bereits „eigenständiger und aktiver geworden.“[507]

(bb) Schlussfolgerung / Bewertung

Europol tätigt nicht nur reaktiv unterstützende, sondern auch – und in zunehmendem Maße – proaktiv ermittlungsinitiierende Analysen.[508] Ob letztere nach geltendem Recht bereits durchgeführt werden dürfen oder es in Anbetracht der Regelung des Art. 30 Abs. 2 lit. b) EUV insoweit besonderer Umsetzungsmaßnahmen des Rats bedarf, soll im Rahmen dieser Arbeit im Zusammenhang mit der Fortentwicklung der Aufgaben und Befugnisse Europols gesondert untersucht werden.
Im Gegensatz zu einer reaktiven ermittlungsunterstützenden operativen Analyse ermöglicht eine proaktive ermittlungsinitiierende operative Analyse Europol generell die Steuerung bzw. Lenkung nationaler Ermittlungen. Infolgedessen resultiert aus

---

499 *Storbeck*, in: BKA-Arbeitstagung 1999, S. 89 (96).
500 *Storbeck*, a.a.O., S. 89 (96).
501 Vgl. S. 2 f.
502 *Storbeck*, DRiZ 2000, S. 481 (485).
503 *Storbeck*, a.a.O., S. 481 (485).
504 *Storbeck*, a.a.O., S. 481 (485).
505 *Storbeck*, BKA-Arbeitstagung 1999, S. 89 (96).
506 *Storbeck*, a.a.O., S. 89 (95).
507 *Storbeck*, a.a.O., S. 89 (95).
508 Vgl. insoweit auch Storbeck, schriftliche Stellungnahme zur Sachverständigenanhörung des Deutschen Bundestages zum Europol-Immunitätenprotokoll-Gesetz – BT-Innenausschuss-Prot. 13/177, S. 22 ff.

einer proaktiv ermittlungsinitiierenden operativen Analyse eine vergleichsweise größere (potentielle) Gefahr der Beeinträchtigung von Rechten unschuldig Betroffener.

Grenzen und Gefahren jeder Kriminalanalyse bestehen darin, dass diese Analysen in der Regel auf weichen, d.h. nicht gerichtsfesten bzw. polizeilich nicht ausermittelten Daten beruhen und sich die im Rahmen derartiger Analysen durchgeführten Recherchen von Polizei- und Sicherheitsorganen immer mehr auf das „Vorfeld" der Begehung von Straftaten verlagern, so dass in zunehmendem Maße auch Unschuldige, d.h. Nicht-Beschuldigte und Nicht-Verdächtige, durch operative Ermittlungsmaßnahmen betroffen werden.[509]

Zur Klärung der Frage, ob – und inwieweit – diese Einschätzung auch auf die Europol-Analysetätigkeit zutrifft, ist es zunächst erforderlich, den personellen und sachlichen Anwendungsbereich des Analysesystems zu untersuchen.
Nach Auffassung des Beauftragten für den Datenschutz des Landes NRW wird in den Analysedateien über die „schon für sich genommen problematische Speicherungsbefunis"[510] des Informationssystems „noch weit"[511] hinausgegangen.[512] Auch *Petri* kritisiert diese Speicherungsbefugnis als tatbestandlich „bedenklich weit gefasst".[513]

(3) Betroffener Personenkreis

Die Festlegung des von einer Datenspeicherung in den Analysedateien betroffenen Personenkreises bildete einen „Knackpunkt der Verhandlungen"[514] zur Europol-Konvention.

In der Debatte des deutschen Bundesrates zum Europol-Gesetz kennzeichnete der ehemalige hessische Justizminister, *von Plottnitz*, den personellen Anwendungsbereich der Analysedateien wie folgt:

> „Und wer glaubt, daß es dabei nur um Verdächtige, Beschuldigte oder Angeklagte gehen soll, der irrt sich gewaltig. Diese Daten [analyserelevante personenbezogene Daten – Anmerkung Verfasser] sollen auch von unbescholtenen Bürgerinnen und Bürgern erhoben werden können: von Opfern, Zeugen oder von sonstigen Begleit- oder Auskunftspersonen."[515]

Im Gegensatz zum Informationssystem dürfen in den Arbeitsdateien zu Analysezwecken nicht nur Daten über tatsächliche oder potentielle Täter und Verdächtige im Sinne von Art. 8 Abs. 1 Nr. 1 und 2 Europol-Konvention (vgl. Art. 10 Abs. 1 Nr. 1

---

509 Vgl. *Stoll*, (http://www.sonntagszeitung.ch/1999/sz03/S21-1765.htm – Stand: Mai 2001), S. 2; *Tolmein*, StV 1999, S. 108 (111). Im Folgenden Gegenstand gesonderter Untersuchung.
510 *LfD-NRW*, (http://www.lfd.nrw.de/infostand/info_3_5.html – Stand: 09.07. 2001), S. 2.
511 *LfD-NRW*, a.a.O., S. 2.
512 *LfD-NRW*, a.a.O., S. 2.
513 *Petri*, S. 57.
514 *Zeiger*, Kriminalistik 1998, S. 313 (314).
515 *v. Plottnitz*, BR-Prot. 718. Sitzung vom 07.11.1997, S. 508.

Europol-Übereinkommen), sondern auch Daten von folgenden Personen gespeichert werden (Art. 8 Abs. 1 Nr. 2-5 Europol-Konvention):

- Personen, die im Rahmen aktueller Ermittlungen oder zukünftiger Strafverfolgungen als Zeugen in Betracht kommen (Art. 8 Abs. 1 Nr. 2);
- Personen, die Opfer einer in den Zuständigkeitsbereich von Europol fallenden Straftat geworden sind oder bei denen bestimmte Tatsachen die Annahme rechtfertigen, dass sie Opfer einer solchen Straftat werden können (Art. 8 Abs. 1 Nr. 3);
- Kontakt- und Begleitpersonen (Art. 8 Abs. 1 Nr. 4);
- Personen, die Informationen über die betreffende Straftat liefern können (Art. 8 Abs. 1 Nr. 5).

Somit kann potentiell jeder[516] in den Arbeitsdateien zu Analysezwecken datenmäßig erfasst werden.[517] Diese Datenerfassungsbefugnis geht – so *Bull* – „über das bisher zugelassene Maß hinaus."[518]

Der von *Bull* als „heikel"[519] bezeichnete Umfang der im Analysesystem zulässigerweise speicherbaren personenbezogenen Daten soll im Folgenden näher untersucht werden. *Tolmein* kritisiert insbesondere, dass die Befugnis zur Verarbeitung personenbezogener Daten von Nicht-Beschuldigten und Nicht-Verdächtigen im Vergleich zu den „schon weiten deutschen polizeirechtlichen Möglichkeiten"[520] „deutlich weniger restriktiv"[521] normiert worden ist.[522]

---

516 Vgl. *LfD-SH*, 18. Tätigkeitsbericht 1996, (http://www.rewi.hu-berlin.de/Datenschutz/DSB/SH/-material/tb/tb18/kap4_2.htm – Stand: 09.07. 2001): „Der Kreis der Personen, über die EUROPOL Daten speichern und weitergeben darf, ist so weit und in der Auslegung dehnbar, daß praktisch jede Person damit rechnen muß, in einer der EUROPOL-Dateien aufzutauchen"; *Bull*, in: Bizer/Koch, S. 13 (20); *Weichert*, Bürgerrechte & Polizei/CILIP 56 (1/1997), S. 54 (56); *ders.*, DuD 1995, S. 450 (454) „praktisch jede Person"; *Tolmein*, (http://www.hintergrund.com/mrep-/m039802.htm – Stand: 06.09.1999), S. 1 (3); *Moser* (Liberales Forum), Nationalrat, 104. Sitzung, S. 169 „de facto jeder"; Bundesrat *Harring* (Freiheitliche), Bundesrat, 635. Sitzung vom 15.01.1998, S. 85: „Jeder Österreicher (...) kann Opfer, kann Kontaktperson, kann Zeuge werden. Es wundert mich, daß niemanden von den Regierungsparteien diese Problematik stört und daß niemand von den Regierungsparteien diese Problematik hier anspricht."

517 Vgl. Hompage *LfD-NRW* Rubrik „Warum Europol Sie etwas angeht": „(...) die Gefahr, daß auch Unbescholtene in einer EUROPOL-Datei auftauchen, ist größer als Sie vielleicht vermuten." – (http://lfd.nrw.de/Infostand/A3_5.html – Stand: 19.04.1999), S. 1.

518 *Bull*, in: Bizer/Koch, S. 13 (20); vgl. *Tolmein*, StV 1999, S. 108 (111).

519 *Bull*, a.a.O., S. 13 (20).

520 *Tolmein*, StV 1999, S. 108 (111).

521 *Tolmein*, a.a.O., S. 108 (111).

522 *Tolmein*, a.a.O., S. 108 (111).

(4) Sachlicher Anwendungsbereich

(a) Differenzierung nach Personenkategorien

Differenziert nach Personenkategorien normiert Art. 6 der Durchführungsbestimmung für Analysedatein die in den Arbeitsdateien zu Anlaysezwecken zulässigerweise speicherbaren Daten.

(aa) Verurteilte / potentielle Straftäter; (potentielle) Tatverdächtige

In Bezug auf Personen, die der Begehung oder der Beteiligung an einer Straftat verdächtigt werden oder verurteilt worden sind oder bei denen bestimmte schwerwiegende Tatsachen die Annahme rechtfertigen, dass sie derartige Straftaten begehen werden (Art. 8 Abs. 1 Europol-Konvention), dürfen in den Analysedateien gemäß Art. 6 Abs. 2 der Durchführungsbestimmungen für die Analysedateien neben

- Angaben zur Person,
- körperlichen Merkmalen,
- Beruf und Qualifikation,
- wirtschaflichen und finanziellen Verhältnissen, die auch das Finanzgebaren umfassen (vgl. Art. 6 Abs. 2 lit. e) Nr. 8 Durchführungsbestimmungen für Analysedateien),

beispielsweise auch folgende Kategorien personenbezogener Daten – einschließlich damit in Zusammenhang stehender Verwaltungsdaten – verarbeitet werden (vgl. Art. 6 Abs. 2 lit. a)-l) der Durchführungsbestimmungen für Analysedateien):

- Identifizierungsmittel (vgl. Art. 6 Abs. 2 lit. c) Nr. 1-5), z.B.:
  - Bildmaterial und sonstige Informationen zum äußeren Erscheinungsbild;
  - Informationen für die kriminaltechnische Identifizierung wie Fingerabdrücke, DNS-Untersuchungsergebnisse, Stimmprofil, Blutgruppe, Gebiss etc.;

- Informationen zum Verhalten (vgl. Art. 6 Abs. 2 lit. f) Nr. 1-8), z.B.:
  - Lebensweise (etwa über seine Verhältnisse lebend);
  - Gewohnheiten;
  - Ortswechsel;
  - Regelmäßig aufgesuchte Orte;
  - Gefährlichkeit;
  - Spezifische Gefahren wie Fluchtrisiko, Einsatz von Doppelagenten, Verbindungen zu Mitarbeitern von Strafverfolgungsbehörden;
  - Kriminalitätsbezogene Eigenschaften und Profile (Persönlichkeits-, Charakter-, Bewegungsprofile etc.);
  - Drogenmissbrauch etc;

- Kontakte und Begleitpersonen einschließlich Art und Beschaffenheit der Kontakte oder Verbindungen (vgl. Art. 6 Abs. 2 lit. g));

- Verwendete Kommunikations- und Verkehrsmittel (Telefon, Fax, Internet, Post, etc.) (vgl. Art. 6 Abs. 2 lit. f));

- Informationen über kriminelle Aktivitäten, für die Europol nach Art. 2 Europol-Übereinkommen zuständig ist (vgl. Art. 6 Abs. 2 lit. j) Nr. 1-8), z.B.:
  - Vermutete Beteiligung an kriminellen Aktivitäten;
  - Tatsächliches oder potentielles Instrumentarium zur Vorbereitung und/oder Begehung von Straftaten;
  - bei Ermittlungen zusammengetragenes Material wie Fotos, Videos;

- Angaben aus anderen Datenbanken, in denen Informationen über die betreffende Person gespeichert sind (vgl. Art. 6 Abs. 2 lit. k) Nr. 1-6),
  - Europol;
  - Polizei-/Zollbehörden;
  - Sonstige Strafverfolgungsbehörden;
  - Internationale Organisationen;
  - Öffentliche Stellen;
  - Private Stellen;

- Informationen über juristische Personen, die mit den Angaben zu den wirtschaftlichen und finanziellen Verhältnissen und den Informationen über kriminelle Aktivitäten in Zusammenhang stehen (vgl. Art. 6 Abs. 2 lit. l) Nr. 1-10), z.B.:
  - Kapital;
  - Tätigkeitsbereich;
  - Direktoren;
  - Tochtergesellschaften im In- und Ausland;
  - Verbindungen zu Banken.

(bb) (Potentielle) Opfer

Über Personen, die Opfer einer in den Zuständigkeitsbereich von Europol fallenden Straftat waren oder bei denen bestimmte Tatsachen die Annahme rechtfertigen, dass sie Opfer einer derartigen Straftat werden können (vgl. Art. 6 Abs. 4 Unterabsatz 1 der Durchführungsbestimmungen für die Analysedateien) dürfen in den Arbeitsdateien zu Analysezwecken beispielsweise

- Angaben zur Person,
- Körperliche Merkmale,
- Identifizierungsmittel,
- Gründe der Viktimisierung sowie
- Erlittene Schäden (körperlicher, finanzieller, psychologischer/anderer Art)

gespeichert werden (Art. 6 Abs. 4 Unterabsatz 1 lit. a) – f) der Durchführungsbestimmungen für die Analysedateien).
Darüber hinaus ist Europol berechtigt, über diese Personen sämtliche Daten zu speichern, die gemäß Art. 6 Abs. 2 der Durchführungsbestimmungen über verurteilte

und potentielle Straftäter erhoben werden dürfen, sofern „es Grund zu der Annahme gibt, daß sie für die Analyse der Rolle des Betreffenden als Opfer oder mögliches Opfer notwendig sind" (Art. 6 Abs. 4 Unterabsatz 2 der Durchführungsbestimmungen für die Analysedateien).

Europol ist demnach berechtigt – soweit erforderlich – auch über (potentielle) Opfer die vorstehend unter Punkt (aa) dieser Arbeit beispielhaft aufgelisteten umfassenden – auch höchstpersönlichen – Daten in seinen Analysedateien zu speichern und zu verarbeiten. Nach geltender Rechtslage ist es Europol sogar möglich, über Opfer und potentielle Opfer im Vergleich zu verurteilten/potentiellen Straftätern bzw. (potentiellen) Tatverdächtigen weitergehende personenbezogene Informationen zu speichern und zu verarbeiten.

(cc) (Potentielle) Zeugen

In Bezug auf Personen, die bei Ermittlungen oder bei einer zukünftigen Strafverfolgung als Zeugen[523] in Betracht kommen (vgl. Art. 6 Abs. 5 Unterabsatz 1 der Durchführungsbestimmungen für Analysedateien) werden folgende Daten gespeichert (vgl. Art. 6 Abs. 5 Unterabsatz 1 lit. a) – e) der Durchführungsbestimmungen für Analysedateien):

- „Von den genannten Personen gelieferte straftatbezogene Informationen, einschließlich Informationen über ihre Beziehungen zu anderen in der Arbeitsdatei zu Analysezwecken geführten Personen" (Art. 6 Abs. 5 Unterabsatz 1 lit. a));
- Erfordernis, die Anonymität zu wahren;
- Gewährung von Schutz und schutzgewährende Stelle;
- Neue Identität sowie
- Möglichkeit der Teilnahme an einer Gerichtsverhandlung.

Darüber hinaus dürfen in den Arbeitsdateien zu Analysezwecken – ebenso wie über (potentielle) Opfer (vgl. lit. (bb) der vorstehenden Ausführungen) – auch über (potentielle) Zeugen sämtliche – auch höchstpersönliche – Daten erfasst werden, die zulässigerweise über verurteilte/potentielle Straftäter und (potentielle) Tatverdächtige gespeichert werden dürfen,[524] „sofern es Grund zu der Annahme gibt, daß sie für die Analyse der Rolle der Betreffenden als Zeugen notwendig sind." (Art. 6 Abs. 5 Unterabsatz 2 Durchführungsbestimmungen für Analysedateien).
Insofern kann Europol auch über (potentielle) Zeugen im Vergleich zu verurteilten/ potentiellen Straftätern bzw. (potentiellen) Tatverdächtigen weitergehende personenbezogene Informationen speichern und verarbeiten.

---

[523] Zur Begriffsdefinition vgl. *Petri*, S. 58.
[524] Vgl. insoweit die Auflistung unter lit. (aa) - S. 202 f.

(dd) Informanten / Hinweisgeber

Über Personen, die Informationen über die betreffende Straftat liefern können (vgl. Art. 6 Abs. 6 Unterabsatz 1 der Durchführungsbestimmungen für Analysedateien), dürfen folgende Daten gespeichert werden (vgl. Art. 6 Abs. 6 Unterabsatz 1):

- Daten gemäß Art. 2 lit. a) – c) Nr. 3 der Durchführungsbestimmungen für Analysedateien, d.h.
  - Angaben zur Person (vgl. Art. 2 lit. a) Nr. 1-14);
  - Körperliche Merkmale (vgl. Art. 2 lit. b) Nr. 1-2);
  - Identifizierungsmittel (vgl. Art. 2 lit. c) Nr. 1-3);
- sowie gemäß Art. 6 Abs. 6 Unterabsatz 1 lit. a) – h) der Durchführungsbestimmungen für Analysedateien:
  - Verschlüsselte Angaben zur Person;
  - Art der gelieferten Information;
  - Erfordernis, die Anonymität zu wahren;
  - Gewährung von Schutz und schutzgewährende Stelle;
  - Neue Identität;
  - Möglichkeit der Teilnahme an Gerichtsverhandlung;
  - Negative Erfahrungen;
  - Entlohnung (finanziell/Vergünstigungen).

Darüber hinaus dürfen über Informanten bzw. Hinweisgeber – ebenso wie über (potentielle) Opfer und (potentielle) Zeugen (vgl. lit. (bb) und (cc) der vorstehenden Ausführungen) – ebenfalls sämtliche – auch höchstpersönliche – Daten erfasst werden, die zulässigerweise über verurteilte/potentielle Straftäter und (potentielle) Tatverdächtige gespeichert werden dürfen,[525] „sofern Grund zu der Annahme besteht, daß sie für die Analyse der Rolle der Betreffenden als Informanten notwendig sind." (Art. 6 Abs. 6 Unterabsatz 2 der Durchführungsbestimmungen für Analysedateien). Insofern ist es Europol nach geltendem Recht ebenfalls möglich, über Informanten im Vergleich zu verurteilten/ potentiellen Straftätern bzw. (potentiellen) Tatverdächtigen weitergehende personenbezogene Informationen zu Analysezwecken zu speichern und zu verarbeiten.

(ee) Kontakt- und Begleitpersonen

Über Kontakt- und Begleitpersonen, d.h. über Personen, die keine (potentiellen) Oper, (potentiellen) Zeugen oder Informanten sind[526] und die „nicht nur zufällig"[527] mit verurteilten oder potentiellen Straftätern oder (potentiellen) Tatverdächtigen „in Kontakt stehen und bei denen ausreichende Gründe für die Annahme bestehen, daß über sie"[528] hinsichtlich dieser Personen „Informationen beschafft werden können, die

---

525 Vgl. a.a.O.
526 Vgl. Art. 6 Abs. 3 Unterabsatz 1 der Durchführungsbestimmungen für Analysedateien.
527 Art. 6 Abs. 3 Unterabsatz 1 der Durchführungsbestimmungen für Analysedateien.
528 Art. 6 Abs. 3 Unterabsatz 1 der Durchführungsbestimmungen für Analysedateien.

für die Anayse relevant sind",[529] dürfen – ebenso wie über (potentielle) Opfer, Zeugen und Hinweisgeber[530] – alle Daten gespeichert und verarbeitet werden, die auch über verurteilte/potentielle Straftäter und (potentielle) Tatverdächtige erfasst werden dürfen,[531] „sofern Grund zu der Annahme besteht, daß sie für die Analyse der Rolle der Betreffenden als Kontakt- oder Begleitperson erforderlich sind." (Art. 6 Abs. 3 Unterabsatz 2 der Durchführungsbetimmungen für Analysedateien).

Dieser Personenkreis der Kontakt- und Begleitpersonen ist „so vage umschrieben",[532] dass jeder Betroffene, der aus Sicht der Polizei im Umfeld eines Verdächtigen auftaucht, europaweit gespeichert werden kann.[533]

Als tatbestandliche Eingriffsschwelle normiert Art. 6 Abs. 3 Unterabsatz 1 der Durchführungsbestimmung für Analysedateien lediglich das Vorliegen ausreichender Gründe. Im Falle der relativ umfassenden Datenverarbeitungsbefugnis im Sinne des Art. 6 Abs. 3 Unterabsatz 2 der Durchführungsbestimmungen für Analysedateien existiert lediglich auf der Rechtsfolgenseite eine Beschränkung der Datenverarbeitungsbefugnis durch das Kriterium der Erforderlichkeit.
Angesichts der daraus resultierenden zumindest unklaren Abgrenzung des betroffenen Personenkreises und der insoweit geäußerten datenschutzrechtlichen Kritik[534] stellt sich im Hinblick auf die Befugnis Europols zur Verarbeitung personenbezogener Daten von Kontakt- und Begleitpersonen in besonderem Maße die Frage, ob die im Analysesystem praktizierte Datenverarbeitung mit deutschem Verfassungsrecht vereinbar ist. Dieser Frage soll im Rahmen dieser Arbeit gesondert nachgegangen werden.

(ff) Kontakt- und Begleitpersonen von Kontakt- und Begleitpersonen

Daten über Kontakt- und Begleitpersonen von Kontakt- und Begleitpersonen dürfen ebenfalls gespeichert werden, sofern diese Daten die Art und Beschaffenheit der Kontakte oder Verbindungen zu verurteilten/potentiellen Straftätern oder (potentiellen) Tatverdächtigen betreffen (vgl. Art. 6 Abs. 3 Unterabsatz 3 der Durchführungsbestimmungen für Analysedateien).

(gg) Zwischenergebnis / Bewertung

Die Feststellung von *Petri*, die Zugehörigkeit zu einer bestimmten Personenkategorie habe maßgeblichen Einfluss auf den zulässigen Umfang der zu erhebenden Daten, ist insofern zu relativieren, als Europol, sofern erforderlich, über die jeweiligen personengruppenspezifischen Daten hinaus auch über (potentielle) Zeugen und Opfer, Kontakt- und Begleitpersonen sowie Hinweisgeber in relativ umfassender Weise – auch höchst-

---

529 Art. 6 Abs. 3 Unterabsatz 1 der Durchführungsbestimmungen für Analysedateien.
530 Vgl. lit. (bb), (cc), (dd) der vorstehenden Ausführungen.
531 Vgl. lit. (aa) der vorstehenden Ausführungen.
532 *LfD-Schleswig-Holstein*, 17. Tätigkeitsbericht 1995, Punkt 4.1.2.2, http://www.rewi.hu-berlin.de/-Datenschutz/DSB/SH/material/tb/tb17/kap4_1.htm- Stand: 09.07.2001).
533 *LfD-Schleswig-Holstein*, a.a.O., Punkt 4.1.2.2.
534 Vgl. *LfD-Schleswig-Holstein*, a.a.O., Punkt 4.1.2.2.

persönliche – Daten verarbeiten darf, die vorrangig nur über verurteilte/potentielle Straftäter und (potentielle) Tatverdächtige verarbeitet werden dürfen.
Da letztlich jeder aufgrund der Zuordnung zu einer der vorstehend genannten Personengruppen von der Datenverarbeitung im Europol-Analysesystem betroffen sein bzw. werden kann, könnte Europol folglich über jeden derart umfassende (höchstpersönliche) personenbezogene Daten, beispielsweise Identifizierungsmittel (Fingerabdruck, Stimmprofil, DNS-Untersuchungsergebnisse etc.), Daten zum Verhalten, über die wirtschaftlichen und finanziellen Verhältnisse sowie über Kontakte und Begleitpersonen, einschließlich Art und Beschaffenheit der Kontakte und Verbindungen, speichern und verarbeiten. Diese tatbestandlich umfassende Speicherungsbefugnis wird lediglich auf der Rechtsfolgenseite durch das Kriterium der Erforderlichkeit eingeschränkt. In zutreffender Weise kritisiert *Petri* diese Beschränkung als „einen nur unzureichenden Schutz für die Betroffenen“,[535] da das Kriterum der Erforderlichkeit nur dann eine beachtliche Eingriffsschwelle darstellen könne, wenn auf der „Tatbestandsseite entsprechend bestimmte Voraussetzungen“[536] verlangt werden würden.
Dementsprechend stellt sich die Frage, ob Europol eine nach deutschem Recht verfassungswidrige Speicherungsbefugnis zuerkannt worden ist. Diese Frage soll – im Zusammenhang mit anderen verfassungsrechtlichen Fragen – im Rahmen dieser Arbeit gesondert untersucht werden.

(hh) Molekulargenetische Informationen / DNS-Untersuchungsergebnisse

Über potentiell jeden kann Europol im Analysesystem DNS-Untersuchungsergebnisse, d.h. molekulargenetische personenbezogene Informationen verarbeiten – „soweit für die Identitätsfeststellung erforderlich und ohne Angaben zur Charakterisierung der Persönlichkeit“ (Art. 6 Abs. 2 lit. c) Nr. 5 der Durchführungsbestimmungen für Analysedateien). Die nationalen Stellen der Mitgliedstaaten sind auch zur Übermittlung dieser Informationen an Europol verpflichtet.

((1)) Sachlicher Anwendungsbereich

Genetische Untersuchungen beim Menschen „eröffnen den Zugang zu höchstpersönlichen und hochsensiblen Informationen in einem Maße, das die Intensität bisheriger personenbezogener Informationen ganz erheblich übersteigt. Durch den genetischen Einblick in den Kernbereich der Privatsphäre, etwa in Gesundheitsdisposition, Anlagen der Persönlichkeitsstruktur oder den voraussichtlichen Lebenslauf, entsteht eine ganz neue Qualität des Wissens und des Offenlegens von persönlichsten Daten.“[537]
In Anbetracht dessen stellt sich die Frage, ob die DNS-Untersuchungsergebnisse, die von Europol nach geltendem Recht zur Identitätsfestellung im Analysesystem verar-

535 *Petri*, S. 58.
536 *Petri*, S. 58.
537 Entschließung Nr. 25, Konferenz der Datenschutzbeauftragten des Bundes und der Länder vom 14./15. März 2000, abgedruckt im 21. Tätigkeitsbericht 1999 des LfD-NRW Punkt 4.2.4., (http://www.lfd.nrw.de/pressestelle/presse_7_117_1.html – Stand: 15.09. 2001).

beitet werden dürfen, über die Identifizierung hinausgehende Rückschlüsse auf die Persönlichkeitsstruktur eines Betroffenen zulassen und damit – in strafbarer Weise – für die Erstellung eines Charakter- oder Persönlichkeitsprofils verwendet werden könnten.

Eine molekulargenetische Identitätsfeststellung erfolgt durch die Feststellung des für jede Person spezifischen DNA-Identifizierungsmusters (vgl. § 81 g Abs. 1 StPO). Das DNA-Identifizierungsmuster kann aus jeder Körperzelle einer Person ermittelt werden und ist für jeden Menschen so individualcharakteristisch wie sein Fingerabdruck. Infolgedessen wird das DNA-Identifizierungsmuster auch als „genetischer Fingerabdruck“[538] bezeichnet.
In der Bundesrepublik Deutschland hat das Bundesverfassungsgericht die durch das DNA-Identitätsfestellungsgesetz vom 7. September 1998[539] in § 81 g StPO normierte DNA-Identitätsfeststellung als verfassungsgemäß bewertet, da sich die Eingriffsermächtigung ausschließlich auf die Feststellung des DNA-Identifizierungsmusters und damit nur auf den nicht-codierten,[540] zu etwa 30 Prozent aus Wiederholungseinheiten bestehenden Anteil der DNA beziehe, der keine Rückschlüsse auf das Persönlichkeitsprofil des Betroffenen (persönlichkeitsrelevante Merkmale, Charaktereigenschaften oder Krankheiten) ermögliche.[541]
Die DNA besteht zu einem überwiegenden Teil (ca. 90 Prozent[542]) aus Abschnitten (Verkettungen jeweils vier verschiedener Aminobasen), die aus heutiger Sicht als „nicht-codierend“,[543] also ohne spezifische Erbinformationen angesehen werden.[544] Die Informationen dieser nicht-codierten Abschnitte liegen damit – nach bisherigem Forschungsstand – gleichsam im Dunkeln und sind im Rahmen einer DNA-Analyse (noch) nicht entschlüsselbar.[545] Anhand der nicht-codierten Abschnitte ist es möglich, eine DNA-Identitätsanalyse durchzuführen, da sich in diesen Abschnitten zwischen den Genen bestimmte Kombinationen der Aminobasen in charakteristischer Weise, je nach Individuum unterschiedlich, wiederholen.[546]

---

538 *Nogala*, Bürgerrechte & Polizei/CILIP 61 (1998),(http://www.cilip.de/ausgabe/61/DNA.htm – Stand: 25.11.2001), S. 1 (1).

539 BGBl. I, 1998, S. 2646, geändert durch Gesetz vom 02.06.1999 (BGBl. I, 1999, S. 1242).

540 Vgl. auch Bäumler, in: *Lisken/Denninger*, Kap. J, Rdn. 473.

541 Vgl. BVerfG EuGRZ 2001, S. 70 (73); a.a.O., S. 74: Insoweit gilt es auch zu berücksichtigen, dass § 81 g Abs. 2 StPO nicht nur eine „strenge Zweckbindung“ (a.a.O, S. 74), sondern auch das Gebot der Vernichtung des gesamten entnommenen Zellmaterials normiert. „Dadurch wird ein Mißbrauch, insbesondere durch Untersuchungen im codierenden Bereich der DNA, verhindert.“ (a.a.O., S. 74). Zudem trägt der mit einer DNA-Identitätsfeststellung verbundene Eingriff in das Recht auf informationelle Selbstbestimmung dem Schrankenvorbehalt dieses Grundrechts ausreichend Rechnung und genügt zudem den rechtsstaatlichen Erfordernissen der Normenklarheit und Justitiabilität – a.a.O. S. 73.

542 Vgl. Bäumler, in: *Lisken/Denninger*, Kap. J, Rdn. 473.

543 *Nogala*, Bürgerrechte & Polizei/CILIP 61 (1998), (http://www.cilip.de/ausgabe/61/DNA.htm – Stand: 25.11.2000), S. 1 (1).

544 *Nogala*, a.a.O., S. 1 (1).

545 Vgl. *Ahlf*, BKAG, § 8 Rdn. 15: „Sog. „Überschußinformationen“ können demnach bei der gegenwärtigen DNA-Analyse-Datei des BKA in keiner Weise erschlossen werden.“

546 *Nogala*, Bürgerrechte & Polizei/CILIP 61 (1998), (http://www.cilip.de/ausgabe/61/DNA.htm – Stand: 25.11.2001), S. 1 (1).

Infolgedessen ermöglichen die automatisiert gespeicherten Informationen aus DNA-Merkmalen, die zum Zwecke der Identitätsfeststellung erstellt worden sind, derzeit zwar noch keine über die Identifizierung hinausgehenden Aussagen zur jeweiligen Person oder zu deren Erbgut; in Einzelfällen können die analysierten, nicht-codierenden, persönlichkeitsneutralen DNA-Merkmale jedoch mit codierenden Merkmalen korrespondieren.[547] In Anbetracht der weltweiten, intensiven Forschung im Bereich der Genom-Analyse ist es nicht ausgeschlossen, dass künftig auch auf der Basis der Untersuchung von bisher als nicht-codierend angesehenen Merkmalen konkrete Aussagen mit inhaltlichem Informationswert über genetische Dispositionen der betroffenen Personen getroffen werden können.[548] Dieses Risiko ist deshalb nicht zu vernachlässigen, weil gegenwärtig weltweit mit erheblichem Aufwand die Entschlüsselung des gesamten menschlichen Genoms vorangetrieben wird.[549]
Diesbezüglich haben die Datenschutzbeauftragten des Bundes und der Länder auf ihrer Konferenz vom 14./15. März 2000 festgestellt: „Demnächst werden nicht nur – wie bisher – Gensequenzen aufgedeckt und verglichen, sondern auch die mit dem Genom verbundenen Wirkungszusammenhänge für die menschliche Gesundheit und für die Persönlichkeitsstruktur entschlüsselt werden können."[550]
Im Falle einer derartigen Analysemöglichkeit könnten aus den nicht codierten DNA-Abschnitten, die bisher zum Zwecke der Identitätsfeststellung verwendet werden, weitergehende, die Persönlichkeitsstruktur der Person betreffende Erkenntnisse gewonnen werden.[551]

---

547 *LfD-Berlin*, (http://www.datenschutz-berlin.de/jahresbe/98/teil4-3.htm#d43 – Stand: 15.11.2001); vgl. Bäumler, in *Lisken/Denninger*, Kap. J, Rdn. 476: „Gleichwohl – unbeabsichtigt – anfallende Informationen aus dem codierenden Bereich, (...)."

548 *LfD-Berlin*, a.a.O.; *Nogala*, Bürgerrechte & Polizei/CILIP 61 (1998), (http://www.cilip.de/-ausgabe/61/DNA.htm – Stand: 25.11.2001), S. 1 (10 f). „Die Gefahr, daß eines nicht allzu fernen Tages die DNA-Analyse nicht mehr allein zur Identitätsfeststellung, sondern darüber hinaus zur Entschlüsselung aller möglichen Erbveranlagungen und Dispositionen von Personen dienen könnte (...), ist angesichts des bio- und gentechnischen Fortschritts nicht völlig von der Hand zu weisen."

549 *LfD-Berlin*, a.a.O.

550 Entschließung Nr. 25, Konferenz der Datenschutzbeauftragten des Bundes und der Länder vom 14./15. März 2000, abgedruckt im 21. Tätigkeitsbericht 1999 des LfD-NRW Punkt 4.2.4., (http://www.lfd.nrw.de/pressestelle/presse_7_117_1.html – Stand: 15.09. 2001).

551 Vgl. Pressemitteilung des *LfD-Berlin* vom 27. Juni 2000 zur „Entschlüsselung des menschlichen Erbgutes: Chancen, aber auch erhebliche Risiken", (http://www.datenschutz-berlin.de/aktuelle/-presse00/presse06.htm – Stand: 15.11.2001): „Die euphorischen Meldungen über die Entschlüsselung des menschlichen Genoms dürfen nicht den Blick davor verschließen, dass damit auch erhebliche Risiken für das Persönlichkeitsrecht der Menschen verbunden sind. Zwar liegt derzeit nur eine grobe Karte des menschlichen Genoms vor, aber ein wesentlicher Schritt zur Entschlüsselung der menschlichen Erbinformationen ist getan. (...) dass dies nicht nur Bedeutung für Medizin, Heilung und Prävention von Krankheiten haben wird, sondern auch erhebliche Fragen für das Persönlichkeitsrecht und die Menschenwürde aufwerfen wird. (...) „Wer diese Informationen besitzt, kann Menschen manipulieren, kontrollieren, ausgrenzen. Die Erlangung dieser Informationen und der Umgang mit ihnen wird auf das tägliche Arbeits- und Alltagsleben erhebliche Auswirkungen haben."

Fazit:
Aufgrund der Europol nach Art. 6 Abs. 2 lit. c) Nr. 5 der Durchführungsbestimmungen für Analysedateien gewährten Befugnis zur Verarbeitung von DNS-Untersuchungsergebnissen in den Arbeitsdateien zu Analysezwecken ist zumindest nicht auszuschließen, dass Europol in absehbarer Zukunft aus den nicht codierten DNA-Abschnitten, die bisher zum Zwecke der Identitätsfeststellung verwendet werden, weitergehende, die Persönlichkeitsstruktur einer Person betreffende Erkenntnisse gewinnen kann. Demnach wäre Europol in der Lage, aus diesen DNA-Informationen umfassende Charakter- und Persönlichkeitsprofile der Betroffenen – d.h. letztlich von potentiell jedem – zu erstellen. Nach den geltenden Regelungen der Durchführungsbestimmungen für die Analysedateien wäre diese Datenverarbeitung (noch) unzulässig und damit strafbar.[552]

---

[552] Im Falle einer derartigen Analysetätigkeit stände Europol ein vergleichsweise großer Datenbestand an molekulargenetischen personenbezogenen Informationen zur Verfügung. Denn die DNA-Analyse ist zur Standardmethode geworden (vgl. Entschließung der 53. Konferenz der Datenschutzbeauftragten des Bundes und der Länder vom 17./18. April 1997 zu: Genetische Informationen in Datenbanken der Polizei für erkennungsdienstliche Zwecke – BT-Drs. 14/850 (Anlage 8), S. 225), um die Herkunft von Spurenmaterial von bestimmten bekannten Personen (Verdächtigen, Opfern, unbeteiligten Dritten) oder die Identität mit anderem Spurenmaterial unbekannter Personen feststellen zu können (vgl. Entschließung der 53. Konferenz der Datenschutzbeauftragten des Bundes und der Länder vom 17./18. April 1997 – BT-Drs. 14/850 (Anlage 8), S. 225). Zudem verfügen bereits viele (Mitglied-)Staaten über zentrale, teilweise sehr umfangreiche Gen-Datenbanken, z.B. Deutschland (vom BKA geführte bundesweite Gen-Datei – vgl. § 3 S. 1 DNA-IdentitätsfeststgellungsG i.V.m. § 8 Abs. 6 BKAG), Großbritannien (von der britischen Betreibergesellschaft „British Forensic Science Service" geführte „National DNA Database"), USA („FBI Laboratory's Combined DNA Index System (CODIS)"). Die britische „National DNA Database" umfasst ca. 5 Millionen DNA-Proben. Im Gegensatz zur Bundesrepublik Deutschland (vgl. § 81 g Abs. 1 StPO „Straftat von erheblicher Bedeutung") können in Großbritannien unabhängig von Typus und Schwere der Straftat DNA-Proben entnommen werden – vgl. Kurzbericht Studie zum strafprozessualen Beweis und wissenschaftlichen Fortschritt in Deutschland, Frankreich, Großbritannien und Niederlande (Grotius), (http://www.enm.-justice.fr/centre_de_re...s/seminaires_euro/grotius/allemand.htm – Stand 25.11.2000). Demgegenüber ist in den Niederlanden die zwangsweise Blutentnahme für eine DNA-Untersuchung „nur zulässig, wenn wegen eines Verbrechens mit einer Strafdrohung von mindestens acht Jahren Gefängnis gegen den Beschuldigten ermittelt wird." (*Eser*, ZStW 108 (1996), S. 86 (103)). In Irland setzt die Entnahme von Zellmaterial zur DNA-Analyse sogar stets die Einwilligung des Betroffenen voraus (*Eser*, ZStW 108 (1996), S. 86 (103)).
Der Präsident der Police Superintendent's Association, Peter Gammon, hat laut BBC News vom 5. Mai 1998 gefordert, eine Gendatei der gesamten britischen Bevölkerung anzulegen – vgl. *Rötzer* (http://www.heise.de/tp/deutsch/inhalt/glosse/2342/1.htm – Stand: 25.11. 2001). In Island ist die gesamte Bevölkerung bereits genetisch erfasst worden – wenn auch aus wissenschaftlich-kommerziellen Gründen – vgl. *Schulzik-Haddouti* (http://www.heise.de/tp/deutsch/inhalt/te/8237/1.html – Stand: 25.11.2001), S. 5. Zu neueren technischen Entwicklungen der DNA-Analyse (z.B. „DNA-Chip" zur minutenschnellen Untersuchung von DNA-Proben am Tatort; Erstellung eines Phantombildes auf der Grundlage von DNA-Spurenmaterial etc.) und den Gefahren, z.B. für unschuldige Personen, die sich (zuvor) an einem Tatort aufgehalten haben) – *Schulzik-Haddouti* (http://www.heise.de/tp/deutsch/inhalt/te/8237/1.html – Stand: 25.11.2001).

((2)) Risiko- / Missbrauchspotential

Die DNA-Analyse hat keinen hundertprozentigen Beweiswert.[553] Sie hat jedoch die Bedeutung des Sachbeweises, insbesondere in Kombination mit anderen Indizien, „beträchtlich gesteigert."[554]

Das im Bereich der DNA-Analyse in tatsächlicher Hinsicht bestehende Risiko- bzw. Missbrauchspotential verdeutlichen beispielsweise die Feststellungen der Datenschutzbeauftragten der Länder Bayern und Baden-Württemberg in den für das Jahr 2000 erstellten Tätigkeitsberichten.[555]
So hat beispielsweise der Beauftragte für den Datenschutz des Landes Bayern der bayerischen Polizei die regelmäßige Begehung von Gesetzesverstößen bei der Durchführung von DNA-Analysen vorgeworfen, da die Polizei menschliche Körperzellen ohne gesetzlich vorgeschriebenen Gerichtsbeschluss auf das genetische Erbgut hin untersucht habe.[556]
Der Beauftragte für den Datenschutz des Landes Baden-Württemberg dokumentiert in seinem Tätigkeitsbericht, dass 2800 Männer, die im Herbst 1999 zur Aufklärung von drei Mordfällen Speichelproben zur DNA-Analyse abgegeben hatten, von der Polizeidirektion Offenburg über Bedeutung und Reichweite der Untersuchung und die Verwendung der molekulargenetischen Daten nicht nur unvollständig und unrichtig, sondern „teilweise sogar irreführend"[557] aufgeklärt wurden. „Den 2800 Männern waren beim Unterschreiben der Einverständniserklärung die für ihre Entscheidung für eine Teilnahme an den DNA-Tests maßgeblichen Umstände nicht bekannt."[558] Zudem wurde die ihnen im Rahmen der Aufklärung „gegebene Zusicherung, die Speichelproben würden anonym an die Untersuchungsstellen weitergegeben und unverzüglich nach Feststellung des DNA-Identifizierungsmusters vernichtet, in der Praxis dann doch nicht eingehalten".[559] Auf Vorhalt mussten Staatsanwaltschaft und Polizeidirektion Offenburg „einräumen, daß sie die Speichelproben keineswegs, wie versprochen, nach Feststellung des DNA-Identifizierungsmusters vernichtet hatten, sondern weiterhin aufbewahrten."[560]
Die Frage, ob ein Betroffener in eine auf § 81 g Abs. 1 StPO gestützte DNA-Analyse rechtlich wirksam einwilligen kann, mit der Folge, dass in diesen Fällen eine richterliche Anordnung entbehrlich ist, ist umstritten, wird jedoch von der überwiegenden Auffassung bejaht.[561] Eine Einwilligung des Betroffenen ist aber nur dann rechts-

---

553 Bäumler, in: *Lisken/Denninger*, Kap. J, Rdn. 472.
554 Bäumler, a.a.O., Rdn. 472.
555 Vgl. insoweit auch: *LfD-BaWü*, 22. Tätigkeitsbericht 2001, Punkt 4.1.1: „Straftat von erheblicher Bedeutung und Negativprognose nicht belegt."
556 Meldung der Nachrichtenagentur associated press (ap) vom 14. Dezember 2000, Quelle: Berliner Zeitung vom 15. Dezember 2000, S. 6.
557 *LfD-BaWü*, 21. Tätigkeitsbericht für das Jahr 2000, S. 56.
558 *LfD-BaWü*, a.a.O., S. 57.
559 *LfD-BaWü*, a.a.O., S. 57.
560 *LfD-BaWü*, a.a.O., S. 58.
561 Vgl. *Fluck*, NJW 2001, 2292 (2294) m.w.N.

wirksam, sofern weder unmittelbarer, noch mittelbarer Druck[562] auf den Betroffenen ausgeübt, dieser in umfassender Weise über den Grund der Maßnahme, die Folgen, die Speicherung seiner Daten in der Gen-Datei des Bundeskriminalamtes sowie darüber belehrt wird, dass er zu keiner aktiven Mitwirkung verpflichtet und berechtigt ist, die Einwilligung zu verweigern.[563]
„Praktiker beklagen" – so *Wollweber* – „schon jetzt erhebliche Unzulänglichkeiten"[564] in Bezug auf die für die Wirksamkeit der Einwilligung erforderliche umfassende Rechtsbelehrung.[565]

(b) Sensible personenbezogene Daten

Über alle im Analysesystem zulässigerweise erfassbaren Personen darf Europol für Analysezwecke auch Daten im Sinne des Art. 6 S. 1 des Übereinkommens des Europarats vom 28. Januar 1981 zum Schutz des Menschen bei der automatisierten Verarbeitung personenbezogener Daten,[566] d.h. besonders schutzbedürftige, „höchstsensible Daten"[567] über

- rassische Herkunft,
- politische oder religiöse Anschauungen bzw. Anschauungen, die andere Überzeugungen erkennen lassen,
- Gesundheit und
- Sexualleben

erheben, speichern und verarbeiten, sofern diese Daten für die Zwecke der betreffenden Analysedatei unbedingt notwendig sind und andere in derselben Datei enthaltene personenbezogene Daten ergänzen (vgl. Art. 10 Abs. 1 Unterabsatz 2 Europol-Übereinkommen). Da potentiell jeder von der Datenverarbeitung im Europol-Analysesystem betroffen sein kann, könnten letztlich über jeden derart sensible Daten im Analysesystem verarbeitet werden.
Hervorzuheben ist, dass auch die Befugnis zur Verarbeitung dieser höchstsensiblen Daten lediglich auf der Rechtsfolgenseite durch das Kriterium der „unbedingten Notwendigkeit" begrenzt wird. Mangels einer entsprechenden tatbestandsmäßigen Einschränkung resultiert auch aus dieser Datenverarbeitungsbefugnis Europols ein nur unzureichender Schutz der Betroffenen, obgleich insbesondere die Verarbeitung

---

562 Kritisch im Hinblick auf das Erfordernis „echter Freiwilligkeit" (*Bäumler*, in: *Lisken/Denninger*, Kap. J, Rdn. 478) bei sogenannten „Massentests" – *Bäumler*, in: *Lisken/Denninger*, Kap. J, Rdn. 478: „Wer bei solchen Massentests nicht mitmacht, macht sich verdächtig und sieht sich unter Umständen weiteren unangenehmen Nachforschungen ausgesetzt. Damit besteht die Gefahr, dass die grundgesetzliche Unschuldsvermutung allmählich ausgehöhlt wird und beliebig Betroffenen die Last des Beweises der Unschuld aufgebürdet wird."

563 Vgl. *Fluck*, NJW 2001, 2292 (2294) m.w.N.

564 *Wollweber*, NJW 2001, S. 2304 (2304) m.w.N.

565 *Wollweber*, a.a.O., S. 2304 (2304) m.w.N.

566 BGBl. II, 1985, S. 542.

567 *Sturm*, Kriminalistik 1997, S. 99 (103); vgl. Stellungnahme des Bundesrates zum Europol-Übereinkommen, BT-Drs. 13/7391, S. 57; Gegenäußerung der Bundesregierung zu dieser Stellungnahme, BT-Drs. 13/7391, S. 59.

höchstsensibler persönlicher Daten weitreichende Rechtsfolgen für die Betroffenen haben kann.
Die Verarbeitung derart sensibler Daten kann – so *Sule* – erfahrungsgemäß als Anknüpfungspunkt für Diskriminierungen dienen.[568] Zudem ermöglicht die Verarbeitung dieser Daten die Erstellung umfassender Persönlichkeitsbilder der Betroffenen[569] und ist deshalb aus datenschutzrechtlichen Gründen – so der Beauftragte für den Datenschutz des Landes Bayern – „entschieden abzulehnen."[570]
Im Hinblick auf diese Datenverarbeitungsbefugnis Europols haben *Hilf* und *Pache* gefordert, die Immunität der Europol-Bediensteten zu überdenken.[571]

Im Gegensatz zum Europol-Analysesystem dürfen in das Schengener Informationssystem (SIS) gemäß Art. 94 Abs. 3 S. 2 SDÜ höchstpersönliche Daten im Sinne des Art. 6 S. 1 des Übereinkommens des Europarats vom 28. Januar 1981[572] nicht aufgenommen werden. In einer Entschließung zur Achtung der Menschenrechte vom 14. März 1996 hat das Europäische Parlament (EP) gefordert, „alle Informationen persönlichen Charakters, wie Angaben zur Religionszugehörigkeit, zu philosophischen oder religiösen Überzeugungen, Rasse, Gesundheit und sexuelle Gewohnheiten, von der Erfassung in Datenbanken von Europol auszuschließen."[573] Die Datenschutzbeauftragten des Bundes und der Länder haben diese Forderung auf ihrer Konferenz am 17./18. April 1997 „hinsichtlich nicht Verdächtiger und hinsichtlich nicht kriminalitätsbezogener Daten"[574] unterstützt.

(c) Schlussfolgerung / Bewertung

Nicht nur hinsichtlich des gespeicherten Personenkreises, sondern auch bezüglich Art und Umfang der gespeicherten Daten gehen die Arbeitsdateien zu Analysezwecken weit über den Rahmen des Informationssystems hinaus.[575] Im Gegensatz zum Informationssystem dürfen im Analysesystem in umfassendster Weise auch höchstpersönliche sensible Daten Unschuldiger, d.h. Nicht-Beschuldigter und nicht-verdächtiger Personen, verarbeitet werden – soweit dies erforderlich ist. Mit dem Kriterium der Erforderlichkeit ist lediglich eine rechtsfolgenbezogene und in ihrer Abgrenzung unklare Beschränkung dieser weitreichenden Datenverarbeitungsbefugnis normiert worden. Insoweit ist dem staatlichen Strafverfolgungsinteresse Vorrang vor den Persönlichkeitsrechten der Betroffenen gewährt worden. Zum Zwecke einer möglichst

---

568 *Sule*, S. 50.
569 Vgl. *LfD-Bayern*, 17. Tätigkeitsbericht, Punkt 5.16, (http://www.datenschutz-bayern.de/tbs/-tb17/k5.htm – Stand: 09.07.2001).
570 *LfD-Bayern*, a.a.O., Punkt 5.16.
571 Vgl. *Hilf/Pache*, NJW 1998, S. 705 (707).
572 ABl. EG C 96 vom 01.04.1996, S. 288 (290).
573 Vgl. insoweit auch *Bull*, DRiZ 1998, S. 32 (33), wonach derartige Daten „nicht in polizeiliche Dateien hineingehören."; a.A. *Petri*, S. 57, Fn. 146, der die Forderung des EP als zu weitgehend bewertet.
574 Anlage 10 der Entschließungen, wiedergegeben (http://www.tec.informatik.uni-rostock.de/RA/-LfD-MV/taetberi/3_7ents.htm – Stand: 10.07.2001), S. 10; *LfD-Bayern*, 18. Tätigkeitsbericht, Punkt 5.9.2. – (http://www-datenschutz.bayern.de/tbs/tb18/k5-9-2.htm – Stand: 09.07. 2001).
575 *Busch*, Bürgerrechte & Polizei/CILIP 53 (1/1996), S. 21 (28); vgl. *Bull*, DRiZ 1998, S. 32 (33).

weitgehenden Einschränkung der Datenverarbeitungsbefugnis Europols hatte der Deutsche Bundesrat[576] eine sorgfältige Abwägung dieser kollidierenden Interessen gefordert. Nach Auffassung des ehemaligen Justizministers des Landes Hessen, *von Plottnitz*, dokumentiert die inhaltliche Ausgestaltung der Durchführungsbestimmungen für die Analysedateien, dass diese Abwägung „offenbar nicht" erfolgt ist.[577]
Die Arbeitsdateien zu Analysezwecken sind „eine der wichtigsten Errungenschaften von Europol".[578] Im Gegensatz zum Schengener Informationssystem (SIS), das ausschließlich als Fahndungssystem konzipiert worden ist und beispielsweise Ausschreibungen zur Festnahme, Aufenthaltsfeststellung und Einreiseverweigerung enthält,[579] d.h. Informationen erfasst, die in der Regel das Resultat von polizeilichen Ermittlungen oder von Verwaltungsverfahren sind und als sogenannte „harte"[580] Daten bezeichnet werden, hat Europol im Rahmen der Analysetätigkeit Zugang zu weitergehenden Informationsbeständen, die polizeiliche Recherchen zulassen und auch Daten ohne unmittelbaren Bezug zu einer Straftat, d.h. sogenannte „weiche"[581] Informationen bzw. „Verdachtsdaten",[582] umfassen.[583] Hierbei handelte es sich teilweise um „hochsensible",[584] „noch nicht ausermittelte Informationen,"[585] d.h. um „unge-

---

576 Vgl. *Körper*, BT-Plenarprotokoll 13/172, S. 15480, der in der ersten Beratung des Europol-Gesetzes diese Forderung des Bundesrates ausdrücklich unterstützt hat: Ich „unterstütze ausdrücklich die Forderung des Bundesrates, bei den Durchführungsbestimmungen für die Analysedateien zu Analysezwecken den Umfang der Datenverarbeitung unter sorgfältiger Abwägung zwischen den Belangen des Datenschutzes und dem berechtigten Interesse der Öffentlichkeit am Schutz vor Verbrechen möglichst einzuschränken."

577 *v. Plottnitz*, BR-Protokoll, 718. Sitzung vom 07.11.1997, S. 508.

578 Aufzeichnung des Vorsitzes für den AStV/Rat vom 13.09.2001 – Rats-Dok. 11840/01 (Europol 76).

579 Das SIS enthält ausschließlich „Datenkategorien" (*Geiger*, Art. 30 EUV, Rdn. 7), die für die in den Artikeln 95-100 des Übereinkommens zur Durchführung des Übereinkommens von Schengen vom 14. Juni 1985 zwischen den Regierungen der Staaten der Benelux-Wirtschaftsunion, der Bundesrepublik Deutschland und der Französischen Republik betreffend den schrittweisen Abbau der Kontrollen an den gemeinsamen Grenzen einschließlich der Erklärungen zum Recht der Nacheile vom 19. Juni 1990 (SDÜ), (BGBl. II, 1993, S. 1013 ff) normierten Ausschreibungszwecke erforderlich sind.

580 Vgl. *Busch*, S. 331; *Wachholz*, DNP 1995, S. 513 (515); *Leuthardt*, S. 59 „gesicherte Daten im Zusammenhang mit einem Delikt"; Innenpolitik, Nr. VI/1997, S. 11; 15. Tätigkeitsbericht des *BfD*, BT-Drs. 13/1150, S. 134; *Werner*, CR 1997, S. 34 (37) „justizförmig überprüfte Daten".

581 *Storbeck*, Kriminalistik, 1994, S. 201 (202); *Wachholz*, DNP 1995, S. 513 (515); *Leuthardt*, S. 59 „ungesicherte Vorratsdaten ohne direkten Zusammenhang mit einem Delikt"; *Werner*, CR 1997, S. 34 (37) aus „polizeilichen Bewertungen" bestehende Daten; 15. Tätigkeitsbericht des BfD, BT-Drs. 13/1150, S. 134; *Sule*, S. 40: „Diese Informationen stehen i.d.R. nur mittelbar im Zusammenhang mit gesuchten Straftätern und Verdächtigen."

582 *Leuthardt*, S. 20.

583 Vgl. *Busch*, Bürgerrechte & Polizei/CILIP, 57 (2/1997), S. 58 (61). *Busch*, S. 349: „Bei Intelligence-Dateien – wie PIOS und Spudok-Systemen in der BRD oder vergleichbaren Dateien in den Niederlanden und Großbritannien – sind die Kriterien der Speicherung nicht nur konkrete Verdachtsmomente, sondern allgemeine Vermutungen, Hinweise etc. Eine solche Ausweitung des Verdachts führt nahezu automatisch zu einer hohen Zahl von Datensätzen, die aber nur in seltenen Fällen Ermittlungsansätze hervorbringen."

584 *Busch*, Bürgerrechte & Polizei/CILIP, 53 (1/1996), S. 21 (22).

585 *Storbeck*, DRiZ 2000, S. 481 (485); *ders.*, Aus Politik und Zeitgeschichte, 1995, S. 20 (24); vgl. 15. Tätigkeitsbericht des *BfD*, BT-Drs. 13/1150, S. 134.

sicherte Daten, deren Wahrheitsgehalt zum Zeitpunkt der Speicherung noch offen ist"[586] und „die einer Bewertung bedürfen, um sie für die polizeiliche Arbeit nutzbar zu machen".[587] Durch die Verarbeitung von weichen Daten ist Europol in der Lage, weitgehende Charakter- und Persönlichkeitsprofile der Betroffenen zu erstellen.[588] „Derartige Intelligence-Leistungen kann" – so *Storbeck* – „das Schengener Informationssystem im Gegensatz zu Europol (...) nicht ermöglichen."[589]
Die von Europol in den Analysedateien unter Verwendung weicher Daten erarbeiteten Personen-„Dossiers"[590] können für die Betroffenen „gefährlichen Sprengstoff"[591] enthalten und weitreichende Rechtsfolgen haben, die über den mit der Analysetätigkeit notwendigerweise verbundenen Eingriff in das in Recht auf informationelle Selbstbestimmung, das in der Bundesrepublik Deutschland verfassungsrechtlich geschützt wird, hinausgehen.[592] Insofern wird auf die Untersuchungen zu den potentiellen Rechtsfolgen der operativen Analysetätigkeit Europols verwiesen.[593]

(5) EURINT / Aventinus-Sensus-Projekt (SENSUS)

Europol hat mit „'EURINT' ein weltweit einzigartiges elektronisches Analysesystem entwickelt."[594] „In diesem „Analysesystem wurden und werden die technischen und methodischen Neuerungen des Aventinus-Sensus-Projekts mit seiner multilingualen elektronischen Analyse integriert."[595] Ziel des Aventinus-Senus-Projekts ist es, ein intelligentes, mehrsprachiges EDV-System zu entwickeln, „das in der Lage ist, fremdsprachige Informationen zu erkennen, herauszufiltern, zu analysieren, zu speichern und zu visualisieren. SENSUS soll der Polizei auf Anfrage, ganz gleich in welcher Sprache, in welcher Form und an welchem Ort sie gestellt wird, sekundenschnell die Antworten liefern."[596]

---

586 *Leuthardt*, S. 20; *Zeiger*, Krimianlistik 1998, S. 313 (315); vgl. *Jelpke*, BT-Plenarprotokoll 13/172, S. 15487, die diese Daten mangels der Überprüfbarkeit auf ihren Wahrheitsgehalt als „Datenschrott" kritisiert.

587 *Storbeck*, Aus Politik und Zeitgeschichte, 1995, S. 20 (24).

588 Vgl. *Busch*, Bürgerrechte & Polizei/CILIP, 57 (2/1997), S. 58 (61).

589 *Storbeck*, Kriminalistik, 1994, S. 201 (202).

590 *Bull*, DRiZ 1998, S. 32 (40).

591 *Bull*, a.a.O., S. 32 (40).

592 Vgl. *Bull*, a.a.O., S. 32 (40) – Das Recht auf informationelle Selbstbestimmung ist im Folgenden Gegenstand gesonderter Untersuchung.

593 Vgl. S. 190 ff.

594 *Storbeck*, in: BKA-Arbeitstagung 1999, S. 89 (96).

595 *Storbeck*, a.a.O., S. 89 (96): „Das Aventinus-Sensus-Projekt wird mit Geldern der Kommission von Universitäten, der Industrie sowie Polizei- und Sicherheitsbehörden durchgeführt."; vgl. Magazin Nr. 11/1998 des österreichischen Bundesministeriums des Innern (http://In-inter1.-bmi.gv.at/web/bmiwebp.nsf/Allpages/OES0000000099 – Stand 15.09.2001), S. 1 (2): „Ein Übersetzungssystem (AVENTINUS) befindet sich derzeit in der Testphase. Es soll eine Vielzahl von Sprachen „beherrschen" und auch kyrillische Buchstaben erkennen. Damit soll die Überprüfung und Auswertung fremdsprachiger Dokumente und Unterlagen erleichtert oder überhaupt erst möglich werden."; *Hegel*, Die Kriminalpolizei, Ausgabe Dezember 2000, (http://www.die-kriminalpolizei.de/ausgaben/kpo0004.htm – Stand: 15.09.2001), S. 5.

596 Bayern-Kurier vom 10.07.1999 (Quelle: http://www.pressdok.bt/search97cgi/vto...=desc&&view-template=archiv/arcview.hts – Stand: 12.08.1999) zur Vorstellung des derzeitigen Entwicklungsstands von SENSUS durch den Innenminster des Landes Bayern, Beckstein, in

Dieses System soll die im Bereich der Informationsverarbeitung bestehende „Sprach- und Mengenbarriere“[597] bewältigen, „da die für den jeweiligen Fall wichtigen Informationen aus einer Unmenge von vorhandenen Daten herausgefiltert werden müssen.“[598]
„SENSUS beschäftigt sich zunächst mit zehn europäischen sowie osteuropäischen und arabischen Sprachen bzw. Sprachgruppen.[599] (...) Mittels neu entwickelter Softwarekomponenten erhält die Polizei nicht nur die Möglichkeit, fremdsprachige Texte vollständig in die deutsche Sprache zu übersetzen, sondern auch umfassend in den multilingualen Datenbanken von SENSUS zu recherchieren.“[600] „Im Endausbau wird SENSUS bzw. dessen Nachfolgeprojekte erstmalig in der Welt in der Lage sein, fremdsprachige Texte sowie Audio- und visuelle Daten zu übersetzen, zu verarbeiten und graphisch im online-Verfahren darzustellen.“[601]

(6) Datenquellen

(a) Nationale Stellen

Auf Ersuchen von Europol und aus eigener Initiative sind die nationalen Stellen zur Übermittlung personenbezogener Daten an die Analysegruppen berechtigt und verpflichtet, soweit diese Daten nach dem jeweiligen nationalen Recht zu Zwecken der Verhütung, Bekämpfung oder Analyse von Straftaten verarbeitet werden dürfen (Art. 10 Abs. 3 Europol-Konvention).

(b) Europol

Die Ergebnisse der durch Europol erstellten Analysen können in den Analysedateien verarbeitet werden (vgl. Art. 11 Abs. 6 der Durchführungsbestimmungen für die Analysedateien). Im Vergleich zu den von dritter Seite zur Verfügung gestellten Informationen schafft Europol somit durch die eigene Analysetätigkeit einen qualitativen und quantitativen „Datenmehrwert“.[602]

Anwesenheit des Direktors von Europol, Storbeck; vgl. VNU Business Publications Limited, 1998, NETWORK NEWS 02/09/98 P2 (Quelle: http://www.infowar.com/law/law_090998a_-j.shtml – Stand: 06.09.99) „EUROPOL TESTS TEXT TRANSLATOR. Europe's crime enforcement agency, Europol, is testing a text translator in an attempt to simplify and speed up the flow of organised crime information between member states.“; vgl. *Storbeck*, DRiZ 2000, S. 481 (485).

597 *Beckstein*, zitiert nach Bayern-Kurier a.a.O.

598 *Beckstein*, a.a.O.

599 Vgl. *Storbeck*, DRiZ 2000, S. 481 (485).

600 Bayern-Kurier vom 10.07.1999.

601 Bayern-Kurier a.a.O.

602 *Busch*, Bürgerrechte & Polizei/CILIP 57 (2/1997), S. 58 (61); vgl. Innenpolitik, Nr. VI/1997, 1 (11): Aus der zentralen Auswertung von Informationen ergeben sich „zahlreiche neue Erkenntnisse“.

(c) Drittstaaten / – stellen

Aufgrund von Art. 10 Abs. 4 Europol-Konvention in Verbindung mit den durch Rechtsakt des Rates vom 3. November 1998 erlassenen Bestimmungen über die Entgegennahme der von Dritten gelieferten Informationen durch Europol[603] kann Europol Informationen, d.h. personenbezogene und nicht personenbezogene Daten (vgl. Art. 1 lit. f) dieser Bestimmungen), auch von

- Drittstaaten, d.h. Nichtmitgliedstaaten der Europäischen Union,[604] sowie von
- Drittstellen,[605] d.h.
  - von folgenden „EU-Stellen“[606]
    - den Europäischen Gemeinschaften,
    - den aufgrund der Verträge zur Gründung dieser Gemeinschaften geschaffenen öffentlich-rechtlichen Einrichtungen,
    - sonstigen im Rahmen der EU geschaffenen öffentlich-rechtlichen Einrichtungen
  - und folgenden „Nicht-EU-Stellen“[607]
    - (öffentlich-rechtlichen) Einrichtungen, die aufgrund einer Übereinkunft von mindestens zwei Mitgliedstaaten der Europäischen Union bestehen,
    - internationalen Organisationen und die ihnen zugeordneten öffentlich-rechtlichen Einrichtungen und
    - der Internationalen Kriminalpolizeilichen Organisation (IKPO),[608]

entgegennehmen oder diese um die Übermittlung entsprechender Informationen ersuchen.
Zu diesem Zweck schließt Europol, vertreten durch den Direktor, entsprechende Vereinbarungen mit den Drittstaaten und Drittstellen (vgl. Art. 2 der Bestimmungen über die Entgegennahme der von Dritten gelieferten Informationen durch Europol).

Um die Zuverlässigkeit der Informationen und der Informationsquellen bestimmen zu können, ersucht Europol die Drittstaaten und -stellen, die Informationen und ihre Quellen „so weit wie möglich zu bewerten“ (Art. 3 Abs. 1 der genannten Bestimmungen). Erfolgt von Seiten eines Drittstaates oder einer Drittstelle keine entsprechende Bewertung, versucht Europol die Zuverlässigkeit der Informationsquellen oder der Informationen anhand der bereits verfügbaren Informationen zu bewerten (Art. 3 Abs. 2 dieser Bestimmungen).
Hinsichtlich der Bewertung der Verlässlichkeit dieser Datenquellen und der Verlässlichkeit der von diesen Quellen an Europol übermittelten Informationen finden die im Folgenden dargelegten Regelungen in Bezug auf die Bewertung von Datenquellen und Informationen der Mitgliedstaaten entsprechende Anwendung (vgl.

---

603 ABl. EG Nr. C 26 vom 30.01.1999, S. 17 ff.
604 Vgl. Art. 1 lit. a) der Bestimmungen über die Entgegennahme der von Dritten gelieferten Informationen durch Europol.
605 Vgl. Art. 1 lit. b) der vorstehend genannten Bestimmungen.
606 Vgl. Art. 1 lit. c) der vorstehend genannten Bestimmungen.
607 Vgl. Art. 1 lit. d) der vorstehend genannten Bestimmungen.
608 Auch als INTERPOL bezeichnet.

Art. 11 Abs. 5 der Durchführungsbestimmungen für die Analysedateien in Verbindung mit Art. 3 Abs. 1 der Bestimmungen über die Entgegennahme der von Dritten gelieferten Informationen durch Europol).

(7) Einstufungen und Bewertungen Europols

Mit der Datenerfassung in den Arbeitsdateien zu Analysezwecken ist sowohl eine Einstufung der jeweiligen Information nach ihrer Wahrscheinlichkeit als auch eine Bewertung der Zuverlässigkeit der Informationsquelle verbunden.

(a) Datenquellen

Jeder Mitgliedstaat soll „nach Möglichkeit" (Art. 11 Abs. 1 der Durchführungsbestimmungen für die Analysedateien) die Quelle der von ihm übermittelten Informationen anhand bestimmter, in Art. 11 Abs. 1 lit. a) – d) der Durchführungsbestimmungen festgelegter Kriterien bewerten. Diese Kriterien reichen von der zweifelsfreien oder zumeist vorhandenen bis zur nicht beurteilbaren Verlässlichkeit der Quelle.
Macht ein Mitgliedstaat von dieser Möglichkeit keinen Gebrauch, d.h. erfolgt eine Übermittlung der Daten ohne eine entsprechende Bewertung, versucht Europol, nach Möglichkeit die Verlässlichkeit der Quelle anhand bereits in seinem Besitz befindlicher Informationen zu bewerten (Art. 11 Abs. 4 Unterabsatz 1 S. 1 der Durchführungsbestimmungen für die Analysedateien). Diese Bewertung muss im Einvernehmen mit dem jeweiligen Mitgliedstaat erfolgen. Wird kein Einvernehmen erzielt, bewertet Europol die Verlässlichkeit der Quelle als nicht beurteilbar (vgl. Art. 11 Abs. 4 Unterabsatz 2 der Durchführungsbestimmungen für die Analysedateien).

(b) Informationen

Auch die Verlässlichkeit der an Europol übermittelten Informationen sollen die Mitgliedstaaten „nach Möglichkeit" (Art. 11 Abs. 2 der Durchführungsbestimmungen für die Analysedateien) bewerten. Die Bewertungsskala reicht beispielsweise von Informationen, deren Wahrheitsgehalt zweifelsfrei feststeht bis zu Informationen, die der Quelle nicht persönlich bekannt sind und die sich auf keine andere Weise erhärten lassen (vgl. Art. 11 Abs. Nr. 1-4 der Durchführungsbestimmungen für die Analysedateien).
Die Bewertung der Informationen erfolgt entsprechend den Regelungen für die Bewertung der Datenquellen (vgl. Art. 11 Abs. 4 der Durchführungsbestimmungen für die Analysedateien).

(c) Analyseergebnisse

Die von Europol in den Arbeitsdateien verarbeiteten Analyseergebnisse bewertet Europol nach Maßgabe der für die Bewertung der Datenquellen und Informationen normierten Kriterien im Einvernehmen mit den an der Analyse teilnehmenden Mitgliedstaaten (Art. 11 Abs. 6 der Durchführungsbestimmungen für die Analysedateien).

Im Gegensatz zur Datenspeicherung im Informationssystem können die in den Arbeitsdateien zu Analysezwecken gespeicherten personenbezogenen Daten ausschließlich auf Meinungen oder persönlichen Einschätzungen von Quellen beruhen, deren Verlässlichkeit – im negativen Fall – als nicht vorhanden oder nicht beurteilbar eingestuft worden ist.

(8) Datenübermittlung

Werden personenbezogene Daten aus einer Arbeitsdatei zu Analysezwecken an einen Mitgliedstaat oder einen Dritten übermittelt, wird dieser Übermittlungsvorgang in der betreffenden Datei vermerkt (Art. 13 Unterabsatz 1 der Durchführungsbestimmungen zu den Analysedateien).
Spätestens vor dieser Übermittlung prüft Europol in Zusammenarbeit mit dem Mitgliedstaat oder dem Dritten, der die Daten geliefert hat, die Richtigkeit der Daten und die Vereinbarkeit der Datenverarbeitung mit dem Europol-Übereinkommen (Art. 13 Unterabsatz 2 der Durchführungsbestimmungen zu den Analysedateien). Die Empfänger der Analyseergebnisse sind über eventuelle Verwendungsbeschränkungen, die zusammen mit den Daten gespeichert werden müssen, zu unterrichten (Art. 13 Unterabsatz 4 der Durchführungsbestimmungen für die Analysedateien) und zur Beachtung dieser Beschränkungen verpflichtet (Art. 15 Abs. 1 S. 1 der Durchführungsbestimmungen für die Analysedateien).
Personenbezogene Daten im Sinne von Art. 6 S. 1 des Übereinkommens des Europarats vom 28. Januar 1981 zum Schutz des Menschen bei der automatisierten Verarbeitung personenbezogener Daten[609] dürfen nur im Einvernehmen mit dem diese Daten liefernden Mitgliedstaat übermittelt werden (Art. 15 Abs. 1 S. 2 der Durchführungsbestimmungen für die Analysedateien).
Ein Mitgliedstaat, der Daten an Europol übermittelt, entscheidet allein auf der Grundlage des jeweiligen nationalen Rechts über Grad und Änderung der Empfindlichkeit der Daten (Art. 10 Abs. 8 Europol-Konvention) sowie über eine mögliche Zweckbindung, Verwendungsbeschränkung, Löschung und Vernichtung dieser Daten – einschließlich etwaiger allgemeiner oder besonderer Zugriffsbeschränkungen (Art. 3 Abs. 1 Unterabsatz 1 der Durchführungsbestimmungen für die Analysedateien).

(9) Kontrolle / Protokollierungspflicht und -dauer

Während Datenabfragen im Informationssystem zu Kontrollzwecken umfassend automatisiert protokolliert werden müssen (vgl. Art. 16 S. 1 Europol-Konvention), normieren weder das Europol-Übereinkommen noch die Durchführungsbestimmungen für die von Europol automatisiert geführten Arbeitsdateien zu Analysezwecken eine entsprechende, umfassende Protokollierungspflicht im Falle der Abfrage von Daten aus den Analysedateien.
Gemäß Art. 15 Abs. 4 Unterabsatz 1 der Durchführungsbestimmungen zu den von Europol geführten Analysedateien in Verbindung mit Art. 16 S. 1 Europol-Übereinkommen beschränkt sich die Protokollierungspflicht auf mindestens jeden zehnten Abruf. Im Rahmen der Errichtungsanordnung einer Arbeitsdatei kann eine ent-

[609] Vgl. S. 212.

sprechende Protokollierungspflicht für eine geringere Anzahl von Abrufen festgelegt werden (Art. 15 Abs. 5 der Durchführungsbestimmungen für die Analysedateien).
Die nicht vollständige, d.h. lückenlose Protokollierung der Datenabrufe im Analysesystem ist kritisch zu bewerten. Wie bereits dargelegt, ist nur das Konzept einer umfassenden Protokollierung für datenschutzrechtliche Kontrollen geeignet.[610] Insbesondere angesichts der Tatsache, dass im Analysesystem auch höchstpersönliche personenbezogene Daten von Nicht-Beschuldigten und Nicht-Verdächtigen verarbeitet werden dürfen, erfordert eine datenschutzrechtliche Kontrolle zumindest eine umfasssende, d.h. lückenlose, Protokollierung sämtlicher Datenzugriffe.

Während die in den Arbeitsdateien gespeicherten Daten ab dem Zeitpunkt ihrer Einspeicherung über eine zu diesem Zeitpunkt noch nicht feststehende Zeitspanne, die sich über mehrere Jahre erstrecken kann[611] (vgl. Art. 21 Europol-Übereinkommen), gespeichert werden dürfen, sind die aus der Registrierung folgenden Protokolldaten nach sechs Monaten zu löschen, es sei denn, dass diese Daten für eine laufende Kontrolle weiterhin benötigt werden (vgl. Art. 16 S. 2 Europol-Konvention).
Da sowohl gerichtliche als auch behördliche Überprüfungen zumeist nicht innerhalb von sechs Monaten eingeleitet werden können, geht diese Regelung an den praktischen Bedürfnissen vorbei und führt dazu, dass erforderliche Beweismittel durch die frühzeitige Löschung vernichtet werden.[612]

cc) Indexsystem

Über die in den Arbeitsdateien zu Analysezwecken gespeicherten Daten führt Europol ein automatisiertes Indexsystem (Art. 11 Abs. 1 Europol-Konvention). Zugriffsberechtigt auf dieses System sind der Direktor, die stellvertretenden Direktoren, die ordnungsgemäß ermächtigten Europol-Bediensteten sowie die Verbindungsbeamten (Art. 11 Abs. 2 Unterabsatz 1 Europol-Konvention).
Dieses System ermöglicht es den an einzelfallbezogenen Analyseprojekten nicht beteiligten Mitgliedstaaten durch ihre jeweiligen Verbindungsbeamten festzustellen, ob sie von diesen Analyseprojekten betroffen sind und infolgedessen ihre Projektteilnahme (vgl. Art. 10 Abs. 6 Nr. 2 Europol-Konvention) beantragen können. Die Zugriffsberechtigung der Verbindungsbeamten ist jedoch dergestalt beschränkt, dass Verknüpfungen oder Rückschlüsse auf den Inhalt der Arbeitsdateien ausgeschlossen sind (Art. 11 Abs. 2 Unterabsatz 2 Europol-Konvention).

dd) Zweckbindungen und Verwendungsbeschränkungen

Daten, die aus dem Informationssystem, den Arbeitsdateien zu Analysezwecken oder dem Indexsystem abgerufen oder übermittelt werden, dürfen von den zuständigen Stellen der Mitgliedstaaten nur nach Maßgabe des jeweiligen nationalen Rechts verwendet werden (Art. 17 Abs. 1 Unterabsatz 2 Europol-Konvention).

---

610 Vgl. S. 159 ff.
611 Im Folgenden Gegenstand gesonderter Untersuchung.
612 *Weichert*, DuD 1995, S. 450 (456).

Unterliegen bestimmte Daten besonderen, von der jeweiligen Datenquelle (Mitgliedstaat, Drittstaat oder Drittstelle) mitgeteilten Verwendungsbeschränkungen, sind diese grundsätzlich auch vom Verwender dieser Daten zu beachten (vgl. Art. 17 Abs. 2 S. 1 Europol-Konvention).

In Ausnahmefällen (vgl. Art. 17 Abs. 2 S. 1 Europol-Konvention) können personenbezogene Daten vom Verwender ohne Beachtung dieser Beschränkungen genutzt werden, sofern die Interessen und Standpunkte der Datenquelle nach vorheriger Konsultierung „so weit wie möglich" (Art. 17 Abs. 2 S. 2 Europol-Konvention) berücksichtigt worden sind (vgl. Art. 17 Abs. 2 S. 2 Europol-Konvention).

ee) Vergleichbarkeit mit der Zentralstellenfunktion des BKA?

(1) Vorbildfunktion

Die Zentralstellenfunktion des Bundeskriminalamts (BKA) diente – so *Schelter* (Sts. BMI a.D.) – als „Vorbild"[613] für die „Systemarchitektur der Datenverarbeitung"[614] Europols. Auch *Kanther* hat auf die Vergleichbarkeit Europols mit dem BKA verwiesen.[615] Dieser Verweis bezieht sich ausschließlich auf die durch die Regelungen der §§ 2, 7 ff BKAG konkretisierte Zentralstellenfunktion des BKA. Das Europol-Übereinkommen normiert weder eine der Regelung des § 4 Abs. 1 BKAG vergleichbare originäre Ermittlungszuständigkeit, noch eine der Regelung des § 4 Abs. 2 BKAG vergleichbare Auftragszuständigkeit Europols.[616]

(2) Inhaltliche Übereinstimmungen/Divergenzen zwischen BKAG und Europol-Konvention

(a) Repressiv- und präventiv-polizeiliche Tätigkeit

Als Zentralstelle für das polizeiliche Auskunfts- und Nachrichtenwesen unterstützt das BKA die Polizeien des Bundes und der Länder bei der Verhütung und Verfolgung von Straftaten mit länderübergreifender, internationaler oder erheblicher Bedeutung (vgl. § 2 Abs. 1 BKAG). § 2 Abs. 3 BKAG konkretisiert diese Unterstützungsaufgabe im

---

613 *Schelter*, Innenpolitik VI 1997, S. 6 (6).

614 *Schelter*, a.a.O., S. 6 (6); vgl. *Aden*, Bürgerrechte&Polizei/CILIP 62 (1999), (http://www.-infolinks.de/cilip/ausgabe/62/bka.htm – Stand: 15.09.2001), S. 7: „Die Gründung des zentralen europäischen (Kriminal-)Polizeiamtes entspricht nicht nur einer alten Forderung aus dem BKA. Protagonisten aus dem Umfeld des Amtes hatten auch erheblichen Einfluss auf die Konzeption von Europol. Daß ein langjähriger Mitarbeiter des BKA [Storbeck – Anmerkung Verfasser] Leiter des Aufbaustabes und erster Direktor von Europol wurde, ist Ausdruck des großen BKA-Einflusses auf Europol."

615 Vgl. BT-Plenarprotokoll 13/198, S. 17901; *Manske*, Kriminalistik 2001, S. 105 (105): „deutliche Parallelen zur Zentralstellenfunktion des BKA".

616 Zur Zentrallstellenfunktion sowie zum chronologischen Ausbau des BKA mit eigenen Ermittlungskompetenzen – vgl. *Aden*, Bürgerrechte&Polizei/CILIP 62 (1999), (http://www.-infolinks.de/cilip/ausgabe/62/bka.htm – Stand: 15.09.2001).

Hinblick auf das polizeiliche Informationssystem (INPOL),[617] das vom BKA als Zentralstelle unterhalten wird. Die §§ 7-13 BKAG normieren die dem BKA zur Erfüllung dieser Untersützungsaufgabe zugewiesenen Befugnisse.

Das Europäische Polizeiamt erfüllt die ihm übertragenen Aufgaben gemäß Art. 2 Abs. 1 Europol-Übereinkommen zur Verhütung und Bekämpfung der seinem Zuständigkeitsbereich unterfallenden Straftaten.
Der Begriff „Bekämpfung" bzw. „Verfolgung" von Straftaten kennzeichnet den repressiv-polizeilichen, der Begriff „Verhütung" von Straftaten den präventiv-polizeilichen Tätigkeitsbereich.[618] Folglich sind das BKA und Europol sowohl zur repressiv-polizeilichen,[619] als auch zur präventiv-polizeilichen Datenverarbeitung und damit nicht nur zur Strafverfolgung, sondern auch zur „vorbeugenden Verbrechensbekämpfung"[620] berechtigt. Durch diese Kompetenzgewährungen werden – so *Denninger* – der präventive Bereich (Verhütung) und der repressive Bereich (Verfolgung/ Bekämpfung) „endgültig miteinander verschränkt".[621]

Anlässlich der öffentlichen Anhörung des Innenausschusses des Deutschen Bundestages zum Entwurf des Europol-Immunitätenprotokollgesetzes hat der *Direktor* von Europol auf die umfassende Zentralstellenfunktion Europols hingwiesen, die auch

617 Zu INPOL (Inpol-aktuell / Inpol-neu) vgl. – S. 181; zu der mit INPOL-neu angestrebten polizeilichen Datenverarbeitung nach Art eines „modernen Data-warehouse" (Bäumler, in: *Lisken/Denninger*, Kap. J, Rdn. 226) und den damit verbundenen Rechtsfolgen – vgl. Bäumler, a.a.O., Rdn. 221 ff.

618 Vgl. BVerfGE 100, S. 313 (394) (sog. „G-10 Entscheidung"): Die Verhütung von Straftaten zählt zur Gefahrenabwehr.; Denninger, in *Lisken/Denniger*, Kap. E, Rdn. 182, 187; *ders.*, ebenda, Rdn. 15; Rachor, in: *Lisken/Denninger*, Kap. F, Rdn. 166; vgl. insoweit auch: § 1 Abs. 3 BKAG „die Verhütung von Straftaten und die Aufgaben der sonstigen Gefahrenabwehr".

619 Kritisch zur repressiv-polizeilichen Aufgabenzuweisung – *Tolmein*, StV 1999, S. 108 (109), wonach die von der früheren Bundesregierung vertretene „klare Zuweisung von repressiven Aufgaben an Europol (...) in trüberem Licht" erscheint, wenn man berücksichtigt, dass „Europol in der bundesdeutschen Strafprozessordnung nicht erwähnt wird und auch im deutschen Europolgesetz (...) keinerlei Bezug auf die StPO genommen wird, so dass die Stellung dieses zur Strafverfolgung geschaffenen internationalen Organs innerhalb des deutschen Strafverfahrens rechtlich unklar erscheint".

620 *Bull*, DRiZ 1998, S. 32 (42); *Tolmein*, StV 1999, S. 108 (110). Anmerkung: In der Bundesrepublik Deutschland sind Zulässigkeit und rechtlicher Charakter der „vorbeugenden Verbrechensbekämpfung" kontrovers diskutiert worden. Während die ganz überwiegende Auffassung die „Verhütung von Straftaten" als (Unterfall der) Gefahrenabwehr bewertet und dementsprechend dem Bereich der Prävention zuordnet, wird die „Vorsorge für bzw. die Vorbereitung auf die Verfolgung zukünftiger Straftaten" (vgl. z.B. § 8 Abs. 4 S. 1 BKAG „Vorsorge für die künftige Verfolgung einer Straftat") lediglich von der mehrheitlich vertretenen Auffassung ebenfalls diesem Bereich zugeordnet. Zum Meinungsstand und weitergehenden Details – siehe *Tolmein*, StV 1999, S. 108 (110) m.w.N.; *ders.*, ebenda (115); Rachor, in: *Lisken/Denninger*, Kap. F, Rdn. 164 ff; Denninger, in: *Lisken/Denninger*, Kap. E, Rdn. 15 ff; Bäumler, in: *Lisken/ Denninger*, Kap. J, Rdn. 531 ff; *Ahlf*, BKAG, § 8 Rdn. 8. Bedeutung und Rechtsfolgen der präventiv-polizeilichen Tätigkeit (z.B. Geltung des Opportunitätsprinzips/ fehlende Geltung des Legalitätsprinzips, das Fehlen strafprozessualer Verfahrensgarantien bzw. die Gefahr des Unterlaufens derselben, fehlende Sachleitungsbefugnis der Staatsanwaltschaft) sollen im Folgenden gesondert untersucht werden.

621 Denninger, in: *Lisken/Denninger*, Kap. E, Rdn. 182.

den präventiv-polizeilichen Bereich, d.h. die Übermittlung, Bearbeitung und Verbreitung von personenbezogenen Daten an bzw. von Europol zu präventiv-polizeilichen Zwecken, mitumfasse.[622]
Die von *Storbeck* vertretene Auffassung, Europol habe – in Anlehnung an die der deutschen Polizei gewährte umfassende Gefahrenabwehrbefugnis – eine entsprechend umfassend ausgestaltete Entscheidungskompetenz im Hinblick auf die Verarbeitung (personenbezogener) Daten zu präventiv-polizeilichen Zwecken,[623] ist von *Tolmein*[624] in zutreffender Weise kritisiert worden. Das Europäische Polizeiamt hat keine derart umfassende Befugnis. Im Gegensatz zu bundesdeutschen Polizeibehörden kann Europol die Verbrechensverhütung nicht auf die generelle Aufgabenzuweisung der „Gefahrenabwehr" stützen. Art. 2 Abs. 1 Europol-Konvention normiert nur eine „spezielle Aufgabenzuweisung",[625] da sich die Europol zugewiesene Aufgabe der „Verhütung" von Straftaten lediglich auf die in dieser Norm enumerativ erfassten Straftaten[626] erstreckt. Diese Aufgabenzuweisung kann nicht als „spezieller Ausdruck einer ihr sowieso zugewiesenen Aufgabe der Gefahrenabwehr"[627] interpretiert werden.[628] Da Europol nur für die Verhütung und Bekämpfung der in der Europol-Konvention enumerativ aufgeführten schweren Straftaten konzipiert worden ist, muss sich die präventiv-polizeiliche Tätigkeit von Europol auf die Verhütung dieser, in der geltenden Europol-Konvention abschließend erfassten Straftaten beschränken.
Fazit:
Aufgrund der in Art. 2 Abs. 1 Europol-Übereinkommen normierten präventiv-polizeilichen Zielsetzung (Verhütung von Straftaten) ist Europol – ebenso wie das BKA – auch zur vorbeugenden Verbrechensbekämpfung in Bezug auf die seinem Zuständigkeitsbereich unterfallenden Straftaten berechtigt.

(b) Präventiv-polizeiliche Datenverarbeitung

Das BKA ist ebenso wie Europol zu präventiv-polizeilichen Zwecken zur Speicherung, Veränderung und Nutzung personenbezogener Daten sowohl von Beschuldigten und Tatverdächtigen als auch von Unbeteiligten, d.h. Nicht-Beschuldigten und Nicht-Verdächtigen - ((potentiellen) Zeugen und Opfern, Kontakt- und Begleitpersonen, Hinweisgebern, Auskunftspersonen und sonstigen Personen (vgl. §§ 8 Abs. 4 S. 1, Abs. 5 BKAG)) -, im Rahmen kriminalpolizeilicher personenbezogener Datensammlungen berechtigt (vgl. §§ 7, 8 i.V.m. § 20 BKAG). Das BKA kann auf dieser Datengrundlage auch Bewertungen durchführen und speichern (vgl. § 7 Abs. 4 BKAG).

---

622 BT-Innenausschuss-Drs. 13/177, S. 30; vgl. *Storbeck*, DRiZ 2000, S. 481 (482 f; 486).
623 Vgl. *Storbeck*, BT-Innenausschuss-Drs. 13/177, S. 30.
624 *Tolmein*, StV 1999, S. 108 (110).
625 *Tolmein*, a.a.O., S. 108 (110).
626 Vgl. S. 163 ff.
627 *Tolmein*, StV 1999, S. 108 (110).
628 Vgl. *Tolmein*, a.a.O., S. 108 (110); **a.A.** *Storbeck*, BT-Innenausschuss-Drs. 13/177, S. 30: „Auch nach deutschem Recht bleibt der Polizei (als gefahrenabwehrende Behörde im umfassenden Sinne) die Entscheidungskompetenz hinsichtlich der Speicherung personenbezogener Daten zur Prävention und Verbrechensbekämpfung, die außerhalb der Herrschaft der Strafjustiz liegt. Anderes kann auch für Europol nicht gelten."

Ebenso wie das Europol-Übereinkommen (vgl. Art. 10 Abs. 1 Europol-Übereinkommen i.V.m. Art. 6 Abs. 2 der Durchführungsbestimmungen für Analysedateien), normiert auch das BKAG spezifische Befugnisnormen in Bezug auf die von der Datenverarbeitung betroffenen Personengruppen (vgl. § 8 Abs. 1-6 BKAG).

(c) Beschuldigte und Tatverdächtige

Zusätzlich zu den in § 8 Abs. 1 Nr. 1-4 BKAG enumerativ aufgelisteten und im Umfang „eng"[629] begrenzten „Grunddaten"[630] (Personendaten, soweit erforderlich andere zur Identifizierung geeignete Merkmale, kriminalaktenführende Polizeidienststelle, Kriminalaktennummer, Tatzeiten, -orte und -vorwürfe) darf das BKA über Beschuldigte und Tatverdächtige weitere personenbezogene Daten speichern, verändern und nutzen,

> „soweit dies erforderlich ist, weil wegen der Art und Ausführung der Tat, der Persönlichkeit des Betroffenen oder sonstiger Erkenntnisse Grund zu der Annahme besteht, daß Strafverfahren gegen den Beschuldigten oder Tatverdächtigen zu führen sind." (§ 8 Abs. 2 BKAG).

Dementsprechend ist die Verarbeitung weiterer personenbezogener Daten im Sinne des § 8 Abs. 2 BKAG nur im Falle einer „Negativprognose"[631] zulässig, die auf der Grundlage der in dieser Norm genannten Kriterien zu treffen ist.

(aa) Prognoseentscheidung / Negativprognose

Die in § 8 Abs. 2 BKAG normierte Prognoseklausel ist wortidentisch mit der Prognoseklausel des § 8 Abs. 6 S. 1 Nr. 1 BKAG, welcher die in § 81 g Abs. 1 StPO normierte Prognoseklausel nachgebildet worden ist.[632]
Nach der „klassischen Prognoseentscheidung"[633] des § 81 g Abs. 1 StPO[634] dürfen „zum Zwecke der Identitätsfeststellung in künftigen Strafverfahren dem Beschuldigten, der einer Straftat von erheblicher Bedeutung, (...) verdächtig ist, Körperzellen entnommen und zur Feststellung des DNA-Identifizierungsmusters molekulargenetisch untersucht werden, wenn wegen der Art oder Ausführung der Tat, der Persönlichkeit des Beschuldigten oder sonstiger Erkenntnisse Grund zu der Annahme besteht, daß gegen ihn künftig erneut Strafverfahren (...) zu führen sind." (§ 81 g Abs. 1 StPO).

---

629 *Ahlf*, BKAG, § 8 Rdn. 3.
630 *Ahlf*, BKAG, § 8 Rdn. 3; vgl. Bäumler, in: *Lisken/Denninger*, Kap. J, Rdn. 579.
631 *Ahlf*, BKAG, § 8 Rdn. 4, „kriminalistisch-kriminologische Prognose".
632 Vgl. BT-Drs. 13/10791, S. 5; *Meyer-Goßner*, StPO, § 81 g Rdn. 8.
633 *Ahlf*, BKAG, § 8 Rdn. 4.
634 Eingeführt in die StPO durch das DNA-Identitätsfeststellungsgesetz vom 07.09.1998.

((1)) Verfassungsrechtliche Anforderungen

Die an eine Prognoseentscheidung im Sinne des § 81 g Abs. 1 StPO zu stellenden Anforderungen hat das Bundesverfassungsgericht in seinen Entscheidungen vom 14. Dezember 2000[635] und 15. März 2001[636] zur Verfassungsmäßigkeit einer richterlichen Anordnung zur Entnahme von Körperzellen und deren molekulargenetischer Untersuchung zur Identitätsfeststellung in künftigen Strafverfahren nach § 2 DNA-Identitätsfeststellungsgesetz (DNA-IFG) i.V.m. § 81 g Abs. 1 StPO („genetischer Fingerabdruck") konkretisiert.
§ 2 Abs. 1 DNA-IFG i.V.m. § 81 g StPO berechtigt im Falle einer negativen Prognoseentscheidung zur Feststellung und Speicherung der durch ein DNA-Identifizierungsmuster ermittelten Code-Individualität.[637] Aufgrund des hohen Rangs einer an verfassungsrechtlichen Grundsätzen ausgerichteten Rechtspflege als Vorsorgemaßnahme für eine künftige Strafverfolgung ist der mit einer derartigen Maßnahme verbundene Eingriff[638] in das durch Art. 2 Abs. 1 i.V.m. Art. 1 Abs. 1 GG verfassungsrechtlich gewährleistete Grundrecht auf informationelle Selbstbestimmung[639] des Betroffenen zwar verfassungsrechtlich zulässig.[640] Im Hinblick auf die Bedeutung und Tragweite des Rechts auf informationelle Selbstbestimmung, in das sowohl durch die Feststellung als auch durch die Speicherung und Verwendung des DNA-Identifizierungsmusters eingegriffen wird,[641] hat das Bundesverfassungsgericht restriktiv gefasste Voraussetzungen für die Zulässigkeit der Prognoseentscheidung, die Maßnahmen im Vorfeld eines konkreten Strafverfahrens rechtfertigt, normiert.[642] Nach Auffassung des Gerichts verlangt eine derartige Prognoseentscheidung nicht nur eine auf den konkreten Einzelfall bezogene offene Abwägung, in der alle Umstände zu berücksichtigen sind, „die gleichermaßen bei einer Sozialprognose nach § 56 StGB von Bedeutung sind".[643] Diese Negativprognose muss auch auf einer verfassungsrechtlich tragfähigen, nachvollziehbaren Begründung beruhen.[644] Demtentsprechend erfordert eine Prognoseentscheidung im Sinne des § 81 g Abs. 1 StPO eine „auf den Einzelfall bezogene Entscheidung, die auf schlüssigen, verwertbaren und in der Entscheidung nachvollziehbar dokumentierten Tatsachen[645] beruht und die (...) Wahrscheinlichkeit künftiger Straftaten von erheblicher Bedeutung belegt."[646]

---

635 BVerfG NJW 2001, S. 879 ff = EuGRZ 2001, S. 70 ff.
636 BVerfG NJW 2001, S. 2320 ff.
637 Vgl. BVerfG EuGRZ 2001, S. 70 (73 f).
638 Vgl. BVerfG NJW 2001, S. 2320 (2322).
639 BVerfGE 65, S. 1 (41 ff.).
640 Vgl. BVerfG EuGRZ 2001, S. 70 (73 f).
641 BVerfG NJW 2001, S. 2320 (2322); NJW 2001, 879 (880).
642 Vgl. BVerfG NJW 2001, S. 2320 (2321); NJW 2001, S. 879 (881).
643 BVerfG NJW 2001, S. 2320 (2322 f).
644 Vgl. BVerfG NJW 2001, S. 2320 (2321).
645 Vgl. *Wollweber*, NJW 2001, S. 2304 (2304): „Das Erfordernis „bestimmter Tatsachen" stellt eine begrüßenswerte verfassungskonforme Auslegung dar, (...)".
646 BVerfG NJW 2001, S. 2320 (2321); Vgl. BVerfG NJW 2001, S. 879 (881). Zu den bis zu diesen Entscheidungen vertretenen divergierenden Auffassungen zur „Negativprognose" – vgl. *Fluck*, NJW 2001, S. 2292 (2293).

((2)) Rechtsfolgen

Ausgehend von dieser durch das Bundesverfassungsgericht normierten Vorgabe, erfordert eine auf § 8 Abs. 2 BKAG gestützte Prognoseentscheidung eine auf den jeweiligen Einzelfall bezogene Entscheidung, die auf schlüssigen, verwertbaren und in der Entscheidung nachvollziehbar dokumentierten Tatsachen beruht.
Demnach darf das BKA von Beschuldigten und Tatverdächtigen weitere personenbezogene Daten im Sinne des § 8 Abs. 2 BKAG nur dann speichern, verändern oder nutzen, wenn von dem Beschuldigten/Tatverdächtigen eine Wiederholungsgefahr,[647] d.h. die Gefahr neuer einschlägiger Straftaten,[648] ausgeht, die auf bestimmten, schlüssigen, verwertbaren und in der Entscheidung nachvollziehbar dokumentierten Tatsachen gründet.[649] Personenbezogene Daten sogenannter „Einmaltäter",[650] bei denen „es an der schuld- und rechtsfolgenrelevanten Bedeutung für ein zukünftiges, neues Strafverfahren"[651] fehlt, dürfen wegen fehlender Erforderlichkeit im Sinne des § 8 Abs. 2 BKAG vom BKA nicht gespeichert, verändert oder genutzt werden.[652]

(bb) Vereinbarkeit der Europol-Konvention mit deutschem (Verfassungs)Recht?

Sowohl im Europol-Informationssystem (vgl. Art. 8 Abs. 1 Nr. 2 Europol-Übereinkommen) als auch im Europol-Analysesystem (vgl. Art. 10 Abs. 1 Nr. 1 Europol-Übereinkommen) dürfen Daten von „Personen, bei denen bestimmte schwerwiegende Tatsachen nach Maßgabe des nationalen Rechts die Annahme rechtfertigen, daß sie Straftaten begehen werden, für die Europol nach Art. 2 zuständig ist" (Art. 8 Abs. 1 Nr. 2 Europol-Übereinkommen), gespeichert, verändert und genutzt werden. Vergleichbar der Regelung des § 8 Abs. 2 BKAG erfolgt in diesem Fall eine präventive, auf einer Prognoseentscheidung beruhende Datenverarbeitung.
Der Begriff der „bestimmten schwerwiegenden Tatsache" ist im Europol-Übereinkommen und seinen Durchführungsbestimmungen weder legaldefiniert noch inhaltlich konkretisiert worden. Auch auf europäischer Ebene bestehen „politisch bedingt"[653] zu diesem Begriff „keine ausreichenden Regelungen."[654] Dementsprechend bedurfte es in Art. 8 Abs. 1 Nr. 2 Europol-Übereinkommen zur inhaltlichen Konkretisierung dieses Begriffs der „Rückverweisung"[655] auf das jeweilige nationale Recht.

Im deutschen Recht erfordert eine Prognoseentscheidung im Sinne des Art. 8 Abs. 1 Nr. 2 Europol-Übereinkommen – ausgehend von der aktuellen Rechtsprechung des Bundesverfassungsgerichts – eine auf den Einzelfall bezogene Entscheidung, die auf

647 Vgl. *Ahlf*, BKAG, § 8 Rdn. 5.
648 Vgl. *Meyer-Goßner*, StPO, § 81 g Rdn. 8.
649 Vgl. *Meyer-Goßner*, StPO, § 81 g Rdn. 8, der attestiert, dass der insweit erforderliche Nachweis „schwierig" sein kann, weil eine Verurteilung des Beschuldigten noch nicht erfolgt ist, sondern nur ein Tatverdacht besteht.
650 *Ahlf*, BKAG, § 8 Rdn. 5.
651 *Ahlf*, BKAG, § 8 Rdn. 5.
652 Vgl. *Ahlf*, BKAG, § 8 Rdn. 5.
653 *Oberleitner*, S. 133.
654 *Oberleitner*, S. 133.
655 *Oberleitner*, S. 133.

schlüssigen, verwertbaren und in der Entscheidung nachvollziehbar dokumentierten Tatsachen beruht und die Wahrscheinlichkeit der Begehung künftiger Straftaten von erheblicher Bedeutung belegt.[656]
Ausgehend von dieser verfassungsgerichtlichen Vorgabe stellt sich die Frage, ob die in den Zuständigkeitsbereich Europols fallenden Straftaten, deren potentielle Realisierung die Datenerfassungsbefugnis in Art. 8 Abs. 1 Nr. 2 Europol-Übereinkommen legitimiert, generell als Straftaten von erheblicher Bedeutung zu qualifizieren sind.
Im deutschen Recht muss eine „Straftat von erheblicher Bedeutung" – so das *Bundesverfassungsgericht* – „nach überwiegender Auffassung (...) mindestens dem Bereich der mittleren Kriminalität zuzurechnen sein, den Rechtsfrieden empfindlich stören und dazu geeignet sein, das Gefühl der Rechtssicherheit der Bevölkerung erheblich zu beeinträchtigen."[657] Im Hinblick auf die dem Zuständigkeitsbereich Europols unterfallenden Zusammenhangsstraftaten[658] erscheint es zumindest zweifelhaft, ob diese Straftaten generell dem Bereich der mittleren Kriminalität zugerechnet werden können, da die Frage, welche konkreten Straftaten unter diesen Begriff zu subsumieren sind, nicht abschließend beantwortet werden kann.[659]
Der Begriff „Straftaten von erheblicher Bedeutung" genügt den im deutschen Recht verfassungsrechtlich verankerten rechtsstaatlichen Erfordernissen der Normenklarheit und Justitiabilität,[660] da er in einer Vielzahl anderer strafprozessualer Regelungen (vgl. § 98 a Abs. 1 StPO (Rasterfahndung), § 110 a Abs. 1 StPO (Einsatz verdeckter Ermittler), § 131 Abs. 3 StPO (Ausschreibung zur Festnahme), § 131 a Abs. 3 StPO (Ausschreibung zur Aufenthaltsermittlung), § 131 b Abs. 1 StPO (Veröffentlichungen von Abbildungen eines Beschuldigten), § 163 e Abs. 1 StPO (Ausschreibung zur polizeilichen Beobachtung), § 163 e Abs. 2 StPO (Ausschreibung eines KfZ), § 163 f StPO (längerfristige Observation)) Verwendung findet, zudem „von der Rechtsprechung bezüglich nicht spezialgesetzlich geregelter Ermittlungsmethoden als Begrenzungsmerkmal verwendet"[661] wird, „im Polizeirecht der Länder anzutreffen"[662] ist (vgl. beispielsweise Art. 30 Abs. 5 BayPAG, § 36 Abs. 1 SächsPolG) und folglich durch die zu diesen Regelungen ergangene Rechtsprechung „näher konkretisiert"[663] werden kann.[664] Zur Wahrung der rechtsstaatlichen Erfordernisse der Normenklarheit und Justitiabilität reicht es aus, dass eine Norm „mit herkömmlichen juristischen Methoden ausgelegt werden kann."[665]

---

656 Vgl. BVerfG NJW 2001, S. 2320 (2321); NJW 2001, S. 879 (881).
657 BVerfG NJW 2001, S. 879 (880) m.w.N., u.a. BT-Drs. 13/10791; vgl. *Meyer-Goßner*, StPO, § 98 a Rdn. 5 m.w.N.
658 Vgl. S. 163 f.
659 Vgl. S. 164.
660 Vgl. zu diesen verfassungsrechtlichen Erfordernissen – BVerfGE 65, S. 1 (46), 47, S. 239 (252).
661 BVerfG NJW 2001, S. 879 (880) mit Hinweis auf BGHSt – GSSt – 42, S. 139 (157).
662 BVerfG NJW 2001, S. 879 (880).
663 BVerfG NJW 2001, S. 879 (880).
664 BVerfG NJW 2001, S. 879 (880); zur Auslegung dieses Begriffs im Sinne der überwiegenden Auffassung – vgl. BVerfG NJW 2001, S. 879 (880) m.w.N.
665 BVerfG NJW 2001, S. 879 (880); vgl. BVerfGE 78, S. 205 (212 f); 65, S. 1 (54).

Als Zwischenergebnis ist daher festzustellen:
Nach deutschem Recht dürfen sowohl im Europol-Informationssystem als auch im Europol-Analysesystem personenbezogene Daten von Beschuldigten und Tatverdächtigen nur auf der Grundlage einer einzelfallbezogenen Prognoseentscheidung verarbeitet werden, die auf schlüssigen, verwertbaren und in der Entscheidung nachvollziehbar dokumentierten Tatsachen beruht und die Wahrscheinlichkeit der Begehung künftiger Straftaten von erheblicher Bedeutung belegt.
Als nationale Stelle im Sinne von Art. 4 Europol-Übereinkommen darf das BKA entsprechende personenbezogene Daten von Beschuldigten und Verdächtigen an Europol nur unter Beachtung dieser rechtlichen Vorgabe übermitteln. Das deutsche Recht normiert insoweit eine vergleichsweise hohe Übermittlungsschwelle. Diese resultiert aus der spezifischen Bedeutung des in der Bundesrepublik Deutschland verfassungsrechtlich gewährleisteten Rechts auf informationelle Selbstbestimmung. Ausweislich der publizierten Ergebnisse eines vom Bundesministerium der Justiz in Auftrag gegebenen gemeinsamen rechtsvergleichenden Gutachtens des Max-Planck-Instituts für ausländisches und internationales Strafrecht in Freiburg und des Max-Planck-Instituts für ausländisches öffentliches Recht und Völkerrecht in Heidelberg zur „Justitiellen Kontrolle und Einbindung von Europol",[666] auf die im Rahmen dieser Arbeit noch gesondert eingegangen werden soll, existiert lediglich in Deutschland eine verfassungsrechtliche Gewährleistung dieses Rechts.
Aufgrund der in den nationalen Rechtssystemen der EU-Mitgliedstaaten[667] unterschiedlich und im Vergleich zum deutschen Recht oftmals weniger restriktiv ausgestalteten Datenerhebungs- und -übermittlungsvoraussetzungen,[668] existieren „unterschiedliche Intensitätsstufen"[669] für die Annahme eines begründeten Verdachts im Sinne von Art. 8 Abs. 1 Nr. 2 Europol-Übereinkommen. Dementsprechend können über – auch deutsche – Beschuldigte und Tatverdächte von Seiten anderer Mitgliedstaaten oder Drittstaaten, die ebenfalls zur Datenübermittlung an Europol berechtigt sind, personenbezogene Daten an Europol übermittelt und dort verarbeitet werden, die nach deutschem Recht als rechtswidrig erhobene Daten bewertet werden müssten und folglich vom BKA als nationale Stelle weder hätten erhoben noch übermittelt werden dürfen. Mit der Möglichkeit zum Austausch von Informationen, welche je nach den unterschiedlichen nationalen Gesetzen und justitiellen Praktiken im eigenen Land nicht hätten erhoben werden dürfen, eröffnet sich die Möglichkeit der Umgehung nationaler gesetzlicher Restriktionen und damit gleichsam ein potentielles „Befugnis-Shopping."[670] Insoweit ist beispielsweise auch zu berücksichtigen, dass nationale Behörden anderer (Mitglied-)Staaten nicht nur technisch, sondern zum Beispiel aufgrund des Rechtshilfeübereinkommens zwischen den Mitgliedstaaten der EU

---

[666] „Justitielle Einbindung und Kontrolle von Europol" – Kurzvorstellung der Ergebnisse (im Folgenden zitiert als „MPI-Ergebnisübersicht" – Quelle: Homepage des Bundesministeriums der Justiz (http://www.bundesjustizministerium.de – Stand: 20. November 2000).
[667] Vgl. *Oberleitner*, S. 133 f, mit einer exemplarischen Konkretisierung dieser Rechtsfolge am Beispiel des Anfangsverdachts.
[668] Hinsichtlich weitergehender Details wird auf das Gutachten des MPI verwiesen.
[669] *Oberleitner*, S. 133.
[670] Zum Begriff: *Nelles*, ZStW 109 (1997), S. 727 (738); vgl. *Busch*, S. 322.

(RHÜ) zukünftig auch rechtlich in der Lage sind (vgl. Art. 18 RHÜ),[671] von ihrem Staatsgebiet aus den Telekommunikationsverkehr der auf deutschem Hoheitsgebiet befindlichen Personen unmittelbar zu überwachen[672] und personenbezogene Daten (automatisiert) auszuwerten.[673] Dass auch der Bundesnachrichtendienst (BND) nicht nur über entsprechende technische Möglichkeiten verfügt,[674] sondern diese auch bereits eingesetzt hat, hat das *Bundesverfassungsgericht* im sogenannten G10-Urteil[675] festgestellt.[676] Zudem gilt es zu berücksichtigen, dass im Zuge der Terrorismusbekämpfung die Zusammenarbeit[677] und der personenbezogene Datenaustausch zwischen den Nachrichtendiensten ausgebaut werden wird.[678] Der Aufgaben- und

---

671 Zum insoweit kritischen Ausschussbericht des Europaparlaments – vgl. *van Buuren* (http://www.-cttv.de/tp/deutsch/special/enfo/5795/1.htm – Stand: 13.10.2001).

672 Vgl. BVerfGE 100, S. 313 (363).

673 Bereits heute wird dem BND das Fernmeldeaufkommen ausländischer Nachrichtendienste zugeliefert und im gesetzlichen Rahmen verwertet – vgl. BVerfGE 100, S. 313 (324). Insoweit gilt es zu berücksichtigen, dass der gesetzliche Kompetenzrahmen der Nachrichtendienste durch die Terrorismusbekämpfungsgesetze (sog. Sicherheitspakte I und II) erweitert werden und auch das BKA durch die neue Vorschrift des § 7 a BKAG eine Initiativkompetenz zur Feststellung eines Anfangsverdachts erhalten soll – vgl. insoweit kritisch die gemeinsame Presseerklärung von BRAK, Deutschem Richterbund, Deutschem AnwaltVerein und Strafverteidigervereinigungen vom 24. Oktober 2001 – abgedruckt in: Der Freiberuf, Nr. 12, 2001, S. 10: „(...) eine nicht an das Vorliegen tatsächlicher Anhaltspunkte gebundene und justizfreie „Initiativermittlungskompetenz" (...) reißt die vom Grundgesetz [vgl. Art. 87 Abs. 1 S. 2 GG – Anmerkung Verfasser] bewusst gesetzte Grenze zwischen Polizei und Nachrichtendiensten ein, verstößt gegen das verfassungsrechtliche Trennungsgebot und macht aus dem Bundeskriminalamt einen Geheimdienst."
Zum Trennungsgebot / Kompetenzverteilung Polizei-/Verfassungsschutzbehörden – vgl. grundlegende Untersuchung von *Schafranek*, Die Kompetenzverteilung zwischen Polizei- und Verfassungsschutzbehörden in der Bundesrepublik Deutschland, Aachen 2000; *Riegel*, S. 143; BVerfGE 100, S. 313 (340) – Stellungnahme BMI; Verfassungsschutzbericht Baden-Württemberg 1999, S. 12; *BfD*, 15. Tätigkeitsbericht, BT-Drs. 13/1150, S. 153.

674 Vgl. BVerfGE 100, S. 313 (363): „Moderne Techniken wie Satelliten- und Richtfunktechnik erlauben einen solchen Zugriff auch auf ausländischen Fernmeldeverkehr mit Überwachungsanlagen, die auf dem Gebiet der Bundesrepublik Deutschland stationiert sind. (...) Auch die Auswertung der so erfassten Telekommunikationsvorgänge durch den Bundesnachrichtendienst findet auf deutschem Boden statt."

675 Im Folgenden Gegenstand weitergehender Untersuchung.

676 Vgl. BVerfGE 100, S. 313 (363).

677 Zur Zusammenarbeit nicht nur der Auslands-, sondern auch der Inlandsnachrichtendienste auf europäischer Ebene (innerhalb der „3. Säule") – vgl. *Rupprecht*, in: Bundesamt für Verfassungsschutz, S. 120 f: Obgleich „jede Form von Kooperation von Nachrichtendiensten" in der 3. Säule „ausgeklammert" wurde, „arbeiten Nachrichtendienste europäischer Staaten" dennoch zusammen. „Weniger selbstverständlich ist die Kooperation von Inlandsnachrichtendiensten (IND); Aber sie findet statt, und zwar in zunehmendem Maße."; zum sog. „Berner-Club" – vgl. *Rupprecht*, ebenda, S. 127; zur Zusammenarbeit zwischen westeuropäischen IND und MOE-Staaten – vgl. *Rupprecht*, ebenda, S. 128; zur Kooperation des BND mit ausländischen Nachrichtendiensten – vgl. BVerfGE 100, S. 313 (324).

678 Vgl. „Fahrplan" (Rats-Dok. 13155/01 POLGEN 25 vom 24.10.2001, S. 1) mit sämtlichen Maßnahmen und Initiativen, die im Rahmen des nach den Ereignissen vom 11. September 2001 beschlossenen Aktionsplans durchgeführt werden – Rats-Dok. 13155/01 vom 24.10.2001, S. 11, Ziel Nr. 29: „Verbesserte Zusammenarbeit und verbesserter Informationsaustausch zwischen den Nachrichtendiensten", Ziel Nr. 30: „Verstärkung der Zusammenarbeit der Polizeidienste, einschließlich Europol und der Nachrichtendienste"; zu den von der Bundesregierung an-

Befugnisrahmen der Nachrichtendienste, die ebenfalls zur Datenübermittlung an Europol berechtigt sind[679] und an die Europol personenbezogene Daten übermitteln darf, ist in den (Mitglied-)Staaten unterschiedlich ausgestaltet.[680]

Verfügt Europol über (legal erhobene) personenbezogene Daten von Beschuldigten und Taverdächtigen, die nach deutschem Verfassungsrecht weder erhoben noch an Europol hätten übermittelt werden dürfen, dürfte Europol diese Daten nach dem geltenden Europol-Übereinkommen zu Analysezwecken verwenden. Aufgrund der Datenanalyse wäre es Europol möglich, über die Betroffenen weitergehende (neue) personenbezogene Informationen zu gewinnen und unter Verwendung dieser Daten potentiell auch Charakter- und Persönlichkeitprofile der Betroffenen zu erstellen. Aus dieser, nach deutschem Recht verfassungswidrigen Analysetätigkeit Europols könnten – auch für deutsche Ermittlungsbehörden – neue Erkenntnisse bzw. neue oder weitergehene Ermittlungsansätze gegenüber den Betroffenen resultieren.

Fazit:
Über Beschuldigte und Tatverdächtige im Sinne des Art. 8 Abs. 1 S. 2 Europol-Übereinkommen können auch – relativ weitgehende – personenbezogene Daten im Datenpool des Europol-Informationssystems zusammengeführt und unionsweit allen – auch deutschen – Zugriffsberechtigten zur Verfügung gestellt werden, die von deutschen Behörden aufgrund der Verfassungswidrigkeit einer entsprechenden Datenerhebung weder in rechtlich zulässiger Weise hätten erhoben noch an Europol übermittelt werden dürfen.
Derartige, nach deutschem Recht verfassungswidrig erhobene personenbezogene Daten, dürfte Europol im Analysesystem ebenfalls verarbeiten. Folglich könnten aus diesen Daten neue Erkenntnisse oder neue bzw. weitergehende Ermittlungsansätze in

---

gestrebten Kompetenzerweiterungen der deutschen Nachrichtendienste – vgl. Pressemitteilung des BMI vom 27.10.2001, (http://www.bmi.bund.de/dokumente/Pressemitteilung/ix_61128.htm – Stand: 15.11.2001).

679 Vgl. Unterrichtung des Deutschen Bundestages in Angelegenheiten der Europäischen Union – Nachbericht zum Rat Inneres und Justiz am 20.09.2001 – BT-Europaausschuss-Drs. 14/1691, Punkt 9, S. 5: „Der Rat erinnert daran, wie wichtig es im Hinblick auf die Qualität der von Europol zu erstellenden Analysen ist, dass die Strafverfolgungsbehörden, aber auch die Nachrichtendienste der Mitgliedstaaten alle für die Terrorismusbekämpfung relevanten Informationen gemäß den Bestimmungen des Europolübereinkommens rasch übermitteln."; *Jelpke*, BT-Plenarprotokoll 13/172, S. 15486: „Vielmehr sollen auch Geheimdienste Daten anliefern, aber auch abrufen. Hierbei wird nicht auf die Schlapphüte der EU zurückgegriffen. Auch beispielsweise der Geheimdienst des Folterstaats Türkei soll Daten abrufen bzw. eingeben können."
Zur Kritik vgl. *Lisken*, DRiZ 1998, S. 75 (78): „(...) bedenklichen Kooperation mit den Geheimdiensten"; LfD Schleswig-Holstein, 17. Tätigkeitsbericht 1995, (http://www.rewi-hu-berlin.-de/Datenschutz/DSB/SH/material/tb/tb17/kap4_1.htm – Stand: 09.07.2001), Punkt 4.1.2.2: „Gefahr, daß ein europaweiter, undurchschaubarer Datenschungel entsteht, nicht von der Hand zu weisen"; *Zieschang*, ZRP 1996, S. 427 (429): „Konsequenz (...) Eine informationelle Gewaltenteilung findet nicht statt."; *Jelpke*, BT-Plenarprotokoll 13/172, S. 15486: „Das ist meiner Meinung nach (...) skandalös. (...) Trennungsgebot von Polizei und Geheimdiensten unterlaufen (...)".

680 Vgl. Grundlegend (rechtsvergleichend) zu den divergierenden Aufgaben und Befugnissen – *Rupprecht*, in: Bundesamt für Verfassungsschutz, S. 132 ff; *van Buuren* (http://www.cttv.de/tp/-deutsch/special/enfo/5795/1.htm – Stand: 13.10.2001), S. 2: „Geheimdienste in Großbritannien (sind) für nachrichtendienstliche Zwecke und Strafverfolgungsmaßnahmen" zuständig.

Bezug auf die betroffenen Beschuldigten oder Tatverdächtigen gewonnen werden. Diese personenbezogenen neuen Erkenntnisse könnte Europol im Rahmen einer reaktiv ermittlungsunterstützenden bzw. proaktiv ermittlungsinitiierenden Analyse nationalen – auch deutschen – Ermittlungsbehörden zur Verfügung stellen und zugleich als eigene – aus der Analysetätigkeit gewonnene Daten – im Informationssystem speichern.

(d) Nicht-Beschuldigte und Nicht-Verdächtige

Ebenso wie Europol ist auch das BKA aufgrund der in § 8 Abs. 4 S. 1-4 BKAG normierten Regelungen, „die in vergleichbarer Form in allen Polizeigesetzen der Länder enhalten sind“,[681] sowie aufgrund der Regelung des § 8 Abs. 5 BKAG zur Verarbeitung personenbezogener Daten von Unbeteiligten, d.h. von Nicht-Beschuldigten und Nicht-Verdächtigen, berechtigt.
Insoweit handelt es sich um Personen, die bei einer künftigen Strafverfolgung als Zeugen in Betracht kommen oder bei denen Anhaltspunkte bestehen, dass sie Opfer einer künftigen Straftat werden könnten, Kontakt- und Begleitpersonen von Beschuldigten oder Tatverdächtigen, Hinweisgeber und sonstige Auskunftspersonen (vgl. § 8 Abs. 4 S. 1 BKAG) sowie „sonstige Personen“ im Sinne des § 8 Abs. 5 BKAG.
Daten der in § 8 Abs. 4 S. 1 BKAG genannten Personen dürfen nur gespeichert, verändert und genutzt werden, soweit dies zur Verhütung oder zur Vorsorge für die künftige Verfolgung einer Straftat mit erheblicher Bedeutung[682] erforderlich ist (§ 8 Abs. 4 S. 1 BKAG).

(aa) Inhaltliche Übereinstimmungen

Dem personellen Anwendungsbereich der §§ 8 Abs. 4 und 5 BKAG sind die in Art. 6 Abs. 2 der Durchführungsbestimmungen für Analysedateien normierten Datenverarbeitungsregelungen nachgebildet worden.
Das BKA und auch Europol können über potentiell jeden[683] personenbezogene Daten verarbeiten. Im BKAG begründet die Regelung des § 8 Abs. 5 BKAG eine entsprechende Ausweitung des personellen Anwendungsbereichs der präventiv-polizeilichen Datenverarbeitung. Gemäß § 8 Abs. 5 BKAG kann das BKA personenbezogene Daten „sonstiger Personen“ in Dateien speichern, verändern und nutzen, soweit dies erforderlich ist, weil bestimmte Tatsachen die Annahme rechtfertigen, dass die Betroffenen Straftaten von erheblicher Bedeutung begehen werden.
„Sonstige Personen“ im Sinne dieser Norm hat die frühere Bundesregierung „plakativ als „künftige Straftäter“ bezeichnet.“[684]
Im Gegensatz zur Regelung des § 8 Abs. 2 BKAG, deren personeller Anwendungsbereich sich auf zukünftige Beschuldigte und Tatverdächtige erstreckt, weitet die Regelung des § 8 Abs. 5 BKAG die präventiv-polizeiliche Datenverabeitungsbefugnis

---

[681] *Ahlf*, BKAG, § 8 Rdn. 7.
[682] Zur Begriffsdefinition - siehe BVerfG NJW 2001, S. 879 (880).
[683] Vgl. in Bezug auf Europol – S. 197 ff.
[684] *Ahlf*, BKAG, § 8 Rdn. 12 mit Hinweis auf den Regierungsentwurf, BT-Drs. 13/1550, S. 26.

des BKA auf „alle künftigen Straftäter“ aus, ohne dass – wie im Fall der Regelung des § 8 Abs. 2 BKAG – „zumindest einmal ein vorher bestehender konkreter Tatverdacht“[685] bestanden haben müsste.
Mithin sind „sonstige Personen“ alle Personen, „die in der Vergangenheit weder Beschuldigte noch Tatverdächtige waren.“[686] Somit normiert § 8 Abs. 5 BKAG eine – so *Ahlf* – „bedenkliche Auffanggeneralklausel, weil theoretisch jedermann betroffen sein könnte.“[687]

Eine weitere inhaltliche Übereinstimmung zwischen BKAG und Europol-Konvention besteht auch im Hinblick auf die Normierung des die Zulässigkeit der Datenverarbeitung begrenzenden Kriteriums der „Erforderlichkeit“. Insoweit gilt es jedoch zu berücksichtigen, dass im Gegensatz zu der im BKAG normierten Datenverarbeitungsbefugnis dieses Kriterium im Rahmen der Europol-Konvention nicht justitiabel ist.[688]

(bb) Restriktionen des BKAG

((1)) Beschränkung des personellen Anwendungsbereichs

§ 8 Abs. 1-5 BKAG normiert abschließend den von der präventiv-polizeilichen Datenverarbeitung betroffenen Personenkreis. Die Speicherung anderer, in dieser Norm nicht enumerativ aufgeführter Daten von Personen bzw. Personengruppen scheidet aufgrund der bestehenden Gesetzeslage aus.[689] Infolgedessen ist das BKA im Gegensatz zu Europol beispielsweise nicht befugt, Daten über Kontakt- und Begleitpersonen von Kontakt- und Begleitpersonen (vgl. Art. 6 Abs. 3 Unterabsatz 3 der Durchführungsbestimmungen für Analysedateien) zu verarbeiten.

((2)) Beschränkung des sachlichen Anwendungsbereichs

§ 8 Abs. 4 S. 2 BKAG beschränkt die Befugnis des BKA zur „besonders problematischen Speicherung“[690] personenbezogener Daten von potentiellen Zeugen und Opfern sowie von Kontakt- und Begleitpersonen, Hinweisgebern und sonstigen Auskunftspersonen auf die jeweiligen Personenbasisdaten im Sinne des § 8 Abs. 1 Nr. 1 BKAG, die Kriminalaktennummer sowie die kriminalaktenführende Polizeidienststelle (vgl. Art. 8 Abs. 1 Nr. 2 BKAG) sowie auf die Angabe, in welcher Eigenschaft der Person und in bezug auf welchen Sachverhalt die Speicherung der Daten erfolgt (§ 8 Abs. 4 S. 2 BKAG).
Eine entsprechende Beschränkung der Datenverarbeitungsbefugnis ist weder im Europol-Übereinkommen noch in seine Durchführungsbestimmungen aufgenommen worden. Infolgedessen dürfen im Europol-Analysesystem gemäß § 6 Abs. 2 der Durchführungsbestimmungen für Analysedateien über Nicht-Verdächtige und Nicht-

---

685 *Ahlf*, BKAG, § 8 Rdn. 10.
686 *Ahlf*, BKAG, § 8 Rdn. 10.
687 *Ahlf*, BKAG, § 8 Rdn. 10.
688 Die Justitiabilität ist im Folgenden Gegenstand gesonderter Untersuchung.
689 *BfD*, 17. Tätigkeitsbericht, BT-Drs. 14/850, S. 113.
690 Bäumler, in: *Lisken/Denninger*, Kap. J, Rdn. 581.

Beschuldigte – soweit erforderlich – auch diejenigen, relativ umfassenden und höchstpersönlichen, Daten (vgl. Art. 6 Abs. 2 lit. a) – l) der Durchführungsbestimmungen für Analysedateien) verarbeitet werden, die vorrangig nur über Beschuldigte und Tatverdächtige verarbeitet werden dürfen (vgl. Art. 6 Abs. 3 Unterabsatz 2, Abs. 4 Unterabsatz 2, Abs. 5 Unterabsatz 2, Abs. 6 Unterabsatz 2 der Durchführungsbestimmungen für Analysedateien).

((3)) Grundsätzliches Einwilligungserfordernis

Personenbezogene Daten über Zeugen, mögliche Opfer, Hinweisgeber und sonstige Auskunftspersonen im Sinne des § 8 Abs. 4 S. 1 BKAG dürfen vom BKA grundsätzlich nur mit Einwilligung der Betroffenen verarbeitet werden (vgl. § 8 Abs. 4 S. 4 und 5 BKAG).
Der Forderung des Bundesrates[691] nach Streichung dieses Einwilligungserfordernisses ist die Bundesregierung nicht gefolgt. Nach Auffassung der Bundesregierung stellt das Einwilligungserfordernis „einen Ausgleich dafür dar, daß es sich hier um Daten von solchen Personen handele, die keiner Straftat verdächtig seien, die andererseits aber nach § 8 Abs. 4 S. 1 unter verhältnismäßig weitgefaßten Voraussetzungen gespeichert werden dürfen. Diese Personengruppe solle selbst bestimmen können, ob ihre Daten in Vorsorgedateien gespeichert werden oder nicht."[692]
In der Europol-Konvention oder ihren Durchführungsbestimmungen ist ein entsprechendes Einwilligungserfordernis nicht normiert worden.

((4)) Qualifizierte Negativprognose – § 8 Abs. 5 BKAG

Aufgrund der – potentiell jeden betreffenden – Ausweitung des personellen Anwendungsbereichs normiert § 8 Abs. 5 BKAG durch das Erfordernis des Vorliegens „bestimmter Tatsachen" im Rahmen der zu treffenden Prognoseentscheidung im Vergleich zu den Regelungen der §§ 8 Abs. 2, Abs. 4 S. 1 BKAG eine „deutlich fundiertere Abwägung"[693] zum Zweck der Anhebung der „Eingriffsschwelle".[694]

((5)) Zwischenergebnis

Im Vergleich zum BKAG normiert das Europol-Übereinkommen eine sowohl in personeller als auch in sachlicher Hinsicht extensiver gefasste Befugnis zur präventivpolizeilichen Verarbeitung personenbezogener Daten von Nicht-Beschuldigten und Nicht-Verdächtigen.

---

691 Vgl. BR-Drs. 94/95 vom 31.03.1995 Nr. 16 zu Art. 1 § 8 Abs. 4 S. 3; zustimmend *Ahlf*, BKAG, § 8 Rdn. 10.
692 *Ahlf*, BKAG, § 8 Rdn. 10.
693 *Ahlf*, BKAG, § 8 Rdn. 12.
694 *Ahlf*, BKAG, § 8 Rdn. 12; vgl. Bäumler, in: *Lisken/Denninger*, Kap. J, Rdn. 583.

(e) (Un-)Vereinbarkeit der Europol-Konvention mit deutschem (Verfassungs-) Recht

(aa) Erfordernis tatsachengestützter Prognoseentscheidungen im deutschen Recht

Ausgehend von den durch das Bundesverfassungsgericht in seiner neueren Rechtsprechung[695] normierten Voraussetzungen präventiv-polizeilicher Prognoseentscheidungen[696] erfordert jede Prognoseentscheidung, d.h. auch die in den Fällen der §§ 8 Abs. 2, Abs. 4 S. 1 und Abs. 5 BKAG zu treffenden Negativprognosen, eine auf den jeweiligen Einzelfall bezogene Entscheidung, die auf schlüssigen, verwertbaren und in der Entscheidung nachvollziehbar dokumentierten Tatsachen beruht.[697] Die Regelungen des BKAG sind insoweit verfassungskonform auszulegen, denn nur unter diesen Voraussetzungen ist die auf eine Prognoseentscheidung gestützte Verarbeitung personenbezogener Daten von Nicht-Beschuldigten und Nicht-Verdächtigen nach deutschem Recht verfassungsgemäß.

Die Europol-Konvention entspricht diesen verfassungsrechtlichen Anforderungen nicht.[698] Gemäß Art. 10 Abs. 1 Europol-Konvention i.V.m. Art. 6 Abs. 3 Unterabsatz 2, Abs. 4 Unterabsatz 2, Abs. 5 Unterabsatz 2, Abs. 6 Unterabsatz 2 i.V.m. Art. 6 Abs. 2 lit. a) – l) der Durchführungsbestimmungen für Analysedateien darf Europol in den Arbeitsdateien für Analysezwecke in umfassender Weise auch höchstpersönliche, sensible personenbezogene Daten Unschuldiger, d.h. von Nicht-Beschuldigten und Nicht-Verdächtigen, verarbeiten, sofern es Grund zu der Annahme gibt, dass sie für die jeweilige Analyse notwendig bzw. erforderlich sind.
Die von den Europol-Bediensteten auf dieser rechtlichen Grundlage zu treffenden Prognoseenscheidungen (Negativprognosen) erfordern keine auf schlüssigen, verwertbaren und in der Entscheidung nachvollziehbar dokumentierten Tatsachen beruhende Einzelfallentscheidung.

(bb) Kontakt- und Begleitpersonen

Zu der Frage, unter welchen Voraussetzungen bzw. innerhalb welcher Grenzen beispielsweise personenbezogene Daten von Kontakt- und Begleitpersonen zu präventiv-polizeilichen Zwecken erhoben und verarbeitet werden dürfen, hat das Bundesverfassungsgericht in seinem Beschluss vom 25. April 2001[699] unter Bezugnahme auf die im Hamburgischen Gesetz über die Datenverarbeitung der Polizei (HbgGDVP) normierte Befugnis zur Verarbeitung durch Observation und den verdeckten Einsatz technischer Mittel gewonnener Daten von Kontakt- und Begleitpersonen Stellung genommen.

---

695 BVerfG NJW 2001, S. 879 ff; ebenda, S. 2320 ff.
696 Hinsichtlich weitergehender Details - vgl. S. 225 f.
697 Vgl. BVerfG NJW 2001, S. 2320 (2321); NJW 2001, S. 879 (881).
698 Die Vereinbarkeit der Europol-Konvention mit deutschem Verfassungsrecht ist in Kapitel 4 Gegenstand detaillierter Untersuchung.
699 BVerfG EuGRZ 2001, S. 255 ff.

Nach der Legaldefinition des § 1 Abs. 6 HbgGDVP sind Kontakt- oder Begleitpersonen im Sinne dieses Gesetzes alle „Personen, die mit einer Person, von der tatsächliche Anhaltspunkte die Annahme rechtfertigen, dass diese Person Staftaten begehen wird, in einer Weise in Verbindung stehen, die die Erhebung ihrer personenbezogenen Daten zur vorbeugenden Bekämpfung dieser Straftaten erfordert."[700]
Der Begriff der Kontakt- und Begleitperson ist – nach Auffassung des Bundesverfassungsgerichts – „restriktiv auszulegen. Vorausgesetzt sind konkrete Tatsachen für einen objektiven Tatbezug und damit für eine Einbeziehung in den Handlungskomplex der Straftatbegehung, insbesondere eine Verwicklung in den Hintergrund oder das Umfeld der Straftaten."[701]
Die insoweit erforderliche „besondere Verbindung"[702] einer Kontakt- oder Begleitperson mit potentiellen Straftaten und Straftätern liegt beispielsweise vor, wenn die Kontakt- oder Begleitperson als Mitwisser in die Pläne der Hauptzielperson zur Vorbereitung, Durchführung oder der späteren Ertragssicherung von Straftaten ganz oder teilweise eingeweiht ist, deren Pläne aktiv unterstützt oder als Verbindungsperson handelt.[703]

Die in Art. 6 Abs. 3 der Durchführungsbestimmungen für die Analysedateien normierte Befugnis zur Speicherung und Verarbeitung personenbezogener Daten über Kontakt- und Begleitpersonen durch Europol entspricht nicht diesen restriktiv gefassten Voraussetzungen. Die Europol insoweit gewährte Datenverarbeitungsbefugnis erfordert nicht eine besondere Verbindung, d.h. das Vorliegen konkreter Tatsachen für einen objektiven Tatbezug der Kontakt- oder Begleitperson und damit für eine Einbeziehung in den Handlungskomplex der Straftatbegehung.

Fazit:
Da die Europol-Konvention als völkerrechtliches Übereinkommen im Hinblick auf die Europol gewährte Befugnis zur präventiv-polizeilichen Verarbeitung personenbezogener Daten von Nicht-Beschuldigten und Nicht-Verdächtigen nicht den Vorgaben des Bundesverfassungsgerichts entsprechend, d.h. verfassungskonform, ausgelegt werden kann, ist sie insoweit als verfassungswidrig zu bewerten.

(cc) Benachrichtigungs- / Unterrichtungspflicht

In seinem vorstehend genannten Beschluss vom 25. April 2001 hat das Bundesverfassungsgericht entschieden, dass alle von einer polizeilichen Datenerhebung betroffenen Personen zur Gewährleistung eines effektiven Rechtsschutzes über präventiv-polizeilich durchgeführte Datenerhebungen generell benachrichtigt werden müssen.[704] Diese Pflicht resultiert aus dem mit dem Grundrecht auf informationelle Selbstbestimmung verbundenen Anspruch auf Rechtsverfolgung, der sich nicht lediglich auf den gerichtlichen Rechtsschutz richtet, sondern „insbesondere auch durch Rechte auf Löschung

---

700 Zitiert nach: BVerfG EuGRZ 2001, S. 255 (255).
701 BVerfG EuGRZ 2001, S. 255 (257).
702 BVerfG EuGRZ 2001, S. 255 (257).
703 Vgl. BVerfG EuGRZ 2001, S. 255 (257).
704 Vgl. BVerfG EuGRZ 2001, S. 255 (257 f).

oder Berichtigung gegenüber der Informationen und Daten verarbeitenden Stelle"[705] verwirklicht werden kann.[706] Die Möglichkeit der Kenntnis der Datenerhebung ist eine notwendige Voraussetzung zur Abwehr rechtswidriger Eingriffe. Insbesondere in den Fällen, in denen eine Datenerhebung, „nicht offen",[707] d.h. unter Verwendung „besonderer Mittel" (vgl. § 23 Abs. 2 BKAG) erfolgt, „ist das Erfordernis der Benachrichtigung für den Rechtsschutz besonders bedeutsam.(...)[708] Die Benachrichtigung ist eine Rechtspflicht der Polizei."[709] Die Erfüllung dieser Pflicht kann zum Zwecke der Verhütung oder der Vorsorge zur Verfolgung von Straftaten „nur zeitlich"[710] aufgeschoben, nicht jedoch ausgeschlossen werden.[711] Gemäß dem von der Polizei auch insoweit zu beachtenden Grundsatz der Verhältnismäßigkeit ist das Hinausschieben der Benachrichtigung aufgrund der Verzögerung der Rechtsschutzmöglichkeiten auf „das unbedingt Erforderliche"[712] zu begrenzen.[713]
Auch in den Fällen, in denen zu polizeilichen Zwecken erhobene Daten zwischenzeitlich für Zwecke der Strafverfolgung genutzt worden sind, besteht die Benachrichtigungspflicht fort.[714] Die polizeirechtliche Benachrichtigungspflicht lebt demnach spätestens nach Abschluss des strafrechtlichen Ermittlungsverfahrens wieder auf, sofern der Betroffene nicht im Zuge des Ermittlungsverfahrens Kenntnis von der Datenerhebung bzw. -verarbeitung erhalten hat.[715]
Gesetzliche Regelungen, die beispielsweise bestimmen, dass eine Unterrichtung des Betroffenen unterbleibt, sofern sich an den die Datenverarbeitung auslösenden Sachverhalt ein strafrechtliches Ermittlungsverfahren gegen den Betroffenen anschließt (vgl. z.B. § 9 HbgGDVP), sind insoweit verfassungskonform auszulegen.[716]
Ausgehend von dieser neueren Rechtsprechung des Bundesverfassungsgerichts sind auch die im BKAG normierten – lediglich grundsätzlich bestehenden – Benachrichtigungspflichten (vgl. z.B. § 16 Abs. 5, § 23 Abs. 5, § 31 BKAG) im Wege der verfas-

---

705 BVerfG EuGRZ 2001, S. 255 (258).
706 BVerfG EuGRZ 2001, S. 255 (258).
707 BVerfG EuGRZ 2001, S. 255 (257).
708 Vgl. auch: BVerfGE 100, S. 313 (361); LfD Niedersachsen, Tätigkeitsbericht 1997/1998, Punkt 12.2, (http://www.lfd.niedersachsen.de/aktuel...aetigleitsbericht97_98/inhalt/3_12.htm – Stand: 25.08.2000): Die nachträgliche Information hat einen „Rechtsschutz-Initiativeffekt"; *Weichert*, DuD 1995, S. 450 (456). Anmerkung: Eine heimliche Datenerhebung praktizieren insbesondere die Nachrichtendienste, die „schon im Vorfeld zur Verdachtsgewinnung" (*BfD*, 15. Tätigkeitsbericht, BT-Drs. 13/1150, S. 153) tätig werden und eine wesentliche Quelle für die von Europol im Analysesystem verarbeiteten sensiblen, sogenannten „weichen", d.h. nicht gerichtsverwertbaren personenbezogenen Daten sind (vgl. *Rupprecht*, in: Bundesamt für Verfassungsschutz, S. 119 (139)).
709 BVerfG EuGRZ 2001, S. 255 (257).
710 BVerfG EuGRZ 2001, S. 255 (257).
711 Vgl. BVerfG EuGRZ 2001, S. 255 (257).
712 BVerfG EuGRZ 2001, S. 255 (257).
713 BVerfG EuGRZ 2001, S. 255 (257).
714 BVerfG EuGRZ 2001, S. 255 (257 f).
715 Vgl. BVerfG EuGRZ 2001, S. 255 (258). In einem strafrechtlichen Ermittlungsverfahren ist die Ermittlungsbehörde nur zur Benachrichtigung des Beschuldigten verpflichtet (vgl. § 170 Abs. 2 S. 2 StPO), d.h. es besteht keine darüberhinausgehende Pflicht zur Benachrichtigung sonstiger Personen, die von der Datenerhebung betroffen sind.
716 BVerfG EuGRZ 2001, S. 255 (258).

sungskonformen Auslegung als uneingeschränkt bestehende Benachrichtungspflichten zu interpretieren.

Das Europol-Übereinkommen und seine Durchführungsbestimmungen normieren keine Benachrichtigungspflicht zugunsten der von der Datenverarbeitung betroffenen Personen, obgleich in den Empfehlungen R (87) 15 des Ministerkomitees an die Mitgliedstaaten über die Nutzung personenbezogener Daten im Polizeibereich vom 17. September 1987[717] in Grundsatz 2.2 eine grundsätzliche Benachrichtungspflicht gegenüber dem Betroffenen im Falle einer ohne dessen Wissen erfolgten Datenverarbeitung aufgenommen worden ist.
In der zweiten Beratung und Schlussabstimmung hat *Büttner* (MdB SPD) die fehlende Benachrichtigungspflicht Europols kritisiert und gefordert, dass die Betroffenen „nach Abschluss der Ermittlungen über Art, Umfang und Anlaß der Datenerfassung zu informieren“[718] seien.

Insbesondere im Falle der Verarbeitung von Daten, die Europol durch Drittstaaten oder Drittstellen übermittelt worden oder das Ergebnis der Analysetätigkeit Europols sind und für die Europol gemäß Art. 15 Abs. 1 Nr. 2 Europol-Konvention die datenschutzrechtliche Verantwortung obliegt, besteht ein berechtigtes Interesse der Betroffenen an der Unterrichtung über die erfolgte Verarbeitung ihrer personenbezogenen Daten. Zudem kann auch in den Fällen, in denen personenbezogene Daten von den nationalen Stellen der Mitgliedstaaten an Europol übermittelt worden sind und für welche die Mitgliedstaaten datenschutzrechtlich verantwortlich sind (vgl. Art. 15 Abs. 1 Nr. 1 Europol-Konvention), aufgrund des unterschiedlichen Datenschutzniveaus in den Mitgliedstaaten nicht generell davon ausgegangen werden, dass ein Betroffener über die in einem Mitgliedstaat erfolgte Datenverarbeitung bereits unterrichtet worden ist.

Das Europol-Übereinkommen normiert in Art. 13 S. 1 Europol-Konvention lediglich eine Unterrichtungspflicht Europols gegenüber den Mitgliedstaaten bezogen auf die den jeweiligen Mitgliedstaat betreffenden Informationen und die in Erfahrung gebrachten Zusammenhänge über Straftaten, für die Europol zuständig ist. Gemäß Art. 13 S. 2 Europol-Übereinkommen darf Europol auch Informationen und Erkenntnisse über andere Straftaten von erheblicher Bedeutung, die Europol bei der Wahrnehmung seiner Aufgaben bekannt werden (Art. 13 S. 2 Europol-Übereinkommen), an die Mitgliedstaaten übermitteln. Der Begriff „Straftaten von erheblicher Bedeutung“ wird im Europol-Übereinkommen und seinen Durchführungsbestimmungen weder legaldefiniert, noch inhaltlich konkretisiert. Da dieser Begriff in den Mitgliedstaaten unterschiedlich interpretiert wird,[719] normiert Art. 13 S. 2 Europol-Übereinkommen keine einheitliche Übermittlungsschwelle.

---

[717] Abgedruckt in *Baldus*, Nr. 92.
[718] BT-Plenarprotokoll 13/198, S. 17920.
[719] Vgl. *Oberleitner*, S. 144.

Fazit:
Da die Europol-Konvention und die sie konkretisierenden Rechtsakte keine Benachrichtigungs- bzw. Unterrichtungspflicht gegenüber den von der präventiv-polizeilichen Datenverarbeitung Betroffenen normieren, sind sie nach deutschem Recht als verfassungswidrig zu bewerten.

ff) Beeinträchtigung der Sachleitungsbefugnis

Da Europol nationale Ermittlungen in den Mitgliedstaaten sowohl durch seine reaktiv ermittlungsunterstützenden als auch durch seine proaktiv ermittlungsinitiierenden Analysen steuern bzw. lenken kann,[720] ist der Frage nachzugehen, ob die Europol-Konvention gegen die im deutschen strafrechtlichen Ermittlungsverfahren geltende Sachleitungsbefugnis der Staatsanwaltschaft (§ 163 StPO) verstößt.

Im strafrechtlichen Ermittlungsverfahren ist die Polizei Ermittlungsorgan der Staatsanwaltschaft (§ 161 Abs. 1 StPO, § 152 Abs. 1 GVG). Als „Herrin des Ermittlungsverfahrens“[721] ist die Staatsanwaltschaft im Verhältnis zur Polizei leitungs- und weisungsbefugt. Als Organe der Rechtspflege erfüllen Staatsanwaltschaft und Gericht im Strafverfahren gemeinsam die Aufgabe der „Justizgewährung“,[722] denn es ist – so das *Bundesverfassungsgericht* – „ein besonderes Anliegen des Rechtsstaates, daß nur den wirklich Schuldigen die im sachlichen Recht vorgesehenen Unrechtsfolgen treffen. Deshalb muß die Tätigkeit des zur Verwirklichung des staatlichen Strafanspruchs berufenen Staatsanwalts ebenso wie die des Richters von dem Bestreben getragen sein, alles zu tun, daß nur der Schuldige bestraft, der unschuldig in Verdacht Geratene aber baldmöglich aus dem Verfahren entlassen oder freigesprochen wird.“[723]
Die Leitungsbefugnis der Staatsanwaltschaft erstreckt sich nicht nur auf Ermittlungshandlungen im engeren Sinne, sondern auf alle Maßnahmen zur Förderung des Strafverfahrens und somit auch auf die Anwendung exekutiver polizeilicher Befugnisse (Durchsuchungen, vorläufige Festnahmen, Beschlagnahmen etc.).[724]
Die staatsanwaltliche Weisungsbefugnis gilt nicht gegenüber Europol und seinen Bediensteten, denn diese genießen sowohl gegenüber den nationalen Staatsanwaltschaften als auch gegenüber den nationalen Stellen Weisungsfreiheit (vgl. Art. 30 Abs. 1 Europol-Konvention).

Anlässlich der Sachverständigenanhörung des Deutschen Bundestages zum Europol-Immunitätenprotokollgesetz haben *Storbeck* und *Nehm* die Auffassung vertreten, dass die Sachleitungsbefugnis sowie die Garantenstellung für die Justizförmigkeit des Ermittlungsverfahrens durch die „derzeitige Konzeption von Europol nicht beeinträchtigt“[725] wird.

---

[720] Vgl. S. 190 ff.
[721] Denninger, in: *Lisken/Denninger*, Kap. E, Rdn. 168 mit Hinweis auf *Roxin*, § 10, Rdn. 17, vgl. *Meyer-Goßner*, StPO, § 163, Rdn. 3.
[722] BVerfGE 63, 45 (63).
[723] BVerfGE 63, 45 (63).
[724] Vgl. *Meyer-Goßner*, StPO, § 161 Rdn. 11.
[725] *Nehm*, BT-Innenausschuss-Drs. 13/177, S. 53; vgl. *Storbeck*, BT-Innenausschuss-Drs. 13/177, S. 28 f.

Europol ist – so *Storbeck* – „im deutschen Ermittlungsverfahren nur Erfüllungsgehilfe, ein unselbständiges Instrument".[726] Die Herrschaft in Strafverfahren, in denen Europol durch „Informationszulieferung, Analyse, Koordination, Expertise und technische Hilfe"[727] unterstützend tätig werde, richte sich weiterhin nach den Rechtsvorschriften der jeweils betroffenen Mitgliedstaaten. Die Staatsanwaltschaft könne „die ermittlungsführenden deutschen Polizei- und Zollbehörden jederzeit anweisen, Informationen an Europol weiterzugeben oder Informationen von Europol einzuholen, Daten bei Europol analysieren zu lassen und in sonstiger Weise Europol zur Unterstützung einzubinden."[728]
Nehm verneint ebenfalls eine Beeinträchtigung der Sachleitungsbefugnis, da Europol in der derzeitigen Ausbaustufe „kein wesentlicher prozeduraler Einfluß auf die Gestaltung des Ermittlungs- und Strafverfahrens"[729] zukomme, weil die nationalen Staatsanwaltschaften und Gerichte in eigener Zuständigkeit darüber zu befinden hätten, ob und inwieweit eingegangene Europol-Erkenntnisse verwertbar seien und ihrerseits weitere Maßnahmen und Schritte in nationalen Verfahren rechtfertigen.[730] Diese auch von der früheren Bundesregierung vertretene Auffassung[731] trägt den – faktischen – Auswirkungen der (Analyse-)Tätigkeit Europols auf nationale Ermittlungsverfahren nicht hinreichend Rechnung.[732]

Nach geltendem Recht ist Europol aufgrund seiner Analysetätigkeit bzw. aufgrund der aus der Analysetätigkeit gewonnen (neuen) Erkenntnisse, die über die nationalen Verbindungsbeamten und die nationalen Stellen (vgl. Art. 4 Europol-Übereinkommen) in das nationale Ermittlungsverfahren einfließen, in der Lage, (laufende) Ermittlungen in den Mitgliedstaaten – auch konkrete Ermittlungsmaßnahmen – zu steuern.[733]
Die Begründung *Nehms*, dass die zuständige Staatsanwaltschaft die von Europol vorgelegten „möglicherweise anfangsbegründenden Erkenntnisse"[734] „auf ihre Bedeutung für ein bestimmtes Ermittlungsverfahren zu prüfen"[735] und „aufgrund eigener Entschließung zu bewerten"[736] habe, ist – de iure – zutreffend, verkennt jedoch Bedeutung und Rechtsfolgen der Europol bereits nach geltendem Recht gewährten Analysebefugnisse.

---

[726] *Storbeck*, a.a.O., S. 29.
[727] *Storbeck*, a.a.O., S. 29.
[728] *Storbeck*, a.a.O., S. 29.
[729] *Nehm*, BT-Innenausschuss-Drs. 13/177, S. 55.
[730] *Nehm*, a.a.O., S. 55.
[731] *Lintner*, BT-Plenarprotokoll 13/172, S. 15481: „Europol erfüllt im Rahmen von nationalen Ermittlungsverfahren eine Unterstützungsfunktion. Damit liegen die Sachherrschaft (...) weiterhin bei der deutschen Staatsanwaltschaft."; vgl. *Daub*, S. 86 (94); *Stadler*, BT-Plenarprotokoll 13/172, S. 15485: „Europol (...) ermittelt im Rahmen von nationalen Ermittlungsverfahren. Damit liegt die Sachherrschaft bei deutschen Ermittlungsverfahren weiterhin bei der deutschen Staatsanwaltschaft."
[732] Vgl. insoweit auch: *Ostendorf*, NJW 1997, S. 3418 (3419): „droht mit Einrichtung von Europol eine Umkehr des Verhältnisses Staatsanwaltschaft – Polizei."; *Weichert*, Bürgerrechte & Polizei/CILIP 56 (1997), S. 54 (56); *ders.*, DuD 1995, S. 450 (453).
[733] Vgl. S. 190 ff.
[734] *Nehm*, BT-Innenausschuss-Drs. 13/177, S. 53.
[735] *Nehm*, a.a.O., S. 54.
[736] *Nehm*, a.a.O., S. 53.

Im Falle einer reaktiv ermittlungsunterstützenden Analyse ist Europol zwar formal als unselbständiges Instrument in nationale Ermittlungen eingebunden, da eine entsprechende Analyse von Europol nach geltendem Recht nur nach Anforderung durch die nationale Stelle getätigt werden und in das Ermittlungsverfahren einfließen kann. Kraft überlegenem (Sonder-)Wissen könnte Europol in diesen Fällen jedoch eine inhaltliche Sachherrschaft zufallen, die – in Anlehnung an die Maßgabe des Bundesverfassungsgerichts – dazu führen könnte, dass Schuldige nicht bestraft und/oder unschuldig in Verdacht Geratene nicht baldmöglich aus dem Verfahren entlassen oder freigesprochen werden. Würde Europol beispielsweise im Rahmen einer ermittlungsunterstützenden Analyse aufgrund einer (unbewusst) fehlerhaften operativen Fallanalyse über einen Nicht-Beschuldigten/Nicht-Verdächtigen neue Erkenntnisse bzw. neue Ermittlungsansätze gewinnen, die einen hinreichenden Anfangsverdacht im Sinne des § 152 Abs. 2 StPO begründen, wäre die zuständige Staatsanwaltschaft gesetzlich verpflichtet, ein Ermittlungsverfahren einzuleiten. Insoweit obläge – de facto[737] – nicht der Staatsanwaltschaft, sondern Europol die Sachleitung im nationalen Ermittlungsverfahren. Die Staatsanwaltschaft wäre in diesem Fall – de facto – lediglich Erfüllungsgehilfe Europols.

Im Hinblick auf diese faktische Aufhebung bzw. Beschränkung der staatsanwaltschaftlichen Sachleitungsbefugnis ist zudem Folgendes zu berücksichtigen: Dem normativen Leitbild der Staatsanwaltschaft als Herrin des Ermittlungsverfahrens entspricht die Praxis der Strafverfolgung „seit langem kaum noch“.[738] Die Polizei ist „faktische Herrin des Ermittlungsverfahrens“[739] – nicht nur in der Bundesrepublik Deutschland.[740] Sie verfügt über die für die Ermittlungstätigkeit notwendigen kriminalistischen Mittel und Methoden.[741]

Eine wichtige Ursache für diese „deutliche Gewichtsverlagerung hin zur Polizei“[742] ist die Entwicklung der modernen Datenverarbeitung.[743] Die deutsche Polizei verfügt beispielsweise aufgrund des elektronischen Anschlusses an die INPOL-Dateien über „eine Fülle von nützlichen Informationen“,[744] die den Staatsanwaltschaften nicht

---

737 Vgl. zur potentiellen faktischen Be-/Einschränkung der staatsanwaltschaftlichen Sachleitungsbefugnis: *Gleß*, StV 2001, S. 623 (624); *Lisken*, DRiZ 1998, S. 75 (77); *Zieschang*, 1996, S. 427 (429).

738 Denninger, in: *Lisken/Denninger*, Kap. E, Rdn. 169.

739 *Eser*, ZStW 108 (1996), S. 86 (98); vgl. *Gleß*, StV 2001, S. 623 (624); Denninger, in: *Lisken/Denninger*, Kap. E, Rdn. 169: „Der tatsächliche „Funktionsverlust“ der Staatsanwaltschaft ist (...) offenkundig.“; *Zieschang*, ZRP 1996, S. 427 (429); Bäumler, in: *Lisken/Denninger*, Kap. J, Rdn. 551.

740 Vgl. *Eser*, ZStW 108 (1996), S. 86 (96 f); *Gleß*, StV 2001, S. 623 (623) „Verpolizeilichung des Strafverfahrens auf europäischer Ebene (...)“ m.w.N. Zu Begriff und Bedeutung der „Verpolizeilichung“ – vgl. *Albrecht*, KritV 2000, S. 273 (274): „Mit dem Begriff „Verpolizeilichung“ werden die Dominanz der Polizei und damit zugleich der innenpolitischen Interessen und Bedürfnisse im Strafrecht umschrieben.“, S. 273: „im Verhältnis von Polizei und Strafverfahren (...) spielt im Moment und in Zukunft die kriminalpolitische Musik, hier wird über Rechtsstaatlichkeit und Prinzipien des Strafrechts entschieden werden.“

741 Denninger, in: *Lisken/Denninger*, Kap. E, Rdn. 169.

742 Bäumler, in: *Lisken/Denninger*, Kap. J, Rdn. 551.

743 Bäumler, a.a.O., Rdn. 551; vgl. Denninger, in: *Lisken/Denninger*, Kap. E, Rdn. 169; *Zieschang*, ZRP 1996, S. 427 (429).

744 Denninger, in: *Lisken/Denninger*, Kap. E, Rdn. 169.

zugänglich sind.[745] Infolgedessen ist die Polizei der Staatsanwaltschaft „in Fragen der Aufklärungsstrategie, der fallübergreifenden kriminalistischen Analyse, der Vorhaltung von Daten und anderen Instrumenten und Techniken der Strafaufklärung häufig weit überlegen."[746]
„Wenn der Satz „Wissen ist Macht" - so *Bäumler* - „seine Berechtigung hat, so spricht allein das in polizeilichen Datensammlungen angehäufte Informationspotential eine deutliche Sprache."[747]
Dass dieser Satz seine Berechtigung hat, verdeutlicht beispielsweise die Feststellung von *Kendall* (Interpol-Generalsekretär): „Bei der Rechtsdurchsetzung und insbesondere bei kriminalpolizeilichen Ermittlungen ist Wissen Macht."[748] Diese Einschätzung teilt auch *Storbeck*, der in einem Interview eingeräumt hat: „Wissen ist Macht, Information ist Macht."[749]

Anlässlich der Sachverständigenanhörung des Deutschen Bundestages zum Europol-Immunitätenprotokollgesetz hat *Nehm* explizit darauf hingewiesen, dass „sich allerdings die Lage"[750] [Rechtsfolgen für die Sachleitungsbefugnis der Staatsanwaltschaft – Anmerkung Verfasser] anders darstelle, „wenn Europol in Umsetzung des Vertrags von Amsterdam operative Aufgaben wahrnehmen, nationale Polizeibehörden bei solchen unterstützen und Europol-Bedienstete im Team mit nationalen Polizeibeamten operativ tätig werden sollten. Dies würde im exekutiven Bereich zu einer qualitativen Veränderung führen. (...) Naheliegenderweise wird hier der Unterstützungsbegriff zu gegebener Zeit eindeutig zu definieren sein."[751] Auf die auf den Amsterdamer Vertrag gestützte Fortentwicklung Europols, die inhaltliche Ausgestaltung der aktuellen und zukünftigen Unterstützungsfunktion des Europäischen Polizeiamtes und die daraus folgende begriffliche Definition der geltenden und zukünftigen Befugnisse sowie den prozeduralen Einfluss Europols auf nationale Ermittlungsverfahren aufgrund zukünftiger Befugnisse soll im Folgenden näher eingegangen werden.

Fazit:
Bereits nach der geltenden Europol-Konvention kann Europol in nationalen Ermittlungsverfahren – de facto – Sachherrschaft kraft überlegenem (Sonder-)Wissen ausüben, mit der potentiellen Folge, dass – in Anlehnung an die Rechtsprechung des Bundesverfassungsgerichts – Schuldige nicht bestraft und/oder unschuldig in Verdacht Geratene nicht baldmöglich aus dem Verfahren entlassen oder freigesprochen werden.

---

745 Vgl. Denninger, a.a.O., Rdn. 169; *Meyer-Goßner*, StPO, § 161, Rdn. 11: „Allerdings besitzt die Polizei heute auch insbesondere aufgrund ihrer umfangreichen Datensammlungen vielfach einen Informationsvorsprung, der es der StA erschwert, ihre Leitungsbefugnis auszuüben." m.w.N.

746 Bäumler, in: *Lisken/Denninger*, Kap. J, Rdn. 551.

747 Bäumler, a.a.O., Kap. J, Rdn. 551.

748 Kendall, in: BKA-Arbeitstagung 1999, S. 89 (97); vgl. *Krempl*, (http://www.heise.de/tp/deutsch/-inhalt/te/1955//1.html. – Stand: 15.09.2001), S. 1: „Die aus der polizeilichen Informationssammlung bzw. –verarbeitung gewonnene Macht über Daten entspricht im digitalen Zeitalter der Macht über Menschen."

749 Zitiert nach *Bolesch*, SZ vom 07.09.2001, S. 3.

750 *Nehm*, BT-Innenausschuss-Drs. 13/177, S. 55.

751 *Nehm*, a.a.O., S. 55.

Insoweit wird die Sachleitungsbefugnis der Staatsanwaltschaft nicht nur „faktisch weiter ausgehöhlt“,[752] sondern durch Europol de facto aufgehoben bzw. ersetzt.

gg) Europol – Polizei neuen Typs?

Bezogen auf den präventiv-polizeilichen Tätigkeitsbereich normiert die Europol-Konvention keine den Grundsätzen des deutschen Polizeirechts entsprechenden Eingriffsvoraussetzungen (Vorliegen einer Störung/konkreten Gefahr).[753] Auch bezogen auf den repressiv-polizeilichen Tätigkeitsbereich des Europäischen Polizeiamtes existiert keine dem deutschen Recht (vgl. § 152 Abs. 2 StPO) entsprechende Eingriffsvoraussetzung (Vorliegen zureichender tatsächlicher Anhaltspunkte).[754] Es erfolgt keine inhaltliche Anknüpfung an ein durch materielle Vorgaben gebundenes Ermittlungsverfahren, das auf die Klärung individueller Verantwortlichkeit gerichtet ist.[755] Vielmehr legitimiert sich sowohl die präventive als auch die repressive polizeiliche Tätigkeit von Europol ausschließlich durch das Vorhandensein des Risikos, dass es zu einer Verwirklichung der dem Mandat unterfallenden Straftat kommen könnte.[756] So gewährt beispielsweise Art. 8 Abs. 1 Nr. 2 Europol-Konvention Europol die Befugnis, in dem von ihm geführten Informationssystem auch über solche Personen Daten zu speichern, zu verändern und zu nutzen, „bei denen bestimmte schwerwiegende Tatsachen (...) die Annahme rechtfertigen, dass sie Straftaten begehen werden.“ (Art. 8 Abs. 1 Nr. 2 Europol-Übereinkommen). Ferner ist Europol zur „Verhütung“ der seinem Mandat unterfallenden Straftaten, d.h. zu präventiv-polizeilichen Zwecken, gemäß Art. 10 Abs. 1 Unterabsatz 1 Europol-Konvention i.V.m. Art. 6 der Durchführungsbestimmungen für Analysedateien berechtigt, aufgrund einer negativen Prognoseentscheidung in umfassender Weise auch präventiv-polizeilich gewonnene – höchstpersönliche – personenbezogene Daten auch von Nicht-Beschuldigten und Nicht-Verdächtigen in den Arbeitsdateien zu Analysezwecken zu verarbeiten.

Folglich birgt Europol – so *Tolmein* – die „Merkmale einer Polizei neuen Typs“[757] in sich, einer Polizei, die „weder die Gefahr noch den Störer kennt und trotzdem nicht an die Grundsätze herkömmlicher Repression gebunden ist.“[758] „Die Konturen von repressiver und präventiver Tätigkeit sind“ – so *Tolmein* – „so unklar gezeichnet, daß sie keine Grenzen mehr markieren, sondern nur noch ein großes Ganzes andeuten.“[759] *Goerdeler* kritisiert diesbezüglich sogar eine vollständig erfolgte Aufhebung der im

---

752 *Gleß*, StV 2001, S. 623 (624).

753 Vgl. *Albrecht*, KritV 2000, S. 273 (283).

754 Vgl. *Albrecht*, a.a.O., S. 273 (283).

755 *Tolmein*, StV 1999, S. 108 (110).

756 Vgl. *Tolmein*, a.a.O., S. 108 (110); *Lisken/Mokros*, Vorgänge 1997, S. 101 (104): „Vor allem fehlt es an einer eindeutigen Beschränkung jeglicher Eingriffsmacht auf die Fälle einer drohenden Gefahr und eines auf Tatsachen begründeten Tatverdachts. Die Bürger Europas können ohne solche Eingriffsvoraussetzungen unbemerkt zu Beobachtungs- und Ausforschungsobjekten gemacht werden, ohne daß eine Kontrolle möglich ist.“

757 *Tolmein*, a.a.O., S. 108 (110).

758 *Tolmein*, a.a.O., S. 108 (110).

759 *Tolmein*, a.a.O., S. 108 (110); vgl. *Lisken/Mokros*, Vorgänge 1997, S. 101 (101); *Lavranos*, DuD 1996, S. 400 (405).

deutschen Recht typischen Grenze zwischen repressiver und präventiver polizeilicher Tätigkeit.[760]

Im Folgenden soll der Frage nachgegangen werden, ob mit der Kompetenzzuweisung Europols zur „vorbeugenden Verbrechensbekämpfung“,[761] d.h. zur präventiv-polizeilichen Informationsverarbeitung, – im Sinne der Begriffsbestimmung *Tolmeins* – bereits eine „Stelle mit einer Sachleitungsbefugnis für geheime und Vorfeld-Ermittlungen auf EU-Ebene“[762] geschaffen worden ist. Hierfür ist es zunächst erforderlich, Bedeutung und Rechtsfolgen präventiv-polizeilicher Informationseingriffe zu klären und die rechtliche Ausgestaltung der polizeilichen Informationsvorsorge sowohl innerhalb des Rechtssystems der Bundesrepublik Deutschland als auch rechtsvergleichend in den anderen Europol-Mitgliedstaaten zu untersuchen.

(1) Polizeiliche Informationsvorsorge / präventiv-polizeiliche Informationseingriffe

Aufgrund der Befugnis zur vorbeugenden Verbrechensbekämpfung kann Europol aus „Vorfeld“[763]-Ermittlungen,[764] d.h. aus präventiv-polizeilichen Informationserhebungen resultierende personenbezogene Daten speichern und verarbeiten. Diese präventiv-polizeiliche Datenerhebung ist rechtlich als ein „Informationseingriff“,[765] d.h. als polizeiliches Eingriffshandeln zu bewerten.[766] Informationseingriffe erfolgen auf der Grundlage einer Prognoseentscheidung – einer begründeten Vermutung.[767] *Weichert* kritisiert diese Datenerhebung im polizeilichen Vorfeld als einen „schon nach nationalem Recht äußerst fragwürdigen Betätigungsbereich“,[768] der im Rahmen internationaler Polizeikooperation keinen Platz haben dürfe und in einem Spannungsverhältnis zu Nr. 2.1. der Polizeidatenschutz-Empfehlungen des Europarats stehe, wonach ein polizeiliches Tätigwerden grundsätzlich nur bei konkreter Gefahr oder spezieller Strafverfolgung zulässig sei.[769]

---

760 *Goerdeler*, (http://www.hintergrund.com/m049708.htm – Stand: 06.09.1999); vgl.: *Lisken/ Mokros*, Vorgänge 1997, S. 101 (104); *Zieschang*, ZRP 1996, S. 427 (428 f.): „Die Unterschiede bei der präventiven und repressiven Datenerhebung werden nun durch Europol nivelliert.“ und S. 429: „Eine informationelle Gewaltenteilung findet nicht statt.“; *Lindner*, BayVBl. 2001, S. 193 (194): „(...) Europol die dem deutschen Polizeirecht zugrunde liegende dogmatische Basisunterscheidung zwischen repressiver und präventiver polizeilicher Tätigkeit nicht nachvollzieht.“

761 Bäumler, in: *Lisken/Denninger*, Kap. J, Rdn. 531; *Tolmein*, StV 1999, S. 108 (109).

762 *Tolmein*, StV 1999, S. 108 (115).

763 Zum Begriff: Denninger, in: *Lisken/Denninger*, Kap. E, Rdn. 194; Bäumler, in: *Lisken/Denninger*, Kap. J, Rdn. 531; *Albrecht*, KritV 2000, S. 273 (278).

764 Vgl. *Weichert*, DuD 1995, S. 450 (454). Vertiefend zur polizeilichen Vorfeldermittlungskompetenz: *Artzt*, Matthias: Die verfahrensrechtliche Bedeutung polizeilicher Vorfeldermittlungen – zugleich eine Studie zur Rechtsstellung des von Vorfeldermittlungen betroffenen Personenkreises, Frankfurt a.M. u.a., 2000.

765 Denninger, in: *Lisken/Denninger*, Kap. E, Rdn. 56; vgl. *ders.*, a.a.O., Rdn. 194.

766 Vgl. Denninger, a.a.O., Rdn. 56.

767 Vgl. *Weichert*, DuD 1995, S. 450 (454).

768 *Weichert*, a.a.O., S. 450 (454).

769 *Weichert*, a.a.O., S. 450 (454). Grundsatz 2.1 der Empfehlung R (87) 15 des Ministerkomitees an die Mitgliedstaaten über die Nutzung personenbezogener Daten im Polizeibereich vom

Es ist – so *Bäumler* – „kein Zufall“,[770] dass die auch in der Bundesrepublik Deutschland konträr geführte Debatte über die vorbeugende Verbrechensbekämpfung[771] „zeitlich mit dem Beginn und der Weiterentwicklung der elektronischen Datenverarbeitung bei der Polizei zusammenfällt. Erst deren Möglichkeiten haben dem Wunsch, bereits im Vorfeld konkreter Straftaten ein polizeiliches Operationsfeld zu schaffen, eine reale Basis gegeben.“[772] Mit der elektronischen Datenverarbeitung ist die Möglichkeit geschaffen worden, Informationen in großen Mengen zu erheben, zu speichern, auszuwerten, und „in vielfältiger Weise zu nutzen.“[773]

Aufgrund der Möglichkeit zur Durchführung präventiv-polizeilicher Informationseingriffe (Vorfeld-Ermittlungen) besteht die Gefahr, dass strafprozessuale Verfahrensgarantien (Geltung des Legalitätsprinzips (vgl. §§ 151 Abs. 2, 160, 161, 163 Abs. 1 StPO) als handlungsleitendes Prinzip und Ausprägung des verfassungsrechtlich verankerten Rechtsstaatsprinzips,[774] Sachleitungskompetenz der Staatsanwaltschaft) „präventivpolizeilich unterlaufen“[775] werden. Dies gilt insbesondere im Fall „präventiv-repressiver Gemengenlagen“,[776] d.h. „doppelfunktionaler Maßnahmen“.[777]

Die Durchführung präventiv-polizeilicher Informationseingriffe im Vorfeld der Gefahr (Vorfeld-Ermittllungen), d.h. die aktive Beschaffung personenbezogener Daten zum Zwecke der vorbeugenden Verbrechensbekämpfung, wird „häufig als operatives Vorgehen bezeichnet“.[778] „Das „Vorfeld“ der Gefahr hat begrifflich keine Grenze“,[779] so dass der Bereich präventiv-polizeilicher Vorfeld-Ermittlungen, die „häufig heimlich“[780] erfolgen,[781] nicht abschließend definiert werden kann.[782]

17.09.1987 (abgedruckt in: Baldus Nr. 94) lautet wie folgt: „Die Sammlung personenbezogener Daten für polizeiliche Zwecke sollte auf solche Daten beschränkt werden, die für die Abwehr einer konkreten Gefahr oder die Verfolgung einer speziellen Straftat erforderlich sind. Jede Ausnahme von dieser Regelung sollte Gegenstand spezieller nationaler Gesetzgebung sein.“

770 Bäumler, in: *Lisken/Denninger*, Kap. J, Rdn. 531.

771 Vgl. insoweit auch: S. 223 ff; Denninger, in: *Lisken/Denninger*, Kap. E, Rdn. 180 ff.

772 Bäumler, in: *Lisken/Denninger*, Kap. J, Rdn. 531.

773 Bäumler, a.a.O., Kap. J, Rdn. 532.

774 Vgl. insoweit Denninger, in: *Lisken/Denninger*, Kap. E, Rdn. 172.

775 Denninger, a.a.O., Rdn. 162; vgl. *Albrecht*, KritV 2000, S. 273 (278 f); zur potentiellen Gefahr von „Strukturermittlungen“ oder „Initiativermittlungen, wie die verfassungswidrigen Ausforschungen im kriminogenen Milieu ohne konkreten Tatverdacht im Sinne von § 152 II StPO genannt werden, (...)“ – vgl. *Lisken*, DRiZ 1998, S. 75 (76).

776 Denninger, in: *Lisken/Denninger*, Kap. E, Rdn. 180 mit Hinweis auf die zu dieser „Problematik“ (Denninger) ergangene Rechtsprechung; *ders.*, ebenda: „präventiv-polizeiliche Gemengenlagen“ gehören „seit langem schon zum normalen Polizeialltag (...).“

777 Denninger, a.a.O., Rdn. 180; vgl. *Albrecht*, KritV 2000, S. 273 (278): „Multifunktionale Ermittlungsmethoden bedeuten, daß sich die Polizei fast nach Belieben von den noch existierenden Fesseln der StPO befreien kann.“

778 Bäumler, in: *Lisken/Denninger*, Kap. J, Rdn. 538; vgl. *Albrecht*, KritV 2000, S. 273 (277).

779 Denninger, in: *Lisken/Denninger*, Kap. E, Rdn. 194.

780 Denninger, a.a.O., Kap. E, Rdn. 194.

781 Vertiefend zu den insoweit einsetzbaren präventiv-polizeilichen besonderen Mitteln der Datenerhebung (längerfristige Observation, verdeckter Einsatz technischer Mittel, insbesondere zur Anfertigung von Bildaufnahmen oder -aufzeichnungen sowie zum Abhören oder Aufzeichnen des nicht öffentlich gesprochenen Wortes auf Tonträger, Einsatz von Vertrauenspersonen und In-

(2) Polizeiliche Informationsvorsorge in der Bundesrepublik Deutschland

In der Bundesrepublik Deutschland erfolgt die polizeiliche Informationsvorsorge namentlich durch das INPOL-System.[783]
In repressiver Hinsicht normieren im deutschen Strafprozessrecht die §§ 152, 161 und 163 StPO den polizeilichen Handlungsauftrag. Gemäß § 163 Abs. 1 StPO haben die Behörden und Beamten des Polizeidienstes zwecks Vorbereitung der öffentlichen Anklage Straftaten zu erforschen. Aufgrund von Art. 103 Abs. 2 GG beschränkt sich dieser polizeiliche Erforschungsauftrag notwendigerweise auf bereits begangene Taten. Die Erforschung einer Straftat ist gemäß dem in § 152 Abs. 2 StPO verankerten Legalitätsprinzip nur im Falle des Vorliegens zureichender tatsächlicher Anhaltspunkte zulässig.
Diese strafprozessuale Grenze „sprengen"[784] die neuen Polizeigesetze. Die vorbeugende Verbrechensbekämpfung, d.h. die vorbeugende Bekämpfung von Straftaten, ist in den letzten Jahren in der Bundesrepublik Deutschland in „nahezu allen"[785] Polizeigesetzen verankert worden und ermöglicht ein polizeiliches Handeln zur Verhütung zukünftiger Straftaten auch im Vorfeld konkreter Gefahren.[786] Dementsprechend ist der polizeiliche Handlungsraum, insbesondere[787] durch die Möglichkeiten des Einsatzes besonderer Mittel der Datenerhebung,[788] sogenannter heimlicher Ermittlungsmethoden, auf das Vorfeld traditioneller Strafverfolgung ausgeweitet worden.[789]

(a) Paradigmenwechsel zur Gefahren- und Informationsvorsorge

Die polizeiliche Informationsvorsorge zur vorbeugenden Verbrechensbekämpfung ist Teil der polizeilichen Gefahrenvorsorge und umfasst begrifflich das Erheben, Vorhalten oder Verarbeiten von Informationen im Vorfeld einer konkreten Gefahr im Sinne der deutschen Polizeigesetze sowie einen hinreichenden Tatverdacht im Sinne der StPO.[790] Sie erzeugt ein Spannungsverhältnis zwischen dem Schutz der Individualsphäre vor staatlicher informationeller Überwachung bzw. staatlicher Erhebung und Verarbeitung der die eigene Person betreffenden Daten und dem öffentlichen Sicherheitsinteresse, d.h. dem staatlichen Interesse an einer umfassenden Bedrohungsabwehr

---

formanten, Einsatz von Polizeivollzugsbeamten unter einer Legende, d.h. als verdeckte Ermittler (vgl. z.B. § 23 Abs. 2 BKAG) – Bäumler, in: *Lisken/Denninger*, Kap. J, Rdn. 623 ff mit Hinweis auf die entsprechenden Regelungen in den deutschen Länderpolizeigesetzen.

782 Vgl. Denninger, in: *Lisken/Denninger*, Kap. E, Rdn. 194 – mit Hinweis auf die damit verbundene Rechtsfolge: „Wo aber keine als solche überschaubare und abgrenzbare Gefahrensituation vorliegt, fehlt es auch an den Voraussetzungen für die Anwendung des Übermaßverbotes. Ist die Gefahr noch nicht bestimmt, können auch die geeigneten und erforderlichen Mittel zu ihrer Abwehr nicht definiert werden."; zur weitergehenden Kritik – vgl. *Albrecht*, KritV 2000, S. 273 (277 ff).

783 *Aulehner*, S. 547; vgl. zu INPOL-aktuell / INPOL-neu – S. 181.

784 *Gusy*, S. 106.

785 *Tolmein*, StV 1999, S. 108 (109); vgl. Denninger, in: *Lisken/Denninger*, Kap. E, Rdn. 194 ff.

786 Sächsischer Verfassungsgerichtshof, LVerfGE 4, 303 (355); vgl. BVerfGE 30, 1 (29).

787 Vgl. *Gusy*, S. 106.

788 Vgl. § 23 Abs. 2 BKAG.

789 *Gusy*, S. 106.

790 *Aulehner*, S. 545.

bzw. -vorsorge.[791] Sie eröffnet damit „ein breites Feld für die massenhafte Speicherung von Daten“[792] – unter Einbeziehung der Daten von Nicht-Beschuldigten und Nicht-Verdächtigen (Nichtstörern, Zeugen, Kontakt- und Begleitpersonen, Hinweisgebern etc.).[793]
Die automatische Datenverarbeitung hat die polizeiliche Verbrechensbekämpfung in quantitativer und qualitativer Hinsicht maßgeblich verändert.[794] Aufgrund des Fortschritts der elektronischen Datenverarbeitung konnten zum Zwecke einer effektiven Gefahren- und Informationsvorsorge neue, auf unterschiedlichen Präventionsebenen ansetzende Strategien etabliert werden, die sich in den Vollzugsstrukturen der polizeilichen Gefahren- und Informationsvorsorge widerspiegeln.[795] Diese polizeilichen Vollzugsstrukturen verdeutlichen einen „polizeirechtlichen Paradigmenwechsel“[796] von der Gefahrenabwehr hin zur Gefahren- und Informationsvorsorge. Die Gefahrenvorsorge ist ein „qualitatives aliud“[797] zur Gefahrenabwehr; „Gefahrenvorsorge und Gefahrenabwehr haben unterschiedliche Funktionen und unterschiedliche Beurteilungsgrundlagen.“[798] Im Gegensatz zur Gefahrenabwehr knüpft die Gefahrenvorsorge nicht an die Unterscheidung von Gefahr und Risiko, sondern an die Unterscheidung von Risiko und Restrisiko an.[799] Die staatliche (Informations-)Vorsorge ist „durch eine umfassende Risikosteuerung durch Erwartungen, kollektive Zurechnung, reflexives Recht und der Ausdifferenzierung einer neuen Handlungsform geprägt.“ [800]

Die Regelung des § 31 Abs. 2 Nr. 1-5 Niedersächsisches Gefahrenabwehrgesetz (NGefAG) in der Fassung vom 20. Februar 1998[801] verdeutlicht beispielhaft die Reichweite der im Bereich der vorbeugenden Verbrechensbekämpfung bestehenden Befugnis zu polizeilichen Informationseingriffen. Als „informationelle Generalklausel“[802] eröffnet § 31 Abs. 2 Nr. 1-5 NGefAG die Möglichkeit für Ermittlungen im Vorfeld von Gefahr und Verdacht.[803] Nach dieser Norm ist die Polizei, soweit dies zur Vorsorge für die Verfolgung oder zur Verhütung von Straftaten erforderlich ist, nicht nur zur Datenerhebung über Personen berechtigt, bei denen Tatsachen die Annahme rechtfertigen, dass sie künftig Straftaten begehen werden. Die Datenerfassungsbefugnis erstreckt sich auch auf Kontakt- und Begleitpersonen, voraussichtliche Opfer von Straftaten, Personen im Umfeld von gefährdeten Personen, Zeugen, Hinweisgeber und Auskunftspersonen.[804]

---

791 *Aulehner*, S. 549.
792 Bäumler, in: *Lisken/Denninger*, Kap. J, Rdn. 532.
793 Vgl. Bäumler, a.a.O., Rdn. 532.
794 *Aulehner*, S. 545, 546.
795 *Aulehner*, S. 546 f.
796 *Aulehner*, S. 547.
797 *Aulehner*, S. 548.
798 *Aulehner* S. 548. vgl. auch *Schafranek*, S. 51 f.
799 *Aulehner* S. 548. Hinsichtlich weitergehender Details wird auf die Untersuchung von *Aulehner* (S. 545 ff.) verwiesen.
800 *Aulehner*, S. 559.
801 Nds. GVBl. 1998, S. 101.
802 *Waechter*, S. 454, Rdn. 647.
803 *Waechter*, S. 455, Rdn. 649.
804 Vgl. zu rechtsstaatlichen Bedenken in Bezug auf diese Norm – *Waechter*, S. 455, Rdn. 649.

Die im Vorfeldbereich bestehenden weitreichenden Eingriffsbefugnisse beziehen sich somit nicht nur auf potentielle Nichtstörer, sondern auch auf unbeteiligte Dritte. Zum Schutz der Betroffenen und zur Vermeidung von Verfahrensdefiziten ist die Bindung dieser weitreichenden Eingriffsbefugnisse an einen Richtervorbehalt[805] „ein geradezu klassisches Mittel".[806]

In der Bundesrepublik Deutschland dürfen auch personenbezogene Daten aus Strafverfahren, d.h. Informationen, die im Strafverfahren nicht von vornherein multifunktional, sondern zunächst ausschließlich für Zwecke der Strafverfolgung erhoben worden sind,[807] aufgrund der durch das Strafverfahrensänderungsgesetz 1999 (StVÄG 1999)[808] eingeführten „Öffnungsklausel"[809] des § 481 Abs. 1 StPO von Polizeibehörden verwendet, d.h. umfassend – auch zum Zwecke der Gefahrenvorsorge – genutzt und verarbeitet[810] werden.
Die von der Bundesregierung in ihrem Gesetzentwurf ursprünglich vorgesehene Beschränkung dieser polizeilichen Datenverwendungsbefugnis auf den Zweck der „Gefahrenabwehr"[811] wurde zwar in der Beschlussempfehlung des Rechtsausschusses des Deutschen Bundestages bestätigt.[812] Auf Initiative des Bundesrates entfiel diese Beschränkung des Verwendungszwecks jedoch im Rahmen der Beratungen des Vermittlungsausschusses.[813]
In ihrer Entschließung vom 14./15. März 2000[814] haben die Datenschutzbeauftragten des Bundes und der Länder diese unbeschränkte polizeiliche Datenverwendungs-

---

805 Vgl. z.B. § 40 Abs. 2 Sächsisches Polizeigesetz (SächsPolG) in der Fassung vom 15.08.1994 (GVBl. 1994, S. 929), zuletzt geändert durch Gesetz vom 21.06.1999 (GVBl. 1999, S. 330).

806 Sächsischer Verfassungsgerichtshof, LVerfGE 4, S. 303 (371). Der Verfassungsgerichtshof erachtet es jedoch ebenfalls für möglich, insoweit beispielsweise „einen Ministervorbehalt, die Zustimmung durch eine kompetentiell entsprechend ausgestattete, sachnahe Behörde mit hinreichender Unabhängigkeit, wie etwa den Datenschutzbeauftragten oder bestimmte Abteilungen der Staatsanwaltschaft (...) vorzusehen."; vgl. *Schomburg*, in: BKA-Arbeitstagung 1999, S. 135 (149): „Tatsachenfindung ist die vorrangige Aufgabe der Polizei; Rechtsanwendung, Kontrolle und Schutz von Individualrechten vor hoheitlichen Eingriffen ist vorrangige Aufgabe der Justiz."

807 Vgl. Begründung der Bundesregierung zu § 481 StPO – BT-Drs. 14/1484, S. 18.

808 Gesetz zur Änderung und Ergänzung des Strafverfahrensrechts vom 2. August 2000 – BGBl. I, 2000, S. 1253 ff.

809 Begründung zu § 481 StPO – BT-Drs. 14/1484, S. 31.

810 Vgl. Begründung zu § 481 StPO – BT-Drs. 14/1484, S. 31.

811 BT- Drs. 14/1484, S. 9.

812 Vgl. BT-Drs. 14/2595 vom 21.01.2000, S. 14.

813 Vgl. BT-Drs. 14/2886 vom 03.03.2000 (Unterrichtung durch den Bundesrat; Anrufung des Vermittlungsausschusses), S. 5 i.V.m. BT-Drs. 14/3525 vom 07.06.2000 (Beschlussempfehlung des Vermittlungsausschusses), S. 2. Anmerkung: Die durch das StVÄG 1999 in die StPO neu eingeführte Regelung des § 484 StPO normiert die Zulässigkeit der Datenverarbeitung für Zwecke künftiger Strafverfahren. „In § 484 Abs. 4 StVÄG 1999 hat der Bundesgesetzgeber vor den vollendeten Tatsachen der Polizeigesetze kapituliert und es damit in Kauf genommen, daß in den einzelnen Ländern in Teilen deutlich unterschiedliche Bestimmungen auf dem äußerst sensiblen Feld der Datenverarbeitung für Zwecke der künftigen Strafverfolgung bestehen." (Bäumler, in: *Lisken/Denninger*, Kap. J, Rdn. 542) – vgl. zu weitergehenden Details, beispielsweise zum Einfluss der Unschuldsvermutung auf Umfang und Grenzen polizeilicher Datenverarbeitung – *ders.*, ebenda, Rdn. 544 ff.

814 *LfD-Baden-Württemberg*, 21. Tätigkeitsbericht für das Jahr 2000, Anhang 2, S. 86.

befugnis kritisiert. Die Befugnis, Informationen aus Strafverfahren über die Gefahrenabwehr hinaus uneingeschränkt zur Gefahrenvorsorge nutzen zu dürfen, gewährleiste nicht mehr den verfassungsrechtlich gebotenen Ausgleich zwischen Persönlichkeitsschutz und den Interessen der Strafverfolgungsbehörden.[815]

(b) Notwendigkeit

Ursache dieses Paradigmenwechsels ist – so *Aulehner* – die Notwendigkeit einer effektiven Gefahren- bzw. Informationsvorsorge aufgrund einer gestiegenen Bedrohungsanalyse, resultierend aus der Entwicklung neuer Verbrechensformen, dem Abbau der europäischen Binnengrenzen, den politischen Veränderungen im Osten Europas, dem zunehmenden Übergang von der „Mikro- zur Makrokriminalität“[816] und der Gefährlichkeit der organisierten Kriminalität als einer „der Haupterscheinungsformen der Makrokriminalität“.[817]

Nach Auffassung von *Aulehner* legitimiert das „Grundrecht auf Sicherheit“[818] als strukturgleiches Korrelat des Rechts auf informationelle Selbstbestimmung[819] das staatliche (Informations-)Vorsorgehandeln. Die Legitimität staatlichen (Informations-)Vorsorgehandelns werde durch das in Art. 20 GG verankerte Rechts- und Sozialstaatsprinzip bestätigt.[820]

Ausweislich der Rechtsprechung des *Verfassungsgerichtshofs des Freistaates Sachsen* sind „Vorfeldbefugnisse der Polizei“[821] und damit auch die „Datenerhebung mit besonderen Mitteln im Vorfeld konkreter Gefahren zur vorbeugenden Bekämpfung von Straftaten (...) nach neueren kriminalistischen Erkenntnissen (...) in der Auseinandersetzung mit moderner Kriminalität unverzichtbar. (...) Für eine wirksame Bekämpfung der organisierten Kriminalität mit dem Ziel der vorbeugenden Verbrechensbekämpfung ist eine frühzeitige Informationsbeschaffung und –auswertung entscheidend, die durch operatives Vorgehen in kriminalstrategischer Zielsetzung erfolgt. (...) Kriminalitätsbekämpfung durch Vorfeldaktivitäten besteht im Durchleuchten des kriminellen Umfelds, im Erkennen von verbrechensbegünstigenden Strukturen und in der Feststellung sich einnistender Verbrechenslogistik sowie im operativen Vorgehen gegen solche Gebilde (...). Die Informationsbeschaffung (Datenerhebung) wird dabei häufig mit Eingriffen in das Recht auf informationelle Selbstbestimmung verbunden sein, ohne daß schon zu diesem Zeitpunkt die das herkömmliche Polizeirecht prägenden Grundkategorien wie die Bestimmung der Eingriffsschwelle über den Gefahrenbegriff sowie die Unterscheidung von Störern und Nichtstörern das polizeiliche Handeln bestimmen können.“[822]

---

[815] *LfD-Baden-Württemberg*, a.a.O., S. 86.
[816] *Aulehner*, S. 545.
[817] *Aulehner*, S. 545.
[818] *Aulehner*, S. 558.
[819] *Aulehner*, S. 558.
[820] Vgl. *Aulehner*, S. 559.
[821] Sächsischer Verfassungsgerichtshof, LVerfGE 4, S. 303 (354).
[822] Sächsischer Verfassungsgerichtshof, LVerfGE 4, S. 303 (353 f).

(c) Recht auf informationelle Selbstbestimmung

Sämtliche Phasen der Datenerhebung und -verarbeitung durch den Polizeivollzugsdienst sind an dem vom Bundesverfassungsgericht aus Art. 2 Abs. 1 i.V.m. Art. 1 Abs. 1 GG abgeleiteten Recht auf informationelle Selbstbestimmung[823] zu messen, da jeder behördliche Umgang mit personenbezogenen Daten in dieses Grundrecht eingreift.[824] Das Grundrecht auf informationelle Selbstbestimmung gewährleistet die Befugnis des Einzelnen, grundsätzlich selbst zu entscheiden, wann und innerhalb welcher Grenzen persönliche Lebenssachverhalte offenbart werden.[825] Es schützt die Betroffenen gegen unbegrenzte Erhebung, Speicherung, Verwendung oder Weitergabe der auf sie bezogenen, individualisierten oder individualisierbaren Daten.[826] „Bezogen auf den Fernmeldeverkehr enthält Art. 10 GG" – so das *Bundesverfassungsgericht* – „eine spezielle Garantie, die die allgemeine Vorschrift [das Recht auf informationelle Selbstbestimmung – Anmerkung Verfasser] verdrängt."[827] Insoweit lassen sich die Maßgaben, die das Bundesverfassungsgericht im sogenannten Volkszählungsurteil aus Art. 2 Abs. 1 i.V.m. Art. 1 Abs. 1 GG entwickelt hat,[828] „weitgehend auf die speziellere Garantie in Art. 10 GG übertragen."[829]
In das Recht auf informationelle Selbstbestimmung wird auch eingegriffen, sofern personenbezogene Daten von einer (Polizei-)Behörde aus den Beständen anderer (Polizei-)Behörden erhoben werden, um sie zu analysieren und etwaigen neuen Verfahrenszwecken zuzuführen.[830]

Nach dem durch das Bundesverfassungsgericht gefassten Schrankenvorbehalt darf dieses Grundrecht nur in überwiegendem Interesse der Allgemeinheit und unter Beachtung des Verhältnismäßigkeitsprinzips durch Gesetz oder aufgrund eines Gesetzes eingeschränkt werden – und dies nur insoweit, als es zum Schutz des öffentlichen Interesses unerlässlich ist.[831]

---

823 BVerfGE 65, S. 1 (43) („Volkszählungs-Urteil"); 100, S. 313 (391) („G-10 Urteil"); BVerfG EuGRZ 2001, S. 70 (73) und S. 255 (258); BVerfG NJW 2001, S. 2320 (2320 f). Vertiefend zu Bedeutung und Rechtsfolgen des Rechts auf informationelle Selbstbestimmung im Strafverfahren: *Weichert*, Thilo, Informationelle Selbstbestimmung und strafrechtliche Ermittlung – zum verfassungskonformen Technikeinsatz im Strafverfahren, Pfaffenweiler, 1990.

824 Vgl. BVerfG EuGRZ 2001, S. 70 (73); Sächsischer Verfassungsgerichtshof, LVerfGE 4, S. 303 (345); BVerfGE 100, S. 313 (366): „Eingriff ist daher schon die Erfasssung selbst", auch wenn die „erfaßten Daten nicht sofort bestimmten Personen zugeordnet werden können. (...) Der Eingriff setzt sich mit der Speicherung der erfaßten Daten fort, durch die das Material aufbewahrt und für den Abgleich mit den Suchbegriffen bereitgehalten wird. Dem Abgleich selbst kommt als Akt der Auswahl für die weitere Auswertung Eingriffscharakter zu. Das gilt unabhängig davon, ob er maschinell vor sich geht oder durch Mitarbeiter (...) erfolgt, (...). Die weitere Speicherung nach Erfassung und Abgleich ist als Aufbewahrung der Daten zum Zwecke der Auswertung gleichfalls Eingriff (...)."

825 BVerfGE 65, S. 1 (42); BVerfG EuGRZ 2001, S. 70 (73).

826 BVerfG EuGRZ 2001, S. 70 (73).

827 BVerfGE 100, S. 313 (358); 67, 157 (171).

828 Vgl. BVerfGE 65, S. 1 (44 ff).

829 BVerfGE 100, S. 313 (359).

830 Vgl. *Lisken*, in: DRiZ 1998, S. 75 (77).

831 BVerfG EuGRZ 2001, S. 70 (73); BVerfG NJW 2001, S. 2320 (2321).

Bezogen auf den präventiv-polizeilichen Tätigkeitsbereich bedeutet dies, dass auch im Vorfeld konkreter Gefahrensituationen eine Datenerhebung unter Verwendung besonderer (heimlicher) Mittel nicht bereits statthaft ist, sofern sie zweckmäßig und nützlich erscheint, sondern nur dann als erforderlich und damit als zulässig bewertet werden kann, „wenn sie unabweisbar und durch besonders gewichtige Gründe gedeckt ist.“[832]
Dieses Erfordernis entspricht dem verfassungsrechtlichen Verhältnismäßigkeitsgrundsatz. Dieser Grundsatz verbietet Grundrechtseingriffe, die ihrer Intensität nach außer Verhältnis zur Bedeutung der Sache und den vom Bürger hinzunehmenden Einbußen stehen.[833] Jeder Eingriff in das Grundrecht auf informationelle Selbstbestimmung muss diesem Grundsatz, insbesondere dem Übermaßverbot als einer wesentlichen Komponente dieses Grundsatzes,[834] entsprechen.[835] Eine Grundrechtsbeschränkung ist dementsprechend nur durch hinreichende Gründe des Gemeinwohls gerechtfertigt, sofern das gewählte Mittel zur Erreichung des Zwecks geeignet und erforderlich ist und bei einer Gesamtabwägung zwischen der Schwere des Eingriffs und dem Gewicht sowie der Dringlichkeit der ihn rechtfertigenden Gründe die Grenze des Zumutbaren gewahrt ist.[836] Dies bedeutet: „Je nachhaltiger und tiefer in das informationelle Selbstbestimmungsrecht eingegriffen wird, desto höher sind die Anforderungen an den jeweiligen Eingriff.“[837] Infolgedessen sind „heimliche Ermittlungsmethoden“[838] gegenüber einer offenen Datenerhebung stets nachrangig und nur unter besonderen Voraussetzungen zum „Schutz höchstrangiger Individual- und Allgemeinrechtsgüter“[839] zulässig.[840]

Im seiner G-10 Entscheidung[841] zur Frage der Verfassungsmäßigkeit der Beeinträchtigung des Fernmeldegeheimnisses durch die vom Bundesnachrichtendienst (BND) praktizierte Erfassung, Verarbeitung und Übermittlung personenbezogener Daten hat das Bundesverfassungsgericht in Bezug auf die Angemessenheit dieser Datenverarbeitung in Abhängigkeit von ihrer Zwecksetzung unterschiedliche Vorgaben normiert. Entscheidend ist insoweit ob die Datenverarbeitung zur Aufklärung und Verfolgung von Straftaten, d.h. zu repressiven Zwecken, oder zur Verhütung von Straftaten und damit zur Gefahrenabwehr, d.h. zu präventiven Zwecken, erfolgt.[842]

---

832 Sächsischer Verfassungsgerichtshof, LVerfGE 4, S. 303 (351).
833 BVerfGE 100, S. 313 (391).
834 Vgl. BVerfGE 100, S. 313 (391); Sächsischer Verfassungsgerichtshof, LVerfGE 4, S. 303 (356);
835 Vgl. Sächsischer Verfassungsgerichtshof, LVerfGE 4, S. 303 (350 f).
836 BVerfGE 100, 313 (391); 67, 157 (173, 178); 65, S. 1 (44); 19, 342 (348); Sächsischer Verfassungsgerichtshof, LVerfGE 4, S. 303 (346).
837 Sächsischer Verfassungsgerichtshof, LVerfGE 4, S. 303 (356); vgl. BVerfGE 65, S. 1 (54); 27, 344 (352 f).
838 Sächsischer Verfassungsgerichtshof, LVerfGE 4, S. 303 (351).
839 Sächsischer Verfassungsgerichtshof, LVerfGE 4, S. 303 (356).
840 Vgl. Sächsischer Verfassungsgerichtshof, LVerfGE 4, S. 303 (351).
841 BVerfGE 100, S. 313 ff.
842 Vgl. BVerfGE 100, S. 313 (393 ff).

(aa) Repressive Zweckverfolgung

Erfolgt die Datenverarbeitung zu repressiven Zwecken, so ist sie, insbesondere dann, wenn die Datenerhebungsmethode wegen „ihrer Verdachtslosigkeit und Streubreite"[843] besonders nachhaltig in das Grundrecht auf informationelle Selbstbestimmung eingreift, nur angemessen und damit verfassungsgemäß, sofern dieser Eingriff zum Schutz überragender Belange erfolgt und „wenn die Annahme, dass die Daten für diese Belange relevant sind und die Betroffenen mit hinreichender Wahrscheinlichkeit in Straftaten verwickelt sind, eine sichere Basis hat."[844] Demnach ist es „zwingend geboten",[845] dass das jeweils in Rede stehende Rechtsgut ein „hohes Gewicht"[846] hat und zudem „eine hinreichende Tatsachenbasis für den Verdacht"[847] besteht, dass Straftaten geplant oder begangen werden. „Je gewichtiger das Rechtsgut ist und je weitreichender es durch die jeweiligen Handlungen beeinträchtigt würde oder worden ist, desto geringer darf die Wahrscheinlichkeit sein, mit der auf eine drohende oder erfolgte Verletzung geschlossen werden kann, und desto weniger fundierend dürfen gegebenenfalls die Tatsachen sein, die dem Verdacht zugrunde liegen."[848]
Weitet ein Normgeber folglich den Katalog der Schutzgüter „beträchtlich"[849] aus „und bezieht auch Handlungen in die zu verhütenden Erfolge ein, die einen relativ geringen Gefährdungsgrad aufweisen, muss er umgekehrt die Übermittlungsschwelle hoch ansetzen."[850] Wird demgemäß der Katalog der Straftaten, zu deren Verhinderung, Aufklärung oder Verfolgung die Übermittlung der personenbezogenen Daten erfolgt, „außerordentlich heterogen"[851] zusammengesetzt, d.h. beschränkt er sich nicht auf Verbrechen, sondern bezieht auch Vergehen ein, ist folglich die Übermittlungsschwelle hoch anzusetzen. In diesem Fall bedarf es beispielsweise des Vorliegens konkreter, bestimmter Tatsachen – vergleichbar der Regelung des § 100 a StPO.[852] Soll als Schwelle für die Datenübermittlung das Vorliegen „tatsächlicher Anhaltspunkte"[853] genügen, d.h. würde die Übermittlungsschwelle insoweit abgesenkt, müsste das zu schützende Rechtsgut „überragend wichtig"[854] sein. Der Katalog der Straftaten, zu deren Verhinderung, Aufklärung oder Verfolgung die Übermittlung der personenbezogenen Daten erfolgt, dürfte unter diesen Umständen nur solche Straftaten umfassen, „deren Begehung höchstrangige Gemeinschaftsgüter schädigt oder gar die Fähigkeit des Staates zum Rechtsgüterschutz insgesamt bedroht."[855] Straftaten „im mittleren Kriminalitätsfeld" reichen hierfür nicht aus.[856]

---

843 BVerfGE 100, S. 313 (392).
844 BVerfGE 100, S. 313 (392).
845 BVerfGE 100, S. 313 (392).
846 BVerfGE 100, S. 313 (392).
847 BVerfGE 100, S. 313 (392).
848 BVerfGE 100, S. 313 (392).
849 BVerfGE 100, S. 313 (393).
850 BVerfGE 100, S. 313 (393).
851 BVerfGE 100, S. 313 (393).
852 Vgl. BVerfGE 100, S. 313 (393).
853 BVerfGE 100, S. 313 (394).
854 BVerfGE 100, S. 313 (392).
855 BVerfGE 100, S. 313 (393).
856 Vgl. BVerfGE 100, S. 313 (393).

(bb) Präventive Zweckverfolgung

Erfolgt eine Übermittlung personenbezogener Daten zur Verhütung von Straftaten, d.h. zu präventiven Zwecken,[857] lässt sich ein vergleichsweise weit gefasster Straftatenkatalog, der sich nicht auf solche Straftaten beschränkt, „deren Begehung höchstrangige Gemeinschaftsgüter schädigt oder gar die Fähigkeit des Staates zum Rechtsgüterschutz insgesamt bedroht“[858] nur bei höheren Anforderungen an die Sicherheit der Prognose rechtfertigen. „Überdies kann“ – so das *Bundesverfassungsgericht* – „das Tatbestandsmerkmal ‘tatsächlicher Anhaltspunkt’ den verfassungsrechtlichen Anforderungen im Ansatz nur genügen, wenn eine einengende Auslegung sicherstellt, daß nicht im wesentlichen Vermutungen, sondern konkrete und in gewissem Umfang verdichtete Umstände als Tatsachenbasis für den Verdacht vorliegen.“[859]
Über dieses Erfordernis der einengenden verfassungskonformen Auslegung hinausgehend, hat das *Bundesverfassungsgericht* in seiner neueren Rechtsprechung die Übermittlung personenbezogener Daten zu präventiv-polizeilichen Zwecken von Nicht-Beschuldigten und Nicht-Verdächtigen nur dann als verfassungsmäßig bewertet, sofern die für diese Datenübermittlung notwendige Prognoseentscheidung (Negativprognose) „auf schlüssigen, verwertbaren und in der Entscheidung nachvollziehbar dokumentierten Tatsachen beruht.“[860] Soweit deutsche Rechtsnormen diesen Vorgaben nicht entsprechen, sind sie verfassungskonform auszulegen.

(cc) Grundsatz der Zweckbindung

In seinem G-10 Urteil hat das *Bundesverfassungsgericht* explizit darauf hingewiesen, dass die Maßgaben, die es im sogenannten Volkszählungsurteil aus Art. 2 Abs. 1 i.V.m. Art. 1 Abs. 1 GG entwickelt hat,[861] weitgehend auf die speziellere Garantie in Art. 10 GG übertragen werden können.[862] Zu diesen Maßgaben bzw. Anforderungen gehört, dass sich Voraussetzungen und Umfang der Beschränkung des Rechts auf informationelle Selbstbestimmung „klar und für den Einzelnen erkennbar aus dem Gesetz ergeben.“[863] Insbesondere muss der Zweck, zu dem Eingriffe in das Fernmeldegeheimnis vorgenommen werden dürfen, „bereichsspezifisch und präzise bestimmt werden und das erhobene Datenmaterial für diesen Zweck geeignet und erforderlich sein. Eine Sammlung nicht anonymisierter Daten auf Vorrat zu unbestimmten oder noch nicht bestimmbaren Zwecken wäre damit unvereinbar.“[864] „Schon angesichts der Gefahren der automatisierten Datenverarbeitung ist“, so das *Bundesverfassungsgericht*, „ein – amtshilfefester – Schutz gegen Zweckentfremdung durch Weitergabe- und Verwertungsverbote erforderlich.“[865] Speicherung und Verwendung von Daten,

---

[857] Vgl. BVerfGE 100, S. 313 (394).
[858] BVerfGE 100, S. 313 (393).
[859] BVerfGE 100, S. 313 (395).
[860] BVerfG NJW 2001, S. 2320 (2321); vgl. auch S. 225.
[861] Vgl. BVerfGE 65, S. 1 (44 ff).
[862] Vgl. BVerfGE 100, S. 313 (359).
[863] BVerfGE 100, S. 313 (360).
[864] BVerfGE 100, S. 313 (360); vgl. BVerfGE 65, S. 1 (45 f).
[865] BVerfGE 65, S. 313 (46).

die durch einen Eingriff in das Recht auf informationelle Selbstbestimmung erlangt worden sind, sind grundsätzlich an den Zweck gebunden, der in dem zu dieser Datenverarbeitung ermächtigenden Gesetz jeweils festgelegt worden ist.[866] Demnach dürfen beispielsweise zu präventiv-polizeilichen Zwecken erhobene bzw. verarbeitete personenbezogene Daten grundsätzlich nicht für repressive Zwecke verarbeitet werden – und umgekehrt –. Durch eine entsprechende Zweckänderung könnte die im Bereich der repressiv-polizeilichen im Vergleich zur präventiv-polizeilichen Datenverarbeitung bestehende höhere Eingriffsschwelle unterlaufen werden. Die im präventiv- und repressiv-polizeilichen Bereich bestehenden unterschiedlichen Eingriffsvoraussetzungen werden beispielsweise durch die Regelung des Art. 13 Abs. 3 GG (Zulässigkeit des Eingriffs zu repressiven Zwecken, sofern bestimmte Tatsachen den Verdacht begründen, dass eine durch Gesetz im einzelnen bestimmte besonders schwere Straftat begangen worden ist) im Verhältnis zur Regelung des Art. 13 Abs. 4 GG (Zulässigkeit des Eingriffs zu präventiven Zwecken, zur Abwehr dringender Gefahren für die öffentliche Sicherheit) verdeutlicht. In seinem G-10 Urteil hat das *Bundesverfassungsgericht* diesbezüglich ausgeführt: „Grundrechtsgebotene Beschränkungen des Einsatzes bestimmter Erhebungsmethoden dürfen nicht dadurch umgangen werden, daß Daten, die mit einer solchen Methode [präventiv-polizeiliche Datenerhebung – Anmerkung Verfasser] rechtmäßigerweise zu bestimmten Verwendungszwecken erhoben worden sind, in gleicher Weise auch für Zwecke zugänglich gemacht werden, die einen derartigen Methodeneinsatz nicht rechtfertigen würden."[867] Zwar schließt der Grundsatz der Zweckbindung Zweckänderungen „nicht rundweg"[868] aus. Sie bedürfen jedoch ihrerseits einer gesetzlichen Grundlage, die formell und materiell mit dem Grundgesetz vereinbar ist. Dazu gehört, dass die Zweckänderungen durch Allgemeinbelange gerechtfertigt sind, die die grundrechtlich geschützten Interessen überwiegen.[869] Zudem muss sich der neue Verwendungszweck auf die Aufgaben und Befugnisse der Behörde beziehen, der die Daten übermittelt worden sind, „hinreichend normklar geregelt"[870] und mit dem Verwendungszweck, zu dem die Datenerhebung erfolgt ist, vereinbar sein.[871]

In seinem G-10 Urteil hat das *Bundesverfassungsgericht* betont, dass sich die Zweckbindung nur gewährleisten lasse, wenn auch nach Erfassung erkennbar bleibe, dass es sich um Daten handele, die aus Eingriffen in das Fernmeldegeheimnis stammen. Eine entsprechende Kennzeichnung sei daher von Verfassung wegen geboten.[872]

(dd) Aufklärung / Benachrichtigungspflicht

Im Falle der personenbezogenen Datenerhebung bzw. –verarbeitung ist der Betroffene über eine erfolgte Datenverarbeitung in Kenntnis zu setzten.[873] „Dies ist ein

---

[866] Vgl. BVerfGE 100, S. 313 (360); 65, S. 1 (45 f).
[867] BVerfGE 100, S. 313 (389 f).
[868] BVerfGE 100, S. 313 (360).
[869] BVerfGE 100, S. 313 (360).
[870] BVerfGE 100, S. 313 (360).
[871] Vgl. BVerfGE 100, S. 313 (360).
[872] BVerfGE 100, S. 313 (360 f).
[873] BVerfGE 100, S. 313 (361); vgl. BVerfGE 65, S. 1 (46).

Erfordernis effektiven Grundrechtsschutzes."[874] Denn ohne eine solche Kenntnis könnten die Betroffenen – so das *Bundesverfassungsgericht* – „weder die Unrechtmäßigkeit der Erfassung und Kenntnisnahme (...) noch etwaige Rechte auf Löschung oder Berichtigung geltend machen."[875]
Dass im Falle einer präventiv-polizeilichen Erhebung personenbezogener Daten von Nicht-Beschuldigten und Nicht-Verdächtigen – nach der durch das Bundesverfassungsgericht im Wege der verfassungskonformen Auslegung normierten Vorgabe die Betroffenen generell über die erfolgte Verarbeitung ihrer Daten in Kenntnis zu setzen sind, ist im Rahmen dieser Untersuchung bereits dargelegt worden.[876]

(ee) Rechtsschutzerfordernis /Protokollierungspflicht

Gegen jeden Eingriff in das Recht auf informationelle Selbstbestimmung muss grundsätzlich Rechtsschutz möglich sein.[877] Ein Ausschluss des Rechtswegs ist zulässig, sofern „an dessen Stelle eine Nachprüfung durch von der Volksvertretung bestellte Organe und Hilfsorgane tritt."[878] Zur Gewährleistung eines effektiven Rechtsschutzes ist es erforderlich, sowohl die Übermittlung als auch die Durchführung sowie die Vernichtung und Löschung der Daten zu protokollieren.[879]

(ff) Unzulässigkeit der Erstellung von Persönlichkeitsprofilen

Die durch das Recht auf informationelle Selbstbestimmung begründete Befugnis des Einzelnen, grundsätzlich selbst zu entscheiden, wann und innerhalb welcher Grenzen persönliche Lebenssachverhalte offenbart werden, „bedarf unter den heutigen und zukünftigen Bedingungen der automatischen Datenverarbeitung in besonderem Maße des Schutzes."[880] Bereits in seinem Volkszählungsurteil sah sich das *Bundesverfassungsgericht* zu dieser besonderen Schutzgewährung aufgrund der stetig zunehmenden automatischen Datenverarbeitung veranlasst, aufgrund derer auch personenbezogene Daten technisch gesehen unbegrenzt gespeichert werden können „und jederzeit ohne Rücksicht auf Entfernungen in Sekundenschnelle abrufbar sind."[881] Eine maßgebliche Erwägung des Gerichts war insoweit die Tatsache, dass insbesondere durch den Aufbau integrierter Informationssysteme teilweise oder weitgehend vollständige Persönlichkeitsbilder Betroffener zusammengefügt werden könnten, ohne dass ein Betroffener die Richtigkeit und Verwendung seines Persönlichkeitsbildes „zureichend kontrollieren"[882] könne.[883] Die durch die moderne Datenverarbeitung bestehende Möglichkeit zur Erstellung umfassender Persönlichkeitsprofile habe – so das

---

[874] BVerfGE 100, S. 313 (361).
[875] BVerfGE 100, S. 313 (361).
[876] Vgl. S. 235 ff.
[877] BVerfGE 100, S. 313 (398).
[878] BVerfGE 100, S. 313 (399); vgl. Art. 10 Abs. 2 S. 2 GG.
[879] Vgl. BVerfGE 100, S. 313 (396).
[880] BVerfGE 65, S. 1 (42).
[881] BVerfGE 65, S. 1 (42).
[882] BVerfGE 65, S. 1 (42).
[883] Vgl. BVerfGE 65, S. 1 (42).

Bundesverfassungsgericht – potentielle Auswirkungen auf das tatsächliche Verhalten der Betroffenen.[884] Insoweit hat das Gericht festgestellt:

> „Wer nicht mit hinreichender Sicherheit überschauen kann, welche ihn betreffenden Informationen in bestimmten Bereichen seiner sozialen Umwelt bekannt sind, und wer das Wissen möglicher Kommunikationspartner nicht einigermaßen abzuschätzen vermag, kann in seiner Freiheit wesentlich gehemmt werden, aus eigener Selbstbestimmung zu planen oder zu entscheiden. Mit dem Recht auf informationelle Selbstbestimmung wären eine Gesellschaftsordnung und eine diese ermöglichende Rechtsordnung nicht vereinbar, in der Bürger nicht mehr wissen können, wer was wann und bei welcher Gelegenheit über sie weiß."[885]

Die „Zusammenstellung einzelner Lebens- und Personaldaten zur Erstellung von Persönlichkeitsprofilen"[886] bzw. „Teilabbildern der Persönlichkeit"[887] ist verfassungsrechtlich unzulässig.[888]

(gg) Normenklarheit und -bestimmtheit

Eine weitere Beschränkung polizeilicher Informationsgewinnungseingriffe – auch bezogen auf das Vorfeld konkreter Gefahrensituationen – folgt aus dem „Gebot der Normenklarheit",[889] d.h. aus dem verfassungsrechtlichen Bestimmtheitsgrundsatz.[890] Eine Norm ist nur dann hinreichend bestimmt, wenn ihr Zweck aus dem Gesetzestext in Verbindung mit den Materialien deutlich wird.[891] Bezogen auf den Bereich der Datenerhebung bedeutet dies: Jede Eingriffsnorm muss so gefasst sein, dass „niemand befürchten muß, ohne hinreichende und damit für ihn vorhersehbare Anhaltspunkte und Verdachtsumstände in das Visier der Sicherheitsorgane zu geraten. Das einer Prognoseentscheidung immanente Unsicherheitspotential ist rechtsstaatlich nur hinnehmbar, wenn die Eingriffsvoraussetzungen den Geboten hinreichender Klarheit, Vorhersehbarkeit und Kontrollfähigkeit belastender Maßnahmen genügen."[892]

(hh) Schlussfolgerung / Bewertung

Ob die Europol-Konvention und ihre Durchführungsbestimmungen diesen verfassungsrechtlichen Vorgaben entsprechen, soll im Folgenden untersucht werden.

((1)) Tatsächliche Anhaltspunkte – Artikel 2 Abs. 1 Europol-Übereinkommen

Nach Art. 2 Abs. 1 Europol-Übereinkommen hat Europol das Ziel, die Leistungsfähigkeit der zuständigen Behörden der Mitgliedstaaten und ihre Zusammenarbeit zu

---

[884] Vgl. BVerfGE 65, S. 1 (42 f).
[885] BVerfGE 65, S. 1 (43).
[886] BVerfGE 65, S. 1 (53).
[887] BVerfGE 65, S. 1 (53).
[888] Vgl. BVerfGE 65, S. 1 (53).
[889] BVerfGE 65, S. 1 (54); 27, S. 1 (8).
[890] Sächsischer Verfassungsgerichtshof, LVerfGE 4, S. 303 (359).
[891] BVerfGE 65, S. 1 (54).
[892] Sächsischer Verfassungsgerichtshof, LVerfGE 4, S. 303 (359).

verbessern im Hinblick auf die Verhütung und Bekämpfung des Terrorismus, des illegalen Drogenhandels und sonstiger schwerwiegender Formen der internationalen Kriminalität, sofern tatsächliche Anhaltspunkte für eine kriminelle Organisationsstruktur vorliegen und mindestens zwei Mitgliedstaaten von einer der in Art. 2 Europol-Übereinkommen genannten Kriminalitätsformen betroffen sind. Demnach ist das Vorliegen „tatsächlicher Anhaltspunkte" Voraussetzung sowohl für die präventive als auch die repressive Tätigkeit Europols.
Ausweislich der im G-10 Urteil des Bundesverfassungsgerichts enthaltenen Stellungnahme der *Bundesregierung*[893] begründet die Voraussetzung des Vorliegens „tatsächlicher Anhaltspunkte" im Vergleich zum Vorliegen „bestimmter Tatsachen" eine niedrigere Eingriffsschwelle. Der typischerweise die nachrichtendienstliche Tätigkeit kennzeichnende Begriff „tatsächliche Anhaltspunkte" sei in diesem Bereich „ganz bewußt"[894] gewählt worden, da es für die nachrichtendienstliche Tätigkeit typisch sei, dass nur Teilaspekte eines Geschehens erfasst würden. Durch das Absenken der Eingriffsschwelle auf das Vorliegen „tatsächlicher Anhaltspunkte" sei der BND zur „Vorfeldaufklärung"[895] berechtigt und könne daher seine Erkenntnisse „früher übermitteln als unter der Voraussetzung eines durch bestimmte Tatsachen begründeten Verdachts."[896]
Da auch in Art. 2 Abs. 1 Europol-Übereinkommen lediglich das Erfordernis des Vorliegens „tatsächlicher Anhaltspunkte" normiert worden ist, erscheint es erklärlich, dass Europol beispielsweise vom Deutschen Richterbund und der Neuen Richtervereinigung als „Geheimpolizei"[897] kritisiert worden ist.

Ausgehend von den vorstehend dargelegten Vorgaben des *Bundesverfassungsgerichts* ist die vergleichsweise niedrige Eingriffsschwelle des Vorliegens „tatsächlicher Anhaltspunkte" weder für die repressive noch für die präventive Tätigkeit Europols eine verfassungsgemäße Eingriffsschwelle. Die Auffassung *Petris*, „der verwendete Ausdruck 'tatsächliche Anhaltspunkte' "[898] senke „die Eingriffsschwellen der Befugnisnormen auf das rechtsstaatliche Minimum herab",[899] ist demnach unzutreffend.
In repressiver Hinsicht wäre das Vorliegen „tatsächlicher Anhaltspunkte" nur dann eine verfassungsgemäße Eingriffsschwelle, sofern sich Europol auf den Schutz „überragend wichtiger"[900] Rechtsgüter beschränken und dementsprechend der Katalog der dem Zuständigkeitsbereich Europols unterfallenden Straftaten nur solche Straftaten umfassen würde, „deren Begehung höchstrangige Gemeinschaftsgüter schädigt oder gar die Fähigkeit des Staates zum Rechtsgüterschutz insgesamt bedroht."[901] Bereits nach der geltenden Europol-Konvention ist Europol nicht lediglich zur Bekämpfung

---

893 BVerfGE 100, S. 313 (345).
894 BVerfGE 100, S. 313 (345) – Stellungnahme BMI.
895 BVerfGE 100, S. 313 (345) – Stellungnahme BMI.
896 BVerfGE 100, S. 313 (345) – Stellungnahme BMI.
897 Vgl. S. 13.
898 *Petri*, S. 45.
899 *Petri*, S. 45.
900 Vgl. BVerfGE 100, S. 313 (392).
901 BVerfGE 100, S. 313 (393).

derart restriktiv gefasster Straftaten berechtigt.[902] Gemäß Art. 2 Abs. 3 Unterabsatz 1 Nr. 2 Europol-Übereinkommen umfasst die Zuständigkeit Europols beispielsweise auch die Bekämpfung der Fälschung von Geld und Zahlungsmitteln[903] und wird beginnend mit dem 1. Januar 2002 auf sämtliche im Anhang des Europol-Übereinkommens zu Art. 2 Europol-Konvention aufgelisteten Kriminalitätsformen ausgedehnt werden,[904] so dass sich ab diesem Zeitpunkt die Zuständigkeit Europols beispielsweise auch auf die Verhütung und Bekämpfung von Straftaten wie organisierten Diebstahl, Betrugsdelikte, Fälschung von amtlichen Dokumenten etc. erstrecken wird. In seinem G-10 Urteil hat das *Bundesverfassungsgericht* den Straftatbestand der Geldfälschung, der bereits dem aktuellen Zuständigkeitsbereich von Europol unterfällt, nicht als eine Straftat bewertet, deren Begehung höchstrangige Gemeinschaftsgüter schädigt oder gar die Fähigkeit des Staates zum Rechtsgüterschutz insgesamt bedroht.[905]

Auch in präventiver Hinsicht, d.h. im Hinblick auf die Europol zugewiesene Befugnis zur Verhütung der dem Mandatsbereich des Europäischen Polizeiamtes unterfallenden Straftaten, ist das Erfordernis des Vorliegens „tatsächlicher Anhaltspunkte“ nach deutschem Recht keine verfassungsmäßige Eingriffsschwelle.
Gemäß der Vorgabe des *Bundesverfassungsgerichts* kann das Tatbestandsmerkmal „tatsächliche Anhaltspunkte“ im Falle eines vergleichsweise weit gefassten Straftatenkatalogs, der sich nicht auf solche Straftaten beschränkt, deren Begehung höchstrangige Gemeinschaftsgüter schädigt oder gar die Fähigkeit des Staates zum Rechtsgüterschutz insgesamt bedroht, den verfassungsrechtlichen Anforderungen im Ansatz nur genügen, wenn eine einengende Auslegung sicherstellt, dass nicht im Wesentlichen Vermutungen, sondern konkrete und in gewissem Umfang verdichtete Umstände und damit „bestimmte Tatsachen“ als Tatsachenbasis für den Verdacht vorliegen.[906] So normieren beispielsweise die Regelungen des § 100 a (Überwachung der Telekommunikation), § 163 d Abs. 1 S. 1 (Schleppnetzfahndung); § 163 f Abs. 1 S. 1 (längerfristige Observation) StPO im deutschen Recht diese erhöhte Eingriffsschwelle des Vorliegens „bestimmter Tatsachen“.
In seiner neueren Rechtsprechung zur präventiv-polizeilichen Verarbeitung personenbezogener Daten von Nicht-Beschuldigten und Nicht-Verdächtigen hat das *Bundesverfassungsgericht* diese Übermittlungsschwelle weitergehend konkretisiert und verlangt, dass die für diese Datenverarbeitung erforderliche Prognoseentscheidung (Negativprognose) eine auf den Einzelfall bezogene Entscheidung erfordert, die auf schlüssigen, verwertbaren und in der Entscheidung nachvollziehbar dokumentierten Tatsachen beruht.[907] Da die Europol-Konvention keine diesen verfassungsrechtlichen Vorgaben entspechenden Anforderungen normiert und als völkerrechtliches Übereinkommen diesen Vorgaben gemäß nicht verfassungskonform ausgelegt werden kann, ist sie insoweit als verfassungswidrig zu bewerten.

---

902 Vgl. S. 163 ff, insbesondere im Hinblick auf die nicht abschließend konkretisierbaren „Zusammenhangsstraftaten“ im Sinne des Art. 2 Abs. 3 Unterabsatz 1 Nr. 2 Europol-Übereinkommen.
903 Vgl. S. 169.
904 Vgl. S. 173 f.
905 Vgl. BVerfGE 100, S. 313 (384 f).
906 Vgl. BVerfGE 100, S. 313 (395).
907 Vgl. BVerfG NJW 2001, S. 2320 (2321).

((2)) Unzulässige Charakter- / Persönlichkeitsprofile

Auf der Grundlage des Europol-Übereinkommens könnte Europol von potentiell jedem durch die Verarbeitung umfassender – auch sensibler – personenbezogener Daten weitgehend vollständige Persönlichkeitsbilder (Charakter- / Persönlichkeitsprofile) oder zumindest Teilbilder erstellen. Die aus der Analysetätigkeit gewonnenen Erkenntnisse darf Europol in das Informationssystem einstellen mit der Folge, dass diese online – und damit in Sekundenbruchteilen – von allen Zugriffsberechtigten abgerufen werden könnten. Somit weiß der betroffene Bürger nicht mehr, wer was wann und bei welcher Gelegenheit über ihn weiß.[908] Da potentiell jeder, d.h. auch Nicht-Beschuldigte und Nicht-Verdächtige, betroffen sein bzw. werden können, vermag letztlich niemand mehr eine entsprechende Einschätzung vorzunehmen. Ausgehend von der Rechtsprechung des *Bundesverfassungsgerichts* ist die Europol-Konvention auch insoweit nach deutschem Recht verfassungswidrig.

((3)) Fehlende Aufklärungs- / Benachrichtigungspflicht

Das Europol-Übereinkommen und seine Durchführungsbestimmungen normieren keine Verpflichtung Europols, die Betroffenen über die erfolgte Verarbeitung ihrer personenbezogenen Daten zu informieren. Die Möglichkeit der Kenntniserlangung eines Betroffenen von der erfolgten Verarbeitung seiner personenbezogenen Daten ist im deutschen Recht ein Erfordernis effektiven Grundrechtsschutzes.
Im Falle der Verarbeitung personenbezogener Daten von Nicht-Beschuldigten und Nicht-Verdächtigen zu präventiv-polizeilichen Zwecken hat das *Bundesverfassungsgericht* explizit die generelle, d.h. ausnahmslos bestehende Verpflichtung der datenverarbeitenden Stelle zur Benachrichtigung der Betroffenen betont.
Infolgedessen ist das Europol-Übereinkommen auch wegen der fehlenden Normierung einer entsprechenden Benachrichtigungspflicht Europols als verfassungswidrig zu bewerten.

((4)) Unzureichende Protokollierungspflicht

Während Europol im Informationssystem jeden Abruf von personenbezogenen Daten zur Kontrolle der Zulässigkeit der Abrufe protokolliert, beschränkt sich die Protokollierungspflicht im Analysesystem auf durchschnittlich mindestens jeden zehnten Abruf (vgl. Art. 16 S. 1 Europol-Übereinkommen). Zur Gewährung effektiven Rechtsschutzes ist – nach Maßgabe deutschen Verfassungsrechts – eine umfassende Protokollierung auch der Datenabrufe im Analysesystem erforderlich, zumal der personelle und sachliche Anwendungsbereich des Analysesystems im Gegensatz zum Informationssystem extensiver ausgestaltet worden ist. So werden insbesondere im Analysesystem auch „weiche" – sensible – personenbezogene Daten von Nicht-Beschuldigten und Nicht-Verdächtigen mit weitreichenden (potentiellen) Rechtsfolgen

---

[908] Vgl. auch: *Lisken/Mokros*, Vorgänge 1997, S. 101 (104); *Hassemer*, in: SPIEGEL vom 04.03.1996: „Die Bürger können nicht mehr durchschauen, was bei Europol mit ihren Daten passiert." – zitiert nach: Antrag der Fraktion Bündnis 90/Die Grünen, Beschlussempfehlung und Bericht des BT-Innenausschusses, Anlage 1, BT-Drs. 13/8731, S. 7.

für die Betroffenen verarbeitet. Mit Sinn und Zweck einer – auch vollständigen – Protokollierung ist die Regelung des Art. 16 S. 2 Europol-Übereinkommen nicht zu vereinbaren. Nach dieser Regelung sind die Protokolldaten bereits nach sechs Monaten zu löschen, es sei denn, sie werden für eine laufende Kontrolle weiterhin benötigt. Die Wahrscheinlichkeit einer kontrollbedingt verlängerten Speicherungsdauer aufgrund einer Intervention des Betroffenen ist insofern vergleichsweise gering, als ein Betroffener – insbesondere ein Nicht-Beschuldigter/Nicht-Verdächtiger – aufgrund der fehlenden Verpflichtung Europols zur Benachrichtigung Betroffener – zumindest oftmals nicht bzw. nicht innerhalb der Sechs-Monatsfrist von der erfolgten Verarbeitung seiner Daten Kenntnis erlangen würde, und – unterstellt es käme nach diesem Zeitraum zu einer entsprechenden Kontrolle – die benötigten Protokolldaten nicht mehr zur Verfügung ständen und dadurch ein effektiver Rechtsschutz der Betroffenen zumindest erschwert oder sogar – faktisch – ausgeschlossen werden könnte.
Somit entspricht sowohl die fehlende umfassende Protokollierungspflicht als auch die relativ kurze Speicherungsdauer der Protokolldaten nach deutschem Recht nicht den verfassungsrechtlichen Anforderungen zur Gewährleistung effektiven Rechtsschutzes und ist demnach ebenfalls als verfassungswidrig zu bewerten.
Die Frage der Verfassungsmäßigkeit der fehlenden Justitiabilität im Europol-Übereinkommen ist im Rahmen dieser Arbeit Gegenstand gesonderter Untersuchung.

((5)) Fehlende Zweckbindung

Europol dient der Verhütung und Bekämpfung von Straftaten und erfüllt somit präventiv- und repressiv-polizeiliche Aufgaben. Zur Erfüllung dieser Aufgaben sind die nationalen Stellen der Mitgliedstaaten gemäß Art. 4 Europol-Übereinkommen verpflichtet, Europol personenbezogene Daten zu übermitteln, die von den nationalen Behörden der Mitgliedstaaten durch repressive oder präventiv-polizeiliche Informationseingriffe erhoben worden sind.
Ausgehend von dem durch das *Bundesverfassungsgericht* normierten Grundsatz der Zweckbindung, dürfen diese auf der Grundlage unterschiedlicher grundrechtlicher Beschränkungen erhobenen Daten von Europol nur zu dem Zweck verwendet werden, zu dem diese Daten von den nationalen Behörden erhoben worden sind. Demnach dürfte Europol beispielsweise zu präventiv-polizeilichen Zwecken erhobene Daten nicht zu repressiven Zwecken verwenden, da diese den Methodeneinsatz der zu präventiven Zwecken erfolgten Datenerhebung nicht rechtfertigen würden.

Die in Art. 17 Europol-Übereinkommen geregelten Verwendungsbestimmungen normieren keinen dem deutschen Verfassungsrecht entsprechenden Zweckbindungsgrundsatz.[909]
Nach dem geltenden Europol-Übereinkommen ist Europol beispielsweise berechtigt, personenbezogene Daten, die von einem Mitgliedstaat, einem Drittstaat oder einer Drittstelle zu präventiv-polizeilichen Zwecken erhoben und – ohne eine besondere Verwendungsbeschränkung im Sinne des Art. 17 Abs. 2 Europol-Übereinkommen –

909 Vgl. auch *Lindner*, BayVBl. 2001, S. 193 (201): „Eine Unterscheidung von präventivem und repressivem Tätigkeitsbereich sieht das EuropolÜ auch insoweit nicht vor."; *Zieschang*, ZRP 1996, S. 427 (429); *Albrecht*, KritV 2000, S. 273 (283).

an Europol übermittelt worden sind, nicht nur zu präventiven, sondern auch zu repressiven Zwecken zu verarbeiten. Somit können beispielsweise im Europol-Informationssystem mit präventiv-polizeilichen Mitteln erhobene Daten zu repressiven Zwecken abgerufen werden. Zudem könnte Europol aufgrund seiner (operativen) Analysetätigkeit unter (ausschließlicher) Verwendung von zu präventiv-polizeilichen Zwecken erhobenen personenbezogenen Daten neue bzw. weitergehende Ermittlungsansätze für die Ermittlungen nationaler Strafverfolgungsbehörden gewinnen, die von diesen Behörden – zumindest in der Bundesrepublik Deutschland – zum Zwecke der Strafverfolgung in rechtlich zulässiger Weise nicht hätten erhoben bzw. verarbeitet werden dürfen. Darüber hinaus könnte Europol diese aus der Analysetätigkeit gewonnenen Erkenntnisse durch die Speicherung im Informationssystem allen Zugriffsberechtigten auch für repressive Verwendungszwecke zugänglich machen.[910] Dementsprechend ist die Kritik von *Zieschang* und *Lindner*, durch das Europol-Übereinkommen werde die präventive und repressive Dimension des Polizeirechts eingeebnet[911] bzw. nivelliert,[912] berechtigt. „Die Konsequenzen dieser Einebnung von präventiver und repressiver Dimension des Polizeirechts für die klassische deutsche Unterscheidung der beiden Bereiche sind" – so *Lindner* – „freilich noch nicht recht absehbar."[913]

Fazit:
Da das Europol-Übereinkommen keine dem deutschen Verfassungsrecht entsprechende Zweckbindung normiert, ist es auch insoweit als verfassungswidrig zu bewerten.

((6)) Gesamtbewertung

Nach deutschem (Verfassungs-)Recht ist die Europol-Konvention – in mehrfacher Hinsicht – verfassungswidrig.[914] Somit kann der von *Daub* vertretenen Auffassung, die Europol-Konvention würde „eine gesetzlich geregelte Einschränkung des Rechts auf informationelle Selbstbestimmung im überwiegenden Allgemeininteresse darstellen",[915] nicht zugestimmt werden.

(3) Zwischenergebnis / -bewertung

Aufgrund der weder in der Zielsetzung noch in der Aufgaben- und Befugniszuweisung erfolgten – das deutsche Polizeirecht prägenden – Differenzierung zwischen präventivem und repressivem Bereich und der mit dieser Nivellierung verbundenen Rechts-

---

910 Vgl. *Lindner*, BayVBl. 2001, S. 193 (194): „In Zukunft wird es nicht ausbleiben, dass präventiv erhobene Daten über Europol für repressive Zwecke abgerufen und verwertet werden und umgekehrt."

911 Vgl. *Lindner*, BayVBl. 2001, S. 193 (194).

912 Vgl. *Zieschang*, ZRP 1996, S. 427 (429); auch *Lisken/Mokros*, Vorgänge 1997, S. 101 (104).

913 *Lindner*, BayVBl. 2001, S. 193 (194); vgl. insoweit auch: *Albrecht*, KritV 2000, S. 273 (283): „Es heißt, Abschied zu nehmen von polizeilichen Gefahrenbegriffen und strafprozessualen Verdachtskategorien."

914 Vgl. im Ergebnis beispielsweise auch *Lisken/Mokros*, Vorgänge 1997, S. 101 (107).

915 *Daub*, S. 86 (97).

folgen ist Europol im Sinne der Begriffsbestimmung *Tolmeins* als eine „Polizei neuen Typs" zu charakterisieren, die auf einer nach deutschem Recht in mehrfacher Hinsicht verfassungswidrigen Rechtsgrundlage operiert.
Durch das Absenken der Eingriffsschwelle auf das Vorliegen „tatsächlicher Anhaltspunkte" wird Europol im Rahmen seiner – insbesondere operativen – Analysetätigkeit die Möglichkeit zur Durchführung informationeller Vorfeldermittlungen gewährt. Dementsprechend kann Europol losgelöst von den beispielsweise im deutschen Recht bestehenden Restriktionen präventiv-polizeilicher Tätigkeit – vergleichbar den Nachrichtendiensten – auch im Vorfeld zur Verdachtsgewinnung Informationseingriffe durchführen und die durch Intelligence gewonnenen Erkenntnisse als neue Erkenntnisse bzw. Ermittlungsansätze in nationale Ermittlungsverfahren einführen, diese Verfahren aufgrund überlegenem Wissen (potentiell) steuern, und durch die Speicherung im Informationssystem diese Erkenntnisse allen Zugriffsberechigten unionsweit zur Verfügung stellen. Zudem ist Europol berechtigt, diese Informationen auch an Drittstaaten und Drittstellen zu übermitteln.
Seine informationellen Vorfeldermittlungen kann Europol auf einen unionsweit einzigartigen Datenpool stützen, in den (personenbezogene) Informationen der Mitgliedstaaten, der Drittstaaten sowie von Drittstellen einfließen. Die von Europol für die Analysetätigkeit besonders relevanten weichen Daten stammen insbesondere von den Nachrichtendiensten der Mitgliedstaaten/Drittstaaten. Alle zur Datenübermittlung an Europol berechtigten Stellen dürfen diese analyserelevanten Daten aus eigener Initiative an Europol übermitteln. Insoweit gilt es auch zu berücksichtigen, dass Europol diese Daten nicht nur „von sich aus" (Art. 10 Abs. 4 Europol-Übereinkommen) von allen zur Datenübermittlung berechtigten Stellen entgegennehmen kann, sondern diese Stellen (Datenquellen) auch um die Übermittlung dieser Daten ersuchen darf (vgl. Art. 10 Abs. 3 Europol-Übereinkommen).
Somit ist Europol – in mehrfacher Hinsicht – eine Polizei neuen Typs, die zu informationellen Vorfeldermittlungen und damit zu Verdachtsgewinnungen im Vorfeld, d.h. in dem der Gefahrenvorsorge vorgelagerten, begrifflich nicht abschließend zu definierenden Bereich, berechtigt ist und infolgedessen in unverhältnismäßiger Weise in Grundrechte Nicht-Beschuldigter und Nicht-Verdächtiger eingreifen kann, insbesondere im Falle der Initiierung bzw. durch Europol veranlassten Ausweitung strafrechtlicher Ermittlungen/Ermittlungsmaßnahmen gegen tatsächlich unschuldige Personen. In seinem 17. Tätigkeitsbericht für das Jahr 1999 hat der Bundesbeauftragte für den Datenschutz zur Frage der Verwertung und Weitergabe personenbezogener Erkenntnisse in inhaltlicher Anlehnung an das G-10 Urteil „erneut gefordert, daß zumindest bestimmte Tatsachen den Verdacht begründen müssen, daß jemand Straftaten plant, begeht oder begangen hat."[916] Dieser „höhere Grad an Verdachtsverdichtung"[917] sei – so der *BfD* – „erforderlich, damit nicht unverhältnismäßig viele Nichtbetroffene ins Visier der Sicherheitsbehörden gelangen."[918] So betrifft beispielsweise eine polizeiliche Rasterfahndung „notwendigerweise auch und gerade Nichtbeschuldigte. Problematisch ist das Verfahren" – so *Tolmein* – „vor allem mit Blick auf die, die im Raster hängen bleiben, weil sie ins Visier strafprozessualer

[916] *BfD*, 17. Tätigkeitsbericht 1999, BT-Drs. 14/850, S. 129.
[917] *BfD*, a.a.O., S. 129.
[918] *BfD*, a.a.O., S. 129.

Ermittlungen geraten, ohne daß gegen sie etwas anderes vorliegt, als daß sie bestimmte, an sich unproblematische Merkmale erfüllen."[919]

Aufgrund der inhaltlichen Ausgestaltung der Ziele und der Aufgaben und Befugnisse Europols liegt die Vermutung nahe, dass Europol als Instanz konzipiert worden ist, die das gesamte verfügbare Wissen der nationalen Polizeien sowie der Nachrichtendienste – insbesondere deren weiche Informationen – über „Strukturen, Vorgehensweisen und Akteure grenzüberschreitender Kriminalität sammeln und auswerten und auf dieser Grundlage gezielte Hinweise an die nationalen Polizeibehörden [und/oder Nachrichtendienste – Anmerkung Verfasser] geben soll, damit diese bestimmte Personen besonders sorgfältig beobachten und Ermittlungsverfahren gegen sie einleiten."[920]
„Mit der schrittweisen Übernahme geheimdienstlicher Methoden durch die Polizei wird" – so *Kutscha* – „nicht nur deren Kontrolle durch Gerichte und Öffentlichkeit wesentlich erschwert, es wird auch gleichsam durch die Hintertür das Trennungsgebot zwischen Polizei und Geheimdiensten ausgehebelt."[921]
Insbesondere eine „von der Informationstechnologie dominierte Gesellschaft"[922] ist „auf ein rechtliches Instrumentarium angewiesen, das der Manipulierbarkeit des Einzelnen vorbeugt und seine Handlungsfähigkeit sichert."[923] In einer Gesellschaft, die in der Kommunikations- und Partizipationsfähigkeit des Einzelnen ihre Legitimationsgrundlage sieht, untergraben mangelnde Kenntnis und fehlende Kontrolle der Verwendung eigener Daten „die Handlungs- und Mitwirkungsfähigkeit der Individuen und damit die Demokratiefähigkeit der Gesellschaft."[924]

Die „Doppelfunktion von Europol als europäische Institution zur Strafverfolgung und Gefahrenabwehr"[925] ist – so *Lindner* – „für die künftige Herausbildung eines europäischen Polizeirechts kaum zu unterschätzen."[926] Die in der Europol-Konvention fehlende, dem deutschen Polizeirecht zugrunde liegende „dogmatische Basisunterscheidung"[927] zwischen repressiv- und präventiv-polizeilicher Tätigkeit ist ein wichtiges Element staatlicher Gewaltenteilung.[928] Durch den Wegfall dieser dogmatischen Basisunterscheidung gewinnt die Polizei als Exekutivorgan gegenüber der Staatsanwaltschaft als Teil der Jurisdiktion weiter an Bedeutung.
Mit der Errichtung Europols schreitet die Entwicklung der „Verpolizeilichung"[929] des Ermittlungsverfahrens nicht nur fort, sondern erhält zugleich eine neue Qualität.

---

919 *Tolmein*, StV 1999, S. 108 (111). Vertiefend zu Bedeutung und Rechtsfolgen der Rasterfahndung: *Graf*, Walther, Rasterfahndung und organisierte Kriminalität, Mönchengladbach, 1997.
920 *Bull*, DRiZ 1998, S. S. 32 (39).
921 *Kutscha*, Bürgerrechte & Polizei/CILIP 59 (1998), (http://infolinks.de/medien/cilip/ausgabe/59/p-gesetz.htm – Stand: 12.02.1998), S. 7; vgl. *Albrecht*, KritV 2000, S. 273 (283).
922 *Simitis*, KritV 2000, S. 359 (371).
923 *Simitis*, a.a.O., S. 359 (371).
924 *Simitis*, a.a.O., S. 359 (365) mit Hinweis auf BVerfGE 65, S. 1 (42).
925 *Lindner*, BayVBl. 2001, S. 193 (195).
926 *Lindner*, a.a.O., S. 193 (195).
927 *Lindner*, a.a.O., S. 193 (194).
928 Vgl. auch *Tolmein*, (http://www.hintergrund.de/mrep/m039802.htm – Stand: 19.04.1999), S. 2.
929 *Tolmein*, StV 1999, S. 108 (108).

Im Rahmen einer rechtsvergleichenden Untersuchung hat *Eser* (Direktor des Max-Planck-Instituts für ausländisches und internationales Strafrecht in Freiburg) in Bezug auf das Spannungsverhältnis zwischen „polizeilicher Effektivität"[930] und „rechtsstaatlichen Grundsätzen"[931] nachgewiesen, dass in den europäischen Partnerstaaten „die Vorkämpfer prosekutorischer Effizienz, wenn auch teils eher versteckt, europaweit wiederum auf dem Vormarsch sind."[932] So sei insbesondere bei inquisitorischen Prozesssystemen[933] teilweise zu beobachten, dass sich der Schwerpunkt der klassischen Aufgaben der Ermittlungsorgane „immer weiter nach vorne verlagert."[934] Mit der Zulassung von Maßnahmen im Bereich polizeilicher Vorfeldaktivitäten vermischen sich – so *Eser* – „in vielen Ländern zunehmend präventive und repressive Zwecke (...)."[935] Dementsprechend ist in den gesetzlichen Regelungen der EU-Partnerstaaten eine klare Trennung zwischen präventiven und repressiven Zwecken vielfach nicht (mehr) erkennbar.[936] *Eser* hat in seiner rechtsvergleichenden Untersuchung nachgewiesen, dass sowohl in präventiver wie auch in repressiver Hinsicht die Befugnisse der zuständigen nationalen Behörden in den EU-Partnerstaaten im Vergleich zum deutschen Recht oftmals extensiver ausgestaltet worden sind – mit weitreichenden, teilweise schwerwiegenden Rechtsfolgen für die Betroffenen.[937] So kann beispielsweise das Schweigerecht eines Beschuldigten in England und Wales aufgrund des Criminal Justice and Public Order Act 1994 in der Weise unterlaufen werden, dass die Verwertung von Schweigen in extensiver Weise gestattet wurde.[938] Dies ist ein Verstoß gegen das im deutschen Recht geltende Nemo-tenetur-Prinzip. Zudem ist es für die Polizei in England und Wales beispielsweise rechtlich möglich, einen Verdächtigen ohne besonderen Haftgrund und „in der Regel zunächst ohne richterlichen Haftbefehl"[939] zu verhaften.[940]

Manche europäischen Nachbarn haben bislang – so *Eser* – „nicht einmal jenen rechtsstaatlichen Standard erreicht, den es hierzulande zu verteidigen gibt."[941] Anlass zur Besorgnis gebe insbesondere auch die Tatsache, dass man sich in den EU-Partner-

---

930 *Eser*, ZStW 108 (1996), S. 86 (86).

931 *Eser*, a.a.O., S. 86 (86).

932 *Eser*, a.a.O., S. 86 (86).

933 Das inquisitorische Prozesssystem, bei dem in der Hauptverhandlung im Wesentlichen das Gericht den Umfang der Beweisaufnahme bestimmt, gilt beispielsweise in Österreich, Frankreich, Belgien, den Niederlanden, Spanien, Portugal, Deutschland – vgl. *Eser*, ZStW 108 (1996), S. 86 (87).

934 *Eser*, ZStW 108 (1996), S. 86 (94).

935 *Eser*, a.a.O., S. 86 (99).

936 Vgl. *Eser*, a.a.O., S. 86 (94); hinsichtlich weitergehender Details – vgl. *ders.*, S. 98 ff.

937 Vgl. *Eser*, a.a.O., S. 86 (98 ff), beispielsweise im Hinblick auf den Einsatz verdeckter Ermittler, die Durchführung einer Telefonüberwachung zu Strafverfolgungszwecken, Identitätsfeststellungen und Observationen, Durchführung von DNA-Analysen, Untersuchungshaft, vorläufige Festnahme, Polizeihaft.

938 Vgl. *Eser*, a.a.O., S. 86 (117).

939 *Gleß*, NStZ 2001, S. 623 (626) mit Hinweis auf eine rechtsvergleichende Untersuchung des Max-Planck-Instituts in Freiburg für ausländisches und internationales Strafrecht.

940 *Gleß*, NStZ 2001, S. 623 (626).

941 *Eser*, ZStW 108 (1996), S. 86 (126).

staaten „vor allem vom Einsatz moderner Überwachungs- und Ausspähungstechniken eine Steigerung polizeilicher Effizienz erhofft.“[942]

(4) Europol-Mitgliedstaaten

(a) Umfang und Bedeutung präventiv-polizeilicher Informationseingriffe

Ausweislich der publizierten Ergebnisse eines vom Bundesministerium der Justiz in Auftrag gegebenen neueren rechtsvergleichenden Gutachtens der Max-Planck-Institute für ausländisches und internationales Strafrecht in Freiburg und für ausländisches öffentliches Recht und Völkerrecht in Heidelberg[943] lassen die Rechtsordnungen der in diesem Gutachten „repräsentativ für die gegenwärtig im Rahmen der Europäischen Union vertretenen ‘Rechtsfamilien’“[944] untersuchten Europol-Mitgliedstaaten (Bundesrepublik Deutschland, Dänemark, Frankreich, Italien, Niederlande, Österreich und Vereinigtes Königreich) in erheblichem Umfang polizeiliche Informationseingriffe auch außerhalb eines konkreten Strafverfahrens zu, dessen Ergebnisse aber unter Umständen später durchaus vor den Strafgerichten Verwendung finden können.[945]
Das rechtsvergleichende Gutachten der Max-Planck-Institute attestiert das Problem, dass die polizeiliche Verbrechensbekämpfung sich immer weniger auf die Durchführung strafrechtlicher Ermittlungen im engeren Sinne begrenzen lässt, sondern gestützt auf entsprechende präventiv-polizeiliche Ermächtigungsgrundlagen zunehmend auch Beobachtungs- und Überwachungsmaßnahmen im Vorfeld von Straftaten als Instrument insbesondere im Kampf gegen die organisierte Kriminalität nutzt.[946]
Der Ausbau polizeilicher Kompetenzen im Bereich präventiver Verbrechensbekämpfung verstärke die „in der Praxis der meisten Mitgliedstaaten“[947] bereits in einem Großteil der Verfahren selbständig durchgeführte Ermittlungstätigkeit der Polizei vor Übergabe des Vorgangs an die zuständige Anklagebehörde.[948]
In Dänemark ist die Kompetenz zur Durchführung strafrechtlicher Ermittlungsverfahren für weite Bereiche der Kriminalität bereits auf die Polizei übertragen worden.[949] Die Sachleitung und Aufsicht obliegt dem jeweils zuständigen Polizeipräsidenten.[950] Zwar haben in Dänemark die Staatsanwälte weiterhin ein Weisungsrecht zwecks Kontrolle der Ermittlungstätigkeit.[951] Sie „machen davon in der Praxis aber sehr selten Gebrauch.“[952]

---

942 *Eser*, a.a.O., S. 86 (127).
943 „Justitielle Einbindung und Kontrolle von Europol“ – Kurzvorstellung der Ergebnisse (im Folgenden: MPI-Ergebnisübersicht), Quelle: Homepage des Bundesministeriums der Justiz (http://-www.bundesjustizministerium.de – Stand: 20. November 2000).
944 MPI-Ergebnisübersicht, S. 3 f.
945 MPI-Ergebnisübersicht, S. 16.
946 MPI-Ergebnisübersicht, S. 3.
947 MPI-Ergebnisübersicht, S. 11.
948 MPI-Ergebnisübersicht, S. 11.
949 MPI-Ergebnisübersicht, S. 11.
950 MPI-Ergebnisübersicht, S. 11.
951 MPI-Ergebnisübersicht, S. 11.
952 MPI-Ergebnisübersicht, S. 11.

In England und Wales, wo die Polizei in Strafsachen traditionell selbständig und weisungsfrei ermittelt, findet eine Kontrolle laufender Ermittlungen vorrangig innerhalb der Polizeihierarchie statt. Eine ständige Überwachung laufender Ermittlungen durch eine externe (Justiz-)Behörde ist systemfremd.[953]

Die Verwendung im Rahmen präventiv-polizeilicher Tätigkeit erlangter Daten zum Zwecke der Strafverfolgung ist – so das Ergebnis der rechtsvergleichenden Untersuchung - weithin zulässig. In allen untersuchten Mitgliedstaaten existieren zentrale polizeiliche Ermittlungsregister, aus denen Informationen, die für die Erfüllung der polizeilichen Präventions- und Aufklärungsaufgaben in irgendeiner Weise von Bedeutung sind, abgerufen werden können. Der Zweckbindungsgrundsatz hat in durchaus unterschiedlicher Gestalt Eingang in die nationalen Rechtsordnungen gefunden. „Als kleinster gemeinsamer Nenner lässt sich feststellen, dass überhaupt eine rechtsförmliche Konkretisierung des Zwecks der Datenerhebung und -verarbeitung erfolgen muss. Gerade im Bereich der polizeilichen Datensammlung ist aber der Zweck, zu dem eine Datenspeicherung und -verarbeitung erfolgen kann, häufig nur allgemein bestimmt und schließt sowohl Aspekte der Prävention als auch der Strafverfolgung mit ein. Der Problematik des hypothetischen Ersatzeingriffs wird, soweit ersichtlich, in den meisten Mitgliedstaaten kaum Beachtung geschenkt: Es reicht aus, dass die Erhebung der Daten zu dem neuen Zweck überhaupt zulässig gewesen wäre, unabhängig davon, ob die Daten zu diesem Zweck mit den tatsächlich eingesetzten Erhebungsmethoden überhaupt hätten gewonnen werden dürfen oder nicht."[954]

(b) Divergierender Grundrechtsschutz als Ursache divergierender materieller und prozeduraler Vorgaben

Die materiellen und prozeduralen Vorgaben dieser präventiv-polizeilichen Informationseingriffe werden durch den in den einzelnen Mitgliedstaaten unterschiedlich ausgestalteten Grundrechtsschutz maßgeblich mitbestimmt.[955] Insoweit ist beispielsweise von Bedeutung, dass die britische Rechtsordnung bislang kein allgemeines Recht auf Achtung der Privatsphäre kennt und in der Mehrzahl der untersuchten Rechtsordnungen die Beobachtung und Überwachung von Personen, die sich in der Öffentlichkeit aufhalten, nicht als grundrechtsrelevante Maßnahme angesehen wird.[956] Dies hat zur Folge, dass die Polizei bei ihrer Entscheidung, ob und in welchem Umfang sie Personen in der Öffentlichkeit überwachen will, „über ein weites, gesetzlich nicht eingeschränktes Ermessen"[957] verfügt und für die Durchführung der Überwachungsmaßnahmen weder eine staatsanwaltliche noch eine richterliche Genehmigung erforderlich ist.[958]

---

[953] MPI-Ergebnisübersicht, S. 12; vgl. *Eser*, ZStW 108 (1996), S. 86 (97).
[954] MPI-Ergebnisübersicht, S. 21.
[955] MPI-Ergebnisübersicht, S. 16.
[956] MPI-Ergebnisübersicht, S. 16 f.
[957] MPI-Ergebnisübersicht, S. 17.
[958] MPI-Ergebnisübersicht, S. 17.

„In Italien ist die polizeiliche Überwachung weder durch die Gesetzgebung noch durch die Rechtsprechung näher definiert und eingegrenzt worden, obwohl sie eines der wichtigsten Instrumente der Verbrechensbekämpfung insbesondere im Bereich der organisierten Kriminalität darstellt. Sie erlaubt sowohl die statische, d.h. von einem festen Punkt aus durchgeführte Observation, als auch die dynamische Beobachtung, die auf die Feststellung des jeweiligen Aufenthaltsortes der beobachteten Person abzielt und damit die Herstellung sog. Bewegungsbilder ermöglicht.“[959]

Keine der im Gutachten der Max-Planck-Institute untersuchten Rechtsordnungen gewährt den Grundrechtsträgern eine „derart umfassende Befugnis, grundsätzlich selbst zu entscheiden, wann und innerhalb welcher Grenzen persönliche Lebenssachverhalte offenbart werden“[960], wie die der Bundesrepublik Deutschland. Das vom Bundesverfassungsgericht aus Art. 2 Abs. 1 i.V.m. Art. 1 Abs. 1 GG abgeleitete Recht auf informationelle Selbstbestimmung[961] „hat unmittelbare Konsequenzen für den Umfang, in dem polizeiliche Ermittlungs- und Beobachtungsmaßnahmen auch ohne gesetzliche Grundlage zulässig sind.“[962]

Nur die deutsche und die italienische Verfassung normieren eine umfassende Rechtsschutzgarantie, „die den Bürgern unabhängig von der Rechtsform des Handelns der öffentlichen Gewalt den Rechtsweg gegen jedwede Verletzung ihrer subjektiven Rechte und rechtlich geschützten Interessen eröffnet.“[963]

(c) Ergebnis / Schlussfolgerung

Im Vergleich zur Bundesrepublik Deutschland dürfen die Europol-Partnerstaaten präventiv-polizeiliche Informationseingriffe auf der Grundlage extensiver gefasster Voraussetzungen in erheblich größerem Umfang durchführen. Insoweit gilt es auch zu berücksichtigen, dass in vielen (auch europäischen) Staaten das in der Bundesrepublik Deutschland geltende – in der spezifisch deutschen Geschichte (Machtmissbrauch durch die GESTAPO) wurzelnde – Trennungsgebot nicht bzw. nicht in dieser Form existiert.[964] Oftmals sind die Nachrichtendienste institutioneller Teil einer Polizeibehörde mit der Folge, dass die von ihnen im Vorfeld, d.h. zur Verdachtsgewinnung oder -verdichtung, gewonnenen Informationen in formeller Hinsicht als polizeiliche Informationen zu bewerten sind.[965] In den europäischen Partnerstaaten existiert eine „Vielfalt unterschiedlicher rechtlicher Rahmenbedingungen“[966] für das Tätigwerden

---

959 MPI-Ergebnisübersicht, S. 17.
960 MPI-Ergebnisübersicht, S. 17.
961 Vgl. S. 249 ff.
962 MPI-Ergebnisübersicht, S. 17.
963 MPI-Ergebnisübersicht, S. 19.
964 Vgl. *Kemmelmeier* (Vertreter von INTERPOL in der Sachverständigenanhörung des Deutschen Bundestages zum Europol-Immunitätenprotokollgesetz), BT-Innenausschuss-Prot. 13/75, S. 72; *Storbeck*, BT-Innenausschuss-Prot. 13/75, S. 68: „Sicherheitsaspekte, wie sie Geheimdienste teilweise erledigen, werden teilweise dort [in anderen Staaten – Anmerkung Verfasser] auch von der Polizei erledigt. (...) Es gibt da eine gewisse Gemengelage.“
965 Vgl. *Kemmelmeier*, BT-Innenausschuss-Prot. 13/75, S. 72.
966 *Rupprecht*, in: Bundesamt für Verfassungsschutz, S. 119 (134).

der Inlandsnachrichtendienste. Noch nicht einmal in allen EU-Staaten existiert eine gesetzliche Grundlage für die Tätigkeit der Nachrichtendienste. Vor allem Inlandsnachrichtendienste „mit staatspolizeilichem Charakter verrichten" – so *Rupprecht* – „ihre Tätigkeit zum Teil noch auf der Grundlage von Verwaltungsvorschriften",[967] beispielsweise in Dänemark, Frankreich und Norwegen.[968] Die Nachrichtendienste haben – auch innerhalb der EU-Mitgliedstaaten – unterschiedliche Aufgaben und Befugnisse.[969] In „manchen Staaten"[970] – so *Storbeck* – haben die Sicherheitsbehörden (Geheimdienste) „gerade bei der Bekämpfung des Terrorismus weitgehende Zuständigkeiten."[971]

Folglich dürften beispielsweise die nationalen Stellen der EU-Partnerstaaten nach geltendem Recht an Europol auch zu präventiv-polizeilichen Zwecken erhobene personenbezogene (sensible) Daten übermitteln, die vom BKA als nationaler Stelle aufgrund verfassungsrechtlicher Restriktionen weder hätten erhoben noch an Europol übermittelt werden dürfen. Die Möglichkeit, dass auch auf deutschem Hoheitsgebiet befindliche Personen durch die zu präventiv-polizeilichen Zwecken erfolgte Datenerhebung eines ausländischen Staates betroffen werden könnten, ist im Rahmen dieser Untersuchung bereits dargelegt worden, ebenso wie die Möglichkeit zum Befugnis-Shopping, d.h. zur Umgehung nationaler gesetzlicher Restriktionen.[972] Zudem besteht – wie vom Vertreter INTERPOLS im Rahmen der Sachverständigenanhörung des Deutschen Bundestages zum Europol-Immunitätenprotokollgesetz auf Nachfrage explizit bestätigt – für jeden Mitgliedstaat die Möglichkeit, sich die bei Europol vorhandene Informationen durch manipulierte Ersuchen bzw. Unterstützungsanfragen zu erschließen.[973]

hh) Datenübermittlung an Drittstaaten /-stellen

Die im Europol-Computer-System TECS gespeicherten personenbezogenen Daten kann Europol in eigener Verantwortung (vgl. Art. 18 Abs. 5 S. 1 Europol-Übereinkommen) auch an die in Art. 10 Abs. 4 Europol-Konvention definierten Drittstaaten[974] und Drittstellen[975] übermitteln,[976] sofern

---

967 *Rupprecht*, a.a.O., S. 119 (129).

968 Vgl. *Rupprecht*, a.a.O., S. 119 (129).

969 Vgl. *Rupprecht*, a.a.O., S. 119 (132 ff); *Riegel*, CR 1987, S. 614 (616 ff).

970 *Storbeck*, Kriminalistik 1996, S. 17 (20).

971 *Storbeck*, a.a.O., S. 17 (20).

972 Vgl. S. 228 f.

973 Vgl. *Kemmelmeier*, BT-Innenausschuss-Prot. 13/75, S. 71.

974 Beispielsweise Polen (vgl. Rats-Dok. 11696/01 vom 11.09.2001), Ungarn (vgl. Rats-Dok. 11697/01 vom 11.09.2001), Estland (vgl. Rats-Dok. 11698/01 vom 11.09.2001); zum Entwurf eines Abkommens zwischen Europol und den Vereinigten Staaten von Amerika – vgl. Rats-Dok. 13359/01 (Europol 82) vom 31.10.2001.

975 Beispielsweise INTERPOL – vgl. *Storbeck*, BT-Europaausschuss-Prot. 14/81 zum Fachgespräch zur Terrorismusbekämpfung und inneren Sicherheit innerhalb der Europäischen Union, S. 14: „Man werde am 5. November einen Zusammenarbeits-Vertrag mit Interpol schließen."; Bulletin Quotidien Europe, Nr. 8087 vom 09.11.2001, S. 12: „Europol und Interpol unterzeichneten am Montag [05.11. – Anmerkung Verfasser] in Brüssel einen Kooperationsvertrag zur gemeinsamen Bekämpfung der organisierten Kriminalität."; vgl. zur Ermächtigung des Direktors von Europol

- dies in Einzelfällen zur Verhütung oder Bekämpfung der in den Zuständigkeitsbereich von Europol fallenden Straftaten erforderlich ist (Art. 18 Abs. 1 Nr. 1 Europol-Konvention),
- in diesem Staat oder dieser Stelle ein angemessener Datenschutzstandard gewährleistet ist (Art. 18 Abs. 1 Nr. 2 i.V.m. Abs. 3 Europol-Konvention) und
- diese Datenübermittlung den Voraussetzungen der auf Art. 18 Abs. 2 Europol-Konvention gestützten allgemeinen Regeln zur Festlegung der Bestimmungen über die Übermittlung von personenbezogenen Daten durch Europol an Drittstaaten und Drittstellen[977] entspricht.

Ausweislich des Arbeitsprogramms für das Jahr 1999 hat die Herstellung von Beziehungen zu Drittstaaten und internationalen Organisationen für Europol hohe Priorität[978] und ist ausschlaggebend für die Optimierung der Leistungsfähigkeit Europols.[979]
Durch die Weitergabe personenbezogener Daten an Dritte (Drittstaaten/Drittstellen) kann Europol – so *Gleß* – „empfindlich (und faktisch oftmals irreversibel) in die Rechte Einzelner“[980] eingreifen. Nach Auffassung von *Aschmann* „handelt es sich wohl um den problematischsten Bereich der Tätigkeit von Europol.“[981]

(1) Verhütung und Bekämpfung von Straftaten

Die in Art. 18 Abs. 1 Nr. 1 Europol-Übereinkommen normierte Voraussetzung zur Verhütung und Bekämpfung von Straftaten bewertet *Oberleitner* als „sehr offen“.[982] Diese Voraussetzung begründe keine angemessene Beschränkung der Datenübermittlungsbefugnis, sondern gewähre Europol „weitestgehenden Freiraum“,[983] Drittstaaten und Drittstellen mit allen bei Europol verfügbaren Informationen „zu versorgen“.[984]

---

zum Abschluss eines entsprechenden Kooperationsabkommens – Rats-Dok. 8803/01 (ADD 1 COR 1) Europol 43 vom 21.05.2001.

976 Zur begrifflichen Definition von Drittstaaten und -stellen siehe Art. 10 Abs. 4 Europol-Konvention i.V.m. Art. 1 lit. a) und b) der mit Rechtsakt des Rates vom 12. März 1999 verabschiedeten Regelungen zur Festlegung der Bestimmungen über die Übermittlung von personenbezogenen Daten durch Europol an Drittstaaten und Drittstellen (ABl. EG C 88 vom 30.03.1999, S. 1 ff).

977 Rechtsakt des Rates vom 12. März 1999, a.a.O., geändert durch Rechtsakt des Rates (Rats-Dok. 14681/01 EUROPOL 102) vom 04.12.2001 mit Wirksamkeit zum 1. Januar 2002.

978 Vgl. Rats-Dok. 12642/1/98 REV 1, S. 2.

979 Vgl. Rats-Dok. 12642/1/98 REV 1, S. 17.

980 Gleß, in: *Gleß/Grote/Heine*, S. 685; vgl. *Weichert*, DuD 1995, S. 450 (453); Antrag Bündnis 90/Die Grünen, BT-Drs. 13/8731, S. 6; Bundesrat *Jaud* (ÖVP), Bundesrat 635. Sitzung v. 15.01.1998, S. 81.

981 *Aschmann*, S. 181 m.w.N.

982 *Oberleitner*, S. 148.

983 *Oberleitner*, S. 148.

984 *Oberleitner*, S. 148.

(2) Angemessener Datenschutzstandard

Die für die Datenübermittlung erforderliche Angemessenheit des Datenschutzstandards (vgl. Art. 18 Abs. 1 Nr. 2 Europol-Übereinkommen) wird gemäß der in Art. 18 Abs. 3 Europol-Übereinkommen normierten inhaltlichen Konkretisierung dieser Voraussetzung unter Berücksichtigung aller Umstände beurteilt, die bei der Übermittlung von personenbezogenen Daten (Art. 18 Abs. 3 Europol-Übereinkommen) relevant sind. Insoweit sind insbesondere die Art der Daten, ihre Zweckbestimmung und die Dauer der geplanten Verarbeitung von Bedeutung (vgl. Art. 18 Abs. 3 Nr. 1-3 Europol-Konvention).
Der Landesbeauftragte für den Datenschutz des Landes NRW kritisiert, dass die Europol-Konvention durch diese Voraussetzung keinen verbindlichen Mindeststandard für die Datenübermittlung festgelegt habe.[985] Es sei daher zu befürchten, dass schon ein Standard als angemessen angesehen werde, der weit unter den deutschen datenschutzrechtlichen Anforderungen liegt.[986]
Gemäß Art. 18 Abs. 2 Europol-Konvention i.V.m. Art. 4 S. 2 der Bestimmungen über die Übermittlung von personenbezogenen Daten durch Europol an Drittstaaten und Drittstellen (im Folgenden: Durchführungsbestimmung für Datenübermittlungen) bewertet der Direktor von Europol das Vorliegen dieser Voraussetzung, d.h. er beurteilt, ob das entsprechende Datenschutzniveau beim Datenempfänger in Anbetracht der Umstände der Übermittlung sowie angesichts der damit verbundenen Ziele, der Art der zu übermittelnden Daten und des Zwecks, zu denen diese Daten übermittelt wurden, angemessen ist (Art. 4 S. 2 der Durchführungsbestimmungen für Datenübermittlungen). Im Rahmen dieser Entscheidung obliegt dem Direktor ein „gewisser Beurteilungsspielraum".[987]

(3) Übermittlung personenbezogener Daten

Gemäß Art. 18 Abs. 2 Europol-Übereinkommen i.V.m. Art. 2 Abs. 1, 2 der Durchführungsbestimmungen für Datenübermittlungen kann Europol auch personenbezogene Daten an Drittstaaten und -stellen übermitteln:

a) wenn eine Vereinbarung nach Art. 3 [der Durchführungsbestimmung für Datenübermittlungen – Anmerkung Verfasser] zwischen Europol und einem Drittstaat oder einer Drittstelle geschlossen wurde;

b) im Ausnahmefall, wenn der Direktor die Übermittlung der Daten für absolut notwendig hält,
   - um die grundlegenden Interessen der betreffenden Mitgliedstaaten im Rahmen der Ziele von Europol zu wahren,
   - um eine unmittelbar drohende kriminelle Gefahr abzuwenden (Art. 2 Abs. 1 lit. a) und b) der Durchführungsbestimmung für Datenübermittlungen).

---

[985] *LfD-NRW*, (http://www.lfd.nrw.de/Infostand/A3_5.htm – Stand: 19.04.1999), S. 2.
[986] *LfD-NRW*, a.a.O., S. 2.
[987] *Oberleitner*, S. 148.

(a) Einbeziehung sensibler Daten

Gemäß Art. 6 Abs. 1 Unterabsatz 2 der Durchführungsbestimmung für Datenübermittlungen dürfen – sofern unbedingt erforderlich – auch besonders schutzbedürftige, sensible personenbezogene Daten im Sinne von Art. 6 des Übereinkommens des Europarates vom 28. Januar 1998 (rassische Herkunft, politische oder religiöse Anschauungen/Überzeugungen, Gesundheit, Sexualleben) von Europol an Drittstaaten und Drittstellen übermittelt werden.

(b) Grundsätzliches Übermittlungserfordernis

Die für eine Übermittlung personenbezogener Daten an Drittstaaten und -stellen grundsätzlich erforderliche Vereinbarung im Sinne von Art. 2 Abs. 1 lit. a) der Durchführungsbestimmung für Datenübermittlungen muss Bestimmungen hinsichtlich des Empfängers der Daten, der Art der zu übermittelnden Daten und des Zwecks, zu dem die Daten übermittelt oder verwendet werden, enthalten (vgl. Art. 3 Abs. 1 der Durchführungsbestimmung für Datenübermittlungen). Während der Rat einstimmig festlegen kann, mit welchen Drittstaaten und Nicht-EU-Stellen Verhandlungen für den Abschluss entsprechender Vereinbarungen aufgenommen werden sollen, besitzt der Verwaltungsrat von Europol die Entscheidungskompetenz in Bezug auf die Benennung möglicher EU-Stellen als Verhandlungspartner (vgl. Art. 3 Abs. 3 Unterabsatz 1 und 2 der Durchführungsbestimmung für Datenübermittlungen). Die Verhandlungsführung obliegt dem Direktor von Europol (vgl. Art. 3 Abs. 3 und 4 der Durchführungsbestimmung für Datenübermittlungen). Der Abschluss entsprechender Vereinbarungen bedarf der Genehmigung des Rates bzw. des Verwaltungsrates von Europol (vgl. Art. 3 Abs. 3 Unterabsatz 1 S. 1 und Abs. 4 Unterabsatz 1 S. 1 der Durchführungsbestimmungen für Datenübermittlungen).

(c) Ausnahmen

Im Falle der in Art. 2 Abs. 1 lit. b) der Durchführungsbestimmung für Datenübermittlungen normierten Ausnahmefälle bedarf es keiner entsprechenden Vereinbarung. In diesen Fällen erfolgt die Übermittlung personenbezogener Daten ausschließlich aufgrund der Entscheidung des Europol-Direktors.
Bei den die Entscheidungsbefugnis des Direktors begründenden Voraussetzungen (Wahrung der grundlegenden Interessen der Mitgliedstaaten im Rahmen der Ziele von Europol; unmittelbar drohende kriminelle Gefahr – vgl. Art. 2 Abs. 1 lit. b) der Durchführungsbestimmung für Datenübermittlungen) handelt es sich um unbestimmte Rechtsbegriffe, die dem Europol-Direktor einen relativ weitgehenden Beurteilungsspielraum gewähren, der nach der geltenden Europol-Konvention nicht justitiabel ist.
Folglich können – auch sensible – personenbezogene Daten aufgrund der relativ extensiv gefassten alleinigen Entscheidungsbefugnis des – immunitätsgeschützten – Europol-Direktors an Drittstaaten und Drittstellen übermittelt werden. Aufgrund der ab dem 1. Januar 2002 in Kraft tretenden Neuregelung des Art. 5 Abs. 5 der Durchführungsbestimmung für Datenübermittlungen kann eine Drittstelle die von Europol übermittelten Daten in Ausnahmefällen nach Genehmigung durch den Europol-Direktor weitergeben.

(d) Gewährleistungen

Bei der Übermittlung personenbezogener Daten an einen Drittstaat oder eine Drittstelle hat Europol sicherzustellen, dass der Empfänger sich verpflichtet, diese Daten nur für die Zwecke zu verwenden, für die sie übermittelt wurden (Art. 6 Abs. 2 der Durchführungsbestimmung für Datenübermittlungen). Zudem hat Europol zu gewährleisten, dass sich der jeweilige Drittstaat bzw. die jeweilige Drittstelle verpflichtet, von Europol übermittelte personenbezogene Daten zu löschen oder zu berichtigen, wenn sich herausstellt, daß sie unrichtig, ungenau oder überholt sind oder nicht hätten übermittelt werden dürfen (Art. 7 Abs. 1 S. 2 der Durchführungsbestimmung für Datenübermittlungen).
Ausweislich dieser Bestimmung geht der Rat davon aus, dass – höchstpersönliche – personenbezogene Daten von Europol

- unrichtig
- ungenau oder
- unzulässigerweise (unbefugt), d.h. rechtswidrig,

an Drittstaaten und/oder Drittstellen übermittelt werden könnten.
Infolgedessen sind in jeder der für die Übermittlung personenbezogener Daten grundsätzlich erforderlichen Vereinbarung Bestimmungen über die Verantwortlichkeit im Falle einer unbefugten oder unrichtigen Datenverarbeitung festzulegen (vgl. Art. 8 der Durchführungsbestimmung für Datenübermittlungen).
In den Fällen, in denen die Datenübermittlung aufgrund der alleinigen Entscheidung des Direktors erfolgt, ist der Direktor, der für seine Amstätigkeit Immunität genießt, für eine unrichtige oder unbefugte Datenübermittlung verantwortlich.

Obgleich insbesondere unrichtig und/oder unbefugt durchgeführte Datenübermittlungen für die Betroffenen weitreichende Rechtsfolgen haben können, normiert weder das Europol-Übereinkommen noch die Durchführungsbestimmung für Datenübermittlungen eine Verpflichtung des Europäischen Polizeiamtes, in den mit den Drittstaaten/-stellen grundsätzlich zu treffenden Vereinbarungen Kontrollbefugnisse und/oder Sanktionsmöglichkeiten zugunsten Europols zu vereinbaren.
Ohne entsprechende Kontroll- bzw. Sanktionsrechte kann Europol weder die Erfüllung der einem Drittstaat oder einer Drittstelle vertraglich obliegenden Berichtigungs- oder Löschungspflicht kontrollieren, noch mögliche Pflichtverletzungen sanktionieren. Insoweit gilt es zu bedenken, dass Drittstaaten und Drittstellen nicht nur im Falle unrichtig oder unbefugt übermittelter Daten zur Datenlöschung bzw. -berichtigung verpflichtet sind. Die Verpflichtung des Empfängers zur Datenlöschung besteht bereits dann, wenn die von Europol übermittelten Daten für die Zwecke, für die sie übermittelt wurden, nicht mehr erforderlich sind (vgl. Art. 7 Abs. 3 der Durchführungsbestimmung für Datenübermittlungen).

(4) Geheimhaltungsbedürftige Informationen

Nach Art. 18 Abs. 6 Europol-Übereinkommen ist Europol zur Übermittlung geheimhaltungsbedürftiger Informationen an Drittstaaten/-stellen berechtigt, sofern ein

Geheimschutzabkommen zwischen Europol und dem Empfänger besteht. Das Europol-Übereinkommen normiert keine weitergehenden Bestimmungen hinsichtlich der inhaltlichen (Mindest-)Anforderungen dieser Geheimschutzabkommen.

(a) Personenbezogene Daten

Im Falle der Übertragung geheimhaltungsbedürftiger personenbezogener Daten, d.h. personenbezogener Informationen, die in die Geheimhaltungsgrade Europol 1, 2 oder 3 eingestuft sind (vgl. Art. 2 Abs. 3 1. Halbsatz der Durchführungsbestimmung für Datenübermittlungen), muss das mit einem Drittstaat bzw. einer Drittstelle geschlossene Geheimschutzabkommen der durch Rechtsakt des Rates vom 3. November 1998 erlassenen Geheimschutzregelung für Europol-Informationen[988] (im Folgenden: Geheimschutzregelung) Rechnung tragen (vgl. Art. 2 Abs. 3 der Durchführungsbestimmung für Datenübermittlungen).

(b) Geheimschutzregelung für Europol-Informationen

Die vom Rat erlassene Geheimschutzregelung für Europol-Informationen legt die Sicherheitsmaßnahmen fest, die für alle Informationen gelten, die von oder über Europol innerhalb der Organisation verarbeitet werden (Art. 2 Abs. 1 Geheimschutzregelung).

Informationen, die über die Zuweisung eines sogenannten Grundschutzgrades[989] hinausgehende Sicherheitsmaßnahmen erfordern, werden in einen der drei möglichen Europol-Geheimhaltungsgrade[990] eingestuft und entsprechend gekennzeichnet (vgl. Art. 8 Abs. 3 S. 1 Geheimschutzregelung). Der als „Europol 1" gekennzeichnete Geheimhaltungsgrad gilt für Informationen, deren unerlaubte Verbreitung den wesentlichen Interessen Europols oder eines oder mehrerer Mitgliedstaaten „schweren" Schaden zufügen würde (vgl. Art. 8 Abs. 4 Geheimschutzregelung). Informationen, die diesbezüglich einen „sehr schweren" Schaden zufügen würden, werden dem Geheimhaltungsgrad „Europol 2" und Informationen, die diesbezüglich einen „äußerst schweren" Schaden verursachen würden, dem Geheimhaltungsgrad „Europol 3" zugewiesen (vgl. Art. 8 Abs. 4 Geheimschutzregelung). Ausweislich der Äquivalenztabelle der nationalen Geheimhaltungsgrade und der Europol-Geheimhaltungsgrade[991] entspricht in Deutschland der Geheimhaltungsgrad „Europol 1" der Einstufung „VS Nur für den Dienstgebrauch", der Geheimhaltungsgrad „Europol 2" der Einstufung „VS Vertraulich" und der Geheimhaltungsgrad „Europol 3" der Einstufung „VS Geheim".

Jeder Mitgliedstaat, der Informationen an Europol liefert, ist für die Wahl eines geeigneten Geheimhhaltungsgrades verantwortlich (vgl. Art. 9 Abs. 1 S. 1 Geheimschutzregelung). Hierbei müssen die Mitgliedstaaten neben den jeweiligen nationalen Einstufungsregelungen auch das Erfordernis der operativen Flexibilität als Voraus-

---

988 ABl. EG C 26 vom 30.01.1999, S. 10 ff.

989 Zur Begriffsdefinition siehe Art. 1 lit. i) Geheimschutzregelung.

990 Zur Begriffsdefinition siehe Art. 1 lit. g) der Geheimschutzregelung.

991 Anhang zur Geheimschutzregelung.

setzung für ein reibungsloses Funktionieren von Europol (vgl. Art. 9 Abs. 2 Geheimschutzregelung) berücksichtigen.
Ein Mitgliedstaat kann jederzeit von Europol die Änderung seines gewählten Geheimhaltungsgrades, einschließlich einer etwaigen Aufhebung oder Erhöhung verlangen und den Zeitraum bestimmen, für den ein gewählter Geheimhaltungsgrad gelten soll (vgl. Art. 10 Abs. 3). Informationen, die von Europol eigenständig erarbeitet worden sind und sich nicht auf Informationen stützen, die von einem Mitgliedstaat an Europol übermittelt worden sind oder derartige Informationen enthalten, dürfen von Europol einem geeigneten Geheimhaltungsgrad zugewiesen werden, der jederzeit aufgehoben oder geändert werden kann, sofern Europol dies für notwendig erachtet (vgl. Art. 9 Abs. 5 S. 1 i.V.m. Art. 10 Abs. 5 Geheimschutzregelung).

(c) Schlussfolgerung /Bewertung

Die den Mitgliedstaaten auferlegte Verpflichtung, die Wahl eines Geheimhaltungsgrades nicht nur an nationalen Regelungen, sondern auch am Erfordernis der operativen Flexibilität Europols als Voraussetzung für ein reibungsloses Funktionieren des Europäischen Polizeiamtes auszurichten, ist sowohl für die Tätigkeit Europols von maßgeblicher Bedeutung, da jeder Europol-Geheimhaltungsgrad mit einem spezifischen Sicherheitsmaßnahmenpaket verbunden ist, das innerhalb von Europol anzuwenden ist (vgl. Art. 8 Abs. 4 Unterabsatz 2 S. 1 Geheimschutzregelung) als auch für die Datenübermittlung Europols an Drittstaaten/-stellen, da Europol die jeweiligen personenbezogenen Informationen nur nach Vereinbarung eines entsprechenden Geheimschutzgrades übermitteln dürfte.
Ausgehend von der Pämisse eines reibungslosen Funktionierens des Europäischen Polizeiamtes ist das Interesse Europols auf die Wahl eines möglichst geringen Geheimhaltungsgrades gerichtet. Hieraus kann eine potentielle Interessenkollision resultieren, wenn die für die Einstufung eines Sicherheitsgrades maßgeblichen Interessen Europols nicht mit den Interessen des entscheidungsbefugten Mitgliedstaates übereinstimmen. Die Wahl eines Sicherheitsgrades bemisst sich danach, ob die unerlaubte Verbreitung einer Information den wesentlichen Interessen Europols oder eines oder mehrerer Mitgliedstaaten schweren, sehr schweren oder äußerst schweren Schaden zufügen würde. Würde beispielsweise ein Mitgliedstaat eine an Europol übermittelte personenbezogene Information ausschließlich aufgrund seiner spezifischen, nationalen Interessenlage mit dem Sicherheitsgrad der Stufe 3 belegen wollen, so könnte dies mit dem Interesse Europols an einer größtmöglichen operativen Flexibilität kollidieren, insbesondere dann, wenn auf Seiten Europols eine gegensätzliche Interessenlage besteht.
Trotz der maßgeblichen Bedeutung des die Wahlfreiheit der Mitgliedstaaten einschränkenden Erfordernisses der „operativen Flexibilität als Voraussetzung für ein reibungsloses Funktionieren von Europol“ (Art. 9 Abs. 2 Geheimschutzregelung) ist dieses Entscheidungskriterium weder legaldefiniert noch inhaltlich konkretisiert worden und damit nicht abgrenzbar.

Eine über den Bereich der Datenübermittlung hinausgehende Bedeutung für die gesamte Datenverarbeitungstätigkeit Europols hat auch die Regelung des Art. 9 Abs. 5

i.V.m. Art. 10 Abs. 6 Europol-Konvention. Diese Regelung ermöglicht es Europol, allen personenbezogenen Informationen, die das Europäische Polizeiamt nicht von einem Mitgliedstaat, sondern - beispielsweise aufgrund eigenen Ersuchens – vgl. Art. 10 Abs. 3 Europol-Konvention - von einem Drittstaat oder einer Drittstelle erhält, nach eigener Entscheidung einen geeigneten Geheimhaltungsgrad zuzuweisen, der von Europol jederzeit abgeändert oder aufgehoben werden könnte. Somit könnte Europol beispielsweise eine von einem Drittstaat (de lege lata) übermittelte sensible personenbezogene Information durch die Zuweisung eines geringen Geheimhaltungsgrades oder nach erfolgter Aufhebung desselben mit vergleichsweise geringen oder sogar ohne Beschränkungen an Drittstaaten/-stellen weiterleiten und diese Datenempfänger ihrerseits zur Weiterübermittlung ermächtigen, um eine möglichst weitreichende Verbreitung dieser Daten zu erzielen.
Diese Befugnis Europols erweist sich insbesondere dann als rechtlich problematisch, wenn der übermittelnde Drittstaat die an Europol übermittelten personenbezogenen Daten nach seinem nationalen Recht in rechtswidriger Weise erhoben hat. Entsprechendes gilt aber auch in dem Fall, in dem die Datenerhebung zwar nach dem nationalen Recht des Drittstaates rechtmäßig erfolgt ist, diese Daten jedoch von auf ausländischem Hoheitsgebiet befindlichen Personen erhoben worden sind und nach dem nationalen Recht des ausländischen Staates rechtmäßigerweise nicht hätten erhoben werden dürfen.

(5) (Vorrangige) Drittstaaten /-stellen

Bei der Unterzeichnung des Europol-Übereinkommens hat der Rat der EU erklärt, dass Europol vorrangig Beziehungen zu den zuständigen Behörden der Staaten aufnehmen sollte, mit denen die Europäischen Gemeinschaften und ihre Mitgliedstaaten einen strukturierten Dialog unterhalten. Zu diesen Staaten zählen gegenwärtig die assoziierten Staaten in Mittel- und Osteuropa (Polen, Tschechische Republik, Slowakische Republik, Ungarn, Bulgarien, Rumänien) sowie Zypern.[992]
Welche (potentiellen) Drittstaaten bzw. Drittstellen für einen Datenaustausch mit Europol in Betracht kommen, lässt sich aus der inhaltlichen Ausgestaltung des Aventinus-Sensus-Projektes[993] erschließen. Im Rahmen dieser neu entwickelten multilingualen elektronischen Analyse zur Bewältigung der bei Europol im Bereich der Informationsverarbeitung bestehenden „Sprach- und Mengenbarriere"[994] soll Europol bereits mit zehn europäischen sowie mit osteuropäischen und arabischen Sprachen bzw. Sprachgruppen operieren.

(6) Gefahren-/Missbrauchspotential

(a) Ansteigende Korruptionsbereitschaft und OK-Einfluss

Das Bundeskriminalamt (BKA) hat in seinem „Lagebild Organisierte Kriminalität 1999" darauf hingewiesen, dass nach überwiegender Expertenmeinung in den Ländern

[992] Denkschrift der Bundesregierung zum Europol-Übereinkommen, BT-Drs. 13/7391, S. 49.
[993] Vgl. S. 215 f.
[994] *Beckstein*, Innenminister des Landes Bayern, zitiert nach Bayern-Kurier vom 10.07.1999.

des ehemaligen Ostblocks die Korruptionsbereitschaft[995] der öffentlich Bediensteten ansteigt.[996] Ausweislich eines gemeinsamen Forschungsprojekts des BKA und der Polizeiführungsakademie für die Bundesrepublik Deutschland sind primäre Korruptionsfolgen im Bereich der Strafverfolgung beispielsweise der Verrat von Dienstgeheimnissen und die Weitergabe von internen Dokumenten an Dritte[997] und im Bereich der (sonstigen) polizeilichen Tätigkeit die „Abfrage von Dateien ohne ersichtlichen dienstlichen Grund".[998] Ausgehend von diesen Forschungsergebnissen des BKA besteht aufgrund des festgestellten Anstiegs der Korruptionsbereitschaft öffentlich Bediensteter in den ehemaligen Ostblockstaaten zumindest die begründete Gefahr eines mit dem Anstieg der Korruption verbundenen Anstiegs entsprechender, korruptionsbedingter Auswirkungen auf die präventiv- und repressiv-polizeiliche Informationstätigkeit der in diesen Staaten tätigen (Ermittlungs-)Behörden. Infolgedessen wäre mit der Übermittlung – auch sensibler – personenbezogener Daten durch Europol an derartige Drittstaaten ein vergleichsweise höheres Gefahrenpotential für eine rechtsmissbräuchliche Verwendung dieser Daten verbunden.

(b) Datenübermittlung via INTERPOL

Problematisch erweist sich in diesem Zusammenhang auch die Zusammenarbeit mit INTERPOL. Ausweislich der Stellungnahme des Bundesvorsitzenden der Gewerkschaft der Polizei, *Lutz*, anlässlich der Sachverständigenanhörung des Deutschen Bundestages zum Europol-Immunitätenprotokollgesetz ist es „kein Geheimnis, daß Interpol gerade bei den europäischen Polizeibehörden immer wieder Zweifel an einem ausreichenden Daten- und Geheimnisschutz insbesondere in bedeutenden Ermittlungsverfahren ausgelöst hat. Dies liegt natürlich weniger an Interpol selbst als an den Regelungen bzw. Verhaltensweisen der Interpol angeschlossenen Staaten."[999]
Die frühere Bundesregierung hat auf die Frage der SPD-Bundestagsfraktion, ob es zutrifft, dass „die Zusammenarbeit über Interpol oft problematisch ist, weil es gelegentlich Geheimhaltungsprobleme gibt und die Ermittlungen gegen Staatsangehörige des ersuchten Landes in einzelnen Staaten nur schleppend vorankommen",[1000] „konkrete Anhaltspunkte für Geheimschutzprobleme hinsichtlich einzelner Länder"[1001] einräumen müssen und betont: „Vorgänge, die besonderer Geheimhaltung bedürfen, sind in der Regel ohnehin nicht Gegenstand des üblichen

---

995 Zur Definitions- und Messproblematik der „Korruption" – vgl. *Mischkowitz/Bruhn/Desch/Hübner/Beese*, Gemeinsames Forschungsprojekt des BKA und der Polizeiführungsakademie, S. 25 ff.

996 BKA, Lagebild OK 1999, S. 14.

997 Vgl. *Mischkowitz/Bruhn/Desch/Hübner/Beese*, S. 475.

998 *Mischkowitz/Bruhn/Desch/Hübner/Beese*, S. 475.

999 BT-Innenausschuss-Drs. 13/177, S. 12; vgl. auch BVerfGE 100, S. 313 (375): „Insbesondere verspricht die Zusammenarbeit mit denjenigen Staaten, in denen sich die Gefahrenquellen befinden, keinen ähnlich großen Erfolg. (...) ist es in dem Umstand begründet, daß die Gefahren in vielen Fällen gerade von staatlichen Stellen im Ausland herbeigeführt werden oder deren Billigung finden."

1000 BT-Drs. 13/4942, S. 1 (65).

1001 BT-Drs. 13/4942, S. 1 (65).

INTERPOL-Schriftverkehrs, sondern werden in anderer Form unmittelbar zwischen den betroffenen Staaten behandelt und erledigt“.[1002]

Ausweislich einer Stellungnahme der früheren Bundesregierung hat die organisierte Kriminalität in einigen der mittel- und osteuropäischen Staaten eine herausragende Stellung.[1003] Insoweit hat die frühere Bundesregierung beispielsweise ausgeführt:

> „Im Bereich des Menschenhandels (§§ 180 b, 181 StGB) stammen die Opfer seit 1989 (...) überwiegend aus Staaten des ehemaligen Ostblocks. (...) Desweiteren ist damit zu rechnen, daß die Länder Mittel- und Osteuropas verstärkt als Herstellungsländer vollsynthetischer Drogen (...) an Bedeutung gewinnen werden.“[1004] „Festzuhalten bleibt, daß insbesondere polnische, russische, ukrainische und rumänische Gruppierungen von Osteuropa aus in Deutschland in verschiedensten Deliktsfeldern in einem bemerkenswerten Ausmaß tätig werden. Darüber hinaus liegen Hinweise auf „Geschäftsverbindungen“ der russischen OK-Gruppierungen mit der italienischen Mafia und mit Gruppierungen der OK aus Süd- und Nordamerika vor. In der Russischen Föderation wurden z.B. im Jahre 1994 insgesamt 8000 Verbrecherbanden registriert. Davon bilden 5700 nach Erkenntnissen der russischen Regierung das Rückgrat des organisierten Verbrechens. Ihre Gesamtstärke wird auf über 100.000 Personen geschätzt.“[1005]

Aufgrund der herausragenden Stellung des organisierten Verbrechens besteht zumindest eine erhebliche Gefahr, dass in den betroffenen Staaten auch Behörden bzw. Bedienstete staatlicher Polizei- bzw. Ermittlungsbehörden sowie höchste Regierungskreise in zum Teil erheblichem Umfang in diese kriminellen Strukturen eingebunden sind und dementsprechend an dem beispielsweise vom Bundeskriminalamt mit diesen Staaten durchgeführten Informationsaustausch bzw. der operativen Zusammenarbeit unmittelbar oder mittelbar teilnehmen.[1006]
Ausweislich eines Berichts von *Wehner*[1007] beschäftigen „mehrere Korruptionsskandale, in die russische Politiker verwickelt sein sollen, (...) russische und westliche Ermittler und auch die Medien in Rußland und im Westen. Für die größte Aufregung sorgt der offenbar größte Geldwäsche-Skandal aller Zeiten. Nach amerikanischen Presseberichten, die sich angeblich auf Aussagen amerikanischer, britischer und russischer Ermittler stützen, sollen Milliarden Dollar aus Rußland über vier Banken der Bank of New York (...) gewaschen worden sein; darunter seien „mindestens zehn Milliarden Dollar“ aus Krediten des Internationalen Währungsfonds (IWF), hatte die Zeitung „US-Today“ berichtet. Ehemalige oder noch im Amt befindliche Regierungsbeamte seien in diesen Fall verstrickt, auch der frühere stellvertretende Ministerpräsident und Chefprivatisierer, Anatolij Tschubajs, sowie Jelzins Tochter Tatjana Djatschenko. Genannt wurden auch der frühere stellvertretende Regierungschef Oleg

---

1002 BT-Drs. 13/4942, S. 1 (65).
1003 Vgl. BT-Drs. 13/4942, S. 1 (60).
1004 BT-Drs. 13/4942, S. 1 (60).
1005 BT-Drs. 13/4942, S. 1 (59).
1006 Vgl. beispielsweise *Roth*, in: Wirtschaftswoche vom 16.09.1999: „Der Kreml und die Mafia – das ist keine Erfindung kalter Krieger.“; *Wehner*, in: FAZ vom 09.09.1999; *Schneller*, in: FAZ vom 25.10.1999; *Ludwig*, in: FAZ vom 06.04.2000; *Batrak/Darnstädt/Mascolo*, in: DER SPIEGEL vom 12.07.1999.
1007 *Wehner*, in: FAZ vom 09.09.1999

Soskowez, der für die Beziehungen zur G 7 zuständige Alexander Liwschiz sowie der frühere stellvertretende Ministerpräsident und Chef der Finanzgesellschaft Rosprom, Wladimir Potanin." Der „Mafioso Semjon Mogiljewitsch" soll ebenfalls in diesen Skandal verwickelt gewesen sein. „Mogiljewitsch (...) wird seit fünf Jahren vom amerikanischen Geheimdienst CIA überwacht und ist auch dem FBI bestens bekannt. Im vergangenen Jahr wurde berichtet, Mogiljewitsch arbeite mit dem BND zusammen. Er habe dem deutschen Nachrichtendienst Informationen über die Russenmafia angeboten, um im Gegenzug seinen Geschäften in Deutschland ungehindert nachgehen zu können.[1008] Ein entsprechender Bericht des ZDF wurde vom BND nicht dementiert. Mogiljewitsch soll zudem über Verbindungen zu hochrangigen russischen Politikern verfügen. Viele der Informationen, die die CIA nun zusammengetragen hat, sollen aus Telefongesprächen stammen, die Mogiljewitsch mit führenden russischen Politikern und Geschäftsleuten geführt hat, sowie aus abgefangenen E-Mails und Faxen Mogiljewitschs."[1009]

Ausweislich eines Berichts von *Schneller*[1010] hat die israelische Polizei in einem vertraulichen Statement mehrere europäische Ermittlungsbehörden über die Tätigkeit des „Mafia-Paten" Mogiljewitsch informiert. Zusammenfassend beschreibe dieser Bericht Mogiljewitsch als „das 'Hirn' der Russenmafia und deren führender Geldwäscher, Waffenhändler, Schmuggler, Drogen- und Menschenhändler."[1011]

(c) Polizeiliche Kooperationsabkommen

Welche (potentiellen) Gefahren aus polizeilichen Kooperationsabkommen resultieren können, soll am Beispiel des am 3. Mai 1999 in Moskau zwischen der Regierung der Bundesrepublik Deutschland und der Regierung der Russischen Föderation geschlossenen Abkommens über die Zusammenarbeit bei der Bekämpfung von Straftaten mit erheblicher Bedeutung (im Folgenden: deutsch-russisches Abkommen) verdeutlicht werden. Das Abkommen, das einen umfangreichen polizeilichen Datenaustausch zwischen der Bundesrepublik Deutschland und der Russischen Föderation vorsieht,[1012] soll voraussichtlich im Jahre 2002 in nationales Recht umgesetzt werden.

Gemäß Art. 1 Abs. 1 des deutsch-russischen Abkommens arbeiten die Vertragsparteien bei der Bekämpfung von Straftaten von erheblicher Bedeutung, die gemeinsame Maßnahmen der zuständigen Behörden beider Staaten erfordern, zusammen, insbesondere bei Straftaten, die unter Einbeziehung organisierter krimineller Struk-

---

[1008] Siehe auch *Schneller*, in: FAZ vom 25.10.1999: „Dem Pullacher BND soll er [Mogiljewitsch – Anmerkung Verfasser] ebenso wie österreichischen und belgischen Diensten Informationen über die Russenmafia angeboten haben, um im Gegenzug seinen Geschäften in Deutschland, Österreich und Belgien ungehindert nachgehen zu können. Entsprechende Berichte dementierte Pullach jedenfalls nicht." „Vierzig Prozent der Privatwirtschaft und sechzig Prozent der Staatsunternehmen werden schon von der Russenmafia kontrolliert – und Mogiljewitsch gilt als ihr Pate." (http://www.pressdok.btg/search97cgi/vt..._desc&&viewtemplate=archiv/arcview.hts).

[1009] *Wehner*, in: FAZ vom 09.09.1999.

[1010] *Schneller*, in: FAZ vom 25.10.1999 (http://www.pressdok.btg/search97cgi/vt..._desc&&viewtemplate=archiv/arcview.hts).

[1011] *Schneller*, a.a.O.

[1012] Vgl. *LfD-Mecklenburg-Vorpommern*, Tätigkeitsbericht (http://www.tec.informatik.uni-rostock.de/RA/Lfd-MV/taetberi/4_30203.html – Stand: 15.09.2001), Punkt 3.2.3.

turen begangen werden. Das Abkommen normiert keine Definition des Begriffs „organisierter krimineller Strukturen“.
Nach Art. 1 Abs. 2 des deutsch-russischen Abkommens arbeiten die Vertragsparteien unabhängig von der Schwere der Straftat zusammen, sofern organisierte kriminelle Strukturen bei der Tatplanung oder -begehung erkennbar sind. Die Zusammenarbeit erfolgt insbesondere zur Bekämpfung von:

- illegalem Verkehr von Betäubungsmitteln und psychotropen Substanzen,
- Terrorismus,
- unerlaubter Einschleusung von Ausländern, Menschenhandel und Ausbeutung der Prostitution durch Dritte,
- Erpressung,
- unerlaubtem Verkehr mit Waffen, Sprengstoffen, nuklearen und radioaktiven Materialien,
- Eigentumskriminalität,
- Herstellung und Verbreitung von Falschgeld und Wertpapieren,
- Geldwäsche.

Vertragspartner auf russischer Seite sind gemäß Art. 2 des deutsch-russischen Abkommens folgende Institutionen der Russischen Föderation:

- Ministerium für innere Angelegenheiten,
- Föderaler Sicherheitsdienst,
- Generalstaatsanwaltschaft,
- Staatliches Zollkomitee,
- Föderaler Grenzschutz.

Zum Zwecke der Zusammenarbeit dürfen die Vertragsparteien beispielsweise

- personenbezogene Daten übermitteln und verwenden (vgl. Art. 6 deutsch-russisches Abkommen),
- Informationen austauschen über begangene oder geplante Straftaten, über Tätergruppen sowie deren Strukturen, Verbindungen und Methoden ihrer Tätigkeit,
- Vertretern der zuständigen Behörden der jeweils anderen Seite die Anwesenheit bei der Durchführung operativer Maßnahmen gestatten sowie
- bei Bedarf Verbindungsbeamte entsenden (vgl. Art. 3 deutsch-russisches Abkommen).

Eine Verwendung der personenbezogenen Daten durch den Empfänger ist gemäß Art. 6 Nr. 2 S. 1 des deutsch-russischen Abkommens nur zu den in diesem Abkommen bezeichneten Zwecken und zu den durch die übermittelnde Stelle vorgegebenen Bedingungen zulässig. Hervorzuheben ist insoweit jedoch, dass Art. 1 des Abkommens eine weit gefasste Zweckbestimmung enthält und zudem eine über Art. 6 Nr. 2 S. 1 des Abkommens hinausgehende Verwendung der personenbezogenen Daten durch den Empfänger zulässig ist zur Verhütung und Verfolgung von Straftaten von erheblicher Bedeutung sowie zum Zwecke der Abwehr von erheblichen Gefahren für die öffentliche Sicherheit (vgl. Art. 6 Nr. 2 S. 2 deutsch-russisches Abkommen).

Das deutsch-russische Abkommen ist beispielsweise von *Batrak*, *Darnstädt* und *Mascolo*[1013] wie folgt kritisiert worden:

> „An den russischen Inlandsgeheimdienst, an den Generalstaatsanwalt, an den Grenzschutz, sogar an den als besonders korrupt geltenden russischen Zoll soll das Bundeskriminalamt künftig Daten und Analysen liefern – „sofern organisierte kriminelle Strukturen" bei Verdächtigen erkennbar sind. Die Informationspflicht besteht laut Vertrag „unabhängig von der Schwere der Straftat". Selbst der organisierte Ladendiebstahl reicht, Verdächtige von deutschen in russische Computer wandern zu lassen.[1014] Das deutsch-russische Abkommen (...) bricht nicht nur mit den goldenen Regeln des polizeilichen Datenschutzes. Die so vertrauensvoll herausgegebenen Fahndungsinterna, befürchten Experten, dürften auf kurzem Wege in die Hände jener Macht geraten, gegen die Deutsche und Russen offiziell zusammenarbeiten: der Mafia. Denn im Machtbereich (...) ist vorerst nicht hinreichend zwischen Oberwelt und Unterwelt zu unterscheiden. Das US-amerikanische „Wall-Street-Journal" verbreitete die Einsicht internationaler Expertenrunden: Das organisierte Verbrechen in Rußland „kämpft nicht nur gegen die Staatsmacht, in vielen Fällen ist es die Staatsmacht selbst. (...) Eine Runde von Staatsschützern aus Bund und Ländern (...) warnte schon 1997 in einem Dossier, Mafia und Teile des FSB [des russischen Geheimdienstes – Anmerkung Verfasser] seien „symbiotische Beziehungen zum gegenseitigen Nutzen"[1015] eingegangen. Die Zusammenarbeit der KGB-Nachfolger mit „mafiosen Strukturen" geschehe „mit ausdrücklicher Unterstützung der russischen Regierung. (...) Wie deutsche Kriminaldaten in Rußland mitunter genutzt werden, zeigen Erfahrungen bei der Fahndung nach gestohlenen Autos. Moskau erhält ständig Datensätze aus deutschen Behörden; neureiche Russen nutzen dies auf ihre Art: Bevor sie offenkundig illegal importierte Luxuskarossen erwerben, lassen sie dienstbare Polizisten feststellen, ob der Wagen schon zur Fahndung ausgeschrieben ist."[1016]

Batrak, Darnstädt und Mascolo kritisieren, dass es aufgrund des deutsch-russischen Abkommens jeder zum Datenempfang berechtigten russischen Stelle gestattet werde, „BKA-Daten, die einmal in ihrem Besitz sind, frei zu verwenden, wenn es der „Verhütung und Verfolgung von Straftaten von erheblicher Bedeutung" oder der „Abwehr von erheblichen Gefahren für die öffentliche Sicherheit" dient."[1017] Der jetzige Staatssekretär im Bundesministerium der Justiz und „Ex-Nachrichtendienst-Chef"[1018] Hansjörg *Geiger* lehnt – so *Batrak*, *Darnstädt* und *Mascolo* – eine Übermitt-

---

1013 *Batrak/Darnstädt/Mascolo*, in: SPIEGEL vom 12.07.1999.

1014 *Batrak/Darnstädt/Mascolo*, a.a.O.; Während der prominente New Yorker Ankläger und Chefermittler Robert M. Morgenthau - so *Batrak/Darnstädt/Mascolo* weiter - beklagt, dass es „fast unmöglich" sei, „aus Bonn oder vom Bundeskriminalamt (BKA) mal ein paar Daten zu bekommen (...) haben es die Russen viel besser." „Was die Deutschen seit Jahren den amerikanischen Freunden und dem großen Rest der Welt verwehren, hat Bundesinnenminister Otto Schily (SPD) dem russischen Kollegen fest versprochen: großzügige und regelmäßige Auskunft aus dem Fahndungscomputer des BKA – und damit indirekt aus dem europaweiten polizeilichen Datenverbund."

1015 *Batrak/Darnstädt/Mascolo*, a.a.O.

1016 *Batrak/Darnstädt/Mascolo*, a.a.O.

1017 *Batrak/Darnstädt/Mascolo*, a.a.O.

1018 *Batrak/Darnstädt/Mascolo*, a.a.O.

lung personenbezogener Daten auf einer derartigen Grundlage ab[1019] und verlangt, in jedem Einzelfall zu prüfen, „ob die Kooperation mit der russischen Seite wirklich unbedenklich sei. Wer Infos ans Ausland gebe, sagt *Geiger*, „muß wissen, daß er so oder so die Hoheit über die Daten verliert.““[1020]

Der Datenschutzbeauftragte des Landes Mecklenburg-Vorpommern hat gegen dieses Übereinkommen umfängliche datenschutzrechtliche Bedenken geltend gemacht. Da die Russische Föderation die Europarat-Konvention Nr. 108 zum Schutz personenbezogener Daten nicht ratifiziert habe, sei ihr Datenschutzstandard zu hinterfragen.[1021] „Vorliegend ist“ – so der *LfD* – „zu befürchten, dass nach der Übermittlung von Daten an die Russische Föderation die strengen Zweckbindungsregelungen, die das BKAG (§ 14 Abs. 7) und das SOG M-V[1022] (§ 41 Abs. 2 und 3) vorsehen, dort durchbrochen würden. Weitere Unsicherheiten resultieren aus der Tatsache, dass im Abkommen nicht geklärt ist, wer auf russischer Seite für die Einhaltung datenschutzrechtlicher Vorschriften sorgen soll.“[1023] Aus diesen Gründen hatte der LfD dem Innenministerium des Landes Mecklenburg-Vorpommern – vergeblich[1024] – empfohlen, „dem Abkommen in der vorliegenden Fassung nicht zuzustimmen“.[1025]

(d) Beispiele potentiellen Datenmissbrauchs

(aa) Sonderermittlungen des tschechischen Inlandsnachrichtendienstes

Ausweislich eines Berichts von *Ludwig*[1026] ist in der tschechischen Republik „der zivile Inlandsnachrichtendienst BIS (...) in die Schlagzeilen geraten, als bekannt wurde, dass Präsident Havel diesen mit einer besonders heiklen Aufgabe betraut hatte. Die Agenten sollten herausfinden, ob die Spezialeinheiten der Polizei, welche sich mit dem Kampf gegen das organisierte Verbrechen und der Bekämpfung der Korruption befassen (...) in ihrer Arbeit behindert oder gar selbst „destabilisiert“ würden. (...) Interessierte Kreise in der Politik, hieß es, behinderten die Arbeit der Sondereinheiten, um zu verhindern, dass Korruptionsaffären in der Grauzone von Wirtschaft und Politik aufgedeckt würden.“[1027]
„Havel selbst hatte die Sondereinheiten besucht und war offenbar zu der Meinung gelangt, dass nicht alles mit rechten Dingen zugehe.“[1028]

1019 *Batrak/Darnstädt/Mascolo*, a.a.O.
1020 *Batrak/Darnstädt/Mascolo*, a.a.O.
1021 *LfD-Mecklenburg-Vorpommern*, Tätigkeitsbericht, (http://www.tec.informatik.uni-rostock.de/-RA/Lfd-MV/taetberi/4_30203.html – Stand: 15.09.2001), Punkt 3.2.3.
1022 Gesetz über die öffentliche Sicherheit und Ordnung in Mecklenburg-Vorpommern (SOG M-V) in der Fassung vom 25. März 1998 (GVBl. 1998, S. 335).
1023 *LfD-Mecklenburg-Vorpommern*, a.a.O.
1024 Vgl. *LfD Mecklenburg-Vorpommern*, a.a.O.
1025 *LfD-Mecklenburg-Vorpommern*, a.a.O.
1026 *Ludwig*, in: FAZ vom 06.04.2000.
1027 *Ludwig*, a.a.O.
1028 *Ludwig*, a.a.O.

(bb) EKIS

Eine mutmaßlich kriminelle Verarbeitung personenbezogener Daten in polizeilichen Informationssystemen ist auch Gegenstand einer in Österreich geführten Diskussion.[1029] In Österreich sollen im polizeilichen Informationssystem EKIS personenbezogene – auch sensible – Daten nicht nur in unzulässiger Weise gespeichert, sondern auch an nichtberechtigte Personen zum Zwecke der Begehung von Straftaten übermittelt worden sein.[1030] „Inzwischen werden fast achtzig österreichische Polizeibeamte verdächtigt, unerlaubte Informationen aus dem polizeiinternen Datensystem EKIS erhoben und teilweise gegen Geld an Politiker weitergegeben zu haben.[1031] Mit der Klärung des Vorgangs ist eine Sonderkommission unter Leitung der oberösterreichischen Sicherheitsdirektion betraut worden.[1032] Zwischenzeitlich hat die Staatsanwaltschaft Wien auch Vorermittlungen gegen den Kärntener Regierungschef und ehemaligen FPÖ-Chef Jörg Haider aufgenommen wegen des Verdachts, durch Beamtenbestechung Material aus dem zentralen Polizeicomputer gegen politische Gegner erlangt zu haben.[1033] „In den Dunstkreis der Spitzelaffäre ist" – so die *Frankfurter Rundschau* – „auch Justizminister Dieter Böhmdorfer (FPÖ) geraten."[1034]

„Zu den Ausspionierten gehören" – so *Frank* – „der Künstler André Heller, der frühere Innenminister Caspar Einem sowie der frühere Wiener Bürgermeister Helmut Zilk. In den Polizeiakten werden neben Fakten auch sehr persönliche Angaben, unbewiesene Behauptungen, unbegründete oder widerlegte Anzeigen und Vermutungen über Krank- und Eigenheiten gespeichert."[1035]
„Datenschützer bemängeln, dass in dieser Datei sogar Verdächtigungen, die längst widerlegt oder auf Denunziation basiert hätten, Jahrzehnte überleben können. Praktisch niemand außer den ermittelnden Polizisten habe Anspruch auf Einsicht. Schon gar nicht die Betroffenen. Wegen der unkontrollierten Ansammlung obskuren

---

1029 Vgl. z.B. Stenographisches Protokoll, Nationalrat XXI.GP, 39. Sitzung, S. 103 ff; Bundesrat Repar (SPÖ), Bundesrat 635. Sitzung, S. 83.

1030 Vgl. *Leonhard*, in: Die Tageszeitung vom 06.11.2000, *Frank*, in: Süddeutsche Zeitung vom 19.10.2000, Frankfurter Rundschau vom 26.10.2000, *Leo*, in: Berliner Zeitung vom 17. November 2000.

1031 *Frank*, in: Süddeutsche Zeitung vom 19.10.2000; vgl. Die Tageszeitung vom 06.11.2000 – Interview mit Peter Pilz – Antworten: „Die dicken, schweren Fälle, das sind die Zugriffe auf die kriminalpolizeilichen und staatspolizeilichen Akten. Da stehen wirklich sensible Geschichten drin, und nur ein sehr kleiner Personenkreis hat Zugang. (...) Die haben Leute bespitzelt, bei denen sie niemals begründen konnten warum."

1032 *Frank*, in: Süddeutsche Zeitung vom 13.10.2000.

1033 Frankfurter Rundschau vom 26.10.2000: Haider bestreitet die Vorwürfe, gesteht jedoch ein, dass ihm solches Material wiederholt zugespielt worden sei (Frankfurter Rundschau vom 26.10.2000); *Leo*, in: Berliner Zeitung vom 17.11.2000: „Die Staatsanwaltschaft vermutet, dass die rechtspopulistische und ausländerfeindliche Partei sich über Jahre hinweg ein Netz von gekauften Polizisten aufgebaut hat, um an geheime Personendaten aus dem zentralen Polizeicomputer zu kommen. Mit diesen Dossiers soll die FPÖ politische Gegner erpresst und Kampagnen lanciert haben. (...) Ein Sondereinsatzkommando der österreichischen Polizei ermittelt gegen mehr als sechzig Funktionäre der FPÖ."

1034 Frankfurter Rundschau vom 26.10.2000.

1035 *Frank*, in: Süddeutsche Zeitung vom 19.10.2000.

Materials eigne sich dieses Informationssystem deshalb bei missbräuchlichem Zugriff ganz besonders für Vernichtungskampagnen politischer Gegner."[1036]

(7) Schlussfolgerung / Bewertung

Nach dem geltenden Europol-Übereinkommen ist Europol zur Übermittlung – auch höchstpersönlicher, sensibler – personenbezogener Daten von potentiell jedem, d.h. auch von Nicht-Beschuldigten und Nicht-Verdächtigen, an Drittstaaten und/oder Drittstellen berechtigt, die ihrerseits diese Daten mit vorheriger Zustimmung Europols oder nach Genehmigung durch den Europol-Direktor an weitere Empfänger übermitteln dürfen. Letztlich könnten die personenbezogenen Daten der Betroffenen weltweit verteilt werden.
Auch im Rahmen der Datenübermittlungen an Drittstaaten/-stellen hat der Europol-Direktor eine herausgehobene Stellung. Er bewertet – immunitätsgeschützt – nicht nur die Angemessenheit des Datenschutzstandards eines Empfängerstaates, sondern ist im Rahmen eines relativ weit gefassten Beurteilungsspielraums in Ausnahmefällen auch zur Entscheidung über die Durchführung einer Datenübermittlung befugt. Zudem können die Datenempfänger mit Genehmigung des Europol-Direktors die ihnen übermittelten (personenbezogenen) Daten ihrerseits an weitere Adressaten übermitteln. Infolgedessen laufen die von der Datenübermittlung Europols Betroffenen auch aufgrund der Übermittlung ihrer Daten von Europol an Drittstaaten/-stellen Gefahr, „den Überblick zu verlieren, wer was wann und bei welcher Gelegenheit über sie weiß."[1037]
Die Übermittlung personenbezogener Daten an Drittstaaten oder Drittstellen kann für die Betroffenen – d.h. für potentiell jeden – schwerwiegende und potentiell irreversible Folgen haben,[1038] insbesondere im Falle einer unrichtigen und/oder unbefugten Datenübermittlung Europols sowie im Falle einer nicht zweckentsprechenden oder in sonstiger Weise rechtsmissbräuchlichen Verwendung der Daten durch den Datenempfänger. Ausweislich der Durchführungsbestimmungen für Datenübermittlungen geht der Rat davon aus, dass es zu unrichtigen, unvollständigen und/oder unbefugten, d.h. rechtswidrigen Datenübermittlungen durch Europol kommen kann.[1039] Die potentielle Möglichkeit einer rechtsmissbräuchlichen Datenverwendung kann im Hinblick auf die vorstehend genannten Beispielsfälle nicht nur als eine theoretische Möglichkeit bewertet werden.
Die von *Gleß* vertretene Auffassung, durch die Datenübermittlung Europols an Drittstaaten und/oder Drittstellen werde „empfindlich (und faktisch oftmals irreversibel) in die Rechte Einzelner"[1040] eingegriffen, ist folglich zutreffend.

[1036] *Frank*, in: Süddeutsche Zeitung vom 13.10.2000.
[1037] *LfD-NRW*, (http://lfd.nrw.de/Infostand/A3_5.html – Stand: 19.04.1999), S. 2; vgl. *LfD-MV*, (http://wwwtec.informatik.uni-rostock.de/RA/LfD-MV/taetberi/3_302.hml – Stand: 09.07.2001), Punkt 3.2.1.
[1038] Vgl. auch *Weichert*, DuD 1995, S. 450 (453): „(...) massive Gefährdungen der Betroffenen (...)".
[1039] Vgl. auch Bundesrat *Jaud* (ÖVP) Bundesrat 635. Sitzung, S. 81: Die Weitergabe von Informationen beinhaltet die Gefahr, dass diese Informationen „falsch oder nur bruchstückhaft" weitergegeben werden.
[1040] Gleß, in: *Gleß/Grote/Heine*, Band 1, S. 685.

ii) Bedeutung polizeilicher Informations- / Datenverarbeitung

Die zentralisierte, automatisierte Informations- bzw. Datenverarbeitung ist von zentraler Bedeutung sowohl für die polizeiliche (Ermittlungs-)Tätigkeit auf nationaler Ebene als auch für die europäische polizeiliche Zusammenarbeit.[1041]
Dass die Informationsnutzung einen Schwerpunkt moderner polizeilicher Arbeit auf europäischer Ebene darstellt, verdeutlicht beispielsweise das Schengener Informationssystems (SIS) und der angestrebte Ausbau eines Europäischen Informationssystems (EIS).[1042] Mit der Tätigkeitsaufnahme Europols ist die Bedeutung der Informationsnutzung für die polizeiliche Zusammenarbeit weiter angewachsen. Während das SIS als Fahndungssystem konzipiert worden ist, das ausschließlich Datenkategorien (vgl. Art. 94 Abs. 2 SDÜ) für die in Art. 95-100 SDÜ normierten Ausschreibungszwecke enthält und beispielsweise explizit eine Speicherung höchstpersönlicher personenbezogener Daten ausschließt (vgl. Art. 94 Abs. 3 S. 2 SDÜ), verfügt Europol über eigene Datenbanken, in denen – im Gegensatz zur Vorläuferorganisation EDS – europaweit erstmals – auch höchstpersönliche – personenbezogene Daten zentral gespeichert und verarbeitet werden dürfen.
Vor der Tätigkeitsaufnahme Europols hatte die deutsche Bundesregierung in einem Bericht zum Stand der polizeilichen Zusammenarbeit in der EU den „unzureichenden Informationsfluss zwischen den nationalen Strafverfolgungsbehörden"[1043] als „eines der größten Probleme der Verbrechensbekämpfung"[1044] bezeichnet, da bis zu diesem Zeitpunkt „sensible Daten kaum"[1045] hätten weitergegeben werden dürfen und es an einer zentralen Stelle zur Informationssammlung"[1046] gefehlt habe.

Auch in den Europol-Mitgliedstaaten benötigen die nationalen Polizeibehörden immer komplexere Informationsstrukturen, um insbesondere im Bereich der Bekämpfung der organisierten Kriminalität effektiv und erfolgreich arbeiten zu können.[1047]
In der Bundesrepublik Deutschland hat der ehemalige Präsident des BKA Horst Herold bereits Ende der 60er Jahre darauf hingewiesen, dass die kriminalpolizeiliche Tätigkeit in wesentlichem Maße geprägt werde durch den Umgang mit Informationen.[1048] Nach Einschätzung von *Atzbach* (Erster Direktor im BKA) ist diese Erkenntnis „aktueller denn je".[1049] So ist beispielsweise für die Aufdeckung von Tat- und/oder Täterverbindungen in einzelnen strafrechtlichen Ermittlungskomplexen „eine Auswertung möglichst aller der Polizei zugänglichen Informationen erforderlich.[1050] In der Bundesrepublik Deutschland wird das im Jahre 1972 eingeführte polizeiliche

---

[1041] Vgl. *Pitschas*, ZRP 1993, S. 174 (174): Aufgrund eines prinzipiellen Strukturwandels ist das „herkömmliche" Polizeirecht „heute und zukünftig auch und vor allem als Informationsrecht zu verstehen."
[1042] Vgl. Röben, in: *Grabitz/Hilf*, Art. 30 EUV, Rdn. 26.
[1043] http://www.bundesregierung.de/03/0302/03/03/.html – Stand: 19.04.1999.
[1044] A.a.O.
[1045] A.a.O.
[1046] A.a.O.
[1047] Vgl. *Manske*, Kriminalistik 2001 S. 105 (105).
[1048] Vgl. *Atzbach*, Kriminalistik 2001, S. 323 (323).
[1049] *Atzbach*, a.a.O., S. 323 (323).
[1050] *Atzbach*, a.a.O., S. 323 (323 f).

Informationssystem INPOL-aktuell, an dem Bund und Länder beteiligt sind,[1051] bundesweit „zur Unterstützung vollzugspolizeilicher Aufgaben“[1052] eingesetzt. Voraussichtlich im Jahre 2002/2003 soll das weiterentwickelte und verbesserte Informationssystem INPOL-neu in Dienst gestellt werden.

In zunehmendem Maße unterstützt die Informationstechnik die Polizei bei der Erfüllung ihrer Kernaufgabe – der Verhütung und Verfolgung von Straftaten.[1053] Die operative Fallanalyse ist hierbei von herausragender Bedeutung. Neben den klassischen polizeilichen Ermittlungsmaßnahmen im Sinne der StPO hat sich die operative Fallanalyse als eine weitere Ermittlungsmaßnahme[1054] etabliert, die gegenüber den klassischen Ermittlungsmaßnahmen zunehmend an Bedeutung für die Durchführung strafrechtlicher Ermittlungen gewonnen hat.

Zukünftig soll die polizeiliche Arbeit durch den „Einsatz künstlicher Intelligenz“,[1055] sogenannter „Softwareagenten“[1056] „aktiv unterstützt“[1057] werden. Wie sich dies konkret gestaltet, hat *Atzbach* wie folgt beschrieben:

> „In Zukunft werden Softwareagenten eine vorgegebene Aufgabe ohne weitere Anweisungen erfüllen und nötige Entscheidungen selbst treffen. Sie sind lernfähig. Sie modellieren die Umwelt, erweitern diese Simulation um neue Erfahrungen und ziehen daraus logische Schlussfolgerungen. Softwareagenten steht es frei, wie sie ihre Aufgaben lösen. Sie ergreifen eigenständig Initiative um ihr Ziel zu erreichen und arbeiten bei komplexen Aufgaben mit anderen Agenten zusammen.
> Das alles mag sich vielleicht zu sehr nach Zukunftsmusik anhören. Fakt ist, dass es solche Ansätze bereits gibt. Ein Programm wie „Personal Travel Assistance“ zeigt solche Möglichkeiten auf.“[1058]

Letztlich soll die von einem Softwareagenten eigenständig durchgeführte gezielte Informationsselektion – so *Atzbach* – „in Sekundenschnelle“[1059] einem „Streifenbeamten auf der Straße“[1060] zur Verfügung stehen.[1061] Zur Umsetzung führt *Atzbach* aus: „Digitale Funkgeräte oder auch WAP-Handys werden es dem Beamten vor Ort ermöglichen, Informationen mobil am Ort des Geschehens anzufordern und zu verwenden. Dies umfasst nicht nur Textdaten, sondern auch Bilder und Videosequenzen. Mit dieser Zielrichtung sollten alle Einsatzfahrzeuge mit Notebooks ausgerüstet werden, die den direkten Informationsaustausch mit den Rechenzentren der Zentralstellen ermöglichen. In dieser Hinsicht ist uns unser Nachbar Frankreich

---

1051 Vgl. *Atzbach*, a.a.O., S. 323 (323).
1052 *Psiakowski*, Kompass 2001, S. 72 (72).
1053 Vgl. *Atzbach*, Kriminalistik 2001, S. 323 (327).
1054 Vgl. insoweit auch *Vowé* (stv. Europol-Direktor), in: Krempl (http://www.heise.de/tp/deutsch/-inhalt/te/1955//1.html. – Stand: 15.09.2001), S. 7.
1055 *Atzbach*, Kriminalistik 2001, S. 323 (325).
1056 *Atzbach*, a.a.O., S. 323 (325).
1057 *Atzbach*, a.a.O., S. 323 (325).
1058 *Atzbach*, a.a.O., S. 323 (325).
1059 *Atzbach*, a.a.O., S. 323 (325).
1060 *Atzbach*, a.a.O., S. 323 (325).
1061 *Atzbach*, a.a.O., S. 323 (325).

weit voraus. Notebooks gehören dort zur Standardausstattung eines Streifenwagens."[1062]
Ausweislich einer Mitteilung der bayerischen Polizei beginnt die „Bayerische Polizei (..) im Januar 2001 mit der Einführung von 100 Car-PC-Systemen"[1063] zum Zwecke der „Verbesserung der Fahndung durch schnelle, abhörsichere Informationsgewinnung"[1064] mittels „Datenfunkverbindungen zu den zentralen Datenbanken (INPOL, SIS, AZR, KBA, u.a. und an das geplante „Inpol-Neu"[1065] (...)."[1066]

Ausgehend von dieser Konstellation könnte letztlich die von einer künstlichen Intelligenz durchgeführte Informationsselektion, die einem Polizeibeamten vor Ort unmittelbar zur Verfügung gestellt werden würde, das Handeln des Beamten nicht nur unterstützen, sondern – in Abhängigkeit von der jeweiligen Information – auch steuern – mit (potentiell) weitreichenden Rechtsfolgen für die Betroffenen. Die Verfügbarkeit polizeirelevanter Informationen an jedem Ort, an dem Polizeibeamte tätig werden, würde zudem die polizeiliche Organisation, Entscheidungsverantwortlichkeiten und Hierarchien in Frage stellen.[1067]

Die aus der polizeilichen Informationssammlung bzw. –verarbeitung gewonnene Macht über Daten entspricht – so *Krempl* – „im digitalen Zeitalter der Macht über Menschen."[1068] Diese Einschätzung teilt auch der Direktor des Europäischen Polizeiamtes, der in einem Interview eingeräumt hat: „Wissen ist Macht, Information ist Macht."[1069]

Resümierend ist festzustellen, dass die Einschätzung der früheren Bundesregierung, Europol sei lediglich eine Schreibtischpolizei, die sich gegenüber den Bürgerinnen und Bürgern durch ihre Schadlosigkeit auszeichne, da sie lediglich als eine europäische Zentralstelle zur Speicherung und Verarbeitung (personenbezogener) Daten konzipiert worden sei, so dass die derzeitigen Aufgaben Europols nicht mit denen der Polizeien des Bundes und der Länder identisch seien,[1070] unzutreffend ist. Eine solche Einschätzung verkennt nicht nur die generelle Bedeutung polizeilicher Datenverarbeitung, sondern trägt auch dem von den Polizeien des Bundes und der Länder zu erfüllenden Aufgabenspektrum nicht hinreichend Rechnung.

1062 *Atzbach*, a.a.O., S. 323 (325).
1063 Mitteilung der Polizei des Landes Bayern, (http://www.polizei.bayern.de/car_pc/vorstellung/-artikel.htm – Stand: 15.09. 2001), S. 1.
1064 Mitteilung der Polizei des Landes Bayern, a.a.O., S. 1.
1065 Zu INPOL-aktuell / INPOL-neu – vgl. S. 181.
1066 Mitteilung der Polizei des Landes Bayern, (http://www.polizei.bayern.de/car_pc/vorstellung/-artikel.htm – Stand: 15.09. 2001), S. 2; vgl. auch S. 1: Bereits heute sind in Bayern 265 mobile, nicht an Fahrzeuge gebundene Fahndungs- und Informationssysteme im Einsatz, mit nahezu konstanten Abfragezahlen an das Informationssystem der bayerischen Polizei im Bereich von 600.000 Anfragen pro Monat.
1067 *Atzbach*, a.a.O., S. 323 (326).
1068 *Krempl*, (http://www.heise.de/tp/deutsch/inhalt/te/1955//1.html. – Stand: 15. 09.2001), S. 1.
1069 Zitiert nach *Bolesch*, in: SZ vom 07.09.2001, S. 3.
1070 Vgl. S. 175 f.

jj) Gefahren- und Missbrauchspotential / (Rechts-)Folgen für unbeteiligte Dritte

Zur Beurteilung (potentieller) strafrechtlicher Rechtsfolgen immunitätsgeschützter Amtshandlungen der Europol-Bediensteten, sollen im Folgenden die (potentiellen) Rechtsfolgen sowohl rechtmäßiger als auch rechtswidriger Datenverarbeitungen, insbesondere im Hinblick auf unbeteiligte Dritte, untersucht werden.

(1) Gefahrenpotential automatisierter Datenverarbeitung - elektronische Rasterfahndung -

Hierfür ist es zunächst erforderlich, das spezifische Gefahrenpotential der von Europol praktizierten – automatisierten – Datenverarbeitung zu analysieren.

Moderne, automatisiert geführte Informationssysteme – z.B. Informationssysteme der nationalen Stellen (z.B. das deutsche INPOL-System), aus denen die Systembetreiber auf der Grundlage der Europol-Konvention zur Datenübermittlung an Europol berechtigt und verpflichtet sind, und auch das Europol-Computer-System TECS ermöglichen im Gegensatz zu früheren Computersystemen, bei denen die Dateneingabe nur über „starre Datenmasken („Name: ...“, „Vorname: ...“)“[1071] möglich war, auch eine Dateneingabe über sogenannte Freitextfelder.[1072] In diese Freitextfelder können „beliebige Angaben über Personen und Sachverhalte“[1073] eingegeben werden. Die Freitexteingabe ist insbesondere von Vorteil für die Erfassung der in den Arbeitsdateien zu Analysezwecken zu speichernden „weichen“ Informationen, d.h. für die Eingabe von personenbezogenen Verdachtsdaten, die einer Bewertung bedürfen, um sie für die polizeiliche Arbeit nutzbar zu machen.
Großrechner suchen die eingegebenen Daten – auch dieser Freitextfelder – „in Sekundenbruchteilen nach beliebig vielen Stichworten durch und verknüpfen die Merkmale miteinander.“[1074] Im Ergebnis handelt es sich um eine „Art Rasterfahndung“,[1075] bei der Personen herausgefiltert werden,[1076] die „zufällig bestimmte Prüfmerkmale“,[1077] d.h. „bestimmte, für sich genommen durchaus unverdächtige Suchkriterien“ auf sich vereinen und die anschließend „ganz individuell polizeilich oder auch geheimdienstlich ‘betreut’“[1078] werden können.[1079]

1071 *Leuthardt*, S. 39.
1072 Vgl. *Leuthardt*, S. 39.
1073 *Leuthardt*, S. 39.
1074 *Leuthardt*, S. 39.
1075 *Leuthardt*, S. 39; vgl. *Gössner*, S. 77. Leuthardt und Gössner charakterisieren diese Rasterung als „Läusekammprinzip“ – *Leuthardt*, S. 25; *Gössner*, S. 81.
1076 *Gössner*, S. 82; *ders.*, S. 77: ein „verdächtiger Bodensatz“ von Personen.
1077 *Gössner*, S. 82.
1078 *Gössner*, S. 77.
1079 Beispiel für eine derartige „Rasterfahndung“ – zitiert nach *Gössner*, S. 75: „Gesucht werden alle Personen zwischen 20 und 40 Jahren, die in der Umgebung von Hamburg in einer (anonymen) Hochhaussiedlung wohnen, mit Tiefgaragenplatz, nahe einer Autobahnzufahrt, und die ihre Miete sowie die Stromkosten bar bezahlen.“ So etwa könnte ein mögliches (an die Wirklichkeit angelehntes) Suchraster lauten. Die Polizei sucht mit dieser Methode nach ihr bislang unbekannten „terroristischen Tätern“, die unter Falschnamen konspirative Wohnungen angemietet

(2) Verdachtsdatengestützte Verhaltens-, Persönlichkeits- und Risikoprofile

Dementsprechend ist es möglich, per Computer mehrere Verdachtsdaten, d.h. „persönliche Merkmale, die aus Polizeisicht „auffällig" sind, ohne direkt auf strafwürdiges Verhalten schließen zu lassen"[1080] miteinander zu verknüpfen und folglich im Europol Zentralcomputer (TECS) auch Verhaltens- sowie Persönlichkeits- und Charakterbilder von Unschuldigen und Unverdächtigen, d.h. von nicht beschuldigten und nicht verdächtigen Personen,[1081] zu erstellen und zu verarbeiten.[1082] Insoweit gilt es zu berücksichtigen, dass potentiell jeder von der Datenspeicherung in den Arbeitsdateien zu Analysezwecken betroffen werden kann[1083] und Europol nicht nur zur Verarbeitung von (weichen) Informationen berechtigt ist, die der jeweiligen Informationsquelle persönlich nicht bekannt sind und die sich auf keine andere Weise erhärten lassen,[1084] sondern auch Informationen von Quellen in TECS speichern und verarbeiten darf, deren Verlässlichkeit Europol nicht zu beurteilen vermag.[1085]

---

haben und von denen sie lediglich bestimmte Merkmale kennt beziehungsweise denen sie als typisch geltende „Terroristen"-Merkmale zuordnet: „Da die Terroristen die Stromrechnung nicht von Konto zu Konto bezahlen konnten, war anzunehmen, daß ihre Falschnamen sich in der Gruppe derer befinden müßten, die ihre Stromrechnungen bar bezahlen." (Ex-BKA-Präsident Horst Herold).
Zunächst werden entsprechende Daten-Fremdbestände eingezogen: etwa von den Stadtwerken die Daten über die Stromkundinnen und Stromkunden sowie ihre Zahlungsgewohnheiten. So geschehen in den Jahren 1979 ff in Hamburg, Nürnberg, Karlsruhe, München, Berlin, Heidelberg und Augsburg. Werden die Magnetbänder, auf denen die Fremddaten gespeichert sind, von den entsprechenden Eigentümern nicht freiwillig herausgegeben, so rückt ihnen das BKA mit Beschlagnahmeverfügungen eines Staatsanwalts oder Ermittlungsrichters zu Leibe: „Wer berechtigten Auskunftsersuchen der Polizei nicht nachkommt, muß sich darüber im klaren sein, daß er unter Umständen den Tatbestand der Strafvereitelung erfüllt", so der frühere BKA-Vizepräsident Günther Ermisch. Die Fremddateien werden nun vom BKA nach dem Läusekammprinzip elektronisch durchforstet. Was dabei kriminalistisch gesehen besonders interessiert: die Auslese, der Daten-„Bodensatz", der im Raster hängenbleibt – also die Daten von jenen Personen, die die meisten der eingangs zusammengestellten, für sich allein genommen unverdächtigen Suchmerkmale auf sich vereinen. Dies kann durch elektronischen Abgleich mit weiteren Fremddateien geschehen, wie (Melde-, KfZ-Halter-, Kranken- oder Rentenversicherungsdaten usw.). Es werden zwei Arten von Rasterfahndung unterschieden, da die computergestützte Suche sowohl mit positiven als auch mit negativen Suchkriterien möglich ist. Hierauf legte der ehemalige BKA-Präsident Horst Herold besonderen Wert, der immer wieder betonte, dass nur noch die sog. negative Rasterfahndung Anwendung finde. „Negative Rasterfahndung bedeutet (...), aus einem polizeilichen Untersuchungsbestand alle Personen herauszulöschen, die als Täter nicht in Betracht kommen können."

1080 *Leuthardt*, S. 43.

1081 D.h. von Personen, die weder Beschuldigte noch Verdächtige noch „Störer" sind.

1082 Vgl. *Leuthardt*, S. 42; BfD 17. Tätigkeitsbericht, BT-Drs. 14/850, S. 113: „Das können Daten von Personen sein, die z.B. im Zusammenhang mit der Beschlagnahme eines Notizbuches gefunden werden, die sich nicht auf die beschuldigte oder verdächtige Person beziehen, jedoch auch prima facie nicht eindeutig als irrelevant bewertet werden können."

1083 Vgl. S. 200 ff.

1084 Vgl. S. 216 ff.

1085 Vgl. S. 217 f.

Wie im Rahmen einer personenbezogenen Datenspeicherung die Erfassung von auch auf nicht gerichtsfesten Erkenntnissen beruhenden Identifizierungsmerkmalen, d.h. von Merkmalen zur Personenbeschreibung, als Grundlagen für die Erstellung von Persönlichkeitsbildern und Risikoprofilen ausgestaltet werden kann, verdeutlichen beispielhaft die beim Bundeskriminalamt (BKA) geführte PIOS-Datei APIS sowie das nachrichtendienstliche Informationssystem des deutschen Verfassungsschutzes NADIS.

(a) PIOS-Datei APIS

„APIS[1086] ist eine beim BKA automatisch geführte Verbunddatei (mit den Landeskriminalämtern) des der „vorbeugenden Verbrechensbekämpfung" dienenden Datensystems PIOS[1087] (Personen-Institutionen-Objekte-Sachen) im INPOL-Informationssystem der Polizei."[1088]
In der beim BKA geführten Verbunddatei „PIOS – Organisierte Kriminalität"[1089] werden beispielsweise Informationen zur Aufklärung und/oder vorbeugenden Bekämpfung von Straftaten der organisierten Kriminalität gespeichert. Ausweislich des 17. Tätigkeitsberichts des Bundesbeauftragten für den Datenschutz hat eine Kontrolle ergeben, dass in dieser PIOS-Datei „auch Daten von Personen erfaßt sind, die nur gespeichert werden, weil sie mit Mitgliedern krimineller Vereinigungen im Ausland verwandt sind."[1090] Der BfD hat diese Datenspeicherung „bemängelt".[1091] Für eine derartige Speicherung in polizeilichen Dateien existiere keine Rechtsgrundlage.[1092]

Gemäß der APIS-Errichtungsanordnung vom 17.04.1986[1093] dient die Verbunddatei APIS „der 'Verhütung, Bekämpfung und Aufklärung' von Staatsschutzdelikten, aber auch der personellen 'Sicherheitsüberprüfung' von Beschäftigten in 'sicherheitsempfindlichen' Betrieben und der 'Wiedererkennung von Personen.'"[1094]

1086 Arbeitsdatei PIOS - Innere Sicherheit.
1087 *BfD*, 17. Tätigkeitsbericht, BT-Drs. 14/850, S. 115.
1088 *Gössner*, S. 77; *BfD*, 10. Tätigkeitsbericht, BT-Drs. 11/1693, S. 77: „APIS wird als Verbundsystem von Bund und Ländern gemeinsam betrieben mit der Maßgabe, daß alle bei den Teilnehmern vorhandenen Informationen zu einer Person zusammengefügt werden und daß jeder Mitbesitzer berechtigt ist, die Daten der anderen nicht nur zu lesen, sondern auch zu ergänzen und sogar zu verändern. (...) Der Übergang von der bisherigen Datenverarbeitung im Staatsschutz auf APIS bedeutet einen außerordentlichen Qualitätssprung."
1089 *BfD*,17. Tätigkeitsbericht, BT-Drs. 14/850, S. 115.
1090 *BfD*, a.a.O., S. 115.
1091 *BfD*, a.a.O., S. 115.
1092 *BfD*, a.a.O., S. 115.
1093 Seite 8, Nr. 7.3 – zitiert nach *Gössner*, S. 353, Fn. 7.
1094 *Gössner*, S. 78. In dieser PIOS-Datei APIS sind beispielsweise nach Aussage des ehemaligen Staatssekretärs Neusel im Innenausschuss des Deutschen Bundestages „bundesweit ca. 650 Einspeicherungen (im Zusammenhang mit der Volkszählung im Jahr 1987) wegen Straftatverdachts" erfolgt – Stand: 19.01.1988 – (zitiert nach *Gössner*, S. 353, Fn. Nr. 5).

Mit an das Bundesministerium des Innern gerichtetem Schreiben vom 7.12.1988[1095] hatte der damalige Bundesdatenschutzbeauftragte „erhebliche Zweifel an der rechtlichen Zulässigkeit der gesamten Datei APIS“[1096] geäußert. Er war der Auffassung, „daß es sich bei der Einführung von APIS „um eine gravierende qualitative Änderung der Datenverarbeitung im Bereich des polizeilichen Staatsschutzes“ handele, die „besonders intensiv in das allgemeine Persönlichkeitsrecht“ eingreife – im Wege der möglichen Vor- und Umfeld-Erfassung auch bei unverdächtigen Personen.“[1097] „Der hessische Datenschutzbeauftragte Spiros Simitis warnte ob der Bandbreite und Vielzahl von Speicherungen in dieser Datei vor der „Gefahr, daß hier eine umfangreiche Sammlung von Daten über politisch kritisch eingestellte Bürger entsteht.“““[1098]

Aufgrund der APIS-Errichtungsanordnung können in dieser Datei Verdächtige „und „andere Personen“ (das sind nicht verdächtige, mutmaßliche Kontaktpersonen von Beschuldigten, Randpersonen, Hinweisgeber, Anzeigeerstatter, Zeugen usw.)“[1099] gespeichert werden. Ausweislich einer vom BKA[1100] erstellten vertraulichen (mit der Aufschrift „Sicher aufbewahren! Weitergabe, Abdruck und Auswertung außerhalb des Bezieherkreises auch auszugsweise nicht gestattet“ versehenen)[1101] Erfassungsliste können zur Personenbeschreibung über vierhundert in unterschiedlichen Kategorien erfasste Persönlichkeitsmerkmale (kombiniert) gespeichert werden.[1102] Hierbei handelt es sich beispielsweise um folgende Merkmale, bezogen auf:[1103]

[1095] *Gössner*, S. 353, Fn. 12: Gesch.Z: V – 192 642-2/4 („VS-Nur für den Dienstgebrauch“), S. 3, 12; vgl. *BfD*, 10. Tätigkeitsbericht, BT-Drs. 11/1693, S. 77.

[1096] *Gössner*, S. 78.

[1097] Zitiert nach *Gössner*, S. 78; *BfD*, 11. Tätigkeitsbericht, BT-Drs. 11/3932, S. 63: „Über die mit der Einführung von APIS verbundenen datenschutzrechtlichen Probleme habe ich mehrfach berichtet (vgl. 9. TB S. 60 ff und zuletzt 10. TB S. 77 f). In wesentlichen Punkten hat die Kontrolle die Befürchtung bestätigt, die ich bei der Einführung von APIS hegte. Nach der Errichtungsanordnung werden nicht nur Staatsschutzdelikte im eigentlichen Sinn erfaßt, sondern – nach einer Art Auffangklausel – auch jede andere Straftat, wenn wegen des Motivs des Täters, seiner Verbindung zu einer Organisation oder wegen des Objekts, gegen das sich die Straftat richtet, zu vermuten ist, daß der Täter extremistische Ziele verfolgt. Die Klausel ist, wie ich festgestellt habe, weitgehend zum Regeltatbestand für die Speicherung in APIS geworden. Auf sie werden ca. 80 % der erfaßten Straftaten gestützt. Im übrigen sind nach meiner Schätzung ca. 75 % aller in APIS gespeicherten Straftaten eher leichterer Art, wie z.B. Verdacht der Nötigung im Zusammenhang mit Demonstrationen, der Beleidigung von Politikern und der Sachbeschädigung in Form von Schmierereien oder durch Abschneiden der Zählnummer vom Volkszählungsbogen. Die Mehrzahl dieser Fälle ist von den Landeskriminalämtern unter Anwendung der gemeinsamen APIS-Errichtungsanordnung eingegeben worden.“

[1098] Zitiert nach *Gössner*, S. 78, unter Verweis auf Zit. nach Der SPIEGEL Nr. 3/1988, S. 100 – siehe *Gössner*, S. 353, Fn. 13.

[1099] *Gössner*, S. 78; vgl. *BfD*,11. Tätigkeitsbericht, BT-Drs. 11/3932, S. 63.

[1100] BKA – ED 5304/7312 – Beilage zum Bundeskriminalblatt Nr. 53 vom 15. März 1985, (teilweise) abgedruckt in: *Gössner*, S. 83 ff, Stand: April 1987 – siehe *Gössner*, S. 79.

[1101] Siehe Abdruck in: *Gössner*, S. 83.

[1102] *Gössner*, S. 79.

[1103] Siehe BKA – ED 5304/7312 – Beilage zum Bundeskriminalblatt Nr. 53 vom 15. März 1985, abgedruckt in: *Gössner*, S. 84 f.

- **Verhalten:**
  besondere sexuelle Gewohnheiten, aalglatt, an Nägeln kauend, besondere Ess- und Trinkgewohnheiten, mit Kiefern mahlen, Mundwinkel herabziehend, Schürzenjäger, unsauber, unsicher, verlegen, herablassend, hastig Rauchen, spielen mit Fingern, Kratzen an Körperteil, ausfahrende Bewegungen, lässig, leger, Witze erzählen, Zupfen an Kleidung, Vertrauen ausstrahlen, Hände in den Hüften/Taschen, Hände reibend, hüsteln, schniefen, Stirn in Längs-/Querfalten, Kinn in Hand legen, Kopf einziehen/neigen, Lippen benetzen, Augen zusammenkneifen, grinsen, höflich, besondere Redewendungen, etc.

- **Typ:**
  Angeber, Gammler, Buchhaltertyp, Popper, Intellektueller, Playboy, ungepflegt, etc.

- **Ausdruck:**
  Brutal, finster, lauernd, stechend, verbissen, verschlagen, etc.

- **Gangart:**
  Breitbeinig, gebückt, lässig, stampfend, steif, watschelnd, etc.

- **Gestalt:**
  Dick, flachbrüstig, schwächlich, vollbusig, etc.

- **Kleidung:**
  Abgetragen, geckenhaft, ordentlich, ungepflegt, etc.

„Per „Sondervermerk" können weitere „ergänzende Angaben" zugespeichert werden („Gesichtsform: Nußknacker", „häufig wiederkehrende Redewendung, z.B.: das ist echt so, ehrlich!")".[1104]
In seinem 11. Tätigkeitsbericht hat der BfD die Speicherung derartiger Daten der sogenannten „L-Gruppe"[1105] in Bezug auf Unverdächtige bzw. Unschuldige nachdrücklich kritisiert[1106] und betont: „Derartige Informationen sind der Sache nach erkennungsdienstliche Unterlagen und es ist allenfalls zulässig, sie über Verdächtige und Beschuldigte zu speichern."[1107]

1104 *Leuthardt*, S. 25; vgl. *Gössner*, S. 79.

1105 BT-Drs. 11/3932, S. 64: Bei der „L-Gruppe" handelt es sich um Daten, mit denen das äußere Erscheinungsbild und das Verhalten von Personen dargestellt werden kann. Beispielsweise können Informationen wie „aalglatt", „arrogant", „besondere Eßgewohnheiten", „besondere Rauchgewohnheiten", „besondere sexuelle Gewohnheiten", „besondere Trinkgewohnheiten" erfaßt werden."

1106 BT-Drs. 11/3932, S. 64: „Ich habe auch den Passus der Errichtungsanordnung beanstandet, der vorsieht, daß Daten der sog. „L-Gruppe" auch über „andere Personen" gespeichert werden dürfen."

1107 *BfD*, 11. Tätigkeitsbericht, a.a.O., S. 64.

(b) NADIS

Auch im nachrichtendienstlichen Informationssystem des Verfassungsschutzes NADIS[1108] (dem „geheimdienstlichen Pendant"[1109] zum polizeilichen INPOL-System)[1110] werden in der Regel auf nicht gerichtsfesten Erkenntnissen beruhende[1111] „Grundlagen für Persönlichkeitsbilder und Risikoprofile"[1112] durch die verschlüsselte Speicherung vorstehend genannter Persönlichkeitsmerkmale erfasst.[1113]

Die Datenschutzbeauftragten des Bundes und der Länder haben in ihren Tätigkeitsberichten oftmals contra legem erfolgte Datenspeicherungen in NADIS kritisiert und förmlich beanstandet.[1114] Bezogen auf die NADIS-Personenzentraldatei (PZD) hat der LfD NRW in seinem Tätigkeitsbericht für das Jahr 1999 beispielsweise kritisiert:

> „Demgegenüber ist es Praxis bei der Verfassungsschutzbehörde, zahlreiche zusätzliche Informationen in der Datei NADIS zu speichern. Eine Rechtsgrundlage für eine Speicherung eines erweiterten Datenspektrums ist nicht vorhanden. Trotz meiner entsprechenden Hinweise auf diese Rechtslage ist die Verfassungsschutzbehörde nicht bereit, ihre Speicherpraxis zu ändern. Die Datenverarbeitung des Verfassungsschutzes mußte förmlich beanstandet werden. Dem ist die Verfassungsschutzbehörde nicht gefolgt."[1115]

Nach Auffassung von *Gössner* ist der „falsche Verdacht" im NADIS-System „vorprogrammiert".[1116]

1108 Zum Begriff: *Gössner*, S. 80; *LfD-NRW*, 14. Datenschutzbericht 1999, S. 61, BT-Drs. 11/1693, S. 77; *BfD*, 11. Tätigkeitsbericht, BT-Drs. 11/3932, S. 64 f.

1109 *Gössner*, S. 353, Fn. 5.

1110 *Gössner*, S. 353, Fn. 5.

1111 Vgl. *BfD*, 17. Tätigkeitsbericht, BT-Drs. 14/850, S. 124.

1112 *Gössner*, S. 80.

1113 *Gössner*, S. 80.

1114 Vgl. z.B. *BfD*, 11. Tätigkeitsbericht, BT-Drs. 11/3932, S. 64 f; LfD NRW, 14. Datenschutzbericht 1999, S. 61; *LfD-MV*, (http://www.tec.informatic.uni-rostrock.de/RA/LfD-MV/taetberi/4_302_-03.html – Stand: 15.09.2001), Punkt 3.3. „Verstöße gegen datenschutzrechtliche Bestimmungen".

1115 *LfD-NRW*, 14. Datenschutzbericht 1999, S. 61.

1116 *Gössner*, S. 80, der diese Kritik anhand des folgenden Beispiels der 35jährigen Sekretärin Silvia H. verdeutlicht: „Sie wurde nach einer „Personenbeschreibung" computermäßig als die RZ-Verdächtige mit dem Decknamen „Fredericke" (deren Identität nicht bekannt war) herausgefiltert. Als Suchkriterien waren u.a. eingegeben worden: Haarfarbe, Größe, Automarke, Zigarettenmarke und die Daten, die während einer Hausdurchsuchung ermittelt worden waren. Sylvia H. kam daraufhin in U-Haft. Die Anklage lautete auf „Mitgliedschaft in einer terroristischen Vereinigung" und Beteiligung an Sprengstoff-Anschlägen. Strafantrag der Staatsanwaltschaft: Drei Jahre Freiheitsentzug. Nach fünfzehn Monaten Prozeßdauer mußte Silvia H. jedoch freigesprochen werden. Die computergesteuerte „Identität" zwischen Silvia H. und der beschuldigten „Fredericke" konnte im Laufe des Gerichtsverfahrens nicht bestätigt werden." *Gössner*, S. 80, unter Bezug auf Presseberichte (die tageszeitung vom 12.02.1982; Frankfurter Rundschau vom 17.2.1982) – siehe *Gössner*, S. 353, Fn. 19.

(3) Unzulässige / unrichtige Speicherung personenbezogener Daten

Unrichtige und unbefugte Datenverarbeitungen (beispielsweise Verwechslungen, (unbewusste/bewusste) Falscheinträge und Verdächtigungen steigern die Gefahr der potentiellen Betroffenheit Unschuldiger, d.h. nicht beschuldigter und nicht verdächtiger Personen.

(a) Verwechslungen

Die Erfassung und Verarbeitung personenbezogener Daten von Unschuldigen kann oftmals das Ergebnis einer Verwechslung sein.

(aa) Spezifische Bedeutung

In seinem Jahresbericht 1994 hat der hessische Datenschutzbeauftrage *Hassemer* ausgeführt, dass Verwechslungen nicht unbedingt ein Problem der automatisierten Datenverarbeitung sind.[1117]

„Je umfassender jedoch eine Datensammlung ist, desto größer ist die Wahrscheinlichkeit, daß mehrere Personen mit dem gleichen Familien- und Vornamen und weiteren Identifizierungsmerkmalen in einer Datei erfaßt sind."[1118] Nach Auffassung von *Hassemer* können solche zusätzlichen Identifizierungsmerkmale falsch ausgelegt werden – mit weitreichenden Folgen für die Betroffenen.[1119]

(bb) Rechtsmissbräuchliche Verwendung von Identitätsangaben Unschuldiger

Insbesondere aus der rechtsmissbräuchlichen Verwendung von Identitätsangaben Unschuldiger durch Kriminelle können schwerwiegende Rechtsfolgen für die von den Identitätsverwechslungen betroffenen Bürgerinnen und Bürger resultieren. Dass eine derartige missbräuchliche Verwendung von Identitätsangaben Unschuldiger für die Sicherheitsbehörden ein erhebliches Problem darstellt, wird teilweise ausdrücklich anerkannt.

Anlässlich eines Fachgesprächs des Ausschusses für die Angelegenheiten der Europäischen Union des Deutschen Bundestages zur Überführung des Schengen-Besitzstandes in den Rahmen der EU am 23. Februar 2000 hat die Referatsleiterin beim

---

[1117] Zitiert nach *Leuthardt*, S. 13.

[1118] Zitiert nach *Leuthardt*, S. 14.

[1119] Vgl. *Leuthardt*, S. 14. *Hassemer* hat dies an dem von ihm dargestellten „Fall Jolly" verdeutlicht (zitiert nach *Leuthardt*, S. 14): „Zwei Gleichnamige waren lange im Hessischen Polizeiinformationssystem gespeichert, der „kleine" wegen Straßenverkehrsdelikten, der „große" – mit dem Spitznamen „Jolly" – wegen Zuhälterei und aller möglichen Folgedelikte. Der eine wurde bei Personenkontrollen ständig als der andere, der Zuhälter, behandelt, und als „Jolly" wurde er bezeichnet, wo immer von ihm die Rede war. Der Grund: Zu den Personalangaben im Fahndungssystem hatte eine eifrige Amtsperson fälschlicherweise ebenfalls „genannt Jolly" hinzugefügt. Eine falsche Assoziation, wie der Datenschutzbeauftragte rügte. Erst mehrere Interventionen von ihm konnten bewirken, daß der kompromittierende falsche Beiname aus der aktuellen Datei des Computersystems gelöscht wurde."

hessischen Datenschutzbeauftragten, *Schriever-Steinberg*, in ihrer Funktion als Mitglied der Gemeinsamen Kontrollinstanz (GKI)[1120] im Rahmen des Schengener Informationssystems (SIS) diese potentielle Betroffenheit Unschuldiger und Unverdächtiger beispielhaft anhand tatsächlich erfolgter missbräuchlicher Verwendungen von Identitätsangaben verdeutlicht:

> „Es gibt das Problem der missbräuchlichen Verwendung von Identitätsangaben. Man kann sich gar nicht vorstellen, dass es zahlreiche Fälle gibt, wo ein Krimineller, sagen wir mal einen Ausweis oder jedenfalls Identitätspapiere eines anderen an sich nimmt und unter dieser Identität im SIS gespeichert wird.[1121] Wenn jetzt der Unbescholtene mit den richtigen Angaben in eine Polizeikontrolle gerät, kann dies natürlich zu Problemen führen (...). Ich könnte Ihnen noch eine Reihe solcher Probleme erzählen."[1122]

In seinem 14. Datenschutzbericht für das Jahr 1999 führt der Datenschutzbeauftragte des Landes NRW insoweit (ergänzend) aus:

> „In der Praxis des SIS tritt nicht selten folgendes Problem auf: Eine Person benutzt gefälschte oder gestohlene Ausweispapiere und wird mit diesen falschen Personalien im System ausgeschrieben. Zwangsläufig führt das für die echten Inhaberinnen und Inhaber zu großen Schwierigkeiten, wenn sie aufgrund einer polizeilichen Überprüfung mit SIS-Abfrage festgehalten werden. Eine Lösung dieses Problems ist dringend erforderlich, läßt aber auf sich warten, weil es der derzeitige Datensatz des SIS nicht zuläßt, bei der Ausschreibung mit einer Alias-Personalie einen Hinweis auf den wahren Sachverhalt hinzuzufügen.[1123] Das BKA arbeitet mit einer „Notlösung": Den Betroffenen wird angeboten, sich freiwillig einer erkennungsdienstlichen Behandlung (Fotos, Fingerabdrücke) zu unterziehen. Mit diesen Unterlagen wird die Identität überprüft. Stellt sich heraus, daß die betroffene Person nicht mit der gesuchten und im SIS ausgeschriebenen Person identisch ist, wird ihr ein Dokument ausgestellt, das diese Tatsache bescheinigt und bei Kontrollen vorgelegt werden kann. Dieser Behelf wird natürlich keineswegs den berechtigten Interessen der Menschen gerecht, deren Personaldaten nur deshalb international ausgeschrieben sind, weil ein anderer sie unrechtmäßig benutzt. Denn es bleibt dabei, daß die echten Inhaber der Personalien in erheblichen Schwierigkeiten sind, weil ihnen die Beweislast aufgebürdet wird. Sie müssen sich einer genauen Überprüfung ihrer Person einschließlich einer erkennungsdienstlichen Behandlung unterziehen und in die Speicherung der hierbei anfallenden Unterlagen einwilligen. Solange sie das klarstellende Dokument nicht haben oder es

---

1120 Die Gemeinsame Kontrollinstanz (GKI) im SIS war Vorbild für die GKI Europols.

1121 Vgl. Zweiter Tätigkeitsbericht (März 1997 – März 1998) der GKI von Schengen, (http://www.-datenschutz-berlin.de/doc/eu/schengen/tb98.htm – Stand: 25.08.2000), S. 16: „Das System enthält m.a.W. eine Ausschreibung mit einer Identität, die weder de facto noch de jure der tatsächlichen Identität der gesuchten Person entspricht. Die Person, deren Identität mißbräuchlich verwendet wurde, ist somit im SIS ausgeschrieben, ohne zuvor darüber unterrichtet worden zu sein."

1122 BT-Europaausschuss-Prot. 14/37 vom 22. März 2000, S. 35.

1123 Vgl. Zweiter Tätigkeitsbericht der GKI von Schengen, a.a.O., S. 36: „In den meisten Staaten wird die Ausschreibung eines rechtmäßigen Inhabers, dessen Identitätsangaben mißbräuchlich verwendet wurden, im SIS beibehalten. Derzeit scheint es im SIS nicht möglich zu sein, zumindest in einem Freitext darauf hinzuweisen, daß es sich um eine mißbräuchlich verwendete Identität handelt."; vgl. insoweit auch a.a.O, S. 16: „Andere Staaten vertraten die Ansicht, dass der ausgeschriebene Aliasname aufbewahrt werden müsse, selbst wenn die Person, deren Identität ungerechtfertigterweise im SIS ausgeschrieben ist, die Löschung dieser Daten beantragt."

> nicht bei sich führen, werden sie bei einer Kontrolle in arge Beweisnot kommen. Selbst wenn sie das Papier vorweisen können, wird ihnen wegen der auch insoweit aus Sicht der Polizei nicht völlig fernliegenden Fälschungsmöglichkeit Mißtrauen entgegenschlagen, das wiederum eine unangenehme und vielleicht auch langwierige Überprüfung zur Folge haben kann."[1124]

Da die nationalen Stellen der Europol-Mitgliedstaaten verpflichtet sind, Europol auch solche Daten zu übermitteln, die in das SIS eingestellt werden können, und zudem auch eine Vernetzung des SIS mit dem Europol-Computer-System TECS angestrebt wird, könnten Personendaten Unschuldiger aufgrund einer (zunächst unentdeckten) rechsmissbräuchlichen Verwendung über die Datensysteme der nationalen Mitgliedstaaten letztlich auch in TECS verarbeitet werden.
Da das SIS im Gegensatz zum TECS ausschließlich als Fahndungsinstrument konzipiert wurde, in das lediglich harte Daten eingestellt und auch keine Analysen durchgeführt werden dürfen, hätte eine verwechslungsbedingte Datenverarbeitung im TECS für die Betroffenen (potentiell) weitreichendere (Rechts-)Folgen.

(b) (Ermittlungs-)Fehler

In der Anhörung des Deutschen Bundestages zum Europol-Immunitätenprotokollgesetz hat der Sachverständige *Frowein* beispielhaft verdeutlicht, dass mit einer fehlerhaften Datenverarbeitung für den Betroffenen eine „Dramatik"[1125] verbunden sein kann:

> „Dass die praktische Bedeutung [der polizeilichen Verarbeitung personenbezogener Daten – Anmerkung Verfasser] groß ist, weiß ich seit dem Fall, den ich als Professor in Bielefeld miterlebt habe, wo ein sehr angesehener Naturwissenschaftler zusammen mit seiner Frau in einer türkischen Boulevardzeitung mit Foto abgebildet wurde als jemand, der des Terrorismus gegenüber der Türkei verdächtig sei. Es handelte sich um einen Ermittlungsfehler der NRW-Polizei und der Einspeisung in die internationalen Datenbanksysteme; die Dramatik dieses Falles ist mir sehr gut in Erinnerung."[1126]

Im Hinblick auf die polizeiliche Ermittlungstätigkeit ist ferner Folgendes zu bedenken: Bereits die Erstattung einer Strafanzeige gegen einen tatsächlich Unschuldigen führt zur „Aufnahme in den Polizeicomputer".[1127] Stellt sich die Anzeige als ungerechtfertigt heraus, wird das Ermittlungsverfahren eingestellt. „Die Verfahrenseinstellung garantiert aber" – so der *LfD NRW* – „noch lange nicht die tatsächliche Löschung im Computer."[1128] Die fortbestehende Speicherung „als „Verdächtiger" oder „Beschuldigter" in „kriminalpolizeilichen Sammlungen" und damit im Polizeicomputer" hat weitreichende Folgen. So „gibt es" – so der *LfD NRW* – „nicht nur beim Grenzübertritt

---

1124 *LfD-NRW*, 14. Datenschutzbericht 1999, S. 69 f.
1125 BT-Innenausschuss-Drs. 13/75, S. 16.
1126 *Frowein*, a.a.O., S. 16.
1127 *LfD-NRW*, (http://www.lfd.nrw.de/infostand/info_3_3.html – Stand: 25.08. 2000), Rubrik „Polizeicomputer – Pannen inbegriffen?
1128 *LfD-NRW*, a.a.O.

manchmal eine böse Überraschung. Die Konsequenzen können auch ernster sein und sogar die Jobsuche noch schwieriger machen als sie ohnehin schon ist."[1129]

(c) Vorsätzlich rechtswidrige Datenverarbeitung

Weitreichende und schwerwiegende Gefahren für die Betroffenen resultieren auch aus einer vorsätzlich rechtswidrigen Verarbeitung ihrer personenbezogenen Daten.

(aa) Weitergabe personenbezogener Daten an Unbefugte

((1)) Negativbeispiel: SIS

„Große Unruhe"[1130] hat der Fall einer unrechtmäßigem Weitergabe „geheimer[1131] Informationen, insbesondere aus dem SIS"[1132] ausgelöst, der – so die Einschätzung der *GKI des SIS* – „auf dramatische Weise die Notwendigkeit einer ständigen Verbesserung der Sicherheitsvorkehrungen im Bereich der SIS und des Austauschs von Schengener Informationen unter Beweis gestellt"[1133] hat und – ausweislich eines Berichts des *Schengen-Exekutivausschusses* vom 22. 06.1998 – „der ausschlaggebende Faktor (...) für einen Bewußtwerdungsprozeß über die Gefahren, denen Organisationen im Besitz geheimer Daten ständig ausgesetzt sind",[1134] gewesen ist.
„Ausgehend vom belgischen SIRENE[1135]-Büro"[1136] waren „durch einen Mitarbeiter in erheblichem Umfang"[1137] geheime, sensible personenbezogenen Informationen „an Außenstehende, vermutlich organisiert handelnde Straftäter",[1138] weitergegeben worden.[1139]

Auch insoweit ist darauf hinzuweisen, dass ein vergleichbarer Fall bei Europol für die Betroffenen insofern schwerwiegendere Folgen haben könnte, als Europol – im Gegensatz zum SIS – nicht nur zur Speicherung „harter" Informationen, sondern unter

---

1129 *LfD-NRW*, a.a.O.
1130 *LfD-NRW*, 14. Datenschutzbericht 1999, S. 70.
1131 Vgl. *BfD*, (http://www.bfd.bund.de/europa/page1.html – Stand: 25.08.2000), S. 1: „sensibler".
1132 Zweiter Tätigkeitsbericht (März 1997 – März 1998) der GKI von Schengen, (http://www.datenschutz-berlin.de/doc/eu/schengen/tb98.htm – Stand: 25.08. 2000), S. 8.
1133 Zweiter Tätigkeitsbericht der GKI von Schengen, a.a.O., S. 9.
1134 Zitiert nach *LfD-NRW*, 14. Datenschutzbericht 1999, S. 70.
1135 Zu Begriff und Bedeutung vgl. Zweiter Tätigkeitsbericht der GKI von Schengen, a.a.O., S. 23: „Die SIRENE-Büros (Supplément d'Informations Requis à l'Entrée Nationale) wurden von den Vertragsparteien eingerichtet und sind nicht ausdrücklich im Durchführungsübereinkommen vorgesehen. Sie sind in jedem Schengen-Staat auf der Grundlage des SIS für den Austausch von ergänzenden Informationen zuständig und dienen ebenfalls als Mittler bei den unterschiedlichen Konsultationen von Staat zu Staat über die Vorgehensweise bei der Durchführung einer Ausschreibung. Ihre Aufgaben und Maßnahmen sind konkret in einem gemeinsamen, sogenannten „SIRENE-Handbuch" festgelegt."; *Kersten*, in: BKA-Arbeitstagung 1999, S. 65 (71 f).
1136 Zweiter Tätigkeitsbericht der GKI von Schengen, a.a.O., S. 8; vgl. *BfD*, (http://www.bfd.bund.de/europa/page1.html – Stand: 25.08.2000), S. 1.
1137 *LfD-NRW*, 14. Datenschutzbericht 1999, S. 70.
1138 *LfD-NRW*, 14. Datenschutzbericht 1999, S. 70.
1139 Vgl. *LfD-NRW*, 14. Datenschutzbericht 1999, S. 70.

Einbeziehung auch sensibler personenbezogener Daten Unschuldiger (Nicht-Verdächtiger/Nicht-Beschuldigter) auch zur Analyse (Intelligency) berechtigt ist.
Die Feststellung des Vorsitzenden des Europol-Verwaltungsrates, des Belgiers Patrick Zahnders, „viele Dienststellen [der nationalen Mitgliedstaaten – Anmerkung Verfasser] vertrauten Europol nicht und hielten deshalb Informationen aus laufenden Ermittlungen zurück",[1140] lässt die Möglichkeit, dass ein vergleichbarer Fall auch bei Europol erfolgen könnte, zumindest als nicht ganz fernliegend erscheinen.
Nach Ansicht von *Bolesch*, verdeutlicht der mutmaßliche Betrug des stellvertretenden Leiters der Europol-Informationsabteilung, der – so *Bolesch* - „Geld auf die Seite geschafft und dubiose Konten unterhalten"[1141] haben soll, dass bereits „kriminelle Energie (...) ins Hauptquartier der Europol eingesickert"[1142] ist.
Ausweislich der parlamentarischen Anfrage der Fraktion der PDS des Deutschen Bundestages vom 20. Juni 2001[1143] und der Antwort der Bundesregierung auf diese Anfrage,[1144] ist ein hochrangiger EDV-Abteilungsleiter Europols im Juni 2001 wegen des Verdachts auf schweren Betrug und Urkundenfälschung festgenommen worden.[1145]

Dass Informationen aus dem SIS vermutlich an organisiert handelnde Straftäter weitergeben worden sind, ist ein Indiz für die Bedeutung und Reichweite der Einflusssphäre der organisierten Kriminalität, die sich aufgrund ihrer finanziellen Ressourcen oftmals des Mittels der Korruption zur Datenerlangung bedient.

((2)) Einfluss der Korruption auf die polizeiliche Datenverarbeitung – Beispiel: Deutschland

Die Übermittlung von (personenbezogenen) Daten aus polizeilichen/nachrichtendienstlichen Informationssystemen ist oftmals eine Folge von Korruption.[1146]
Einfluss, Bedeutung und Rechtsfolgen der Korruption im Rahmen polizeilicher Tätigkeit sind – bezogen auf die Bundesrepublik Deutschland – im Rahmen eines aktuellen gemeinsamen Forschungsprojekts des Bundeskriminalamtes und der Polizeiführungsakademie analysiert worden.

Diese empirische Untersuchung weist folgende Ergebnisse aus:
„Besonders gefährdete Aufgabenfelder"[1147] sind:
„- Verdeckte Ermittlungen/Führen von V-Personen
- Auskunfts- und Fahndungsdienst/Dateienführung/Aktenverwaltung
- Ermittlungen/Durchführung von Strafverfahren (...)
- Gefahrenabwehr (...)."[1148]

1140 Zitiert nach *Bolesch*, in: Süddeutsche Zeitung vom 7. September 2001, S. 3.
1141 *Bolesch*, in: Süddeutsche Zeitung vom 7. September 2001, S. 3.
1142 *Bolesch*, a.a.O., S. 3.
1143 BT-Drs. 14/6403; vgl. SPIEGEL, 24/2001 vom 11. Juni 2001, S. 19.
1144 BT-Drs. 14/6667.
1145 Vgl. BT-Drs. 14/6403, S. 1.
1146 Zu Begriffsbestimmung, Erscheinungsformen und Methoden - vgl. *Mischkowitz/Bruhn/Desch/Hübner/Beese*, BKA-Forschungsprojekt, S. 25 ff und 471 ff.
1147 *Mischkowitz/Bruhn*, Kriminologie 2001, S. 229 (232).

Für „den Bereich der Strafverfolgung werden der

- „Verrat von Dienstgeheimnissen/die Weitergabe von internen Dokumenten an Dritte",
- das „Auffinden behördeninterner Unterlagen beim Straftäter" und
- das „Verschwinden von Ermittlungs-/Strafakten und –aktenteilen" als korruptionsbedeutsame Auffälligkeiten insgesamt am häufigsten genannt."[1149]

Sowohl bei der Kriminalpolizei als auch bei der Schutzpolizei der Länder wird die „Abfrage aus Dateien ohne ersichtlichen dienstlichen Grund"[1150] als bedeutsamste Korruptionsfolge hervorgehoben.[1151] Im Bereich der Schutzpolizei „rangiert (...) der Geheimnisverrat an Medien an erster Stelle und bei der Kriminalpolizei die Informationsweitergabe an Straftäter."[1152]
„Bestätigt wird diese Aussage" – so *Mischkowitz/Bruhn* – „auch durch die Fallschilderungen in den Experteninterviews und die Aktenanalyse. Sei es der Verrat von strafprozessualen Maßnahmen (...) oder die Weitergabe von dienstlich erlangten oder ausgespähten Daten – der Handel mit polizeilichen Informationen scheint" – so *Mischkowitz/Bruhn* – „eine überproportionale Bedeutung zu haben. (...) Als Interessenten für die Informationen kristallisieren sich drei große Abnehmerkreise heraus: das Rotlichtmilieu, die Medien und private Sicherheitsunternehmen/Detekteien."[1153]

(bb) Leichtere Fälschbarkeit computergespeicherter Daten

Im Hinblick auf die Beurteilung des Gefahren- bzw. Missbrauchspotentials ist auch die vergleichsweise leichte Fälschbarkeit bzw. Manipulierbarkeit elektronisch gespeicherter Daten zu berücksichtigen.[1154]

(cc) Art und Umfang

Anhand der Tätigkeitsberichte des Bundes- und der Landesbeauftragten für den Datenschutz in der Bundesrepublik Deutschland sollen Art und Umfang der in polizeilichen/nachrichtendienstlichen Informationssystemen unzulässigerweise gespeicherten personenbezogenen Daten exemplarisch verdeutlicht werden.

So entdeckte beispielsweise der LfD Niedersachsen *Dronsch* beim niedersächsischen Landesamt für Verfassungsschutz „unglaubliche Personendossiers",[1155] die unter

---

[1148] *Mischkowitz/Bruhn*, a.a.O., S. 229 (232).
[1149] *Mischkowitz/Bruhn*, a.a.O., S. 229 (231); vgl. *Mischkowitz/Bruhn/Desch/Hübner/Beese*, BKA-Forschungsprojekt, S. 475.
[1150] *Mischkowitz/Bruhn/Desch/Hübner/Beese*, a.a.O., S. 475; *Mischkowitz/Bruhn*, Kriminologie 2001, S. 229 (231).
[1151] Vgl. *Mischkowitz/Bruhn/Desch/Hübner/Beese*, a.a.O., S. 475.
[1152] *Mischkowitz/Bruhn*, Kriminologie 2001, S. 229 (231).
[1153] *Mischkowitz/Bruhn*, a.a.O., S. 229 (231).
[1154] Vgl. Vereinte Nationen, 2000, S. 109.
[1155] *LfD-Niedersachsen*, 12. Tätigkeitsbericht für die Jahre 1993 und 1994, S. 119.

Verwendung von Persönlichkeitsmerkmalen[1156] im Rahmen der für die Einstellung in Landesbehörden erforderlichen Sicherheitsüberprüfungen erstellt wurden.[1157] Im Rahmen einer derartigen Sicherheitsüberprüfung gewonnene Daten können teilweise auch in NADIS gespeichert werden.[1158] „Sicherheitsüberprüfungen haben entscheidenden Einfluß auf das berufliche Fortkommen. Sie können existentiell sein."[1159] Der Tätigkeitsbericht enthält folgende Feststellungen:

> „Betroffen waren praktisch alle denkbaren Personenkreise: Antragsteller als zu überprüfende Person; Ehegatte/Lebenspartner/Verlobte; Referenzpersonen; selbstbenannte Auskunftspersonen; Verwandte des Antragstellers; Verwandte des einbezogenen Partners und andere Auskunftspersonen. Die Recherchen führten u.a. dazu, daß ein mit Fotos versehener Bericht des „Stern" aus Sicht des Verfassungsschutzes Anlaß gab, den verantwortlichen Redakteur und alle für diese Ausgabe arbeitenden Fotografen in der Akte festzuhalten. Ich habe bei den durchgeführten Sicherheitsüberprüfungen eine im Vergleich zu anderen Kontrollen große Anzahl von datenschutzrechtlichen Mängeln festgestellt".[1160]

Resümierend führt der Landesdatenschutzbeauftragte *Dronsch* insoweit aus: „Ich teile nach alledem die Auffassung eines anderen Landesbeauftragten für den Datenschutz, nach der kaum eine andere Stelle bekannt ist, bei der über einen so langen Zeitraum so systematisch aus so breit gefächerten Quellen persönliche Daten zusammengetragen und gespeichert werden, nach meinen Feststellungen sogar über das sexuelle Verhalten."[1161]

In seinem 10. Tätigkeitsbericht hat der BfD die von Seiten des Bundesamtes für Verfassungsschutz (BfV) durchgeführten Sicherheitsüberprüfungen kritisiert und unter anderem folgende Mängel beanstandet:

> „Belastende Merkmale (...) wurden auch in Fällen gespeichert, in denen der Sachverhalt dies nicht rechtfertigte oder zweifelhaft geblieben war, ob die Belastungen tatsächlich vorlagen. Merkmale wurden gespeichert, obwohl das BfV beim Abschluss der Sicherheitsüberprüfung feststellte, daß ihnen keine Sicherheitsrelevanz zukam. Belastende Daten wurden auch zu solchen Personen gespeichert, die nicht in einem sicherheitsempfindlichen Bereich beschäftigt waren oder bei denen das BfV über die Art der Beschäftigung nichts wußte. Es wurden zum Teil sehr weit zurückliegende Informationen („Jugendsünden") gespeichert. Auch Ehegatten wurden bei bestimmten Überprüfungsarten in die Speicherung einbezogen. Informationen wurden oder blieben gespeichert, obwohl sie im Bundeszentralregister längst gelöscht waren."[1162]

[1156] Vgl. die Auflistung der personenbezogenen Daten in APIS/NADIS.
[1157] Vgl. *LfD-Niedersachsen*, 12. Tätigkeitsbericht für die Jahre 1993 und 1994, S. 120.
[1158] Vgl. *LfD-Niedersachsen*, a.a.O., S. 120.
[1159] *LfD-Niedersachsen*, a.a.O., S. 119.
[1160] *LfD-Niedersachsen*, a.a.O., S. 121 ff.
[1161] *LfD-Niedersachsen*, a.a.O., S. 122.
[1162] *BfD*, 10. Tätigkeitsbericht, BT-Drs. 11/1693, S. 81: „Die Kontrolle, die nur unter Schwierigkeiten und mehrmaliger Unterbrechung zu Ende geführt werden konnte (vgl. 9. TB S. 55 f), hat teilweise schwerwiegende datenschutzrechtliche Mängel ergeben, die ich beanstanden mußte."

Der LfD Bayern rügt in seinem Tätigkeitsbericht für das Jahr 2000, dass beispielsweise in einer Polizei-Datei über Prostituierte auch Daten von deren Ehemännern als potenzielle Zuhälter gespeichert[1163] und Bürger in Polizeicomputern als geisteskrank bezeichnet werden, obgleich sie nicht ärztlich untersucht worden sind.[1164]

Der Tätigkeitsbericht für die Jahre 1995 und 1996 des LfD Niedersachsen dokumentiert ebenfalls anhand einer beispielhaften Auflistung, die im Folgenden auszugsweise wiedergegeben wird, wie personenbezogene Daten in unzulässiger oder unrichtiger Weise in polizeiliche Informationssysteme aufgenommen worden sind:[1165]

- „Ich habe landesweit bei vier Polizeiinspektionen die Kriminalaktenhaltung überprüft. Dabei habe ich festgestellt, daß solche Akten auch über Kinder geführt werden: Hierfür drei Beispiele:
  - Eine zur Tatzeit Fünfjährige hat mit einem zweiten Kind aus dem verschlossenen Gartenhaus des Kindergartens zwei Dreiräder geholt. Der Vorfall wurde als besonders schwerer Fall des Diebstahls in einer Kriminalakte gespeichert.
  - Ein Siebenjähriger wurde landesweit als „sexueller Nötiger" geführt. Das Kind soll unter Bedrohung mit einem Taschenmesser zwei andere Kinder gezwungen haben, die „Hosen runter zu lassen". Das Kind bestreitet dies.
  - Der zur Tatzeit Achtjährige wollte aus einer Kindertagesstätte ein Bobbycar mitnehmen. Drei Jahre lang wollte die Polizei ihn mit der Kriminalakte im Auge behalten. Im polizeilichen Auskunftssystem wurde er als „Bobbycar-Dieb" gespeichert."[1166]

- „Unter XII 12.7 habe ich berichtet, daß im polizeilichen Informationssystem POLAS im Zusammenhang mit dem personengebundenen Hinweis „Ansteckungsgefahr" entgegen dem ausdrücklichen Verbot in einem Erlaß aus dem Jahr 1988 bei drei Personen Speicherungen vorlagen, die den Rückschluss auf eine HIV-Infektion zuließen. Bei der anschließenden Prüfung aller von den niedersächsischen Polizeidienststellen vergebenen Hinweise „Ansteckungsgefahr" habe ich insgesamt 18 solcher Einträge festgestellt."[1167]

- „Anlässlich der sogenannten Chaostage in Hannover im Jahr 1995 hatte die „Polizeidirektion Hannover in einer besonderen Datei die Personen registriert, die bei dem Einsatz in Gewahrsam waren (...). Am 24. August 1995 wurde der gesamte Dateiinhalt (Angaben über 1.084 Personen) (...) an die Stuttgarter Polizei weitergegeben, weil es dort Hinweise auf bevorstehende Chaostage gab. Dies hätte nur geschehen dürfen, wenn es in der Datei nur Angaben über Störer und

---

1163 Mitteilung der Nachrichtenagentur dpa vom 14.12.2000, 14.42 Uhr.
1164 Mitteilung der Nachrichtenagentur ap vom 14.12.2000, 15.01 Uhr.
1165 *LfD-Niedersachsen*, 13. Tätigkeitsbericht für die Jahre 1995 und 1996, S. 77 ff.
1166 *LfD-Niedersachsen*, a.a.O., S. 78.
1167 *LfD-Niedersachsen*, a.a.O., S. 80. Zur Problematik der Speicherung von HIV-Infektionen („AIDS-Hinweisen") im vom BKA geführten Inpol-System, vgl. *BfD*, 10. Tätigkeitsbericht, BT-Drs. 11/1693, S. 78 f (Stellungnahme des Bundesdatenschutzbeauftragten, S. 79: Es gibt kein anderes personenbezogenes Merkmal, „dessen Bekanntwerden den Betroffenen gleich schwer schaden kann.").

Gewalttäter gab. Ob das so war, habe ich bei 295 Betroffenen überprüft. Bei über der Hälfte der Personen gab es entsprechende Erkenntnisse nicht. Teilweise waren sie nur in Gewahrsam genommen worden, damit ihre Identität festgestellt werden konnte. Oft handelte es sich nicht um Einträge vom Chaos-Wochenende 4. bis 6. August 1995. Bereits ab Dienstag, dem 1. August wurden Personen in der Datei erfaßt („Voraufsicht Chaostage"). Bei anderen war der Grund für die Gewahrsamnahme überhaupt nicht erkennbar. Eine Person befand sich nur eine Minute in Gewahrsam. (...) Im Ergebnis wurden mehr als die Hälfte der Personen ohne triftigen Grund mit Gewalttätern in einen Topf geworfen."[1168]

- „Ein Bürger (...) hat Politikern und einem Richter Briefe geschrieben. Darin hat er seine Meinung über die Politik bzw. über ein Urteil zum Teil in heftigen Worten geäußert. Die Briefe haben zu strafrechtlichen Ermittlungen wegen Beleidigung geführt; verurteilt worden ist der Petent bislang nicht. Einen Brief, der an einen ehemaligen niedersächsischen Minister gegangen ist, hat die Polizei zum Anlaß genommen, den Petenten in den kriminalpolizeilichen Meldedienst in Staatsschutzangelegenheiten aufzunehmen. Dieser Meldedienst soll Informationen über extremistische und terroristische Straftäter in der Staatsschutzdatei APIS zusammenführen. Betroffen sind politisch motivierte Straftäter, die eine Gefahr für den Staat und die Gesellschaft darstellen. Gehört der Petent zu diesem Personenkreis? Ich bezweifle, ob ein solcher Briefeschreiber an den Grundfesten unseres Staates rütteln kann."[1169]

Resümierend führt *Dronsch* in seinem Tätigkeitsbericht aus:
„Wenn die Polizei Erkenntnisse über eine Person speichert, hat das Konsequenzen. Jedem Polizisten, der auf einen Eintrag stößt, wird signalisiert, daß er es mit einem „zweifelhaften Kunden" zu tun hat. Er wird dann sein Verhalten bzw. seine weiteren Maßnahmen darauf abstellen. Die Erkenntnisse werden darüber hinaus nicht nur polizeiintern genutzt, sondern bei gegebenem Anlaß an andere Behörden übermittelt."[1170]

In seinem für das Jahr 2000 erstellten Tätigkeitsbericht dokumentiert der baden-württembergische Landesdatenschutzbeauftragte, wie Polizeibeamte, Staatsanwalt und Richter zur Erhebung und Verwertung personenbezogener Daten die ärztliche Schweigepflicht „ausgehebelt"[1171] haben. Zur Aufklärung von Blechschäden an gegenüber von Arztpraxen geparkten Fahrzeugen erließ das Amtsgericht Göppingen auf Antrag der Staatsanwaltschaft Ulm „umgehend"[1172] einen Beschluss zur Durchsuchung der Arztpraxen und Beschlagnahme der Terminkalender für diejenigen Tage, an denen die Blechschäden entstanden waren, und der Anschriften der darin notierten Patienten. Die ermittelnden Beamten des Polizeireviers vermuteten, dass Patienten der

---

[1168] *LfD-Niedersachsen*, a.a.O., S. 79 f.
[1169] *LfD-Niedersachsen*, a.a.O., S. 77 f.
[1170] *LfD-Niedersachsen*, a.a.O., S. 77.
[1171] *LfD-Baden-Württemberg*, 21. Tätigkeitsbericht für das Jahr 2000, S. 58.
[1172] *LfD-Baden-Württemberg*, a.a.O., S. 58.

Arztpraxis Schadenverursacher sein könnten, und hatten aufgrund dessen die Staatsanwaltschaft um die Beantragung des Beschlusses gebeten.
Die Überprüfung der Daten von 43 Patienten im zentralen Verkehrsinformationssystem und der polizeilichen Sachfahndungskartei verlief ergebnislos. „Das Landgericht Ulm hat auf die Beschwerde eines Arztes den Durchsuchungs- und Beschlagnahmebeschluss des Amtsgerichts Göppingen aufgehoben; zwei Sätze reichten ihm angesichts der klaren Rechtslage zur Begründung aus. Dass diese den an diesem Fall beteiligten Personen, also Polizeibeamten, Staatsanwalt und Richter, anscheinend nicht bekannt war, muss" – so der LfD – „nachdenklich stimmen."[1173]

(d) Faktische Auswirkungen

Wie gravierend sich eine unzulässige oder unrichtige Datenverarbeitung auf unbeteiligte Dritte auswirken kann, hat *Leuthardt* anhand von Beispielsfällen dokumentiert,[1174] die im Folgenden zur Veranschaulichung auszugsweise wiedergegeben werden:[1175]

- „Ein Mann wird auf offener Straße angehalten und kontrolliert. Überfallartig reißen Uniformierte den vermeintlichen Terroristen (...) aus seinem Fahrzeug, drücken ihn im Polizeigriff zu Boden, er verspürt eine Dienstpistole an seinem Hinterkopf, und hypernervöse niederländische Einsatzpolizisten schreien ihn an, er solle sich nicht rühren: Der Grund für den „Überfall": Roy Huybregts, das Polizeiopfer, hatte kurz zuvor in Nizza einen Gebrauchtwagen gekauft, der im Polizeicomputer als „Terroristen-Fahrzeug" verzeichnet war und auf den Namen eines gesuchten Belgiers lautete.

- Die Deutsche Susanne B. wurde während ihres Urlaubs in Italien mehrmals überfallartig aus dem Hotelzimmer oder der Hotel-Autogarage geholt, mit Maschinenpistolen bedroht, festgenommen und verhört. Man hielt sie für das RAF-Mitglied Susanne Albrecht, die damals eine der meistgesuchten Personen Europas war. Grund der Verwechslung: Susanne B., die Susanne Albrecht äußerlich ähnlich sieht, war in eine INTERPOL-Fahndungsdatei geraten, wo sie trotz ihrer wiederholten Interventionen blieb.

- Die Angehörigen der britischen Familie de Garis mußten sich in einem Einkaufszentrum in der portugiesischen Algarve einer Leibesvisitation unterziehen und sich in bereitstehende Polizeiwagen zerren lassen. Niemand sagte ihnen, worum es ging. „Schnauze, wir sprechen kein Englisch!" bekam Mike de Garis zu hören: Handschellen, Fingerabdrücke, 24stündige Haft. Aufgrund von falschen Informationen, die via europäisches Datenverbundnetz zu Portugals Fahndern gelangt

---

[1173] Vgl. *LfD-Baden-Württemberg*, a.a.O., S. 58.

[1174] *Leuthardt*, S. 11 ff; Die Grundlage dieser Zusammenstellung bildet eine Dokumentation im britischen Fernsehen, über „europäische Durchschnittsmenschen, die in die Kontroll- und Überwachungsmechanismen moderner EU-weiter Polizeiinformationssysteme geraten sind" (*Leuthardt*, S. 11) – siehe *Leuthardt*, S. 11, Fn. 1.

[1175] Nach der Auffassung von *Leuthardt*, sind „die Fälle von „Pannen mit Struktur und System" (...) qualitativ und quantitativ erdrückend." – *Leuthardt*, S. 23.

waren, war Mike de Garis als Chef eines internationalen Drogenrings identifiziert worden. 30 Stunden später wurde er freigelassen, ohne Entschuldigung. Auch später wußte die Familie nicht, ob ihre Fingerabdrücke und Fotos im INTERPOL-Datenverbund nun gelöscht wurden oder nicht.

- Auf ähnliche Weise wurden die Balmains, ein älteres britisches Ehepaar, von der britischen Politischen Polizei *Special Branch* im wahrsten Sinne des Wortes überfallen und als IRA-Sympathisanten verdächtigt. Elf Jahre zuvor hatten sie in Spanien mit einem jungen Autostopper die Adressen getauscht; dieser war wiederum acht Jahre später mit einer Wagenladung Waffen verhaftet worden. Sein Notizbuch hatte die Antiterroreinheit zu den Balmains geführt. Doch selbst nach der Entdeckung der „Verwechslung" – eine Entschuldigung blieb ebenfalls aus – blieben die Daten der Balmains im Polizeicomputer gespeichert. Konsequenz: erneute Verhaftung binnen Jahresfrist mit Durchsuchung des Arbeitsplatzes und Unterrichtung des Arbeitgebers."[1176]

(4) Schlussfolgerung / Bewertung

Die vorstehenden Ausführungen dokumentieren, inwieweit auch Unschuldige und Unverdächtige durch eine unzulässige Erhebung und/oder Verarbeitung personenbezogener (persönlichkeitsbeschreibender) Merkmale bzw. Informationen betroffen und in ihren Grundrechten verletzt werden können. Zumindest in der Bundesrepublik Deutschland ist es wissenschaftlich erwiesen, dass im gesamten Bereich polizeilicher Tätigkeit die unzulässige Weitergabe von in polizeilichen Informationssystemen gespeicherten personenbezogenen Daten die mit Abstand herausragendste korruptionsbedeutsame Auffälligkeit darstellt und sich der Kreis der Abnehmer dieser Informationen nicht mehr lediglich auf das sogenannte klassische kriminelle Milieu, sondern neben privaten Sicherheitsunternehmen und Detekteien auch auf Medien erstreckt. Mit dem wachsenden Kreis der Abnehmer wächst die Nachfrage und damit auch der Marktwert personenbezogener polizeilicher Informationen, so dass davon auszugehen ist, dass die unzulässige Weitergabe von in polizeilichen Informationssystemen gespeicherten Daten weiter zunehmen wird, zumal insbesondere sensible personenbezogene Informationen nur in polizeilichen bzw. nachrichtendienstlichen Informationssystemen relativ umfassend und weitgehend zur Verfügung stehen und die Informationsnutzung „einen Schwerpunkt moderner polizeilicher Arbeit"[1177] darstellt. Auch in dieser Entwicklung dokumentiert sich die Erkenntnis, dass die aus der polizeilichen Informationssammlung bzw. -verarbeitung gewonnene Macht über Daten „im digitalen Zeitalter der Macht über Menschen"[1178] entspricht – eine Einschätzung, die beispielsweise nicht nur von *Kendall* (Interpol-Generalsekretär), sondern auch von *Storbeck* in seiner Funktion als Europol-Direktor geteilt wird.[1179] Die aus der digitalen Datenverarbeitung resultierende spezifische Möglichkeit zur detaillierten

---

[1176] *Leuthardt*, S. 11 f.

[1177] Röben, in: *Grabitz/Hilf*, EUV, Art. 30 Rdn. 26.

[1178] *Krempl*, (http://www.heise.de/tp/deutsch/inhalt/te/1955//1.html. – Stand: 15. 09.2001), S. 1.

[1179] Vgl. Storbeck, „Wissen ist Macht, Information ist Macht.", in: *Bolesch*, Süddeutsche Zeitung vom 07.09.2001, S. 3.

Auswertung großer Datenmengen, aufgrund derer auch aus – isoliert betrachtet – scheinbar unbedeutenden (personenbezogenen) Informationen letztlich potentiell weitgehende Rückschlüsse auf die Persönlichkeit bzw. ein Teilabbild der Persönlichkeit gezogen werden können, sowie die durch die digitale Datenverarbeitung eröffnete Möglichkeit, in umfassender Weise auch personenbezogene Daten Unbeteiligter verarbeiten zu können, haben die Datenschutzbeauftragten des Bundes und der Länder anlässlich ihrer Konferenz vom 14./15. März 2000 kritisch bewertet.[1180]
Angesichts dieser Erwägungen liegt die Annahme nahe, dass (auch) Europol und seine Bediensteten in zunehmendem Maße Ziel von Informationsbegehrlichkeiten unberechtigter Dritter geworden sind bzw. sein werden. Denn als bis dato auf europäischer Ebene einzigartiger Informations- und Auswertungsstelle bietet Europol mit einem unionsweiten Datenpool, in den in umfassender Weise nicht nur aus den Mitgliedstaaten, sondern auch aus Drittstaaten und von Drittstellen sowie aus der Analysetätigkeit Europols (personenbezogene) Daten zusammenfließen, die sowohl aus repressiv- als auch aus präventiv-polizeilichen Informationseingriffen sowie aus dem Bereich der nachrichtendienstlichen Vorfeldaufklärung stammen, d.h. zu Zwecken der Verdachtsgewinnung oder Verdachtsverdichtung erhoben worden sind, sowohl in quantitativer als auch in qualitativer Hinsicht einen einzigartigen Bestand von – auch personenbezogenen (sensiblen) – Daten. Insoweit gilt es zu berücksichtigen, dass Europol im Rahmen seiner Analysetätigkeit auch weitestgehende Persönlichkeits- und Charakterprofile der Betroffenen erstellen kann.

Die Annahme, dass Europol angesichts der Quantität und Qualität seiner Daten unmittelbar oder mittelbar das Ziel von Informationsbegehrlichkeiten insbesondere der organisierten Kriminalität geworden ist bzw. werden wird, erscheint auch insofern begründet, als sich (mutmaßlich) die organisierte Kriminalität bereits um die unzulässige Weitergabe geheimer, sensibler personenbezogener Informationen aus dem SIS erfolgreich bemüht hat. Bedenkt man, dass das „SIS in seiner Ausprägung durch das SDÜ (...) eine Vorreiterrolle für die Europol-Konvention eingenommen hat",[1181] im Gegensatz zum Europol-Informationssystem TECS jedoch nur als Fahndungssystem konzipiert worden ist, in das lediglich harte personenbezogene Daten eingestellt werden dürfen und in dem keine Intelligency/Analyse durchgeführt werden kann, erscheint TECS aus krimineller Sicht als ein vielfach interessanteres Zielobjekt – insbesondere dann, wenn Europol eine Zugriffsberechtigung auf das SIS erhalten sollte.
Die Tatsache, dass Europol aufgrund operativer (Fall-)Analysen bzw. der hieraus gewonnenen neuen Erkenntnisse nationale Ermittlungen in den Mitgliedstaaten lenken

[1180] Vgl. *Lfd-NRW*, (http://www.lfd.nrw.de/pressestelle/presse_7_1_17_1.html – Stand: 15.09.2001), beispielsweise Entschließung Nr. 16: „Mit der ständig zunehmenden Leistungsfähigkeit der Informations- und Kommunikationstechnik wächst die Menge gespeicherter personenbezogener Daten (...) weiter an. Zunehmend kommen automatisierte Verfahren zum Einsatz, die das gesammelte Datenmaterial effektiv verwalten und analysieren. (...) Diese Entwicklung schafft neben Vorteilen neue Gefahren und Risiken für das Grundrecht auf informationelle Selbstbestimmung und für den Schutz der Privatheit: Persönlichkeitsprofile, automatisierte Vorhersagen von Verhaltens- und Handlungsweisen, Manipulationsmöglichkeiten und zu lange Speicherung sind befürchtete Gefahren."

[1181] Röben, in: *Grabitz/Hilf*, EUV, Art. 30 Rdn. 26.

bzw. steuern kann, ist ein weiterer Aspekt, der insbesondere das Interesse der organisierten Kriminalität an Europol bzw. seinem Informationsstand steigern dürfte. Wie das Negativbeispiel der unzulässigen Datenweitergabe aus dem SIS (via dem belgischen SIRENE-Büro) verdeutlicht, könnte sich die organisierte Kriminalität unmittelbar bei Europol bzw. seinen Bediensteten oder mittelbar über die nationalen Stellen oder über einen Drittstaat oder eine Drittstelle um die Informationserlangung der im TECS gespeicherten Daten bemühen. Im Hinblick auf die in den Arbeitsdateien gespeicherten (personenbezogenen) Informationen erscheint eine unmittelbare Fixierung auf Europol und seine Bediensteten zumindest im Hinblick auf noch nicht distributierte analyserelevante Grunddaten wahrscheinlich.
Fazit:
Es besteht eine hochgradige Wahrscheinlichkeit, dass Europol-Bedienstete unmittelbare Zielobjekte von Informationsbegehrlichkeiten Dritter geworden sind bzw. werden können. Trotz umfänglicher technischer Sicherungssysteme ist es zumindest nicht auszuschließen, dass sensible, geheime personenbezogene Daten unzulässig an Dritte übermittelt werden, zumal der Weitergabe von dienstlich erlangten oder ausgespähten Daten bzw. dem Handel mit polizeilichen Informationen als korruptionsbedeutsame Auffälligkeit eine überproportionale Bedeutung zukommt.
Dass insofern der menschliche Faktor auch bei Europol nicht nur rein theoretisch von Relevanz ist, indizieren zumindest die strafrechtlichen Ermittlungen der niederländischen Staatsanwaltschaft gegen den stellvertretenden Leiter der Europol-Informationsabteilung wegen angeblichen Betrugs.

Jede, auch ohne Intervention Dritter, unbefugt oder unrichtig durchgeführte Übermittlung personenbezogener Daten Europols hat potentiell weitreichende und schwerwiegende Folgen für die Betroffenen. Dies gilt insbesondere dann, wenn Europol bewusst oder unbewusst – beispielsweise aufgrund unrichtiger oder unvollständiger Grunddaten – eine Analyse durchführt und aufgrund der aus dieser Analyse gewonnenen neuen Erkenntnisse gegen einen Betroffenen in einem Mitgliedstaat wegen des dort geltenden Legalitätsprinzips von den nationalen Behörden Ermittlungen eingeleitet oder im Rahmen eines laufenden Ermittlungsverfahrens beispielsweise klassische exekutive Ermittlungsmaßnahmen (Durchsuchung, Vernehmung, vorläufige Festnahme etc.) ergriffen werden müssten.

b) Operative / operationelle Unterstützung

Ausgehend von der Stellungnahme des Europol-Direktors *Storbeck* anlässlich der Sachverständigenanhörung des Deutschen Bundestages ist die „operationelle Unterstützung“[1182] neben dem Informationsaustausch, der Intelligence und Analyse[1183] ein weiterer bedeutsamer Tätigkeitsbereich Europols.[1184] Ausweislich des Europol-Arbeitsprogramms 2002 sollen in Jahre 2002 bereits „mindestens zwei Drittel der Arbeit operativer Art sein.“[1185]

[1182] *Storbeck*, BT-Innenausschuss-Drs. 13/177, S. 18.
[1183] Vgl. *Storbeck*, a.a.O., S. 18.
[1184] Vgl. *Storbeck*, a.a.O., S. 18.
[1185] Ratsdok. 8141/1/01 REV 1 (Europol 36) vom 11.06.2001, S. 3.

Der Begriff der „operativen" bzw. „operationellen" Unterstützung ist im Europol-Übereinkommen nicht definiert. Diese Unterstützungstätigkeit lässt sich „nur mittelbar"[1186] aus der Regelung des Art. 3 Abs. 2 Nr. 2 i.V.m. Nr. 4 Europol-Übereinkommen ableiten.
Im Rahmen der „operativen Unterstützung" bietet Europol – so *Storbeck* – eine „professionelle Unterstützung in allen Bereichen der nationalen Prävention und Strafverfolgung".[1187] Diese beinhalte beispielsweise die

- koordinierende und technische Unterstützung bei der Durchführung sog. „Kontrollierter Lieferungen"[1188] (...)
- Bereitstellung von technischer Ausrüstung und technischem Personal auf Anfrage (...) in nationalen Verfahren (...)
- Bereitstellung von (...) fachlich versiertem Personal und Technik (...) für verfahrensbezogene Arbeitsbesprechungen der nationalen Strafverfolgungsbehörden bis hin zur gemeinsamen Koordinierung von Ermittlungen.[1189]

Nach Auffassung *Tolmeins* werden diese inhaltlichen Konkretisierungen des Europol-Direktors „die Phantasie eher anregen, als daß sie Anlaß zur Beruhigung böten, daß sich Europol doch strikt an die Begrenzung seiner Tätigkeit halten (...) wird."[1190]

Europol leistet seine Unterstützung – so *Storbeck* – in „weitestgehender"[1191] Weise.
In Anbetracht dieser Feststellung des Europol-Direktors stellt sich die Frage, ob die praktizierte Unterstützung Europols in vollem Umfang vom geltenden Aufgaben- und Befugnisrahmen des Europol-Übereinkommens gedeckt wird, oder ob Europol de facto Unterstützungsleistungen erbracht hat, die es de iure (noch) nicht hätte erbringen dürfen. Für die Beantwortung dieser Frage ist es zunächst erforderlich, den Begriff „operativ" im Zusammenhang mit der von Europol erbrachten Unterstützung näher zu untersuchen.

aa) „Operativ" – interpretierbarer (Rechts-)Begriff

Der Begriff „operativ" ist im geltenden Europol-Übereinkommen lediglich in der Regelung des Art. 3 Abs. 2 Nr. 2 Europol-Konvention wie folgt normiert worden:

> „(2) Um über die nationalen Stellen die Zusammenarbeit und die Leistungsfähigkeit der zuständigen Behörden der Mitgliedstaaten im Rahmen der Ziele nach Artikel 2 Absatz 1 zu verbessern, hat Europol darüber hinaus folgende weitere Aufaben: (...)
> 2. strategische Erkenntnisse zu übermitteln, um einen wirksamen und rationellen Einsatz der auf nationaler Ebene für operative Aufgaben vorhandenen Ressourcen zu erleichtern und zu fördern."

1186 *Tolmein*, StV 1999, S. 108 (113).
1187 *Storbeck*, BT-Innenausschusss-Drs. 13/177, S. 18 f.
1188 Zu Bedeutung, Zulässigkeit und Voraussetzungen kontrollierter Lieferungen im deutschen Recht siehe Nr. 29 a - 29 d der Richtlinien für das Strafverfahren und das Bußgeldverfahren (RiStBV).
1189 *Storbeck*, BT-Innenausschuss-Drs.13/177, S. 18.
1190 *Tolmein*, StV 1999, S. 108 (113).
1191 *Storbeck*, Politische Studien 1998, S. 16 (17).

In den Regelungen des Art. 3 Abs. 1 Nr. 1 Europol-Übereinkommen, wonach Europol den Informationsaustausch zwischen den Mitgliedstaaten erleichtern soll, sowie in der Regelung des Art. 3 Abs. 1 Nr. 4 Europol-Übereinkommen, wonach Europol die Ermittlungen in den Mitgliedstaaten durch die Übermittlung aller sachdienlichen Informationen an die nationalen Stellen unterstützen soll, ist der Begriff nicht enthalten.

(1) Art. 30 Abs. 2 EUV

Durch den Amsterdamer Vertrag ist der Begriff „operativ" in den Vertrag über die Europäische Union (EUV) aufgenommen worden.
Dieser Begriff ist nicht nur in Art. 30 Abs. 2 lit. a) EUV („operative Aktionen"), sondern auch in Art. 30 Abs. 1 lit. a) EUV („operative Zusammenarbeit")[1192] normiert worden. Nach der für die Fortentwicklung der Aufgaben und Befugnisse Europols maßgebenden Regelung des Art. 30 Abs. 2 lit. a) EUV soll der Rat es Europol innerhalb von fünf Jahren nach Inkrafttreten des Amsterdamer Vertrages ermöglichen, die Vorbereitung spezifischer Ermittlungsmaßnahmen der zuständigen Behörden der Mitgliedstaaten, einschließlich operativer Aktionen gemeinsamer Teams mit Vertretern von Europol in unterstützender Funktion, zu erleichtern und zu unterstützen und die Koordinierung und Durchführung solcher Ermittlungsmaßnahmen zu fördern.
Die – so *Tolmein* – „wohl folgenreichste Ausweitung der damit verbundenen Befugnisse ist in dem eingeschobenen Nebensatz versteckt: Es soll operative Aktionen gemeinsamer Teams geben, die Europol nicht nur unterstützend vorbereiten, sondern an denen es auch unterstützend teilnehmen soll."[1193] Durch diese Stärkung der Aufgaben und Befugnisse soll Europol eine „aktivere Rolle im Ermittlungsverfahren"[1194] übernehmen.
Ausweislich einer Pressemitteilung des Bundesministeriums des Innern vom 1. Oktober 1998 wird Europol aufgrund deutscher Initiative[1195] durch den Amsterdamer Vertrag „die Möglichkeit erhalten, durch eigene operative Befugnisse die Polizeien in den Mitgliedstaaten noch besser zu unterstützen."[1196] Im Umkehrschluss kann aus dieser Stellungnahme gefolgert werden, dass Europol nach Auffassung der Bundes-

---

1192 Zur Begriffsbestimmung vgl. Böse, in: *Schwarze*, Art. 30 EUV, Rdn. 1: „Abstimmung und Durchführung einzelner, konkreter Maßnahmen"; Brechmann, in: *Calliess/Ruffert*, Art. 30 EUV, Rdn. 3: „(...) jede gemeinsame Abstimmung oder Koordination (...) auf dem Gebiet der polizeilichen Gefahrenabwehr und der Strafverfolgung."; in diesem Sinne auch *Geiger*, Art. 30 EUV, Rdn. 2 mit expliziter Bezugnahme auf die Begriffsbestimmung Brechmanns.

1193 *Tolmein*, StV 1999, S. 108 (115).

1194 *Geiger*, Art. 30 EUV, Rdn. 20; Brechmann, in: *Calliess/Ruffert*, Art. 30 EUV, Rdn. 26; vgl. *Lindner*, BayVBl. 2001, S. 193 (203): „Europol soll in mitgliedstaatliche Ermittlungsmaßnahmen eingebunden werden und insofern dann auch operativ tätig werden."; vgl. *Aden*, Bürgerrechte & Polizei/CILIP 58 (1997), S. 65 (68).

1195 Pressemitteilung des BMI vom 01.10.1998.

1196 Pressemitteilung des BMI vom 01.10.1998; vgl. Erklärung der Bundesregierung zur Tagung des Europäischen Rates in Amsterdam, Bulletin der Bundesregierung Nr. 50 vom 16. Juni 1997, S. 574: „Deshalb muß nach unserer Meinung Europol gestärkt werden – hin zu einer Polizeibehörde mit operativen Befugnissen."

regierung auf der Grundlage der geltenden Europol-Konvention (noch) keine operativen Befugnisse hat.[1197]

„In der Schlussphase der Verhandlungen des Amsterdamer Vertrages gab es“ – so *Schneider* – „lange Diskussionen über die Begrifflichkeiten operative Befugnisse und exekutive Befugnisse und deren Inhalte.“[1198] Die im Vereinigten Königreich zur Immunitätsgewährung für Europol-Bedienstete kontrovers geführte Debatte verdeutlicht, dass der Begriff „operativ“ bzw. „operationell“, von den Regierungen der Mitgliedstaaten unterschiedlich ausgelegt worden ist.[1199] Die britische Regierung kritisierte die speziell von deutscher Seite favorisierte weitreichende Interpretation dieses Begriffs. Mit der extensiven Auslegung des Begriffs „operativ“ bzw. „operationell“ verfolge die deutsche Seite die Absicht, Europol zu einer auch operativ tätigen Polizei zu entwickeln „to develop it into an operational police force.“[1200] Diese Begriffsauslegung widerspreche der Intention der britischen Regierung, Europol weiterhin ausschließlich als eine Informations- und Datenverarbeitungszentrale zu konzipieren.

Diese divergierenden Begriffsinterpretationen lassen es zumindest erklärlich erscheinen, dass im Vertrag über die Europäische Union weder eine Legaldefinition noch eine inhaltliche Konkretisierung des Begriffs der operativen Befugnisse vorgenommen wurde. Angesichts der divergierenden Auslegungen erscheint die Einschätzung *Adens*, dass es sich bei der Wahl des Begriffs „operativ“ im Rahmen der Regelung des Art. 30 Abs. 2 lit. a) EUV um „keine Formulierungspanne“[1201] gehandelt habe, sondern „dieser flexible Begriff bewußt gewählt“[1202] worden sei, „da er sich sowohl im Sinne einer restriktiven Position (Verbesserung der Wirksamkeit von Europol) als auch im Sinne einer Maximalposition (Europol als Zentralstelle für heimliche Informationsgewinnung) auslegen lasse, entgegen der von *Aschmann*[1203] geäußerten Kritik an dieser Einschätzung, als berechtigt. Bei der Normierung dieses Begriffs handelt es sich folglich – so *Aden* – um die Fixierung eines politischen Begriffes mit Hilfe eines unklaren, flexibel definierbaren (Rechts-)Begriffes.“[1204]

Hinsichtlich der möglichen Auslegung des Begriffs „operative Befugnisse“ im Sinne der von *Aden* aufgezeigten Maximalposition gilt es zu berücksichtigen, dass der von *Storbeck* zur Umschreibung der Europol-Analysetätigkeit gewählte Begriff

---

1197 Vgl. insoweit auch: Aktionsplan zur Bekämpfung der organisierten Kriminalität vom 28.04.1997, ABl. EG C 251 vom 05.08.1997 S. 1; *Lindner*, BayVBl. 2001, S. 193 (194): „Europol (...) ist gegenwärtig noch lediglich als polizeiliches Informations- und Kompetenzzentrum ohne eigene operative Eingriffs- und Ermittlungsbefugnisse konzipiert, (...). In Art. 30 Abs. 2 EUV ist die künftige Verleihung operativer Befugnisse für Europol bereits angelegt.“; *ders.*, a.a.O., S. 193 (203): „Dass Europol mittelfristig jedoch eigenständige operative Befugnisse erhält, erscheint derzeit weder als wahrscheinlich noch als sinnvoll.“; *Souheil El Zein* (Interpol), BT-Innenausschuss-Drs. 13775, S. 20: „Europol hat keine operativen Aufgaben, (...).“;

1198 *Schneider*, Kriminalpolizei 1999, S. 203 (207).

1199 Vgl. S. 31 ff.

1200 *Quinn* (Member of the House of Commons, Minster of State, Home Office), House of Lords, Select Committee on European Communities, Twelfth Report, Minutes of Evidence, 9 December 1997, answer to question 16 – vgl. S. 32.

1201 *Aden*, Bürgerrechte & Polizei/CILIP 58 (1997), S. 65 (68).

1202 *Aden*, a.a.O., S. 65 (68).

1203 *Aschmann*, S. 210.

1204 *Aden*, Bürgerrechte & Polizei/CILIP 58 (1997), S. 65 (68).

„Intelligence“[1205] aus dem Bereich der Nachrichtendienste stammt und deren Tätigkeitsbereich (Informationsbeschaffung und -auswertung) beschreibt sowie im polizeilichen Bereich die eigenständig initiierte gezielte Informationsbeschaffung und -auswertung zum Zwecke der vorbeugenden Verbrechensbekämpfung kennzeichnet. Letztere werden im polizeilichen Sprachgebrauch auch als „operative“ Ermittlungsmethoden bezeichnet,[1206] die auch unter Anwendung besonderer (heimlicher) Mittel der Datenerhebung (vgl. Art. 23 Abs. 2 BKAG) durchgeführt werden dürfen.

Als Zwischenergebnis ist festzustellen, dass – nach zutreffender Einschätzung *Adens* – mit der Umsetzung der in Art. 30 Abs. 2 EUV normierten Regelungen zur Fortentwicklung der Aufgaben und Befugnisse des Europäischen Polizeiamtes „bei Europol vieles möglich, jedoch nur wenig konkret vorgezeichnet ist.“[1207]

Der Frage ob, und wenn ja inwieweit die Regelungen des Amsterdamer Vertrages bereits umgesetzt worden sind, sowie der Frage nach der rechtlichen Bewertung dieser Umsetzungsmaßnahmen soll im Rahmen der Untersuchung der Fortentwicklung der Aufgaben und Befugnisse Europols gesondert nachgegangen werden.

(2) (Personenbezogene) Datenverarbeitung – operative Tätigkeit

Die Immunitätsgewährung für Europol-Bedienstete ist nicht nur von der früheren deutschen Bundesregierung, sondern beispielsweise auch von der Bundesregierung der Republik Österreich mit Hinweis auf den vermeintlich restriktiv normierten Aufgaben- und Befugnisrahmen Europols legitimiert worden.
Insoweit hat beispielsweise der österreichische Bundesinnenminister *Schlögl* darauf hingewiesen, dass Europol als Zentralstelle für den polizeilichen Informationsaustausch und die Verbrechensanalyse kein Organ sei, das operative Tätigkeiten ausübe, d.h. kein Organ sei, das in Österreich oder in anderen EU-Ländern im operationellen Bereich tätig werde.[1208] Auch *Stadler* hat die Immunitätsgewährung für Europol-Bedienstete unter Hinweis auf die vermeintlich restriktiven Aufgaben und Befugnisse Europols wie folgt gerechtfertigt: „Noch handelt es sich bei Europol „nur“ um eine zentrale Nachrichtensammel- und -auswertungsstelle ohne eigene exekutive und operative Befugnisse.“[1209]

Die zur Legitimierung der Immunitätsgewährung für Europol-Bedienstete vertretene Auffassung, Europol werde erst durch die Umsetzung der in Art. 30 Abs. 2 EUV normierten Regelungen operative Befugnisse erhalten, ist kritisch zu bewerten.

1205 Vgl. S. 189.

1206 Vgl. auch Bäumler, in: *Lisken/Denninger*, Kap. J, Rdn. 538: „auch die aktive Beschaffung von Daten zum Zwecke der Vorbeugung häufig als operatives Vorgehen bezeichnet, (...).“; *Aden*, Bürgerrechte & Polizei/CILIP 58 (1997), S. 65 (65 f). Anmerkung: Zur Begriffsbestimmung der „operativen“ Tätigkeit im Rahmen der in der Bundesrepublik Deutschland geführten polizeirechtlichen Diskussion zur „vorbeugenden Verbrechensbekämpfung“ vgl. *Aschmann*, S. 207 f; *Tolmein*, StV 1999, S. 108 (115); *Aden*, Bürgerrechte & Polizei/CILIP 58 (1997), S. 65 (68).

1207 *Aden*, Bürgerrechte & Polizei/CILIP 58 (1997), S. 65 (68).

1208 Vgl. S. 29.

1209 *Stadler* (MdB FDP), BT-Plenarprotokoll 13/198, S. 17897.

Ausweislich der Stellungnahme des Sachverständigen *Lutz* anlässlich der Anhörung des Deutschen Bundestages zum Europol-Immunitätenprotokollgesetz wurde der Begriff „operativ“ vor seiner Einführung „im Zusammenhang mit Europol (...) bei den Polizeien der Europäischen Union (vermutlich sogar darüber hinaus) für Befugnisse verwendet, die aufgrund der jeweiligen verfassungsrechtlichen und spezialgesetzlichen Grundlage für Eingriffe in Bürgerrechte gelten, (...).“[1210]
Europol kann, insbesondere durch seine eigenständige (rechtswidrige) operative Analysetätigkeit weitreichend und schwerwiegend in Bürgerrechte von Betroffenen eingreifen[1211] – zumal operative Analysen Europols ein „ganz konkretes polizeiliches Vorgehen“[1212] nicht nur unterstützen, sondern auch faktisch steuern können.[1213] Im Sinne der vorstehend gennanten Begriffsdefinition hat Europol demnach „operative“ Befugnisse. In zutreffender Weise betont *Petri*, dass bereits die Kompetenz Europols zur Datenverarbeitung eine operative Befugnis darstellt.[1214] Ausweislich der durch das Bundesverfassungsgericht im Volkzählungsurteil begründeten und auch im G-10 Urteil fortgeführten und konkretisierten Rechtsprechung ist jeder Vorgang, durch den Daten erhoben, verarbeitet oder weitergeleitet werden, ein Eingriff in das grundgesetzlich geschützte Recht der Betroffenen auf informationelle Selbstbestimmung.

Zudem gilt es Folgendes zu bedenken: Eine ausschließlich auf klassische polizeiliche (Vollzugs-)Befugnisse (beispielsweise Festnahme, Durchsuchung, Beschlagnahme, Anwendung unmittelbaren Zwangs) beschränkte Definition des Begriffs der „operativen“ Befugnisse bzw. Tätigkeiten wird der stetig anwachsenden Bedeutung polizeilich automatisierter Informationsverarbeitung im Rahmen präventiver und repressiver polizeilicher Tätigkeit nicht gerecht. Die Etablierung der operativen Fallanalyse als eine neue, die Bedeutung der klassischen Ermittlungsmethoden zunehmend übersteigende Ermittlungsmethode verdeutlicht diese Entwicklung.

Dass bereits die „bloße“ Datenverarbeitung als eine operative Tätigkeit bewertet werden kann, hat der Abgeordnete *Klier* (Liberales Forum) in der über die Europol-Konvention geführten Debatte des österreichischen Nationalrats wie folgt heraustellt:

> „Es wird immer erzählt, daß das, was bei EUROPOL geschieht, keine „operativen Tätigkeiten“ seien. – Das ist ein Spiel mit Worten. Wenn man unter „operativer Tätigkeit“ das konkrete Einschreiten von Exekutivbeamten vor Ort, Elemente wie Schußwaffengebrauch oder dergleichen versteht, dann ist es vielleicht noch akzeptabel, daß das, was da geschieht, tatsächlich keine operativen Tätigkeiten sind. Wenn man aber begreift, daß in einer Informationsgesellschaft, in einer Gesellschaft der

---

1210 *Lutz*, BT-Innenausschuss-Drs. 13/177, S. 9.
1211 Vgl. S. 190 ff.
1212 *Oberleitner*, S. 113, Fn. 382.
1213 Vgl. S. 192 ff; Lisken, in: *Lisken/Denninger*, Kap. K, Rdn. 230: „Neu ist (...), daß EUROPOL als selbständige und staatlich unabhängige „Macht“ die Initiative zu nationalstaatlichen Eingriffen ergreifen kann, weil diese europäische Polizeibehörde in der Lage ist, aus den dort eingehenden personenbezogenen Daten eine Verbindung herzustellen, die zu Indizien für eine Gefahr oder einen Verdacht führen. Die Weitergabe dieser „Erkenntnisse“ kann also zu weiteren Eingriffen führen.“
1214 *Petri*, S. 23, Fn. 16; vgl. auch BR-Niederschrift des Unterausschuss Recht vom 04.11.1997, TOP 8, S. 57 (63) „weiteren Zuwachs an operativen Befugnissen für Europol“.

vernetzten Welten, in einer Gesellschaft, in der immaterielle Kontaktaufnahmen, die nur noch auf der Ebene von Netzwerken und Datenaustausch laufen, die eigentlichen operativen Tätigkeiten sind, nämlich die leitenden operativen Tätigkeiten, dann kann man sich nicht damit zufriedengeben, daß da ein europäisches System [Europol – Anmerkung Verfasser] ohne jede begleitende Kontrolle geschaffen wird. (...) Damit werden aber sozusagen neue Daten erzeugt. Vernetzung von Daten heißt Schaffung von Datenhierarchien. Das alles sind scharfe Waffen, und das ist eine Art von operativer Tätigkeit.
Ich bitte Sie: Denken Sie einmal in neueren Begriffen, in Begriffen der modernen Kommunikationsgesellschaft! Das ist bereits eine operative Tätigkeit. (...) Auch das Entwickeln von Datenhierachien, die Pflege von Daten und ihr Abgleich ist eine spezifische Form von operativer Tätigkeit."[1215]

Fazit:
Bereits die von Europol auf der Grundlage der geltenden Europol-Konvention durchgeführte Datenverarbeitung ist entgegen der Auffassung der Bundesregierung als eine operative Tätigkeit zu bewerten. Die zur Legitimierung der Immunitätsgewährung für Europol-Bedienstete dienende Feststellung der Bundesregierung, dass Europol derzeit keine operativen Befugnisse habe, ist demnach unzutreffend, so dass den Europol-Bediensteten - insbesondere - keine strafrechtliche Immunität hätte verliehen werden dürfen.[1216] *Lisken* bewertet die Mitteilung der Bundesregierung, Europol werde nach der geltenden Europol-Konvention nicht operativ tätig, sogar als „eine Irreführung",[1217] weil der unjuristische Begriff „operativ" nichts über die Rechtsqualität des Tuns aussage.[1218] „Wenn damit gemeint gewesen sei, daß es vorläufig keine EUROPOL-Beamte als Ermittler vor Ort gebe, besage das" – so *Lisken* – „nichts über die Eingriffsqualität des Datensammelns und -nutzens im Haag. Die „operative" Arbeit vor Ort werden angesichts der Zahl der nationalen Polizisten immer nur relativ wenige „EUROPOL-Mitarbeiter" tun. Wichtiger und gravierender sind – so *Lisken* – „die heute schon möglichen Eingriffe in das Persönlichkeitsrecht der Betroffenen, speziell in ihr Recht auf „informationelle Selbstbestimmung" (...)."[1219]

Im Folgenden soll der Frage nachgegangen werden, ob die über die Datenverarbeitung hinausgehende operative bzw. operationelle Unterstützung Europols als die Ausübung einer auf die geltende Europol-Konvention gestützten Befugnis bewertet werden kann.

bb) Technische Unterstützung bei operativen Maßnahmen

Die von Europol praktizierte technische Unterstützung wird in dem von Europol herausgegebenen Merkblatt Nr. 2 vom Juli 1999 inhaltlich wie folgt konkretisiert: „Bereitstellung von (...) technischer Unterstützung bei Ermittlungen und operativen

---

1215 Nationalrat, XX.GP, 104. Sitzung, S. 180.
1216 Vgl. *Körper*, BT-Plenarprotokoll 13/172, S. 15482: „Wenn Europol selber operativ tätig werden könnte, müsste auch von der vorgesehenen strafrechtlichen Immunität der Bediensteten abgegangen werden; denn dann wäre Europol weniger eine internationale Organisation als vielmehr eine Polizei."
1217 Lisken, in: *Lisken/Denninger*, Kap. K, Rdn. 234.
1218 Vgl. Lisken, a.a.O., Rdn. 234.
1219 Lisken, a.a.O., Rdn. 234.

Einsätzen der Strafverfolgungsbehörden der Mitgliedstaaten unter deren rechtlicher und tatsächlicher Verantwortung". Die Bereitstellung von technischer Ausrüstung und technischem Personal auf Anfrage erfolgt – so *Storbeck* – in der Form, dass Europol „im Einzelfall Experten mit spezifischem Wissen zu Kriminalität und Technik den Dienststellen in den Mitgliedstaaten zur Verfügung"[1220] stellt. Folglich leisten Europol-Bedienstete durch diese operative Unterstützungstätigkeit bereits heute vor Ort, d.h. in den Mitgliedstaaten technische Unterstützung bei operativen Einsätzen im Rahmen nationaler Ermittlungen.[1221]
Ausweislich des in der Aufzeichnung der Gruppe „Europol" für den Ausschuss „Artikel 36"[1222] enthaltenen Verzeichnisses[1223] („Wunschliste") etwaiger zukünftiger Änderungen des Europol-Übereinkommens, die auf der Ebene der Gruppe „Europol" am 25. Juli 2001 erörtert worden sind, könnte „die Frage, ob Europol den Mitgliedstaaten, die dies wünschen, eine technische Unterstützung bei Operationen leisten sollte, (...) im Rahmen der Aussprachen über den Tätigkeitsbereich von Europol aufgegriffen werden."[1224] Ferner könnte – so die Aufzeichnung der Gruppe „Europol" – „erörtert werden, ob eine Änderung des Übereinkommens notwendig ist, um Klarheit über die Zuständigkeit Europols für die technische Unterstützung bei den Operationen der Mitgliedstaaten zu schaffen."[1225]
Ausgehend von dieser Aufzeichnung der Gruppe „Europol" leistet Europol mit der technischen Unterstützung in den Mitgliedstaaten bei operativen Einsätzen eine Unterstützungstätigkeit, die ein Bestandteil der erst zukünftig zu realisierenden „Wunschliste" ist und bei der in Bezug auf die Frage, ob zur Ausübung dieser Tätigkeit eine Änderung des Europol-Übereinkommens erforderlich ist, zumindest noch Erörterungsbedarf besteht. Die belgische und irische Delegation in der Gruppe „Europol" haben eine Beratung über diesen Punkt der „Wunschliste" explizit abgelehnt, da Europol keine Möglichkeit erhalten sollte, „außerhalb seiner Kernbereiche tätig zu werden."[1226]

Der Begriff „unterstützend" bietet eine definitorische Bandbreite. Er kann restriktiv im Sinne einer erweiterten Datenverarbeitung interpretiert oder extensiv als Legitimationsgrundlage für die Ausübung operativer bzw. klassischer exekutiver Befugnisse interpretiert werden.
In der Sachverständigenanhörung des Deutschen Bundestages hat sich *Nehm* mit Hinweis auf die, für die derzeitige Ausbaustufe Europols kennzeichnende restriktive Begriffsdefinition des „Unterstützens" und die bestehende inhaltliche Wechselwirkung zwischen den geltenden Aufgaben und Befugnissen Europols und der Immunität seiner Bediensteten, für eine Hinnahme der Immunität ausgesprochen.[1227] „Je näher die derzeitige Ausbaustufe" – so *Nehm* – „an der Datenverarbeitung bleibt, so wie sie jetzt

---

[1220] *Storbeck*, DRiZ 2000, S. 481 (486).
[1221] Vgl. *Storbeck*, a.a.O., S. 481 (486); Ratsdok 11282/01 (Europol 68) vom 31. Juli 2001, S. 5.
[1222] Vgl. *Storbeck*, in: Hummer, S. 181 (190): „Der sog. „Art 36-Ausschuß" und die Arbeitsgruppe EUROPOL, die jeweils aus Experten der Mitgliedstaaten des Generalsekretariats des Rates, der Kommission und von Europol (im Art 36-Ausschuß nur ausnahmsweise) bestehen, (...)."
[1223] Ratsdok. 1182/01 ADD 1 (Europol 68) vom 05.09.2001, S. 1.
[1224] Ratsdok 11282/01 (Europol 68) vom 31. Juli 2001, S. 5.
[1225] Ratsdok 11282/01 (Europol 68) vom 31. Juli 2001, S. 5.
[1226] Ratsdok. 1182/01 ADD 1 (Europol 68) vom 05.09.2001, S. 3.
[1227] Vgl. *Nehm*, BT-Innenausschuss-Drs. 13/75, S. 64.

konzipiert ist, um so näher ist natürlich auch Immunität tolerabel, wie wir sie heute haben. Das ist ein System der kommunizierenden Röhren (...)."[1228]
Die von Europol praktizierte Bereitstellung von technischer Unterstützung bei Ermittlungen und operativen Einsätzen in den Mitgliedstaaten ist mit der derzeitigen Ausbaustufe Europols nicht zu vereinbaren. Ausweislich der Stellungnahme der früheren Bundesregierung ist Europol in der derzeitigen Ausbaustufe lediglich als eine – wenn auch „gewaltige"[1229] – Datensammlungs- und Verarbeitungseinheit konzipiert worden.[1230]

Somit bleibt Folgendes festzustellen:
Die von Europol praktizierte technische Unterstützung bei operativen Maßnahmen in den Mitgliedstaaten ist zwar im Wege der grammatikalischen Auslegung als Unterstützungsleistung Europols definierbar. Historisch und teleologisch ist der Begriff „unterstützen" im Rahmen der geltenden Europol-Konvention jedoch restriktiv zu definieren, so dass Europol lediglich zur Datensammlung und -verarbeitung berechtigt ist. Demnach ist eine von Europol durchgeführte technische Unterstützung operativer Maßnahmen in den Mitgliedstaaten vom geltenden Aufgaben- und Befugnisrahmen nicht umfasst und damit rechtswidrig.
Ob ein Europol-Bediensteter für eine entsprechende technische Unterstützungshandlung Immunitätsschutz genießt, wird im Folgenden gesondert untersucht.

cc) Koordinierung von Ermittlungen / Kontrollierte Lieferungen

Im Jahre 1999 hat Europol mehr als einhundert „kontrollierte Lieferungen"[1231] von Rauschgift und anderen illegalen Gütern organisiert und koordiniert.[1232] „Heute koordiniert Europol" – so *Gleß* – „'kontrollierte Lieferungen' quer durch Europa, (...)".[1233]
Auch die Europol-Vorläuferorganisation EDS und die bei ihr tätigen Verbindungsbeamten wurden bereits – so *Storbeck* – von nationalen Strafverfolgungsbehörden „zur Koordination von Ermittlungen und einzelnen Ermittlungsmaßnahmen in verschiedenen Staaten oder von kontrollierten Lieferungen und grenzüberschreitenden Observationen eingesetzt."[1234]

Die kontrollierte Lieferung ist – so die *Bundesregierung* in der Denkschrift zum Übereinkommen vom 18. Dezember 1997 über gegenseitige Amtshilfe und Zusammenarbeit der Zollverwaltungen – „eine Ermittlungstechnik,[1235] bei der verdächtige oder illegale Sendungen von Waren nicht an der Grenze beschlagnahmt,

---

[1228] *Nehm*, a.a.O., S. 64.
[1229] *Kanther*, BT-Plenarprotokoll 13/198, S. 17900.
[1230] Vgl. S. 176.
[1231] Zur Begriffsbestimmung vgl. BR-Drs. 639/01 vom 17.08.2001, S. 27.
[1232] *Storbeck*, DRiZ 2000, S. 481 (486).
[1233] *Gleß*, NStZ 2001, S. 623 (623) mit Hinweis auf *Tolmein*, StV 1999, S. 108 (113 f); vgl. BMI, Innenpolitik, Nr. VI/1997, S. 10; *Storbeck*, in: Hummer, S. 181 (195).
[1234] *Storbeck*, in: Hummer, S. 181 (195).
[1235] Vgl. *Aden*, Bürgerrechte & Polizei/CILIP 62 (1999), (http://www.infolinks.de/cilip/ausgabe/62/-bka.htm – Stand: 15.09.20001), S. 8: „Ermittlungsinstrument".

sondern weiter überwacht werden, bis sie an ihrem Bestimmungsort ankommen. Anstatt an der Grenze lediglich Kuriere oder Mittelspersonen zu ergreifen, können durch die Überwachung der Warenbewegung, Hauptakteure und Verteilerwege ermittelt werden."[1236]
Bedeutung, Umfang und Rechtsfolgen der operativen Unterstützungstätigkeit Europols lassen sich an der vom Bundesministerium des Innern als „Mustererfolg"[1237] bezeichneten „Operation Cocktail"[1238] aus dem Jahre 1997 verdeutlichen, an der die Europol-Vorläuferorganisation EDS maßgeblich beteiligt war. Ziel der Ermittlungen im Rahmen dieser Aktion war die Zerschlagung eines internationales Netzes von Drogenhändlern, die in zahlreichen Ländern operierten. An der Operation waren Belgien, Deutschland, die Niederlande, Italien und Spanien beteiligt. „Die Endphase der Ermittlungen wurde auf internationaler Ebene" – so das *BMI* – „voll und ganz von den Europol-Verbindungsbeamten der betroffenen Länder koordiniert."[1239] Die Europol-Drogenstelle (EDS) war „mit der Planung der gleichzeitig auszuführenden Verhaftungen in den einzelnen Ländern"[1240] beauftragt. Insgesamt wurden 68 Personen verhaftet.

Berücksichtigt man, dass Europol gegenüber seiner Vorläuferorganisation EDS insbesondere aufgrund seiner aus der Analysetätigkeit gewonnenen „eigenen Informationen und eigener Intelligence"[1241] gegenüber den nationalen Ermittlungsbehörden nicht nur über einen gewaltigen Informationsvorsprung verfügt, sondern auch in der Lage ist, nationale Ermittlungen faktisch zu steuern, könnte Europol aufgrund seiner operativen Unterstützungstätigkeit – ebenso wie im Fall der (operativen) Analysetätigkeit – im Rahmen seiner Koordinierungsfunktion Ermittlungen bzw. Ermittlungsmaßnahmen in den Mitgliedstaaten steuern und letztlich auch initiieren.[1242] Denn die Versorgung der nationalen Polizeibehörden mit ermittlungsrelevanten Informationen ist nach Mitteilung des Europol-Direktors der „wichtigste Faktor".[1243] Insoweit werden – so *Storbeck* – „auch Informationen und Intelligence, die wir von Drittstaaten und internationalen Organisationen erhalten (...) an die zuständigen nationalen Dienststellen weitergegeben."[1244] Auch in dieser Hinsicht gilt es zu berücksichtigen, dass „die Information und da vor allem die personenbezogene Information (...) das

---

1236 BR-Drs. 639/01 vom 17.08.2001, S. 27. Anmerkung: Während Art. 73 Abs. 1 SDÜ die Ermittlungstechnik der kontrollierten Lieferung nur bei unerlaubtem Handel mit Betäubungsmitteln für zulässig erklärt, wird diese Ermittlungstechnik im Neapel-II-Übereinkommen (vgl. Art. 22) auf alle Formen der Zollzuwiderhandlungen erstreckt, so dass eine kontrollierte Lieferung auch beim Schmuggel von zollpflichtigen oder der Verbrauchs- und Einfuhrumsatzsteuer unterliegenden Waren durchgeführt werden kann. Die Möglichkeit zum „opting out" einzelner Mitgliedstaaten wurde nicht vorgesehen.
1237 BMI, Innenpolitik, Nr. VI/1997, S. 10.
1238 BMI, a.a.O., S. 10.
1239 BMI, a.a.O., S. 10.
1240 BMI, a.a.O., S. 10.
1241 *Storbeck*, in: Hummer, S. 181 (193).
1242 Vgl. auch: *Tolmein*, StV 1999, S. 108 (114): „(...) Initiativ-Tätigkeit von Europol als faktischer Koordinierungszentrale."
1243 *Storbeck*, in: Hummer, S. 181 (193).
1244 *Storbeck*, a.a.O., S. 181 (193).

Rohmaterial“[1245] für die Arbeit von Europol ist. „Die Information ist“ – so *Storbeck* – „der Rohstoff für die polizeiliche Arbeit schlechthin.“[1246]

Nach Auffassung *Tolmeins* sind die „von Europol selbst als „operationelle Unterstützung“ beschriebenen Aktivitäten (...) mit dem Europol-Übereinkommen in seiner jetzigen Gestalt schwerlich zu vereinbaren“.[1247] Diese Aktivitäten basierten zwar auf Informationsverarbeitung, würden sich jedoch nicht auf eine Sammlung, Auswertung und Analyse des gewonnenen Materials beschränken, sondern „nutzen es“ – so *Tolmein* – „zur Steuerung und, wie am Beispiel der „kontrollierten Lieferung“ gezeigt werden kann, auch zur Ergreifung eigener Initiativen.“[1248] Durch diese Aktivitäten werden die geltenden Aufgaben und Befugnisse Europols nach Auffassung *Tolmeins* „nicht nur weit ausgelegt, sondern deutlich überschritten“,[1249] so dass die derzeitige Tätigkeit Europols im Hinblick auf die Regelung des Art. 30 Abs. 2 EUV als eine zumindest teilweise Vorwegnahme zukünftiger Befugnisse bewertet werden könne.[1250]

Anlässlich der Vorstellung des Europäischen Polizeiamtes beim Institut für Verwaltungsmanagement an der Fachhochschule für Verwaltung und Rechtspflege in Berlin hat der stellvertretende Europol-Direktor, Peter *Vowé*, eingeräumt, „daß die operativen Hilfen seiner Behörde so noch nicht von der Europol-Übereinkunft abgesegnet sind.“ Eine diesbezüglich kritische Stellungnahme eines Beamten der Berliner Senatsverwaltung für Justiz versuchte *Vowé* mit folgendem Hinweis „zu beruhigen“:[1251] „Wir arbeiten offiziell unterhalb der justitiellen Rechtshilfe“.[1252] Das führt zu der – so *Krempl* – „kuriosen Tatsache, dass die nationalen Ermittlungsstellen die Erkenntnisse der Querschnittsanalysen Europols eigentlich gar nicht verarbeiten und in Gerichtsverfahren verwenden dürfen.“[1253] Dies räumt auch *Vowé* ein: „Unsere Ergebnisse müssen auf dem Weg der normalen Rechtshilfeabkommen von den nationalen Strafverfolgungsbehörden nachträglich bestätigt werden.“[1254] Darauf hat auch *Storbeck* anlässlich der Bundestags-Sachverständigenanhörung hingewiesen.[1255] Die „Unterstützung durch EUROPOL im Informationsaustausch“[1256] erfolge „im Vorfeld zur formellen justitiellen Rechtshilfe in Strafsachen.“[1257] „Genau hierin liegt“ – so *Storbeck* – „der besondere Nutzen des Instruments, (...). Allerdings müssen nach dem Recht mehrerer Mitgliedstaaten die über EUROPOL gewonnenen Informationen, sollen sie formell in das nationale Strafverfahren eingeführt werden, auf dem

1245 *Storbeck*, a.a.O., S. 181 (192).
1246 *Storbeck*, a.a.O., S. 181 (187).
1247 *Tolmein*, StV 1999, S. 108 (114).
1248 *Tolmein*, a.a.O., S. 108 (114).
1249 *Tolmein*, a.a.O., S. 108 (114).
1250 Vgl. *Tolmein*, a.a.O., S. 108 (114).
1251 *Krempl*, (http://www.heise.de/tp/deutsch/inhalt/te/1955/1.html – Stand: 15. 09.2001), S. 7.
1252 Zitiert nach *Krempl*, a.a.O., S. 8.
1253 *Krempl*, a.a.O., S. 8.
1254 Zitiert nach *Krempl*, a.a.O., S. 8.
1255 Vgl. *Storbeck*, BT-Innenausschuss-Drs. 13/177, S. 17.
1256 *Storbeck*, a.a.O., S. 17.
1257 *Storbeck*, a.a.O., S. 17.

Rechtshilfeweg nacherhoben werden."[1258] „Das ist so," urteilt der Mitarbeiter der Berliner Justizverwaltung, „als ob ich eine Tür eintrete und dann den Ermittlungsbeamten sage: Jetzt könnt ihr machen was Ihr wollt."[1259]

Fazit:
Bereits heute leistet Europol in „weitestgehender"[1260] Weise operative bzw. operationelle Unterstützung, die – zumindest nicht in vollem Umfang – vom geltenden Aufgaben- und Befugnisrahmen der Europol-Konvention gedeckt wird. Die gilt beispielsweise im Hinblick auf die von Europol praktizierte „technische Unterstützung bei Ermittlungen und operativen Einsätzen der Strafverfolgungsbehörden der Mitgliedstaaten unter deren rechtlicher und fachlicher Verantwortung."[1261]

3. Hoheitliche / exekutive Befugnisse

In der Begründung zum Europol-Gesetz hat die frühere Bundesregierung explizit erklärt, dass dem Europäischen Polizeiamt durch das Europol-Übereinkommen keine „hoheitlichen Befugnisse" eingeräumt werden.[1262] Zudem hat sie gegenüber dem Deutschen Bundestag mitgeteilt: „Wenn Europol exekutive Befugnisse zuwachsen sollten, geht das nicht mehr mit dem Immunitätenprotokoll."[1263] „Im Falle einer veränderten Aufgabenstellung von Europol – insbesondere bei Übertragung exekutiver oder operativer Aufgaben"[1264] – müsse die Immunitätsfrage neu verhandelt werden.[1265] Folglich hat Europol nach Auffassung der früheren Bundesregierung weder hoheitliche Befugnisse, noch sind dem Europäischen Polizeiamt durch die geltende Europol-Konvention exekutive oder operative Aufgaben übertragen worden.
Ob diese Einschätzung der Bundesregierung zutrifft, soll im Folgenden untersucht werden.

a) Hoheitliche Befugnisse

Im Gegensatz zur Auffassung der früheren Bundesregierung, die auch von *Aschmann* unterstützt worden ist,[1266] wird Europol von Vertretern der Gegenauffassung als eine „mit hoheitlichen Befugnissen ausgestattete Polizei"[1267] bzw. als eine Polizeibehörde

---

[1258] *Storbeck*, a.a.O., S. 17; vgl. *ders.*, in: Hummer, S. 181 (205): „Allerdings ist Europol nicht oder vielleicht besser gesagt noch nicht ein völkerrechtlich anerkannter Geschäftsweg für die Übermittlung justitieller Rechtshilfeersuchen in Strafsachen. Die kurz vor der Vollendung stehende neue EU-Konvention zur Rechts- und Amtshilfe in Strafsachen sieht EUROPOL aber als einen solchen Geschäftsweg vor."

[1259] *Krempl*, a.a.O., S. 8.

[1260] *Storbeck*, Politische Studien 1998, S. 16 (17).

[1261] *Hegel* (Gruppenleiter in der Europol-Abteilung OK), (http://www.die-kriminalpolizei.de/ausgaben/kp0004.htm – Stand: 15 09.2001), S. 4.

[1262] BT-Drs. 13/7391, S. 7.

[1263] *Kanther*, BT-Plenarprotokoll 13/198, S. 17901.

[1264] *Lintner*, BT-Plenarprotokoll 13/207, S. 18935.

[1265] *Lintner*, a.a.O., S. 18935.

[1266] Vgl. auch *Aschmann*, S. 146.

[1267] *Hirsch*, ZRP 1998, S. 10 (11).

bewertet, „deren Mitarbeiter in grundrechtsrelevanten Bereichen in einer für die Ausübung staatlicher Hoheitsrechte charakteristischen Weise tätig werden."[1268]

Nach Ansicht *Aschmanns* spricht folgender Umstand für die Auffassung der Bundesregierung:[1269] Da sich die Tätigkeit Europols auf die Informationssammlung, -auswertung und -übermittlung beschränke, bleibe „ein hoheitliches Tätigwerden gegenüber den Bürgern den nationalen Polizeibehörden überlassen."[1270] Europol besitze demnach „keine Befugnisse zu eigenen Aktivitäten, sondern habe – so *Aschmann* – „nur eine unterstützende Funktion".[1271] Damit entfalte die Sammlung und Analyse von Daten durch Europol „keine unmittelbaren Rechtswirkungen im innerstaatlichen Bereich."[1272]
Diese Sichtweise ist kritisch zu bewerten.
„Hoheitsrechte" im Sinne des Grundgesetzes sind (vertraglich eingeräumte) Befugnisse einer zwischenstaatlichen Einrichtung zum Erlass von Rechtssätzen und Einzelfallregelungen, deren Adressaten unmittelbar die Rechtssubjekte und Rechtsanwendungsorgane der staatlichen Rechtsordnung sind.[1273]
Durch die Verarbeitung – auch höchst sensibler – personenbezogener Daten greift Europol unmittelbar in das grundgesetzlich geschützte Recht der Betroffenen auf informationelle Selbstbestimmung ein – mit potentiell weitreichenden und schwerwiegenden Folgen für die Betroffenen.[1274] So ist Europol beispielsweise nach der geltenden Europol-Konvention berechtigt, auf der Grundlage seines ständig wachsenden, unionsweit einzigartigen Datenpools – nach deutschem Recht in verfassungswidriger Weise – operative Informationseingriffe durchzuführen zwecks Erstellung weitgehender Persönlichkeits- und Charakterprofile der Betroffenen.
In der Anhörung des Deutschen Bundestages zum Europol-Immunitätenprotokollgesetz hat der Sachverständige *Frowein* betont: „Daß hier Hoheitsgewalt ausgeübt wird, kann nicht bestritten werden, jedenfalls nach der deutschen Rechtsauffassung."[1275] Ursächlich hierfür ist die nach deutschem Recht unstreitige[1276] Grundrechtsbezogenheit[1277] der Europol-Tätigkeit. Das deutsche Recht nimmt insoweit eine

---

[1268] Mokros, in: *Lisken/Denninger*, Kap. O, Rdn. 232; vgl. *Lisken*, DRiZ 1998, S. 75 (78); *Nachbaur*, KJ 1998, S. 231 (237), *Petri*, S. 23; Bundesrechtsanwaltskammer, Pressemitteilung vom 20.01.1998 „hoheitliches Exekutivorgan".
[1269] *Aschmann*, S. 146.
[1270] *Aschmann*, S. 146.
[1271] *Aschmann*, S. 146.
[1272] Aschmann, S. 146.
[1273] *Randelzhofer*, in: *Maunz/Dürig/Herzog*, Art. 24 GG, Rdn. 30.
[1274] Vgl. auch *Voss*, schriftliche Stellungnahme des Deutschen Richterbundes vom 14.01.1998 für die Sachverständigenanhörung des Deutschen Bundestages zum Europol-Immunitätenprotokollgesetz.
[1275] *Frowein*, BT-Innenausschuss-Prot. 13/75, S. 16.
[1276] Vgl. *Frowein*, BT-Innenausschuss-Prot. 13/75, S. 26: „Unter deutschen Verfassungsrechtlern besteht kein Streit darüber, daß das Problem Aufnahmespeicherung und Weitergabe von personenbezogenen Daten in den Schutzbereich der deutschen Grundrechte, vor allen Dingen dem Recht auf informationelle Selbstbestimmung fällt."; *Kemper*, BT-Innenausschuss-Prot. 13/75, S. 32, mit dem Hinweis, dass dies im Rahmen der Sachverständigenanhörung unstrittig sei.
[1277] Vgl. *Frowein*, BT-Innenausschuss-Prot. 13/75, S. 26; *Hailbronner*, BT-Innenausschuss-Prot. 13/75, S. 34: „Gewiß kann auch Datensammlung Grundrechte berühren."; Entschließungsantrag

Sonderstellung ein, als „die bloße Datenverarbeitung"[1278] – ausweislich des gemeinsam vom Max-Planck-Institut für ausländisches und internationales Strafrecht (Freiburg i. Br.) und dem Max-Planck-Institut für ausländisches und öffentliches Recht und Völkerrecht (Heidelberg) im Auftrag des Bundesministerium der Justiz erstellten rechtsvergleichenden Gutachtens[1279] – „im Einklang mit der traditionellen Betrachtungsweise einiger nationaler Rechtsordnungen (...) noch nicht als eine für (...) den Betroffenen erhebliche Maßnahme"[1280] angesehen werden kann.

In der Bundestags-Sachverständigenanhörung hat Generalbundesanwalt *Nehm* insoweit ausgeführt:

> „Es wird gelegentlich der Unterschied gemacht zwischen exekutiver Handlungsweise im deutschen Sinne und anderer hoheitlicher Tätigkeit. Ich möchte darauf hinweisen, daß nach dem gegenwärtigen deutschen öffentlichen Recht solche Unterscheidungen nicht existieren für den Bereich des Rechtsschutzes und für den Bereich der Anwendung der die Hoheitsgewalt begrenzenden Norm. Ich will nicht ausschließen, daß wir hier in Deutschland ein Problem geschaffen haben. Denn wir haben in der Tat den Bereich des Eingriffs im technischen Sinne so weit gezogen, daß wir (...) in diesem Punkt in keinem unserer europäischen Nachbarstaaten eine vergleichbare Lage haben."[1281]

Teilweise wird die Auffassung vertreten, aus der Grundrechtsbezogenheit der Europol-Tätigkeit resultiere lediglich ein – so *Frowein* – „begrenzter Eingriff"[1282] bzw. diese Tätigkeit sei – so *Hailbronner* – lediglich als „beschränkte Ausübung öffentlicher Gewalt"[1283] zu bewerten, da die Tätigkeit Europols durch das geltende Europol-Übereinkommen ausschließlich auf die Datenverarbeitung begrenzt werde. Infolgedessen sei die Datenverarbeitungstätigkeit Europols „eben doch etwas anderes als „normale" polizeiliche Tätigkeit,"[1284] d.h. „keine traditionelle"[1285] polizeiliche Eingriffstätigkeit.[1286] Auch *Waechter* vertritt die Auffassung, dass die Grundrechtseingriffe Europols zwar auf dem klassischen Gebiet der Ausübung von Hoheitsrechten, nämlich

---

der SPD-BT-Fraktion, BT-Drs. 13/10203, S. 1: „Es handelt sich bei Europol um die Vorstufe einer europäischen Polizei, deren Tätigkeit in besonderem Maße die Grundrechte der Bürger berührt."; *Waechter*, ZRP 1996, S. 167 (168 f): Für Europol ist der informationelle Eingriff in die Grundrechte eine Hauptaufgabe; *Lutz*, BT-Innenausschuss-Prot. 13/75, S. 49: „Natürlich sind sie grundrechtsrelevant. Es gibt unterschiedliche Grundrechte, die dann bei Datenerhebung, Sammlung, Bewertung und Verwertung tatsächlich eingreifen und auch betroffen sind."; *Nehm*, BT-Innenausschuss-Prot. 13/75, S. 40; *Hirsch*, BT-Plenarprotokoll 13/225, S. 20705: „Die Beamten können zusammen mit nationalen Beamten zur „Beratung bei den Ermittlungen" auftreten, und sie können in individuelle Rechte durch weitestgehende Verdatungen eingreifen, die sich auch auf den engsten Intimbereich beziehen."

1278 Gleß, in: *Gleß/Grote/Heine*, S. 645 (682).

1279 Vgl. S. 264.

1280 Gleß, in: *Gleß/Grote/Heine*, S. 645 (682).

1281 BT-Innenausschuss-Prot. 13/75, S. 63.

1282 BT-Innenausschuss-Prot. 13/75, S. 40.

1283 BT-Innenausschuss-Prot. 13/75, S. 18.

1284 *Hailbronner*, BT-Innenausschuss-Prot. 13/75, S. 34.

1285 *Frowein*, BT-Innenausschuss-Prot. 13/75, S.26.

1286 Vgl. *Frowein*, BT-Innenausschuss-Prot. 13/75, S. 26; *Hailbronner*, BT-Innenausschuss-Prot. 13/75, S. 34.

durch Polizeigewalt, erfolgen, die Eingriffe in das Recht auf informationelle Selbstbestimmung jedoch nicht die gleiche Intensität hätten, wie die klassischen Eingriffe der polizeilichen Gewalt in Freiheit, Eigentum und Gesundheit.[1287]

Diese Sichtweise ist ebenfalls kritisch zu bewerten.
Aufgrund seines unionsweit einzigartigen Datenpools und der Befugnis zur Durchführung – auf diesen Datenpool gestützter – operativer (Fall-)Analysen ist Europol potentiell in der Lage, nationale Ermittlungen in den Mitgliedstaaten nicht nur zu steuern, sondern auch zu initiieren.[1288] In diesen Fällen besitzt Europol – de facto – die Sachherrschaft in nationalen Ermittlungen, d.h. in diesen Fällen fungieren die nationalen Ermittlungsbehörden faktisch als Erfüllungsgehilfen Europols. Da die Analysetätigkeit Europols auf die Gewinnung neuer Erkenntnisse bzw. neuer Ermittlungsansätze und auf die Umsetzung dieser Erkenntnisse in nationalen Ermittlungsverfahren oder exekutiven Ermittlungsmaßnahmen gerichtet ist, könnte Europol – vergleichbar einem mittelbaren Täter – kraft überlegenem Wissen und daraus resultierender faktischer Sachherrschaft durch die nationale Ermittlungsbehörde als faktischem Erfüllungsgehilfen gegen einen Betroffenen exekutive Ermittlungsmaßnahmen im Sinne der StPO (Durchsuchung, Vernehmung, Festnahme, etc.) zielgerichtet durchführen bzw. durchführen lassen.[1289]
Damit könnte Europol durch die „bloße“ Datenverarbeitung und die Nutzung der nationalen Ermittlungsbehörde als Tatwerkzeug die Betroffenen mit klassischen exekutiven Ermittlungsmaßnahmen überziehen. Für den Betroffenen hat die Datenverarbeitung Europols in diesen Fällen die gleichen Rechtsfolgen wie eine „normale“ polizeiliche Tätigkeit, so dass sie nicht lediglich als ein begrenzter Eingriff oder als beschränkte Ausübung öffentlicher Gewalt bewertet werden kann.

Die vorstehend genannte Auffassung, welche die Datenverarbeitungstätigkeit Europols lediglich als beschränkte Ausübung öffentlicher Gewalt und demnach nicht als „normale“ polizeiliche Tätigkeit bewertet, trägt auch der Bedeutung der operativen Fallanalyse nicht hinreichend Rechnung. Die operative Fallanalyse hat sich als neue Ermittlungsmethode neben den klassischen strafprozessualen Ermittlungsmethoden etabliert. Angesichts der stetig zunehmenden Bedeutung der polizeilichen (automatisierten) Informationsverarbeitung, gewinnt die operative Fallanalyse gegenüber den klassischen Ermittlungsmethoden zunehmend Gewicht. Da keine nationale (Ermittlungs-)behörde über einen Europol vergleichbaren Datenpool verfügt, in den auch in umfassender Weise aus unterschiedlichsten Quellen die für die Durchführung operativer Analysen besonders bedeutsamen „weichen“ Daten einfließen, besitzt Europol eine geradezu exponierte Stellung zur Durchführung operativer (Fall-)Analysen, deren Ergebnisse in besonderer Weise dazu geeignet sind, Europol ein überlegenes Wissen und damit eine faktische Sachherrschaft in nationalen Ermittlungsverfahren zu verleihen.

[1287] *Waechter*, ZRP 1996, S. 167 (168 f).
[1288] Vgl. S. 199 f.
[1289] Vgl. auch *Weichert*, DuD 1995, S. 450 (453).

Fazit:
Schon die „bloße Datenverarbeitung“[1290] Europols ist nach deutschem Recht als hoheitliches Handeln zu qualifizieren. Dementsprechend sind Europol – entgegen der Mitteilung der Bundesregierung in der Begründung zum Europol-Gesetz – durch das geltende Europol-Übereinkommen bereits hoheitliche Befugnisse eingeräumt worden.

b) Exekutive Befugnisse

Ausweislich der Denkschrift zum Europol-Immunitätenprotokoll hat Europol nach Auffassung der früheren Bundesregierung „keine exekutiven Funktionen“[1291] und „keine exekutiven Befugnisse“.[1292] Da Europol keine exekutiven Befugnisse besitze, decke die „Strafbewehrung in Artikel 32 des Übereinkommens in Verbindung mit § 8 des Europol-Gesetzes“ – so die frühere *Bundesregierung* –„einen wesentlichen Bereich der strafrechtlich relevanten Fälle“ [1293] immunitätsgeschützten Handels ab.[1294] Die Frage, ob diese Einschätzung zutreffend ist, ist mithin von maßgeblicher Bedeutung zur Bestimmung des sachlichen Umfangs der den Europol-Bediensteten gewährten strafrechtlichen Immunität.
Der Innenausschuss des Deutschen Bundestages hat seine Zustimmung zum Europol-Immuntitätenprotokollgesetz insbesondere mit der Zusage der früheren Bundesregierung begründet, „daß die Gewährung von strafgerichtlicher Immunität für die Europol-Bediensteten bei Übertragung exekutiver Befugnisse nicht in Betracht kommt“.[1295] In einem an den Abgeordneten Stadler gerichteten Brief vom 12. Februar 1998 hatte der ehemalige Bundesinnenminister *Kanther* mitgeteilt: „Für die Bundesregierung kommt (...) die Gewährung von strafgerichtlicher Immunität für die Europol-Bediensteten bei Übertragung exekutiver Befugnisse nicht in Betracht.“[1296]
Zudem hat *Schelter* (Staatssekretär a.D.) in einer Informationsschrift des BMI darauf hingewiesen, dass auch der Amsterdamer Vertrag „exekutive Befugnisse“ für Europol nicht zulasse.[1297] In derselben Informationsschrift des BMI wird diese Festellung *Schelters* insoweit revidiert, als dort ausgeführt wird: „Damit [mit dem Amsterdamer Vertrag - vgl. Art. 30 Abs. 2 EUV – Anmerkung Verfasser] werden Europol auch mittelfristig zunächst keine exekutiven Befugnisse übertragen“.[1298]
Die von *Kanther* in seinem Brief vom 12. Februar 1998 getroffene Feststellung hat *Jelpke* (PDS) in der zweiten Beratung und Beschlussempfehlung des Europol-Immunitätenprotokollgesetzes unter Hinweis auf die tiefgreifenden Eingriffe Europols in das Recht der Betroffenen auf informationelle Selbstbestimmung wie folgt kritisiert: „Europol hat längst exekutive Befugnisse und Ihre Beteuerungen, Herr Minister, sind

[1290] Gleß, in: *Gleß/Grote/Heine*, S. 645 (682).
[1291] BT-Drs. 13/9084, S. 10.
[1292] BT-Drs. 13/9084, S. 11.
[1293] BT-Drs. 13/9084, S. 11.
[1294] Vgl. BT-Drs. 13/9084, S. 11.
[1295] Bericht des BT-Innenausschuss, BT-Drs. 13/10201, S. 4.
[1296] Bericht des BT-Innenausschuss, a.a.O., S. 6.
[1297] BMI, Innenpolitik Nr. VI 1997, S. 6; vgl. *Schapper*, in: BKA-Arbeitstagung 1999, S. 5 (9): „Der Amsterdamer Vertrag sieht exekutive Befugnisse für Europol nicht vor, (...).“
[1298] BMI, Innenpolitik Nr. VI 1997, S. 16.

das Papier nicht wert, auf dem sie geschrieben stehen."[1299] *Kanther* hatte bereits in der zweiten Beratung und Schlussabstimmung des Europol-Gesetzes am 10. Oktober 1997 im Plenum des Deutschen Bundestages ausdrücklich darauf hingewiesen, dass Europol keine exekutiven Befugnisse habe und mitgeteilt: „Wenn Europol exekutive Befugnisse zuwachsen sollten, geht das nicht mehr mit dem Immunitätenprotokoll."[1300]
Die inhaltliche Bedeutung des Begriffs „exekutive Befugnisse" konkretisierte *Kanther* wie folgt: „Wenn ich von exekutiven Befugnissen spreche, dann kann – das ist nicht die heutige Rechtslage – Europol dahin wachsen, dass es sich auf Anforderung oder bei großen Kriminalfällen selbst einbringt und direkt mitwirkt. Das könnte zum Beispiel durch Ratgebung, durch Datenangebot, durch Datenzulieferung und auftragsgemäßen Abgleich mit anderen Daten, mit der Zurückgabe von Lagebildern und daraus entwickelten Ratschlägen zusätzlich unterstützt werden. Das ist der Sektor, über den wir sprechen, wenn wir exekutive Befugnisse eines ersten erreichbaren Stadiums behandeln."

Auf der Grundlage der geltenden Europol-Konvention ist Europol bereits in diesem „Sektor" tätig. Europol ist nicht nur zur Informationszulieferung sondern auch zur eigenständigen Durchführung (operativer) Analysen befugt, zwecks Gewinnung neuer Erkenntnisse bzw. neuer Ermittlungsansätze für nationale Ermittlungen.[1301] Ausgehend von der Begriffsdefinition Kanthers hat Europol bereits nach der geltenden Europol-Konvention exekutive Befugnisse.
Da Europol durch seine Tätigkeit – so *Such* – „von Anfang an (...) sogar exekutive Grundrechtseingriffe" ausübt, „müsste die Bundesregierung, wenn sie ihre eigene Formel „Je mehr Befugnisse – desto weniger Immunität" ernstnähme, bereits heute [in der zweiten Beratung und Schlussabstimmung über das Europol-Immunitätenprotokollgesetz – Anmerkung Verfasser] gegen die umfassende Immunität stimmen."[1302]

Ausweislich der Mitteilung des Europol-Direktors in der Bundestags-Sachverständigenanhörung ist Europol eine „Zentralstelle – ohne eigene Ermittlungsbefugnisse."[1303] „Eigene Ermittlungsbefugnisse und exekutive Kompetenzen stehen EUROPOL und seinen Bediensteten" – so *Storbeck* – „nicht zu."[1304] In seinem Vortrag anlässlich der BKA-Arbeitstagung 1999 hat *Storbeck* jedoch mitgeteilt, dass der Wandel Europols hin zu einer proaktiven Behörde mit ermittlungsinitiierenden und weiteren eigenständigen Ermittlungsfunktionen ihm noch nicht abgeschlossen erscheine.[1305] Im Wege des Umkehrschlusses ist dieser Aussage *Storbecks* zu ent-

---

1299 BT-Plenarprotokoll 13/225, S. 20704.

1300 BT-Plenarprotokoll 13/198, S. 17901; vgl. *Daub*, S. 86 (97): „Es besteht Einigkeit zwischen den Mitgliedstaaten, daß es im Falle einer späteren Einräumung exekutiver Befugnisse keine strafrechtliche Immunität für Europol-Bedienstete gibt."

1301 Vgl. insoweit auch: Bundesrat *Repar* (SPÖ), Bundesrat 635. Sitzung vom 15.01.1998, S. 82 f, „Exekutivamt" / „Exekutivinstrument".

1302 *Such*, BT-Plenarprotokoll 13/225, S. 20702.

1303 *Storbeck*, BT-Innenausschuss-Prot. 13/75, S. 8; vgl. auch: BKA, Das Europäische Kriminalpolizeiamt – Europol, (http://www.bka.de/international/europol.html – Stand: 15.09.2001).

1304 *Storbeck*, in: Hummer, S. 181 (192).

1305 Vgl. *Storbeck*, in: BKA-Arbeitstagung 1999, S. 89 (100).

nehmen, dass Europol bereits als proaktive Behörde mit ermittlungsinitiierenden, eigenständigen Ermittlungsfunktionen tätig geworden ist. Dass Europol in dieser Hinsicht bereits proaktiv tätig geworden ist, ist nicht nur der Stellungnahme Storbecks, sondern auch dem Europol-Jahresbericht 2000 zu entnehmen. Die „pro-aktive Versorgung von Polizei- und Zollbehörden mit „Intelligence[1306] (zweckgerichtet angereicherte und aufbereitete Informationen aus allen zur Verfügung stehenden Quellen)" ist – so *Storbeck* – eine von Europol auch nach formellem Beginn der Tätigkeitsaufnahme erbrachte Unterstützungsleistung.[1307] Ausweislich des Europol-Jahresberichts 2000 hat Europol im Jahr 2000 bereits „mehrere proaktive Initiativen eingeleitet".[1308] Die analytischen Unterstützungsleistungen Europols trugen „im Jahr 2000 zu zahlreichen bedeutenden operativen Erfolgen bei."[1309] Intelligence-Aktionen Europols führten oftmals auch zu – teilweise zahlreichen – Festnahmen Betroffener.[1310]

Aufgrund der Befugnis der Europol-Bediensteten zur Durchführung eigenständiger – auch proaktiver, ermittlunginitiierender – „Intelligency" (Analysen) haben Europol und seine Bediensteten – entgegen der Einschätzung *Storbecks* in der Bundestag-Sachverständigenanhörung – partiell eigene Ermittlungsbefugnisse mit Eingriffscharakter und damit partiell exekutive Kompetenzen.[1311] Infolgedessen kann auch der Auffassung *Hailbronners*, das geltende Europol-Übereinkommen normiere „keinerlei Exekutivbefugnisse",[1312] nicht zugestimmt werden.

Nach Auffassung von *Di Fabio* sind Europol „derzeit noch keine echten Exekutivbefugnisse eingeräumt"[1313] worden, da die eigenen Befugnisse Europols – so *Di Fabio* – nach Art. 3 Europol-Übereinkommen „ausschließlich auf kognitivem Gebiet liegen".[1314]

1306 Vgl. S. 189 f.

1307 Vgl. *Storbeck*, in: Hummer, S. 181 (192).

1308 Ratsdok. 7267/01 (Europol 23) vom 20.03.2001, S. 9.

1309 Ratsdok. 7267/01 (Europol 23) vom 20.03.2001, S. 10.

1310 Vgl. Ratsdok. 7267/01 (Europol 23) vom 20.03.2001, S. 23; 27.

1311 Vgl. *Weichert*, DuD 1995, S. 450 (456); *Lisken*, DRiZ 1998, S. 75 (77): Europol soll – frei entscheidend – Grundrechtseingriffe selber vornehmen oder vorbereiten oder sogar bis zur Verdachtsfindung „prozeßsteuernd" tätig werden können. „Das ist typisches Exekutivhandeln, (...)"; Grote, in: *Gleß/Grote/Heine*, Band 2, S. 619 und 623: Mit der Vorschrift des Art. 30 Abs. 2 lit. a) und b) EUV „wird vertraglich ausdrücklich anerkannt, dass es sich bei Europol nicht um eine bloße Stelle zur Sammlung und Auswertung von Daten und Informationen, sondern um eine zur Mitwirkung an konkreten Ermittlungsverfahren und –maßnahmen berufene kriminalpolizeiliche Behörde handelt."

1312 *Hailbronner*, JZ 1998, S. 283 (288); vgl. *Marschewski*, BT-Plenarprotokoll 13/225, S. 20700: „Europol besitzt keine exekutiven Befugnisse"; *Schlee*, BT-Plenarprotokoll 13/172, S. 15487: „Europol besitzt nach seiner gegenwärtigen Konzeption keine exekutiven Befugnisse. Das, was dazu gesagt worden ist, ist schlicht und ergreifend falsch."; Stellungnahme *Europol*, BT-Innenausschuss-Drs. 13/177, S. 26: „Da EUROPOL sich jedoch gegenwärtig auf die Informationsverarbeitung beschränkt und keine exekutive Funktion erfüllt (...)."

1313 *Di Fabio*, DÖV 1997, S. 89 (97).

1314 *Di Fabio*, a.a.O., S. 89 (96).

Diese Auffassung ist kritisch zu bewerten.
Das deutsche Recht kennt keine Differenzierung zwischen „echten" und „nicht echten" Exekutivbefugnissen. Die mit der Begriffsbestimmung *Di Fabios* verbundene rechtliche Abwertung der Europol durch die geltende Europol-Konvention gewährten Befugnisse wird deren Bedeutung und (potentiellen) Rechtsfolgen nicht hinreichend gerecht. Bereits durch die „bloße" Datenverarbeitung kann Europol weitgehend in Rechte Betroffener eingreifen. Zudem ist Europol aufgrund seiner auf kognitivem Gebiet wurzelnden Befugnisse potentiell in der Lage, faktische Sachherrschaft in nationalen Ermittlungen auszuüben und – vergleichbar einem mittelbaren Täter – kraft Wissensherrschaft, unter Verwendung der nationalen Behörden als Tatmittler, einen Betroffenen zielgerichtet mit (rechtswidrigen) strafprozessualen Ermittlungsmaßnahmen, d.h. mit – im Sinne der Begriffsterminologie *Di Fabios* – „echten Ermittlungsmaßnahmen" zu überziehen.

Fazit:
Die geltende Europol-Konvention gewährt Europol bereits exekutive Befugnisse, deren potentielle Rechtsfolgen die Betroffenen nicht nur in ihrem Recht auf informationelle Selbstbestimmung, sondern auch in weiteren grundgesetzlich geschützten Rechten (allgemeine Handlungsfreiheit, körperliche Unversehrtheit etc.) verletzen können.
Ausgehend von der die Hinnahme der Immunität der Europol-Bediensteten legitimierenden Zusicherung der früheren Bundesregierung, dass die Gewährung von strafgerichtlicher Immunität für die Europol-Bediensteten bei Übertragung exekutiver Befugnisse nicht in Betracht komme, hätte die frühere Bundesregierung aufgrund der durch das Europol-Übereinkommen erfolgten Übertragung hoheitlicher, exekutiver Befugnisse auf Europol und seine Bediensteten nicht nur das Europol-Immunitätenprotokollgesetz im Deutschen Bundestag nicht zur Abstimmung stellen, sondern bereits im Rahmen der Verhandlungen des Europol-Immunitätenprotokolls (zumindest) der Normierung strafrechtlicher Immunität widersprechen müssen.

Die Zusicherung der früheren Bundesregierung, dass Europol derzeit keine hoheitlichen und exekutiven Befugnisse habe, war maßgebend für die mit den Stimmen der Vertreter der damaligen Regierungskoalition mehrheitlich getroffene Entscheidung des Deutschen Bundestages zur Ratifikation des Europol-Immunitätenprotokolls und für die Hinnahme der äußerst umstrittenen strafrechtlichen Immunitätsgewährung. Bewertet man Europol als eine mit exekutiven Befugnissen ausgestattete europäische Polizeibehörde, beruht die Ratifikation des Europol-Immunitätenprotokolls durch den Deutschen Bundestag auf einer unzutreffenden Entscheidungsgrundlage.

4. Fortentwicklung

In Bezug auf die Fortentwicklung der Aufgaben und Befugnisse Europols hat *Storbeck* auf der BKA-Arbeitstagung im Jahre 1999 darauf hingewiesen, dass die französische Justizministerin, der spanische Innenminister sowie einige deutsche Landesinnenminister „und recht vorsichtig"[1315] auch der österreichische Innenminister sowie einige

---

[1315] *Storbeck*, in: BKA-Arbeitstagung 1999, S. 89 (99).

skandinavische Innen- und Justizminister eigene Ermittlungskompetenzen für Europol fordern oder befürworten.[1316]

In der Debatte des Deutschen Bundestages am 28. Oktober 1999 zur Abgabe einer Erklärung der Bundesregierung zu den Ergebnissen der Sondertagung des Europäischen Rats in Tampere hat *Rüttgers* (CDU) die Fortentwicklung Europols inhaltlich wie folgt konkretisiert:

> „Es ist gut, daß Europol jetzt seine Arbeit aufgenommen hat. Aber wir dürfen bei dem Erreichten nicht stehenbleiben. Das muß weiterentwickelt werden. Am Ende der Entwicklung – da bin ich ganz sicher – muß es so etwas wie ein europäisches FBI geben. Europol muß operative Befugnisse haben. Es muß operationell tätig werden, vor allem im Sinne einer Koordinierung und Initiierung von konkreten nationalen und grenzüberschreitenden Ermittlungsmaßnahmen. Das heißt, ausländische Ermittlungskräfte müssen sich unter nationaler Leitung aktiv an Ermittlungsmaßnahmen beteiligen dürfen, an Durchsuchungen, an Beschlagnahmen, an Auswertungen von Gesprächen im Rahmen einer Telefonüberwachung usw. Die deutsche Strafprozeßordnung muß insofern europäisch ergänzt und geöffnet werden."[1317]

Die Frage, ob und inwieweit die in Art. 3 Europol-Konvention normierten Aufgaben und Befugnisse des Europäischen Polizeiamtes bereits erweitert worden sind bzw. erweitert werden sollen und welche Rechtsfolgen diese Erweiterung für die Immunität der Europol-Bediensteten hat, soll im Folgenden untersucht werden.

a) Rechtsgrundlagen (Überblick)

Rechtsgrundlagen für die Fortentwicklung Europols sind Art. 30 Abs. 2 EUV, der Wiener Aktionsplan sowie die Schlussfolgerungen des Europäischen Rates von Tampere.

aa) Amsterdamer Vertrag – Art. 30 Abs. 2 EUV

Die „auf deutsche Initiative"[1318] durch den Amsterdamer Vertrag in Art. 30 Abs. 2 EUV normierten Regelungen beinhalten ein „Arbeitsprogramm für den Rat",[1319] durch das die Zuständigkeiten und Befugnisse des Europäischen Polizeiamtes innerhalb von

---

[1316] *Storbeck*, a.a.O., S. 89 (99); vgl. *Stadler*, BT-Plenarprotokoll 13/172 vom 24. April 1997, S. 14586: „In der politischen Diskussion werden vielfach aber auch eigene operative Aufgaben für Europol gefordert. Dann wird sich freilich die Frage nach der Bindung von Europol an die nationalen Polizeigesetze und Strafprozessordnungen mit aller Deutlichkeit stellen."

[1317] BT-Plenarprotokoll 14/63, S. 5574; vgl. zur Fortentwicklung Europols: *Lintner*, BT-Plenarprotokoll 13/172, S. 1548 f; *Kemper*, BT-Plenarprotokoll 13/207, S. 18932: „Wir wollen eine operativ und exekutiv arbeitende europäische Polizei (...)"; kritisch: *Jelpke*, BT-Plenarprotokoll 13/207, S. 18934: „Wir kritisieren die Immunitätsregelung vor dem Hintergrund der bereits beschlossenen Befugniserweiterung für EUROCOPS auf sog. operative Kompetenzen. Dies ist für uns der erste Schritt hin zur Legalisierung sog. milieutypischer Straftaten."

[1318] Pressemitteilung BMI vom 1. Oktober 1998; vgl. Erklärung der Bundesregierung zur Tagung des Europäischen Rates in Amsterdam, Bulletin der Bundesregierung Nr. 50 vom 16. Juni 1997, S. 574: „Deshalb muß nach unserer Meinung Europol gestärkt werden – hin zu einer Polizeibehörde mit operativen Befugnissen."

[1319] *Geiger*, Art. 30 EUV, Rdn. 20.

fünf Jahren nach Inkrafttreten des Amsterdamer Vertrages, d.h. spätestens bis zum 1. Mai 2004, ausgebaut werden sollen.[1320] Durch diese Stärkung und Ausweitung der Aufgaben und Befugnisse soll Europol eine „aktivere Rolle im Ermittlungsverfahren"[1321] übernehmen. „Europols Rolle soll also" – so *Storbeck* – „immer aktiver und „operationeller" werden."[1322]
Von besonderer Bedeutung sind insoweit die Regelungen des Art. 30 Abs. 2 lit. a) und b) EUV. Sie normieren folgende Regelungsinhalte:

> Artikel 30 EUV:
> (2) Der Rat fördert die Zusammenarbeit durch Europol und geht innerhalb von fünf Jahren nach Inkrafttreten des Vertrags von Amsterdam insbesondere wie folgt vor:
>
> a) Er ermöglicht es Europol, die Vorbereitung spezifischer Ermittlungsmaßnahmen der zuständigen Behörden der Mitgliedstaaten, einschließlich operativer Aktionen gemeinsamer Teams mit Vertretern von Europol in unterstützender Funktion, zu erleichtern und zu unterstützen und die Koordinierung und Durchführung solcher Ermittlungsmaßnahmen zu fördern;
>
> b) er legt Maßnahmen fest, die es zum einen Europol ermöglichen, sich an die zuständigen Behörden der Mitgliedstaaten mit dem Ersuchen zu wenden, Ermittlungen in speziellen Fällen vorzunehmen und zu koordinieren, und die es zum anderen gestatten, spezifisches Fachwissen zu entwickeln, das den Mitgliedstaaten zu deren Unterstützung bei Ermittlungen in Fällen organisierter Kriminalität zur Verfügung gestellt werden kann;

Die Teilnahme von Europol-Bediensteten an gemeinsamen Teams im Sinne des Art. 30 Abs. 2 lit. a) EUV erachtet *Tolmein* als „die wohl folgenreichste Ausweitung"[1323] der Kompetenzen Europols. In den Beratungen zur Umsetzung des Amsterdamer Vertrages haben „mehrere Delegationen"[1324] der Gruppe „Europol" die Regelungen des Art. 30 Abs. 2 lit. a) und b) EUV „als zumindest recht allgemein, wenig klar und erörterungsbedürftig bewertet."[1325] Zur Bedeutung des Begriffs „operativ" und den divergierenden Auslegungen wird auf die Ausführungen zur „operativen" Unterstützung Europols verwiesen.[1326]

Die in Art. 30 Abs. 2 EUV normierten Zielvorgaben sind durch den Aktionsplan von Wien zur bestmöglichen Umsetzung der Bestimmungen des Amsterdamer Vertrages

---

1320 Vgl. *Aschmann*, S. 200.
1321 *Geiger*, Art. 30 EUV, Rdn. 20; Brechmann, in: *Calliess/Ruffert*, Art. 30 EUV, Rdn. 26.
1322 *Storbeck*, Politische Studien 1998, S. 16 (25); *ders.*, in: BKA-Arbeitstagung 1999, S. 89 (100): „Das heißt also, dass Europol an der Durchführung von Ermittlungen mehr und intensiver beteiligt werden soll, (...).".
1323 *Tolmein*, StV 1999, S. 108 (115).
1324 Stellungnahme der österreichischen Delegation der Gruppe „Europol" – Ratsdok. 5845/00 (Europol 1) vom 08.02.2000, S. 25.
1325 Stellungnahme der österreichischen Delegation der Gruppe „Europol", a.a.O., S. 25.
1326 Vgl. S. 305 ff.

vom Dezember 1998[1327] und die vom Europäischen Rat in Tampere im Oktober 1999 getroffenen Schlussfolgerungen[1328] präzisiert worden.

bb) Wiener Aktionsplan

Nach dem vom Rat[1329] und der Kommission gemeinsam erarbeiteten „Aktionsplan (...) zum Aufbau des Raums der Freiheit, der Sicherheit und des Rechts“[1330] (im Folgenden: Wiener Aktionsplan) sollen die im Vertrag von Amsterdam enthaltenen Möglichkeiten zur Bekämpfung der organisierten Kriminalität „ausgeschöpft werden“.[1331]
Ausweislich der Ausführungen im Wiener Aktionsplan soll mit der Durchführung dieser Maßnahmen möglichst bald begonnen werden, damit Europol seine „neue Funktion als unverzichtbare Einrichtung für die europäische Zusammenarbeit in vollem Umfang erfüllen kann.“[1332]

(1) Prioritäre Maßnahmen

Die Durchführung der in Art. 30 Abs. 2 EUV normierten Maßnahmen unterteilt der Aktionsplan in zwei unterschiedliche Prioritätskategorien. Insoweit handelt es sich einerseits um Aktionen und Maßnahmen, bei denen es darauf ankommt, dass sie binnen zwei Jahren nach dem Inkrafttreten des Vertrags von Amsterdam erlassen oder umgesetzt werden und andererseits um Aktionen und Maßnahmen, die binnen fünf Jahren nach dem Inkrafttreten des Vertrags von Amsterdam erlassen oder umgesetzt sein oder sich zumindest im Stadium des Beginns ihrer Ausarbeitung befinden müssen.[1333]

Der Umsetzung der in Art. 30 Abs. 2 lit. a) und b) EUV normierten Maßnahmen verleiht der Wiener Aktionsplan „hohe Priorität.“[1334] Gemäß Punkt 43 1 a) ii) Satz 1) des Aktionsplans soll innerhalb der Zweijahresfrist die „Ausrichtung der Dokumentationsarbeit von Europol auf die operative Tätigkeit erfolgen. Gemäß Punkt 43 1 a) ii) Satz 2 Wiener Aktionsplan müssen „die Analysen von Europol so oft wie möglich in operative Schlußfolgerungen münden“.[1335]

1327 ABl. EG C 19 vom 23.01.1999, S. 1 ff.
1328 Vgl. Schlussfolgerungen Nr. 40 ff. – Bulletin der Bundesregierung vom 07.12.1999, S. 797 f.
1329 Rat der Justiz- und Innenminister (im Folgenden: JI-Rat).
1330 ABl. EG C 19 vom 23.01.1999, S.1 ff.
1331 ABl. EG, a.a.O., S. 3.
1332 ABl. EG, a.a.O., S. 4.
1333 Vgl. ABl. EG, a.a.O., S. 7.
1334 Vermerk des Vorsitzes der Gruppe „Europol“ – Ratsdok. 6245/99 (Europol 7) vom 26.02.1999, S. 3.
1335 ABl. EG C 19 vom 23.01.1999, S. 11. Gemäß Punkt 43 1 b) des Wiener Aktionsplans soll innerhalb der Zweijahresfrist auch ein geeigneter Rechtsakt zur Ausweitung der Zuständigkeiten von Europol auf die in Artikel 30 Abs. 2 EUV aufgeführten Tätigkeiten erstellt werden, „wobei der Schwerpunkt der Tätigkeit von Europol auf die operative Zusammenarbeit zu legen ist; (...).“ ABl. EG C 19 vom 23.01.1999, S. 11.

(2) Geltende Maßnahmen

Ausweislich eines Vermerks des Vorsitzes an die Gruppe „Europol" vom 26. Februar 1999 besteht im Hinblick auf die Umsetzung der in Art. 30 EUV normierten Aufgaben- bzw. Befugniserweiterung „auf der Basis der im Aktionsplan dargestellten Maßnahmen (...) teilweise erheblicher Klärungsbedarf",[1336] zumal „einige Maßnahmen, die laut Aktionsplan in bezug auf die Zusammenarbeit von Europol zu ergreifen sind (...)" – so der *Vorsitz* – „bereits von der Zentralstellenfunktion Europols nach Maßgabe der Europol-Konvention vom 26.07.1995 erfaßt"[1337] werden.[1338] Dies gelte beispielsweise im Hinblick auf die zweijährige Umsetzungsfrist für die in Punkt 43 1 a) ii) des Wiener Aktionsplans genannte Ausrichtung der Dokumentationsarbeit von Europol auf die operative Tätigkeit und die damit verbundene Zielsetzung, dass die Analysen Europols so oft wie möglich in operative Schlussfolgerungen münden müssen.[1339] Zudem sei es Europol bereits auf der Grundlage des geltenden Europol-Übereinkommens möglich, von den nationalen Stellen übermittelte operative Daten zu Analysezwecken zu nutzen.[1340]

Nach Auffassung der Mitgliedstaaten besteht „auf absehbare Zeit noch erheblicher Prüfbedarf im Zusammenhang mit der Umsetzung von Art. 30 Abs. 2 a) EUV sowie einzelner vom Aktionsplan empfohlener Maßnahmen." [1341] Dies gelte inbesondere für die Fragestellung, ob die in Art. 30 Abs. 2 EUV vorgesehene Unterstützungstätigkeit von Europol eine Änderung der Europol-Konvention erfordert.[1342]

cc) Tampere

Auf der Sondersitzung des Europäischen Rats in Tampere im Oktober 1999 haben die Staats- und Regierungschefs der EU-Mitgliedstaaten die im Wiener Aktionsplan vorgegebenen Umsetzungsschritte bestätigt und Entscheidungen zu Europol getroffen, die – so *Storbeck* – „den Charakter, die Aufgaben und die Befugnisse der Behörde verändern und erweitern."[1343]
Auf dem diese Sondersitzung vorbereitenden informellen Rat in Turku am 16./17. September 1999 hatte die deutsche Seite darauf hingewiesen, dass Europol „stärker in

---

[1336] Ratsdok. 6245/99 (Europol 7), S. 2.
[1337] Ratsdok. 6245/99 (Europol 7), S. 2.
[1338] Vgl. Stellungnahme der österreichischen Delegation in der Gruppe „Europol": „Die Formulierungen der Artikel 29 ff des Amsterdamer Vertrages sind offenbar ohne Bedachtnahme auf die im Europol-Übereinkommen enthaltenen Ermächtigungen entstanden, daher ist eine ganze Reihe von Zielsetzungen gemäß dem Vertrag von Amsterdam auf bestehender Rechtsgrundlage umsetzbar." (Ratsdok. 5845/00 (Europol 1) vom 08.02.2000, S. 26).
[1339] Ratsdok. 6245/99 (Europol 7), S. 2; vgl. Ratsdok. 9011/99 (Europol 29) vom 7. Juni 1999, S. 3: Bei den von der Europol-Konvention bereits erfassten Maßnahmen handelt es sich um „die im Aktionsplan unter Nr. 43.1 a I-V mit 2jähriger Umsetzungsfrist sowie unter Nr. 48 a I-III und VI mit 5jähriger Umsetzungsfrist aufgeführten Maßnahmen, die im übrigen Art. 30 Abs. 2 Buchst. c und d EUV entsprechen."
[1340] Vgl. Ratsdok. 13370/99 (Europol 48) vom 25.11.1999, S. 3 f.
[1341] Ratsdok. 9011/99 (Europol 29) vom 07.06.1999, S. 2.
[1342] Ratsdok. 9011/99 (Europol 29) vom 07.06.1999, S. 2.
[1343] *Storbeck*, DRiZ 2000, S. 481 (481).

die praktische Arbeit der Bekämpfung der OK einbezogen“ und „die vorhandenen Instrumente „schärfer“ werden“[1344] müssten.[1345]

Anknüpfend an die Regelungen des Art. 30 Abs. 2 lit. a) und b) EUV hat der Europäische Rat in Tampere zur Intensivierung der Zusammenarbeit bei der Kriminalitätsbekämpfung in den Ziffern 43 und 45 folgende Schlussfolgerungen getroffen:

> „43. Die Zusammenarbeit zwischen den Behörden der Mitgliedstaaten sollte bei der Ermittlungsarbeit in Bezug auf grenzüberschreitende Kriminalität in den Mitgliedstaaten bestmöglich genutzt werden. Der Europäische Rat ruft dazu auf, dass als erster Schritt zur Bekämpfung des Drogen- und Menschenhandels sowie des Terrorismus gemeinsame Ermittlungsteams – wie im Vertrag vorgesehen unverzüglich eingerichtet werden. Die dafür einzuführenden Bestimmungen sollten es Vertretern von Europol ermöglichen, sich gegebenenfalls an solchen Teams in unterstützender Funktion zu beteiligen.“[1346]

> „45. Europol kommt bei der Unterstützung der Kriminalitätsverhütung sowie der Analysen und Ermittlungen in Straftaten auf Unionsebene eine Schlüsselrolle zu. Der Europäische Rat fordert den Rat auf, für Europol die erforderliche Unterstützung und die notwendigen Mittel vorzusehen. In der nahen Zukunft sollte die Rolle von Europol dadurch weiter verstärkt werden, dass es operative Daten von den Mitgliedstaaten erhält und ermächtigt wird, die Mitgliedstaaten um die Einleitung, Durchführung oder Koordinierung von Ermittlungen oder um die Einsetzung gemeinsamer Ermittlungsteams in bestimmten Deliktsbereichen zu ersuchen, wobei die Systeme der gerichtlichen Kontrolle in den Mitgliedstaaten zu beachten sind.“[1347]

Busch kritisiert, dass das Gipeltreffen in Tampere keine Klärung darüber gebracht habe, wie Europol zu den neuen „operativen“ Befugnissen kommen soll.[1348] Es bleibe somit unklar, ob dies mit einem bloßen Beschluss des Rates (gemäß Art. 34 Abs. 2c EU-Vertrag) möglich sei.[1349]

b) Umsetzungsmaßnahmen – Immunitätsausschluss gemäß Art. 17 Abs. 2 Europol-Immunitätenprotokoll?

Nach Auskunft des Europol-Direktors arbeiten der „Art. 36-Ausschuß“ und die Arbeitsgruppe „Europol“ (im Folgenden als AG-Europol bzw. Gruppe Europol bezeichnet) gegenwärtig daran, die Beschlüsse der Staats- und Regierungschefs und die Maßnahmen des Art. 30 EUV „rechtlich und faktisch umzusetzen und mit Leben zu erfüllen. Praktisch zu keiner der geschilderten Beschlüsse und Entscheidungen gibt

---

1344 Bericht des BMI über die Beratung der Innenthemen auf dem informellen Treffen der Innen- und Justizminister vom 16. und 17. September 1999 in Turku (Finnland) (im Folgenden: Bericht des BMI zu Turku) vom 30. September 1999, S. 3.

1345 Bericht des BMI zu Turku, S. 3; ob bzw. inwieweit diese Forderungen inhaltlich konkretisiert worden sind, ist dem Bericht nicht zu entnehmen.

1346 Abgedruckt in: Bulletin der Bundesregierung Nr. 84 vom 07.12.1999, S. 797 f.

1347 Bulletin der Bundesregierung, a.a.O., S. 798.

1348 *Busch*, Bürgerrechte & Polizei/CILIP 1999, S. 82 (85).

1349 *Busch*, a.a.O., S. 82 (85).

es“ – so *Storbeck* – „bisher eine einheitliche rechtliche und fachliche Bewertung und Entscheidung zur Verwirklichung.“[1350]
Nach Auskunft der *Bundesregierung* vom 20. September 2000[1351] hat die zuständige Ratsarbeitsgruppe „Europol“ bereits mit ersten Überlegungen zur Umsetzung der Schlussfolgerungen von Tampere begonnen.[1352] In welchem zeitlichen Rahmen diese Umsetzung auf europäischer Ebene erfolgen könne, sei – so die *Bundesregierung* – „zum jetzigen Zeitpunkt noch nicht absehbar.“[1353] Das Scoreboard[1354] der EU-Kommission sieht hierfür einen Zeitraum bis April 2004 vor. Die Bundesregierung setzt sich „mit Nachdruck für eine rasche Realisierung“[1355] ein.

Nach Art. 17 Abs. 2 Satz 1 Europol-Immunitätenprotokoll wird den Europol-Bediensteten Immunität gemäß Art. 8 Abs. 1 lit. a) Europol-Immunitätenprotokoll nur für Amtshandlungen gewährt, die in Erfüllung der Aufgaben nach Art. 3 des Europol-Übereinkommens in der am 26. Juli 1995 unterzeichneten Fassung erfolgen. „Damit kommt die Immunität von der Gerichtsbarkeit“[1356] – so die frühere *Bundesregierung* in der Denkschrift zum Europol-Immunitätenprotokoll – „von vornherein bei jeder Änderung der Aufgaben von Europol, insbesondere bei möglichen künftigen exekutiven Befugnissen, nicht zur Anwendung.“[1357]

Ausgehend von dieser Prämisse der Bundesregierung stellt sich die Frage, ob durch die Umsetzung der in Art. 30 Abs. 2 lit. a) und b) EUV normierten Vorgaben und der

---

1350 *Storbeck*, in: Hummer, S. 181 (190).

1351 Antwort der Bundesregierung (BT-Drs. 14/4113) auf eine Große Anfrage der CDU/CSU-Bundestagsfraktion (BT-Drs. 14/2592).

1352 BT-Drs. 14/4113, S. 38.

1353 BT-Drs. 14/4113, S. 38.

1354 Auf der Sitzung des Europäischen Rats in Tampere hat der Europäische Rat die Kommission beauftragt, „einen Vorschlag für einen Anzeigemechanismus vorzulegen, der es ermöglicht, die Fortschritte bei der Einhaltung der durch den Vertrag von Amsterdam, den Wiener Aktionsplan und die Schlußfolgerungen von Tampere gesetzten Fristen für die Schaffung eines Raumes der Freiheit, der Sicherheit und des Rechts und den Stand der dafür erforderlichen Maßnahmen ständig zu überprüfen.“ (Mitteilung der Kommission an den Rat und das Europäische Parlament vom 24.03.2000 (KOM(2000) 167 endgültig – Anlage zur BT-Europaausschuss-Drs. 14/0973 vom 18.04.2000. „Bundesinnenmister Schily: „Das Scoreboard stellt bereits in der jetzigen Fassung ein sehr gutes Instrument zur besseren Transparenz der Aktivitäten im Bereich Inneres und Justiz in der EU dar. Dieser methodisch richtige Ansatz wird zu einer zügigeren Umsetzung der Aktionspläne und Maßnahmen führen.“ (Pressemitteilung BMI vom 27.03. 2000; vgl. auch Innenpolitik, Informationen des BMI, Spezialausgabe Januar 2001/Dezember 2000, S. 33).

1355 BT-Drs. 14/4113, S. 38.

1356 BT-Drs. 13/9084, S. 12.

1357 BT-Drs. 13/9084, S. 12; ebenso: *Hailbronner*, BT-Innenausschuss-Prot. 13/75, S. 45 f: „Da sehe ich überhaupt keine Probleme (...). Das Abkommen ist ganz klar beschränkt. Wenn man die Funktion erweitert, ist ganz klar, muß ein neuer Vertrag geschlossen werden. (...) wenn Europol (...) Funktionen erfüllen würde, die gar nicht vom Abkommen gedeckt sind (...) ist ganz klar nach dem Europolimmunitätenprotokoll, daß keinerlei Immunität besteht. Es ist für mich glasklar, daß die Immunität an den bestehenden Funktionen von Europol aufhört.“; *Voss*, BT-Innenausschuss-Prot 13/75, S. 46: „Wenn man Art. 17 und 18 des Protokolls liest, dann wird man nicht umhin kommen festzustellen, daß die Immunität, so wie sie jetzt vorgesehen ist, auch dann bestehen bleibt, wenn weitere Aufgaben hinzukommen. Bloß für diese weiteren Aufgaben besteht sie nicht (...).“

Schlussfolgerungen von Tampere (Ziffer 43 und 45) die in Art. 3 Europol-Konvention in der am 26. Juli 1995 unterzeichneten Fassung normierten Aufgaben und Befugnisse des Europäischen Polizeiamtes geändert worden sind bzw. – im Falle zukünftiger Umsetzung(en) – geändert werden würden und somit eine auf diese Befugnisse gestützte Handlung gemäß Art. 17 Abs. 2 Satz 1 Europol-Immunitätenprotokoll nicht als immunitätsgeschützte Amtstätigkeit qualifiziert werden könnte.
Dieser Frage soll im Folgenden nachgegangen werden.

aa) Art. 30 Abs. 2 lit. a) EUV i.V.m. Nr. 43 der Schlussfolgerungen von Tampere – operative Aktionen gemeinsamer Teams

Durch die Beteiligung an internationalen Ermittlungsteams soll Europol – so *Storbeck* – „an der Durchführung von Ermittlungen mehr und intensiver beteiligt werden (...)."[1358]
Gemäß Ziffer 43 der Schlussfolgerungen von Tampere sollen die gemeinsamen Teams[1359] in Sinne des Art. 30 Abs. 2 lit. a) EUV unverzüglich eingerichtet werden. *Brechmann* erachtet die Regelung des Art. 30 Abs. 2 lit. a) EUV für „nicht unproblematisch",[1360] da die Annahme nahe liege, dass Europol-Bedienstete „über kurz oder lang auf Grund ihrer Teilnahme an solchen Operationen mit polizeilichen Befugnissen ausgestattet"[1361] werden würden.
Zur Beantwortung der Frage, ob die Regelung des Art. 3 Europol-Übereinkommen in der am 26. Juli 1995 unterzeichneten Fassung eine Beteiligung von Europol-Bediensteten an gemeinsamen Teams ermöglicht, ist zunächst zu klären, inwieweit Art. 30 Abs. 2 lit. a) EUV bereits umgesetzt worden ist bzw. umgesetzt werden soll, was der Inhalt der „unterstützenden Funktion" Europols in diesem Zusammenhang ist bzw. sein soll und welche Befugnisse die Europol-Bediensteten in den gemeinsamen Ermittlungsteams haben bzw. haben werden.

(1) Beteiligung von Europol-Bediensteten – schrittweise Umsetzung

Die Erörterungen in der Gruppe „Europol" am 6. Dezember 1999 zur Umsetzung der Ziffer 43 der Schlussfolgerungen von Tampere „haben" – so die Stellungnahme der

---

1358 *Storbeck*, in: BKA-Arbeitstagung 1999, S. 89 (100); vgl. *Nassauer* (Vorsitzender der CDU/CSU-Gruppe im EP, hessischer Innenminister a.D.): Europol soll ermittelnd tätig werden und eigenständiger arbeiten" können (FAZ vom 20.09.2001, S. 4).

1359 Vgl. *Schneider*, Kriminalpolizei 1999, S. 203 (207): In den gemeinsamen Teams dürfen sich beispielsweise ausländische Ermittlungskräfte unter der jeweiligen nationalen Leitung aktiv an Ermittlungshandlungen beteiligen. „Dies bedingt, dass diese ausländischen Ermittlungskräfte auch hoheitliche Aufgaben wahrnehmen können, um beispielsweise an Vernehmungen, Durchsuchungen, Beschlagnahmen, der Auswertung von Gesprächen einer Telefonüberwachung, der Durchsicht von beschlagnahmten Papieren usw. mitzuwirken." Hierzu müssen in der deutschen Strafprozessordnung (StPO) die notwendigen Rechtsgrundlagen geschaffen werden. Die Polizeigesetze der deutschen Bundesländer sind in diesem Punkt „wesentlich zeitgemäßer" als das deutsche Strafverfahrensrecht. „In einer Reihe der Polizeigesetze – so beispielsweise in Baden-Württemberg (§ 78 Abs. 4 PolG BW) – ist bereits vorgesehen, dass ausländische Polizeikräfte polizeiliche Amtshandlungen, also hoheitliche Aufgaben, wahrnehmen können."

1360 Brechmann, in: *Calliess/Ruffert*, Art. 30 EUV, Rdn. 29.

1361 *Brechmann*, a.a.O., Rdn. 29.

österreichischen Delegation in der Gruppe „Europol – „gezeigt, dass die Delegationen offenbar unterschiedliche Auffassungen über Natur, Aufgaben und Befugnisse solcher gemeinsamer Ermittlungsteams haben."[1362]

(2) Prämisse: Wahrung des geltenden Rechtsrahmens

Die Guppe „Europol" war sich weitgehend einig, zunächst „eine Lösung auszuschließen, die eine Änderung des Europol-Übereinkommens erfordert",[1363] d.h. sich „vorerst auf das im derzeitigen Rechtsrahmen Machbare"[1364] zu konzentrieren. Ausweislich der Mitteilung der Bundesregierung vom 20. September 2000 ist es „vorrangig, dass Europol zunächst die durch die Europol-Konvention zugewiesenen Kompetenzen ausschöpft (...)."[1365]

Begründet wurde diese Beschränkung auf das im derzeitigen Rechtsrahmen Machbare mit dem Hinweis auf die Dringlichkeit der Einrichtung gemeinsamer Ermittlungsteams zur Bekämpfung insbesondere der organisierten Kriminalität.

Busch bewertet diese Entscheidung dahingehend, dass sich die Vertreter der Mitgliedstaaten auf diese Weise den „beschwerlichen Weg"[1366] des Abschlusses und der Ratifizierung eines völkerrechtlichen Vertrages „und die notwendigerweise damit verbundene öffentliche Diskussion (...) offensichtlich ersparen"[1367] wollten.

(a) Mehrheitsauffassung der Mitgliedstaaten: Zulässigkeit der Beteiligung

Ausweislich eines Vermerks des Vorsitzes ging aus den Beratungen der Gruppe „Europol" hervor, „daß die meisten Mitgliedstaaten, ohne zukünftigen Diskussionen über andere Szenarios vorgreifen zu wollen, es nicht für notwendig hielten, das Europol-Übereinkommen zu ändern, damit Europol-Bedienstete sich an den gemeinsamen Teams beteiligen können."[1368]

1362 Rats-Dok. 5845/00 (Europol 1) vom 08.02.2000, S. 23.

1363 Rats-Dok. 13370/99 (Europol 48) vom 25.11.1999, S. 2; vgl. Rats-Dok. 9639/00 (Europol 18) vom 26.06.2000, S. 1.

1364 Rats-Dok. 7316/00 (Europol 4) vom 05.04.2000, S. 2; vgl. Deutsche Ratspräsidentschaft 1999 in der Europäischen Union – Bilanz der innenpolitischen Aktivitäten – herausgegeben vom BMI, S. 17: „Unter deutschem Vorsitz ist auch die zukünftige Rolle Europols nach Inkrafttreten des Amsterdamer Vertrages am 1. Mai 1999 erörtert worden. Als Zwischenergebnis ist festzuhalten, daß die Mehrheit der Mitgliedstaaten zunächst die bestehende Europol-Konvention ausschöpfen will. Bezüglich des Handlungsspielraums zur Weiterentwicklung Europols gemäß Art. 309 Abs. 2 EU-Vertrages besteht noch Prüfungsbedarf. Dieser Aufgabe wird sich auch in Zukunft die Arbeitsgruppe Europol widmen."

1365 BT-Drs. 14/4113, S. 38; ergänzend führt die Bundesregierung insoweit aus: „Dies schließt eine schrittweise Erweiterung der Zuständigkeit von Europol (...) nicht aus." (BT-Drs. 14/4113, S. 38).

1366 *Busch*, Bürgerrechte & Polizei/CILIP 1999, S. 82 (84).

1367 *Busch*, a.a.O., S. 82 (84).

1368 Rats-Dok. 7316/00 (Europol 4) vom 05.04.2000, S. 2; vgl. z.B. Stellungnahme der britischen Delegation in der Gruppe „Europol": „We welcomed (...) that the re-opening of the Europol-Convention will not be necessary to achieve this." (Rats-Dok. 5845/00 (Europol 1) vom 08.02.2000, S. 40); Stellungnahme der finnischen Delegation: „Concerning recommendation 43 (...) It should be carried out in a way which does not require the reopening of the Europol Convention." (Rats-Dok. 5845/00 (Europol 1) vom 08.02.2000, S. 40).

Ausgehend von dieser mehrheitlich vertretenen Auffassung soll im Folgenden die Frage der inhaltlichen Ausgestaltung dieser Beteiligung und der damit verbundenen Befugnisse der Europol-Bediensteten detaillierter untersucht werden.

(aa) Erster Schritt: Unterstützende und beratende Funktion

Nach Auffassung der Gruppe „Europol" sollen die Ermittlungen des gemeinsamen Teams unter der Leitung des/der betroffenen Mitgliedstaaten auf der Grundlage des jeweiligen nationalen Rechts durchgeführt werden.[1369] Die Europol-Bediensteten sowie die Beamten der Mitgliedstaaten sollen auf fremdem Hoheitsgebiet „keine eigenständigen (exekutiven) Kompetenzen"[1370], sondern „lediglich unterstüzende[1371] und beratende Funktion"[1372] haben. Dies entspreche dem Wortlaut sowohl von Art. 30 Abs. 2 lit. a) EUV, den Vorgaben des Wiener Aktionsplans, als auch dem Wortlaut von Ziffer 43 der Schlussfolgerungen von Tampere.[1373]
Die österreichische Delegation in der Gruppe „Europol" bewertete die Einrichtung von Ermittlungsteams mit „echten"[1374] Ermittlungsbefugnissen, wobei alle Mitglieder des Teams aktiv hoheitliche Ermittlungsbefugnisse ausüben können, als „nicht erwünscht."[1375] Zudem würde – so die österreichische Delegation – der Wortlaut von Art. 30 Abs. 2 lit. a) EUV „wohl so zu verstehen sein, daß eine Beteiligung von Europol-Bediensteten an gemeinsamen Ermittlungsteams der Mitgliedstaaten mit „echten" Ermittlungsbefugnissen"[1376] aufgrund des eindeutigen Wortlauts („unterstützender Funktion" – Art. 30 Abs. 2 lit. a) EUV) ausgeschlossen sei.[1377]

Am 30. November 2000 hat der Rat eine Empfehlung an die Mitgliedstaaten in Bezug auf die Unterstützung der von den Mitgliedstaaten gebildeten gemeinsamen Ermittlungsteams durch Europol angenommen und diese Empfehlung ausdrücklich als „ersten Schritt zur Umsetzung der Empfehlung 43 der Schlussfolgerungen von Tampere"[1378] bezeichnet. Mit Hinweis auf den geltenden Aufgaben- und Befugnisrahmen Europols stellt der Rat in dieser Empfehlung fest:

> (4) Die Mitgliedstaaten können bereits auf bilateraler oder multilateraler Basis gemeinsame Ermittlungsteams bilden.

1369 Rats-Dok. 9011/99 (Europol 29) vom 07.06.1999, S. 2.
1370 Rats-Dok. 9011/99 (Europol 29) vom 07.06.1999, S. 2.
1371 In einer Stellungnahme hatte die deutsche Delegation der Gruppe „Europol" die Notwendigkeit der inhaltlichen Präzisierung des Begriffs der „unterstützenden Funktion" hervorgehoben, da dies von Relevanz sei im Hinblick auf die Frage, ob zur Umsetzung der Ziffer 43 der Schlussfolgerungen von Tampere eine Änderung der Europol-Konvention erforderlich sei (vgl. Rats-Dok. 5845 (Europol 1) vom 08.02.2000, S. 60).
1372 Rats-Dok. 9011/99 (Europol 29) vom 07.06.1999, S. 2.
1373 Rats-Dok. 5845 (Europol 1) vom 08.02.2000, S. 59.
1374 Rats-Dok. 5845 (Europol 1) vom 08.02.2000, S. 26.
1375 Rats-Dok. 5845 (Europol 1) vom 08.02.2000, S. 26.
1376 Rats-Dok. 5845 (Europol 1) vom 08.02.2000, S. 26.
1377 Rats-Dok. 5845 (Europol 1) vom 08.02.2000, S. 26.
1378 ABl. EG C 357 vom 13.12.2000, S. 7.

(5) **Nach dem Übereinkommen zur Errichtung des Europäischen Polizeiamts (Europol-Übereinkommen) (...) kann Europol die auf bilateraler oder multilateraler Basis gebildeten Ermittlungsteams unterstützen.**

Der Rat empfiehlt den Mitgliedstaaten, die Möglichkeiten zur Unterstützung der gemeinsamen Ermittlungsteams unter Einhaltung des Europol-Übereinkommens und seiner Durchführungsbestimmungen in vollem Umfang zu nutzen.[1379] Nach Auffassung des Rats soll Europol die gemeinsamen Ermittlungsteams über die nationalen Stellen wie folgt unterstützen:

- Bereitstellung der Kenntnisse Europols über kriminelle Kreise für die gemeinsamen Ermittlungsteams;
- Unterstützung der Koordinierung[1380] operativer Maßnahmen der gemeinsamen Ermittlungsteams;
- technische Beratung für die gemeinsamen Ermittlungsteams – beispielsweise „durch die Bereitstellung von spezifischen Hilfsmitteln und qualifiziertem Fachpersonal".[1381]
  Ausweislich eines Vermerks der französischen Delegation für die Gruppe „Europol" nimmt Europol „im Hinblick auf die Koordinierung bereits diese Unterstützungsfunktion wahr, indem es insbesondere im Bereich der kontrollierten Lieferung seine zur operativen Unterstützung bestimmten Strukturen einsetzt. Art. 3 Abs. 1 Nr. 1 (Erleichterung des Informationsaustauschs zwischen den Mitgliedstaaten) und Art. 3 Abs. 3 Nr. 4 (Beratung in Sachen Ermittlungsmethoden) des Europol-Übereinkommens bilden die Rechtsgrundlagen für diese Unterstützungstätigkeit."[1382]
- Hilfe bei der Analyse von Straftaten auf der Grundlage des Europol-Analysesystems.

Fazit:
Nach der geltenden Europol-Konvention soll es den Europol-Bediensteten nach der mehrheitlich vertretenen Auffassung der Mitgliedstaaten rechtlich bereits möglich sein, sich an gemeinsamen Teams, die von den Mitgliedstaaten auf bilateraler oder multilateraler Basis „für Ermittlungen verschiedenster Art eingerichtet werden können",[1383] nach Maßgabe der Empfehlung des Rates vom 30.11.2000 in personeller und fachlicher Hinsicht[1384] unterstützend und koordinierend zu beteiligen. „Die Befugnisse des betreffenden Europol-Bediensteten ergeben sich" – so die Stellungnahme der österreichischen Delegation der Gruppe „Europol" – „dabei aus dem Europol-Übereinkommen und gegebenenfalls aus der Rechtsordnung des Staates, in dem das gemeinsame Team tätig ist. Dem gemäß ist" – so die österreichische Delegation –

1379 ABl. EG C 357 vom 13.12.2000, S. 7.

1380 Vgl. Rats-Dok. 7316/00 (Europol 4) vom 05.04.2000, S. 4.

1381 Rats-Dok. 13370/99 (Europol 48) vom 25.11.1999, S. 10; vgl. *Storbeck*, Politische Studien 1998, S. 16 (25): „Ermittlungen durch Beteiligung von Europol-Experten und Technik vor Ort, also in den Mitgliedstaaten (...)"; *ders.*, BT-Innenausschuss-Prot. 13/75, S. 47.

1382 Rats-Dok. 8325/00 (Europol 11) vom 08.05.2000, S. 2.

1383 Rats-Dok. 7316/00 (Europol 4) vom 05.04.2000, S. 3.

1384 Vgl. *Storbeck*, in: BKA-Arbeitstagung 1999, S. 89 (99).

„das Handeln eines solchen Europol-Bediensteten grundsätzlich Europol zuzurechnen, wenn er jedoch Befugnisse ausübt, die ihm die Rechtsordnung eines Mitgliedstaates einräumt, diesem Mitgliedstaat."[1385] Im letzteren Fall hätte dies zur Folge, dass sich der Rechtsschutz gegen derartige Maßnahmen nach der jeweiligen nationalen Rechtsordnung richten würde.[1386]
Ausweislich des Europol-Jahresberichts für das Jahr 2000 leistete Europol bereits Unterstützung bei gemeinsamen Ermittlungsverfahren, die von Mitgliedstaaten geleitet wurden.[1387] Gemäß dem Europol-Arbeitsprogramm für das Jahr 2002 ist es eine der Hauptprioritäten Europols, zur Errichtung gemeinsamer Ermittlungsteams beizutragen[1388] und die gemeinsamen Teams der Mitgliedstaaten gemäß der Empfehlung des Rates vom 30. November 2000 auch „vor Ort",[1389] d.h. in den Mitgliedstaaten, einsatzbezogen, insbesondere „durch die Nutzung von Analysedateien, Informations- und Intelligence-Austausch und Koordination",[1390] zu unterstützen.

((1)) Eingeschränkte Exekutivbefugnisse der Europol-Bediensteten?

Die ihnen übertragene Unterstützung leisten die Europol-Bediensteten – so *Schneider* – „nicht mit eigenen selbständigen Exekutivbefugnissen, sondern unter Leitung der national zuständigen Stelle."[1391] Sie besitzen mithin keine eigenen selbständigen „Eingriffsbefugnisse und keine eigenständigen Ermittlungsbefugnisse."[1392]
Storbeck betont ebenfalls das Fehlen eigener Exekutivrechte der Europol-Bediensteten zum Beispiel zur Festnahme, Durchsuchung oder Beschlagnahme und weist darauf hin, dass Europol „allenfalls sehr eingeschränkte Exekutivbefugnisse wie zum Beispiel zur eigenständigen Zeugenvernehmung und zur Akteneinsicht (...) mittelbar eingeräumt werden"[1393] könnten. „Die Übertragung voller exekutiver Befugnisse, wie sie in ihren Zuständigkeitsbereichen nationale Behörden und Beamten haben, (...)"[1394] schließt *Storbeck* „weiterhin jedoch aus."[1395]

((2)) Sichtweise / Begriffsdefinitionen Europols

Europol selbst hat die Befugnisse seiner Bediensteten in Bezug auf die Teilnahme an gemeinsamen Teams wie folgt konkretisiert:

1385 Stellungnahme der österreichischen Delegation der Gruppe „Europol" - Rats-Dok. 5845 (Europol 1) vom 08.02.2000, S. 27.

1386 Vgl. Stellungnahme der österreichischen Delegation der Gruppe „Europol", a.a.O., S. 28.

1387 Vgl. Rats-Dok. 7267/01 (Europol 23) vom 20.03.2001, S. 5.

1388 Vgl. Rats-Dok. 8141/1/01 REV 1 (Europol 36) vom 11. Juni 2000, S. 5.

1389 Rats-Dok. 8141/1/01 REV 1 (Europol 36) vom 11. Juni 2000, S. 7, vgl. auch S. 12.

1390 Rats-Dok. 8141/1/01 REV 1 (Europol 36) vom 11. Juni 2000, S. 7.

1391 *Schneider*, Kriminalpolizei 1999, S. 203 (207).

1392 *Schneider*, a.a.O., S. 203 (207). Nach Auffassung der österreichischen Delegation der Gruppe „Europol" „wären bei Ermittlungsgruppen mit „echten" Exekutivbefugnissen Rechtsschutzregelungen unbedingt erforderlich." (Stellungnahme der österreichischen Delegation der Gruppe „Europol" - Rats-Dok. 5845 (Europol 1) vom 08.02.2000, S. 28).

1393 *Storbeck*, in: BKA-Arbeitstagung 1999, S. 89 (100).

1394 *Storbeck*, a.a.O., S. 89 (100).

1395 Vgl. *Storbeck*, a.a.O., S. 89 (100); *ders.*, DRiZ 2000, S. 481 (487).

Die Europol-Bediensteten sind – ebenso wie die anderen Mitglieder des gemeinsamen Teams – für die operative Einscheidungsfindung mit verantwortlich.[1396] Der Begriff „operativ“ erstreckt sich in diesem Zusammenhang“– so *Europol* – auf „alle Handlungen, die zu dem Einsatz an sich gehören und auf der Grundlage der üblichen Rolle der Strafverfolgungsbehörden erfolgen. Dies umfaßt beispielsweise den Informationsaustausch, das Zusammenstellen und Analysieren von Erkenntnissen usw.“[1397] „Im Gegensatz zu den Personen, die für die Mitgliedstaaten an dem gemeinsamen Team teilnehmen, können Europol-Bediensteten“ – nach Auffassung von *Europol* – „während der Ermittlung keine Durchführungsbefugnisse übertragen werden.“[1398] Lediglich „die Bediensteten der Mitgliedstaaten verfügen in ihrem Staat über Durchführungsbefugnisse gemäß den innerstaatlichen Rechtsvorschriften. Sie können“ – so *Europol* – „in Staaten, die nicht ihr Herkunftsstaat sind, eine unterstützende Rolle wahrnehmen; Bediensteten aus anderen Staaten können zusätzliche Befugnisse nur übertragen werden, wenn das innerstaatliche Recht des Staates, in dem die Ermittlung durchgeführt wird, eine weitergehende Beteiligung dieser Bediensteten vorsieht und soweit dies dem innerstaatlichen Recht des Herkunftsstaates entspricht.“[1399]

Den Begriff „Durchführungsbefugnisse“ hat Europol nicht explizit definiert. Der Bedeutungsgehalt dieses Begriffs erschließt sich jedoch im Wege des Umkehrschlusses aus dem von Europol inhaltlich konkretisierten – wenn auch noch nicht abschließend definierten[1400] – Begriff der „eingeschränkten Durchführungsbefugnisse“.[1401] Hierbei handelt es sich nach Auffassung von Europol um „Ermittlungshandlungen, die keine wesentlichen Auswirkungen auf die verfassungsmäßigen Rechte des Einzelnen haben, wie die Vernehmung von Verdächtigen,[1402] Akteneinsicht usw.“[1403] Folglich sind – im Wege des Umkehrschlusses – alle Ermittlungshandlungen, die wesentliche Auswirkungen auf die verfassungsmäßigen Rechte des Einzelnen haben – „wie etwa Festnahmen“[1404] als „Durchführungsbefugnisse“ zu bewerten. In welchen Fällen eine Auswirkung auf die verfassungsmäßigen Rechte eines Einzelnen im Sinne dieser Begriffsbestimmung als wesentlich zu qualifizieren ist, hat Europol nicht definiert.

Maßnahmen, „die von den Strafverfolgungsbeamten zur Erleichterung der Ermittlungen ergriffen werden, wenn nach innerstaatlichem Recht besondere Befugnisse übertragen wurden, beispielsweise Überwachung, Vernehmung von Verdächtigen,

---

[1396] Vgl. Rats-Dok. 7316/00 (Europol 4) vom 05.04.2000, S. 4.
[1397] Rats-Dok. 13370/99 (Europol 48) vom 25.11.1999, S. 7.
[1398] Rats-Dok. 7316/00 (Europol 4) vom 05.04.2000, S. 5.
[1399] Rats-Dok. 7316/00 (Europol 4) vom 05.04.2000, S. 4.
[1400] Rats-Dok. 13370/99 (Europol 48) vom 25.11.1999, S. 7.
[1401] Rats-Dok. 13370/99 (Europol 48) vom 25.11.1999, S. 7.
[1402] „Für *Statewatch* ist (...) die Vorstellung, dass die Vernehmung von Verdächtigen keine verfassungsmäßigen Rechte betrifft „in höchstem Maße fragwürdig“. – zitiert nach *Schulzki-Haddouti*, S. 3 (http://www.heise.de/tp/deutsch/inhalt/te/8318/1.html – Stand: 15.11.2001). *Statewatch* ist - nach eigener Einschätzung - „a non-profit-making voluntary group founded in 1991. It is comprised of lawyers, academics, journalists, researchers and community activists. (...).“ (http://-www.statewatch.org/about.htm – Stand: 30.11.2001).
[1403] Rats-Dok. 13370/99 (Europol 48) vom 25.11.1999, S. 7.
[1404] Rats-Dok. 13370/99 (Europol 48) vom 25.11.1999, S. 7.

Durchsuchung, Festnahmen usw.",[1405] und die „direkte Auswirkungen auf die verfassungsmäßigen Rechte des Einzelnen haben"[1406] können, definiert Europol begrifflich als „Durchführungsmaßnahmen".[1407] „Die Durchführungsmaßnahmen fallen stets unter die Verantwortung eines Bediensteten des Mitgliedstaates, in dem die betreffende Maßnahme ergriffen wird."[1408] Da bei allen Durchführungsmaßnahmen die jeweiligen Rechtsvorschriften des Staates, in dem die Maßnahmen ergriffen werden, einzuhalten sind, finden die Bestimmungen des betreffenden Staates über den Rechtsschutz sinngemäße Anwendung.[1409]
Strafverfolgungsbeamte dritter Länder und Mitglieder externer internationaler Organisationen und Einrichtungen haben – so *Europol* – in den gemeinsamen Teams lediglich eingeschränkte Befugnisse.[1410] Im Sinne der vorstehend genannten Begriffsdefinitionen Europols handelt es sich insoweit um „eingeschränkte Durchführungsbefugnisse".

(bb) Schlussfolgerungen / Bewertung

„Durchführungsbefugnisse" im Sinne der Terminologie Europols, d.h. die Befugnis zur Durchführung von Ermittlungshandlungen, die wesentliche Auswirkungen auf die verfassungsmäßigen Rechte des Einzelnen haben, stehen den an gemeinsamen Teams beteiligten Europol-Bediensteten nach dem geltenden Europol-Übereinkommen (vgl. Art. 3 Europol-Übereinkommen) nicht zu. *Storbeck* bezeichnet diese Durchführungsbefugnisse begrifflich als „volle exekutive Befugnisse (...) wie sie in ihren Zuständigkeitsbereichen nationale Behörden und Beamten haben".[1411]

Ausgehend von der Prämisse der Mitgliedstaaten, sich in Bezug auf die inhaltliche Ausgestaltung der Kompetenzen der an gemeinsamen Teams beteiligten Europol-Bediensteten zunächst auf das im derzeitigen Rechtsrahmen Machbare zu konzentrieren bzw. die Kompetenzen der geltenden Europol-Konvention vollständig auszuschöpfen, stellt sich die Frage, ob die Europol-Bediensteten gemäß Art. 3 Abs. 1 Nr. 4 Europol-Übereinkommen im Rahmen ihrer Unterstützungsfunktion auch „eingeschränkte Durchführungsbefugnisse" haben, d.h. ob sie befugt sind, Ermittlungshandlungen durchzuführen, die im Sinne der Begriffsdefinition *Europols* nur unwesentlich in die verfassungsmäßigen Rechte des Einzelnen eingreifen (Vernehmung eines Verdächtigen, Akteneinsicht etc.).[1412]

1405 Rats-Dok. 13370/99 (Europol 48) vom 25.11.1999, S. 7.
1406 Rats-Dok. 13370/99 (Europol 48) vom 25.11.1999, S. 7.
1407 Rats-Dok. 13370/99 (Europol 48) vom 25.11.1999, S. 7.
1408 Rats-Dok. 7316/00 (Europol 4) vom 05.04.2000, S. 4.
1409 Rats-Dok. 7316/00 (Europol 4) vom 05.04.2000, S. 5.
1410 Rats-Dok. 13370/99 (Europol 48) vom 25.11.1999, S. 8.
1411 *Storbeck*, in: BKA-Arbeitstagung 1999, S. 89 (100); vgl. *Schneider*, Kriminalpolizei 1999, S. 203 (207), der diese Befugnisse begrifflich als „Exekutivbefugnisse" definiert.
1412 In seinem Vortrag anlässlich der BKA-Arbeitstagung 1999 hat Schapper (Sts. BMI) im Hinblick auf die Beteiligungsmöglichkeit von Europol-Bediensteten an Ermittlungshandlungen in gemeinsamen Teams den Vorbildcharakter des zwischen Deutschland und der Schweiz am 27. April 1999 geschlossenen Vertrags über die grenzüberschreitende und justitielle Zusammenarbeit (zu den wesentlichen Inhalten vgl. Innenpolitik, Heft Dezember 2000/Januar 2001, S. 32) wie folgt hervorgehoben: Dieses Abkommen ermöglicht unter anderem „die Entsendung von

In seinem Vortrag anlässlich der Arbeitstagung des BKA am 23. November 1999 hat *Storbeck* – ohne weitergehende inhaltliche Konkretisierung – ausgeführt, dass den in gemeinsamen Teams tätigen Europol-Bediensteten zwar keine eigenen Exekutivrechte, d.h. volle exekutive Befugnisse, jedoch „mittelbar (...) sehr eingeschränkte Exekutivbefugnisse wie zum Beispiel zur eigenständigen Zeugenvernehmung und zur Akteneinsicht" übertragen werden könnten.[1413] Insoweit handelt es sich – im Sinne der Begriffsterminologie Europols – um die Übertragung „eingeschränkter Durchführungsbefugnisse".

Eine entsprechende „mittelbare" Befugnisübertragung wäre in der Weise vorstellbar, dass die Mitgliedstaaten den in einem Team tätigen Europol-Bediensteten „eingeschränkte Durchführungsbefugnisse" nach Maßgabe des jeweiligen nationalen Rechts gewähren würden. In einigen Mitgliedstaaten wäre dies bereits auf der Grundlage des geltenden nationalen Rechts möglich.[1414]
Eine derartige Befugniserweiterung ist in der geltenden Europol-Konvention explizit nicht vorgesehen. Auch im Wege der Auslegung der in Art. 3 Abs. 1 Nr. 4 Europol-Konvention normierten Unterstützungsfunktion Europols könnte der geltende Kompetenzbereich des Europäischen Polizeiamtes nicht auf diese eingeschränkten Durchführungsbefugnisse erstreckt werden. Gemäß Art. 3 Abs. 1 Nr. 4 Europol-Übereinkommen hat Europol die Ermittlungen in den Mitgliedstaaten durch die Übermittlung aller sachdienlichen Informationen an die nationalen Stellen zu unterstützen. Eine – auch nur mittelbare – Übertragung eingeschränkter Durchführungsbefugnisse widerspräche nicht nur dem eindeutigen Wortlaut, sondern auch dem Sinn und Zweck dieser Norm, die Unterstützungsleistung Europols auf die Informationsübermittlung zu beschränken.

Mit Hinweis auf diese ausschließlich unterstützende Funktion Europols hat sich die niederländische Delegation in der Gruppe „Europol" explizit gegen die Gewährung jeglicher Eingriffsbefugnisse für Europol-Bedienstete auf der Grundlage der geltenden Europol-Konvention ausgesprochen.[1415]

Ermittlungsbeamten mit der Befugnis, aktiv an bestimmten Ermittlungshandlungen auf fremdem Hoheitsgebiet teilzunehmen. Damit hat dieses Abkommen Vorbildfunktion nicht nur für weitere bilaterale Abkommen sondern auch für die Zusammenarbeit in der Europäischen Union. Wir werden daher alle Anstrengungen unternehmen, damit wir den in diesem Abkommen festgeschriebenen Standard auch im Verhältnis zu anderen Nachbarstaaten, vor allem aber auch innerhalb der Union erreichen" – *Schapper*, in: BKA-Arbeitstagung 1999, S. 5 (13).

1413 *Storbeck*, in: BKA-Arbeitstagung 1999, S. 89 (100).

1414 Vgl. Rats-Dok. 5845/00 ADD 1 (Europol 1) vom 11.02.2000, S. 7: „(...) but for the large majority of Member States it requires a change in national legislation."; zur Notwendigkeit eines entsprechenden Rahmenbeschlusses auf EU-Ebene vgl. Rats-Dok. 5845/00 ADD 1 (Europol 1) vom 11.02.2000, S. 7.

1415 Vgl. Stellungnahme der niederländischen Delegation der Gruppe „Europol" – Rats-Dok. 5845/00 (Europol 1) vom 08.02.2000, S. 4: „The Netherlands delegation opposes granting executive powers to Europol and its staff. Europol is a facilitative and support organisation and the executive police powers should remain the preserve of the national services. The Netherlands delegation finds that Europol and its staff should not be granted executive powers. Nor is this prompted by article 30(2) of the TEU and the Conclusions of Tampere. The Netherlands

(b) Gegenauffassung der Niederlande: Unzulässigkeit jeglicher Beteiligung an gemeinsamen Teams

In ihrer Stellungnahme zu den „first reflections concerning the Tampere Conclusions as far as they relay to Europol“[1416] hat die niederländische Delegation der Gruppe „Europol“ die von der Mehrheit der Mitgliedstaaten aus Ziffer 43 der Schlussfolgerungen von Tampere abgeleitete Prämisse, die Tätigkeitsaufnahme der Europol-Bediensteten in gemeinsamen Teams im geltenden Rechtsrahmen schnellstmöglich zu verwirklichen, als unrichtig bewertet[1417] und dargelegt, dass für die Umsetzung der in Ziffer 43 der Schlussfolgerungen von Tampere und Art. 30 Abs. 2 lit. a) EUV genannten Maßnahmen – ausnahmslos – eine Änderung der geltenden Europol-Konvention erforderlich sei,[1418] die durch ein Protokoll zum Europol-Übereinkommen ungesetzt werden sollte:

> „To realise this aim, the Netherlands has in mind a protocol for the Europol Convention, of limited size and substance.“[1419]

Eine Beteiligung von Europol-Bediensteten an gemeinsamen Teams überschreitet nach Auffassung der niederländischen Delegation den in der geltenden Europol-Konvention (Art. 3) normierten Aufgaben- und Befugnisrahmen. Dies sei auch der Fall, wenn den Europol-Bediensteten insoweit keine exekutiven Befugnisse zuerkannt werden würden:

> „The Netherlands finds that the participation of Europol in joint investigation teams in the Member States essentially contains such new elements that this participation cannot be seen as one of the tasks stated in article 3 of the Europol Convention. This is also the case when (...) Europol's contribution is supportive and its staff are not granted executive powers.“[1420]

Diese Sichtweise begründet die niederländische Delegation wie folgt:

> „Those who drafted the Europol Convention had not envisaged such a role for Europol while those responsible for drawing up the Treaty of Amsterdam were concerned with expanding Europol's tasks. Those who experienced or followed the negotiations on the draft Treaty that resulted in the treaty of Amsterdam are aware that this subject has been thoroughly debated. This would not have been necessary if participation in the joint investigative teams would have been included in the current package of tasks.
> For the sake of clarity, the Netherlands delegation observes that the content of article 30(2) TEU was extensively debated during the parliamentary discussion of the bill to adopt the Europol-Convention. On that occasion, Government and Parliament have more than once expressly taken the view that this article does concern expanding

---

delegation wishes to state here clearly that in the discussion of new tasks for Europol it is essential that this expansion for Europol is not sought in the sphere of executive powers.“

1416 Rats-Dok. 13370/99 (Europol 48) vom 25.11.1999.

1417 Vgl. Rats-Dok. 5845/00 (Europol 1) vom 08.02.2000, S. 6.

1418 Rats-Dok. 5845/00 (Europol 1) vom 08.02.2000, S. 2 ff.

1419 Rats-Dok. 5845/00 (Europol 1) vom 08.02.2000, S. 2.

1420 Rats-Dok. 5845/00 (Europol 1) vom 08.02.2000, S. 7.

Europol's tasks and that this expansion can only be realised by amending or supplementing the Europol-Convention."[1421]

(c) Bewertung

Der Auffassung der niederländischen Delegation, dass jegliche Beteiligung von Europol-Bediensteten an gemeinsamen Teams, d.h. auch eine lediglich unterstützende Beteiligung im Sinne von Art. 3 Europol-Übereinkommen – ohne die Gewährung „sehr eingeschränkter Exekutivbefugnisse"[1422] bzw. „eingeschränkter Durchführungsbefugnisse"[1423] –, den in der geltenden Europol-Konvention (Art. 3) normierten Aufgaben- und Befugnisrahmen überschreitet, ist zuzustimmen. Eine derartige Einbindung von Europol-Bediensteten in gemeinsame (Ermittlungs-)Teams ist mit den geltenden Regelungen der Europol-Konvention nicht zu vereinbaren.
Gemäß Art. 30 Abs. 1 Europol-Übereinkommen lassen sich die Europol-Bediensteten „bei ihrer Tätigkeit von den Zielen und Aufgaben von Europol leiten und dürfen von keiner Regierung, Behörde, Organisation oder nicht Europol angehörenden Personen Weisungen entgegennehmen oder anfordern, sofern in diesem Übereinkommen keine anderweitige Bestimmung getroffen ist; Titel VI des Vertrags über die Europäische Union bleibt unberührt." Als Vorgesetzter der Europol-Bediensteten (vgl. Art. 30 Abs. 2 S. 1 Europol-Übereinkommen) ist ausschließlich der Direktor des Europäischen Polizeiamtes gegenüber den Bediensteten weisungsbefugt. Diese gegenüber Dritten bestehende Weisungsfreiheit der Europol-Bediensteten dient der Gewährleistung der Unabhängigkeit und Funktionsfähigkeit des Europäischen Polizeiamtes. Ausweislich der Denkschrift der Bundesregierung zum Europol-Immunitätenprotokoll legitimieren diese Zielsetzungen auch die Immunitätsgewährung zugunsten der Europol-Bediensteten.

Im Falle der von der Mehrheit der Mitgliedstaaten befürworteten unterstützenden Beteiligung von Europol-Bediensteten an gemeinsamen Teams erfolgt diese Beteiligung unter Leitung der national zuständigen Stelle.[1424] Dies bedingt notwendigerweise eine Weisungskompetenz der jeweiligen nationalen Teamleitung gegenüber den am Team beteiligten Europol-Bediensteten. Für diese von der Regelung des Art. 30 Abs. 1 1. Halbsatz Europol-Übereinkommen abweichende Weisungskompetenz der nationalen Teamleitung normiert das Europol-Übereinkommen keine Rechtsgrundlage. Es enthält beispielsweise keine Regelung, die es dem Europol-Direktor ermöglichen würde, die ihm zustehende Weisungskompetenz auf die Leitung der national zuständigen Stelle zu übertragen. Der Übergang der Weisungskompetenz vom Europol-Direktor auf die Leitung der national zuständigen Stelle wäre demnach nur rechtmäßig, sofern Titel VI EUV eine entsprechende Rechtsgrundlage normiert (vgl. Art. 30 Abs. 1 2. Halbsatz Europol-Übereinkommen).

[1421] Rats-Dok. 5845/00 (Europol 1) vom 08.02.2000, S. 7.
[1422] *Storbeck*, in: BKA-Arbeitstagung 1999, S. 89 (100).
[1423] Rats-Dok. 13370/99 (Europol 48) vom 25.11.1999, S. 7.
[1424] Vgl. *Schneider*, Kriminalpolizei 1999, S. 203 (207).

Europol[1425] erachtet Art. 30 Abs. 2 lit. a) EUV auch als Rechtsgrundlage für die Übertragung der Weisungskompetenz vom Europol-Direktor auf die Leitung der national zuständigen Stelle:

> „Nevertheless, the Director of Europol, can, if necessary, delegate his authority to the co-ordinator of a joint team. This is also supported by the fact, that the legal basis for joint teams can be found in Title VI, Article 30.2(a) of the Treaty on European Union."

Dies Sichtweise vermag nicht zu überzeugen. Aus der Regelung des Art. 30 Absatz 2 lit. a) EUV kann weder explizit noch im Wege der grammatikalischen Auslegung diese Kompetenzübertragungsbefugnis entnommen werden. Auch Sinn und Zweck der Norm rechtfertigen kein entsprechendes Ergebnis. Art. 30 Abs. 2 lit. a) EUV normiert lediglich ein „Arbeitsprogramm für den Rat",[1426] durch das die Zuständigkeiten und Befugnisse des Europäischen Polizeiamtes innerhalb von fünf Jahren nach Inkrafttreten des Amsterdamer Vertrages ausgebaut werden sollen. Die Frage der Kompetenzübertragungsbefugnis bzw. die Frage der Unterstellung der Europol-Bediensteten unter die Leitungs-/Weisungskompetenz der jeweils zuständigen nationalen Stelle ist vom Rat im Rahmen der ihm obliegenden Umsetzung des in Art. 30 Abs. 2 lit. a) EUV normierten „Arbeitsprogramms" gesondert zu regeln – auch im Hinblick auf die mit dieser Kompetenzübertragung verbundenen Auswirkungen auf andere Bestimmungen des Europol-Übereinkommens und der Durchführungsbestimmungen.
Insoweit gilt es beispielsweise zu berücksichtigen, dass die Leitungs- bzw. Weisungskompetenz des Europol-Direktors in enger inhaltlicher Beziehung steht zu der ausschließlich dem Europol-Direktor obliegenden Kontrolle der immunitätsgeschützten Amtshandlungen der Europol-Bediensteten. Gemäß Art. 12 Abs. 1 S. 2 Europol-Immunitätenprotokoll sind die Europol-Bediensteten im Rahmen ihrer Amtstätigkeit verpflichtet, die Gesetze und Rechtsvorschriften der Mitgliedstaaten einzuhalten. Im Falle eines Verstoßes hat der Direktor die Immunität des bzw. der jeweiligen Bediensteten aufzuheben, sofern die Immunität verhindern würde, dass der Gerechtigkeit Genüge geschieht, und sofern sie ohne Schädigung der Interessen von Europol aufgehoben werden kann (Art. 12 Abs. 2 Satz 1 Europol-Immunitätenprotokoll). Diese Entscheidung trifft der Direktor nach pflichtgemäßem Ermessen. Nur im Falle der Aufhebung der Immunität besteht die Möglichkeit, beispielsweise eine strafbare Amtstätigkeit eines Europol-Bediensteten gerichtlich zu sanktionieren. Folglich ist die (effektive) Kontrolle der immunitätsgeschützten Amtstätigkeit der Europol-Bediensteten durch den Direktor des Europäischen Polizeiamtes von maßgeblicher Bedeutung, insbesondere für die Rechtsverfolgung der durch rechtswidrige Amtshandlungen der Europol-Bediensteten betroffenen Bürgerinnen und Bürger. Im Falle der Beteiligung von Europol-Bediensteten an gemeinsamen Teams, die unter Leitung der jeweils national zuständigen Stelle in den am Team beteiligten Mitgliedstaaten tätig sind, kann der Europol-Direktor diese ihm obliegende Kontrollfunktion unmittelbar nicht bzw. nicht angemessen wahrnehmen. Möglich wäre in diesen Fällen eine unmittelbare Kontrolle durch die jeweilige nationale Teamleitung und eine mittelbare Kontrolle

---

1425 Rats-Dok. 5845/00 ADD 1 (Europol 1) vom 11.02.2000, S. 5.
1426 *Geiger*, Art. 30 EUV, Rdn. 20.

durch den Europol-Direktor bzw. eine Übertragung der Kontrollbefugnis vom Europol-Direktor auf die jeweilige für die Leitung des Teams zuständige nationale Stelle. Eine entsprechende Übertragung der Kontrollbefugnis hätte – ebenso wie eine lediglich mittelbare Kontrolle durch den Europol-Direktor – wesentliche Auswirkungen auf eine vom Europol-Direktor zu treffende Ermessensentscheidung in Bezug auf die Aufhebung der Immunität eines Europol-Bediensteten und damit letztlich auch auf das in der Europol-Konvention und den Durchführungsbestimmungen normierte Rechtsschutzsystem.

Dass *Europol* die Regelung des Art. 30 Abs. 2 lit. a) EUV nicht nur als Rechtsgrundlage für die Übertragung der Weisungs-, sondern auch der Kontrollkompetenz des Europol-Direktors erachtet, erscheint nach dem Wortlaut der von *Europol* verwendeten Formulierung „delegate his authority to the co-ordinator of a joint team"[1427] zumindest nicht ausgeschlossen. Der inhaltlich nicht näher konkretisierte Begriff „authority" indiziert zumindest, dass *Europol* die Befugnisübertragung in einem umfassenderen Sinne interpretiert und dementsprechend Art. 30 Abs. 2 lit. a) EUV als Rechtsgrundlage für eine relativ weitgefasste Kompetenzübertragung bewertet.

Eine dahingehende Auffassung ist – auch im Hinblick auf die damit verbundenen Rechtsfolgen für die Europol-Konvention und ihre Durchführungsbestimmungen – weder durch eine grammatikalische noch durch eine historische oder teleologische Auslegung des Art. 30 Abs. 2 lit. a) EUV zu rechtfertigen. Auch im Wege der systematischen Auslegung kann Art. 30 Abs. 2 lit. a) EUV nicht als eine entsprechende Rechtsgrundlage bewertet werden. Denn die Regelung des Art. 30 Abs. 2 EUV ist von den EU-Mitgliedstaaten bewusst in Titel VI EUV, d.h. in der sogenannten „Dritten Säule" (dem Bereich der intergouvernementalen Zusammenarbeit) normiert worden. Die systematische Einbindung des Art. 30 Abs. 2 EUV in die „dritte Säule" verdeutlicht, dass Art. 30 Abs. 2 EUV lediglich ein Arbeitsprogramm des Rats normiert, das keine konstitutive Wirkung hat, sondern vom Rat gemäß Art. 34 EUV, beispielsweise durch entsprechende Übereinkommen, Rahmenbeschlüsse oder Beschlüsse, umgesetzt werden muss.

Folglich ist der von *Europol* vertretenen Auffassung, Art. 30 Abs. 2 lit. a) EUV sei eine für die Übertragung der Leitungs- bzw. Wiesungskompetenz erforderliche Rechtsgrundlage, nicht zuzustimmen. Für diese notwendige Kompetenzübertragung existiert demnach keine rechtliche Grundlage, so dass der von der Mehrheit der Mitgliedstaaten vertretenen Auffassung, Europol-Bedienstete könnten sich bereits auf der Grundlage der geltenden Europol-Konvention an gemeinsamen Teams unterstützend beteiligen, aufgrund des Fehlens einer für die Kompetenzübertragung notwendigen Rechtsgrundlage und des daraus folgenden Verstoßes gegen die Regelung des Art. 30 Abs. 1 Europol-Übereinkommen ebenfalls nicht zugestimmt werden kann.

Zudem ist gegen diese Auffassung Folgendes einzuwenden:

Europol hat die Befugnisse seiner Bediensteten in den gemeinsamen Teams dahingehend konkretisiert, dass die Europol-Bediensteten ebenso wie die anderen Mitglieder des gemeinsamen Teams für die operative Einscheidungsfindung mit verantwort-

---

[1427] Rats-Dok. 5845/00 ADD 1 (Europol) vom 11.02.2000, S. 5.

lich sind[1428] und sich der Begriff „operativ“ in diesem Zusammenhang auf alle Handlungen erstreckt, die zu dem Einsatz an sich gehören und auf der Grundlage der üblichen Rolle der Strafverfolgungsbehörden erfolgen (beispielsweise den Informationsaustausch, das Zusammenstellen und Analysieren von Erkenntnissen etc.).[1429] Dementsprechend sind die Europol-Bediensteten in gleicher Weise wie die übrigen Mitglieder des gemeinsamen Teams mit verantwortlich für die operative Entscheidungsfindung, d.h. mit verantwortlich für die Entscheidung, welche Einsatzhandlungen, d.h. welche strafverfolgungsbehördlichen Handlungen, eingeleitet bzw. ergriffen werden sollen. Eine derartige Mitverantwortlichkeit der Europol-Bediensteten ist mit einer lediglich unterstützenden Beteiligung im Rahmen der durch das Europol-Übereinkommen gesetzten Grenzen (vgl. Art. 3) nicht zu vereinbaren. Im Falle einer den Begrenzungen der Europol-Konvention entsprechenden informationellen Unterstützungs(teil)leistung wären die Europol-Bediensteten für die operative Entscheidungsfindung zwar mit ursächlich, jedoch nicht in dem von Europol geschilderten Sinne gleichrangig mit verantwortlich.

Fazit:
Eine Beteiligung von Europol-Bediensteten an gemeinsamen (Ermittlungs-)Teams – innerhalb der durch das Europol-Übereinkommen gesetzten Grenzen – überschreitet den in Art. 3 Europol-Konvention normierten Aufgaben- und Befugnisrahmen und ist daher mit der geltenden Europol-Kovention in der Fassung vom 25. Juni 1999 nicht zu vereinbaren. Eine derartige Einbindung der Europol-Bediensteten erfordert – wie von der niederländischen Delegation zutreffend gefordert – eine Änderung des Europol-Übereinkommens.
Aufgrund der Regelung des Art. 17 Abs. 2 Satz 1 Europol-Immunitätenprotokoll und der Auslegung dieser Regelung durch die frühere Bundesregierung[1430] hat dies für die Immunität der Europol-Bediensteten folgende Bedeutung: In allen Fällen, in denen Europol-Bedienstete in gemeinsamen Teams unterstützend tätig geworden sind bzw. tätig werden sollen, handelten bzw. handeln sie insoweit nicht im Rahmen der ihnen durch das Europol-Übereinkommen zugewiesenen Amtstätigkeit und damit ohne den in Art. 8 Abs. 1 lit. a) Europol-Immunitätenprotokoll normierten Immunitätsschutz.

(3) Joint investigation teams – Art. 13 Rechtshilfeübereinkommen in Strafsachen

In – bewusstem – Gegensatz[1431] zur Auslegung der Ziffer 43 der Schlussfolgerungen von Tampere durch die finnische Ratspräsidentschaft interpretiert die niederländische Delegation die Ziffer 43 der Schlussfolgerungen dahingehend, dass es zunächst erforderlich sei, die Rechtsgrundlagen für operative Aktionen gemeinsamer Teams zu schaffen – konkret das Rechtshilfeübereinkommen in Strafsachen zwischen den

[1428] Vgl. Rats-Dok. 7316/00 (Europol 4) vom 05.04.2000, S. 4.
[1429] Vgl. Rats-Dok. 13370/99 (Europol 48) vom 25.11.1999, S. 7.
[1430] Vgl. S. 328.
[1431] Vgl. Rats-Dok. 5845/00 (Europol 1) vom 08.02.2000, S. 6: „the Netherlands delegation remarks that it is not in agreement with the considerations on conclusion 43 of the Finnish presidency.“

Mitgliedstaaten der EU[1432] schnellstmöglich zu verabschieden und – soweit erforderlich – zu ratifizieren:

> „Although this conclusion [conclusion 43 (Tampere) – Anmerkung Verfasser] seems clear, in fact it is not. The Netherlands delegation understands it as followes. The European Council instructed the JHA [Justice and Home-Affairs – Anmerkung Verfasser] Council and the Member States to take all legal preparations, without delay, aimed at enabeling a joint investigation team to be set up in suitable cases. In other words, the European Council calls for the Convention on mutual assistance in criminal matters to be signed immediately, to be ratified at the earliest opportunity and, if necessary, to be implemented in national legislation. The Netherlands delegation feels that conclusion 43 does not entail the actual appointment of investigation teams without delay. This can hardly be the meaning of conclusion 43 because setting up joint investigation teams is only constructive in response to a concrete situation where such activities are clearly required and, pre-eminently, because the required legal grounds for such teams will have to be laid first. The Dutch interpretation of conclusion 43 is also supported by the last sentence which speaks of „the rules to be set up."[1433]

Das am 29. Mai 2000 unterzeichnete Rechtshilfeübereinkommen in Strafsachen zwischen den Mitgliedstaaten der EU[1434] (im Folgenden: RHÜ), das im Jahre 2002 in allen Mitgliedstaaten ratifiziert werden soll,[1435] normiert in Art. 13 Abs. 12 RHÜ eine sogenannte „Öffnungsklausel",[1436] „insbesondere für die Beteiligung von Europol-Bediensteten"[1437] auch an den auf der Grundlage dieses Übereinkommens eingerichteten strafrechtlichen Ermittlungsteams. Ausweislich einer Stellungnahme der deutschen Delegation in der Gruppe „Europol" „verzichtet"[1438] Art. 13 RHÜ insoweit „bewusst auf eine nähere Umschreibung der Teilnahme von EUROPOL-Bediensteten."[1439]

„In den zuständigen Ratsgremien laufen" – so die *Bundesregierung* in ihrer Antwort vom 20. September 2000 – „die Beratungen, wie die Einbindung von Europol in diesen Rahmen erfolgen soll und welche weiteren Maßnahmen hierfür auf europäischer Ebene erforderlich sind. Ob hieraus möglicherweise gesetzgeberischer Handlungsbedarf auf nationaler Ebene folgt, wird zu gegebener Zeit zu bestimmen sein."[1440]

[1432] Zum Rechtshilfeübereinkommen in Strafsachen - vgl. S. 35 f.

[1433] Rats-Dok. 5845/00 (Eruopol 1) vom 08.02.2000, S. 5.

[1434] ABl. EG C 197 vom 12.07.2000, S. 1 ff. Grundlage der Rechtshilfe in Strafsachen ist das Europäische Übereinkommen über die Rechtshilfe in Strafsachen vom 20.04.1959, das inzwischen durch zahlreiche Zusatzabkommen, beispielsweise die Regelungen der Art. 39 bis 46 SDÜ, und bilaterale Verträge ergänzt worden ist – vgl. Brechmann, in: *Calliess/Ruffert*, Art. 30 EUV, Rdn. 6.

[1435] Vgl. Rats-Dok. 13155/01 (POLGEN 25), S. 8, Ziel Nr. 18.

[1436] Rats-Dok. 10957/00 (Europol 22) vom 31.08.2000, S. 2; BT-Drs. 14/4113, S. 39.

[1437] BT-Drs. 14/4113, S. 39.

[1438] Rats-Dok. 5845/00 (Europol 1) vom 08.02.2000, S. 59.

[1439] Rats-Dok. 5845/00 (Europol 1) vom 08.02.2000, S. 59.

[1440] BT-Drs. 14/4113, S. 39.

Ausgehend von der von den Mitgliedstaaten mehrheitlich vertretenen Auffassung, dass sich Europol-Bedienstete bereits auf Grundlage der geltenden Europol-Konvention in den durch das Europol-Übereinkommen gesetzten Grenzen (vgl. Art. 3) an gemeinsamen Ermittlungsteams beteiligen dürfen, könnten sich die Europol-Bediensteten nach erfolgter Ratifikaktion des RHÜ an diesen strafrechtlichen Ermittlungsteams nach Maßgabe des Europol-Übereinkommens unterstützend beteiligen.[1441] Wie bereits dargelegt, ist diese von der Mehrheit der Mitgliedstaaten vertretene Auffassung und demgemäß auch die Schlussfolgerung in Bezug auf die Zulässigkeit der Beteiligung von Europol-Bediensteten an diesen gemeinsamen Ermittlungsteams mit der geltenden Europol-Konvention nicht zu vereinbaren.

Erachtet man diese mehrheitlich vertretene Auffassung der Mitgliedstaaten für rechtlich zutreffend, sind im Hinblick auf die Beteiligung von Europol-Bediensteten an gemeinsamen strafrechtlichen Ermittlungsteams im Sinne des Art. 13 RHÜ zwei Fragen zu klären:

1. Wäre eine unterstützende Beteiligung der Europol-Bediensteten an gemeinsamen Teams eine immunitätsgeschützte Amtstätigkeit im Sinne des Art. 8 Abs. 1 lit. a) Europol-Immunitätenprotokoll und

2. hätte eine Beteiligung zur Folge, dass die Europol-Bediensteten Informationen, über die Europol im Rahmen des Informations- und/oder Analysesystems verfügt, d.h. beispielsweise auch Informationen, die von Europol aufgrund operationeller Analysen unter Verwendung „weicher" höchstpersönlicher Daten gewonnen worden sind, direkt, d.h. nicht über die jeweilige nationale Stelle (vgl. Art. 4 Europol-Übereinkommen), mit den übrigen Mitgliedern des gemeinsamen Ermittlungsteams austauschen könnten, ohne dass die nationalen Stellen der Mitgliedstaaten, von denen die Teams gebildet würden, beteiligt wären?

Die Beantwortung der letzt genannten Frage ist auch von Relevanz im Hinblick auf die von *Schapper* in Bezug auf das Rechtshilfeübereinkommen in Strafsachen[1442] geäußerte Feststellung: „Entscheidend ist, dass im Rahmen der gemeinsamen Ermittlungen gewonnene Erkenntnisse von den ausländischen Bediensteten ohne besonderes Rechtshilfeersuchen in ihre nationalen Ermittlungsverfahren zu Beweiszwecken eingeführt werden können."[1443]

[1441] Vgl. Vermerk der deutschen Delegation für die Ratsarbeitsgruppe „Europol" – Rats-Dok. 10957/00 (Europol 22) vom 31.08.2000; Auffassung der irischen Delegation in der Gruppe „Europol – Rats-Dok. 11282/01 ADD1 (Europol 68), S. 3.

[1442] ABl. EG C 197 vom 12.07.2000, S. 1 ff.

[1443] *Schapper*, in: BKA-Arbeitstagung 1999, S. 5 (12). Zur Verwertbarkeit der über die Verbindungsbüros bei Europol ausgetauschten Informationen – vgl. *Schneider*, Kriminalpolizei 1999, S. 203 (208): „Der Informationsaustausch über die Verbindungsbüros bei Europol ist regelmäßig nur für polizeiliche Maßnahmen, nicht aber in Strafverfahren verwertbar. Dies bedeutet, dass auf der polizeilichen Schiene zwar schnell Erkenntnisse eingeholt und ausgetauscht werden können, für deren justitielle Verwertung aber jeweils zusätzlich ein förmliches Rechtshilfeersuchen gestellt werden müsse."

(a) Beteiligung von Europol-Bediensteten – immunitätsgeschützte Amtstätigkeit?

Die Frage, ob bzw. inwieweit die Europol-Bediensteten im Rahmen ihrer Beteiligung an diesen strafrechtlichen Ermittlungsteams Immunität im Sinne des Art. 8 Abs. 1 lit. a) Europol-Immunitätenprotokoll genießen, ist beispielsweise in Großbritannien intensiv diskutiert worden.[1444] Insoweit gilt es zu berücksichtigen, dass in Großbritannien eine durch das Common Law geprägte Verfahrensstruktur gilt, die der Polizei – im Unterschied zu der beispielsweise in Frankreich, den Niederlanden, Österreich und Deutschland geltenden kontinentalen Verfahrensstruktur – de iure eine weitgehend eigenständige, d.h. weisungsfreie, strafrechtliche Ermittlungstätigkeit gestattet. Das an Lord *Tordoff* gerichtete Antwortschreiben von *Barbara Roche* (MP) vom 24. Februar 2000[1445] verdeutlicht die britische Auffassung, dass Europol-Bedienstete auch im Falle der Beteiligung an den in den Mitgliedstaaten tätigen Ermittlungsteams die in Art. 8 Abs. 1 lit. a) Europol-Immunitätenprotokoll statuierte Immunität haben werden.[1446] Diese Sichtweise entspricht auch der Auffassung der französischen Delegation in der Gruppe „Europol", die in einem Vermerk zur Frage der Verantwortlichkeit und des Rechtsschutzes der „zu einem gemeinsamen Team abgeordneten Europol-Beamten"[1447] angemerkt hat: „In bezug auf den Rechtsschutz der Europol-Bediensteten, die sich im Hoheitsgebiet eines Mitgliedstaates aufhalten, gilt das Protokoll über die Vorrechte und Privilegien der Europol-Bediensteten."[1448] Demgegenüber hat die niederländische Delegation in der Gruppe „Europol" – ausgehend von ihrer vorstehend genannten Sichtweise – die Anwendbarkeit des Art. 8 Abs. 1 lit. a) Europol-Immuniätenprotokoll verneint, da eine Beteiligung von Europol-Bediensteten an gemeinsamen Teams generell eine den geltenden Rechtsrahmen überschreitende neue Aufgabenzuweisung darstelle, die vom Tatbestand dieser Norm nicht erfasst werde: „(...) article 8(1) under a of that Protocol is not valid for exercising new tasks."[1449] Zudem hat die niederländische Delegation die Gewährung von Immunität für in gemeinsamen Teams tätige Europol-Bedienstete als „gänzlich unerwünscht" bewertet: „The Netherlands considers such immunity entirely undesirable in the context of participation in joint investigation teams."[1450]

Wenn man die Beteiligung von Europol-Bediensteten an gemeinsamen Ermittlungsteams auf der Grundlage der geltenden Europol-Konvention als rechtlich zulässig erachtet, ist ihre – bereits praktizierte – unterstützende Beteiligung an gemeinsamen

---

[1444] Vgl. S. 36 f.

[1445] Vgl. S. 37.

[1446] Das Vereinigte Königreich vertritt jedoch einen vergleichsweise restriktiven Standpunkt im Hinblick auf die Erforderlichkeit einer physischen Präsenz der Europol-Bediensteten in den jeweiligen Mitlgliedstaaten – vgl. S. 37; Stellungnahme der britischen Delegation in der Gruppe „Europol" (Rats-Dok. 5845/00 (Europol 1) vom 08.02.2000, S. 40: „We are not convinced that it will always be necessary for Europol personnel to be physically present in the Member States where operations are being conducted."

[1447] Rats-Dok. 8325/00 (Europol 11) vom 08.05.2000, S. 4.

[1448] Rats-Dok. 8325/00 (Europol 11) vom 08.05.2000, S. 4.

[1449] Rats-Dok. 5845/00 (Europol 1) vom 08.02.2000, S. 8.

[1450] Rats-Dok. 5845/00 (Europol 1) vom 08.02.2000, S. 8.

Teams innerhalb der Grenzen des Art. 3 Europol-Übereinkommen als eine immunitätsgeschützte Amtstätigkeit im Sinne des Art. 8 Abs. 1 lit. a) Europol-Immunitätenprotokoll zu qualifizieren. Sollte die Rechtsordnung eines Mitgliedstaates den an einem Team beteiligten Europol-Bediensteten einen über die Regelung des Art. 3 Europol-Übereinkommen hinausgehenden Befugnisrahmen eröffnen, beispielsweise die Wahrnehmung eingeschränkter Durchführungsbefugnisse gewähren, oder aber ein Europol-Bediensteter gemäß Art. 13 Abs. VI RHÜ von der jeweiligen Teamleitung nach Maßgabe der Rechtsvorschriften des Mitgliedstaates mit der Durchführung bestimmter Ermittlungsmaßnahmen betraut werden, könnte die Umsetzung dieser vom geltenden Tatbestand des Art. 3 Europol-Übereinkommen nicht erfassten Befugnisse weder im Wege der grammatikalischen noch im Wege der teleologischen Auslegung als eine immunitätsgeschützte Amtstätigkeit im Sinne des Art. 8 Abs. 1 lit. a) Europol-Immunitätenprotokoll qualifiziert werden.

(b) Zulässigkeit direkten Informationsaustauschs?

Eine Beteiligung von Europol-Bediensteten in gemeinsamen Ermittlungsteams gemäß Art. 13 RHÜ hätte zur Folge, dass die Europol-Bediensteten (personenbezogene) Daten aus dem Informations- und Analysesystem Europols entgegen den im Europol-Übereinkommen normierten Verfahren (vgl. Art. 4 Europol-Übereinkommen) nicht lediglich über die jeweils zuständige nationale Stelle, sondern gemäß Art. 13 Abs. 9 RHÜ unmittelbar mit den Teammitgliedern austauschen dürften.

Die Frage der Zulässigkeit eines derartigen Informationsaustausches hat der juristische Dienst des Rates mit Hinweis auf den derzeitigen Wortlaut und die derzeitige Struktur des Europol-Übereinkommens in zutreffender Weise verneint.[1451] Art. 30 Abs. 2 lit. a) EUV könne ebenso wie Art. 13 Abs. 12 RHÜ nicht als Rechtsgrundlage für einen derartigen Informationsaustausch bewertet werden.[1452] Art. 13. Abs. 12 S. 1 RHÜ normiere explizit das Erfordernis, dass die jeweilige zwischen den Mitgliedstaaten anwendbare Übereinkunft – d.h. das Europol-Übereinkommen – „gestatten" müsse, dass sich die Personen – d.h. die Europol-Bediensteten – an den Tätigkeiten der gemeinsamen Ermittlungsgruppe beteiligen (vgl. Art. 13 Abs. 12 Satz 1 RHÜ). Um eine solche Beteiligung zu gestatten wäre – so die Auffassung des juristischen Dienstes – eine Änderung des Europol-Übereinkommens gemäß dem in Art. 43 Abs. 1 Europol-Übereinkommen normierten Verfahren sowie anderer hiermit in Zusammenhang stehender Rechtsakte erforderlich.[1453]
Diese Auffassung wird auch durch folgende Erwägung gestützt: Würde man eine unmittelbare Informationsübermittlung als rechtlich zulässig erachten und eine strafbare Informationsübermittlung erfolgen, könnte ein Europol-Bediensteter aufgrund seiner Immunität im Gegensatz zu seinen Teamkollegen aus den Mitgliedstaaten (vgl. Art. 15 RHÜ)[1454] strafrechtlich nicht zur Verantwortung gezogen werden. Eine der-

---

[1451] Vgl. Rats-Dok. 9632/00 (Europol 17, JUR 212), vom 20.06.2000, S. 3; a.A. irische Delegation in der Gruppe „Europol" – vgl. Rats-Dok. 11282/01 ADD1 (Europol 68), S. 3.
[1452] Vgl. Rats-Dok. 9632/00 (Europol 17, JUR 212), vom 20.06.2000, S. 3.
[1453] Vgl. Rats-Dok. 9632/00 (Europol 17, JUR 212), vom 20.06.2000, S. 3.
[1454] Vgl. S. 36.

artige Differenzierung zwischen den Mitgliedern eines gemeinsamen Ermittlungsteams ist sachlich nicht zu rechtfertigen, insbesondere angesichts der Tatsache, dass den Bediensteten der Mitgliedstaaten im Gegensatz zu den im Team tätigen Europol-Bediensteten wesentlich weitergehende Befugnisse zustehen. Auch die für die Immunitätsgewährung angeführten Gründe (Sicherung der Funktionsfähigkeit und Unabhängigkeit Europols) vermögen den Immunitätsschutz der Europol-Bediensteten im Falle einer Beteiligung an nationalen Ermittlungsteams aufgrund der der jeweiligen national zuständigen Stelle zustehenden Leitungs-/Weisungskompetenz nicht zu legitimieren.
Dementsprechend sollte den Europol-Bediensteten im Falle ihrer Beteiligung an gemeinsamen Teams – wie von der niederländischen Delegation in der Gruppe „Europol" gefordert – keine Immunität gewährt werden. Diese Forderung könnte im Zuge der erforderlichen Änderung des Europol-Immunitätenprotokolls im Sinne des Art. 43 Abs. 1 Europol-Konvention aufgrund der damit notwendigerweise verbundenen Evaluierung des Europol-Immunitätenprotokolls (vgl. Art. 17 Abs. 2 Europol-Immunitätenprotokoll) umgesetzt werden.

Somit ist Folgendes festzustellen:
Im Falle einer unterstützenden Beteiligung von Europol-Bediensteten an gemeinsamen strafrechtlichen Ermittlungsteams wäre eine unmittelbare Informationsübermittlung (vgl. Art. 13 Abs. 9 und 10 RHÜ) zwischen den Europol-Bediensteten und den Bediensteten der Mitgliedstaaten in diesem Team rechtlich nur zulässig, wenn der Rat gemäß Art. 43 Abs. 1 Europol-Übereinkommen eine entsprechende Änderung der Europol-Konvention beschließen und diesen Beschluss den Mitgliedstaaten zur Annahme gemäß ihren verfassungsrechtlichen Vorschriften empfehlen würde. Gemäß Art. 17 Abs. 2 Satz 1 Europol-Immunitätenprotokoll hätte diese Änderung des Europol-Übereinkommens eine Evaluierung des Europol-Immunitätenprotokolls zur Folge.

(4) Änderung der Europol-Konvention

In einer Aufzeichnung vom 22. Januar 2001 für die Gruppe „Europol" hat der Ratsvorsitz folgenden Vorschlag unterbreitet: „Damit Rechtssicherheit geschaffen wird und Unterstützungsmaßnahmen von Europol-Beamten in gemeinsamen Teams in einem eindeutigen Rechtsrahmen ermöglicht werden, müssen (...) weitere rechtsverbindliche Maßnahmen in Aussicht genommen werden, mit denen die in der Empfehlung [des Rats vom 30. November 2000 – Anmerkung Verfasser] gebotenen Möglichkeiten festgeschrieben werden. Hierfür könnte die Aufnahme eines neuen Artikels in das Europol-Übereinkommen in Erwägung gezogen werden, wonach Europol-Beamte – innerhalb der durch das Übereinkommen gesteckten Grenzen – in unterstützender Funktion in gemeinsamen Ermittlungsteams mitarbeiten können. Mit einem solchen Artikel könnte auch geregelt sein, unter welchen Bedingungen sie mitarbeiten können und welche Art von Tätigkeit sie ausüben dürfen." [1455]
In einem Vermerk vom 9. Oktober 2001 hat der Vorsitz die Gruppe „Europol" zwecks Ausarbeitung einer formellen Initiative zur Änderung des Europol-Übereinkommens

---

[1455] Rats-Dok. 5555/01 (Europol 5) vom 22.01.2001, S. 3.

um die Erörterung des folgenden Vorschlags zur Änderung der Europol-Konvention gebeten:

„Artikel 3a
Teilnahme an gemeinsamen Ermittlungsteams

(1) Europol-Bedienstete können in unterstützender Funktion an gemeinsamen Ermittlungsteams teilnehmen, die Ermittlungen im Zusammenhang mit strafbaren Handlungen führen, für die Europol gemäß Artikel 2 zuständig ist. Die Teilnahme der Europol-Bediensteten ist auf die Anwesenheit bei Ermittlungshandlungen im Einsatzmitgliedstaat beschränkt, es sei denn, der Teamleiter entscheidet aus besonderen Gründen nach Maßgabe der Rechtsvorschriften des Mitgliedstaats, in dem der Einsatz des Teams erfolgt, dass Europol-Bedienstete nicht anwesend sein sollen.
(2) Europol-Bedienstete sind bei der Teilnahme an einem gemeinsamen Ermittlungsteam an vom Teamleiter getroffene Maßnahmen betreffend die Arbeitsweise des Teams gebunden.
(3) Abweichend von Artikel 4 Absatz 2 können Europol-Bedienstete mit den Mitgliedern des gemeinsamen Ermittlungsteams direkt Verbindung aufnehmen und mit Zustimmung des Mitgliedstaates, der die Information zur Verfügung gestellt hat, Informationen aus einer der in Artikel 6 aufgeführten automatisierten Informationssammlungen an die Mitglieder und entsandten Mitglieder des gemeinsamen Ermittlungsteams weitergeben.
(4) Werden im Rahmen einer direkten Verbindung Informationen aus einer der in Artikel 6 aufgeführten automatisierten Informationssammlungen von dem Europol-Bediensteten, der an dem gemeinsamen Ermittlungsteam teilnimmt, an die Mitglieder des Teams weitergegeben, so wird diese Weitergabe vermerkt. Die nationalen Stellen der in dem Team vertretenen Mitgliedstaaten sowie der Mitgliedstaaten, von denen die Informationen stammen, werden von Europol davon unterrichtet.
(5) Informationen aus einer Arbeitsdatei zu Analysezwecken nach Titel III dürfen nur mit den Mitgliedern oder entsandten Mitgliedern des gemeinsamen Ermittlungsteams ausgetauscht werden, die aus den Mitgliedstaaten kommen, die an der betreffenden Arbeitsdatei beteiligt sind.
(6) Informationen, die ein Europol-Bediensteter im Rahmen seiner Teilnahme an einem gemeinsamen Ermittlungsteam erlangt, dürfen nach den in diesem Übereinkommen festgelegten Bedingungen in eine der automatisierten Informationssammlungen eingegeben werden.
(7) Die Teilnahme eines Europol-Bediensteten an einem gemeinsamen Ermittlungsteam stützt sich auf eine Vereinbarung zwischen dem Direktor von Europol und den an dem gemeinsamen Ermittlungsteam beteiligten Mitgliedstaaten, in der die Modalitäten für eine solche Teilnahme festgeschrieben sind. Die Regeln für derartige Vereinbarungen werden vom Verwaltungsrat einstimmig festgelegt.“[1456]

(5) Zielsetzung Deutschlands

Die deutsche Delegation in der Gruppe „Europol“ hat sich dafür ausgesprochen, zur Umsetzung von Art. 30 Abs. 2 lit. a) EUV und Ziffer 43 der Schlussfolgerungen von Tampere „weitere Unterstützungsmaßnahmen durch Europol-Bedienstete in

[1456] Rats-Dok. 12491/01 (Europol 78) vom 09.10.2001, S. 4 f.

Betracht“[1457] zu ziehen. Solche Unterstützungsmaßnahmen „könnten beispielsweise darin bestehen, dass Europol-Bedienstete mit allen Befugnissen, die Art. 13 des Rechtshilfeübereinkommens und die in Art. 13 Abs. 12 dieses Übereinkommens vorgesehenen Vereinbarungen zulassen, an gemeinsamen Ermittlungsgruppen beteiligt werden.“[1458]

Eine derartige Befugniserweiterung hätte zur Folge, dass die an einem strafrechtlichen Ermittlungsteam beteiligten Europol-Bediensteten gemäß Art. 13 Abs. 6 i.V.m. Art. 13 Abs. 12 RHÜ von dem jeweiligen Gruppenleiter mit der Durchführung bestimmter Ermittlungsmaßnahmen betraut werden dürften. In diesem Fall hätten die Europol-Bediensteten im Sinne der Begriffsterminologie *Storbecks* „volle exekutive Befugnisse“ bzw. im Sinne der Begriffsdefinitionen *Europols* „uneingeschränkte Durchführungsbefugnisse“.
Auch diese Befugniserweiterungen erfordern eine Änderung der Europol-Konvention gemäß Art. 43 Abs. 1 Europol-Übereinkommen, d.h. einen entsprechenden einstimmigen Ratsbeschluss, der von den Mitgliedstaaten gemäß ihren verfassungsrechtlichen Vorschriften ratifiziert werden müsste.

(6) Vereinfachtes Verfahren zur Änderung des Europol-Übereinkommens

Das in Art. 43 Abs. 1 Europol-Konvention normierte Änderungsverfahren hat der Ratsvorsitz in einem Vermerk für die Gruppe „Europol“ als deutlich nachteilhaft bewertet, denn es führe „zu einem erheblichen Mangel an Flexibilität.“[1459] Dementsprechend sollte das Änderungsverfahren nach Auffassung des Vorsitzes dahingehend modifiziert werden, dass „Änderungen am Übereinkommen vorgenommen werden können, ohne dass die Ratifikationsverfahren eine Vorbedingung für das Inkrafttreten dieser Änderungen sind.“[1460]

Nach Auffassung des Vorsitzes sollten die vom Rat und dem Europäischen Polizeiamt erbetenen „wesentlichen Änderungen“[1461] des geltenden Europol-Übereinkommens in Bezug auf die Beteiligung von Europol-Bediensteten an gemeimsamen Teams ebenso wie künftige Änderungen der Europol-Konvention in diesem vereinfachten Verfahren umgesetzt werden.[1462] Zur Schaffung der hierfür erforderlichen Rechsgrundlage könnte nach Auffassung des Vorsitzes Art. 43 Abs. 1 Europol-Übereinkommen wie folgt neu gefasst werden:

[1457] Rats-Dok. 10957/00 (Europol 22) vom 31.08.2000, S. 4.
[1458] Rats-Dok. 10957/00 (Europol 22) vom 31.08.2000, S. 4.
[1459] Rats-Dok. 13284/01 (Europol 81) vom 26.10.2001, S. 1.
[1460] Rats-Dok. 13284/01 (Europol 81) vom 26.10.2001, S. 1; der Rat hat sein grundsätzliches Einverständnis erklärt, das Europol-Übereinkommen für ein vereinfachtes Änderungsverfahren zu öffnen.
[1461] Rats-Dok. 13284/01 (Europol 81) vom 26.10.2001, S. 2.
[1462] Vgl. Rats-Dok. 13284/01 (Europol 81) vom 26.10.2001, S. 2.

„Das Europol-Übereinkommen kann durch einen Beschluss des Rates gemäß Art. 34 Absatz 2 Buchstabe c des Vertrags über die Europäische Union[1463] geändert werden, nachdem die Stellungnahme des Verwaltungsrates und – soweit deren Zuständigkeiten betroffen sind – der gemeinsamen Kontrollinstanz eingeholt wurde."[1464]

Ein entsprechender Beschluss des Rates wäre ohne Ratifikation verbindlich (vgl. Art. 34 Abs. 2 lit. c) S. 2 EUV).
Auf das im Europol-Immunitätenprotokoll normierte Änderungsverfahren, wonach Änderungen vom Rat einstimmig festgelegt und den Mitgliedstaaten zur Annahme gemäß ihren verfassungsrechtlichen Bestimmungen empfohlen werden müssen (vgl. Art. 18 Abs. 2 Europol-Immunitätenprotokoll) hätte diese Novellierung keine Auswirkungen.[1465]

bb) Art. 30 Abs. 2 lit. b) EUV i.V.m. Ziffer 45 der Schlussfolgerungen von Tampere – Ermittlungsersuchen

In einem Vermerk an die Gruppe „Europol" vom 9. Oktober 2001 hat der Vorsitz vorgeschlagen, Art. 3 Abs. 1 Europol-Übereinkommen zwecks Umsetzung der in Art. 30 Abs. 2 lit. b) EUV und Ziffer 45 der Schlussfolgerungen von Tampere gemachten Vorgaben wie folgt zu ergänzen:

„7. die zuständigen Behörden der betroffenen Mitgliedstaaten um die Einleitung, Durchführung oder Koordinierung von Ermittlungen in spezifischen Fällen zu ersuchen."[1466]

Dieses Recht beinhalte – so die Auffassung der Mitgliedstaaten – keine Weisungs-, sondern lediglich eine „Anregungskompetenz"[1467] und begründe daher keine rechtlich bindende Verpflichtung der Mitgliedstaaten, einem derartigen Ersuchen Europols statt-

---

1463 Art. 34 Abs. 2 lit. c) EUV hat folgenden Regelungsinhalt: „(2) Der Rat ergreift Maßnahmen und fördert in der geeigneten Form und nach den geeigneten Verfahren (...) eine Zusammenarbeit, die den Zielen der Union dient. Hierzu kann er auf Initiative eines Mitgliedstaates oder der Kommission einstimmig (...) c) Beschlüsse für jeden anderen Zweck annehmen, der mit den Zielen dieses Titels in Einklang steht, mit Ausnahme von Maßnahmen zur Angleichung der Rechts- und Verwaltungsvorschriften der Mitgliedstaaten. Diese Beschlüsse sind verbindlich und nicht unmittelbar wirksam; der Rat nimmt mit qualifizierter Mehrheit Maßnahmen an, die zur Durchführung dieser Beschlüsse auf Unionsebene erforderlich sind."

1464 Vgl. Rats-Dok. 13284/01 (Europol 81) vom 26.10.2001, S. 2; zu den Rechtsfolgen einer derartigen Novellierung, insbesondere im Hinblick auf die Zuständigkeit des Europäischen Gerichtshofs, vgl. Rats-Dok. 13875 (Europol 89, JUR 333) vom 13.11.2001, S. 2 ff.

1465 Vgl. Rats-Dok. 13875 (Europol 89, JUR 333) vom 13.11.2001, S. 4. In der zweiten Beratung und Schlussabstimmung des Europol-Gesetzes hatte der damalige Bundesminister der Justiz, *Schmidt-Jortzig*, betont: „Wann immer Europol weitere Befugnisse erhält, die nach dieser Revisionsklausel auslösen müssen, dass man auch die Immunitätenfrage neu erörtert, bedarf die Europol-Konvention entweder einer förmlichen Änderung, oder es muß eine neue Konvention geben." – vgl. insoweit auch *Hailbronner*, BT-Innenausschuss-Prot. 13/75, S. 45.

1466 Rats-Dok. 12491/01 (Europol 78) vom 09.10.2001, S. 4.

1467 Rats-Dok. 5845/00 (Europol 1) vom 08.02.2000, S. 60 und 61; vgl. Rats-Dok. 7316/00 (Europol 4) vom 05.04.2000, S. 4; Rats-Dok. 9011/99 (Europol 29) vom 07.06.1999, S. 2; *Schapper*, in: BKA-Arbeitstagung 1999, S. 5 (9).

zugeben.[1468] Folglich würden die im Europol-Übereinkommen normierten Befugnisse Europols, die es dem Europäischen Polizeiamt bereits ermöglichen, die Mitgliedstaaten um die Einleitung, Durchführung oder Koordinierung von Ermittlungen zu ersuchen, im Falle einer derartigen Novellierung nicht erweitert. Diese Novellierung hätte somit keine konstitutive, sondern lediglich eine deklaratorische Bedeutung.[1469]

Diese Auffassung ist – de iure – zutreffend, so dass eine entsprechende Novellierung des Europol-Übereinkommens nicht als eine evaluierungspflichtige Befugniserweiterung im Sinne des Art. 17 Abs. 2 Europol-Immunitätenprotokoll zu bewerten ist.
In diesem Zusammenhang gilt es jedoch zu berücksichtigen, dass die nationalen Strafverfolgungsbehörden in vielen Mitgliedstaaten (beispielsweise in Griechenland, Österreich, Portugal, Schweden und in Deutschland)[1470] aufgrund des in diesen Staaten geltenden Legalitätsprinzips bei vorliegendem Anfangsverdacht, d.h. bei Vorliegen zureichender tatsächlicher Anhaltspunkte für eine begangene Straftat – unabhängig von der jeweiligen Informationsquelle -, de lege lata zur Einleitung bzw. Durchführung strafrechtlicher Ermittlungen verpflichtet sind.[1471]
Schafft bzw. begründet demnach ein Ermittlungsersuchen Europols einen entsprechenden Anfangsverdacht, sind die Strafverfolgungsbehörden dieser Mitgliedstaaten aufgrund des Legalitätsprinzips zur Einleitung bzw. Durchführung strafrechtlicher Ermittlungen verpflichtet. Aufgrund seines spezifischen Informations- bzw. Wissensstands, der insbesondere aus der operativen Analysetätigkeit resultiert, ist Europol prinzipiell in der Lage, den für die Annahme eines entsprechenden Anfangsverdachts erforderlichen Informationsstand durch eigene Datenverarbeitung zu gewinnen. Stützt Europol sein Ermittlungsersuchen auf derartige Erkenntnisse, könnte es einen entsprechenden Anfangsverdacht begründen und wäre somit in der Lage, die Einleitung bzw. Durchführung strafrechtlicher Ermittlungen in diesen Mitgliedstaaten – de facto – zu steuern.

cc) Art. 17 Abs. 2 Europol-Immunitätenprotokoll – Rechtsfolgen für die Immunitätsgewährung?

Da die Beteiligung von Europol-Bediensteten an gemeinsamen Teams im Sinne des Art. 30 Abs. 2 lit. a) EUV vom Tatbestand des Art. 3 Europol-Übereinkommen nicht erfasst wird, d.h. über den geltenden Aufgaben- und Befugnisrahmen Europols hinausgeht, und insoweit keine immunitätsgeschützte Amtstätigkeit darstellt (vgl. Art. 17 Abs. 2 Satz 1 Europol-Immunitätenprotokoll), soll im Folgenden untersucht werden, ob – und wenn ja inwieweit – hieraus Rechtsfolgen für die den Europol-Bediensteten gemäß Art. 8 Abs. 1 lit. a) Europol-Immunitätenprotokoll gewährte Immunität resultieren.[1472]

[1468] Vgl. Rats-Dok. 7316/00 (Europol 4) vom 05.04.2000, S. 4.

[1469] Vgl. Rats-Dok. 7316/00 (Europol 4) vom 05.04.2000, S. 4.

[1470] Vgl. Antwort der Bundesregierung vom 14.12.2000 - BT-Drs. 14/4991, S. 4; demgegenüber gilt das Opportunitätsprinzip beispielsweise in Dänemark, Frankreich und den Niederlanden.

[1471] In Deutschland gemäß § 161 S. 2 StPO; zur Unzulässigkeit von Ermessenserwägungen – vgl. BGHSt 15, 155 (159).

[1472] Auch wenn man im Sinne der Mehrheitsauffassung der Mitgliedstaaten die lediglich unterstützende Beteiligung von Europol-Bediensteten an gemeinsamen Teams als tatbestandsmäßig im

Ausweislich der Feststellung der Bundesregierung in der Denkschrift zum Europol-Immunitätenprotokoll „kommt die Immunität von der Gerichtsbarkeit von vornherein bei jeder Änderung der Aufgaben von Europol, insbesondere bei möglichen künftigen exekutiven Befugnissen, nicht zur Anwendung."[1473] Die Regelung des Art. 17 Abs. 2 S. 2 Europol-Immunitätenprotokoll soll zusätzlich „sicherstellen, daß vor jeder Änderung oder Ergänzung der Aufgaben eine Überprüfung des Protokolls durchgeführt wird."[1474] Gemäß Art. 17 Abs. 2 Satz 2 Europol-Immunitätenprotokoll gilt dies insbesondere im Hinblick auf die Regelung des Art. 8 Abs. 1 Buchstabe a Europol-Immunitätenprotokoll.

In ihrer Antwort auf eine parlamentarische Anfrage des Abgeordneten *Stadler*[1475] (FDP) hat die Bundesregierung in Bezug auf diese in Art. 17 Abs. 2 Europol-Immunitätenprotokoll normierte Überprüfung mitgeteilt, dass sie die Frage der Gewährung von Immunitäten rechtzeitig vor einer solchen Änderung nicht nur bei Europol, sondern auch bei anderen EU-Institutionen und unter Berücksichtigung nicht abdingbarer völkerrechtlicher Verpflichtungen bei den internationalen Einrichtungen überprüfen werde.[1476]
Die Bundesregierung folgt damit einer im Rahmen der Debatte zum Europol-Immunitätenprotokollgesetz beschlossenen Aufforderung des Bundestages, die Frage der Gewährung von Immunitäten nicht nur bei Europol, sondern auch bei anderen internationalen Einrichtungen zu überprüfen und europäischen Einrichtungen Immunität nur noch zu gewähren, soweit dies angesichts der fortschreitenden Integration der Mitgliedstaaten in der EU zwingend erforderlich ist.[1477]

(1) Bedeutung der Revisionsklausel für die Immunitätsgewährung

Die auf ausdrücklichen Wunsch Deutschlands in das Europol-Immunitätenprotokoll aufgenommene Revisionsklausel des Art. 17 Europol-Immunitätenprotokoll war in der Bundesrepublik Deutschland für die Zustimmung zum Europol-Immunitätenprotokollgesetz von maßgeblicher Bedeutung. In einem Entschließungsantrag vom 24. März 1998 haben die damaligen Regierungsfraktionen des Deutschen Bundestages (CDU/CSU und FDP) dies wie folgt herausgestellt:

> „Miteinscheidend für die Zustimmung ist, daß es der deutschen Seite gelungen ist, in der abschließenden Sitzung der Justiz- und Innenminister vom 26. Mai 1997 eine Revisionsklausel hineinzuverhandeln, wodurch die persönliche Amtsimmunität von Europol-Bediensteten ausdrücklich auf den Bereich der Zuständigkeiten nach dem

---

Sinne des Art. 3 Europol-Übereinkommen erachtet, stellt sich diese Frage zumindest dann, wenn Europol – im Sinne der Terminologie *Europols* – „(eingeschränkte) Durchführungsbefugnisse" übertragen werden sollen, wie dies beispielsweise von Deutschland in Bezug auf die Beteiligung der Europol-Bediensteten an gemeinsamen strafrechtlichen Ermittlungsteams im Sinne des Art. 13 RHÜ befürwortet wird.

1473 BT-Drs. 13/9084, S. 12; vgl. *Hailbronner*, BT-Innenausschuss-Prot. 13/75, S. 45 f; *Voss*, BT-Innenausschuss-Prot 13/75, S. 46.

1474 BT-Drs. 13/9084, S. 12.

1475 BT-Drs. 14/1189, Frage 25, S. 8.

1476 Vgl. BT-Plenarprotokoll 14/46, S. 3900.

1477 Vgl. BT-Drs. 13/10202, S. 2.

Europol-Übereinkommen von 1995 beschränkt wird. Wird ein Europol-Bediensteter aufgrund neuer Aufgaben und Befugnisse tätig, könnte er sich im Hinblick auf seine straf- und zivilrechtliche Verantwortung nicht auf das Immunitätenprotokoll berufen; hierzu bedürfte es erst einer Änderung des Immunitätenprotokolls, was ohne die Zustimmung Deutschlands nicht möglich wäre."[1478]

Ausgehend von dieser Stellungnahme wäre nicht nur im Hinblick auf die Beteiligung von Europol-Bediensteten an gemeinsamen Teams, sondern auch bereits im Hinblick auf die Ausweitung der Zuständigkeiten Europols, insbesondere im Hinblick auf die beschlossenen erweiterten Zuständigkeiten Europols,[1479] eine Revision des Europol-Immunitätenprotokolls erforderlich gewesen.

Auf Initiative der italienischen Delegation im Europol-Verwaltungsrat hat dieser in seinen Sitzungen am 12. und 13. September 2000 eine Evaluierung des Europol-Immunitätenprotokolls im Sinne des Art. 17 Europol-Immunitätenprotokoll durchgeführt und eine Änderung des Europol-Immunitätenprotokolls für nicht erforderlich erachtet.[1480] Folglich hat der Verwaltungsrat bis zu diesem Zeitpunkt keine Notwendigkeit zur Änderung des Europol-Immunitätenprotokolls gesehen, weder in Bezug auf die – ausweislich des Europol-Jahresberichts 2000 zu diesem Zeitpunkt bereits praktizierte – unterstützende Beteiligung von Europol-Bediensteten an gemeinsamen Teams noch in Bezug auf die Zuständigkeitserweiterungen Europols.

(2) Ergebnisoffene Überprüfung

Die Revisionsklausel des Art. 17 Europol-Immunitätenprotokoll bedeutet – so die *Bundesregierung* – „im Ergebnis, daß es keinen Immunitäts-Automatismus für künftige Europol-Befugnisse geben wird",[1481] d.h. „daß die jetzt gewährten Immunitäten für neue Aufgaben und Befugnisse nicht automatisch weitergelten werden."[1482] Im Falle einer Aufgaben- und/oder Befugniserweiterung Europols erfolge lediglich eine ergebnisoffene Überprüfung, ob sich die den Europol-Bediensteten zuerkannte Immunität auch auf diese erweiterten Aufgaben bzw. Befugnisse erstrecken soll.[1483] Demnach kann das Ergebnis dieser Überprüfung auch eine entsprechende Ausweitung der Immunität zur Folge haben. Insoweit steht die Evaluierungsklausel des Art. 17

[1478] BT-Drs. 13/10202, S. 1.

[1479] Vgl. S. 173 f.

[1480] Vgl. Schreiben des Europol-Verwaltungsrats vom 25.09.2000 (Anlage zum Rats-Dok. 1993/00 (Europol 30) vom 06.10.2000, S. 2).

[1481] Anlage 2 des Schreibens von *Kanther* vom 28.10.1997 – BT-Europaausschuss-Drs.13/1681.

[1482] Schreiben *Kanther* vom 28.10.1997, a.a.O., S. 2; vgl. *Lintner*, Plenarprotokoll 13/207, S. 18935; *ders.*, BT-Plenarprotokoll 13/225, S. 20704; *Frowein*, BT-Innenausschuss-Prot. 13/75, S. 76: „Ich meine, es wäre gut, wenn im Zusammenhang mit der Beratung des Amsterdamer Vertrages das deutsche Verständnis noch einmal völlig eindeutig geklärt würde, daß hinsichtlich der Evaluierung nach Art. 17 natürlich auch diese etwa dort zu übertragenden Aufgaben jeweils genau mit Immunität versehen werden müssen oder ausgeschlossen werden müssen, daß nicht irgendeine Art von Automatik eintreten kann."

[1483] A.a. Röben, in: *Grabitz/Hilf*, Art. 30 EUV, Rdn. 15: „Auf die in Art. 30 vorgesehene Erweiterung der Aufgaben und Befugnisse von Europol findet das Immunitätenprotokoll keine Anwendung, s. Art. 17 Abs. 2 ImmP i.V.m. Art. 3 Europol-Übk."

Europol-Immunitätenprotokoll in inhaltlichem Widerspruch zu der vorstehend genannten Entschließung der damaligen Regierungskoalitionsfraktionen, die für die Zustimmung des Deutschen Bundestages zum Europol-Immunitätenprotokollgesetz maßgeblich war.
In der ersten Beratung des Europol-Immunitätenprotokollgesetzes hat *Sterzing* (Bündnis 90/Die Grünen) der damaligen Bundesregierung Widersprüchlickeit zu früheren Aussagen vorgeworfen und die Regelung des Art. 17 Europol-Immunitätenprotokoll als „Placebo“[1484] kritisiert:[1485]

> „Entgegen den Äußerungen der Bundesregierung verspricht das Protokoll in seinem Art. 17 keine Änderung der Immunitätenregelung, sobald Europol operativ tätig werden kann, sondern lediglich eine völlig ergebnisoffene „Überprüfung“. Art. 17 ist ein Placebo, eine Pille, die nichts bewirkt, die Patienten, das heißt die Kritiker, aber in den trügerischen Glauben versetzen soll, es werde etwas getan.“[1486]

Auch *Such* (Bündnis 90/Die Grünen) kritisierte insoweit die frühere Bundesregierung:

> „Die Bundesregierung versucht mit der Behauptung zu beschwichtigen, wenn Europol in fünf Jahren exekutive Befugnisse erhalte, werde auch die Immunität eingeschränkt. Mit derlei Schönfärberei soll den Menschen offenbar Sand in die Augen gestreut werden.“[1487]

(3) Schlussfolgerungen / Bewertung

Die auf ausdrücklichen Wunsch Deutschlands in das Europol-Immunitätenprotokoll aufgenommene Revisionsklausel des Art. 17 normiert für den Fall einer Aufgaben- oder Befugniserweiterung Europols lediglich die Verpflichtung zu einer – ergebnisoffenen – Überprüfung des Europol-Immunitätenprotokolls, insbesondere im Hinblick auf den Fortbestand der den Europol-Bediensteten gemäß Art. 8 Abs. 1 lit. a) Europol-Immunitätenprotokoll gewährten Immunität (vgl. Art. 17 Abs. 2 S. 2 Europol-Immunitätenprotokoll).
Die Wahrscheinlichkeit, dass eine derartige Überprüfung zu einer Nichterweiterung oder gar zu einer vollständigen Aufhebung der den Europol-Bediensteten gewährten Immunität führen würde, ist vergleichsweise gering.[1488]
Die von *Meyer* (MdB SPD) für die SPD-Bundestagsfraktion in der zweiten Beratung und Beschlussempfehlung des Europol-Immunitätenprotokollgesetzes getroffene Einschätzung, es sei „eine Illusion, die Erstreckung einer einmal eingeführten Immuni-

---

1484 BT-Plenarprotokoll 13/207, S. 18933.

1485 Zu Kritik an der ergebnisoffenen Evaluierung - vgl. auch: *v. Plottnitz*, BR-Plenarprotokoll 718, S. 509 „völlig unzureichend“; *Voss*, DRiZ 1998, S. 140 (142) „nicht ausreichend“; BR Unterausschuss-Recht Prot. vom 04. 11.1997, S. 57 (63); *Hirsch*, ZRP 1998, S. (12); *LfD-NRW*, 14. Datenschutzbericht 1999, S. 72.

1486 BT-Plenarprotokoll 13/207, S. 18933.

1487 BT-Plenarprot 13/225, S. 20702.

1488 Vgl. *Voss*, BT-Innenausschuss-Prot. 13/75, S. 76: „(...) eine Hoffnung. Mehr nicht.“; *ders.*, a.a.O., S. 46; *ders.*, DRiZ 1998, S. 140 (142); *Hirsch*, ZRP 1998, S. 10 (13); *Such*, BT-Plenarprotokoll 13/225, S. 20702.

tätsregelung auf künftige operative Befugnisse verhindern zu können",[1489] ist zutreffend. Hierfür sprechen folgende Erwägungen:
Die geltende Immunität der Europol-Bediensteten ist von den Befürwortern der Immunitätsgewährung unter Hinweis auf den vermeintlich restriktiv gefassten geltenden Aufgaben- und Befugnisrahmen des Europäischen Polizeiamtes gerechtfertigt worden. Trotz dieser vermeintlich restriktiven Aufgaben und Befugnisse erachteten die Befürworter die Immunität der Europol-Bediensteten zur Gewährleistung der Funktionsfähigkeit und Unabhängigkeit Europols für zwingend erforderlich.
Wenn bereits derart – vermeintlich geringe – Aufgaben und Befugnisse eine Immunität der Bediensteten erfordern, besteht im Falle einer Aufgaben- oder Befugniserweiterung Europols erst recht die Notwendigkeit, den Bediensteten Immunität zur Sicherung der Funktionsfähigkeit und Unabhängigkeit des Europäischen Polizeiamtes zu gewähren. Insofern vermag die zur Legitimierung der Immunitätsgewährung getroffene Aussage des österreichischen Innenministers *Schlögl*, sobald operative Befugnisse für Europol beständen, seien die Immunitäten entbehrlich und sollten wegfallen,[1490] nicht zu überzeugen. Wäre diese Einschätzung zutreffend, stellte sich die Frage, warum eine Immunitätsgewährung für die geltenden, vermeintlich restriktiv gefassten Aufgaben und Befugnisse zwingend notwendig, jedoch im Falle operativer, d.h. erweiterter Aufgaben und Befugnisse gänzlich entbehrlich sein soll, obgleich die zur Legitimierung der Immunität angeführten Gründe (Notwendigkeit zur Sicherung der Funktionsfähigkeit und Unabhängigkeit Europols) unverändert fortbeständen.

Ferner gilt es Folgendes zu berücksichtigen: Die frühere deutsche Bundesregierung hat die Gewährung von Immunität für Europol-Bedienstete mit dem Hinweis gerechtfertigt, es handele sich insoweit um „eine Forderung unserer europäischen Partner",[1491] die „darauf gedrängt"[1492] hätten, „die Europol-Bediensteten den Bediensteten anderer internationaler Einrichtungen, die ebenfalls Amtsimmunität genießen, gleichzustellen".[1493] Die Beschränkung der strafrechlichen Immunität auf das zur Aufgabenwahrnehmung unbedingt notwendige Maß sowie die Normierung der Evaluierungsklausel des § 17 Europol-Immunitätenprotokoll seien – so *Kanther* – das Maximum dessen gewesen, was die deutsche Bundesregierung in den Verhandlungen mit den Partnerstaaten habe durchsetzen können.
Ausgehend von dieser Einschätzung der früheren Bundesregierung erscheint es sinnwidrig und damit gänzlich unwahrscheinlich, dass die Partnerstaaten im Falle einer Aufgaben- oder Befugniserweiterung Europols die Immunität der Europol-

---

1489 BT-Plenarprotokoll 13/225, S. 20702; vgl. insoweit auch: *Leutheusser-Schnarrenberger*, BT-Plenarprotokoll 13/225, S. 20705: „Gilt die Immunitätenregelung erst einmal für die jetzt schon umfangreichen Kompetenzen von Europol (...), so ist davon auszugehen, daß die Immunität erst recht bei operativen Befugnissen von Europol eingefordert wird, die nach dem Vertrag von Amsterdam Europol in den nächsten Jahren übertragen werden. Jetzt wird mit der Immunitätenregelung eine falsche Weichenstellung vorgenommen, die kaum änderbar sein wird."
1490 Vgl. Nationalrat 129. Sitzung, S. 137.
1491 *Marschewski*, BT-Plenarprotokoll 13/225, S. 20700; vgl. S. 21.
1492 Schreiben von *Schelter* vom 18. Juni 1997, BT-Europaausschuss-Drs. 13/1483, Anlage 1, S. 4; vgl. S. 21.
1493 Schreiben von *Schelter* vom 18. Juni 1997, BT-Europaausschuss-Drs. 13/1483, Anlage 1, S. 5; vgl. S. 21 f.

Bediensteten in Bezug auf die geltenden Aufgaben und Befugnisse Europols aufheben werden. Insoweit gilt es zu berücksichtigen, dass für eine derartige Immunitätsaufhebung, d.h. für eine entsprechende Änderung des Europol-Immunitätenprotokolls, eine einstimmige Entscheidung des Rats erforderlich wäre. Zur Wahrscheinlichkeit einer entsprechenden Ratsentscheidung hat *Voss* in der Sachverständigenanhörung des Deutschen Bundestages wie folgt Stellung genommen:

> „Zur sogenannten Evaluierungsklausel (...): Ich meine, da die Sensibilität heute bei den Europäischen Nachbarstaaten schon nicht vorhanden gewesen ist – so jedenfalls wird uns erzählt –, daß diese Sensibilität auch in einem späteren Stadium, wenn es denn zur Neuverhandlung kommt, nicht vorhanden sein wird."[1494]
> „Wenn ich höre – und ich habe mir von Beteiligten schildern lassen, die an den Verhandlungen teilgenommen haben, die zu diesem Art. 17 denn letztlich geführt haben -, wie dort von den anderen EU-Staaten offensichtlich keinerlei Sensibilität für diese Frage entwickelt worden ist, wie wir völlig alleine standen, dann diese Evaluierung als Ergebnis doch noch bekommen haben, dann habe ich erhebliche Zweifel daran, daß es uns in Zukunft gelingen wird, da wesentliche Änderungen vorzunehmen. (...) Dieser Ist-Zustand, so schätze ich es ein, wird bleiben."[1495]

Folglich ist es sehr wahrscheinlich, dass die den Europol-Bediensteten gemäß Art. 8 Abs. 1 lit. a) Europol-Immunitätenprotokoll gewährte Immunität auch im Falle einer Evaluierung des Immunitätenprotokolls, d.h. im Falle einer Erweiterung der Aufgaben oder Befugnisse Europols, zumindest in Bezug auf die geltenden Aufgaben und Befugnisse des Europäischen Polizeiamts fortbestehen werden. Dies hätte zur Folge, dass die Europol-Bediensteten sowohl immunitätsgeschützte als auch nicht immunitätsgeschützte Amtstätigkeiten durchführen würden. Hieraus könnten – zumindest in Einzelfällen – Abgrenzungsschwierigkeiten resultieren. Da den nationalen Gerichten der Mitgliedstaaten die Kontrollbefugnis in Bezug auf die vom sachlichen Anwendungsbereich des Europol-Immunitätenprotokolls nicht umfasste (Amts-) Tätigkeit der Europol-Bediensteten zusteht, wäre dies auch für den Rechtsschutz, inbesondere der von der (Amts-)Tätigkeit betroffenen Bürgerinnen und Bürger von maßgeblicher Relevanz. Dieser Frage soll in Kapitel 4 dieser Arbeit im Zusammenhang mit anderen, den (Individual-)Rechsschutz betreffenden Fragestellungen gesondert nachgegangen werden.

Da die zur Legitimierung der Immunität angeführten Gründe (Sicherung der Funktionsfähigkeit und Unabhängigkeit Europols) auch im Falle einer Aufgaben- oder Befugniserweiterung Europols fortbeständen, ist zumindest nicht auszuschließen, dass – zusätzlich zur Beibehaltung des Status-Quo der Immunitätsgewährung – die Immunität der Europol-Bediensteten auf die erweiterten Aufgaben und Befugnisse, beispielsweise „eingeschränkte Durchführungsbefugnisse" im Sinne der Terminologie *Europols*, erstreckt werden würden.

[1494] BT-Innenausschuss-Prot. 13/75, S. 15.

[1495] BT-Innenausschuss-Prot. 13/75, S. 76; s. auch S. 46: „Wenn man Art. 17 und 18 des Protokolls liest, dann wird man nicht umhin kommen festzustellen, daß die Immunität, so wie sie jetzt vorgesehen ist, auch dann bestehen bleibt, wenn weitere Aufgaben hinzukommen."; *Hirsch*, ZRP 1998, S. 10 (12) (13): *LfD-NRW*, 14. Datenschutzbericht 1999, S. 72.

Teilweise wird sogar die Befürchtung geäußert, dass die Immunitätsgewährung zugunsten der Europol-Bediensteten als ein „Einstieg in die Immunität auch nationaler Polizeibeamter und damit in eine generelle Zulassung sogenannter milieubedingter Straftaten“[1496] anzusehen sei.[1497] Grundlage für diese Einschätzung ist eine Äußerung des heutigen Europol-Direktors *Storbeck* in der Süddeutschen Zeitung vom 10. Oktober 1997.[1498] Mit Hinweis darauf, dass die Polizei durch unberechtigte Strafanzeigen lahmgelegt werden könnte,[1499] und als Replik auf die Äußerung, dass nationale Beamte auch ohne Immunität ihren Aufgaben nachkommen müssten, hatte *Storbeck* Folgendes geäußert:[1500] „Vielleicht kommen wir ja, wenn die Gefährdungen für nationale Polizeien steigen, auch zu ähnlichen Immunitätsregelungen.“[1501]

c) Zwischenergebnis

Gestützt auf die Regelung des Art. 3 Abs. 1 Nr. 4 Europol-Übereinkommen sind die Europol-Bediensteten auch vor Ort, d.h. in den Europol-Mitgliedstaaten, im Rahmen nationaler Ermittlungen unterstützend tätig. Nach überwiegender Auffassung der Mitgliedstaaten legitimiert die geltende Europol-Konvention auch eine entsprechende unterstützende Beteiligung der Europol-Bediensteten an gemeinsamen (Ermittlungs-) Teams der Mitgliedstaaten.

Eine derartige Unterstützungsleistung der Europol-Bediensteten, d.h. eine unterstützende Beteiligung an nationalen Ermittlungen vor Ort in den Mitgliedstaaten bzw. eine Beteiligung an gemeinsamen nationalen Teams der Mitgliedstaaten, die innerhalb der jeweiligen Mitgliedstaaten operieren, ist mit dem geltenden Europol-Übereinkommen nicht zu vereinbaren. Auf der Grundlage der geltenden Europol-Konvention beschränkt sich die Unterstützungsbefugnis Europols ausschließlich auf die Informationsübermittlung über die jeweilige nationale Stelle (vgl. Art. 3 Abs. 1 Europol-Konvention). Das Europol-Übereinkommen normiert weder explizit eine Befugnis der Europol-Bediensteten für eine unterstützende Tätigkeit „vor Ort“ in den Mitgliedstaaten oder in gemeinsamen Teams, noch kann eine entsprechende Befugnis im Wege der Auslegung begründet werden. De facto leisten Europol-Bedienstete somit Unterstützungsleistungen, die ihnen de iure (noch) nicht zustehen. Derartige Unterstützungsleistungen sind demnach keine immunitätsgeschützten Amtstätigkeiten der Europol-Bediensteten und unterfallen infolgedessen uneingeschränkt der jeweiligen nationalen staatlichen Gerichtsbarkeit.

[1496] *LfD-Nds*, Tätigkeitsbericht 1997/1998 (http://www.lfd.niedersachsen.de/aktuel...aetigkeitsbericht97-98/inhalt3_10.htm – Stand: 25.08.2000), S. 11; *Hirsch*, ZRP 1998, S. 10 (13).

[1497] Vgl. *LfD-Nds*, a.a.O., S. 11; Hirsch, a.a.O., S. 10 (13).

[1498] Vgl. *Hirsch*, a.a.O., S. 10 (13); *LfD-Nds*, a.a.O., S. 11; *Such*, BT-Plenarprotokoll 13/225, S. 20702 f: „Zur Warnung mag dienen, daß Herr Storbeck heute schon über eine Erstreckung der Immunität auf nationale Polizeien laut nachdenkt.“

[1499] Eine Begründung, die *Storbeck* auch für die Notwendigkeit der Immunitätsgewährung zugunsten Europol-Bediensteter anführt.

[1500] Vgl. *Hirsch*, ZRP 1998, S. 10 (13).

[1501] Zitiert nach: *Hirsch*, a.a.O., S. 10 (13); *LfD-Nds*, Tätigkeitsbericht 1997/1998 (http://www.lfd.-niedersachsen.de/aktuel...aetigkeitsbericht97-98/inhalt3_10.htm – Stand: 25.08.2000), S. 11.

d) Rechtsfolgen – exemplarische Untersuchung auf der Grundlage der deutschen StPO

Welche Rechtsfolgen eine lediglich unterstützende Tätigkeit der Europol-Bediensteten „vor Ort", d.h. in den Mitgliedstaaten, haben kann, soll im Folgenden auf der Grundlage des deutschen Strafprozessrechts beispielhaft untersucht werden.

aa) Durchsuchung

Unterstellt, eine unterstützende Tätigkeit der Europol-Bediensteten in den Mitgliedstaaten wäre eine tatbestandsmäßige Unterstützungsleistung im Sinne des Europol-Übereinkommens, dürften die Europol-Bediensteten im Sinne der deutschen StPO beispielsweise an Durchsuchungen unterstützend teilnehmen, jedoch keine eigenen Ermittlungshandlungen vornehmen.[1502]
Die Bestimmungen der StPO legen den Kreis derjenigen Personen, die bei einer Durchsuchung anwesend sein dürfen, nicht abschließend fest.[1503]
Nach einem Beschluss des OLG Karlsruhe ist die über die Regelungen der §§ 105 Abs. 2, 106 Abs. 1 S. 2 StPO hinausgehende Zuziehung weiterer Personen bei Durchsuchungshandlungen weder ein Eingriff in das durch Art. 2 Abs. 1 GG geschützte Persönlichkeitsrecht des Betroffenen noch ein Eingriff in die durch Art. 13 GG gewährleistete Unverletzlichkeit der Wohnung.[1504] Dies gelte auch für die Zuziehung ausländischer Ermittlungsbeamter. Explizit betont das Gericht, dass „sich im Einzelfall die Notwendigkeit einer Beteiligung weiterer Personen aus dem Gebot einer sachgerechten, auf den Ermittlungserfolg zielenden, gleichzeitig aber auch den Umfang der Beweismittelerhebungen auf das für die Beweisführung und die weiteren Ermittlungen unerlässliche Maß beschränkenden Erledigung einer Durchsuchungsanordnung ergeben"[1505] könne. Folglich ermöglicht die geltende StPO auch die Anwesenheit von Personen, deren Beteiligung, beispielsweise aufgrund ihres besonderen Wissens, zur sachgerechten Erledigung der Durchsuchungsanordnung geboten bzw. geeignet erscheint.[1506]
Die Europol-Bediensteten verfügen in aller Regel über derart besondere Kenntnisse, nicht zuletzt auch aufgrund der Analysetätigkeit Europols. Folglich wäre es in diesen Fällen nicht nur rechtlich zulässig, sondern auch geboten, den Europol-Bediensteten die Teilnahme an den von den national zuständigen Beamten durchzuführenden Durchsuchungen zu gestatten.

Problematisch gestaltet sich in derartigen Fällen jedoch die erforderliche Abgrenzung[1507] zwischen einer rechtlich zulässigen Förderung der Durchsuchung durch die Europol-Bediensteten und einer rechtlich unzulässigen Vornahme eigener Ermittlungshandlungen. Im jeweiligen Einzelfall ist gesondert zu prüfen, ob die Durchsuchung mit

---

[1502] Vgl. OLG Karlsruhe NJW 1992, 642 (643).
[1503] OLG Karlsruhe NJW 1992, 642 (643); OLG Hamm NStZ 1986, 326 (326).
[1504] OLG Karlsruhe NJW 1992, 642 (643); vgl. OLG Hamm NStZ 1986, 326 (326).
[1505] OLG Karlsruhe NJW 1992, 642 (643).
[1506] OLG Hamm NStZ 1986, 326 (326); OLG Karlsruhe NJW 1992, 642 (644) m.w.N.
[1507] Vgl. OLG Karlsruhe NJW 1992, 642 (644).

der unterstützenden Beteiligung der Europol-Bediensteten weiterhin als eine ausschließlich von den national zuständigen Beamten vorzunehmende Ermittlungsmaßnahme zu bewerten ist.[1508]

Verfügen die an einer Durchsuchung beteiligten ausländischen Ermittlungsbeamten über überlegene Kenntnisse über die Einzelheiten der Ermittlungen und können infolgedessen beispielsweise „wertvolle Hinweise zur Beweiserheblichkeit“[1509] der in einer Wohnung verwahrten Gegenstände und Unterlagen geben, so ist ihre entsprechende Beteiligung an der Durchsuchung – so das OLG Karlsruhe – „sachdienlich und von den Durchsuchungsbestimmungen der Strafprozessordnung gedeckt.“[1510]
Insbesondere aufgrund der operativen Analysetätigkeit Europols verfügen die Europol-Bediensteten gegenüber den die Ermittlungsmaßnahme durchführenden nationalen Beamten in aller Regel über derartige „überlegene Kenntnisse über die Einzelheiten“ der jeweiligen Ermittlung. Aufgrund dieses Sonderwissens könnten sie im Rahmen einer Durchsuchung in rechtlich zulässiger Weise wertvolle Hinweise zur Beweiserheblichkeit vorhandener Gegenstände und Unterlagen geben. Die Grenze der rechtlich zulässigen Unterstützung würde jedoch überschritten, wenn die Europol-Bediensteten „über eine aufgrund ihrer überlegenen Sachkunde gebotene und gerechtfertigte Hilfe hinaus in den Gang der Ermittlungsmaßnahme“[1511] eingreifen würden.[1512]

Ausgehend von dieser Grenzziehung läge eine unzulässige Unterstützungsleistung der Europol-Bediensteten beispielsweise dann vor, wenn ein Europol-Bediensteter – vergleichbar einem mittelbaren Täter – in der Lage wäre, die von den nationalen Beamten durchgeführte Durchsuchung kraft überlegenen Wissens zu steuern.
In diesem Fall wäre die Durchsuchung nicht mehr als eine ausschließlich von den national zuständigen Beamten durchzuführende Ermittlungsmaßnahme zu bewerten und die Unterstützungsleistung des/der Europol-Bediensteten demnach als eine rechtlich unzulässige eigene Ermittlungsmaßnahme und damit als ein rechtswidriger Eingriff in die grundgesetzlich geschützte persönliche Lebenssphäre des Betroffenen und die Unverletztlichkeit seiner Wohnung zu qualifizieren.
Die auf ein Sonderwissen gestützte Hinweiserteilung eines Europol-Bediensteten im Rahmen einer Durchsuchung beispielsweise auf einen verborgenen und daher von den nationalen Beamten nicht entdeckten Gegenstand oder (elektronisch) verborgene Unterlagen bzw. Datenträger wäre als eine entsprechende Steuerung der nationalen Beamten und damit als eine rechtlich unzulässige eigene Ermittlungsmaßnahme zu qualifizieren.
In Bezug auf die rechtlich zulässige Hinweiserteilung der Europol-Bediensteten zur Beweiserheblichkeit vorhandener Gegenstände und Unterlagen ist § 110 StPO zu beachten. Demnach ist ausschließlich die Staatsanwaltschaft zur Durchsicht der Papiere des von der Durchsuchung Betroffenen befugt, sofern der Inhaber Dritten die

---

1508 Vgl. OLG Karlsruhe NJW 1992, 642 (645).
1509 OLG Karlsruhe NJW 1992, 642 (644).
1510 OLG Karlsruhe NJW 1992, 642 (644).
1511 OLG Karlsruhe NJW 1992, 642 (645).
1512 Vgl. OLG-Karlsruhe NJW 1992, 642 (645).

Durchsicht der aufgefundenen Papiere nicht genehmigt (vgl. § 110 Abs. 1, 2 S. 1 StPO). In diesem Fall müssen die durchsuchenden Beamten die Papiere, deren Durchsicht sie für geboten erachten, in einem Umschlag, der in der Gegenwart des Inhabers mit dem Amtssiegel zu verschließen ist, an die Staatsanwaltschaft abliefern (vgl. § 110 Abs. 2 S. 2 StPO).
Verweigert folglich der Inhaber der im Rahmen einer Durchsuchung aufgefundenen Papiere die Genehmigung zur Durchsicht dieser Unterlagen, dann darf ein Europol-Bediensteter in rechtlich zulässiger Weise zwar Hinweise zur Beweiserheblichkeit dieser Papiere erteilen, zu diesem Zweck die Unterlagen jedoch nicht durchsehen.
Würde ein Europol-Bediensteter derartige Papiere dennoch (mit oder ohne Wissen der zuständigen nationalen Beamten) durchsehen oder in sonstiger Weise eine rechtswidrige Unterstützungsleistung erbringen, beispielsweise die Durchsuchungsmaßnahmen der nationalen Beamten im vorstehend genannten Sinne steuern, so stellt sich die Frage, welche Rechtsfolgen diese rechtswidrige Unterstützung im Hinblick auf die Verwertbarkeit erhobener Beweismittel hätte.
Ausgehend von der überwiegend vertretenen Auffassung wären diese Beweismittel grundätzlich verwertbar, wenn sie – im Sinne eines hypothetischen Ersatzeingriffs – bei Anwendung einer legalen und ordnungsgemäß durchgeführten Durchsuchung hätten gefunden und beschlagnahmt werden können.[1513] Eine Verwertbarkeit entfiele lediglich dann, wenn der Verstoß so schwerwiegend wäre, dass im Einzelfall nach Abwägung aller Umstände das Interesse des Staates an der Tataufklärung hinter den schutzwürdigen Belangen des Betroffenen zurückstehen müsste.[1514]
Im Falle einer rechtswidrigen Beteiligung von Europol-Bediensteten an der Durchsuchung wäre den schutzwürdigen Belangen des Betroffenen demnach beispielsweise Vorrang zu gewähren, wenn durch die Europol-Bediensteten – gegebenenfalls in kollusivem Zusammenwirken mit den die Ermittlungsmaßnahme durchführenden nationalen Beamten – vorsätzlich oder grob fahrlässig gegen Beweisgewinnungsvorschriften verstoßen worden wäre. Im Falle einer kraft überlegenen Wissens erfolgten Lenkung bzw. Steuerung der von den nationalen Ermittlungsbeamten durchgeführten Durchsuchung erscheint es ebenfalls gerechtfertigt, den schutzwürdigen Interessen des Betroffenen Vorrang zu gewähren, da die Durchsuchung in diesem Fall – vergleichbar einer mittelbaren Tatbegehung – als eine eigene, rechtlich unzulässige Ermittlungsmaßnahme des jeweiligen Europol-Bediensteten zu bewerten ist.

Sollte die unterstützende Beteiligung eines Europol-Bediensteten ein Beweisverwertungsverbot zur Folge haben, gilt es zu berücksichtigen, dass dieses nach der insbesondere von der Rechtsprechung vertretenen Auffassung im deutschen Recht grundsätzlich keine Fernwirkung hätte, d.h. nicht zwangsläufig auch solche Beweismittel unverwertbar machen würde, deren Vorhandensein erst bei der unverwertbaren Beweiserhebung bekannt geworden wäre.[1515]

[1513] Vgl. *Nack*, in: *Karlsruher Kommentar*, § 94 Rdn. 20 m.w.N.; OLG Karlsruhe NJW 1992, S. 642 (645); *Meyer-Goßner*, § 94 Rdn. 21 m.w.N.; **a.A.** *Kühne*, NJW 1979, 1053 (1054).
[1514] Vgl. Nack, a.a.O.; *Meyer-Goßner*, a.a.O.
[1515] Zur Frage der Fernwirkung und der insoweit bestehenden Meinungsdivergenz vgl. *Meyer-Goßner*, Einl. Rdn. 57 m.w.N.; *Krehl*, in: *Heidelberger Kommentar*, Einl. Rdn. 29 m.w.N.

Fazit:
Wenn man - entgegen der hier vertretenen Auffassung - eine lediglich unterstützende Beteiligung von Europol-Bediensteten im Sinne der Europol-Konvention als tatbestandsmäßig und damit als rechtlich zulässig erachten würde, hätte dies zur Folge, dass die Europol-Bediensteten bereits auf der Grundlage der geltenden Strafprozessordnung in rechtlich zulässiger Weise in Ermittlungsmaßnahmen eingebunden werden könnten. Ihre rechtswidrige, d.h. die Grenze der zulässigen Unterstützung überschreitende Beteiligung an diesen Ermittlungsmaßnahmen hätte für die Betroffenen eine Verletzung verfassungsrechtlich geschützter Grundrechte zur Folge. Ob bzw. inwieweit eine, insbesondere vorsätzlich rechtswidrige, Beteiligung der Europol-Bediensteten als eine immunitätsgeschützte Amtstätigkeit zu bewerten wäre und infolgedessen nicht der nationalen Gerichtsbarkeit der Bundesrepublik Deutschland unterfallen würde, soll im vierten Kapitel dieser Arbeit gesondert untersucht werden.

bb) Vorläufige Festnahme

Unterstellt, die unterstützende Tätigkeit der Europol-Bediensteten „vor Ort", d.h. in den Mitgliedstaaten, wäre eine tatbestandsmäßige Unterstützungsleistung im Sinne der geltenden Europol-Konvention, dann wären die Europol-Bediensteten – wie jedermann – in der Bundesrepublik Deutschland gemäß § 127 Abs. 1 S. 1 StPO ohne richterliche Anordnung zur vorläufigen Festnahme Dritter berechtigt, sofern ein dringender Tatverdacht oder ein anderer hoher Verdachtsgrad[1516] für eine – zumindest im Versuch – begangene Straftat vorliegt.[1517] Für eine vorläufige Festnahme kann auch die Anwendung von Zwang oder körperlicher Gewalt zulässig sein.[1518]
Unterstellt man die rechtliche Zulässigkeit einer unterstützenden Tätigkeit der Europol-Bediensteten in den Mitgliedstaaten und damit auch in der Bundesrepublik Deutschland, so besteht aufgrund der Regelung des § 127 Abs. 1 S. 1 StPO für einen Europol-Bediensteten die Möglichkeit, in rechtlich zulässiger Weise weitgehend in verfassungsrechtlich geschützte Rechte Dritter einzugreifen.
Insbesondere aus Sicht der Betroffenen stellt sich die Frage, ob eine den tatbestandsmäßigen Voraussetzungen des § 127 Abs. 1 S. 1 StPO nicht entsprechende – insbesondere rechtsmissbräuchliche – vorsätzliche Festnahme als eine immunitätsgeschützte Amtstätigkeit zu qualifizieren wäre, mit der Folge, dass sie nicht durch die nationale deutsche Gerichtsbarkeit sanktioniert werden dürfte.[1519]

[1516] Vgl. BGH NJW 1981, S. 745 (745); OLG-Hamm NStZ 1998, 370 (370); a.A. *Meyer-Goßner*, § 127, Rdn. 4 m.w.N. wonach eine „wirklich begangene Straftat" erforderlich ist.

[1517] Vgl. *Meyer-Goßner*, § 127 Rdn. 3 ff. Für das Merkmal „auf frischer Tat betroffen" wird es überwiegend für ausreichend erachtet, dass die Zusammenschau aller erkennbaren äußeren Umstände im Tatzeitpunkt nach der Lebenserfahrung im Urteil des Festnehmenden ohne vernünftige Zweifel den Schluss auf eine rechtswidrige Tat zulassen – vgl. BGH NJW 1981, S. 745 (745) m.w.N.; OLG Hamm NStZ, 1998, S. 370 (370).

[1518] Vgl. *Meyer-Goßner*, § 127 Rdn. 13 ff. beispielsweise auch zur Frage der Anwendbarkeit von Schusswaffen.

[1519] Im Falle einer nicht rechtmäßigen Festnahme wäre der Betroffene zur Notwehr (§ 32 StGB) berechtigt.

Erachtet man die unterstützende Tätigkeit der Europol-Bediensteten in einem Mitgliedstaat als eine dem geltenden Europol-Übereinkommen unterfallende Amtstätigkeit, unterfällt diese dem durch Art. 8 Abs. 1 lit. a) Europol-Immunitätenprotokoll normierten Immunitätsschutz. Erfolgt die vorläufige Festnahme im Rahmen der Ausübung bzw. in engem sachlichen Zusammenhang mit dieser Amtätigkeit, ist auch die rechtswidrige vorläufige Festnahme als eine immunitätsgeschützte Amtstätigkeit zu bewerten. Die Frage des sachlichen Anwendungsbereichs des in Art. 8 Abs. 1 lit. a) Europol-Immunitätenprotokoll normierten Immunitätsschutzes soll – auch im Hinblick auf Frage der Tatbestandsmäßigkeit einer vorsätzlich rechtswidrigen Amtstätigkeit – im Rahmen dieser Arbeit gesondert untersucht werden.

Somit bleibt festzustellen, dass auch eine rechtswidrige vorläufige Festnahme durch einen Europol-Bediensteten eine immunitätsgeschützte Amtshandlung sein könnte. Für diese rechtswidrige Amtshandlung könnte ein Europol-Bediensteter vor einem deutschen Gericht strafrechtlich nicht zur Verantwortung gezogen werden, obgleich durch diese Amtstätigkeit – je nach Handlungsumfang – beispielsweise folgende Straftatbestände verwirklicht werden könnten: Freiheitsberaubung (§ 239 StGB), Nötigung (§ 240 StGB), Bedrohung (§ 241 StGB), (gefährliche) Körperverletzung (§§ 223, 224 StGB), Beleidigung (§ 185 StGB) etc.

B. Ergebnis

Europol ist eine Polizei neues Typs, die auf der Grundlage der geltenden Europol-Konvention – nach deutschem Recht in verfassungswidriger Weise – zur Verarbeitung auch höchstpersönlicher sensibler personenbezogener Daten von Nicht-Beschuldigten und Nicht-Verdächtigen befugt ist und durch ihre Analysetätigkeit beispielsweise nicht nur relativ umfassende Profile (Persönlichkeits- und Charakterprofile, Bewegungsprofile etc.) der Betroffenen erstellen kann, sondern auch in der Lage ist, nationale Ermittlungen – faktisch – zu initiieren und zu steuern. Da die Mitgliedstaaten nicht nur zur Datenübermittlung an Europol berechtigt, sondern auch verpflichtet sind (diese Verpflichtung erstreckt sich auch auf operative Daten) und zudem Europol nicht nur zur Entgegennahme von (personenbezogenen) Daten aus Drittstaaten und -stellen berechtigt ist, sondern auch befugt ist, alle zur Datenübermittlung berechtigten Stellen um die Übermittlung (personenbezogener) Daten zu ersuchen, verfügt Europol über einen auf Unionsebene einzigartigen Datenpool, der sowohl „harte“ als auch „weiche“ personenbezogene Daten beinhaltet und ständig mit neuen (personenbezogenen) Daten gespeist wird. In diesen Datenpool fließen nicht nur personenbezogene Daten, die zu repressiven oder präventiv-polizeilichen Zwecken, sondern auch personenbezogene Informationen, die von den Geheim- bzw. Nachrichtendiensten im Vorfeld der Gefahrenabwehr zur Verdachtsgewinnung oder zur Verdachtsverdichtung erhoben worden sind. In diesen Datenpool können ferner auch personenbezogene Informationen einfließen, die in einem oder mehreren Mitgliedstaaten nach dem jeweiligen nationalen Recht des Mitgliedstaates in rechtlich zulässiger Weise weder hätten erhoben noch an Europol hätten übermittelt werden dürfen. Insofern besteht die (legale) Möglichkeit, über Europol nationale gesetzliche Restriktionen zu unterlaufen bzw. zu umgehen.

Aufgrund des unionsweit einzigartigen Datenpools, auf den Europol seine (operativen) Analysen stützen kann, besitzt das Europäische Polizeiamt gegenüber den nationalen Polizei- und Strafverfolgungsbehörden einen gewaltigen Informationsvorsprung, der Europol in die Lage versetzt, faktische Sachherrschaft in nationalen Ermittlungen ausüben zu können. In diesen Fällen fungieren die national zuständigen Ermittlungsbehörden – de facto – als Erfüllungsgehilfen Europols. Diese Sachherrschaft resultiert insbesondere aus der Europol gewährten Befugnis zur Durchführung operativer (Fall-) Analysen. Die operative Fallanalyse hat sich neben den klassischen Ermittlungsmaßnahmen (Durchsuchung, Vernehmung etc.) als neue, eigenständige Ermittlungsmethode etabliert und gewinnt zunehmend an Bedeutung. Die Analysetätigkeit Europols, die auf die Gewinnung neuer Erkenntnisse bzw. neuer Ermittlungsansätze in (laufenden) nationalen Ermittlungen gerichtet ist, ermöglicht Europol die Durchführung operativer Informationseingriffe im Rahmen des dem Europäischen Polizeiamt zur Verfügung stehenden, ständig anwachsenden Datenpools.
Gestützt auf diesen Datenpool kann Europol demnach eigene Ermittlungen zum Zwecke der Gewinnung neuer Erkenntnisse durchführen, die in nationale Ermittlungsverfahren oder exekutive Maßnahmen der nationalen Behörden der Mitgliedstaaten münden sollen. Hieraus resultiert der spezifische operative Mehrwert der Analysetätigkeit Europols. Insoweit gilt es zu berücksichtigen, dass potentiell jeder von der Datenspeicherung in den Arbeitsdateien zu Analysezwecken betroffen werden kann und Europol – auf der Grundlage der geltenden Europol-Konvention – nicht nur zur Verarbeitung (weicher) Informationen berechtigt ist, die der jeweiligen Informationsquelle persönlich nicht bekannt sind und die sich auf keine andere Weise erhärten lassen, sondern auch Informationen auf Grund von Quellen in TECS speichern und verarbeiten darf, deren Verlässlichkeit Europol nicht zu beurteilen vermag. Ferner gilt es zu berücksichtigen, dass diese Informationen auch durch geheim- bzw. nachrichtendienstliche Ermittlungsmethoden beschafft werden dürfen und das Erfordernis einer rechtsstaatlichen Grundsätzen entsprechenden Datenerhebung, insbesondere in den Fällen, in denen die an Europol übermittelten Daten von Nicht-EU-Mitgliedstaaten oder -stellen stammen, nicht ausnahmslos als gewährleistet vorausgesetzt werden kann. So sind beispielsweise auch Drittstaaten bzw. -stellen zur Datenübermittlung an Europol berechtigt, die wegen des exzessiven, rechtsstaatliche Grenzen überschreitenden Einsatzes nachrichtendienstlicher Ermittlungsmethoden und/oder der Anwendung von Folter als zulässiges Mittel der Informationsgewinnung öffentlich kritisiert worden sind.
Auch in den Fällen, in denen ein EU-Mitgliedstaat, dem jeweiligen nationalen Recht entsprechend, personenbezogene Daten an Europol übermittelt, gilt es zu bedenken, dass diese Informationen auf einem in den EU-Mitgliedstaaten zum Teil sehr unterschiedlichen Datenschutzniveau basieren und die Datenerhebung (in gesetzlich zulässiger Weise) oftmals in enger Kooperation zwischen Polizei und Nachrichtendiensten erfolgt.
Berücksichtigung finden muss auch die Tatsache, dass sogar höchstpersönliche personenbezogene Daten, beispielsweise über sexuelle Gewohnheiten, rassische Herkunft, Gesundheit und politische und religiöse Anschauungen, von Europol – in Ausnahmefällen allein gestützt auf die Entscheidung des Direktors – nicht nur an EU-Mitgliedstaaten, sondern auch an Drittstaaten und Drittstellen übermittelt werden dürfen, so das zumindest die Gefahr nicht auszuschließen ist, dass diese Daten

(versehentlich) auch an solche Staaten oder Stellen übermittelt werden, die keinen angemessenen, d.h. rechtsstaatlichen Grundsätzen entsprechenden Datenschutz gewährleisten.
Vor diesem Hintergrund verdeutlichen sich die potentiellen (Rechts-)Folgen, die bereits eine auf der Grundlage der geltenden Europol-Konvention (auch rechtmäßig) durchgeführte Datenverarbeitung Europols für die Bürgerinnen und Bürger der Europol-Mitgliedstaaten haben kann. Bereits aus der legalen, d.h. den Voraussetzungen der Europol-Konvention entsprechenden Datenverarbeitung resultieren – nicht zuletzt im Hinblick auf die potentielle faktische Sachherrschaft Europols im Rahmen nationaler Ermittlungen – potentiell weitreichende und schwerwiegende Rechtsfolgen für die Betroffenen. Im Falle einer unrichtigen oder sogar unbefugten Datenverarbeitung Europols besteht die erhebliche Gefahr der Rechtsbeeinträchtigung Unschuldiger, die sich über die Verletzung des Grundrechts auf informationelle Selbstbestimmung hinaus auch in anderen Grundrechtsverletzungen konkretisieren kann, wenn beispielsweise – gesteuert durch Europol – Ermittlungsmaßnahmen gegen einen tatsächlich Unschuldigen ergriffen werden. Weitere spezifische Gefahren für die Betroffenen resultieren aus der Befugnis Europols zur Datenübermittlung an Drittstaaten und -stellen. In Ausnahmefällen, die in ihrem sachlichen Anwendungsbereich weit gefasst sind, kann eine Übermittlung auch sensibler personenbezogener Daten allein auf die Entscheidung des Europol-Direktors gestützt werden, der zudem befugt ist, die Datenempfänger ihrerseits zur Weiterleitung der Daten zu ermächtigen. Somit können - auch sensible - pesonenbezogene Daten letztlich weltweit übermittelt werden. Infolgedessen verliert ein Betroffener, der in aller Regel von der Datenverarbeitung keine Kenntnis hat und auch nachträglich über die erfolgte Verarbeitung nicht informiert werden muss, endgültig den Überblick, wer was wann wo und bei welcher Gelegenheit über ihn weiß. Zudem gehen mit dieser Datenübermittlung an Drittstaaten die Verfügungsmöglichkeit der diese Daten an Europol ursprünglich übermittelnden nationalen Stelle sowie die nationale Kontrolle endgültig verloren.[1520]
Insbesondere angesichts der in personeller und sachlicher Hinsicht extensiv normierten Analysetätigkeit Europols ist verschiedentlich bereits eine Überprüfung der Immunität der Europol-Bediensteten und – beispielsweise vom Europäischen Parlament[1521] – zumindest eine gerichtliche Kontrolle für die von Europol im Wege der Analyse selbst erstellten Daten gefordert worden, um im Interesse des Schutzes und der Integrität der Bürger die „Gefahr des Durchsickerns sensibler Daten“[1522] auszuschließen. Die Analysetätigkeit Europols ist insbesondere aufgrund der aus der Analyse resultierenden potentiellen Sachherrschaft Europols eine „echte Innovation für die Ausgestaltung des Ermittlungsverfahrens der Mitgliedstaaten“.[1523] Infolge der Verarbeitung übermittelter Informationen im Rahmen der Analysetätigkeit verlieren die nationalen Stellen ihre datenschutzrechtliche Verantwortlichkeit für die Richtigkeit und Zulässigkeit der Datenspeicherung.[1524] Da Europol für die aus der Analysetätigkeit

1520 Vgl. auch *Gleß*, EuR 1998, S. 748 (749); *Weichert*, DuD 1995, S. 450 (453).
1521 Vgl. Entschließung des EP - ABl. EG C 96 vom 01.04.1996, S. 290.
1522 Empfehlung des Europäischen Parlaments an den Rat zu Europol: Stärkung der parlamentarischen Kontrolle und Erweiterung der Befugnisse, EuB-EP Nr. 522, Empfehlung Nr. 9.
1523 *Gleß/Lüke*, Jura 1998, S. 70 (77).
1524 Vgl. *Weichert*, DuD 1995, S. 450 (453).

(neu) hervorgegangenen Daten selbst die datenschutzrechtliche Verantwortung für die Rechtmäßigkeit von Erhebung, Übermittlung sowie Richtigkeit und Überprüfung der Speicherungsfrist übernimmt, wird das „Besitzerprinzip"[1525] im europäischen Rahmen nicht durchgehalten.[1526] Der die Information ursprünglich anliefernde Mitgliedstaat hat auf die weitere Nutzung und Übermittlung der Daten keinen Einfluss mehr.
Die auf der Grundlage der geltenden Europol-Konvention durchgefürte Datenverarbeitung Europols ist – entgegen der Auffassung der früheren Bundesregierung – als eine operative Tätigkeit zu bewerten. Bereits nach geltendem Recht hat Europol hoheitliche und exekutive Befugnisse, deren potentielle Rechtsfolgen die Betroffenen in vielfacher Hinsicht und schwerwiegend in grundgesetzlich geschützten Rechten verletzen können.
Europol hat de facto bereits operative bzw. operationelle Unterstützungsleistungen erbracht (beispielsweise technische Unterstützung bei Ermittlungen und operativen Einsätzen der Strafverfolgungsbehörden der Mitgliedstaaten), die es de iure (noch) nicht hätte erbringen dürfen. Vom geltenden Aufgaben- und Befugnisrahmen nicht umfasst – und damit rechtswidrig – ist auch die Teilnahme von Europol-Bediensteten an gemeinsamen Ermittlungsteams der Mitgliedstaaten, da hierfür keine Rechtsgrundlage besteht. Aus Art. 30 Abs. 2 lit. a) EUV kann eine derartige – lediglich unterstützende – Beteiligung in rechtlich zulässiger Weise nicht abgeleitet weden. Für eine diesbezügliche Tätigkeit der Europol-Bediensteten ist eine Änderung der geltenden Europol-Konvention erforderlich, was gemäß Art. 17 Europol-Immunitätenprotokoll eine Evaluierung der Immunitätsgewährung zugunsten der Europol-Bediensteten zur Folge hätte.

Fazit:
Der Auffassung der früheren Bundesregierung, dass „verfassungsrechtliche Bedenken gegen das Protokoll [Europol-Immunitätenprotokoll – Anmerkung Verfasser] auf der Grundlage der gegenwärtigen Befugnisse von Europol nicht bestehen",[1527] kann bereits aufgrund der in mehrfacher Hinsicht bestehenden Verfassungswidrigkeit der geltenden Aufgaben und Befugnisse Europols nicht zugestimmt werden.

1525 *LfD-SH*, (http://www.rewi-hu-berlin.de/Datenschutz/DSB/SH/material/tb/tb18/kap4_2.htm – Stand: 09.07. 2001), Punkt 4.2.9.

1526 Vgl. auch *LfD-SH*, a.a.O.

1527 *Kanther*, Brief an Stadler (MdB FDP) vom 12.02.1998, S. 2 – Anlage zu BT-Drs. 13/10201.

Kapitel 4

A. Strafgerichtliche Immunität – Umfang / Rechtsfolgen

In der ersten Beratung des Europol-Immunitätenprotokollgesetzes hat die *Bundesregierung* die strafrechtliche Immunitätsgewährung zugunsten der Europol-Bediensteten dahingehend legitimiert, dass es ihr gelungen sei, die Immunität „auf das für die Aufgabenwahrnehmung unbedingt notwendige Maß“[1] zu begrenzen und damit die „Anwendung des Protokolls auf wenige Ausnahmefälle zu beschränken.“[2] Da sich die „tägliche Europol-Amtstätigkeit (...) am Schreibtisch abspielen“[3] werde, bestehe „für einen Europol-Bediensteten, selbst wenn er es wollte, kaum Gelegenheit, Straftaten zu Lasten einzelner Bürger zu begehen.“[4]
Ausweislich einer von *Kanther* vorgelegten Falldarstellung zur Anwendung des Immunitätenprotokolls[5] hat die Bundesregierung die Auffassung vertreten, dass ausschließlich im „innerdienstlichen Bereich bzw. bei Gelegenheit der Diensthandlung“[6] eine strafrechtliche Immunität bezogen auf folgende Delikte existiert: „fahrlässige Tötung oder Körperverletzung infolge von Verkehrsunfällen auf einer Dienstreise“ sowie „üble Nachrede, etwa bei Gelegenheit einer Pressemitteilung“.[7] Im Falle der Verletzung der Verschwiegenheits- und Geheimhaltungspflichten sowie der Begünstigung, Strafvereitelung durch Herausgabe von Informationen an nicht berechtigte Dritte bestehe eine uneingeschränkte Verantwortlichkeit der Europol-Bediensteten.[8]
In der zweiten Beratung und Schlussabstimmung des Europol-Gesetzes hat *Kanther* mit Hinweis auf die nur für Amts- und nicht private Handlungen geltende Immunität festgestellt: „Wer also betrunken in Den Haag mit dem Auto an den Baum fährt und Schaden anstiftet, ist dort als Europol-Beamter so strafbar wie in Deutschland.“[9] Ausgehend von der vorstehend genannten Falldarstellung der Bundesregierung würde ein Europol-Bediensteter in diesem Beispielfall uneingeschränkte strafrechtliche Immunität genießen, sofern er sich auf einer Dienstfahrt befunden hätte. Denn nach Auffassung der Bundesregierung genießt ein Europol-Bediensteter auf einer Dienstfahrt

---

1 *Lintner*, BT-Plenarprotokoll 13/207, S. 18935.

2 *Lintner*, a.a.O., S. 18935; vgl. *Stübgen*, BT-Plenarprotokoll 13/198, S. 17891: „die Immunität für Europol-Beamte (ist) eng begrenzt und sehr schwach.“

3 *Lintner*, a.a.O., S. 18935.

4 *Lintner* a.a.O., S. 18935; vgl. *Stadler*, BT-Plenarprotokoll 13/198, S. 17897: „Schließlich dürften die Fälle, in denen die Immunitätenregelung im Ergebnis zur Straflosigkeit von Europol-Bediensteten führen könnte, doch eher akademischer Natur sein.“; *Kanther*, BT-Plenarprotokoll 13/198, S. 17901: „Lassen Sie uns doch bitte in eine Handhabung hineinwachsen, aus der nichts, aber auch gar nichts an Gefahren für die Bürger entstehen wird.“

5 Anlage 3 des Schreibens von *Kanther* an die Mitglieder des Innenausschusses, des Ausschusses für die Angelegenheiten der Europäischen Union und des Rechtsausschusses des Deutschen Bundestages vom 28.10.1997 – BT-Europaausschuss-Drs. 13/1681, Anlage 3; BT-Innenausschuss-Drs. 13/177, S. 63.

6 BT-Europaausschuss-Drs. 13/1681, Anlage 3.

7 BT-Europaausschuss-Drs. 13/1681, Anlage 3.

8 Vgl. BT-Europaausschuss-Drs. 13/1681, Anlage 3; *Hailbronner*, JZ 1998, S. 283 (284); *ders.*, BT-Innenausschuss-Drs. 13/177, S. 92.

9 BT-Plenarprotokoll 13/198, S. 17901.

auch dann strafrechtliche Immunität, wenn er fahrlässig einen anderen Verkehrsteilnehmer (tödlich) verletzt.
Im Folgenden sollen Umfang und Rechtsfolgen der den Europol-Bediensteten gewährten strafrechtlichen Immunität untersucht werden. Hierfür ist es zunächst erforderlich, den sachlichen Anwendungsbereich des Art. 8 Abs. 1 lit. a) Europol-Immunitätenprotokoll zu bestimmen.

I. Sachlicher Anwendungsbereich des Art. 8 Abs. 1 lit. a) Europol-Immunitätenprotokoll

1. Handlungen / Äußerungen in Ausübung des Amtes – funktionales Abgrenzungskriterium

Die Mitglieder der Organe und des Personals von Europol genießen gemäß Art. 8 Abs. 1 lit. a) Europol-Immunitätenprotokoll Immunität von jeglicher Gerichtsbarkeit hinsichtlich der von ihnen in Ausübung ihres Amtes vorgenommenen mündlichen und schriftlichen Äußerungen sowie Handlungen (im Folgenden als „Amtshandlungen" bezeichnet).
Anlässlich der Sachverständigenanhörung des Deutschen Bundestages hat *Storbeck* diese Voraussetzung als eine „bedeutende Einschränkung"[10] der Immunitätsgewährung bewertet. Da sich die Immunität der Europol-Bediensteten – so *Storbeck* – „generell auf Amtshandlungen nach dem EUROPOL-Übereinkommen beschränkt", seien „Handlungen, die ein EUROPOL-Bediensteter außerhalb seiner Zuständigkeit und seiner Befugnisse begeht, von der Immunität von vornherein nicht umfaßt."[11]

a) Begriffsbestimmung

Zur Beantwortung der Frage, ob diese Sichtweise *Storbecks* rechtlich zutreffend ist, ist es zunächst erforderlich, den sachlichen Anwendungsbereich der in Ausübung der Tätigkeit vorgenommenen Äußerungen und Handlungen zu definieren bzw. inhaltlich zu konkretisieren.

aa) Extensive Auslegung

Im Völkerrecht ist der Begriff der Amtshandlung extensiv auszulegen.[12] Infolgedessen erstreckt sich die Immunität auch auf diejenigen Handlungen und Äußerungen, die in einem engen sachlichen Zusammenhang mit einer Amtshandlung stehen.[13]

---

[10] BT-Innenausschuss-Drs. 13/177, S. 25.

[11] BT-Innenausschuss-Drs. 13/177, S. 25; vgl. *Storbeck*, in: Hummer, S. 181 (202).

[12] Zu Streitstand und Diskussion – vgl. S. 62 ff; diese extensive Begriffsauslegung entspricht auch der von der ganz überwiegenden Auffassung im deutschen Recht favorisierten Interpretation des Begriffs „Amtshandlung".

[13] Vgl. S. 63; BVerfG NJW 1998, S. 50 (51 f); *Folz/Soppe*, NStZ 1996, S. 576 (578); *Wenckstern*, Rdn. 538; *Hirsch*, BT-Plenarprotokoll 13/225, S. 20705; *Hailbronner*, JZ 1998, S. 283 (283) m.w.N; Urteil des Europäischen Gerichtshofs vom 10. Juli 1969 – Rechtssache 9/69 Sayag/Leduc, Band XV 1969, S. 329 (336): „unmittelbare innere Beziehung"; Schlussanträge des Generalanwalts Gand vom 1. Juli 1969, Rechtssache 9/69 Sayag/Leduc, Band XV 1969, S. 338 (342): „recht enger

Damit stellt sich die Frage, welche Handlungen als mit der Amtstätigkeit in Zusammenhang stehende Handlungen (im Folgenden: Zusammenhangshandlungen) zu qualifizieren sind und ob insbesondere – wie von *Storbeck* behauptet – nur solche Handlungen erfasst werden, die innerhalb des Zuständigkeitsbereichs des in amtlicher Eigenschaft Handelnden liegen. Die Antwort auf diese Frage kann durch eine inhaltliche Bezugnahme auf andere internationale Übereinkommen erschlossen werden. Das OECD-Übereinkommen vom 17. Dezember 1997 über die Bekämpfung der Bestechung ausländischer Amtsträger im internationalen Geschäftsverkehr[14] (im Folgenden: Bestechungsübereinkommen), das in der Bundesrepublik Deutschland durch das Gesetz zur Bekämpfung internationaler Bestechung (IntBestG) vom 10. September 1998[15] ratifiziert worden ist, sanktioniert in Art. 1 Abs. 1 die Bestechung ausländischer Amtsträger, die zu dem Zweck erfolgt, dass „der Amtsträger in Zusammenhang mit der Ausübung von Dienstpflichten eine Handlung vornimmt oder unterläßt" (Art. 1 Abs. 1 Bestechungsübereinkommen). Gemäß der Legaldefinition des Art. 1 Abs. 4 lit. c) Bestechungsübereinkommen „umfaßt der Ausdruck „im Zusammenhang mit der Ausübung von Dienstpflichten eine Handlung vorzunehmen oder zu unterlassen" jede Nutzung der Stellung des Amtsträgers innerhalb oder außerhalb seines ihm übertragenen Zuständigkeitsbereichs." (Art. 1 Abs. 4 lit. c) Bestechungsübereinkommen).

Demnach ist der Begriff der „in Zusammenhang mit der Ausübung von Dienstpflichten stehenden Handlungen" extensiv zu interpretieren und nicht lediglich auf innerhalb des jeweiligen Zuständigkeitsbereichs des Amtsträgers vorgenommene Zusammenhangshandlungen zu beschränken. Diese extensive Interpretation des Begriffs der Zusammenhangshandlung kann auch durch eine inhaltliche Bezugnahme auf das Protokoll aufgrund von Artikel K.3 des Vertrags über die Europäische Union zum Übereinkommen über den Schutz der finanziellen Interessen der Europäischen Gemeinschaften vom 27. September 1996 (im Folgenden: EU-Bestechungsprotokoll)[16] gestützt werden, das durch das EU-Bestechungsgesetz (EUBestG) vom 10. September 1998[17] in deutsches Recht umgesetzt worden ist.

Ausweislich der Regelungen der Art. 2 (Bestechlichkeit), Art. 3 (Bestechung) und Art. 4 (Assimilation) EU-Bestechungsprotokoll ist „eine Diensthandlung oder eine Handlung bei der Ausübung des Dienstes" tatbestandsmäßig. Demnach erstreckt sich der tatbestandliche Anwendungsbereich nicht nur auf die innerhalb der zugewiesenen Zuständigkeit durchgeführte Diensthandlung. In der Denkschrift zum EU-Bestechungsprotokoll stellt die Bundesregierung diese Interpretation unter Hinweis auf die nationale Rechtsprechung[18] in der Bundesrepublik Deutschland explizit wie folgt fest: „Im übrigen ist nach der Rechtsprechung der Begriff der Diensthandlungen weit

---

Zusammenhang", „unmittelbarer innerer Zusammenhang zwischen dieser Handlung und der Amtsausübung"; *ders.*, a.a.O. S. 338 (346); Urteil des Europäischen Gerichtshofs vom 11. Juli 1968, Rechtssache 5/68 Sayag/Leduc, Band XIV 1968, S. 590 (600).

[14] BGBl. II, 1998, S. 2329 ff.

[15] BGBl. II, 1998, S. 2327 f.

[16] ABl. EG C Nr. 313 vom 23.10.1996, S. 2 ff; BT-Drs. 13/1024 ff.

[17] BGBl. II, 1998, S. 2340 (Auszug abgedruckt in: *Fischer*, Anh. 21).

[18] Vgl. *Fischer*, § 331 Rdn. 6 mit Hinweis auf die ständige Rspr. des BGH: „Auch der Mißbrauch der Amtsstellung, um eine durch die Dienstvorschriften verbotene Handlung vorzunehmen, die ihm gerade seine amtliche Stellung ermöglicht, ist eine Diensthandlung." m.w.N.

auszulegen. Nicht erforderlich ist, daß der Amtsträger für die Bezugshandlung sachlich und örtlich zuständig ist.“[19]

Fazit:
Entgegen der von *Storbeck* anlässlich der BT-Sachverständigenanhörung geäußerten Feststellung sind auch Amtshandlungen bzw. (Zusammenhangs-)Handlungen, für die ein Europol-Bediensteter nicht sachlich und örtlich zuständig ist, tatbestandsmäßige Amtshandlungen im Sinne des Art. 8 Abs. 1 lit. a) Europol-Immunitätenprotokoll.

bb) (Vorsätzlich) strafbare Amtshandlung

Entgegen der von *Storbeck*[20] vertretenen Auffassung, dass unter den Begriff der „Amtshandlung“ im Sinne des Art. 8 Abs. 1 lit. a) Europol-Immunitätenprotokoll nur solche Handlungen bzw. Zusammenhangshandlungen subsumiert werden können, die von den Europol-Bediensteten im Rahmen ihrer Befugnisse verwirklicht werden, vertritt *Hirsch*[21] die Ansicht, dass das Europol-Immunitätenprotokoll „den Europol-Beamten Immunität selbst für vorsätzlich strafbare Handlungen“ einräumt, „die sie im Zusammenhang mit ihrer Amtstätigkeit begehen.“[22]
Bezogen auf den Immunitätsschutz der EG-Bediensteten hat *Henrichs* die Auffassung vertreten, dass bei einer vorsätzlichen Begehung eines Amtsdeliktes die Gerichtsfreiheit als verwirkt behandelt werden müsse, da den EG-Bediensteten Immunität ausschließlich im Interesse der Gemeinschaft gewährt werde.[23] Da auch die Europol-Bediensteten eine ausschließlich funktionale Immunität genießen und die Regelung des Art. 8 Europol-Immunitätenprotokoll ausweislich der Denkschrift zum Europol-Immunitätenprotokoll „ihre Entsprechung im EG-Recht (vgl. Art. 12 des EG-Immunitätenprotokolls)“[24] hat, gelangt auch diese Auffassung zu einem Ausschluss der Immunität der Europol-Bediensteten in Bezug auf vorsätzlich begangene strafbare Amtshandlungen.

Hirsch begründet seine Ansicht unter anderem mit dem Hinweis, dass die Immunitätsgewährung für Europol-Bedienstete nur Sinn mache, wenn man auch die nicht im Rahmen der Befugnisse verwirklichten Amtshandlungen in den Immunitätsschutz einbeziehe, und dass nach deutschem Amtshaftungsrecht eine Amtspflichtverletzung „in Ausübung eines öffentlichen Amts“[25] auch dann vorliege, „wenn ein Amtsträger gerade die strafbare Handlung begeht, die er verhüten soll.“[26] So handle ein Polizeibeamter beispielsweise sogar dann in Ausübung seines Amtes, wenn er „einen Verhafteten während einer polizeilichen Vernehmung mißhandelt.“[27] Wenn den Europol-Bediensteten bei Überschreitung ihrer Befugnisse keine Immunität hätte gewährt werden

[19] Denkschrift der Bundesregierung zum EU-Bestechungsprotokoll, BT-Drs. 13/ 10424, S. 13.
[20] BT-Innenausschuss-Drs. 13/177, S. 25.
[21] *Hirsch*, ZRP 1998, S. 10 (13).
[22] *Hirsch*, a.a.O., S. 10 (13); *ders.*, BT-Plenarprotokoll 13/225, S. 20705.
[23] *Henrichs*, EuR 1987, S. 75 (81).
[24] BT-Drs. 13/9084, S. 11.
[25] *Hirsch*, ZRP 1998, S. 10 (13).
[26] *Hirsch*, a.a.O., S. 10 (13).
[27] *Hirsch*, a.a.O., S. 10 (13) m.w.N.

sollen, hätte man dies – so *Hirsch* – „ausdrücklich klarstellen müssen, wie das bei den Immunitätsregelungen von Europarat und WEU geschehen ist. So drängt sich hier der Umkehrschluß geradezu auf."[28]

Hirschs Hinweis auf die Beschränkung der Immunitätsgewährung bei den Immunitätsregelungen von Europarat und WEU auf im Rahmen der Befugnisse begangene Handlungen ist zutreffend. Diese explizite Beschränkung normieren nicht nur das Europarat- und das WEU-Übereinkommen, sondern beispielsweise auch das NATO-Übereinkommen und das Interpol-Sitzabkommen.[29]

Die Tatsache, dass das Europol-Immunitätenprotokoll keine entsprechende ausdrückliche Beschränkung des Immunitätsschutzes auf im Rahmen der Befugnisse begangene Handlungen normiert, ist kein Versehen, sondern beruht auf einer bewussten Entscheidung. Der unter italienischer Ratspräsidentschaft vorgelegte Entwurf des Europol-Immunitätenprotokolls vom 14. Februar 1996 normierte in Art. 11 Abs. 1 lit. b) explizit eine Beschränkung der Immunität auf diejenigen Handlungen und Äußerungen, die von den Europol-Bediensteten „strikt im Rahmen ihrer Befugnisse vorgenommen" werden.[30] In dem unter niederländischer Ratspräsidentschaft vorgelegten Entwurf des Europol-Immunitätenprotokollgesetzes, der inhaltlich weitgehend mit der geltenden Fassung des Europol-Immunitätenprotokolls übereinstimmt, war diese Immunitätsbeschränkung nicht mehr enthalten. Diese ersatzlose Streichung der Beschränkung der Immunität auf strikt im Rahmen der Befugnisse vorgenommene Handlungen drängt nicht nur – im Sinne der Begriffsterminologie *Hirschs* – den Umkehrschluss auf, sondern begründet geradezu, dass sich der Immunitätsschutz auch auf außerhalb der Befugnisse vorgenommene Handlungen und damit auf vorsätzliche strafbare Handlungen erstrecken soll.

Für die von *Hirsch* vertretene Auffassung spricht zudem folgende Erwägung:

Die Europol-Bediensteten genießen eine – im Bereich der Immunitätsgewährungen internationaler Organisationen und ihrer Bediensteten keineswegs übliche[31] zeitlich unbegrenzt, d.h. lebenslang fortbestehende funktionale Immunität (vgl. Art. 8 Abs. 1 lit. a) letzter Halbsatz Europol-Immunitätenprotokoll) (faktische Indemnität[32]). Diese hat ihren Ursprung im Bereich der diplomatischen Immunitätsgewährung.[33] Der unter italienischer Ratspräsidentschaft vorgelegte Vorentwurf des Europol-Immuntitätenprotokolls verdeutlicht die Absicht der Europol-Mitgliedstaaten, den Europol-Bediensteten einen dem diplomatischen Status inhaltlich weitgehend angeglichenen Immunitätsstatus zu verleihen.[34] Zudem hat *Kanther* in der Debatte zum Europol-Gesetz darauf hingewiesen, dass die Immunität der Europol-Bediensteten „heute von den Partnerländern eher im diplomatischen Status betrachtet"[35] wird.

Nach der Rechtsprechung des Bundesverfassungsgerichts erstreckt sich die fortbestehende funktionale diplomatische Immunität (vgl. Art. 39 Abs. 2 S. 2 WÜD) auch auf Amtshandlungen, die gegen das nationale (Straf-)Recht des Empfangsstaates

---

[28] *Hirsch*, ZRP 1998, S. 10 (13).
[29] Vgl. S. 87 f.
[30] Vgl. S. 46 f.
[31] Vgl. S. 89 f.
[32] Vgl. S. 106, 135 ff.
[33] Vgl. S. 60 ff.
[34] Vgl. S. 95.
[35] BT-Plenarprotokoll 13/198, S. 17901; vgl. S. 50.

verstoßen.[36] Für die Qualifizierung als dienstliche Handlung ist es – so das *Bundesverfassungsgericht* – unerheblich, ob die diplomatische Tätigkeit nach dem Recht des Empfangsstaates nur rechtswidrig oder auch strafbar ist und ob sie der Erfüllung diplomatischer Aufgaben dient.[37] Es sei gerade ein wesentlicher Inhalt der Immunität, dass der durch sie Geschützte der Strafgerichtsbarkeit des Empfangsstaates nicht unterworfen ist, solange sie besteht.[38] Wäre die Straftat eines Diplomaten per se nicht als dienstliche Tätigkeit zu bewerten, bliebe die fortwirkende Immunität inhaltsleer.[39]

b) Zwischenergebnis

Amtshandlungen und Zusammenhangshandlungen, die ein Europol-Bediensteter außerhalb seiner Zuständigkeit und seiner Befugnisse begeht sind immunitätsgeschützte Amtshandlungen im Sinne des Art. 8 Abs. 1 lit. a) EUV – auch dann, wenn es sich insoweit um vorsätzlich strafbare Handlungen handelt.

2. Lebenslange Immunität / (Faktische) Indemnität

Gemäß Art. 8 Abs. 1 lit. a) letzter Halbsatz Europol-Immunitätenprotokoll gilt die Immunität der Europol-Bediensteten auch nach Beendigung ihrer Tätigkeit als Mitglied eines Organs oder des Personals von Europol. Diese in inhaltlicher Anlehnung an die parlamentarische Indemnität normierte zeitlich unbegrenzt, d.h. lebenslang fortbestehende funktionale Immunität der Europol-Bediensteten ist sachlich nicht zu rechtfertigen.[40]

3. Art. 32 Europol-Übereinkommen i.V.m. Art. 2 § 8 Europol-Gesetz – Verpflichtung zur Verschwiegenheit und Geheimhaltung

Gemäß Art. 8 Abs. 1 lit. a) Europol-Immunitätenprotokoll gilt die Immunität der Europol-Bediensteten „unbeschadet des Artikels 32 Europol-Übereinkommen." Nach Art. 32 Abs. 4 Europol-Übereinkommen ist jeder Mitgliedstaat verpflichtet, eine Verletzung der in den Absätzen 2 und 3 genannten Verpflichtung zur Verschwiegenheit oder Geheimhaltung als einen Verstoß gegen seine Rechtsvorschriften über die Wahrung von Dienst- oder Berufsgeheimnissen oder seine Bestimmungen zum Schutz von Verschlusssachen zu behandeln. Diese Verpflichtung ist im deutschen Recht durch die Regelung des Art. 2 § 8 Europol-Gesetz umgesetzt worden.[41]

---

36 Vgl. S. 63 f; BVerfG NJW 1998, S.50 (52) m.w.N.; *Folz/Soppe*, NStZ 1996, S. 576 (578).
37 Vgl. S. 64.
38 Vgl. a.a.O.
39 Vgl. a.a.O.
40 Vgl. S. 135 f.
41 Vgl. BT-Drs. 13/7391, S. 11. Zum Wortlaut des Art. 2 § 8 Europol-Gesetz – siehe S. 9.

a) Beschränkung strafrechtlicher Immunität

Die Frage, welche Rechtsfolgen an die in Art. 8 Abs. 1 lit. a) Europol-Immunitätenprotokoll normierte Verweisung auf die Regelung des Art. 32 Europol-Übereinkommen knüpfen, wird unterschiedlich beurteilt.
Nach überwiegender Auffassung ist diese Verweisung als eine „Ausnahme“[42] bzw. „eine weitere Begrenzung“[43] der durch Art. 8 Abs. 1 lit. a) Europol-Immunitätenprotokoll gewährten Immunität zu bewerten,[44] so dass die Europol-Bediensteten im Falle der Begehung von Straftaten im Sinne des Art. 32 Europol-Konvention keine strafrechtliche Immunität genießen. Da sich die Tätigkeit Europols auf die Informationsverarbeitung beschränke, decke diese Ausnahme – so die *Bundesregierung* – „praktisch alle strafrechtlich relevanten Fälle ab.“[45] In der zweiten Beratung und Schlussabstimmung des Europol-Gesetzes hat *Kanther* diesbezüglich ausgeführt: Das Europol-Immunitätenprotokoll „gilt nicht für wesentliche Aspekte, die sich aus der Arbeit bei Amtsdelikten ergeben könnten. (...) Sie werden – wenn es überhaupt Anwendung finden muß – erleben, daß es weitgehend eine Regelung ist, die (...) Strafrechtsprobleme bei Dienstfahrten umfassen wird. Das wird der Anwendungsbereich der Immunität sein, oder man konstruiert sich weitreichende Beteiligungsdelikte jenseits der Realität.“[46]

Nach der Gegenauffassung begründet die in Art. 8 Abs. 1 lit. a) Europol-Immunitätenprotokoll enthaltene Verweisung auf die Regelung des Art. 32 Europol-Übereinkommen keine Beschränkung bzw. Ausnahme der Immunitätsgewährung, so dass eine Strafverfolgung wegen einer Verschwiegenheits- oder Geheimnisverletzung – ebenso wie in allen anderen Fällen strafbarer Amtshandlungen – nur nach vorheriger Immunitätsaufhebung möglich ist.[47] Nach dieser Auffassung ist zwischen der Tatbestandsebene und der Ebene der Verfolgungshindernisse zu differenzieren. Die in Art. 8 Abs. 1 lit. a) normierte Verweisung auf die Regelung des Art. 32 Europol-Übereinkommen sei lediglich als eine die Tatbestandsebene betreffende Erweiterung der nationalen Strafvorschriften zu interpretieren. Sie entfalte keine Rechtsfolgen für die in Art. 41 Europol-Übereinkommen normierte Immunität, da die Freistellung von gerichtlicher Verantwortlichkeit nicht der Tatbestandsebene, sondern der Ebene der Strafverfolgungshindernisse[48] zuzuordnen sei.[49]

---

[42] *Frowein*, BT-Innenausschuss-Drs. 13/177, S. 73; vgl. Denkschrift der Bundesregierung, BT-Drs. 13/9084, S. 11.

[43] *Hailbronner*, JZ 1998, S. 283 (284).

[44] Vgl. Denkschrift der Bundesregierung, BT-Drs. 13/9084, S. 11; *Lintner*, BT-Plenarprotokoll 13/207, S. 18935; Entschließungsantrag der SPD-BT-Fraktion, BT-Drs. 13/10203, S. 2; *Gleß*, EuR 1998, S. 748 (763); *Frowein*, BT-Innenausschuss-Drs. 13/177, S. 73; *Hailbronner*, JZ 1998, S. 283 (284); *Heuer*, BT-Innenausschuss-Drs. 13/177, S. 33; *Nehm*, BT-Innenausschuss-Drs. 13/177, S. 47; *Brechmann*, in: Calliess/Ruffert, Art. 30 EUV, Rdn. 21; *Voss*, schriftliche Stellungnahme des Deutschen Richterbundes zur BT-Sachverständigenanhörung zum Europol-Immunitätenprotokollgesetz.

[45] *Lintner*, BT-Plenarprotokoll 13/207, S. 18935.

[46] BT-Plenarprotokoll 13/198, S. 17901.

[47] Vgl. *Böse*, NJW 1999, S. 2416 (2417); *ders.*, in: Schwarze, Art. 30 EUV, Rdn. 7; *Ostendorf*, NJW 1997, S. 3418 (3420); *Mokros*, in: Lisken/Denninger, Kap. O, Rdn. 234.

[48] Zur Bewertung der Immunität als Prozess- bzw. Verfolgungshindernis – vgl. S. 100 ff.

Die Verwendung des Begriffs „unbeschadet“ als eine gegenüber dem Begriff der „Ausnahme“ schwächere Formulierung bringe zum Ausdruck, dass der Regelungsinhalt beider Vorschriften, d.h. sowohl der Regelung des Art. 32 Europol-Übereinkommen als auch der Regelung des Art. 41 Europol-Übereinkommen, gewahrt bleiben solle.[50] Zudem habe Art. 32 Europol-Übereinkommen nur eine „begrenzte Reichweite“,[51] da der Schutzzweck dieser Norm ausweislich des Wortlauts allein auf die Interessen Europols und nicht auf den Schutz des Einzelnen bzw. seiner Daten ausgerichtet sei.[52] Zur Begründung dieser Auffassung wird auch darauf verwiesen, dass die in § 8 Europol-Gesetz normierte strafrechtliche Gleichstellung der Europol-Bediensteten mit den Amtsträgern nicht „greifen“[53] würde, sofern die Europol-Bediensteten von der strafrechtlichen Immunität freigestellt werden würden.[54]

Diese Gegenauffassung ist kritisch zu bewerten. Der Begriff „unbeschadet“ kann zwar im Wege der grammatikalischen Auslegung in dem von dieser Auffassung vertretenen Sinne interpretiert werden.[55] Dieses Ergebnis ist jedoch mit einer historischen und teleologischen Auslegung dieser Norm nicht zu vereinbaren.
Nach eigenem Bekunden hatte sich die Bundesregierung in den Beratungen zum Europol-Übereinkommen bereits im Hinblick auf die voraussehbaren politischen Bedenken in der Bundesrepublik Deutschland für einen weitgehenden Ausschluss der strafrechtlichen Immunitätsgewährung im Europol-Übereinkommen ausgesprochen – zum Schutze der von der Datenverarbeitung betroffenen Bürgerinnen und Bürger.[56] Ausgehend von der – rechtlich unzutreffenden[57] – Annahme, dass sich die Tätigkeit der Europol-Bediensteten auf die Datenverarbeitung beschränke und Europol demnach weder operative noch exekutive oder hoheitliche Befugnisse habe, sah man im Rat im Rahmen der Beratung des Europol-Übereinkommens lediglich die Notwendigkeit, eine rechtsmissbräuchliche Datenverarbeitung (Verletzung der Verschwiegenheits- und Geheimhaltungspflicht) als ein strafbares Verhalten zu bewerten und infolgedessen die Mitgliedstaaten durch die Regelung des Art. 32 Abs. 4 Europol-Übereinkommen zur Sanktionierung derartiger Verhaltensweisen zu verpflichten. Demnach ist – auch im Wege der systematischen Auslegung – die Annahme berechtigt, dass sich der tatbestandliche Anwendungsbereich der in Art. 41 Abs. 1 Europol-Übereinkommen normierten Immunität nicht auf die in Art. 32 Europol-Übereinkommen aufgeführten strafbaren Verhaltensweisen erstreckt. Da das Europol-Immunitätenprotokoll die durch Art. 41 Abs. 1 Europol-Übereinkommen normierte Immunitätsgewährung lediglich inhaltlich konkretisiert, sollte mit der Verwendung des Begriffs „unbeschadet“ in Art. 8 Abs. 1 lit. a) Europol-Immunitätenprotokoll die durch Art. 41 Abs. 1 Europol-Übereinkommen restriktiv normierte Immunitätsgewährung für Europol-Bedienstete

---

49 Vgl. *Böse*, NJW 1999, S. 2416 (2416); *ders.*, in: Schwarze, Art. 30 EUV, Rdn. 7.
50 *Böse*, a.a.O., S. 2416 (2416).
51 *Böse*, a.a.O., S. 2416 (2416).
52 *Böse*, a.a.O., S. 2416 (2416 f).
53 *Ostendorf*, NJW 1997, S. 3418 (3420).
54 Vgl. *Ostendorf*, a.a.O., S. 3418 (3420).
55 Vgl. *Nachbaur*, KJ 1998, S. 231 (234).
56 Vgl. S. 20.
57 Vgl. S. 200 f.

verdeutlicht und zum Ausdruck gebracht werden, dass durch das Europol-Immunitätenprotokoll keine weitergehende Immunitätsgewährung erfolgen sollte.
Vor diesem Hintergrund ist es auch erklärlich, dass in Art. 9 Europol-Immunitätenprotokoll lediglich eine den zivilrechtlichen Bereich betreffende Ausnahme der Immunitätsgewährung normiert worden ist.[58]

Als Zwischenergebnis ist somit festzuhalten, dass die in Art. 32 Europol-Übereinkommen i.V.m. Art. 2 § 8 Europol-Gesetz normierten Fälle strafrechtlicher Verschwiegenheits- und Geheimnisverletzungen gemäß der Auffassung der Bundesregierung nicht dem tatbestandlichen Anwendungsbereich des Art. 8 Abs. 1 lit. a) Europol-Immunitätenprotokoll unterfallen und demnach als Ausnahmen von der strafrechtlichen Immunitätsgewährung zu bewerten sind.
Ob auch die Einschätzung der Bundesregierung zutreffend ist, dass durch diese Regelung praktisch alle strafrechtlich relevanten Fälle von der Immunitätsgewährung ausgenommen worden sind, so dass sich die strafrechtliche Immunität der Europol-Bediensteten – mit Ausnahme jenseits der Realität liegender weitreichender Beteiligungsdelikte – lediglich auf Strafrechtsprobleme bei Dienstfahrten erstreckt,[59] soll im Folgenden untersucht werden.

b) Nicht befugte Personen / Öffentlichkeit

Art. 32 Abs. 2 S. 1 Europol-Übereinkommen normiert eine Verschwiegenheits- und Geheimhaltungspflicht der Europol-Bediensteten gegenüber „allen nicht befugten Personen sowie gegenüber der Öffentlichkeit". Gemäß Art. 32 Abs. 2 S. 2 Europol-Übereinkommen gilt dies nicht für Tatsachen oder Angelegenheiten, die ihrer Bedeutung nach keiner Geheimhaltung bedürfen. Ob eine Information einen über den Grundschutzgrad (vgl. Art. 8 Abs. 1 Geheimschutzregelung für Europol-Informationen) hinausgehenden Geheimhaltungsgrad erhält und damit als geheimhaltungsbedürftig zu bewerten ist, bestimmen die Mitgliedstaaten, welche die jeweiligen Informationen an Europol übermitteln (vgl. Art. 9 Abs. 1 Geheimschutzregelung für Europol-Informationen).[60] Erfolgt demnach keine Bestimmung eines Geheimhaltungsgrads von Seiten des übermittelnden Mitgliedstaates, so existiert in Bezug auf die Verarbeitung dieser Daten mangels Anwendbarkeit der Regelung des Art. 32 Europol-Übereinkommen keine Ausnahme von der strafrechtlichen Immunitätsgewährung. Eine umfassende strafrechtliche Immunitätsgewährung existiert auch dann, wenn Europol die Daten bzw. Informationen an einen „befugten" Mitteilungsempfänger übermittelt hat. Ob ein Mitteilungsempfänger in einem Mitgliedstaat oder Drittstaat im Sinne des Art. 32 Abs. 2 Europol-Übereinkommen zum Datenempfang „befugt" oder „unbefugt" ist, bemisst sich nach dem jeweiligen nationalen Recht. Insbesondere im Falle der Datenübermittlung an Drittstaaten dürfte die Beurteilung dieser Frage mit

---

[58] A.A. *Nachbaur*, KJ 1998, S. 231 (234): „Zu fragen ist, warum neben der zivil- nicht auch die beabsichtigte strafrechtliche Ausnahme in diesem Artikel untergebracht worden ist."
[59] Vgl. insoweit auch *Frowein/Krisch*, BT-Innenausschuss-Drs. 13/177, S. 73.
[60] Vgl. S. 272 f.

(potentiellen) Auslegungs- und Zuordnungsschwierigkeiten verbunden sein.[61] Zudem besteht die Möglichkeit, durch eine extensive Ausgestaltung des Personenkreises befugter Mitteilungsempfänger den tatbestandlichen Anwendungsbereich des Art. 32 Abs. 2 Europol-Übereinkommen entsprechend weitgehend einzuschränken, so dass Europol-Bedienstete an eine Vielzahl befugter Empfänger unter voller strafrechtlicher Immunität auch falsche Informationen übermitteln dürften.
Insoweit gilt es zu berücksichtigen, dass dem immunitätsgeschützten Europol-Direktor eine vergleichsweise weitgehende Befugnis gewährt worden ist, aufgrund eigener Entscheidung die Übermittlung – auch höchstpersönlicher – personenbezogener Daten an Drittstaaten zu veranlassen und diese – befugten – Datenempfänger ihrerseits zur Übermittlung der Daten an Dritte zu ermächtigen.[62] Auf diesem Wege könnten Europol-Bedienstete mit uneingeschränkter strafrechtlicher Immunität auch (bewusst) falsche Informationen (weltweit) an „befugte" Datenempfänger übermitteln.

c) Sachlicher Anwendungsbereich des Art. 2 § 8 Europol-Gesetz

Entgegen der Ansicht der Bundesregierung ist der sachliche Anwendungsbereich des Art. 2 § 8 Europol-Gesetz teilweise kritisch bewertet worden. Nach Auffassung von *Meyer* (MdB SPD) begegnet diese Regelung „erheblichen rechtlichen Bedenken",[63] da beispielsweise diverse Straftatbestände zum Datenschutz und zum Schutz des persönlichen Lebens- und Geheimnisbereichs in diese Regelung nicht aufgenommen worden seien. Nach Auffassung von *Nachbaur* kann die in Art. 2 § 8 Europol-Gesetz normierte Sanktionierung von Verschwiegenheits- und Geheimhaltungspflichten der strafrechtlichen Immunitätsgewährung „nur zu einem kleinen Teil"[64] „ihre Brisanz"[65] nehmen.
Im Folgenden soll daher der sachliche Anwendungsbereich des Art. 2 § 8 Europol-Gesetz untersucht werden.

aa) Fehlen wesentlicher Straftatbestände?

Die dem Datenschutz und dem Schutz des persönlichen Lebens- und Geheimbereichs dienenden Straftatbestände der §§ 201 (Verletzung der Vertraulichkeit des Wortes), 202 (Verletzung des Briefgeheimnisses), 202 a (Ausspähen von Daten) StGB unterfallen nicht dem Tatbestand des Art. 2 § 8 Europol-Gesetz.

---

[61] Vgl. *Nehm*, BT-Innenausschuss-Drs. 13/177, S. 47: „Soweit es um die Verletzung von Verschwiegenheits- und Geheimhaltungspflichten geht, für die keine Immunität begründet sein soll (...) wird die Schwierigkeit darin bestehen zu beurteilen, ob der Mitteilungsempfänger – etwa in einem Mitgliedstaat nach dessen Recht – befugt oder unbefugt im Sinne des Art. 32 Abs. 2 EuropolÜbk war, oder aber zu bewerten, ob die weitergegebene Information ihrer Bedeutung nach der Geheimhaltung bedurfte."; *Sterzing*, BT-Plenarprotokoll 13/207, S. 18933.

[62] Vgl. S. 267 ff.

[63] BT-Rechtsausschuss-Prot. 13/97, S. 35; vgl. *Stadler*, BT-Plenarprotokoll 13/172, S. 15485, „Man wird (...) noch darüber sprechen müssen, ob die Fassung von § 8 schon der Weisheit letzter Schluß ist."

[64] *Nachbaur*, KJ 1998, S. 231 (234).

[65] *Nachbaur*, a.a.O., S. 231 (234).

In der zweiten Beratung und Schlussabstimmung des Europol-Gesetzes hat der Abgeordnete *Basten* (CDU/CSU) die von *Meyer* stellvertretend für die SPD-Bundestagsfraktion geäußerte Kritik, dass beispielsweise die Regelung des § 201 StGB nicht in den Katalog der in Art. 2 § 8 Europol-Gesetz aufgeführten Strafrechtsnormen aufgenommen worden sei,[66] als „völlig abwegige Vorstellung“[67] bezeichnet.[68] Europol habe keine Exekutivbefugnis.[69] Daher müsse davon ausgegangen werden, „daß durch eine Aufgabe, die Europol so gar nicht wahrnehmen kann – beispielsweise durch Datenerhebung, durch Abhöraktivitäten – eine Verletzung des § 201 StGB nicht erfolgen kann.“[70]

Die Kritik *Bastens* ist unzutreffend. Bereits nach der geltenden Europol-Konvention hat Europol Exekutivbefugnisse.[71] Zudem ist Europol potentiell in der Lage, kraft faktischer Sachherrschaft in (mit)täterschaftlicher Begehungsweise oder im Wege der Teilnahme eine Straftat im Sinne des § 201 StGB zu begehen.[72] Dass es sich im Falle einer derartigen Tatbeteiligung entgegen der Auffassung der Bundesregierung nicht um ein Beteiligungsdelikt jenseits der Realität handelt, verdeutlicht beispielsweise die Einlassung des Europol-Direktors anlässlich der Bundestags-Sachverständigenanhörung. Dort hatte *Storbeck* zur Rechtfertigung der Immunitätsgewährung mit Hinweis auf die Ausgestaltung und Rechtsfolgen der Analysetätigkeit der Europol-Bediensteten ausgeführt:

> „Zweiter Fall, an den man denken kann. Die Tatsache, daß Analytiker von Europol aufgrund ihrer Arbeit Hinweise geben, gegen wen konzentriert ermittelt werden sollte. Es ist die Frage: Sind das jetzt möglicherweise – falls die Beamten, die dann die Ermittlung durchführen, nicht ganz im Recht bleiben – Anstiftungen zu diesen Amtsdelikten, Anstiftungen zu den Maßnahmen. Nehmen wir einmal an, daß empfohlen wird, eine Telefonüberwachung in einem Staat durchzuführen. Der Analytiker weiß jetzt zufällig nicht, daß in dem betreffenden Staat die Telefonüberwachung gar nicht oder unter den Voraussetzungen nicht zulässig ist.“[73]

Folglich ist die potentielle Verletzung der Vertraulichkeit des Wortes im Sinne des § 201 StGB durch eine immunitätsgeschützte Amtshandlung Europol-Bediensteter entgegen der von *Basten* vertretenen Auffassung keine „völlig abwegige“, sondern eine real existierende Möglichkeit. Eine vergleichbare potentielle Gefahrenlage besteht auch im Hinblick auf die Verwirklichung der in den §§ 202, 202 a StGB normierten Straftatbestände.

---

66 Vgl. insoweit auch *v. Plottnitz*, BR-Plenarprotokoll 718. Sitzung vom 07.11. 1997, S. 508 f.

67 *Basten*, BT-Plenarprotokoll 13/198, S. 17906.

68 Vgl. *Krause* (Abteilungsleiter BMI), BT-Rechtsausschuss-Prot. 13/97, S. 38: „Im Gegensatz zur Fraktion der SPD vertrete er die Auffassung, daß § 201 StGB nicht in diese Vorschrift habe aufgenommen werden können, da dieser keinen Bezug zu Amtspflichtverletzungen habe.“

69 *Basten*, BT-Plenarprotokoll 13/198, S. 17906; vgl. *Krause*, BT-Rechtsausschuss-Prot. 13/97, S. 38.

70 *Basten*, a.a.O., S. 17906.

71 Vgl. S. 319 ff.

72 Vgl. S. 198, 238 ff.

73 *Storbeck*, BT-Innenausschuss-Prot. 13/75, S. 60.

bb) Tatbestandlich erfasste Straftatbestände

(1) §§ 203 Abs. 2, 353 b Abs. 1, 204 StGB

Dem Tatbestand des Art. 2 § 8 Europol-Gesetz unterfallen unter anderem die Verletzung von Privatgeheimnissen gemäß § 203 Abs. 2 S. 1 Nr. 1, S. 2, Abs. 4 und 5 StGB sowie Dienstgeheimnissen gemäß § 353 b Abs. 1 S. 1 Nr. 1, S. 2, Abs. 3 und 4 StGB sowie die Verwertung fremder Geheimnisse gemäß § 204 Abs. 1 StGB.

(a) „Offenbaren" – §§ 203 Abs. 2 , 353 b Abs. 1 StGB

Die Regelungen der §§ 203 Abs. 2, § 353 b Abs. 1 StGB sanktionieren das unbefugte Offenbaren eines fremden (Dienst-)Geheimnisses. Ein Offenbaren im Sinne dieser Normen liegt nur vor, sofern ein (Dienst-)Geheimnis einem Dritten bzw. Unbefugten mitgeteilt bzw. „in irgendeiner Weise"[74] an einen Dritten gelangt oder öffentlich bekanntgemacht,[75] d.h. einer unbestimmten Personenmehrheit die Kenntnisnahme von dem Geheimnis selbst ermöglicht worden ist.[76]
Demnach finden diese Regelungen keine Anwendung, wenn die Datenverarbeitung Europols ausschließlich intern erfolgt, d.h. sofern keine Informationen an Dritte übermittelt oder in sonstiger Weise an diese gelangen und auch keine öffentliche Bekanntmachung der Informationen erfolgt. Dies bedeutet, dass der gesamte Bereich der Analysetätigkeit Europols dem Tatbestand dieser Normen nicht unterfällt. Die Analysetätigkeit Europols dient der Gewinnung neuer (personenbezogener) Informationen und Erkenntnisse, die in nationale Ermittlungen einfließen bzw. diese initiieren können. Im Rahmen seiner Analysetätigkeit ist Europol zu eigenständigen Ermittlungen im Rahmen seines einzigartigen unionsweiten Datenpools berechtigt. Solange die im Wege der Analyse erzielten Erkenntnisse nicht an Dritte übermittelt werden, scheidet per se ein Offenbaren im Sinne der vorstehend genannten Normen aus. Nach der ratio legis liegt ein Offenbaren aber auch dann nicht vor, wenn Europol (personenbezogene) Daten gemäß den geltenden Bestimmungen an die jeweiligen Empfangsberechtigten übermittelt.[77] In diesen Fällen entfällt die Strafbarkeit nicht erst unter Rückgriff auf das Merkmal „unbefugt", d.h. das allgemeine Deliktsmerkmal der Rechtswidrigkeit,[78] sondern infolge des Tatbestandsausschlusses.[79] Infolgedessen ist auch die Einspeicherung von (personenbezogenen) Informationen in das Informationssystem, die Europol durch seine Analysetätigkeit gewonnen hat oder die von Drittstaaten/-stellen an Europol übermittelt worden sind, kein tatbestandsmäßiges Offenbaren im Sinne der §§ 203, 353 b StGB, obgleich diese Informationen im online-Verfahren von einer Vielzahl von Zugriffsberechtigten jederzeit abgerufen werden können. Im Wege der restriktiven Begriffsinterpretation ist das Offenbaren eines Geheimnisses stets zu verneinen, „sofern das Geheimnis nicht einer bestimmten Person, sondern einer

---

74 Sch/Sch-*Lenckner/Perron*, § 353 b, Rdn. 8.
75 Vgl. Sch/Sch-*Lenckner/Perron*, § 353 b, Rdn. 8; Sch/Sch-*Lenckner*, § 203, Rdn. 19; *Fischer*, § 203 Rdn. 26, § 353 b, Rdn. 9.
76 Vgl. *Fischer*, § 94 Rdn. 4.
77 Vgl. Sch/Sch-*Lenckner/Perron*, § 353 b, Rdn. 8.
78 Vgl. Sch/Sch-*Lenckner/Perron*, a.a.O., Rdn. 21.
79 Vgl. Sch/Sch-*Lenckner/Perron*, a.a.O., Rdn. 8.

Einrichtung (...) anvertraut ist, und wo für die interne Weitergabe Entsprechendes gelten muß wie bei Behörden."[80] Denn ein Geheimnis bleibt auch dann noch ein solches, wenn der Kreis der Personen, die dieses Geheimnis kennen „wenigstens noch ohne weiteres überschaubar und in gewissem Umfang damit zugleich kontrollierbar ist."[81] Überschritten wird diese Grenze, sofern das Geheimnis so vielen anderen bekannt geworden ist, dass es „nichts mehr verschlägt, wenn noch weitere davon erfahren"[82] und es für jedermann wahrnehmbar wäre.[83]
Zwar sind vergleichsweise viele zugriffsberechtigt für das Europol-Informationssystem, jedoch gilt diese Zugriffsberechtigung nicht für jedermann, so dass in dieses System eingestellte Geheimnisse rechtlich weiterhin als solche zu bewerten sind.

Fazit:
Die rechtmäßige Übermittlung personenbezogener Daten bzw. das rechtmäßige Speichern derartiger Informationen im Europol-Informationssystem ist kein tatbestandsmäßiges Offenbaren im Sinne der §§ 203, 353 b StGB. Zudem ist die Analysetätigkeit Europols, d.h. die Kern- bzw. Haupttätigkeit des Europäischen Polizeiamtes, per se kein tatbestandsmäßiges Handeln im Sinne dieser Normen.

(b) § 353 b StGB – Anwendungsbeschränkungen gemäß Art. 2 § 8 S. 2 Europol-Gesetz

Die Anwendbarkeit des § 353 b StGB wird durch die Regelung des Art. 2 § 8 S. 2 Europol-Gesetz eingeschränkt. Demnach kann ein Europol-Bediensteter für das unbefugte Offenbaren eines Dienstgeheimnisses, das ihm während seiner Tätigkeit bei Europol bekanntgeworden ist, nach § 353 b StGB strafrechtlich nur verfolgt werden, wenn ein Strafverlangen des Europol-Direktors vorliegt und die Bundesregierung die Ermächtigung zur Strafverfolgung erteilt hat (vgl. Art. 2 § 8 S. 2 Europol-Gesetz).
In der Beratung des Rechtsausschusses des Deutschen Bundestages zum Europol-Gesetz hat *Meyer* (MdB SPD) diese Anwendungsbeschränkungen kritisch bewertet. Der Europol-Direktor gerate insoweit nicht nur „in erhebliche Loyalitätskonflikte".[84] Da er bei seiner Entscheidung nicht an die nationalen Gesetze, sondern lediglich an die Regelungen des Europol-Übereinkommens gebunden sei, „klaffe hier eine beachtliche Gesetzeslücke".[85] *Basten* (MdB CDU/CSU) hat diese Kritik als unbegründet bewertet, da auch in § 353 b StGB die Strafverfolgung an die Ermächtigung der vorgesetzten Behörde gebunden sei. Dies sei „eben nur nachgebildet und auf die Verhältnisse bei Europol übertragen worden."[86]

---

[80] Sch/Sch-*Lenckner*, § 203, Rdn. 19.
[81] Sch/Sch-*Lenckner*, a.a.O., Rdn. 6.
[82] Sch/Sch-*Lenckner*, a.a.O., Rdn. 6.
[83] Sch/Sch-*Lenckner*, a.a.O., Rdn. 6.
[84] BT-Rechtsausschuss-Prot. 13/97, S. 35.
[85] BT-Rechtsausschuss-Prot. 13/97, S. 35; vgl. *Stadler*, BT-Plenarprotokoll 13/172, S. 15485: „Soll denn wirklich eine Straftat nach § 353 b StGB, also bei Geheimnisbruch, nur auf ein Strafverlangen des Direktors von Europol hin und mit Ermächtigung der Bundesregierung verfolgbar sein? Das erscheint mir doch sehr problematisch."
[86] BT-Plenarprotokoll 13/198, S. 17906.

Diese Kritik vermag nicht zu überzeugen. Die Behauptung, der in Art. 2 § 8 S. 2 Europol-Gesetz normierte Ermächtigungsvorbehalt des Direktors von Europol sei der Regelung des § 353 b StGB nachgebildet und auf die Verhältnisse bei Europol übertragen worden, ist unzutreffend. Im Gegensatz zu den zur Ermächtigung befugten Personen im Sinne § 353 b Abs. 4 S. 2 StGB genießt der Europol-Direktor für seine auf den Ermächtigungsvorbehalt des Art. 2 § 8 S. 2 Europol-Gesetz gestützte Entscheidung umfassende Immunität im Sinne des Art. 8 Abs. 1 lit. a) Europol-Immunitätenprotokoll, da diese Entscheidung eine immunitätsgeschützte Amtshandlung des Europol-Direktors ist. Aufgrund seines Immunitätsschutzes kann der Europol-Direktor auch für eine (vorsätzlich) rechtswidrige Versagung der Ermächtigung zur Strafverfolgung strafrechtlich nicht zur Verantwortung gezogen werden.

(c) Verwerten – § 204 Abs. 1 StGB

Das missbräuchliche Verwerten eines Geheimnisses ohne Offenbaren ist nicht nach § 203 Abs. 1, sondern lediglich nach § 204 Abs. 1 StGB strafbar.[87]
Die Verwertung eines fremden Geheimnisses ist nur dann tatbestandsmäßig im Sinne des § 204 Abs. 1 StGB, wenn eine eigene wirtschaftliche Nutzung des in dem Geheimnis verkörperten Werts zum Zweck der Gewinnerzielung erfolgt, gleichgültig, ob dies zum eigenen oder fremden Vorteil geschieht.[88]
Demnach ist jede nichtwirtschaftliche Verwertung, z.B. zu politischen Zwecken[89] oder zum Zweck der Erpressung des Geheimnisträgers vom Tatbestand des § 204 Abs. 1 StGB ausgenommen.[90] Infolgedessen wären beispielsweise die mutmaßlich in Österreich zu Erpressungs- und politischen Diffamierungszwecken erfolgten Datenmissbräuche im polizeilichen Informationssystem EKIS[91] keine strafbaren Verwertungen fremder Geheimnisse im Sinne des § 204 StGB. Das Verwerten eines Geheimnisses im Sinne dieser Norm ist nicht gleichbedeutend mit der wirtschaftlichen Ausnutzung der Kenntnis eines Geheimnisses.[92] Das Verwerten eines Geheimnisses liegt vielmehr erst dann vor, wenn der Täter die den Gegenstand des Geheimnisses bildenden wirtschaftlichen Nutzungsmöglichkeiten selbst in der Absicht realisiert, daraus unmittelbar und auf Kosten des – dadurch entsprechend entreicherten – Geheimnisträgers Gewinn zu ziehen und die Handlung zumindest geeignet ist, eine solche Vermögensverschiebung herbeizuführen.[93]
Folglich ist beispielsweise die korruptionsbedingte, d.h. eine rechtswidrige entgeltliche Übermittlung (personenbezogener) Daten durch Europol-Bedienstete an Unbefugte keine tatbestandsbestandsmäßige Verwertungshandlung im Sinne des § 204 Abs. 1 StGB.

---

[87] *Fischer*, § 353 b, Rdn. 9.
[88] Sch/Sch-*Lenckner*, § 204, Rdn. 5/6.
[89] Vgl. *Fischer*, § 204 Rdn. 3 „z.B. ein Verwerten für einen politischen Angriff oder ähnliche Fälle".
[90] Sch/Sch-*Lenckner*, § 204, Rdn. 5/6, *Fischer*, § 204, Rdn. 3.
[91] Vgl. S. 281 f.
[92] Sch/Sch-*Lenckner*, § 204, Rdn. 5/6.
[93] Sch/Sch-*Lenckner*, a.a.O.

(2) § 205 StGB

Gemäß § 205 Abs. 1 StGB wird eine Straftat im Sinne der §§ 203, 204 StGB nur auf Antrag verfolgt. Notwendige Voraussetzung für diese Antragstellung ist die Kenntnis des Antragsberechtigten von der begangenen strafbaren Handlung. Da Europol rechtlich nicht verpflichtet ist, die von der Datenverarbeitung Betroffenen über die durchgeführte Verarbeitung ihrer Daten zu benachrichtigen, wird die Möglichkeit der Kenntniserlangung eines potentiellen Antragsberechtigten von der gegen ihn begangenen Straftat zumindest eingeschränkt.[94]

cc) Schlussfolgerungen / Bewertung

Die Erhebung, Speicherung und interne Verarbeitung (personenbezogener) Daten durch Europol unterfällt nicht dem sachlichen Anwendungsbereich des Art. 2 § 8 Europol-Gesetz. Infolgedessen genießen die Europol-Bediensteten, insbesondere bezogen auf den gesamten Bereich der Analysetätigkeit, eine umfassende strafrechtliche Immunität, so dass beispielsweise auch die unbefugte Erstellung von Persönlichkeits- oder Charakterprofilen Betroffener unter rechtswidriger Verwendung deren höchst sensibler personenbezogener Daten strafrechtlich nicht geahndet werden kann. Würde Europol derart rechtswidrig gewonnene Analyseergebnisse in das Europol-Informationssystem einstellen oder an national zuständige Ermittlungsbehörden zwecks Unterstützung bzw. Initiierung nationaler Ermittlungen übermitteln, fände auch insoweit die Regelung des Art. 2 § 8 Europol-Gesetz keine Anwendung, da die Einspeicherung in das Europol-Informationssystem keine sanktionsfähige Datenübermittlung im Sinne der dieser Regelung unterfallenden Straftatbestände darstellt und die Übermittlung rechtswidrig gewonnener Analyseergebnisse an national zuständige Stellen nicht als Datenübermittlung an unbefugte Personen im Sinne des Art. 32 Abs. 2 S. 1 Europol-Übereinkommen zu bewerten ist. Um eine rechtswidrige interne Datenverarbeitung Europols und die Speicherung derart gewonnener Daten im Europol-Informationssystem strafrechtlich sanktionieren zu können, hätte dem sachlichen Anwendungsbereich des Art. 2 § 8 Europol-Gesetz eine der Regelung des § 43 Bundesdatenschutzgesetz (BDSG) entsprechende Strafnorm unterstellt werden müssen, die nicht nur die unbefugte Datenübermittlung, sondern auch das unbefugte Speichern und Bereithalten personenbezogener Daten zum Abruf mittels eines automatisierten Verfahrens sanktioniert. Das Fehlen einer entsprechenden Regelung führt dazu, dass Europol-Bedienstete aufgrund ihres strafrechtlichen Immunitätsschutzes für entsprechende (vorsätzlich) rechtswidrige Datenverarbeitungen strafrechtlich nicht zur Verantwortung gezogen werden können, während beispielsweise eine vergleichbare Verhaltensweise von BKA-Bediensteten strafrechtlich sanktioniert werden könnte.

Unter strafrechtlichem Immunitätsschutz könnten Europol-Bedienstete in (vorsätzlich) rechtswidriger Weise auch interne Datenverarbeitungen, insbesondere Analyse-

[94] Vgl. *Nachbaur*, KJ 1998, S. 231 (235) Fn. 31: „Die §§ 203, 204 StGB (...) laufen also in all den Fällen leer, in denen der Verletzte von der unbefugten Datenübermittlung bzw. Datenverwertung nichts erfährt."

tätigkeiten, durchführen, die sich auf Straftaten erstrecken, für deren Verhütung bzw. Bekämpfung Europol (noch) nicht zuständig ist. Die Regelung des Art. 13 S. 2 Europol-Übereinkommen schafft hierfür – so *Nachbaur* – geradezu einen „Anreiz“,[95] da diese Regelung Europol explizit zur Übermittlung von Informationen und Erkenntnissen über andere Straftaten von erheblicher Bedeutung berechtigt, die Europol bei der Wahrnehmung seiner Aufgaben bekannt werden. Gestützt auf diese Regelung bliebe die Übermittlung (rechtswidrig) gewonnener „Zufalls“-Erkenntnisse[96] straflos, da die Übermittlung nicht „unbefugt“ im Sinne der §§ 203, 353 b StGB erfolgen würde.

Resümierend ist festzustellen, dass Art. 32 Europol-Übereinkommen i.V.m. Art. 2 § 8 Europol-Gesetz eine tatbestandlich restriktiv normierte Ausnahme der strafrechtlichen Immunität begründet.[97] Von diesem Ausnahmetatbestand werden insbesondere solche Taten nicht erfasst, welche die Weitergabe falscher Informationen an befugte Personen betreffen. Darunter fallen beispielsweise die üble Nachrede (§ 186 StGB), die Verleumdung (§ 187 StGB) und die Verfolgung Unschuldiger (§ 344 StGB).[98]
Da Europol zur Übermittlung auch höchst sensibler personenbezogener Daten an Drittstaaten /-stellen berechtigt ist und der Europol-Direktor in dieser Hinsicht eine weitgehende Entscheidungsbefugnis zur Datenübermittlung besitzt und darüber hinaus den Datenempfänger zur Weiterleitung der empfangenen Daten an Dritte ermächtigen darf, besitzt der Europol-Direktor eine vergleichsweise weitgehende Möglichkeit, den Kreis der „befugten“ Datenempfänger kraft eigener – immunitätsgeschützter – Entscheidung zu gestalten bzw. auszudehnen und somit den durch Art. 32 Europol-Übereinkommen i.V.m. Art. 2 § 8 Europol-Gesetz restriktiv normierten Anwendungsbereich der strafrechtlichen Verantwortlichkeit der Europol-Bediensteten weitergehend einzuschränken. Letztlich wäre es möglich, den sachlichen Anwendungsbereich der strafrechtlichen Verantwortlichkeit der Europol-Bediensteten auf diesem Wege „zu umgehen“ bzw. „leerlaufen zu lassen“, indem einem unmittelbaren Datenempfänger von Europol (rechtswidrig) die Befugnis zum Datenempfang gewährt werden würde und dieser seinerseits – entweder gestützt auf eine (rechtswidrige) explizite Ermächtigung Europols oder ausschließlich auf der Grundlage des jeweiligen nationalen Rechts – diese von Europol übermittelten Daten an Dritte weiterleiten dürfte. Auf diese Weise könnten beispielsweise von Europol übermittelte höchst sensible personenbezogene Daten auch an (unbefugte) Dritte gelangen, an die Europol diese Daten unmittelbar nicht hätte übermitteln dürfen.

d) Unverletzlichkeit der Archive

Die Herausnahme der Verletzung von Verschwiegenheits- und Geheimhaltungspflichten aus der strafrechtlichen Immunität „bedeutet“ – so *Hirsch* – „eigentlich gar

---

[95] *Nachbaur*, KJ 1998, S. 231 (235).
[96] *Nachbaur*, a.a.O., S. 231 (235).
[97] Vgl. *Nachbaur*, a.a.O., S. 231 (236): „Vom engen (und eher theoretischen) Anwendungsbereich der §§ 203, 204 und 353 b StGB abgesehen wirkt die den Europol-Beamten zugebilligte Immunität umfassend.“
[98] Vgl. *Frowein*, BT-Innenausschuss-Drs. 13/177, S. 73.

nichts",[99] da der Nachweis einer Pflichtverletzung durch die in Art. 3 Europol-Immunitätenprotokoll normierte Unverletzlichkeit der Archive „praktisch ausgeschlossen"[100] sei.[101]
In der Anhörung des Deutschen Bundestages zum Europol-Immunitätenprotokollgesetz hat der Sachverständige *Frowein* die Auffassung vertreten, dass „bei systematisch teleologischer Auslegung alles dafür spricht, daß die Verpflichtung des Direktors, die für die Immunitätsaufhebung besteht, auch für die Öffnung der Archive dort, wo sie unproblematisch möglich ist, existieren muß. Aber dies ist nicht klar."[102]
Diese Auslegung *Froweins* ist nicht nur hinsichtlich der behaupteten „Verpflichtung des Europol-Direktors" zur Immunitätsaufhebung kritisch zu hinterfragen. Sie enthält zugleich eine wesentliche Einschränkung der mutmaßlichen Pflicht zur Öffnung der Archive, da diese nur bestehen soll, sofern die Öffnung „unproblematisch" möglich ist. Zudem hat *Frowein* die Geltung dieser von ihm favorisierten Auslegung mit dem ausdrücklichen Hinweis „Aber dies ist nicht klar" zumindest in Zweifel gezogen. Zweifel an der Geltung dieser Auslegung sind sowohl in historischer als auch teleologischer Hinsicht begründet. Der von der italienischen Ratspräsidentschaft vorgelegte Vorentwurf des Europol-Immunitätenprotokolls vom 14. Februar 1996[103] normiert in Art. 4 S. 2 folgende Einschränkung der Unverletzlichkeit der Archive: „Jedoch kann eine Beschlagnahme von Schriftstücken von Europol, die von den Justizbehörden der Mitgliedstaaten angeordnet wurde, im Beisein des Direktors von Europol unter Wahrung der im Europol-Übereinkommen vorgesehenen Geheimhaltungsverpflichtungen vorgenommen werden."
Diese auf einem Vorschlag der französischen Delegation beruhende Regelung wurde auch in die Beratungen zur Entwurfsfassung vom 11. Februar 1997 eingebracht.[104] Die Tatsache, dass diese Beschränkung der Unverletzlichkeit der Archive im geltenden Europol-Übereinkommen nicht mehr enthalten, d.h. ersatzlos gestrichen worden ist, verdeutlicht den (mehrheitlichen) Willen der Mitgliedstaaten, den amtlichen Papieren, Schriftstücken und sonstigem amtlichen Material der Europol-Bediensteten einen möglichst weitgehenden, uneingeschränkten Schutz zu verleihen. Insofern erscheint es erklärlich, dass der Vertreter Interpols, *Souheil El Zein*, in der Sachverständigenanhörung des Deutschen Bundestages die Unverletzlichkeit der Interpolarchive und Dateien als „eine fast absolute Sache"[105] bezeichnet und auch *Frowein* insoweit eingeräumt hat: „Die Archivproblematik, das möchte ich ganz deutlich sagen, sehe ich sehr ähnlich wie der Vertreter von Interpol".[106]
Angesichts dessen ist die von *Hirsch* geäußerte Einschätzung, die Herausnahme der Verletzung von Verschwiegenheits- und Geheimhaltungspflichten aus der strafrecht-

---

[99] *Hirsch*, ZRP 1998, S. 10 (13).
[100] *Hirsch*, a.a.O., S. 10 (13).
[101] Vgl. auch *Nachbaur*, KJ 1998, S. 231 (236). Anmerkung: Gemäß Art. 8 Abs. 1 lit. b) Europol-Immunitätenprotokoll genießen die Mitglieder der Organe und des Personals von Europol „Unverletzlichkeit all ihrer amtlichen Papiere, Schriftstücke und anderen amtlichen Materials."
[102] BT-Innenausschuss-Prot. 13/75, S. 45.
[103] Vgl. S. 46.
[104] Vgl. S. 49.
[105] BT-Innenausschuss-Prot. 13/75, S. 50.
[106] BT-Innenausschuss-Prot. 13/75, S. 55.

lichen Immunität bedeute „eigentlich gar nichts",[107] da der Nachweis einer Pflichtverletzung durch die in Art. 3 Europol-Immunitätenprotokoll normierte Unverletzlichkeit der Archive „praktisch ausgeschlossen"[108] sei, zumindest als nicht gänzlich unbegründet zu bewerten.

II. Zwischenergebnis

Die Behauptung der Bundesregierung, durch die Regelung des Art. 32 Europol-Übereinkommen seien die „wichtigsten strafrechtlichen Anwendungsfälle"[109] aus der Immunitätsgewährung ausgenommen,[110] ist unzutreffend. Gleiches gilt für die zur Legitimierung der Immunitätsgewährung vorgetragene Behauptung, dass ein Europol-Bediensteter, selbst wenn er es wollte, kaum Gelegenheit habe, Straftaten zu Lasten einzelner Bürger zu begehen, und dass das Europol-Immunitätenprotokoll weitgehend eine Regelung sei, die Strafrechtsprobleme bei Dienstfahrten umfasse.
Wenn ein Europol-Bediensteter es wollte, bestände für ihn in vielfacher Hinsicht Gelegenheit, unter dem Schutz strafrechtlicher Immunität (vorsätzliche) Straftaten zu Lasten einzelner Bürger zu begehen, die sich nicht nur auf den Bereich von Dienstfahrten (vorsätzliche/fahrlässige Tötung/Verletzung eines anderen Verkehrsteilnehmers etc.) beschränken würden. Da sich der sachliche Anwendungsbereich des Art. 2 § 8 Europol-Gesetz lediglich auf die Regelungen der §§ 203, 204, 205, 353 b StGB erstreckt, nicht jedoch sonstige datenverarbeitungsspezifische Strafvorschriften, beispielsweise die §§ 202 a (Ausspähen von Daten), 303 a (Datenveränderung), 269 (Fälschung beweiserheblicher Daten), umfasst, und zudem die Anwendbarkeit der dem Tatbestand dieser Ausnahmeregelung unterfallenden Strafnormen durch Europol bewusst umgangen werden könnte, könnten Europol-Bedienstete bereits unmittelbar durch die Verarbeitung personenbezogener Daten datenverarbeitungsspezifische Straftaten gegenüber den betroffenen Bürgern begehen.
Über den Bereich der datenverarbeitungsspezifischen Strafvorschriften hinaus können Europol-Bedienstete unter dem Schutz strafgerichtlicher Immunität auch sonstige Straftaten begehen. Entgegen der Auffassung der Bundesregierung[111] handelt es sich insoweit nicht um die Konstruierung weitreichender Beteiligungsdelikte jenseits der Realität.
Die von Europol verarbeiteten Informationen, insbesondere die im Rahmen der Analysetätigkeit eigenständig gewonnenen Daten und Erkenntnisse, dienen der Unterstützung der national zuständigen Behörden. Infolgedessen können nationale Polizeibeamte aufgrund der von Europol übermittelten Informationen klassische exekutive Maßnahmen (vorläufige Festnahmen, Beschlagnahmen, Durchsuchungen, Telefonüberwachungen etc.) gegen Betroffene durchführen. Kraft überlegener Wissensherrschaft könnte Europol derartige Maßnahmen nicht nur gezielt initiieren, sondern auch faktische Sachherrschaft in nationalen Ermittlungsverfahren ausüben, mit der Folge,

---

[107] *Hirsch*, ZRP 1998, S. 10 (13).
[108] *Hirsch*, a.a.O., S. 10 (13).
[109] *Kanther*, Innenpolitik, Nr. VI/1997, S. 4.
[110] Vgl. *Kanther*, a.a.O., S. 4.
[111] Vgl. auch *Daub*, S. 86 (96): „Bei den dann eher theoretisch verbleibenden Fällen (...)."

dass die zuständigen nationalen Behörden faktisch als unselbständige Erfüllungsgehilfen fungieren würden.
Demnach ist die Verwirklichung von Straftatbeständen wie beispielsweise die Verletzung der Vertraulichkeit des gesprochenen Wortes (§ 201 StGB), Hausfriedensbruch (§ 123 StGB) oder Freiheitsberaubung (§ 239 StGB) in mittelbarer Täterschaft durch Europol-Bedienstete durchaus realistisch vorstellbar.[112] Dies gilt ebenso für die strafbare Teilnahme an diesen Delikten sowie die mittäterschaftliche Begehungsweise im Falle des kollusiven Zusammenwirkens mit nationalen Polizei- bzw. Ermittlungskräften.
Entgegen der Auffassung des Europol-Direktors resultiert aus der begrifflichen Beschränkung der Immunitätsgewährung auf „Amtshandlungen" keine bedeutende Einschränkung der Immunität, da auch (vorsätzliche) Amtshandlungen und Zusammenhangshandlungen, für die ein Europol-Bediensteter nicht sachlich und örtlich zuständig ist, als immunitätsgeschützte Amtshandlungen im Sinne des Art. 8 Abs. 1 lit. a) Europol-Immunitätenprotokoll zu bewerten sind.

Resümierend kann die Immunität der Europol-Bediensteten entgegen der in der Sachverständigenanhörung des Deutschen Bundestages zum Europol-Immunitätenprotokollgesetz geäußerten Einschätzung *Nehms* derzeit nicht als „praktisch unschädlich"[113] bewertet werden.

B. Legitimierung der Immunitätsgewährung

I. Notwendigkeit?

Die Bundesregierung hat die Immunitätsgewährung für Europol-Bedienstete unter anderem damit gerechtfertigt, dass Europol nach der geltenden Europol-Konvention nur als Datensammelstelle konzipiert worden sei,[114] so dass ein Europol-Bediensteter, der in der Datenzentrale tätig werde „nicht die Beziehung zum Bürger bei der Tat"[115] habe, Europol keine hoheitlichen Aufgaben und exekutiven Befugnisse habe,[116] die derzeitige Immunität im Falle der Aufgaben- bzw. Befugniserweiterung nicht fortgelten werde[117] und es der deutschen Delegation gelungen sei, „wesentliche Einschränkungen"[118] der Immunität „durchzusetzen",[119] so dass sich die Anwendbarkeit

---

[112] Vgl. S. 40 f; *Meyer*, BT-Innenausschuss-Prot. 13/75, S. 52: „Da stimmen wir doch wahrscheinlich überein, daß jede Datenübermittlung nach deutschem Strafrecht mit dem Risiko einmal der Strafbarkeit wegen übler Nachrede (...) verbunden sein kann. Dasselbe gilt wohl auch für den Fall von Festnahmen für die Strafbarkeit wegen Freiheitsberaubung in mittelbarer Täterschaft."; *Nachbaur*, KJ 1998, S. 231 (236); *Ostendorf*, NJW 1997, S. 3418 (3420): „Die Form der mittelbaren Täterschaft für Freiheitsentzug, indem falsche Daten weitergegeben oder in das Informationssystem eingegeben werden, ist leicht vorstellbar."
[113] *Nehm*, BT-Innenausschuss-Prot. 13/175, S.
[114] Vgl. *Lintner*, BT-Plenarprotokoll 13/225, S. 20704.
[115] *Kanther*, BT-Plenarprotokoll 13/198, S. 17901.
[116] Vgl. *Lintner*, BT-Plenarprotokoll 13/172, S. 15480.
[117] Vgl. *Lintner*, BT-Plenarprotokoll 13/225, S. 20704.
[118] *Funke* (PSt. BMJ), Antwortschreiben vom 04.07.1997 auf die schriftliche Frage von *Hofmann* (SPD) vom 19. Juni 1997 – Nr. 5/214.
[119] *Funke*, a.a.O.

des Europol-Immunitätenprotokolls „in der Praxis auf wenige Ausnahmefälle“[120] beschränken werde.
Wie bereits ausgeführt, sind diese Behauptungen unzutreffend und vermögen die Immunitätsgewährung zugunsten der Europol-Bediensteten nicht zu legitimieren.

Ferner hat die Bundesregierung zur Legitimierung der Immunitätsgewährung darauf hingewiesen, dass die Gewährung von Immunität für internationale Organisationen und deren Bedienstete „allgemeine völkerrechtliche Praxis“[121] sei, im Falle einer Vergemeinschaftung von Europol unmittelbar das EG-Immunitätenprotokoll gegolten hätte,[122] ihr keine Organisation bekannt sei, die „nicht über derartige Privilegien verfügen würde“[123] und die Gewährung von Immunität zur Sicherung der Unabhängigkeit und Funktionsfähigkeit Europols erforderlich sei.[124] Zudem hat sie als Vergleichsmaßstab insbesondere auf die Immunität von Interpol und seine Bediensteten verwiesen[125] und betont, dass die Immunitätsgewährung für Europol und seine Bediensteten im Verhältnis zu anderen internationalen Organisationen als „eine deutliche Verbesserung“[126] zu bewerten sei. Auch *Storbeck* hat in der Sachverständigenanhörung des Deutschen Bundestages auf den nur sehr eingeschränkten Umfang der Immunität verwiesen und betont, dass „mit dem Europol-Immunitätenprotokoll (...) eine wesentlich weiter eingeschränkte Immunität als bei jeder anderen vergleichbaren internationalen Organisation“[127] bestehe.

Auch diese Behauptungen der Bundesregierung vermögen die Immunitätsgewährung zugunsten der Europol-Bediensteten nicht zu legitimieren. Die Immunität der Europol-Bediensteten kann nicht mit Hinweis auf vergleichbare Immunitätsgewährungen für Bedienstete internationaler Organisationen gerechtfertigt werden.[128]
Das Europol-Immunitätenprotokoll nimmt im Bereich der im internationalen und europäischen Recht existierenden Immunitätsregelungen insoweit eine Sonderstellung ein, als es den Europol-Bediensteten eine vergleichsweise extensiv gefasste Immunität gewährt.[129] Insofern entspricht es nicht internationalem Standard.[130] Mit ihrer Behauptung, ihr sei keine Organisation bekannt, die nicht über derartige Privilegien verfügen würde, verkennt die Bundesregierung, dass beispielsweise die im Innendienst des Fonds für Rohstoffe tätigen Bediensteten keine Immunität genießen, ebenso wie die Bediensteten von Eurocontrol.[131] Insbesondere der Hinweis auf die den Interpol-Bediensteten gewährte Immunität vermag die extensiv gefasste Immunität der Europol-Bediensteten nicht zu legitimieren. Im Vergleich zu Europol ist der Auf-

---

[120] *Lintner*, BT-Plenarprotokoll 13/225, S. 20704.
[121] Denkschrift zum Europol-Immunitätenprotokoll, BT-Drs. 13/9084, S. 10.
[122] Vgl. Innenpolitik, Nr. VI/1997, S. 13.
[123] *Lintner*, BT-Plenarprotokoll 13/207, S. 18935.
[124] Vgl. Denkschrift zum Europol-Immunitätenprotokoll, BT-Drs. 13/9084, S. 10.
[125] Vgl. *Lintner*, BT-Plenarprotokoll 13/207, S. 18936.
[126] *Schelter*, Innenpolitik, Nr. VI/1997, S. 6.
[127] *Storbeck*, BT-Innenausschuss-Prot. 13/75, S. 10.
[128] Vgl. S. 75 ff.
[129] Vgl. S. 89 f.
[130] Vgl. S. 90.
[131] Vgl. S. 82 f.

gaben- und Befugnisrahmen Interpols erheblich restriktiver gefasst worden. So ist Interpol beispielsweise nicht zur Durchführung von (operativen) Analysen berechtigt, die eine wesentliche Tätigkeit Europols darstellen – mit (potentiell) weitreichenden und schwerwiegenden Rechtsfolgen für die Betroffenen. Zudem ist die Immunität der Interpol-Bediensteten auch in sonstiger Hinsicht restriktiver ausgestaltet worden. So normiert das Interpol-Sitzabkommen einen vollständigen Immunitätsausschluss für den Bereich der Teilnahme am Straßenverkehr und eine räumliche Beschränkung der Geltung der Immunität, ausschließlich bezogen auf das Gebiet des Sitzstaates der Organisation (Frankreich).[132]
Entgegen der Auffasssung des Europol-Direktors besteht mit dem Europol-Immunitätenprotokoll somit keine wesentlich weiter eingeschränkte Immunität als bei jeder anderen vergleichbaren internationalen Organisation, zumal die durch Art. 32 Europol-Übereinkommen i.V.m. Art. 2 § 8 Europol-Gesetz normierte Ausnahme von der strafrechtlichen Immunität lediglich einen sehr eng begrenzten, praktisch wenig relevanten Bereich von der strafrechtlichen Immunität ausnimmt und die Europol-Bediensteten im Gegensatz beispielsweise zu den UN-Bediensteten, den Bediensteten der WEU, der NATO oder des Europarats, eine sachlich nicht gerechtfertigte lebenslange Immunität und damit faktische Indemnität genießen.[133]

Der Hinweis der Bundesregierung, dass im Falle der Vergemeinschaftung Europols unmittelbar das EG-Immunitätenprotokoll gegolten hätte, vermag die Immunitätsgewährung zugunsten der Europol-Bediensteten ebenfalls nicht zu legitimieren. Diese Argumentation lässt außer acht, dass die Immunitätsgewährung zugunsten der EG-Bediensteten angesichts des weit fortgeschrittenen europäischen Integrationsprozesses[134] ihre ursprüngliche Legitimationsgrundlage verloren hat und als ein Anachronismus[135] zu bewerten ist.[136] Ausgehend von den Forderungen des Europarats nach Rückbesinnung auf das Kriterium der funktionalen Notwendigkeit im Rahmen der Immunitätsgewährung[137] ist eine Immunitätsgewährung für europäische Organisationen und ihre Bediensteten sachlich nicht mehr zu rechtfertigen.[138]

Ausweislich der Denkschrift der Bundesregierung zum Europol-Immunitätenprotokoll ist die Gewährleistung der Unabhängigkeit und Funktionsfähigkeit Europols eine wesentliche Begründung für die Immunität der Europol-Bediensteten.[139]
Ohne eine entsprechende Immunitätsgewährung könnte Europol nach Mitteilung des Europol-Direktors durch eine Flut von unsubstantiierten Strafanzeigen in verschie-

---

[132] Vgl. S. 83 f.
[133] Vgl. S. 89 f i.V.m. S. 135 ff.
[134] Vgl. S. 1 f.
[135] Vgl. *Nehm*, BT-Innenausschuss-Drs. 13/177, S. 48; *Frowein*, BT-Innenausschuss-Prot. 13/75, S. 15; *Hirsch*, ZRP 1998, S. 10 (11); *Stadler*, BT-Plenarprotokoll 13/207, S. 18933 f.
[136] Vgl. *Nehm*, a.a.O.; *Hirsch*, a.a.O., S. 10 (13); *Voss*, BT-Innenausschuss-Prot. 13/75, S. 14.
[137] Vgl. S. 92.
[138] Vgl. S. 93.
[139] Vgl. Denkschrift zum Europol-Immunitätenprotokoll, BT-Drs. 13/9084, S. 10; *Daub*, S. 86 (96).

denen Mitgliedstaaten praktisch lahmgelegt werden.[140] „Dies ist" – so *Storbeck* – „geradezu entnervend, das darf nicht sein."[141]
Ausgehend von dieser Sichtweise bleibt die Frage offen, warum nationale Polizeibeamte, die vergleichbaren potentiellen Beeinträchtigungen bzw. Gefährdungslagen ausgesetzt sind, – unstreitig – keine (strafrechtliche) Immunität genießen und auch nicht genießen sollen.[142] In zutreffender Weise hat Generalbundesanwalt *Nehm* anlässlich der Sachverständigenanhörung des Deutschen Bundestages diese Argumentation des Europol-Direktors als unbegründet bewertet, da die Tätigkeit Europols durch derartige Anzeigen nicht ernstlich behindert werden könnte[143] und auch *Lisken* hat insoweit kritisch angemerkt: „Das kann ein Polizeipraktiker schwerlich ernst nehmen."[144] Zudem hat *Nehm* betont: „Ein wirkliches Argument, das sachlich die Immunität für Europol-Personal im Kern und in ihrer Zwecksetzung tragen könnte, vermisse ich."[145]
Demgegenüber hat *Storbeck* die Immunität der Europol-Bediensteten auch damit gerechtfertigt, dass diese derzeit im Rahmen von fünfzehn unterschiedlichen Rechtssystemen arbeiten müssten, wobei sich die nationalen Rechtsnormen der Mitgliedstaaten teilweise sogar widersprechen würden.[146] Solange in der EU kein einheitliches Strafrecht, Strafprozessrecht, Polizeirecht und damit verbundene sonstige Gesetze existieren, könne nicht erwartet werden, dass ein Europol-Bediensteter jede einzelne Norm kenne.[147]
Auch diese Argumentation vermag nicht zu überzeugen. Wäre sie zutreffend, würde den Europol-Bediensteten durch die Bindung an das materielle Recht der Mitgliedstaaten[148] letztlich objektiv Unmögliches abverlangt. In zutreffender Weise haben beispielsweise *Lisken* und *Mokros* dargelegt, dass die Begründung *Storbecks* eine generelle Straflosstellung europaweit operierender Polizisten oder Agenten nicht

---

[140] Vgl. *Storbeck*, Interview Süddeutsche Zeitung vom 10.10.1997; *ders.*, BT-Innenausschuss-Drs. 13/177, S. 27: „Schließlich kann durch das Immunitätenprotokoll verhindert werden, daß EUROPOL-Bedienstete und möglicherweise ganze Organisationseinheiten von EUROPOL durch unsubstantiierte Strafanzeigen und daraufhin eröffnete Ermittlungsverfahren über Wochen und Monate von ihrer Arbeit abgehalten, ja funktionsuntüchtig werden."

[141] *Storbeck*, Interview Süddeutsche Zeitung vom 10.10.1997.

[142] Vgl. auch *Nehm*, BT-Innenausschuss-Prot. 13/75, S. 13: „Die Gefährdung der Funktionsfähigkeit z.B. müßte auch für nationale Strafverfolgungsbehörden in gleicher Weise gelten. Tatsächlich war aber z.B. die Bundesanwaltschaft nie der Gefahr ausgesetzt, durch Strafanzeigen in ihrer Arbeit behindert zu werden."

[143] *Nehm*, BT-Innenausschuss-Drs. 13/177, S. 48 f; *ders.*, BT-Innenausschuss-Prot. S. 13; vgl. auch *LfD-Niedersachsen*, Tätigkeitsbericht 1997/98, Punkt 10.5 – (http://www.lfd.niedersachsen.de/-aktuel...aetigkeitsbericht97-98/inhalt3_10.htm – Stand: 25.08.2000): „Niemand käme etwa auf die Idee, eine Einschränkung des Landeskriminalamts Niedersachsen deswegen anzunehmen, weil die Mitarbeiter keine Immunität besitzen."; *LfD-Schleswig-Holstein*, 20. Tätigkeitsbericht 1998, Punkt 4.2.3, (http://www.rewi.hu-berlin.de/Datenschutz/DSB/SH/material/tb/ tb20/kap4_2.html – Stand: 09.07.01).

[144] *Lisken*, DRiZ 1998, S. 75 (76).

[145] *Nehm*, BT-Innenausschuss-Drs. 13/177, S. 49.

[146] BT-Innenausschuss-Drs. 13/177, S. 28.

[147] *Storbeck*, BT-Innenausschuss-Drs. 13/177, S. 28; *ders.*, BT-Innenausschuss-Prot. 13/75, S. 10; vgl. *Frowein*, BT-Innenausschuss-Drs. 13/177, S. 73; *ders.*, BT-Innenausschuss-Drs. 13/75, S. 15, 39; *Lintner*, BT-Plenarprotokoll 13/172, S. 15480; *Marschewski*, BT-Plenarprotokoll 13/225, S. 20700.

[148] Vgl. Art. 12 Abs. 1 S. 2 Europol-Immunitätenprotokoll.

rechtfertigt. „Wer auf diesem Feld arbeitet, muß die Strafgesetze in verschiedenen Ländern kennen und achten."[149] In der Anhörung des Deutschen Bundestages hat auch der Sachverständige *Heuer* (Leiter der Polizei-Führungsakademie) die Argumentation *Storbecks* als nicht überzeugend bewertet und betont: „Aus meiner Sicht kann man Polizeiarbeit auch ohne Immunität machen. (...) an der Polizeiführungsakademie müssen wir mit unterschiedlichen Ländergesetzen umgehen, und wir schaffen es trotzdem."[150] In zutreffender Weise hat *Heuer* darauf hingewiesen, dass es sich insoweit um eine Ausbildungsfrage handelt.[151] Dass der polizeilichen Ausbildung auf europäischer Ebene bereits hohe Priorität eingeräumt worden ist, verdeutlicht insbesondere die Schlussfolgerung des Europäischen Rats in Tampere[152] zur Errichtung einer europäischen Polizeiakademie. „Man sollte die Bedeutung dieses Vorhabens" – so der heutige Bundesminister des Innern *Schily* – „nicht unterschätzen. Denn es kommt sehr wesentlich darauf an, daß die europäische Polizei gemeinsam ausgebildet wird."[153] Selbst wenn man die Argumentation Storbecks als zutreffend erachten würde, stellt sich die Frage, ob diese Rechtsproblematik nicht sachgerechter als durch eine umfassende Immunitätsgewährung hätte gelöst werden können.[154]

Die behauptete Notwendigkeit der strafrechtlichen Immunitätsgewährung zur Gewährleistung der Funktionsfähigkeit Europols vermag ausgehend von der - rechtlich unzutreffenden - Auffassung, dass Europol nach dem derzeitigen Europol-Übereinkommen als Datensammel- und -auswertungsstelle weder hoheitliche, exekutive, noch operative Aufgaben oder Befugnisse hat und durch die Strafbarkeit der Verletzung der Verschwiegenheits- und Geheimhaltungspflichten der wesentliche Bereich der strafrechtlich relevanten Fälle von der Immunität ausgenommen worden sind, erst recht nicht zu überzeugen. Denn ausgehend von dieser Sichtweise „drängt sich doch" – so *Sterzing* – „jedem, der über gesunden Menschenverstand verfügt, die Frage auf, warum überhaupt eine so weitgehende Immunitätenregelung erforderlich sein soll?"

Auch wenn man hypothetisch davon ausgeht, dass die Immunität der Europol-Bediensteten zur Gewährleistung der Unabhängigkeit und Funktionsfähigkeit Europols erforderlich ist, stellt sich zumindest die Frage, ob der Umfang der den Europol-Bediensteten durch Art. 8 Abs. 1 lit. a) Europol-Immunitätenprotokoll gewährten „Immunität von jeglicher Gerichtsbarkeit" (Art. 8 Abs. 1 lit. a) Europol-Überein-

---

[149] *Lisken/Mokros*, Vorgänge 1997, S. 101 (106).
[150] *Heuer*, BT-Innenausschuss-Drs. 13/75, S. 21.
[151] Vgl. BT-Innenausschuss-Drs. 13/75, S. 21.
[152] Vgl. S. 326 f; Schlussfolgerung Nr. 47 des Europäischen Rats von Tampere: „Für die Schulung von hochrangigen Angehörigen der Strafverfolgungsbehörden sollte eine Europäische Polizeiakademie eingerichtet werden. Diese sollte als ein Netz der bestehenden nationalen Ausbildungseinrichtungen in Angriff genommen werden. Sie sollte auch den Behörden der beitrittswilligen Länder offenstehen." (abgedruckt in: Bulletin der Bundesregierung Nr. 84 vom 07.12.1999, S. 798).
[153] BT-Plenarprotokoll 14/63, S. 5592.
[154] Im Folgenden Gegenstand gesonderter Untersuchung.

kommen) gemäß Art. 41 Abs. 1 Europol-Übereinkommen „zur Erfüllung ihrer Aufgaben erforderlich ist.“[155]
Nach Art. 8 Abs. 1 lit. a) Europol-Immunitätenprotokoll genießen die Europol-Bediensteten uneingeschränkte strafgerichtliche Immunität auch im Falle der vorsätzlichen Tötung eines anderen Verkehrsteilnehmers, sofern die Teilnahme am Straßenverkehr eine Amtshandlung bzw. Zusammenhangshandlung darstellt. Die Freistellung der Europol-Bediensteten von strafgerichtlicher Inanspruchnahme für in amtlicher Eigenschaft begangene Straßenverkehrsdelikte zwecks Sicherung der Funktionsfähigkeit und Unabhängigkeit Europols vermag nicht zu überzeugen, zumal durch die uneingeschränkte zivilrechtliche Verantwortlichkeit der Europol-Bediensteten für diese Delikte (vgl. Art. 9 Europol-Immunitätenprotokoll) mittelbar die Funktionsfähigkeit und Unabhängigkeit Europols ebenfalls beeinträchtigt werden könnte.
Dass eine uneingeschränkte strafrechtliche Verantwortlichkeit von Bediensteten internationaler Organisationen für auch in amtlicher Eigenschaft begangene Verkehrsdelikte die Funktionsfähigkeit bzw. Unabhängigkeit der Organisation nicht bzw. nicht ernstlich zu gefährden vermag, kann anhand von Interpol exemplarisch verdeutlicht werden. Das Interpol-Sitzabkommen normiert einen vollständigen Immunitätsausschluss zu Lasten der Interpol-Bediensteten für den Bereich der Teilnahme am allgemeinen Straßenverkehr. Entsprechende Immunitätsausschlüsse normieren beispielsweise das EWO-Übereinkommen und das Immunitätenprotokoll des gemeinsamen Berufungsgerichts.[156] Demnach sind Interpol-Bedienstete für die von ihnen auch in amtlicher Eigenschaft begangenen Verkehrsdelikte strafrechtlich uneingeschränkt verantwortlich. Die langjährige Tätigkeit Interpols berechtigt zu der Annahme, dass dieser Immunitätsausschluss zu keiner (ernstlichen) Beeinträchtigung der Funktionsfähigkeit oder Unabhängigkeit Interpols geführt hat. Auch die Tatsache, dass die Immunität der Interpol-Bediensteten im Gegensatz zur Immunität der Europol-Bediensteten noch weitergehend eingeschränkt ist, da sie räumlich nur auf das Gebiet des Sitzstaates Frankreich begrenzt ist und das Interpol-Sitzabkommen mit der Normierung des Erfordernisses des „Handelns im Rahmen der Befugnisse“ im Gegensatz zum Europol-Immunitätenprotokoll eine weitere, wesentliche tatbestandliche Einschränkung der Immunität normiert,[157] hat weder zu einer Beeinträchtigung der Funktionsfähigkeit noch der Unabhängigkeit Interpols geführt. Folglich ist – die grundsätzliche Notwendigkeit der Immunitätsgewährung zugunsten der Europol-Bediensteten unterstellt – die Schlussfolgerung berechtigt, dass die den Europol-Bediensteten gewährte Immunität in dem in Art. 8 Abs. 1 lit. a) Europol-Immunitätenprotokoll normierten Umfang zur Gewährleistung der Funktionsfähigkeit und Unabhängigkeit Europols nicht notwendig ist und daher nicht als „erforderlich“ im Sinne des Art. 41 Abs. 1 Europol-Übereinkommen bewertet werden kann.
Dass zumindest die Befreiung der Europol-Bediensteten von der strafrechtlichen Inanspruchnahme für in amtlicher Eigenschaft begangene Verkehrsdelikte zur Gewährleistung der Funktionsfähigkeit Europols nicht erforderlich ist, hat *Storbeck* in der Sachverständigenanhörung des Deutschen Bundestages insofern bestätigt, als er

---

[155] Vgl. *Frowein*, BT-Innenausschuss-Drs. 13/75, S. 54: „(...) hinsichtlich der Verkehrsunfälle, wo man ja das Erforderlichkeitsproblem wirklich sehr ernsthaft aufwerfen kann.“
[156] Vgl. S. 79.
[157] Vgl. S. 84 f.

bekundet hat, „kein Problem“[158] damit zu haben, Straßenverkehrsdelikte der Europol-Bediensteten auch von der strafrechtlichen Immunitätsgewährung auszunehmen.

II. Aufhebbarkeit

Legitimiert worden ist die Freistellung der Europol-Bediensteten von gerichtlicher Verantwortlichkeit auch mit Hinweis auf die Aufhebbarkeit der Immunität.

1. Inhaltliche Ausgestaltung

Gemäß Art. 12 Abs. 2 S. 1 Europol-Immunitätenprotokoll hat der Direktor von Europol die Immunität in allen Fällen aufzuheben, in denen sie verhindern würde, dass der Gerechtigkeit Genüge geschieht, und in denen sie ohne Schädigung der Interessen Europols aufgehoben werden kann, d.h. in denen „eine Schädigung der Interessen von Europol nicht zu erwarten ist.“[159] Weder das Europol-Übereinkommen noch das Europol-Immunitätenprotokoll normieren eine inhaltliche Konkretisierung dieser Voraussetzungen. Damit bleibt die Frage unbeantwortet, was im konkreten Fall die Interessen Europols sind und was sie schädigen könnte. Angesichts der weitreichenden potentiellen Strafbarkeit der Europol-Bediensteten ist davon auszugehen, dass im Falle einer gerichtlichen Überprüfung mutmaßlich rechtswidriger (Straf-)Taten in vielfacher Hinsicht eine potentielle Schädigung der Interessen Europols zumindest zu erwarten und dementsprechend eine Immunitätsaufhebung ausgeschlossen ist. Infolgedessen sind die Kriterien der Immunitätsaufhebung in zutreffender Weise als „völlig unbestimmt“[160] bzw. als „nur sehr vage umschriebene Voraussetzungen“[161] kritisiert worden, die kein adäquates Korrektiv[162] zur Immunitätsgewährung begründen, sondern die Immunitätsaufhebung praktisch in das Belieben des Europol-Direktors stellen.[163] Das Erfordernis, dass mit der Immunitätsaufhebung der Gerechtigkeit Genüge geschieht, ist teilweise sogar als „völlig unverständlich“[164] bzw. als „völlig nichtssagend“[165] kritisiert worden.

Die Immunität der Europol-Bediensteten hat der Europol-Direktor nach pflichtgemäßem Ermessen aufzuheben.[166] Abgesehen davon, dass der Europol-Direktor selbst in eine unrechtmäßige Aktion „verstrickt“[167] sein könnte und in diesen Fällen kein Interesse an der Aufhebung haben dürfte, resultiert aus den unbestimmten

---

[158] *Storbeck*, BT-Innenausschuss-Prot. 13/75, S. 36.

[159] Denkschrift zum Europol-Immunitätenprotokoll, BT-Drs. 13/9084, S. 11.

[160] *Voss*, schriftliche Stellungnahme des Deutschen Richterbundes vom 14.01.1998 für die Sachverständigenanhörung zum Europol-Immunitätenprotokollgesetz, S. 6.

[161] *Nachbaur*, KJ 1998, S. 231 (233).

[162] Vgl. *Hirsch*, ZRP 1998, S. 10 (13).

[163] Vgl. *Moser* (Liberales Forum), Nationarat XX.GP, 104. Sitzung, S. 170: „(...) und daher wird es in der Tat zu keiner Aufhebung der Immunität kommen.“

[164] *Moser*, a.a.O., S. 170.

[165] *Hirsch*, ZRP 1998, S. 10 (13).

[166] Vgl. *Storbeck*, BT-Innenausschuss-Prot. 13/75, S. 10.

[167] *Hölscheidt/Schotten*, NJW 1999, S. 2851 (2854) mit Hinweis auf Bechthold, der die Möglichkeit der Immunitätsaufhebung deshalb als „Witz“ bezeichnet.

Aufhebungsvoraussetzungen ein „äußerst weiter Ermessensrahmen".[168] Als Amtshandlung unterfällt diese Entscheidung zudem dem Anwendungsbereich des Art. 8 Abs. 1 lit. a) Europol-Immunitätenprotokoll. Dementsprechend genießt der Europol-Direktor auch im Falle einer vorsätzlich rechtswidrigen Weigerung zur Aufhebung der Immunität eines Europol-Bediensteten uneingeschränkte strafrechtliche Immunität, die gemäß Art. 12 Abs. 2 S. 2 Europol-Immunitätenprotokoll nur durch den Europol-Verwaltungsrat aufgehoben werden kann.

Gemäß Art. 13 Abs. 1 Europol-Immunitätenprotokoll werden Streitigkeiten wegen einer Weigerung zur Immunitätsaufhebung vom Rat gemäß dem Verfahren nach Titel VI EUV mit dem Ziel der Beilegung erörtert. Folglich könnte beispielsweise auch die Weigerung des Europol-Direktors zur Immunitätsaufhebung nur mit einstimmiger Entscheidung des Rates aufgehoben werden. Angesichts der teilweise stark divergierenden Interessenlagen in diesem politischen Gremium erscheint die Effizienz dieses Verfahrens zumindest zweifelhaft.[169] In der ersten Beratung des Europol-Immunitätenprotokollgesetzes hat die Bundesregierung versichert, sich im Rat ausdrücklich dafür einzusetzen, „daß die Verweigerung der Immunitätsaufhebung auf Ausnahmefälle beschränkt bleibt."[170] Angesichts der von der Bundesregierung behaupteten Schwierigkeiten, die anderen Vertragspartner für rechtliche Probleme im Zusammenhang mit der Immunitätsgewährung „zu sensibilisieren"[171] sind zumindest Zweifel am Erfolg dieser Bemühungen angebracht. Nach Auffassung des *Deutschen Richterbundes* sind die schon denkbaren Ausnahmefälle Grund genug, auch die nach dem Europol-Immunitätenprotokoll „vorgesehene 'eingeschränkte' Immunität abzulehnen", da diesbezüglich noch nicht einmal das Mindesterfordernis einer gerichtlichen Kontrolle durch den EuGH vorgesehen worden ist.[172]

2. Fehlende Justitiabilität / Reichweite der Vorabentscheidungsbefugnis des EuGH

Überwiegend wird die Ansicht vertreten, dass die (Nicht-)Aufhebungsentscheidung nicht justitiabel ist, und demnach darauf verwiesen, dass - im Gegensatz zur Immunität der Europol-Bediensteten - bei Streitigkeiten über die Aufhebung der Immunität „normaler"[173] EU-Bediensteter „immerhin der EuGH"[174] zur Entscheidung berufen ist.[175] Demgegenüber vertritt *Hailbronner* die Auffassung, dass aus der Regelung des

---

[168] *Hirsch*, BT-Plenarprotokoll 13/20705.

[169] Vgl. *Hölscheidt/Schotten*, NJW 1999, S. 2851 (2852) mit Hinweis auf Bull/Baldus, FAZ v. 20.1.1998, wonach das Streitschlichtungsverfahren vermuten lasse, dass „die Angelegenheit auf die lange Bank weiterer Ratserörterungen geschoben und am Ende ergebnislos im Sand komplizierter europäischer Verfahrensregelungen verlaufen wird."

[170] *Lintner*, BT-Plenarprotokoll 13/207, S. 18935.

[171] *Voss*, Stellungnahme für den Deutschen Richterbund anlässlich der Sachverständigenanhörung zum Europol-Immunitätenprotokollgesetz vom 14.01.1998, S. 7.

[172] Vgl. *Voss*, a.a.O, S. 7.

[173] *Hirsch*, ZRP 1998, S. 10 (13).

[174] *Hirsch*, a.a.O., S. 10 (13).

[175] Vgl. *Hirsch*, a.a.O.; *Meyer*, BT-Innenausschuss-Drs. 13/75, S. 52, 58; *Hölscheidt/Schotten*, NJW 1999, S. 2851 (2852); *Frowein*, BT-Innenausschuss-Prot. 13/75, S. 54; *Voss*, Stellungnahme für

Art. 13 Europol-Immunitätenprotokoll kein allgemeiner Ausschluss der Zuständigkeit des EuGH im Hinblick auf die in Art. 1 Europol-Auslegungsprotokoll normierte Vorabentscheidungsbefugnis[176] abgeleitet werden kann und sich die Auslegungszuständigkeit des EuGH auch auf das Europol-Immunitätenprotokoll bezieht.[177] Würde sich demnach in einem konkreten gerichtlichen Verfahren die Frage nach der Reichweite der Immunität eines Europol-Bediensteten stellen, wäre Art. 41 Abs. 1 Europol-Übereinkommen anzuwenden, wonach die in dieser Regelung normierte funktionale Immunität nur so weit reichen würde, wie dies zur Erfüllung der Aufgaben von Europol erforderlich ist. Demnach kann – so *Hailbronner* – „der EuGH in Auslegung von Art. 41 einem Europol-Bediensteten die Immunität absprechen, wenn i.S.v. Art. 12 Abs. 2 IP [Immunitätenprotokoll – Anmerkung Verfasser] andernfalls der Gerechtigkeit nicht Genüge getan würde und keine Schädigung der Interessen von Europol zu befürchten ist."[178]

Die Auffassung *Hailbronners* ist kritisch zu bewerten. Eine Entscheidung des EuGH im Wege der Vorabentscheidung erfordert notwendigerweise die Einleitung eines gerichtlichen Verfahrens. Voraussetzung ist demnach, dass der nationale Rechtsweg eröffnet ist. Gerade dies ist aufgrund des vergleichsweise extensiv normierten sachlichen Anwendungsbereichs des Europol-Immunitätenprotokolls – und des aus der Immunität resultierenden Prozess- bzw. Verfahrenshindernisses[179] – nur ausnahmsweise der Fall.[180] Zudem gilt es zu berücksichtigen, dass ein Betroffener über die erfolgte Verarbeitung seiner personenbezogenen Daten durch Europol nicht in Kenntnis gesetzt werden muss und infolgedessen auch die fehlende Kenntniserlangung eines Betroffenen ein Hindernis für die notwendige Eröffnung des nationalen Rechtswegs darstellt.[181]

Die Auffassung *Hailbronners* steht zudem in Widerspruch zum eindeutigen Wortlaut der Regelung des Art. 1 Europol-Auslegungsprotokoll, wonach sich die Anwendbar-

---

den Deutschen Richterbund anlässlich der Sachverständigenanhörung zum Europol-Immunitätenprotokollgesetz vom 14.01.1998, S. 7; *ders.*, BT-Innenausschuss-Prot. 13/75, S. 41: „Ich teile nicht die Auffassung, daß im Falle der Versagung der Befreiung von der Immunität dagegen der EuGH angerufen werden kann. Ich bin der Auffassung, daß so, wie es derzeit konzipiert ist, der EuGH nur in Auslegungsfragen angerufen werden kann, er aber nicht die Entscheidung überprüfen kann, ob hier zu Recht die Befreiung von der Immunität versagt worden ist."
Anmerkung: Die Rechtmäßigkeitskontrolle des EuGH resultiert aus Art. 30 des Vertrags zur Einsetzung eines gemeinsamen Rates und einer gemeinsamen Kommission der Europäischen Gemeinschaften (BGBl. II, 1965, S. 1455 ff), der die Zuständigkeit des Gerichtshofs explizit auch auf das Protokoll über die Vorrechte und Befreiungen der Europäischen Gemeinschaften (BGBl. II, 1965, S. 1482 ff) erstreckt. Zur Zuständigkeit des EuGH nach geltendem EGV vgl. Art. 291 i.V.m. Art. 234 EGV.

[176] Vgl. S. 151 f; zu den langwierigen und schwierigen Verhandlungen zur Vereinbarung des Europol-Auslegungsprotokolls und der ablehnenden Haltung des Vereinigten Königreichs zur Kontrolle eigener polizeilicher Maßnahmen durch andere als die eigenen Gerichte – vgl. *Kölbach*, Die Polizei 1996, S. 245 (250); *Oberleitner*, S. 107.

[177] Vgl. *Hailbronner*, JZ 1998, S. 283 (284); *ders.*, BT-Innenausschuss-Prot. 13/75, S. 18.

[178] *Hailbronner*, JZ 1998, S. 283 (284).

[179] Vgl. S. 111 ff.

[180] Vgl. *Gleß*, NStZ 2001, S. 623 (625).

[181] Vgl. *Lisken*, DRiZ 1998, S. 75 (77): Die Rechtsschutzgarantie „geht ins Leere, solange nicht eine Behörde einen erkennbaren Eingriffsakt setzt."

keit dieses Protokolls ausdrücklich nur auf das Europol-Übereinkommen und nicht auf Ausführungsrechtsakte, wie beispielsweise das Europol-Immunitätenprotokoll, erstreckt, obgleich in Art. 41 Abs. 1 i.V.m. Abs. 3 Europol-Übereinkommen auf diese Begleitregelung zur Europol-Konvention explizit Bezug genommen worden ist. Da auch das Europol-Immunitätenprotokoll keine inhaltliche Bezugnahme auf das Europol-Auslegungsprotokoll normiert, kann die Einbeziehung des EuGH in die Entscheidung über die Aufhebung der Immunität „nur konstruiert"[182] werden, indem man dies zu einer Frage der Auslegung des Art. 41 Abs. 1 Europol-Übereinkommen macht, beispielsweise im Hinblick auf die Prüfung der Erforderlichkeit der Immunitätsgewährung.
Im Wege einer teleologisch-funktionalen Auslegung ist diese „Konstruktion" nicht zu begründen. Das Europol-Auslegungsprotokoll ist eine inhaltliche Konkretisierung der in Art. 40 Abs. 2 Europol-Übereinkommen normierten allgemeinen Streitbeilegung.[183] Abweichend und ohne inhaltliche Bezugnahme auf das in dieser Norm geregelte allgemeine Streitbeilegungsverfahren normiert Art. 13. Abs. 1 Europol-Immunitätenprotokoll ein spezielles Streitbeilegungsverfahren für den Fall der Weigerung zur Aufhebung der Immunität. Dass es sich insoweit um eine eigenständige, dem sachlichen Anwendungsbereich des Europol-Auslegungsprotokoll nicht unterfallende Regelung handelt, ergibt sich daraus, dass die Europol-Mitgliedstaaten gemäß Art. 13 Abs. 2 Europol-Immunitätenprotokoll bewusst dem Rat der EU – und damit einem politischen Gremium – im Falle des Scheiterns einer Streibeilegung im Sinne des Art. 13 Abs. 1 Europol-Immunitätenprotokoll die Kompetenz zur einstimmigen Festlegung der zur Streitbeilegung maßgeblichen Modalitäten verliehen haben.[184]

Fazit:
Die mit dem Europol-Auslegungsprotokoll eröffnete Möglichkeit, den EuGH im Vorlageverfahren anzurufen, dient nicht der Streitbeilegung im Einzelfall. Die Entscheidung über die (Nicht-)Aufhebung der Immunität ist mithin nicht justitiabel.

III. Zwischenergebnis

Die zur Legitimierung der Immunität vorgebrachten Begründungen vermögen die Freistellung der Europol-Bediensteten von strafrechtlicher Verantwortlichkeit nicht zu rechtfertigen.[185] Selbst wenn man die Immunitätsgewährung als grundsätzlich notwendig unterstellt, könnte die durch Art. 8 Abs. 1 lit. a) Europol-Immunitätenprotokoll erfolgte inhaltliche Ausgestaltung der (strafrechtlichen) Immunität nicht als eine zur

---

[182] *Hölscheidt/Schotten*, NJW 1999, S. 2851 (2852).

[183] Vgl. Erklärung zu Art. 40 Abs. 2 Europol-Übereinkommen (BT-Drs. 13/7391, S. 42) i.V.m. Denkschrift zum Europol-Übereinkommen, BT-Drs. 13/7391, S. 52; *Hölscheidt/Schotten*, NJW 1999, S. 2851 (2852).

[184] Vgl. *Hölscheidt/Schotten*, a.a.O., S. 2851 (2852).

[185] Vgl. *Göbel-Zimmermann* (RiVGH Hessen), Berichterstatter im BR-Unterausschuss Recht zum Europol-Immunitätenprotokollgesetz, Niederschrift vom 04. 11.1997, Top 8, S. 57 (62): „Für die weitgehende strafrechtliche Immunität besteht weder völkerrechtlich noch nach Art. 41 Abs. 1 des Europol-Übereinkommens eine zwingende Notwendigkeit."

Aufgabenerfüllung „erforderliche" Immunitätsgewährung im Sinne des Art. 41 Abs. 1 Europol-Übereinkommen bewertet werden.[186]

C. (Staatliche) Verpflichtung zur Gewährleistung strafrechtlicher Sanktionsmöglichkeit

Im Folgenden soll der Frage nachgegangen werden, ob nach deutschem Verfassungsrecht eine umfassende strafrechtliche Verantwortlichkeit der Europol-Bediensteten aufgrund der Verpflichtung des Staates zum Schutz der Grundrechte seiner Bürger vor potentiellen Rechtsverletzungen geboten ist und dementsprechend im Europol-Übereinkommen eine umfassende strafrechtliche Sanktionsmöglichkeit gegenüber Europol-Bediensteten als präventives Schutzmittel hätte vereinbart werden müssen.
Grundsätzlich hat der Gesetzgeber auch dann einen Einschätzungs-, Wertungs- und Gestaltungsspielraum, wenn er verpflichtet ist, wirksame und ausreichende Maßnahmen zum Schutz eines Rechtsgutes zu ergreifen.[187] Der Umfang dieses Spielraums hängt von Faktoren verschiedener Art ab, insbesondere von „der Eigenart des in Rede stehenden Sachbereichs (...) und der Bedeutung der auf dem Spiel stehenden Rechtsgüter."[188] Zur Beantwortung der Frage, inwieweit der Staat von Verfassungs wegen verpflichtet ist, zum Schutz eines Rechtsgutes auch das präventive Schutzmittel des Strafrechts einzusetzen, bedarf es somit einer Gesamtbetrachtung, die einerseits den Wert des verletzten Rechtsgutes und das Maß der Sozialschädlichkeit der Verletzungshandlung in den Blick nimmt und andererseits die praktische Wirksamkeit von Strafandrohungen und die Möglichkeit ihres Ersatzes durch andere rechtliche Sanktionen berücksichtigt.[189] Folglich kann der Gesetzgeber zum Schutz bedeutsamer Rechtsgüter verpflichtet sein, zur Schutzgewährung auch das Mittel des Strafrechts einzusetzen, wenn der Schutz auf andere Weise nicht wirksam sichergestellt wird.[190] Auch aus der Europäischen Menschenrechtskonvention (EMRK) resultiert eine entsprechende Schutzpflicht des Staates.[191]
In der Sachverständigenanhörung des Deutschen Bundestages hat *Frowein* die Auffassung vertreten, dass im Hinblick auf die Immunität der Europol-Bediensteten von der Strafverfolgung eine derart konkrete Verpflichtung nicht in Betracht komme, da dies angesichts des – „im wesentlichen"[192] – lediglich erforderlichen Schutzes des allgemeinen Persönlichkeitsrechts bereits zweifelhaft erscheine und zudem andere Schutzmaßnahmen, beispielsweise die Möglichkeit zur Ergreifung von Disziplinarmaßnahmen, einen hinreichenden Schutz gewährleisten würden.[193]

---

[186] Vgl. *Göbel-Zimmermann*, a.a.O.
[187] BVerfGE 88, 203 (262).
[188] BVerfGE 88, 203 (262).
[189] Vgl. BVerfGE 39, 1 (45).
[190] Vgl. BVerfGE 39, 1 (46 f.); *Stern*, Band III/1, § 67 V 2 b), S. 739 f.
[191] Vgl. *Frowein*, BT-Innenausschuss-Drs. 13/177, S. 74. Hinsichtlich der Frage der Vereinbarkeit des Europol-Übereinkommens und der Durchführungsbestimmungen mit der EMRK wird auf das rechtsvergleichende Gutachten der Max-Planck-Institute im Auftrag des Bundesministeriums der Justiz (siehe *Gleß/Grote/Heine*, Band 2, Teil I) verwiesen.
[192] *Frowein*, BT-Innenausschuss-Drs. 13/177, S. 74.
[193] Vgl. *Frowein*, a.a.O., S. 74.

Diese Auffassung *Froweins* ist kritisch zu bewerten. Im Rahmen ihrer immunitätsgeschützten Amtstätigkeit können Europol-Bedienstete bereits nach dem geltenden Europol-Übereinkommen weitreichende und schwerwiegende (Grund-)Rechtsverletzungen gegenüber den betroffenen Bürgerinnen und Bürgern begehen. Infolgedessen beschränkt sich der notwendige Schutz der Betroffenen im Wesentlichen nicht nur auf den Schutz des allgemeinen Persönlichkeitsrechts. So ist es beispielsweise einem Europol-Bediensteten potentiell möglich, als Teilnehmer, Mittäter oder in mittelbarer Täterschaft die durch Art. 2 Abs. 2 S. 2 GG verfassungsrechtlich geschützte Freiheit eines Betroffenen zu verletzen. Berücksichtigt man, dass es seit jeher die Aufgabe des Strafrechts war, die elementaren Werte des Gemeinschaftslebens zu schützen,[194] und dass aus der Verletzung einer Freiheit gewährenden Grundrechtsnorm eine staatliche Verpflichtung zum Strafen abgeleitet werden kann,[195] erscheint es angesichts der durch Europol-Bedienstete potentiell zu verwirklichenden schwerwiegenden Rechtsbeeinträchtigungen zumindest zweifelhaft, ob das Europol-Übereinkommen, beispielsweise durch die Möglichkeit zur Ergreifung von Disziplinarmaßnahmen, einen hinreichenden Rechtsschutz der Betroffenen garantiert oder ob hierfür, auch angesichts der Sozialschädlichkeit der Verletzungshandlung – auch im Vergleich mit anderen unter Strafe gestellten und sozialethisch etwa gleich bewerteten Handlungen[196] –, eine umfassende Sanktionsmöglichkeit im Europol-Übereinkommen hätte normiert werden müssen.

D. Rechtsschutz (-problematik?)

„In engem Zusammenhang“[197] mit der Immunität der Europol-Bediensteten steht – so *Frowein* – die „Rechtsschutzproblematik“.[198]
Anlässlich der Sachverständigenanhörung des Deutschen Bundestages hat beispielsweise der *Deutsche Richterbund* die Auffassung vertreten, dass „der Rechtsschutz der Bürger (...) im Hinblick auf Art. 2 Abs. 1, 20 Abs. 3 GG bereits zum jetzigen Zeitpunkt eine Änderung der Immunitätenregelung“[199] erfordert.[200] Dass in Bezug auf die

---

[194] Vgl. BVerfGE 39, S. 1 (46).
[195] Vgl. BVerfGE 39, S. 1 (47).
[196] Vgl. BVerfGE 39, S. 1 (45).
[197] *Frowein*, BT-Innenausschuss-Prot. 13/75, S. 16.
[198] *Frowein*, a.a.O., S. 16; vgl. S. 50 – Prüfungsvorbehalt der deutschen Delegation in der AG-Europol zu Art. 13 des Vorentwurfs. Hinsichtlich Umfang, inhaltlicher Ausgestaltung sowie zur Frage der Vereinbarkeit der Rechtsschutzgewährung mit deutschem Verfassungsrecht und der EMRK wird auch auf die Untersuchungen von *Frowein/Krisch* (JZ 1998, S. 589 ff) und *Petri* (S. 153 ff) verwiesen. In Bezug auf die Frage, ob bzw. wie das Europäische Polizeiamt, insbesondere im Hinblick auf die auf Art. 30 Abs. 2 EUV gestützte Erweiterung der Befugnisse, in ein System justitieller Verantwortung eingebunden werden kann und muss, wird auf das im Auftrag des Bundesministeriums der Justiz gemeinsam erstellte rechtsvergleichende Gutachten des Max-Planck-Instituts für ausländisches und internationales Strafrecht in Freiburg und des Max-Planck-Instituts für ausländisches öffentliches Recht und Völkerrecht in Heidelberg *(Gleß/Grote/Heine*, Band 1 und 2, 2001) verwiesen.
[199] *Voss*, schriftliche Stellungnahme des Deutschen Richterbundes vom 14.01.1998 für die Sachverständigenanhörung zum Europol-Immunitätenprotokollgesetz, S. 7.
[200] Vgl. *Meyer*, in: Festschrift für Kaiser, S. 633 (645): „Diese den Europol-Bediensteten gewährte Immunität ist mit rechtsstaatlichen Grundsätzen nicht zu vereinbaren.“ – mit Hinweis auf die aus

Immunitätsgewährung keine richterliche Kontrolle durch den EuGH vorgesehen sei, sei mit Art. 23 Abs. 1 GG nicht zu vereinbaren.[201] Demgegenüber hat die Bundesregierung den durch die Europol-Konvention gewährleisteten Rechtsschutz unter Hinweis auf das „sehr hohe Niveau an Regelungen"[202] als „vorbildlich"[203] bezeichnet.

Im Folgenden soll der Frage nachgegangen werden, ob die Rechtsschutzgewährung mit deutschem Verfassungsrecht vereinbar ist und im Falle der Unvereinbarkeit das Zustimmungsgesetz zu der völkervertraglich vereinbarten Immunitätsgewährung zugunsten Europols und seiner Bediensteten (Europol-Gesetz/-Immunitätenprotokollgesetz) nichtig ist, mit der Folge, dass die deutsche Gerichtsbarkeit auch gegenüber Europol-Bediensteten uneingeschränkt bestehen würde.

I. Rechtsschutz gegen Europol

1. Notwendigkeit

In allen Fällen, in denen Europol (personenbezogene) Daten verarbeitet, die nicht unmittelbar von einem Mitgliedstaat bei Europol eingegeben und dementsprechend von diesem Mitgliedstaat auch nicht gelöscht werden können (vgl. Art. 20 Abs. 2 Europol-Übereinkommen), bedarf es des unmittelbaren Rechtsschutzes gegen Europol.[204] Folglich besteht die Notwendigkeit der unmittelbaren Rechtsschutzgewährung im Hinblick auf die Analysetätigkeit Europols, die Anforderung und Verarbeitung von Daten durch Europol, die von Drittstaaten/-stellen an Europol übermittelt werden, sowie im Hinblick auf die Übermittlung von (personenbezogenen) Daten durch Europol an Drittstaaten /-stellen.

2. Rechtslage / fehlender Individualrechtsschutz zum EuGH

Da die in den Verhandlungen zur Europol-Konvention von einigen Mitgliedstaaten favorisierte Schaffung eines Rechtswegs zum EuGH insbesondere am Widerstand Großbritanniens gescheitert ist,[205] konnte dem EuGH nur die Auslegung der Konvention im Falle von Streitigkeiten zwischen den Mitgliedstaaten (vgl. Art. 40 Abs. 2 Europol-Übereinkommen) sowie im Vorlageverfahren nach Maßgabe des Europol-Auslegungsprotokolls übertragen werden. Hinsichtlich des Individualrechtsschutzes ist zwischen der Beschwerdemöglichkeit zur Gemeinsamen Kontrollinstanz (im Folgen-

---

diesem Grund erfolgte Ablehnung der Ratifizierung des Europol-Immunitätenprotokolls durch die SPD-Bundestagsfraktion im Ausschuss des Deutschen Bundestages für die Angelegenheiten der Europäischen Union – vgl. BT-Europaausschuss-Drs. 13/1367; Frankfurter Rundschau vom 27.06.1997, S. 1.

[201] *Voss*, a.a.O., S. 7; vgl. *ders.*, BT-Innenausschuss-Prot. 13/75, S. 42; kritisch zur fehlenden Rechtsschutzgewährung durch den EuGH – vgl. *Meyer*, BT-Plenarprotokoll 13/225, S. 20702; *Bull*, DRiZ 1998, S. 32 (40).

[202] *Kanther*, Innenpolitik Nr. IV/1997, S. 4.

[203] *Schelter*, Innenpolitik Nr. IV/1997, S. 6.

[204] Vgl. *Frowein/Krisch*, JZ 1998, S. 589 (590).

[205] Vgl. *Frowein/Krisch*, a.a.O., S. 589 (590 f); *Soria*, VerwArch 1998, S. 400 (434).

den: GKI)[206] (vgl. 24 Abs. 7 S. 1 Europol-Übereinkommen) und dem Rechtsweg zu den nationalen Gerichten zu unterscheiden, die ihrerseits Vorlagefragen an den EuGH richten können.
Dem Rechtsweg zu den nationalen Gerichten kommt – so *Frowein/Krisch* – „nur untergeordnete Bedeutung zu“,[207] denn im Gegensatz zur GKI besitzen die nationalen Gerichte aufgrund der in Art. 3 Europol-Immunitätenprotokoll normierten Unverletzlichkeit der Archive keine der GKI in Art. 24 Abs. 2 Nr. 1 bis 3 Europol-Übereinkommen zuerkannten umfassenden Zugangs- und Informationsrechte gegenüber Europol. Demnach werden die Betroffenen ihre Ansprüche gegen Europol auf Auskunft, Löschung und Berichtigung ihrer Daten vorrangig vor der GKI durchsetzen. Die Bedeutung dieser Rechtsgewährung für die Betroffenen verdeutlicht sich beispielsweise angesichts der Europol in Art. 19 Abs. 3 Europol-Übereinkommen gewährten Möglichkeit zur Auskunftsverweigerung. Nach dieser Regelung darf Europol das auf Art. 19 Abs. 1 Europol-Übereinkommen gestützte Auskunftsbegehren einer Person über die sie betreffenden, bei Europol gespeicherten Daten verweigern, soweit dies

- zur ordnungsgemäßen Aufgabenerfüllung Europols (vgl. Art. 19 Abs. 3 Unterabsatz 2 Nr. 1 Europol-Übereinkommen),
- zum Schutz der Sicherheit der Mitgliedstaaten und der öffentlichen Ordnung oder zur Bekämpfung von Straftaten (vgl. Art. 19 Abs. 3 Unterabsatz 2 Nr. 2 Europol-Übereinkommen) oder
- zum Schutz der Rechte und Freiheiten Dritter (vgl. Art. 19 Abs. 3 Unterabsatz 2 Nr. 3 Europol-Übereinkommen) erforderlich ist.

Diese extensiv normierte Befugnis zur Auskunftsverweigerung bietet – so *Lisken* – eine „so dehnbare Interpretationsmöglichkeit, daß die Befugnis zur Versagung einer Auskunft einer Blankovollmacht gleichkommt und den Auskunftsanspruch praktisch ‘aushöhlt’“.[208]
Beschwerden nach Art. 19 Absätze 6, 7 und 8, Art. 20 Abs. 4 und Art. 22 Abs. 3 Europol-Übereinkommen, d.h. Beschwerden wegen nicht erfolgter Auskünfte, Überprüfungen, Berichtigungen und Löschungen durch Europol, kann der Einzelne vor dem Beschwerdeausschuss der GKI geltend machen (vgl. Art. 24 Abs. 7 S. 3, 4 Europol-Übereinkommen i.V.m. Art. 11 Abs. 1 der von der GKI am 22. April 1999 beschlossenen und vom Rat gebilligten Geschäftsordnung der GKI (im Folgenden: GO GKI).[209] Dieser von der GKI eingesetzte Ausschuss hat die Beschwerde nach Maßgabe seiner Geschäftsordnung (vgl. Art. 11 bis 29 GO GKI) in „jeder geeigneten Weise zu prüfen“ (Art. 24 Abs. 7 S. 4 Europol-Übereinkommen). Die Entscheidungen des Beschwerdeausschusses sind „gegenüber allen betroffenen Parteien rechtskräftig“

---

[206] Zu Aufgaben, Befugnisse und Zusammensetzung der GKI – siehe Art. 24 Abs. 1 bis 10 Europol-Übereinkommen i.V.m. der von der GKI auf der Rechtsgrundlage des Art. 24 Abs. 7 S. 1 Europol-Übereinkommen beschlossenen und vom Rat am 22.04.1999 gebilligten Geschäftsordnung (ABl. EG C 149 vom 28.05.1999, S. 1 ff).
[207] *Frowein/Krisch*, JZ 1998, S. 589 (590).
[208] *Lisken*, in: Lisken/Denninger, Kap. K, Rdn. 241.
[209] ABl. EG C 149 vom 28.05.1999, S. 1 ff.

(Art. 24 Abs. 7 S. 6 Europol-Übereinkommen), d.h. sie sind nicht justitiabel und binden die nationalen Gerichte, die um Rechtsschutz angegangen werden.[210]

II. Vereinbarkeit mit deutschem Verfassungsrecht?

In der Sachverständigenanhörung des Deutschen Bundestages hat *Frowein* aufgrund der von Europol – jedenfalls nach deutscher Rechtsauffassung – ausgeübten Hoheitsgewalt[211] mit Hinweis auf die Eurocontrol-Entscheidungen des Bundesverfassungsgerichts einen funktionierenden Rechtsschutz, sei es vor internationalen, sei es vor nationalen Gerichten als notwendig erachtet[212] und festgestellt: „Natürlich wäre der Rechtsschutz vor dem EuGH und dem Gericht erster Instanz die einzig richtige Form eines verwaltungsrechtlichen Rechtsschutzes."[213]
Diese Auffassung steht in Widerspruch zur Ansicht *Hailbronners*, der aufgrund der vermeintlich beschränkten Ausübung öffentlicher Gewalt durch Europol die Geltung der durch das Bundesverfassungsgericht in den Eurocontrol- und anderen Entscheidungen entwickelten Grundsätze verneint und „die allgemeinen Anforderungen an die Rechtsstaatigkeit"[214] als erfüllt erachtet hat.
Die diese Schlussfolgerung stützende Annahme *Hailbronners*, dass Europol nur beschränkte öffentliche Gewalt ausübe, ist unzutreffend.[215] Infolgedessen soll im Folgenden der Frage nachgegangen werden, ob die im Europol-Übereinkommen und seinen Ausführungsakten normierte Rechtsschutzgewährung mit deutschem Verfassungsrecht, insbesondere den verfassungsgerichtlich normierten (Mindest-)Anforderungen der Art. 23 Abs. 1 bzw. Art. 24 Abs. 1 i.V.m. Art. 79 Abs. 3 GG, vereinbar ist.

1. Verfassungsrechtliche (Mindest-)Anforderungen

Im „Volkszählungs-Urteil"[216] hat das Bundesverfassungsgericht betont, dass die Beantwortung der Frage, inwieweit das Recht auf informationelle Selbstbestimmung und im Zusammenhang damit der Grundsatz der Verhältnismäßigkeit sowie die Pflicht zu verfahrensrechtlichen Vorkehrungen, den Gesetzgeber von Verfassungs wegen „zu verschiedenartigen Maßnahmen zum Schutz der Betroffenen"[217] zwingen, „von Art, Umfang und denkbaren Verwendungen der erhobenen Daten sowie der Gefahr ihres Mißbrauchs"[218] abhängt. Wesentliche verfahrensrechtliche Schutzvorkehrungen sind

---

[210] Vgl. *Gleß*, NStZ 2001, S. 623 (625); *Lisken*, in: Lisken/Denninger, Kap. K, Rdn. 242.
[211] Vgl. *Frowein/Krisch*, JZ 1998, S. 589 (589); *Di Fabio*, DÖV 1997, S. 89 (97): „Zwar werden Europol derzeit noch keine echten Exekutivbefugnisse eingeräumt, dennoch ist die auf kognitiven Austausch ausgerichtete gegenwärtige Aufgabenstruktur im Hinblick auf das Grundrecht der informationellen Selbstbestimmung und im Hinblick auf die Grundsätze des Übereinkommens des Europarats vom 28. Januar 1981 Ausübung von öffentlicher Gewalt mit Datenschutzrelevanz, so daß sich Europol/EDU und seine Tätigkeit an rechtsstaatlichen und demokratischen Grundsätzen messen lassen muss."
[212] *Frowein*, BT-Innenausschuss-Prot. 13/75, S. 16.
[213] *Frowein*, a.a.O., S. 17.
[214] *Hailbronner*, BT-Innenausschuss-Prot. 13/75, S. 18 f.
[215] Vgl. S. 317 f.
[216] BVerfGE 64, S. 1 ff; vgl. S. 249.
[217] BVerfGE 65, S. 1 (45).
[218] BVerfGE 65, S. 1 (46).

demnach beispielsweise Aufklärungs-, Auskunfts- und Löschungspflichten.[219] Maßgebende Bedeutung hat insoweit auch der durch Art. 19 Abs. 4 GG verfassungsrechtlich verankerte Justizgewährleistungsanspruch. Art. 19 Abs. 4 GG garantiert nicht nur das formelle Recht und die Möglichkeit, die Gerichte anzurufen, sondern auch die Effektivität des Rechtsschutzes; „der Bürger hat einen substantiellen Anspruch auf eine tatsächlich wirksame gerichtliche Kontrolle."[220] Würde demnach gesetzlich verhindert, dass – so das *Bundesverfassungsgericht* – „der Bürger Kenntnis davon erlangen könnte, wer wo über welche seiner personenbezogenen Daten in welcher Weise und zu welchen Zwecken verfügt, so wäre sein Rechtsschutz verfassungsrechtlich unzureichend."[221]

a) Keine unmittelbare Geltung des Art. 19 IV GG

Dem Anwendungsbereich des Art. 19 Abs. 4 GG unterfällt jedoch nur die „durch die Verfassung gebundene deutsche öffentliche Gewalt."[222] Akte einer besonderen, durch völkerrechtlichen Vertrag geschaffenen, von der Staatsgewalt der Mitgliedstaaten unabhängigen öffentlichen Gewalt einer zwischenstaatlichen Einrichtung im Sinne des Art. 24 Abs. 1 GG fallen nicht hierunter.[223] Art. 19 Abs. 4 GG gewährleistet auch keine „subsidiäre"[224] Gerichtsbarkeit deutscher Gerichte im Falle einer nach innerstaatlichem Recht formell oder materiell fehlerhaften Übertragung von Hoheitsbefugnissen auf eine zwischenstaatliche Einrichtung.[225] Die Frage, ob der bezüglich des Verhaltens einer zwischenstaatlichen Organisation vorgesehene Rechtsschutz ausreichend ist, betrifft demnach nicht unmittelbar die Gewährleistung des Art. 19 Abs. 4 GG, sondern bemisst sich nach der Regelung des Art. 24 Abs. 1 GG.[226]

b) Unabdingbarer Grundrechtsstandard

Das dem Gesetzgeber durch Art. 24 Abs. 1 GG gewährte weite Ermessen, zu entscheiden, ob und inwieweit einer zwischenstaatlichen Einrichtung Hoheitsrechte eingeräumt werden und in welcher Weise diese Einrichtung rechtlich und organisatorisch ausgestaltet werden soll, schließt grundsätzlich auch die Befugnis ein, besondere Regelungen im Hinblick auf die Ausgestaltung des Rechtsschutzes gegen Handlungen der zwischenstaatlichen Einrichtung zu treffen.[227] Beschränkt wird diese Übertragungsbefugnis des Gesetzgebers jedoch durch die ihm obliegende Pflicht zur Beachtung der „Grundprinzipien der Verfassung".[228]

In der Entscheidung „Eurocontrol-II" hat das *Bundesverfassungsgericht* darauf hingewiesen, dass diese Grenze überschritten sein könnte, wenn bei der Schaffung

---

[219] Vgl. BVerfGE 65, S. 1 (46).
[220] BVerfGE 65, S. 1 (70) m.w.N; st. Rspr.
[221] BVerfGE 65, S. 1 (70).
[222] BVerfGE 58, S. 1 (26) „Eurocontrol I" m.w.N.; BVerfGE 59, S. 63 (85) „Eurocontrol II".
[223] BVerfGE 58, S. 1 (27).
[224] BVerfGE 59, S. 63 (86).
[225] BVerfGE 59, S. 63 (86).
[226] Vgl. BVerfGE 59, S. 63 (86).
[227] BVerfGE 58, S. 1 (28).
[228] BVerfGE 59, S. 63 (86).

einer zwischenstaatlichen Einrichtung der rechtlichen Ausgestaltung der schon im Rechtsstaatsprinzip verankerten Gewährleistung eines wirksamen Rechtsschutzes gegen Akte der öffentlichen Gewalt nicht hinreichend Rechnung getragen worden ist.[229]

Art. 24 Abs. 1 GG muss – so das *Bundesverfassungsgericht* – „wie jede Verfassungsbestimmung ähnlich grundsätzlicher Art im Zusammenhang der Gesamtverfassung verstanden und ausgelegt werden. (...) Ein unaufgebbarer Bestandteil des Verfassungsgefüges sind die fundamentalen Rechtsgrundsätze, die in den Grundrechten des Grundgesetzes anerkannt und verbürgt sind.[230] Deshalb gestattet Art. 24 Abs. 1 GG nicht, den Grundrechtsteil des Grundgesetzes vorbehaltlos zu relativieren."[231]

Der in Art. 19 Abs. 4 GG als „wesentliche rechtsstaatliche Verbürgung"[232] gewährleistete lückenlose Rechtsschutz des Einzelnen gegen behauptete rechtswidrige Eingriffe der öffentlichen Gewalt in seine Rechte hat als „Grundsatznorm für die gesamte Rechtsordnung"[233] „überragende Bedeutung im Verfassungsgefüge des Grundgesetzes"[234] und muss infolgedessen bei der Übertragung von Hoheitsrechten auf eine zwischenstaatliche Einrichtung beachtet werden.[235] Gleiches gilt für die „sonstigen rechtsstaatlichen Grunderfordernisse im Bereich des Rechtsschutzes."[236] Wenn und soweit mithin einer zwischenstaatlichen Einrichtung im Sinne des Art. 24 Abs. 1 GG Hoheitsgewalt eingeräumt wird, die im Hoheitsbereich der Bundesrepublik Deutschland den Wesensgehalt der vom Grundgesetz anerkannten Grundrechte zu beeinträchtigen in der Lage ist, „muß, wenn damit der nach Maßgabe des Grundgesetzes bestehende Rechtsschutz entfallen soll, statt dessen eine Grundrechtsgeltung gewährleistet sein, die nach Inhalt und Wirksamkeit dem Grundrechtsschutz, wie er nach dem Grundgesetz unabdingbar ist, im wesentlichen gleichkommt."[237]

In den Eurocontrol-Entscheidungen sah das *Bundesverfassungsgericht* noch keine Notwendigkeit zur abschließenden Klärung der Frage, welche Anforderungen an die Ausgestaltung des Rechtsschutzes gegen Akte einer zwischenstaatlichen Einrichtung im Einzelnen zu stellen sind.[238] Ausgehend von der gerichtlichen Prüfung des durch Eurocontrol gewährten Rechtsschutzes konnten jedoch bereits Rückschlüsse auf die inhaltliche Konkretisierung dieser Anforderungen gezogen werden. Zur Beachtung der fundamentalen Grundsätze des Verfassungsrechts der Bundesrepublik Deutschland ist es demnach für die Ausgestaltung des Rechtsschutzes beispielsweise erforderlich, dass Status und Verfahrensgrundsätze eines zuständigen Gerichts einem internationalen

---

[229] Vgl. BVerfGE 59, S. 63 (86); 58, S. 1 (30).
[230] Vgl. BVerfGE 73, 339 (376) – „Solange II"-Entscheidung: „Ein unverzichtbares, zum Grundgefüge der geltenden Verfassung gehörendes Essentiale sind jedenfalls die Rechtsprinzipien, die dem Grundrechtsteil des Grundgesetzes zugrundeliegen."
[231] BVerfGE 58, S. 1 (40) m.w.N; vgl. BVerfGE 73, S. 339 (376); *Limbach*, NJW 2001, S. 2913 (2915 f).
[232] BVerfGE 58, S. 1 (40).
[233] BVerfGE 58, S. 1 (40).
[234] BVerfGE 58, S. 1 (40).
[235] BVerfGE 58, S. 1 (40); 73, S. 339 (376).
[236] BVerfGE 58, S. 1 (41).
[237] BVerfGE 73, 339 (376).
[238] Vgl. BVerfGE 59, S. 63 (86); 58, S. 1 (41).

Mindeststandard an elementarer Verfahrensgerechtigkeit entsprechen, „wie er sich aus entwickelten rechtsstaatlichen Ordnungen und aus dem Verfahrensrecht internationaler Gerichte ergibt.“[239] Die notwendige Beachtung rechtsstaatlicher Mindestanforderungen im Sinne des Grundgesetzes konkretisiert sich beispielsweise auch in der Verpflichtung zur Gewährleistung der Unabhängigkeit und Unparteilichkeit der zur Entscheidung berufenen Richter.[240] Darüber hinaus darf beispielsweise der Zugang zum Gericht nicht in unzumutbarer Weise erschwert werden. Zudem muss das Verfahrensrecht des zur Entscheidung berufenen Gerichts rechtliches Gehör und ein Mindestmaß an prozessualer Gleichheit der Beteiligten gewährleisten.[241]
In der „Solange II“-Entscheidung hat das Gericht die Anforderungen dahingehend spezifiziert, dass regelmäßig ein Individualrechtsschutz durch unabhängige Gerichte geboten sein müsse, „die mit hinlänglicher Gerichtsbarkeit, insbesondere einer dem Rechtsschutzbegehren angemessenen Prüfungs- und Entscheidungsmacht über tatsächliche und rechtliche Fragen ausgerüstet sind, aufgrund eines gehörigen Verfahrens entscheiden, das rechtliches Gehör, dem Streitgegenstand angemessene Angriffs- und Verteidigungsmittel und frei gewählten, kundigen Beistand ermöglicht und deren Entscheidungen gegebenenfalls die Verletzung eines Grundrechts sachgerecht und wirksam sanktionieren.“[242]

2. Schlussfolgerungen

Die GKI ist kein förmliches Gericht im Sinne des Art. 92 GG. Auch wenn man davon ausgeht, dass ein adäquater Ersatzrechtsschutz gegen eine zwischenstaatliche Organisation durch ein nicht förmliches Gericht (Kontrollinstanz) gewährleistet werden kann, sind Unabhängigkeit und Unparteilichkeit dieser Kontrollinstanz nach deutschem Verfassungsrecht unabdingbare Voraussetzungen. Diese werden durch die GKI nicht gewährleistet.[243]
Auch wenn die GKI formal unabhängig und keinen Weisungen unterworfen ist (vgl. Art. 24 Abs. 1 Unterabsatz 3 Europol-Übereinkommen), ist sie dennoch in die Verwaltungs- und „Verantwortungsstruktur“[244] Europols eingebunden, indem sie beispielsweise obligatorisch an der Entscheidung über die für die Einrichtung einer Analysedatei notwendige Errichtungsanordnung (vgl. Art. 12 Europol-Übereinkommen) mitwirkt (vgl. Art. 12 Abs. 1 Unterabsatz 2 Europol-Übereinkommen). In der für

---

[239] BVerfGE 59, S. 63 (91).
[240] Vgl. BVerfGE 59, S. 63 (91).
[241] Vgl. BVerfGE 59, S. 63 (92).
[242] BVerfGE 73, 339 (376).
[243] Vgl. *Petri*, DuD 1998, S. 324; *Frowein/Krisch*, JZ 1998, S. 589 (592); vgl. kritisch zur Unabhängigkeit: *Gleß*, EuR 1998, S. 748 (766); *Bäumler*, in: BKA-Arbeitstagung 1999, Statement, S. 198: „Die gemeinsamen Kontrollinstanzen gegenüber Schengen und Europol fangen erst langsam an, zu funktionieren. Die Berichte der gemeinsamen Kontrollinstanz Schengen [das Vorbild für die GKI Europol – Anmerkung Verfasser] liest sich wie ein einziges Klagelied über unzureichende Arbeitsbedingungen, fehlende Haushaltsmittel, viel zu langes Antwort-Zeit-Verhalten und ähnliche Behinderungen.“; *Schriewer-Steinberg* (Mitglied der GKI Schengen), BT-Europaausschuss-Prot. 14/37, S. 18: „lassen Sie mich jetzt zur kritischen Situation [der GKI Schengen – Anmerkung Verfasser] zwei Äußerungen machen. Die erste betrifft die Unabhängigkeit: (...).“
[244] *Frowein/Krisch*, JZ 1998, S. 589 (592).

jede Analysedatei mit personenbezogenen Daten erforderlichen Errichtungsanordnung sind unter anderem der Zweck der Daten, der von der Datenspeicherung betroffene Personenkreis, die Art der zu speichernden Daten, die Protokollierung sowie Prüffristen und Speicherungsdauer festzulegen. Diese Anforderungen sind für eine potentielle Rechtsbeeinträchtigung Betroffener von Bedeutung. Der Europol-Direktor hat die GKI unverzüglich über den Entwurf einer Errichtungsanordnung zu informieren und ihr entsprechende Unterlagen auszuhändigen, damit die GKI dem Verwaltungsrat „etwaige Bemerkungen, die sie für erforderlich hält, übermitteln kann" (Art. 12 Abs. 1 Unterabsatz 2 Europol-Übereinkommen). Mit dem Gebot der Unparteilichkeit ist es nicht zu vereinbaren, dass ein Kontrollorgan an der zu überprüfenden Entscheidung zuvor beratend mitgewirkt hat, da in diesem Fall nicht gewährleistet ist, dass die zur Kontrollentscheidung berufenen Personen sich nicht an ihre früheren Stellungnahmen gebunden fühlen.[245]
Gemäß Art. 24 Abs. 3 Europol-Übereinkommen obliegt der GKI unter anderem auch die Prüfung von Anwendungs- und Auslegungsfragen im Zusammenhang mit der Tätigkeit von Europol bei der Verarbeitung und Nutzung personenbezogener Daten sowie „die Erarbeitung harmonisierter Vorschläge im Hinblick auf gemeinsame Lösungen für die bestehenden Probleme." Sofern diese Entscheidungen unmittelbar oder mittelbar auch Einzelfälle betreffen, ist eine dem Gebot der Unparteilichkeit widersprechende faktische Bindung der GKI an die vorherige Entscheidung zumindest nicht auszuschließen.[246]
Nach den in der „Solange II"-Entscheidung verfassungsgerichtlich konkretisierten (Mindest-)Anforderungen für die Gewährleistung eines effektiven Individualrechtsschutzes durch unabhängige Gerichte ist es zwingend erforderlich, dass aufgrund eines gehörigen Verfahrens entschieden wird, das rechtliches Gehör sowie dem Streitgegenstand angemessene Angriffs- und Verteidigungsmittel ermöglicht, und durch die Entscheidung gegebenenfalls die Verletzung eines Grundrechts sachgerecht und wirksam sanktioniert werden kann. Auch diesen Anforderungen wird das Europol-Übereinkommen nicht gerecht.
Legt ein Betroffener gegen die Ablehnung seines Auskunftsbegehrens durch Europol Beschwerde bei der GKI ein, und bleibt Europol oder ein Mitgliedstaat bei seiner Ablehnung, so kann sich die GKI nach Anhörung von Europol oder des betreffenden Mitgliedstaats über deren Einwände nur mit Zweidrittelmehrheit ihrer Mitglieder hinwegsetzen (Art. 19 Abs. 7 Unterabsatz 2 S. 1 Europol-Übereinkommen). Folglich ist nicht in jedem Fall eine effektive Rechtsschutzkontrolle durch die GKI gewährleistet, so dass durch das Beschwerdeverfahren vor der GKI die Verletzung eines Grundrechts nicht in jedem Fall sachgerecht und wirksam sanktioniert werden kann.

Die für die Annahme einer effektiven Rechtsschutzgewährung notwendige Prüfungs- und Entscheidungsmacht der GKI erfordert notwendigerweise einen uneingeschränkten Zugriff der GKI auf alle bei Europol gespeicherten Daten. Gemäß Art. 24 Abs. 2 Nr. 1 Europol-Übereinkommen hat Europol der GKI zur Unterstützung ihrer Aufgabenerfüllung alle erbetenen Auskünfte zu erteilen, Einsicht in alle Unterlagen und Akten sowie Zugriff auf die gespeicherten Daten zu gewähren. In inhaltlichem

---

[245] Vgl. *Frowein/Krisch*, JZ 1998, S. 589 (592).
[246] *Frowein/Krisch*, a.a.O., S. 589 (592).

Widerspruch zu dieser Regelung steht die in Art. 3 Europol-Immunitätenprotokoll normierte Unverletzlichkeit der Archive Europols. Ausweislich der Denkschrift zum Europol-Immunitätenprotokoll bleibt das in Art. 24 Abs. 2 Nr. 1 Europol-Übereinkommen normierte Einsichtsrecht der GKI „hiervon unberührt".[247] „Dies mag" – so der *Datenschutzbeauftragte des Landes Niedersachsen* – „eine freundliche Meinung der deutschen Seite sein. Der Wortlaut des von allen Staaten abgezeichneten Protokolls trägt diese Auffassung leider nicht."[248] Somit stelle sich begründeterweise die Frage, was geschieht, wenn sich Europol gegenüber der GKI auf die Unverletzlichkeit beruft?"[249]

Kritisch zu bewerten im Hinblick auf das verfassungsrechtliche Gebot effektiver Rechtsschutzgewährung ist auch das Verfahren vor dem Beschwerdeausschuss der GKI, das „sehr intensiv und teils kontrovers"[250] diskutiert worden ist.
Nach Auffassung von *Stadler* entscheidet der Beschwerdeausschuss unabhängig und in einem gerichtsähnlichen Verfahren, so dass der „Pferdefuß"[251] der fehlenden Justitiabilität der Ausschussentscheidung akzeptabel sei.[252]
Diese Einschätzung ist unzutreffend. Eine hinreichende gerichtsähnliche Ausgestaltung des Verfahrensablaufes, der Verfahrensrechte der Beteiligten und eine adäquate Sicherung der Unabhängigkeit und Qualifikation der Ausschussmitglieder wird durch die GO GKI nicht gewährleistet. Dies folgt beispielsweise aus den Regelungen der Artikel 20 Abs. 1 S. 2, Abs. 2 S. 3 und 21 Abs. 2 S. 2 GO GKI.
Der allen Parteien grundsätzlich zustehende Zugang zu Verfahrensakten kann gemäß Art. 20 Abs. 1 S. 2 GO GKI verweigert werden, soweit dies

- für eine ordnungsgemäße Erfüllung der Aufgaben Europols,
- zum Schutz der öffentlichen Sicherheit und Ordnung in den Mitgliedstaaten oder zur Bekämpfung von Straftaten oder
- zum Schutz der Rechte und Freiheiten Dritter erforderlich ist (vgl. Art. 20 Abs. 1 S. 2 GO GKI).

Gemäß Art. 20 Abs. 2 S. 1 GO GKI können Europol, die nationalen Stellen und die nationalen Kontrollinstanzen unter Darlegung ihrer Gründe angeben, inwieweit die von ihnen gegebenen Informationen dem Antragsteller nicht zugänglich gemacht werden sollten. Nur wegen Fehlens zulässiger Gründe und nur einstimmig kann der Ausschuss eine gegenteilige Entscheidung treffen (Art. 20 Abs. 2 S. 3 GO GKI). Trifft der Ausschuss diese gegenteilige Entscheidung, kann er nur verlangen, dass dem Antragsteller eine Zusammenfassung zur Verfügung gestellt wird oder ihm nur bestimmte Informationen zugänglich gemacht werden (vgl. Art. 20 Abs. 2 S. 4 GO GKI). Diese inhaltliche Ausgestaltung des Zugang zu Verfahrensakten ist mit dem verfassungsrechtlichen Gebot effektiver Rechtsschutzgewährung nicht zu vereinbaren,

247 BT-Drs. 13/9084, S. 10.
248 *LfD-Niedersachsen*, 10. Tätigkeitsbericht 1997/98, Punkt 10.5.
249 *LfD-Niedersachsen*, a.a.O., Punkt 10.5.
250 *BfD*, BT-Drs. 147850, S. 108.
251 *Stadler*, BT-Plenarprotokoll 13/172, S. 15485.
252 *Stadler*, a.a.O., S. 15485.

insbesondere angesichts der Tatsache, dass auch im Falle einer einstimmig getroffenen Gegenauffassung der GKI dem Antragsteller lediglich eine Zusammenfassung zur Verfügung gestellt werden oder sein Zugangsrecht auf bestimmte Informationen beschränkt bleiben soll.

Die Durchsetzbarkeit eines Auskunftsanspruchs im gerichtlichen Verfahren findet im deutschen Recht ihre verfassungsrechtliche Absicherung in der Rechtsschutzgarantie des Art. 19 Abs. 4 GG.[253] In ständiger Rechtsprechung hat das Bundesverfassungsgericht betont, dass der Rechtsschutz, den Art. 19 Abs. 4 GG dem Einzelnen im Hinblick auf die Wahrung oder die Durchsetzung seiner subjektiven öffentlichen Rechte gewährt, eine tatsächlich wirksame gerichtliche Kontrolle verlangt.[254] Dies beinhaltet auch einen „möglichst lückenlosen gerichtlichen Schutz“[255] gegen Verletzungen der Individualrechtssphäre durch Eingriffe der öffentlichen Gewalt. Ein solcher Rechtsschutz ist von besonderer Bedeutung, wenn es um die Abwehr von Grundrechtsverletzungen oder um die Durchsetzung verfassungsrechtlicher Gewährleistungen zugunsten des Einzelnen gegenüber der öffentlichen Gewalt geht.[256] Die Gewährleistung dieses effektiven Rechtsschutzes erfordert in tatsächlicher und rechtlicher Hinsicht eine umfassende Befugnis des Gerichts zur Prüfung des Rechtsschutzbegehrens sowie eine ausreichende gerichtliche Entscheidungsbefugnis zur Abwendung drohender oder Behebung erfolgter Rechtsverletzungen. Das schließt grundsätzlich eine Bindung des Gerichts an die im Verwaltungsverfahren getroffenen Feststellungen und Wertungen aus.[257] „Soweit die Effektivität des Rechtsschutzes von der Offenlegung der Verwaltungsvorgänge abhängt, die zu der angegriffenen Entscheidung geführt haben, wird auch die Kenntnisnahme durch das Gericht von dem Grundrecht aus Art. 19 Abs. 4 GG umschlossen. Andernfalls wäre ihm die Gewährung eines umfassenden Rechtsschutzes unmöglich.“[258]
Erfolgt eine behördliche Verweigerung der Auskunftsgewährung unter Hinweis auf Geheimhaltungsgründe und ist strittig, ob die Voraussetzungen dafür vorliegen, gewinnen die tatsächlichen Grundlagen der Auskunftsverweigerung entscheidende Bedeutung für deren rechtliche Beurteilung. Die Rechtmäßigkeit hängt davon ab, ob die Behörde die tatsächlichen Grundlagen sorgfältig zusammengetragen, zutreffende Bewertungen und Prognosen im Rahmen der Tatbestandsmerkmale der Norm vorgenommen und die Interessen des Betroffenen an der Auskunftserteilung einerseits und diejenigen der Behörde an der Geheimhaltung andererseits angemessen abgewogen hat.[259]

Während Geheimhaltungsinteressen der Exekutive im Strafverfahren in dubio pro reo wirken,[260] bedarf es im Verwaltungsverfahren, in dem dieser Grundsatz nicht gilt, einer Lösung, die den legitimen Geheimhaltungsbedürfnissen Rechnung trägt, ohne

---

[253] BVerfGE 101, S. 106 (122).
[254] Vgl. BVerfGE 101, S. 106 (122) m.w.N.
[255] BVerfGE 101, S. 106 (122).
[256] BVerfGE 101, S. 106 (123) m.w.N.
[257] BVerfGE 101, S. 106 (123).
[258] BVerfGE 101, S. 106 (123).
[259] BVerfGE 101, S. 106 (123).
[260] Vgl. BVerfGE 101, S. 106 (130).

die gebotene effektive Rechtsschutzgewährung unangemessen zu verkürzen. Diesen Interessenausgleich gewährleistet das „in camera-Verfahren".[261] Dies bedeutet, dass die geheimhaltungsbedürftigen Informationen bzw. Unterlagen dem Gericht bekanntgemacht bzw. vorgelegt werden müssen und das Gericht – unter Verpflichtung zur Geheimhaltung – nachprüft, ob die gesetzlichen Voraussetzungen der Auskunftsverweigerung im konkreten Fall erfüllt sind.[262] Der in Art. 103 Abs. 1 GG normierte Grundsatz rechtlichen Gehörs, aufgrund dessen einer gerichtlichen Entscheidung grundsätzlich nur solche Tatsachen zugrunde gelegt werden dürfen, zu denen die Beteiligten Stellung nehmen konnten,[263] steht der Durchführung eines „in camera"-Verfahrens in einem verwaltungsgerichtlichen Verfahren – im Gegensatz zum strafgerichtlichen Verfahren – nicht entgegen.[264] Ebenso wie Art. 19 Abs. 4 GG bezweckt auch Art. 103 Abs. 1 GG die Gewährleistung effektiven Rechtsschutzes. Eine Abwägung gegensätzlicher Interessen und eine darauf beruhende Einschränkung des rechtlichen Gehörs schließt Art. 103 Abs. 1 GG jedoch nicht aus.[265] In einem verwaltungsgerichtlichen Verfahren würde das Absehen von einem „in camera"-Verfahren zu einer Minderung des Individualrechtsschutzes führen, „die erheblich schwerer"[266] wiegt als eine Einschränkung des rechtlichen Gehörs, da in diesem Fall nicht nur dem Rechtsschutzsuchenden, sondern auch dem Gericht jede Möglichkeit der Kenntnisnahme der geheimhaltungsbedürftigen Informationen fehlen würde und sich die Geheimhaltung entscheidungserheblicher Tatsachen aufgrund der im verwaltungsgerichtlichen Verfahren fehlenden Geltung des Grundsatzes „in dubio pro reo" regelmäßig nachteilig für den Rechtsschutzsuchenden auswirken würde.[267] Somit würde „das ungeschmälerte rechtliche Gehör (...) die Effektivität des Rechtsschutzes im Ergebnis herabsetzen, statt sie zu stützen."[268] Wird im Falle der Geheimhaltungsbedürftigkeit von Tatsachen der von Art. 19 Abs. 4 GG gewährleistete effektive Rechtsschutz erst durch eine Beschränkung des rechtlichen Gehörs möglich, dann liegt in dem damit verbundenen Vorteil, dass jedenfalls das Gericht die vollständigen Akten kennt und aufgrund dieser Kenntnis zu dem Schluss kommen kann, dass die Geheimhaltungsinteressen nicht vorliegen oder nicht überwiegen, ein hinreichender sachlicher Grund im Sinne der Rechtsprechung des Bundesverfassungsgerichts zur verfassungsmäßigen Beschränkung des in Art. 103 Abs. 1 GG normierten Anspruchs auf rechtliches Gehör.[269]

Die Regelung des Art. 20 Abs. 2 S. 3 und 4 GO GKI entspricht nicht diesen Anforderungen und ist folglich mit dem Gebot effektiver Rechtsschutzgewährung – einem unabdingbaren, fundamentalen Grundsatz deutschen Verfassungsrechts – nicht zu vereinbaren.

---

[261] BVerfGE 101, S. 106 (128).
[262] BVerfGE 101, S. 106 (128).
[263] BVerfGE 101, S. 106 (129); 89, S. 381 (392).
[264] BVerfGE 101, S. 106 (129).
[265] BVerfGE 101, S. 106 (129).
[266] BVerfGE 101, S. 106 (130).
[267] Vgl. BVerfGE 101, S. 106, (130).
[268] BVerfGE 101, S. 106, (130).
[269] Vgl. BVerfGE 101, S. 106 (130).

Zusammenfassend bleibt festzustellen, dass die inhaltliche Ausgestaltung des im Europol-Übereinkommen normierten Rechtsschutzes gegen Europol fundamentalen Grundprinzipien der deutschen Verfassung[270] widerspricht und mithin nicht als ein adäquater Ersatzrechtsschutz bewertet werden kann, der rechtsstaatlichen Mindestanforderungen an eine Verfahrensgerechtigkeit genügt.
Die gegenteilige Auffassung *Sorias*, dass das „aus deutscher Sicht bestehende Rechtsschutzdefizit“[271] nicht so erheblich ist, „daß in dem Zustimmungsgesetz ein Verstoß gegen Art. 23 Abs. 1 Satz 3 GG i.V. mit Art. 79 Abs. 3 GG gesehen werden kann“,[272] da „die Lücke im Rechtsschutzsystem (...) weitgehend durch Klagen gegen den handelnden Europol-Bediensteten kompensiert werden“[273] könne, vermag bereits deshalb nicht zu überzeugen, weil die strafgerichtliche Kontrolle der Europol-Bediensteten aufgrund ihrer in Art. 8 Abs. 1 lit. a) Europol-Immunitätenprotokoll extensiv ausgestalteten strafrechtlichen Immunität – entgegen der Auffassung *Sorias* – weitgehend ausgeschlossen ist. Zudem hat *Soria* die Auffassung vertreten, dass das geltende Europol-Immunitätenprotokoll einer gerichtlichen Kontrolle von operativen Befugnissen entgegenstünde. „Sollte daher“ – so *Soria* – „das Protokoll selbst dann noch in der bestehenden Form fortgelten, wenn Europol operative Befugnisse übertragen werden, wäre ein dem Grundgesetz „im wesentlichen vergleichbarer“ Rechtsschutz nicht mehr gewährleistet und somit die jetzige Zustimmung zum Protokoll nach Art. 23 Abs. 1 Satz 3 GG i.V.m. Art. 79 Abs. 3 GG verfassungswidrig.“[274]
Da Europol durch das geltende Europol-Übereinkommen bereits operative Aufgaben und Befugnisse übertragen worden sind,[275] müsste auch *Soria* – ausgehend von dieser Prämisse – eine Verfassungswidrigkeit des Zustimmungsgesetzes zum Europol-Übereinkommen/-Immunitätenprotokoll bejahen.

3. Rechtsfolgen – Nichtigkeit des Zustimmungsgesetzes/unbeschränkte Gerichtsbarkeit?

Ist eine Immunitätsbestimmung mangels ausreichenden Ersatzrechtsschutz verfassungswidrig, stellt sich die Frage, welche Konsequenzen daraus zu ziehen sind.[276]
Bezogen auf das Europol-Übereinkommen ist die Bundesregierung verpflichtet, darauf hinzuwirken, dass ein vorhersehbares und Mindestanforderungen an die Verfahrensgerechtigkeit gewährleistendes Ersatzrechtsschutzverfahren geschaffen wird.[277] Das im Dezember 2001 veröffentlichte und im Auftrag des Bundesministeriums der Justiz erstellte gemeinsame Gutachten des Max-Planck-Instituts für ausländisches und internationales Strafrecht in Freiburg und des Max-Planck-Instituts für ausländisches

---

[270] Vgl. im Ergebnis ebenso: *Frowein/Krisch*, JZ 1998, S. 589 (594): „(...) dürfte der geforderten unabhängigen, effektiven Rechtskontrolle nicht mehr entsprechen.“; *Lisken*, in: Lisken/Denninger, Kap. K, Rdn. 243 f; *Ostendorf*, NJW 1997, S. 3418 (3420): Die GKI ist „kein gleichwertiger Ersatz für eine justitielle Einzelkontrolle“; *Gleß*, EuR 1998, S. 748 (766); *Petri*, DuD 1998, S. 324 (328 f).
[271] *Soria*, VerwArchiv 1998, S. 400 (436).
[272] *Soria*, a.a.O., S. 400 (436).
[273] *Soria*, a.a.O., S. 400 (436).
[274] *Soria*, a.a.O., S. 400 (437).
[275] Vgl. S. 308 ff.
[276] Vgl. auch *Wenckstern*, Rdn. 171.
[277] Vgl. *Wenckstern*, Rdn. 171.

öffentliches Recht und Völkerrecht in Heidelberg[278] verdeutlicht, dass die Frage der justitiellen Einbindung und Kontrolle von Europol Gegenstand der Beratungen der derzeitigen Bundesregierung ist.
Über diese Rechtsfolge hinausgehend stellt sich die Frage, ob die Zustimmungsgesetze zu den Immunitätsbestimmungen (Europol-Gesetz; Europol-Immunitätenprotokollgesetz) wegen des fehlenden, nach deutschem Verfassungsrecht adäquaten Ersatzrechtsschutzes nichtig sind, mit der Folge, dass die deutsche Gerichtsbarkeit auch gegenüber Europol-Bediensteten uneingeschränkt fortbestände?
Gegen die Nichtigkeit spricht, dass die Bundesrepublik Deutschland durch die Unterzeichnung des Europol-Übereinkommens und des Europol-Immunitätenprotokolls völkerrechtlich wirksame Vereinbarungen getroffen hat.[279] Die völkerrechtliche Wirksamkeit dieser Vereinbarungen steht nicht unter dem Vorbehalt, dass ein ausreichender Ersatzrechtsschutz gewährleistet wird. Eine internationale Organisation, die sich „auf ihrer Immunität „ausruht“ und keine Justiz gewährt“,[280] verstößt jedoch gegen ihre völkerrechtliche Streitbeilegungsverpflichtung.[281] Demnach könnte die generelle Immunitätsverweigerung durch nationale Gerichte eine zulässige völkerrechtliche Repressalie sein. Dagegen spricht jedoch, dass in vielen Fällen spezielle, vorrangige Verfahren zur Sicherung der Einhaltung der Streitbeilegungsregeln existieren.[282]

Nach Auffassung *Wencksterns* haben die deutschen Gerichte nicht die Kompetenz, bei der Durchsetzung innerstaatlicher Verfassungsmaßstäbe Maßnahmen zu ergreifen, die in der Sache eine Repressalie darstellen.[283] Es obliege primär der für die auswärtige Gewalt zuständigen Exekutive darüber zu befinden, ob und welche Maßnahmen sie gegenüber völkerrechtswidrigem Verhalten ergreifen will, so dass ein mangels ausreichendem Ersatzrechtsschutz verfassungswidriges Zustimmungsgesetz zu Immunitätsbestimmungen mithin nicht nichtig sei.[284]
Die Beantwortung der Frage, ob diese Auffassung – auch vor dem Hintergrund der im Rahmen dieser Arbeit durchgeführten Analyse zur fehlenden gerichtlichen Bindungswirkung einer (Vorab-)wertung durch die Exekutive im Bereich der Immunitätsgewährung[285] – zutreffend ist, soll einer eigenständigen zukünftigen Untersuchung vorbehalten bleiben.

Im Folgenden soll - die rechtliche Wirksamkeit der Zustimmungsgesetze unterstellt - der Frage nachgegangen werden, ob und inwieweit eine strafgerichtliche Kontrolle der Tätigkeit der Europol-Bediensteten im Einzelfall möglich ist.

---

[278] *Gleß/Grote/Heine*, Band 1 und 2.
[279] Vgl. *Wenckstern*, Rdn. 171.
[280] *Wenckstern*, Rdn. 172.
[281] Vgl. vertiefend: *Wenckstern*, Rdn. 172, 494 – 498, 514.
[282] *Wenckstern*, Rdn. 172.
[283] *Wenckstern*, Rdn. 172.
[284] *Wenckstern*, Rdn. 172.
[285] Vgl. S. 64 ff.

III. Strafgerichtliche Kontrolle

1. Unmittelbare Kontrolle

Die nationalen Gerichte der Mitgliedstaaten dürfen ihre Gerichtsbarkeit nur in dem durch das Europol-Immunitätenprotokoll nicht erfassten Anwendungsbereich ausüben. Bezogen auf die Bundesrepublik Deutschland bedeutet dies, dass ein Europol-Bediensteter für ein strafbares Handeln nur in den eng begrenzten Ausnahmefällen des Art. 2 § 8 Europol-Gesetz[286] zur Verantwortung gezogen werden kann. Somit ist beispielsweise eine unbefugte Erhebung, Speicherung oder Verarbeitung personenbezogener Daten nur im Falle der Immunitätsaufhebung sanktionierbar.
Ob eine Handlung im Sinne des Art. 8 Abs. 1 lit. a) Europol-Immunitätenprotokoll als immunitätsgeschützte Amts- bzw. Diensthandlung zu bewerten ist, unterfällt nicht der Entscheidungskompetenz des Europäischen Polizeiamtes, sondern bemisst sich im Falle der Rechtsbeeinträchtigung eines von dieser Handlung Betroffenen ausschließlich nach der Rechtsauffassung des jeweiligen national zuständigen Gerichts.[287] Diese Entscheidung ist nicht als ein Verstoß gegen das durch die Immunität begründete Prozess- bzw. Verfolgungshindernis zu bewerten, da es sich insoweit lediglich um eine Vorfrage zum eigentlichen Streitgegenstand handelt.[288] Demjenigen, dessen Schutz die Immunität bezweckt, ist es zuzumuten, für seine Auffassung vor dem nationalen Richter Beweis anzutreten.[289] Die Gerichte prüfen in eigener Zuständigkeit, ob im Einzelfall Immunität besteht.[290]

2. Mittelbare Kontrolle

Eine mittelbare Kontrolle der Tätigkeit der Europol-Bediensteten durch die Strafgerichte der Mitgliedstaaten ist auch in der Weise vorstellbar, dass ein Gericht gegebenenfalls ein Beweisverwertungsverbot statuiert, sofern es mit Beweisen konfrontiert wird, die von einem Europol-Bediensteten nachvollziehbar durch eine rechtswidrige Handlung gewonnen worden sind.[291] Neben den in den Rechtsordnungen der Mitgliedstaaten unterschiedlich ausgestalteten Beweisverwertungsverboten[292] erweist sich der Nachweis der rechtswidrigen Beweismittelerlangung aufgrund der Immunität der Europol-Bediensteten und der Unverletzlichkeit der Europol-Archive (vgl. Art. 3 Europol-Immunitätenprotokoll) als zumindest „problematisch".[293]

---

[286] Vg. S. 9.
[287] Vgl. S. 68 f.
[288] Vgl. S. 65, 69; vgl. zur „Vorfragenprüfung" auch *Dahm*, in: Festschrift für Nikisch, S. 153 (175 ff).
[289] Vgl. S. 65.
[290] Vgl. S. 65 f; BGH NJW 1984, S. 2084 (2094).
[291] Vgl. *Gleß*, EuR 1998, S. 748 (764).
[292] Vgl. *Gleß*, EuR 1998, S. 748 (764); *Kühne*, in: Müller-Graff, S. 85 (94): „(Stichwort § 136 a StPO (...) Vieles, was bei uns schon als Quälerei gilt, wird in England oder Frankreich noch längst nicht als solche verstanden (...))".
[293] *Gleß*, EuR 1998, S. 748 (764); vgl. zum (potentiellen) Beweisverwertungsverbot auch: *Lindner*, BayVBl. 2001, S. 193 (202): „In einem Strafverfahren kann allerdings die Frage virulent werden, ob bestimmte Daten im Rahmen der Beweiswürdigung Berücksichtigung finden dürfen: Sollten Daten von Europol oder den Mitgliedstaaten im Rahmen der „Kommunikation" mit Europol rechts-

E. Lösung /Lösungsalternativen

Die Gewährung strafrechtlicher Immunität zugunsten der Europol-Bediensteten ist rechtlich überzeugend nicht zu legitimieren. Infolgedessen ist die auf der Tagung des AStV vom 19. September 2001 von der deutschen Delegation beantragte Untersuchung der Frage der Immunität des Europol-Personals als ein zu beratender Punkt etwaiger Änderungen des Europol-Übereinkommens[294] im Hinblick auf die notwendige Aufhebung der strafrechtlichen Immunitätsgewährung ausdrücklich zu begrüßen.

Generell ist festzustellen, dass angesichts des weit fortgeschrittenen europäischen Integrationsprozesses die Gewährung jeglicher Immunität für europäische Institutionen und ihre Bediensteten nicht (mehr) zu rechtfertigen ist. In der Sachverständigenanhörung des Deutschen Bundestages hat beispielsweise *Stadler* darauf hingewiesen, dass im Zuge der fortgeschrittenen europäischen Integration europäische Organisationen nicht mehr am Modell der internationalen Organisationen, sondern am „nationalen Vergleichsmodell"[295] auszurichten sind. Der Sachverständige *Frowein* hat in Bezug auf Europol in zutreffender Weise das „System der Eurocontrolorganisation" als ein „relativ gutes Vergleichsmodell" für Europol bezeichnet. Im Gegensatz zu den Bediensteten von Europol genießen die Bediensteten von Eurocontrol keine Immunität.[296]

Selbst wenn man die Freistellung der Europol-Bediensteten von strafrechtlicher Verantwortlichkeit grundsätzlich für erforderlich erachten würde, beispielsweise aufgrund der behaupteten Schwierigkeiten im Hinblick auf die Arbeit mit fünfzehn – teilweise unterschiedlichen – Rechtsordnungen der Mitgliedstaaten,[297] hätte sich im Gegensatz zu der in Art. 8 Abs. 1 lit. a) Europol-Immunitätenprotokoll extensiv normierten Freistellung von strafrechtlicher Verantwortlichkeit beispielsweise durch die Normierung einer dem Immunitätsstatus der Europol-Verbindungsbeamten entsprechenden beschränkten funktionalen diplomatischen Immunität[298] eine sachgerechtere Lösung angeboten. Alternativ – und nach deutschem Verfassungsrecht auch rechtlich zulässig – wäre es möglich gewesen, die zur Legitimierung der Immunitätsgewährung behaupteten Schwierigkeiten in Bezug auf die Arbeit mit fünfzehn – teilweise unterschiedlichen – Rechtsordnungen der nationalen Mitgliedstaaten durch die Unterstellung der Europol-Bediensteten unter die nationale (Straf-)Gerichtsbarkeit

---

widrig erhoben oder verarbeitet worden sein, stellt sich die Frage eines Beweisverwertungsverbotes."; *Bull*, DRiZ 1998, S. 32 (41): „Hält ein Gericht eine Ermittlungsmethode von Europol für rechtswidrig, so darf es die Informationen nicht verwerten."; *Lisken*, in: Lisken/Denninger, Kap. K, Rdn. 233.

Anmerkung: Die Frage der Beweisverwertbarkeit und damit in Zusammenhang stehender (potentieller) rechtlicher Probleme, soll einer eigenständigen Untersuchung vorbehalten bleiben.

294 Vgl. Ratsdok. 11282/1/01 REV 1 ADD 1 (Europol 68) vom 20.09.2001, S. 1.

295 *Stadler*, BT-Innenausschuss-Prot. 13/75, S. 37.

296 Lediglich der Direktor von Eurocontrol genießt – eingeschränkte – Immunität – vgl. S. 83.

297 A.A. vgl. *Lisken/Mokros*, Vorgänge 1997, S. 101 (106): „Wer auf diesem Feld arbeitet, muß die Strafgesetze in verschiedenen Ländern kennen und achten."

298 Vgl. S. 10 f.

des Europol-Sitzstaates zu lösen.[299] Auch insoweit ist das System der Eurocontrolorganisation ein gutes Vergleichsmodell.
Selbst wenn man diese Möglichkeiten[300] außer Acht gelassen hätte, hätte insofern eine sachgerechtere Lösungsmöglichkeit bestanden, als die Immunität der Europol-Bediensteten – ebenso wie die Immunität der Interpol-Bediensteten – nicht nur sachlich beschränkt, sondern auch geografisch auf das Gebiet des Sitzstaates hätte begrenzt werden können. Zudem wäre es – so *Hailbronner* – noch im Rahmen von Art. 41 Europol-Übereinkommen und damit eine Erfüllung der Europol-Konvention gewesen, wenn man im Europol-Immunitätenprotokoll nur eine „abgestufte Immunität",[301] d.h. lediglich eine zivilrechtliche Immunität normiert hätte.[302]

Unter Hinweis beispielsweise auf den Eurocontrol-Vertrag vom 13.12.1960 hat *Hailbronner* zutreffend darauf hingewiesen, dass es im Grundsatz unbestritten ist, dass die Immunität internationaler Bediensteter je nach den sachlichen Gegebenheiten der betreffenden Organisation generell eingeschränkt oder im Einzelfall auch zugunsten einer nationalen gerichtlichen Kontrolle eines Mitgliedstaates (Sitzstaates) aufgehoben werden kann.[303] Anlässlich der Sachverständigenanhörung des Deutschen Bundestages hat er insoweit ergänzend ausgeführt: „Soweit ersichtlich, ist niemals in Frage gestellt worden, daß anstelle einer Immunität bei internationalen Bediensteten auch eine Unterstellung unter die Gerichtsbarkeit eines Mitgliedstaates zulässig ist, die insbesondere dann naheliegt, wenn es sich um die Ausübung von Hoheitsrechten handelt, die in Bürgerrechte eingreifen."[304]
Da Europol bereits auf der Grundlage des geltenden Europol-Übereinkommens hoheitliche Aufgaben und Befugnisse wahrnimmt und durch seine Tätigkeit in Bürgerrechte eingreift, hätte es zumindest einer Unterstellung unter die Gerichtsbarkeit eines Mitgliedstaates bedurft. Vorzugswürdig, insbesondere im Hinblick auf den Individualrechtsschutz gegen Europol, erscheint eine umfassende gerichtliche Kontrollfunktion des EuGH.[305] „Berücksichtigt man" – so zutreffend *Meyer* – „die Grundrechts-

---

[299] Vgl. *Göbel-Zimmermann*, (RiVGH Hessen) Berichterstatter Bundesrat, Unterausschuss Recht 70/97 vom 04.11.1997, TOP 8, S. 57 (62): „Der Sinn der Gewährung der Immunität ist es, die Unabhängigkeit und Funktionsfähigkeit von Europol zu gewährleisten. Dieses Ergebnis kann auch dann erreicht werden, wenn den Bediensteten von Europol Immunität von der Strafverfolgung in allen Ländern mit Ausnahme des Sitzstaates gewährt wird."; *Höhlscheidt/Schotten*, NJW 1999, S. 2851 (2854).

[300] Vgl. auch den Lösungsvorschlag von *Rupprecht* zur Anwendung des ius loci und der Einrichtung von Europol-Zweigbüros (entsprechend den field offices des FBI) – *Rupprecht*, Die Polizei 1991, S. 293 (298); ebenso *Aschmann*, S. 206.

[301] *Hailbronner*, BT-Innenausschuss-Prot. 13/75, S. 38.

[302] Vgl. *Hailbronner*, a.a.O., S. 38.

[303] *Hailbronner*, JZ 1998, S. 283 (286); *ders.*, BT-Innenausschuss-Drs. 13/177, S. 97.

[304] *Hailbronner*, BT-Innenausschuss-Drs. 13/177, S. 98.

[305] Vgl. *Meyer*, in: Festschrift für Kaiser, S. 633 (644); *Frowein*, BT-Innenausschuss-Prot. 13/75, S. 63: „Nach meiner Meinung wäre der richtige Weg EuGH."; *Böse*, NJW 1999, S. 2416 (2417): „Eine Kompromißlösung könnte in der Einführung einer gerichtlichen Kontrolle durch den EuGH bestehen." m.w.N.; *Schlögl*, Bundesrat 642. Sitzung, S. 93: „Genauso bin ich der Meinung (...), daß Europol vom Europäischen Gerichtshof und auch vom Europäischen Parlament kontrolliert werden muß"; *Storbeck*, Interview mit Prantl in Süddeutsche Zeitung vom 10.10.1997, *Wenckstern*, Rdn. 1027.

sensibilität der Tätigkeit von Europol, so ist ein effektiver Rechtsschutz nur auf dem Weg des Individualklagerechts möglich."[306]

Fazit:
Die Freistellung der Europol-Bediensteten von strafrechtlicher Verantwortlichkeit ist mit deutschem Verfassungsrecht nicht vereinbar, unter Bezugnahme auf die „allgemeine völkerrechtliche Praxis"[307] nicht zu legitimieren und auch sachlich nicht zur rechtfertigen. Die Bundesregierung ist verpflichtet, sich für die Aufhebung der strafrechtlichen Immunität einzusetzen und zudem einen den Mindestanforderungen deutschen Verfassungsrecht entsprechenden (Ersatz-)Rechtsschutz, vorzugsweise durch den EuGH, zu schaffen.
Die Priorität der Erfüllung dieser Verpflichtung verdeutlicht beispielsweise die Tatsache, dass Europol bisher bereits jährlich fast „3000mal (...) in nationale Ermittlungsverfahren eingebunden"[308] worden ist.

---

306 *Meyer*, in: Festschrift für Kaiser, S. 633 (644); *ders.*, BT-Innenausschuss-Drs. 13/75, S. 58: „Für mich ganz klar EuGH."; vgl. Beschluss des Ausschusses für die Angelegenheiten der Europäischen Union des Deutschen Bundestages vom 24.09.1997, BT-Europaausschuss-Drs. 13/1609, S. 1: „Die Bundesregierung wird aufgefordert, (...) daß (...) ein Individualklagerecht gegen Handlungen europäischer Behörden zum Europäischen Gerichtshof eingeführt wird."

307 Denkschrift zum Europol-Immunitätenprotokoll, BT-Drs. 13/9084, S. 10.

308 *Storbeck*, Interview mit Prantl, Süddeutsche Zeitung vom 10.10.1997; *ders.*, in: Hummer, S. 181 (205). Zur sowohl in quantitativer als auch qualitativer Hinsicht anwachsenden Bedeutung Europols – vgl. z.B. Europol-Jahresbericht 2000, Ratsdok. 7267/01 (Europol 23) vom 20.03.2001, S. 20: „Lag in der Vergangenheit die einsatz- und ermittlungsbezogene Unterstützung vornehmlich in den Händen der Europol-Verbindungsbeamten, so haben nun aufgrund der Arbeitsdateien zu Analysezwecken und der Europol-Projekte oft die Analytiker und Experten von Europol eine führende Rolle, (...). Die Arbeitsdateien zu Analysezwecken haben die Art des Informationsaustauschs einschneidend verändert."

Gesamtergebnis (Thesen)

- Das Europäische Polizeiamt (Europol) hat am 1. Juli 1999 auf der Grundlage der Europol-Konvention und der zu ihr ergangenen Durchführungsbestimmungen, zu denen auch das Europol-Immunitätenprotokoll gehört, seine Tätigkeit in Den Haag aufgenommen. Zur effektiven Verhütung und Bekämpfung der internationalen, insbesondere organisierten Kriminalität ist Europol notwendig.

- Europol ist eine - einzigartige - Polizei neuen Typs. Im Gegensatz zu der das deutsche Recht als Folge der staatlichen Gewaltenteilung kennzeichnenden Differenzierung zwischen präventiv- und repressiv-polizeilicher Tätigkeit, legitimiert sich sowohl die präventive als auch repressive polizeiliche Tätigkeit Europols ausschließlich durch das Vorhandensein des Risikos der Verwirklichung einer dem Mandat des Europäischen Polizeiamtes unterfallenden Straftat.

- Die Hinnahme der strafrechtlichen Immunitätsgewährung zugunsten der Europol-Bediensteten hat die frühere Bundesregierung mit Hinweis auf die völkerrechtliche Praxis der Immunitätsgewährung und die vermeintliche Schadlosigkeit dieser Privilegierung gerechtfertigt. Die Schadlosigkeit resultiere insbesondere aus dem vermeintlich eng gefassten sachlichen Anwendungsbereich der in Art. 8 Abs. 1 lit. a) Europol-Immunitätenprotokoll normierten strafrechtlichen Immunität, den in der geltenden Europol-Konvention vermeintlich restriktiv ausgestalteten Aufgaben und Befugnissen Europols sowie dem in Art. 17 Europol-Immunitätenprotokoll geregelten Evaluierungserfordernis im Falle einer künftigen Aufgaben- oder Befugniserweiterung des Europäischen Polizeiamtes. Diese Einschätzungen der Bundesregierung sind unzutreffend und vermögen die strafrechtliche Immunitätsgewährung rechtlich nicht zu legitimieren.

- Bereits durch die geltende Europol-Konvention sind Europol hoheitliche, exekutive und auch operative Aufgaben und Befugnisse übertragen worden.

- Gegenüber den nationalen Ermittlungsbehörden verfügt das Europäische Polizeiamt über einen gewaltigen Informationsvorsprung, der es Europol beispielsweise ermöglicht, faktische Sachherrschaft in nationalen (Ermittlungs-)Verfahren auszuüben. Dies hat zur Folge, dass die Staatsanwaltschaft als Teil der Jurisdiktion gegenüber der Polizei als Exekutivorgan nicht nur weiter an Einfluss verliert, sondern – de facto – zum polizeilichen Erfüllungsgehilfen werden kann.

- Im Rahmen seiner bisherigen Tätigkeit hat Europol bereits operative (Unterstützungs-)Leistungen erbracht, die vom Aufgaben- und Befugnisrahmen der geltenden Europol-Konvention (noch) nicht gedeckt und damit rechtswidrig sind.

- Die Europol-Konvention und ihre Durchführungsbestimmungen sind - in mehrfacher Hinsicht - mit deutschem (Verfassungs-)Recht nicht zu vereinbaren. Dies gilt beispielsweise für die Europol gewährte Befugnis zur umfassenden Verarbeitung personenbezogener Daten von Nicht-Beschuldigten und Nicht-Verdächtigen im Europol-Analysesystem, die unzureichende Protokollierungspflicht der Datenzugriffe in diesem System, die fehlende Verpflichtung zur Benachrichtigung der von präventiv-polizeilichen Informationseingriffen Betroffenen, die Möglichkeit zur Erstellung umfassender Charakter- und Persönlichkeitsprofile, die fehlende Geltung eines dem deutschen Verfassungsrecht entsprechenden Grundsatzes der Zweckbindung präventiv- und repressiv-polizeilicher Datenerhebungen sowie im Hinblick auf den durch die Europol-Konvention normierten (Individual-)Rechtsschutz.

- Die Freistellung der Europol-Bediensteten von strafrechtlicher Verantwortlichkeit ist nicht nur in der Bundesrepublik Deutschland, sondern beispielsweise auch in Österreich und Großbritannien kontrovers diskutiert worden.

- In der Bundesrepublik Deutschland bestand - ebenso wie in Österreich - eine politische und faktische Zwangslage zur Ratifizierung des Europol-Immunitätenprotokolls. Trotz ausdrücklicher Aufforderung durch den Deutschen Bundestag weigerte sich die frühere Bundesregierung, Nachverhandlungen mit den Europol-Partnerstaaten zum Zwecke der ersatzlosen Streichung der strafrechtlichen Immunität aufzunehmen.

- Abweichend von der ursprünglichen Intention ist den Europol-Bediensteten kein diplomatenähnlicher Immunitätsstatus, sondern ein am EG-Immunitätenprotokoll orientierter umfassender Immunitäts- und Indemnitätsschutz verliehen worden. Diese Freistellung von gerichtlicher Verantwortlichkeit entspricht nicht der völkerrechtlichen Praxis, sondern begründet im internationalen/europäischen Vergleich eine Sonderstellung der Europol-Bediensteten, die weder mit dem die Immunitätsgewährung im Völkerrecht prägenden Prinzip der funktionalen Notwendigkeit noch mit Sinn und Zweck der im Parlamentsrecht wurzelnden Indemnitätsgewährung zu vereinbaren ist. Auch sonstige Erwägungen vermögen die strafrechtliche Immunitätsgewährung rechtlich überzeugend nicht zu legitimieren.

- Die strafrechtliche Immunität der Europol-Bediensteten (Art. 8 Abs. 1 lit. a) Europol-Immunitätenprotokoll) ist tatbestandlich weit gefasst worden. Dies hat zur Folge, dass Europol-Bedienstete durch immunitätsgeschützte Amtshandlungen bereits auf der Grundlage der geltenden Europol-Konvention vielfältige und schwerwiegende Straftaten zu Lasten Dritter begehen können. Nach geltendem Recht kann jeder von der immunitätsgeschützten Amtstätigkeit betroffen werden, d.h. auch Nicht-Beschuldigte und Nicht-Verdächtige.

- Mit Geltung zum 1. Januar 2002 wird der Aufgaben- und Zuständigkeitsbereich des Europäischen Polizeiamtes wesentlich erweitert. Erweitert werden sollen auch die Befugnisse Europols. Da die Regelung des Art. 30 Abs. 2 EUV lediglich ein dem Rat obliegendes Arbeitsprogramm zur Befugniserweiterung Europols normiert, kann eine Teilnahme von Europol-Bediensteten an gemeinsamen Ermittlungsteams entgegen der mehrheitlich vertretenen Auffassung der Mitgliedstaaten auf diese Regelung nicht gestützt werden.

- Im Falle der Übertragung neuer bzw. der Erweiterung bestehender Aufgaben und Befugnisse erfolgt im Rahmen der durch Art. 17 Europol-Immunitätenprotokoll normierten Evaluierung lediglich eine ergebnisoffene Überprüfung der Immunitätsgewährung.

- Ausgehend von ihren Prämissen zur Legitimierung der strafrechtlichen Immunitätsgewährung hätte die deutsche Bundesregierung der Freistellung der Europol-Bediensteten von strafgerichtlicher Verantwortlichkeit bereits auf europäischer Ebene ihre Zustimmung versagen müssen.

Literaturverzeichnis

Achterberg, Norbert — Parlamentsrecht, Tübingen 1984

Aden, Hartmut — Europol und "operative Ermittlungsmethoden" - Zur Europäisierung eines untauglichen Konzeptes, in: Bürgerrechte & Polizei/CILIP 58 (3/1997), S. 65 ff

ders. — Das Bundeskriminalamt; Intelligence-Zentrale oder Schaltstelle des bundesdeutschen Polizeisystems?, in: Bürgerrechte&Polizei/CILIP 62 (1999), http:// www.infolinks.de/cilip/ausgabe/62/bka.htm – Stand: 15.09.2001

Ahlf, Ernst-Heinrich
Daub, Ingo / Lersch, Roland
Störzer, Hans Udo — Bundeskriminalamtgesetz BKAG mit Erläuterungen, Stuttgart, München, Hannover, Berlin, Weimar, Dresden 2000

Akmann, Torsten — Die Zusammenarbeit in den Bereichen Justiz und Inneres als "3. Säule" des Maastrichter Unionsvertrages, in: JA 1994, S. 49 ff

Albrecht, Peter-Alexis — Grenzen "geheimer Verbrechensbekämpfung"? Die G 10-Entscheidung des Bundesverfassungsgerichts (BVerfGE 100, 313 ff), in: Kritische Vierteljahresschrift für Gesetzgebung und Rechtsprechung (KritV) 2000, S. 273 ff

Aschmann, Gerrit — Europol aus Sicht der deutschen Länder, Frankfurt am Main, Berlin, Bern, Brüssel, New York, Oxford, Wien 2000

Atzbach, Rudolf — Polizeiliche Informationsverarbeitung – Betrachtungen über ein noch immer offenes Problem, in: Kriminalistik 2001, S. 323 ff

Aulehner, Josef — Polizeiliche Gefahren- und Informationsvorsorge: Grundlagen, Rechts- und Vollzugsstrukturen, dargestellt auch im Hinblick auf die deutsche Beteiligung an einem Europäischen Polizeiamt (Europol), Berlin 1998

Baldus, Manfred — Polizeirecht des Bundes mit zwischen- und überstaatlichen Rechtsquellen. Interpol, Schengen, Europol, Bilaterale Verträge, Internationale Rechtshilfe in Strafsachen; 2. neu bearbeitete und erweiterte Auflage, Stand: 1. Juli 2000, Heidelberg 2000

Batrak, Andrej Darnstädt, Thomas Mascolo, Georg	Daten für die Mafia?, in: DER SPIEGEL vom 12.07.1999, Nr. 28, S. 30 ff
Baumann, Jürgen Weber, Ulrich Mitsch, Wolfgang	Strafrecht, Allgemeiner Teil, 10. neu bearbearbeitete Auflage, Bielefeld 1995
Beitzke, Günther	Zivilrechtsfähigkeit von auf Staatsvertrag beruhenden internationalen Organisationen und juristischen Personen, in: Berichte der Deutschen Gesellschaft für Völkerrecht, Heft 9, Karlsruhe 1969, S. 77 ff
Beling, Ernst	Die strafrechtliche Bedeutung der Exterritorialität, Breslau 1896
Belleri, Magda	272. (EU) EP/Verbrechensbekämpfung: „Billigung des Übereinkommens über die Rechtshilfe in Strafsachen nur unter viel Kritik und mit zahlreichen Änderungen" vom 22.02.2000, in: Europinformationen - http:// www.europa-web.de/europa/03euinf/12EP_BER/epver bre.htm – Stand: 13.10.2001
Beyer, Wilhelm Raimund	Immunität als Privileg. Eine verfassungsrechtliche Studie gegen die Abgeordnetenimmunität, 1966
Bloy, René	Die dogmatische Bedeutung der Strafausschließungs- und Strafaufhebungsgründe, Berlin 1976
ders.	Die Rolle der Strafausschließungs- und Strafaufhebungsgründe in der Dogmatik und im Gutachten, in: JuS-Lernbogen 5/1993, S. 33 ff
Blumenwitz, Dieter	Judical self-restraint und die verfassungsgerichtliche Überprüfung von Akten der Auswärtigen Gewalt, in: DVBl. 1976, S. 464 ff
Bockelmann, Paul	Die Unverfolgbarkeit der Abgeordneten nach deutschem Immunitätsrecht, Göttingen 1951
Bockslaff, Klaus Koch, Michael	Völkergewohnheitsrechtliche Anerkennung der Funktionstheorie, in: Neue Juristische Wochenschrift (NJW) 1984, S. 2742 f

Boetticher, Christian v.	Statement, in: BKA (Hrsg.), Kriminalitätsbekämpfung im zusammenwachsenden Europa, 1. Auflage, Neuwied 2000, S. 190 ff
Bolesch, Cornelia	Wenn die Fahnder zu den Fahndern kommen - kaum haben die Beamten von Europol den Kampf gegen Kriminelle aufgenommen, knabbern sie am hauseigenen Skandal, in: Süddeutsche Zeitung (SZ) vom 07.09.2001, S. 3
Böse, Martin	Die Immunität von Europol - ein unterschätztes Verfolgungshindernis?, in: NJW 1999, S. 2416 f
Breuling, Fritz	Immunität und Republik, Stuttgart 1927
Brock, Peter	The Profiling Method(s), in: http://criminalprofiling.ch/methodmueller.html – Stand: 15.09.2001
Bröcker, Hans	Immunität und Polizei, in: Polizei 1961, S. 269 ff
Bruß, Jochen	Basiswissen Recht, lateinische Rechtsbegriffe, Freiburg, Berlin, München 1997
Bull, Hans Peter	Das Europäische Polizeiamt – undemokratisch und rechtsstaatswidrig? Zur Kontroverse um Auftrag und Ausgestaltung von Europol, in: Deutsche Richter Zeitung (DRiZ) 1998, S. 32 ff
ders.	Sicherheit und Prävention im europäischen Rechtsstaat, in: Bizer/Koch (Hrsg.), Sicherheit, Vielfalt, Solidarität; ein neues Paradigma des Verfassungsrechts?, Baden Baden 1998, S. 13 ff
Bundesbeauftragter für den Datenschutz (Hrsg.)	BfD-Info 2: Der Bürger und seine Daten - Eine Informationsschrift des Bundesbeauftragten für den Datenschutz in Zusammenarbeit mit den Landesbeauftragten und den obersten Aufsichtsbehörden für den Datenschutz -, 2. Auflage 1999
Bundeskriminalamt (Hrsg.)	Lagebild Organisierte Kriminalität Bundesrepublik Deutschland 1999, 1. Auflage, Mai 2000
Bundeskriminalamt (Hrsg.)	Kriminalitätsbekämpfung im zusammenwachsenden Europa; Vorträge und Diskussionen anlässlich der Arbeitstagung des Bundeskriminalamts vom 23. bis 25. November 1999, 1. Auflage, Neuwied 2000

Bundesministerium des Innern (Hrsg.)	Innenpolitik, Informationen des Bundesministeriums des Innern, Themenheft: Zentralstelle effektiver Verbrechensbekämpfung, Europol - Das Europäische Polizeiamt, Nr. VI/1997, Dezember 1997/Januar 1998
Bunyan, Tony	The United Kingdom und das Schengener Abkommen, in: Bürgerrechte & Polizei, 40, S. 20 ff
Busch, Heiner	Europol - Eigenständiger Organismus mit Zukunft, in: Bürgerrechte und Polizei/CILIP, 53 (1/1996), S. 21 ff
ders.	Europäische Innere Sicherheit - Möglichkeiten parlamentarischer Kontrolle?, in: Bürgerrechte & Polizei/CILIP 57 (2/1997), S. 58 ff
ders.	Zollfahndung und Zollkriminalamt - Die unbekannten und unterschätzten Polizeien, in: Bürgerrechte & Polizei/CILIP 62 (1/1999) - http://www.cilip.de/ausgabe/62/zoll.htm - Stand: 13.10.2001
ders.	Meldungen aus Europa, in: Bürgerrechte & Polizei/CILIP 64 (1999), S. 82 ff
ders.	Grenzenlose Polizei? Neue Grenzen und polizeiliche Zusammenarbeit in Europa, 1. Auflage, Münster 1995
Busch, Heiner Pütter, Norbert	Operative Polizeimethoden – Vergeheimdienstlichung der Ermittlungen, in: Bürgerrechte und Polizei/CILIP, 49 (3/1994), S. 6 ff
Buß, Thomas	Zwischen Immunität und Rechtsschutz: Das Inspection Panel innerhalb der Weltbankgruppe, in: Recht der internationalen Wirtschaft (Betriebs-Berater International), 44. Jahrgang, Mai 1998, S. 352 ff
Butzer, Hermann	Immunität im demokratischen Rechtsstaat – Verfassungsgrundlagen und Parlamentspraxis des Deutschen Bundestages, in: Beiträge zum Parlamentsrecht, herausgegeben von Werner Kaltefleiter, Ulrich Karpen, Wolgang Zeh, Band 20, Berlin 1991
ders.	Die Grundsätze in Immunitätsangelegenheiten im Rechtsquellenkanon des Parlamentsrechts, in: Zeitschrift für Parlamentsfragen (ZParl) 1993, S. 384 ff

Buuren, Jelle van	Grenzüberschreitendes Abhören führt in gesetzliches Minenfeld – Ausschussbericht des Europäischen Parlaments lehnt grenzüberschreitendes Abhören der Telekommunikation ab vom 15.02.2000 – http://www.cttv.de/tp/deutsch/special/enfo/5795/1.htm - Stand: 13.10.2001
ders.	„Europäisches Parlament stimmt gegen unkontrolliertes grenzüberschreitendes Abhören" vom 18.02.2000 - http://www.cttv.de/tp/deutsch/inhalte/te/5810/1.htm - Stand: 13.10.2001
Calliess, Christian Ruffert, Matthias (Hrsg.)	Kommentar des Vertrages über die Europäische Union und des Vertrages zur Gründung der Europäischen Gemeinschaft - EUV/EGV -, Neuwied 1999
Council of Europe	Privileges and immunities of international organisations, Resolution (69) 29, adopted by the committee of ministers of the Council of Europe on 26 September 1969, Strasbourg 1970
Creifels, Carl Weber, Klaus (Hrsg.)	Rechtswörterbuch, 15. neu bearbeitete Auflage, München 1999
Cully, Kathleen	Jurisdictional Immunities of Intergovernmental Organizations, in: The Yale Law Yournal, Volume 91, Number 6, May 1982, S. 1167 ff
Cusack, Jim	McKenna says EU politice force a threat to citizens' rights, in: The Irish Times, 14 October 1997
Dahm, Georg	Völkerrechtliche Grenzen der inländischen Gerichtsbarkeit gegenüber ausländischen Staaten, in: Festschrift für Arthur Nikisch, Tübingen 1958, S. 153 ff
Danner, Klaus	OFA - Die neue Wunderwaffe? - Eine (kritische) Betrachtung über Erfahrungen und Probleme beim Aufbau der Operativen Fallanalyse (OFA) in Baden-Württemberg, in: Die Kriminalpolizei 2000, S. 126 ff
Daub, Ingo	Das Europäische Polizeiamt - Gefahr für den Föderalismus?, in: Baldus, Manfred / Soiné, Michael (Hrsg.), Rechtsprobleme der internationalen polizeilichen Zusammenarbeit, Baden-Baden 1999, S. 86 ff

Deutscher Bundestag (Hrsg.)	Die Charta der Grundrechte der Europäischen Union - Berichte und Dokumentation mit einer Einleitung von Jürgen Meyer und Markus Engels, Berlin 2001
Di Fabio, Udo	Die "Dritte Säule" der Union - Rechtsgrundlagen und Perspektiven der europäischen Polizei- und Justizzusammenarbeit - in: Die Öffentliche Verwaltung, 1997, S. 89 ff
Diederichs, Otto	TREVI – ein standardbildendes Pilotprojekt?, in: Bürgerrechte & Polizei, 40, S. 35 ff
Dinstein, Yoram	Diplomatic Immunity from Jurisdiction ratione materiae, in: International and comparative law quarterly: (incorporating the "Quarterly" of the Society of Comparative Legislation and International Law and the "Transactions" of the Grotius Society), 1966, S. 76 ff
Doch, Elmar	Die Abgeordneten-Immunität. Eine rechtsvergleichende und rechtsgeschichtliche Darstellung, 1936
Domke, Walter	Die Immunität der Volksvertreter in rechtsvergleichender Darstellung, Berlin 1926
Drosdowski, Günther Köster, Rudolf Müller, Wolfgang u.a. (Hrsg.)	DUDEN, Band 7, Etymologie, 2. völlig neu bearbeitete und erweiterte Auflage, Mannheim, Leipzig, Wien, Zürich 1989; Band 5, Fremdwörterbuch, 6. überarbeitete und erweiterte Auflage, Mannheim, Leipzig, Wien, Zürich 1997
Engel, Christoph	Wirkung der völkerrechtlichen Normen über die Immunität im deutschen Rechtsraum, in: Zeitschrift für vergleichende Rechtswissenschaften, Bd. 87 (1988), 1, S. 33 ff
Eser, Albin	Entwicklung des Strafverfahrensrechts in Europa; Orientierung an polizeilicher Effektivität oder an rechtsstaatlichen Grundsätzen, in: ZStW 108 (1996), S. 86 ff
Fisahn, Andreas	Europol - Probleme der Kontrolle, in: Kritische Justiz 1998, S. 358 ff

Fischer, Hans Georg — Die Zusammenarbeit in den Bereichen Justiz und Inneres - die "3. Säule" des Vertrages über die Europäische Union, in: Europäische Zeitschrift für Wirtschaftsrecht (EuZW) 1994, S. 747 ff

Fischer, Thomas — Strafgesetzbuch und Nebengesetze, Kommentar, 50. neu bearbeitete Auflage, München 2001

Fluck, Peter — Anwendung und Auslegung der DNA-Identifizierung, in: NJW 2001, S. 2292 ff

Folz, Hans-Ernst — Die unmittelbaren Rechte der Staaten, in: Festschrift für Alfred Verdross, Ius Humanitatis, Berlin 1980, S. 403 ff

Folz, Hans-Ernst
Soppe, Martin — Zur Frage der Völkerrechtsmäßigkeit von Haftbefehlen gegen Regierungsmitglieder anderer Staaten, in: Neue Zeitschrift für Strafrecht (NStZ) 1996, S. 576 ff

Frank, Michael — 80 Wiener Polizisten unter Spitzel-Verdacht, in: Süddeutsche Zeitung vom 19.10.2000, Ausgabe Bayern, S. 9

ders. — Zwischenbericht der Untersuchungskommission, Wiener Spitzel-Affäre weitet sich aus, in: Süddeutsche Zeitung vom 13.10.2000, Ausgabe Bayern, S. 9

Frowein, Jochen
Krisch, Nico — Der Rechtsschutz gegen Europol, in: JZ 1998, S. 589 ff

Geiger, Rudolf — EUV/EGV; Vertrag über die Europäische Union und Vertrag zur Gründung der Europäischen Gemeinschaft, Kommentar, 3. neu bearbeitete und erweiterte Auflage, München 2000

Gleß, Sabine — Europol, in: NStZ 2001, S. 623 ff

dies. — Kontrolle über Europol und seine Bedienstete, in: Europarecht (EuR) 1998, S. 748 ff

Gleß, Sabine
Grote, Rainer
Heine, Günter
(Hrsg.)

Justitielle Einbindung und Kontrolle von Europol - Kurzvorstellung der Ergebnisse -, rechtsvergleichendes Gutachten im Auftrag des Bundesministeriums der Justiz des Max-Planck-Instituts für ausländisches und internationales Strafrecht in Freiburg unter Leitung von Albin Eser und des Max-Planck-Instituts für ausländisches öffentliches Recht und Völkerrecht in Heidelberg unter Leitung von Jochen Frowein und Rüdiger Wolfrum, veröffentlicht auf der Hompage des Bundesministeriums der Justiz (http://www.bundesjustizministerium.de) - Stand: 20. November 2000

Gleß, Sabine
Grote, Rainer
Heine, Günter
(Hrsg.)

Justitielle Einbindung und Kontrolle von Europol - rechtsvergleichendes Gutachten des Max-Planck-Instituts für ausländisches und internationales Strafrecht (Freiburg) und des Max-Planck-Instituts für ausländisches Recht und Völkerrecht (Heidelberg) im Auftrag des Bundesministeriums der Justiz, Band 1: Nationale und europäische Strafverfolgung, Band 2: Polizeiliche Ermittlungstätigkeit und Grundrechtsschutz, Ed. iuscrim, Max-Planck-Institut für ausländisches und internationales Strafrecht, Freiburg im Breisgau 2001

Gleß, Sabine
Lüke, Monika

Strafverfolgung über die Grenzen hinweg - Formen der Zusammenarbeit europäischer Länder zur Kriminalitätsbekämpfung -, in: Juristische Ausbildung (Jura) 1998, S. 70 ff

Goerdeler, Jochen

Europol – im Rausch der Cyber-Fahndung, in: http://www.hintergrund.com/m049708.htm - Stand:06.09.99

Gössner, Rolf

Das Anti-Terror-System - Politische Justiz im präventiven Sicherheitsstaat - Terroristen & Richter 2, Hamburg 1991

Grabitz, Eberhard
Hilf, Meinhard (Hrsg.)

Das Recht der Europäischen Union, Band 1 EUV/EGV, 18. Ergänzungslieferung Mai 2001

Groeben, Hans von der
Thiesing, Jochen
Ehlermann, Claus-Dieter
(Hrsg.)

Kommentar zum EU-/EG-Vertrag, Band 5 Artikel 210 - 248 EGV, 5. neu bearbeitete Auflage, Baden-Baden 1997

Gusy, Christoph

Polizeirecht, 4. neu bearbeitete Auflage, Tübingen 2000

Habscheid, Walther J. — Die Immunität internationaler Organisationen im Zivilprozeß - zugleich eine Besprechung des Werks von Manfred Wenckstern "Die Immunität internationaler Organisationen" -, in: Zeitschrift für Zivilprozeß, 110. Band 1997, S. 269 ff

Hailbronner, Kay — Die Immunität von Europol-Bediensteten, in: JZ 1998, S. 283 ff

Härth, Wolfgang — Berührt ein ausländisches Strafverfahren die Immunität eines deutschen Parlamentsabgeordneten?, in: NStZ 1987, S. 109 ff

Hegel, Rolf Jürgen — Europol auf dem Weg ins neue Jahrtausend, in: Die Kriminalpolizei, Ausgabe Dezember 2000, http://www.die-kriminalpolizei.de/ausgaben/kpo0004.htm – Stand: 15.09.2001

Helle, Ernst — Die Rechtswidrigkeit der ehrenrührigen Behauptung, in: NJW 1961, S. 1896 ff

Henrichs, H. — Die Vorrechte und Befreiungen der Beamten der Europäischen Gemeinschaften, in: EuR 1987, S. 75 ff

Herlan, Wilhelm — Immunitätsfragen, in: Monatsschrift für Deutsches Recht (MDR) 1950, S. 517 ff

Hermsdörfer, Willibald — Zur Immunität der Angehörigen einer Friedenstruppe der Vereinten Nationen, in: Neue Zeitschrift für Wehrrecht 1997, S. 100 ff

Hesselberger, Dieter — Das Grundgesetz - Kommentar für die politische Bildung, 12. überarbeitete Auflage, Bonn 2001

Hilf, Meinhard
Pache, Eckhard — Der Vertrag von Amsterdam, in: NJW 1998, S. 705 ff

Hippel, Robert v. — Deutsches Strafrecht, zweiter Band, Berlin 1930

Hirsch, Burkhard — Immunität für Europol - eine Polizei über dem Gesetz?, in: Zeitschrift für Rechtspolitik (ZRP) 1998, S. 10 ff

Hofmann, Rainer	Staatsangehörigkeit im geteilten Deutschland; der Teso-Beschluss des Bundesverfassungsgerichts, in: Zeitschrift für ausländisches öffentliches Recht und Völkerrecht (ZaöRV) Band 49, 1989, S. 257 ff
Hölscheidt, Sven Schotten, Thomas	Immunität für Europol-Bedienstete - Normalfall oder Sündenfall?, in: NJW 1999, S. 2851 ff
Holzberger, Mark Schubert, Katina	Europol - (k)ein Sonderfall, in: Blätter für deutsche und internationale Politik, 1997, S. 1289 ff
Ipsen, Knut	Völkerrecht: ein Studienbuch, 4. völlig neu bearbeitete Auflage, München 1999
Isensee, Josef	Das Grundrecht auf Sicherheit: Zu den Schutzpflichten des freiheitlichen Verfassungsstaates, Berlin, New York, 1983
Jarass, Hans D. Pieroth, Bodo	Grundgesetz für die Bundesrepublik Deutschland, Kommentar, 5. Auflage München 2000
Jendral, Hansjürgen	Immunität - noch zeitgemäß? Kritische Untersuchung eines immerwährenden Privilegs des Parlaments, Frankfurt a.M. 1993
Jenks, Wilfred	International Immunities, London, New York 1961
Jescheck, Hans-Heinrich	Lehrbuch des Strafrechts, Allgemeiner Teil, 4. vollständig neu bearbeitete und erweiterte Auflage, Berlin 1988
Jeserich, Hans-Dieter	Statement, in: BKA (Hrsg.), Kriminalitätsbekämpfung im zusammenwachsenden Europa, 1. Auflage, Neuwied 2000, S.192 ff
Kanithasen, Warawit	Tendenzen zur Einschränkung der diplomatischen Immunität in Zivilklagen und der Verzicht auf die diplomatische Immunität, Bonn 1975
Kanther, Manfred (Bundesinnenminster a.D.)	Innere Sicherheit und Europäische Union, in: Bulletin der Bundesregierung vom 27. Januar 1994, Nr. 8, S. 63 ff
Kendall, Raymond E.	Zentralstellen im Wandel – Interpol, in: BKA (Hrsg.), Kriminalitätsbekämpfung im zusammenwachsenden Europa, 1. Auflage, Neuwied 2000, S. 79 ff

Kersten, Ulrich	Zentralstellen im Wandel – Bundeskriminalamt, in: BKA (Hrsg.), Kriminalitätsbekämpfung im zusammenwachsenden Europa, 1. Auflage, Neuwied 2000, S. 65 ff
Kirchner, Hildebert	Abkürzungsverzeichnis der Rechtssprache, vierte, erneuerte und erweiterte Auflage, Berlin, New York 1993
Klein, Hans Hugo	Indemnität und Immunität, in: Parlamentsrecht und Parlamentspraxis in der Bundesrepublik Deutschland: ein Handbuch, herausgegeben von Hans-Peter Schneider und Wolfgang Zeh, Berlin, New York 1989, S. 555 ff
Kölbach, Jochen Burkhard	Möglichkeiten und Grenzen von Europol auf der Grundlage der Konvention, in: Die Polizei, 1996, S. 245 ff
Kopp, Ferdinand	"3. Säule": Justiz und Inneres - Innere Sicherheit, Asyl, Einwanderung in Europa, in: Rudolf Strohmeier (Hrsg.): Die Europäische Union, 2. neu bearbeitete und aktualisierte Auflage, Wiesbaden 1999, S. 103 ff
Krause, Günter	Perspektiven der internationalen OK-Bekämpfung, in: Kriminalistik 1998, S. 12 ff
Krempl, Stefan	Computer - Daten - Macht, in: http://www.heise.de/tp/deutsch/inhalt/te/1955//1.html. - Stand: 15.09.2001, S. 1 ff
Kühne, Hans-Heiner	Die Bekämpfung von internationaler Kriminalität und von Drogenabhängigkeit als gemeinsames Interesse der Unionsstaaten, in: Müller-Graff (Hrsg.), Europäische Zusammenarbeit in den Bereichen Justiz und Inneres: Funktion, Ausgestaltung und Entwicklungsoptionen des dritten Pfeilers der Europäischen Union, 1. Auflage, Baden-Baden 1996, S. 85 ff
ders.	Anmerkung zum Beschluss des Landgerichts Wiesbaden vom 03.03.1978 - 14 Qs 143/77 B, in: NJW 1979, S. 1053 f

Kutscha, Martin — Große Koalition der Inneren Sicherheit? - Die gegenwärtige Polizeigesetzgebung der Länder, in: Bürgerrechte & Polizei/CILIP 59 (1998), http://infolinks.de/medien/cilip/ausgabe/59/p-gesetz.htm - Stand: 12.02.1998

Lackner, Karl
Kühl, Kristian — Strafgesetzbuch mit Erläuterungen, 24. neu bearbeitete Auflage, München 2001

Läufer, Thomas — Europäische Union, Europäische Gemeinschaft: Die Vertragstexte von Maastricht mit den deutschen Begleitgesetzen, 8. Auflage, Bonn 1998, herausgegeben vom Presse- und Informationsamt der Bundesregierung

Lavranos, Nikolaos — Datenschutz in Europa - am Beispiel der Datenschutzrichtlinien, des Schengener Informationssystems (SIS) und Europol, in: Datenschutz und Datensicherheit (DuD) 1996, S. 400 ff

Leipold, Dieter — Immunität versus Rechtsschutzgarantie, in: Festschrift für Gerhard Lüke zum 70. Geburtstag, Verfahrensrecht am Ausgang des 20. Jahrhunderts, herausgegeben von Hanns Prütting und Helmut Rüssmann, München 1997

Lemke, Michael
Julius, Karl-Peter
Krehl, Christoph u.a. — Heidelberger Kommentar zur Strafprozessordnung, 3. neu bearbeitete Auflage, Heidelberg 2001

Leo, Maxim — Eröffnung der Jagdsaison, in: Berliner Zeitung vom 17.11.2000, S. 3

Leuthardt, Beat — Leben online. Von der Chipkarte bis zum Europol-Netz: Der Mensch unter ständigem Verdacht, 1996

Limbach, Jutta — Das Bundesverfassungsgericht und der Grundrechtsschutz in Europa, in: NJW 2001, S. 2913 ff

Lindner, Josef Franz — Europol: Baustein europäischen Polizeirechts - Ein Überblick über die rechtlichen Grundlagen und Grundstrukturen, in: Bayerische Verwaltungsblätter (BayVBl) 2001, S. 193 ff

Lisken, Hans
Mokros, Reinhard — Europol - wohin?, in: Vorgänge, Zeitschrift für Bürgerrechte und Gesellschaftspolitik, 1997, S. 101 ff

Lisken, Hans	Europol - ein Symptom des Verfassungswandels, in: DRiZ 1998, S. 75 ff
Lisken, Hans Denninger, Erhard	Handbuch des Polizeirechts, 3. neu bearbeitete und erweiterte Auflage, München 2001
Liszt, Franz v. Fleischmann, Max	Das Völkerrecht, Berlin 1925
Ludwig, Michael	Verdeckter Streit in Prag, in: Frankfurter Allgemeine Zeitung vom 6. April 2000, Nr. 82, S. 9
Lüke, Monika	Die Immunität staatlicher Funktionsträger, Baden-Baden 2000
Mangold, Hermann v. Klein, Friedrich Starck, Christian	Das Bonner Grundgesetz, Kommentar, Band 1, 4. Auflage, München 1999
Manske, Mirko	Das "Europol-Informations-System" (Europol-IS); eine Herausforderung für die nationalen polizeilichen IT-Systeme, in: Kriminalistik 2001, S. 105 ff
Maunz, Theodor Dürig, Günter Herzog, Roman u.a.	Grundgesetz, Kommentar, Band I, Artikel 1 - 11; Band II, Artikel 12 - 20; Band III, Artikel 20a - 53; Band IV, Artikel 53a - 88; München 1991, 39. Lieferung, Stand: Juli 2001
Maurach, Reinhart Zipf, Heinz	Strafrecht, Allgemeiner Teil, Teilband 1, 8. neu bearbeitete und erweiterte Auflage, Heidelberg 1992
May, Erskine	Treatise on the Law, Privileges, Proceedings and Usage of Parliament (Butterworth-Heinemann), 21. Ausgabe 1989
Meyer, Heinrich	Bundestag und Immunität, Bonn 1953
Meyer, Jes	Verdeckte Ermittlungen; Zulässigkeit und rechtliche Grenzen des Einsatzes nicht offen operierender Polizeibeamter, in: Kriminalistik 1999, S. 49 ff
Meyer, Jürgen	Die EU ist auch eine Wertegemeinschaft, in: Zeitschrift für Rechtspolitik (ZRP) 2000, S. 114 ff
ders.	Der Rechsstaat lebt von Reformen, Baden-Baden 2001

ders.	Mehr Dialog und Diskussion, in: Rheinischer Merkur vom 11.05.2001, S. 3
ders.	Organisierte Kriminalität; Erscheinungsformen, Präventions- und Bekämpfungsstrategien im Spiegel deutscher Parlamentsinitiativen, in: Festschrift für Günther Kaiser zum 70. Geburtstag, Internationale Perspektiven in Kriminologie und Strafrecht, hrsg. von Hans-Jörg Albrecht, Berlin 1998, S. 633 ff
ders.	Der Grundrechtekonvent und die Annäherung von Common Law and Civil Law, in: Betrifft Justiz 2001, S. 181 ff
ders.	Die Charta der Grundrechte der Europäischen Union - Eine Einführung, in: Die Charta der Grundrechte der Europäischen Union, Berichte und Dokumentation mit einer Einleitung von Jürgen Meyer und Markus Engels, Deutscher Bundestag, Referat Öffentlichkeitsarbeit (Hrsg.) 1/2001
Meyer, Jürgen Hetzer, Wolfgang	Gewinnabschöpfung durch Besteuerung – Vernachlässigte Ansätze zur Verhütung und Verfolgung Organisierter Kriminalität, in: ZRP 1997, S. 13 ff
dies.	Die Abschöpfung von Verbrechensgewinnen – Rechtliche und praktische Probleme bei der Bekämpfung der Organisierten Kriminalität, in: Kriminalistik 1997, S. 31 ff
dies.	Neue Gesetze gegen die Organisierte Kriminalität, in: NJW 1998, S. 1017 ff
Meyer-Goßner, Lutz	Strafprozeßordnung, Kommentar, 45. neu bearbeitete Auflage, München 2001
Michaels, David B.	International Privileges and Immunities, The Hague, 1971
Miele, Mario	Privilèges et immunités des fonctionnaires internationaux, Milano 1958
Mischkowitz, Robert Bruhn, Heike	Korruption - (K)ein Thema für die Polizei?; Ergebnisse eines gemeinsamen Forschungsprojekts von Bundeskriminalamt und Polizeiführungsakademie, in: Kriminalistik 2001, S. 229 ff

Mischkowitz, Robert Bruhn, Heike Desch, Roland Hübner, Gerd-Ekkehard	Einschätzungen zur Korruption in Polizei, Justiz und Zoll. Ein gemeinsames Forschungsprojekt des Bundeskriminalamtes und der Polizeiführungsakademie, herausgegeben vom BKA, Wiesbaden 2000
Model, Otto Müller, Klaus	Grundgesetz für die Bundesrepublik Deutschland, Taschenkommentar für Studium und Praxis, 11. vollständig überarbeitete Auflage, Köln, Berlin, Bonn, München 1996
Mössner, Jörg Manfred	Einführung in das Völkerrecht, München 1977
Nachbaur, Andreas	Europol-Beamte und Immunität - ein Sündenfall des Rechtsstaats, in: Kritische Justiz 1998, S. 231 ff
Nassauer, Hartmut	Der dritte Pfeiler des Maastrichter Vertrags – zwischenstaatliche Zusammenarbeit oder gemeinschaftliches Handeln, in: Rinsche/Friedrich (Hrsg.), Europa als Auftrag, Köln, Weimar, Wien 1997
Naumann, Dieter	Operative Fallanalyse - ermittlungsunterstützende Methoden insbesondere bei Tötungs- und sexuell motivierten Gewaltdelikten aus der Sicht Brandenburgs -, in: Die Kriminalpolizei 2000, S. 131 ff
Nelles, Ursula	Europäisierung des Strafverfahrens - Strafprozeßrecht für Europa?, in: ZStW (Zeitschrift für die gesamte Strafrechtswissenschaft) 109. Band, 1997, S. 727 ff
Nicolaus, Helmut	Schengen und Europol - ein europäisches Laboratorium? Europäische Polizeikooperation in deutsch-französischer Sicht, in: Neue Zeitschrift für Verwaltungsrecht (NVwZ) 1996, S. 40 ff
Niehoff, Martina	Die von internationalen Strafgerichtshöfen anwendbaren Normen des Völkerstrafrechts, Frankfurt a.M., Berlin, Bern, New York, Paris, Wien, 1999
Nogala, Detlef	DNA-Analyse und DNA-Datenbanken; Der "genetische Fingerabdruck" - eine erstaunliche Karriere, in: Bürgerrechte & Polizei/CILIP 61 (1998), http://www.cilip.de/ausgabe/61/DNA.htm – Stand: 25.11.2001
Oberleitner, Rainer	Schengen und Europol: Kriminalitätsbekämpfung in einem Europa der inneren Sicherheit, Wien 1998

Oellers-Frahm, Karin	Privilegien und Haftung, in: Vereinte Nationen (Zeitschrift für die Vereinten Nationen und ihre Sonderorganisationen) 2000, S. 69
Ostendorf, Heribert	Europol - ohne Rechtskontrolle?, in: NJW 1997, S. 3418 ff
Palandt	Bürgerliches Gesetzbuch, Kommentar, 60. Auflage, München 2001
Pfeiffer, Gerd	Karlsruher Kommentar zur Strafprozessordnung und zum Gerichtsverfassungsgesetz mit Einführungsgesetz, 4. neu bearbeitete Auflage, München 1999
Petri, Thomas Bernhard	Grundrechtsbindung von Europol, in: Datenschutz und Datensicherheit (DuD) 1998, S. 324 ff
ders.	Europol – Grenzüberschreitende polizeiliche Tätigkeit in Europa, Baden-Baden 2001
Pitschas, Rainer	Europäisches Polizeirecht als Informationsrecht, in: ZRP 1993, S. 174 ff
Prantl, Heribert	Europol - außer Kontrolle, in: DRiZ 1997, S. 234 ff
Presse- und Informationsamt der Bundesregierung (Hrsg.)	Europa 2002, Die Europäische Union und die Währungsunion, 8. veränderte Auflage, Berlin November 1999
Psiakowski, Volker	Neues EDV-Verfahren für die Polizei – im April wird INPOL-neu / AGIL eingeführt, in: Kompass (Mitteilungsblatt der Polizeischule Berlin) 2/2001, S. 72 ff
Riegel, Reinhard	Grenzüberschreitende Informationsverarbeitung und Datenschutz bei den Sicherheitsbehörden (III) – rechtsvergleichende Aspekte und Folgerungen, in: CR 1987, S. 614 ff
ders.	Datenschutz bei den Sicherheitsbehörden, 2. neu bearbeitete und erweiterte Auflage, Köln, Berlin, Bonn, München 1992
Roth, Jürgen	Kein Geld verlangt, in: Wirtschaftswoche vom 16. September 1999, S. 96

Rötzter, Florian — Die Wünsche der Kontrolleure. Ein leitender englischer Polizeibeamter fordert eine umfassende Gen-Datei der Gesamtbevölkerung, in: http://www.heise.de/tp/deutsch/inhalt/glosse/2342/1.htm – Stand: 25.11.2001

Roxin, Claus — Strafrecht, Allgemeiner Teil, Band I, München 1992

ders. — Rechtfertigungs- und Entschuldigungsgründe in Abgrenzung von sonstigen Strafausschließungsgründen, in: JuS 1988, S. 425 ff

Rudolphi, Hans-Joachim
Horn, Eckhard u.a. — Systematischer Kommentar zum Strafgesetzbuch, Band I, Allgemeiner Teil (§§ 1 - 79 b), 7., teilweise 8. neu bearbeitete Auflage, Neuwied, 36. Lieferung, Stand: April 2001

Rupprecht, Reinhard — Brauchen wir Europol? - Zukunftsgedanken an der Schwelle zum neuen Jahr, in: Die Polizei 1991, S. 293 ff

ders. — Probleme und Perspektiven einer Zusammenarbeit der Inlandsnachrichtendienste in einem zusammenwachsenden Europa, in: Bundesamt für Verfassungsschutz - 50 Jahre im Dienst der inneren Sicherheit, herausgegeben vom Bundesamt für Verfassungschutz, Köln, Berlin, Bonn, München 2000, S. 119 ff

Sachs, Michael — Grundgesetz, Kommentar, 2. Auflage, München 1999

Sauer, Wilhelm — Allgemeine Strafrechtslehre, 3. völlig neue Auflage der "Grundlagen des Strafrechts", Berlin 1955

Schade, Peter — Grundgesetz mit Kommentierung, 5. neu bearbeitete Auflage, Regensburg 2000

Schafranek, Frank Peter — Die Kompetenzverteilung zwischen Polizei- und Verfassungsschutzbehörden in der Bundesrepublik Deutschland, Bonn 2000

Schapper, Claus-Henning — Eröffnungsansprache, in: BKA (Hrsg.), Kriminalitätsbekämpfung im zusammenwachsenden Europa, 1. Auflage, Neuwied 2000, S. 5 ff

Schaumann, Wilfried — Die Immunität ausländischer Staaten nach Völkerrecht und deutschem Zivilprozeßrecht, in: Berichte der deutschen Gesellschaft für Völkerrecht, Heft 8, Karlsruhe 1968, S. 1 ff

Schelter, Kurt — Europol - Baustein der inneren Sicherheit in Europa, in: Innenpolitik, Informationen des Bundesministeriums des Innern (Hrsg.), Themenheft: Europol – Das Europäische Polizeiamt, Nr. VI, 1997, S. 6

Schlüter, Bernhard — Die innerstaatliche Rechtsstellung der internationalen Organisationen unter besonderer Berücksichtigung der Rechtslage in der Bundesrepublik Deutschland, in: Beiträge zum öffentlichen Recht und Völkerrecht, Band 57, Köln, Berlin 1972, S. 1 ff

Schmidt, Volker — Der nicht offen ermittelnde Polizeibeamte - noeP-, in: Kriminalistik 3/2000, S. 162 ff

Schmidt-Bleibtreu, Bruno
Klein, Franz — Kommentar zum Grundgesetz, 9. Auflage 1999

Schneider, Dieter — Europol - zwischen Papiertiger und europäischer Ermittlungseinheit, in: Kriminalpolizei 1999, S. 203 ff

Schneider, Hans-Peter
Zeh, Wolfgang (Hrsg.) — Parlamentsrecht und Parlamentspraxis in der Bundesrepublik Deutschland, Berlin 1989

Scholz, Stephanie — Die Zulieferung an den Jugoslawien-Strafgerichtshof: Zugleich ein Beitrag zur internationalen Rechtshilfe in Strafsachen am Beispiel eines Ad-hoc-Völkerstrafgerichtshofes, Freiburg 1998

Schomburg, Wolfgang — Kooperation bei der Kooperation in Europa: Euro-Just neben Europol, in: BKA (Hrsg.), Kriminalitätsbekämpfung im zusammenwachsenden Europa, 1. Auflage, Neuwied 2000, S. 135 ff

Schönke, Adolf
Schröder, Horst — Strafgesetzbuch, Kommentar, 26. neu bearbeitete Auflage, München 2001

Schulzik-Haddouti, Christiane — Europol will Exekutiv-Befugnisse, in: http://www.heise.de/tp/deutsch/inhalt/te/8318/1.html - Stand: 15.11.2001 dies. — Das DNA-Phantombild; Biotechnologie für Strafverfolger, in: http://www.heise.de/tp/deutsch/inhalt/te/8237/1.html – Stand: 25.11.2001.

dies. — "Fass ohne Boden" - Der Wechsel zum polizeilichen Auskunftssystem INPOL-neu bereitet nicht nur Datenschützern Kopfzerbrechen, in: http:// www.heise.de/tp/deutsch/inhalt/te/4769/1.html – Stand: 15.09.2001

Schünemann, Bernd — Die deutschsprachige Strafrechtswissenschaft nach der Strafrechtsreform im Spiegel des Leipziger Kommentars und des Wiener Kommentars, 2. Teil: Schuld und Kriminalpolitik, in: GA (Goltdammer's Archiv für Strafrecht), 1986, S. 293 ff

Schuster, Leo — Europäisierung der Polizeiarbeit, in: BKA (Hrsg.), Kriminalitätsbekämpfung im zusammenwachsenden Europa, 1. Auflage, Neuwied 2000, S. 117 ff

Schwarze, Jürgen (Hrsg.) — EU-Kommentar, 1. Auflage, Baden-Baden 2000

Schwegmann, Friedrich G. — Abgeordnete, 1. Auflage 2000, herausgegeben vom Deutschen Bundestag, Referat Öffentlichkeitsarbeit

Seidel, Martin — Zur Verfassung der Europäischen Gemeinschaft nach Maastricht, in: Europarecht (EuR) 1992, S. 125 ff

Seidenberger, Ulrich — Die diplomatischen und konsularischen Immunitäten und Privilegien; ein Beitrag zur Diskussion über die Reformbedürftigkeit des Diplomaten- und Konsularrechts aus staats- und völkerrechtlicher Sicht, Schriften zum Staats- und Völkerrecht, Band 55, Frankfurt a.M. 1993

Seidl-Hohenveldern, Ignaz — Dienstrechtliche Klagen gegen Internationale Organisationen, in: Festschrift für Hans-Jürgen Schlochauer zum 75. Geburtstag, Berlin, New York 1981, S. 615 ff

Seidl-Hohenveldern, Ignaz; Stein, Torsten — Völkerrecht, 10. neu bearbeitete Auflage, Köln, Berlin, Bonn, München 2000

Sieglerschmidt, Hellmut — Das Immunitätsrecht der Europäischen Gemeinschaft - seine Anwendung durch das Europäische Parlament und seine notwendige Weiterentwicklung -, in: EuGRZ 1986, S. 445 ff

Simitis, Spiros — Das Volkszählungsurteil oder der lange Weg zur Informationsaskese - (BVerfGE 65, 1), in: KritV 2000, S. 359 ff

Simma, Bruno (Editor) — The Charter of the United Nations, a commentary, München 1994

ders. (Hrsg.) — Charta der Vereinten Nationen, Kommentar, München 1991

Soria, José Martínez — Die polizeiliche Zusammenarbeit in Europa und der Rechtsschutz des Bürgers, in: Verwaltungsarchiv (Zeitschrift für Verwaltungslehre, Verwaltungsrecht und Verwaltungspolitik), Band 89, 1998, S. 400 ff

Stern, Klaus — Das Staatsrecht der Bundesrepublik Deutschland, Band III/1, München 1988

ders. — Das Staatsrecht der Bundesrepublik Deutschland, Band I, 2. völlig neu bearbeitete Auflage, München 1984

Stoll, Martin — Die Fahndung mit der Maus, in: Sonntagszeitung.ch, S. 1 (Quelle: http://www.sonntagszeitung.ch/1999/sz03/S21-1765.htm - Stand: Mai 2001).

Storbeck, Jürgen — Zentralstellen im Wandel - Europol, in: BKA Reihe Polizei und Forschung, Band 2 Kriminalitätsbekämpfung im zusammenwachsenden Europa; Vorträge und Diskussionen anlässlich der Arbeitstagung des Bundeskriminalamtes vom 23. bis 25. November 1999, S. 89 ff

ders. — Die Zusammenarbeit der Strafverfolgungsbehörden in Europa, in: DRiZ 2000, S. 481 ff

ders. — Stellungnahme des Koordinators der Europol-Drogenstelle zur Vorbereitung auf die Anhörung des Innenausschusses des Deutschen Bundestages am 20. Januar 1998, in: EU-Ausschussdrucksache 13/177 S. 16 ff

ders. — Europol - Probleme und Lösungen, in: Kriminalistik 1996, S. 17 ff

ders. — Europol wird volljährig, in: Politische Studien, 359, 1998, S. 16 ff ders. | Europol in Gegenwart und Zukunft, in: Innenpolitik, Informationen des Bundesministeriums des Innern (Hrsg.), Themenheft: Europol - Das Europäische Polizeiamt, Nr. VI, 1997, S. 7 ff

ders. | Rechtsfragen und praktische Probleme in der polizeilichen Zusammenarbeit, in: Hummer (Hrsg.), Rechtsfragen des Amsterdamer Vertrages, Wien 2001, S. 181 ff

ders. | Europol: Chance für eine Verbesserung der gemeinsamen Verbrechensbekämpfung in der Europäischen Union, in: Aus Politik und Zeitgeschichte - Beilage zur Wochenzeitung Das Parlament - 45. Jahrgang 1995, S. 20 ff

Sturm, Joachim | Schengen - Europol - Interpol. Konkurrenz oder Partnerschaft?, in: Kriminalistik 1997, S. 99 ff

Sule, Satisch | Europol und europäischer Datenschutz, 1. Auflage, Baden-Baden, 1999

Szasz, Paul C. | International Organizations, Privileges and Immunities, in: Encyclopedia of public international law, 1983, S. 1325 ff

Tilch, Horst
Arloth, Frank (Hrsg.) | Deutsches Rechts-Lexikon, Band 2 G-P, Band 3 Q-Z, 3. Auflage, München 2001

Tolmein, Oliver | Europol, in: Strafverteidiger (StV) 1999, S. 108 ff

ders. | Europol: Polizei neuen Typs; aus konkret 12/97, in: http://www.hintergrund.de/mrep/m039802.htm -Stand: 19.04.1999

Ulfkotte, Udo | Schutzpatron der Mädchenhändler, in: Frankfurter Allgemeine Zeitung vom 25. Oktober 1999, Nr. 248, S. 16

Verdross, Alfred
Simma, Bruno | Universelles Völkerrecht, Theorie und Praxis, 3. völlig neu bearbeitete Auflage, Berlin 1984

Wachholz, Rolf-Peter | Europol aus Sicht der Bundesländer, in: Kriminalistik 1995, S. 715 ff ders. — Europol im Spannungsfeld zwischen Politik und Verbrechenswirklichkeit, in: Die neue Polizei (DNP) 1995, S. 513 ff

Waechter, Kay — Demokratische Steuerung und Kontrolle einer europäischen Polizei, in: ZRP 1996, S. 167 ff

ders. — Polizei- und Ordnungsrecht, 1. Auflage 2000

Warda, Günter — Grundzüge der strafrechtlichen Irrtumslehre (4.Teil), in: JURA 1979, S. 286 ff

Wehner, Markus — Nachrichten aus der "Keptokratie", in: Frankfurter Allgemeine Zeitung vom 9. September 1999, Nr. 209, S. 16

Wehner, Ruth — Europäische Zusammenarbeit bei der polizeilichen Terrorismusbekämpfung aus rechtlicher Sicht, 1. Auflage, Baden-Baden 1993

Weichert, Thilo — Europol - Konvention und Datenschutz, in: DuD (Datenschutz und Datensicherheit; Recht und Information in Informationsverarbeitung und Kommunikation), 1995, S. 450 ff

ders. — Ein Alternativkonzept für Europol, in: Bürgerrechte & Polizei/CILIP 56 (1/1997), S. 54 ff

ders. — Das Europäische Polizeiamt - Gefahr für den Föderalismus?, in: Baldus, Manfred / Soiné, Michael (Hrsg.), Rechtsprobleme der internationalen polizeilichen Zusammenarbeit, Baden-Baden 1999, S. 72 ff

Weidenfeld, Werner — Die Innere Sicherheit als europäische Politik, in: Rupprecht, Reinhard / Hellenthal, Markus: Innere Sicherheit im Europäischen Binnenmarkt, Gütersloh 1992

Weismann, Jakob — Die strafprozessuale Privilegierung gesetzgebender Versammlungen, in: Zeitschrift für die gesamte Strafrechtswissenschaft (ZStW) Band 9, 1889, S. 379 ff

Wenckstern, Manfred — Handbuch des Internationalen Zivilverfahrensrechts, Band II/1, Die Immunität internationaler Organisationen, Max-Planck-Institut für ausländisches und internationales Privatrecht, Tübingen 1994

ders. — Verfassungsrechtliche Fragen der Immunität internationaler Organisationen, in: NJW 1987, S. 1113 ff

Wenzel, Jörg — Innere Sicherheit in Europa. Zur Notwendigkeit eines neuen Sicherheitsdenkens in Europa, in: Die Polizei 1993, S. 5 ff

Werner, Ulrich — Schengen und Europol - Schritte zu einem einheitlichen Polizeiraum Europa, in: Computer und Recht (CR) 1997, S. 34 ff

Wirth, Antonia — Inpol-neu; Folgen für den Datenschutz, in: Bürgerrechte & Polizei/CILIP 62 (1/1999) – http://www.cilip.de/ausgabe/62/inpol.htm, Stand: 15.09.2001

Wolfslast, Gabriele — Immunität und Hauptverhandlung im Strafverfahren, in: NStZ 1987, S. 433 ff

Wollweber, Harald — Der genetische Fingerabdruck auf dem Prüfstand, in: NJW 2001, S. 2304 f

Wurbs, Richard — Regelungsprobleme der Immunität und der Indemnität in der parlamentarischen Praxis, in: Beiträge zum Parlamentsrecht, herausgegeben von Norbert Achterberg, Band 13, Berlin 1988

Zachert, Hans-Ludwig — Europol - Mehr Schlagkraft gegen das Verbrechen in Europa, in: Kriminalistik 1992, S. 7 ff

Zeiger, Jürgen — Das Europol-Computersystem, in: Kriminalistik 1998, S. 313 ff

Zieschang, Frank — Der Austausch personenbezogener Daten mittels Europol, in: ZRP 1996, S. 427 ff

Peter Lang · Europäischer Verlag der Wissenschaften

Grit Hokema

Immunität von Staatsoberhäuptern

Frankfurt/M., Berlin, Bern, Bruxelles, New York, Oxford, Wien, 2002. 298 S.
Schriften zum Staats- und Völkerrecht.
Herausgegeben von Dieter Blumenwitz. Bd. 96
ISBN 3-631-39150-1 · br. € 45.50*

Die Frage, ob Staatsoberhäupter wie Milosevics, Honecker, Krenz und andere national und international strafrechtlich verfolgt werden dürfen, hat in der Öffentlichkeit große Aufmerksamkeit gefunden. Die Schrift ist der Frage gewidmet, ob die Gewährung von Immunität an amtierende oder ehemalige Staatsoberhäupter völkerrechtlich anerkannt ist und welchen Umfang diese hat. Es wird untersucht, wie sich die Immunität der Staatsoberhäupter geschichtlich entwickelt hat. Dabei werden insbesondere die Nürnberger und Tokioter Prozesse, die Tribunale für das ehemalige Jugoslawien und Ruanda und der entstehende Internationale Strafgerichtshof eingehend betrachtet. Der Umfang der Immunität von Staatsoberhäuptern wird anhand einzelner ausgesuchter Fälle, wie die Fälle Marcos, Pinochet und Krenz, analysiert.

Aus dem Inhalt: Einleitung und Nachweis des Bestehens der Immunität von Staatsoberhäuptern · Historische Entwicklung der Immunität von Staatsoberhäuptern · Einzelne ausgesuchte Fälle von Staatsoberhäuptern · Inhalt, Ende, Fortsetzung der Immunität von Staatsoberhäuptern

Frankfurt/M · Berlin · Bern · Bruxelles · New York · Oxford · Wien
Auslieferung: Verlag Peter Lang AG
Moosstr. 1, CH-2542 Pieterlen
Telefax 00 41 (0) 32 / 376 17 27

*inklusive der in Deutschland gültigen Mehrwertsteuer
Preisänderungen vorbehalten

Homepage http://www.peterlang.de

FSC
www.fsc.org
MIX
Papier | Fördert gute Waldnutzung
FSC® C083411

Kolibri 360 GmbH
Ferdinand-Jühlke-Straße 7
99095 Erfurt, Deutschland
produktsicherheit@kolibri360.de

Druck:
CPI Druckdienstleistungen GmbH
im Auftrag der
Kolibri 360 GmbH
Ferdinand-Jühlke-Str. 7
99095 Erfurt